国际社会眼中新时代的中国共产党

刘建超 主 编
郭业洲 副主编

当代世界出版社
THE CONTEMPORARY WORLD PRESS

出版说明

党的十八大以来，以习近平同志为核心的党中央团结带领全党全军全国各族人民，采取一系列战略性举措，推进一系列变革性实践，实现一系列突破性进展，取得一系列标志性成果，党和国家事业取得历史性成就、发生历史性变革，推动我国迈上全面建设社会主义现代化国家新征程。中国共产党的领导是中国特色社会主义最本质的特征，是中国特色社会主义制度的最大优势。人民幸福、国家发展、民族复兴、文明赓续，都离不开中国共产党的领导。

中国共产党是为中国人民谋幸福、为中华民族谋复兴的党，也是为人类谋进步、为世界谋大同的党。中国共产党在推动中国发展与进步的同时，也为促进世界的和平与发展作出积极贡献。中国共产党以践行真正的多边主义推动全球治理向着公正合理的方向发展，以中国式现代化道路为人类实现现代化提供全新选择，大力弘扬和平、发展、公平、正义、民主、自由的全人类共同价值，不断为"人类社会向何处去"的重大时代之问贡献中国理念和中国智慧，以人民为中心、人类命运共同体等理念日益深入人心。中国共产党推动共建"一带一路"高质量发展促进各国互利共赢，不断加大对全球发展合作的资源投入，致力于缩小南北差距，让经济发展的成果更好惠及各国人民。

新时代以来，随着中国综合国力和国际影响力的持续提升，国际社会对中国共产党的了解意愿更加强烈，了解程度更深，了解面更广。在党的对外交往过程中，外国政党政要、智库学者、工商界人士、青年学生等通过多种渠道向我们表达了对新时代的中国共产党的关注和看法，描绘出他们心中新时代的中国共产党形象。他们将目光聚焦于习近平新时代中国特色社会主义思想的世界意义，认为这一重要思想是21世纪的马克思主义，为人类进步事业指明了新方向；他们高度评价中国共产党的伟大品格，认为中国共产党是"维护世界和平的中坚力量""创造了人类文明史上的伟大奇迹"；他们积极称赞新时代的中国共产党的国际贡献，认为中国共产党"为引领世界走出乱局提供中国方案"；他们认为中国共产党的治国理政经验非常具有启发性，未来要加强交流互鉴。一个个生动活泼的小故事、一句句情感真挚的话语，共同塑造出国际社会眼中立体多面、可爱可敬的新时代的中国共产党形象，从不同侧面、不同角度展现了国际社会的"中国观""中共观"。

我们精心整理了上述内容并汇编成书，以期帮助国内读者特别是广大党员干部全面深入了解国际社会对新时代的中国共产党的认知看法，进一步开拓国际视野，不断深刻领悟"两个确立"的决定性意义，增强"四个意识"、坚定"四个自信"、做到"两个维护"。这也有助于我们汲取智慧和力量，继续推进新时代党的建设新的伟大工程，不断严密党的组织体系，深化党的自我革命，确保党在新时代坚持和发展中国特色社会主义的历史进程中始终成为坚强领导核心，始终在人类发展与进步的伟大进程中发挥引领作用。这也进一步激励我们牢记初心使命，展现大党大国的责任担当，继续高举构建人类命运共同体伟大旗帜，为增进人类福祉作出新的贡献。

本书按照交往对象的所在国分为亚洲、非洲、欧洲、美洲四个部分，共收录文稿279篇。由于这些交往活动是在2021—2022年间进行的，至出版时个别数据、职务、表述等已有变化。在无碍内容理解的情况下，我们尽可能保留了原文，个别情况发生变化的在书中做了注释说明。考虑到本书的可读性和重要出版价值，我们对一些文章的结构进行了调整，以便读者阅读。

谨以此书向新时代新征程献礼！

目 录

第一篇 亚 洲

阿曼

阿曼籍工程和管理学院副院长穆罕默德·艾尔·伊赛：
感谢中国党和政府给我提供在北京大学学习的机会 // 3

阿曼籍青年：法迪亚·阿尔巴克里（主作者）、穆斯塔法·阿拉什迪、玛丽亚·阿尔巴克里、阿比尔·阿尔巴克里：
习近平总书记是有决心、有行动力的领导人 // 5

阿曼青年瓦利德·穆罕默德·侯赛尼：
中共不断取得成功、始终保持活力的最重要原因是她拥有高瞻远瞩、英明睿智的领导人 // 8

阿曼阿利兹伊斯兰银行副经理纳赛尔·苏尔坦·阿勒沙格希：
阿拉伯世界可以学习中国模式以推动经济社会发展 // 16

阿塞拜疆

阿塞拜疆"欧亚观察国际"问题研究中心主任、"观点"新闻网总编辑马马多夫：
中共创造了真正的"中国奇迹" // 19

阿塞拜疆新阿塞拜疆党成员、中国研究学者拉菲格·阿巴索夫：
习近平新时代中国特色社会主义思想揭开了马克思主义中国化发展的新篇章 // 23

巴基斯坦

巴基斯坦国民议会副议长苏里：
新疆发展稳定不容抹黑，中国抗疫成果惠及全球 // 30

巴勒斯坦

巴勒斯坦人民斗争阵线中央委员穆纳德尔·哈纳尼：
中共提升了中国的国际地位 // 32

巴勒斯坦人民斗争阵线党员萨米尔·艾斯阿德：
中共铸就人类文明史上的伟大奇迹 // 34

巴勒斯坦人民斗争阵线政治局委员穆拉德·哈尔福什：
中共的诞生开辟了中国历史的新纪元 // 38

巴勒斯坦解放巴勒斯坦民主阵线青年组织：
中共致力于为中华民族谋复兴 // 40

格鲁吉亚

格鲁吉亚议会教育、科学委员会主席、格中友好小组主席乔治·阿米拉赫瓦里：

中共领导中国成为维护世界和平的中坚力量 // 43

柬埔寨

柬埔寨人民党中央常委、参议院第二副主席迪翁：

中共的执政理念和成就有目共睹 // 47

黎巴嫩

黎巴嫩共产党党员、浙江工商大学中阿"一带一路"研究中心研究员阿德汉·赛义德：

中共的伟大之处在于，她唤醒了中国人民拥有的强大力量 // 50

黎巴嫩阿迈勒运动哈桑·卡希尔烈士职业技术学院学生阿巴斯·穆罕默德·卡巴兰：

中共正带领中华民族走在实现民族复兴的征途上 // 57

黎巴嫩人民会议组织成员阿卜杜勒·纳赛尔·米斯里：

党的建设是中国发展的基石 // 59

黎巴嫩共产党党员凯利姆·哈桑·海达尔：

去月球，去火星，去新世界 // 63

黎巴嫩人民会议组织成员欧麦尔·哈桑·米斯里：

中共创造了真正意义上的人类奇迹 // 67

阿拉伯国家联盟贝鲁特阿拉伯法律与司法研究中心副主任
尤素福·哈利勒·易卜拉欣：
授人以鱼不如授人以渔 // 69

黎巴嫩人民会议组织成员扎卡里亚·叶海亚·艾哈迈德：
改革开放创造了只有中国才能实现的发展奇迹 // 74

黎巴嫩青年学者阿德南·亚当：
中国向世界展示了有史以来最优秀的文明成果 // 77

黎巴嫩青年纳迪姆·穆斯里姆：
中共向历史和人民交出了一份优异的答卷 // 80

蒙古国

蒙古人民党书记图勒嘎：
中共带领中国人民成功开创了一条中国式现代化道路 // 82

蒙古国前总理林·阿玛尔扎尔格勒：
期待中共为引领世界走出乱局提供中国智慧和中国方案 // 84

塔吉克斯坦

塔吉克斯坦人民民主党中央执行委员会办公厅新闻分析中心主任
伊诺姆佐达·哈米济约恩：
伟大中国是人类进步新模式的引领者 // 86

土库曼斯坦

土库曼斯坦工业企业家党中央委员会：
共建"一带一路"倡议为不同文明和谐相处与团结发展提供平台 // 90

土库曼斯坦农业党中央委员会：
当今中国是经济稳定发展、政治社会稳固的世界大国 // 93

叙利亚

中阿卫视 CATV 叙利亚记者扎里夫·穆罕默德：
中共是值得我们学习的榜样，是骄傲和光荣的源泉 // 96

叙利亚作家、记者萨米尔·凯迈勒·法德勒：
新时代的中共及其对构建新型国际关系的积极影响 // 99

叙利亚大马士革大学法学院学生哈利德·穆阿迈尔·沙希尔：
中共领导中国走向巅峰 // 103

叙利亚大马士革大学公共管理专业硕士研究生特伊迈·陶菲克·易卜拉欣：
中共恢复了共产主义荣光 // 107

叙利亚大马士革大学政治学博士萨欧德·贾马勒·萨欧德：
关于编写《中国共产党原创经验百科全书》的建议 // 110

叙利亚阿拉伯复兴社会党青年党员阿迈勒·谢里达：
中共创造了人类历史上的伟大奇迹 // 114

叙利亚阿拉伯复兴社会党革命青年联盟拉塔基亚分支机构领导成员山迪·穆罕默德·海伊尔：
新时代的中国和中国特色社会主义 // 116

叙利亚阿拉伯复兴社会党党员努尔·莎赫万：
闪闪红星照耀世界 // 119

叙利亚复兴党中央党校讲师哈立德·梅克达德：
中国推动国际政治经济格局更加包容普惠 // 121

叙利亚复兴党中央党校讲师、霍姆斯省复兴大学讲师丽芭·阿祖尔：
中共领导中国人民取得举世瞩目伟大成就 // 125

叙利亚阿拉伯复兴社会党青年党员瓦伊勒·哈夫亚尼：
百年辉煌，未来可期 // 129

叙利亚复兴党青年党员菲努斯·阿拉彼得：
中共用事实驳斥了西方所谓"历史终结论" // 132

叙利亚复兴党革命青年联盟新闻办公室成员罗拉·瓦吉·艾哈迈德：
中共领导中国实现发展奇迹 // 134

叙利亚复兴党革命青年联盟成员贾法尔·胡杜尔：
中共一切为了人民 // 138

叙利亚青年亚赞·哈吉·哈米斯：
中共坚定不移走中国特色社会主义道路 // 142

亚美尼亚

亚美尼亚共和党理事会成员、青年组织秘书长阿皮扬：
中共像一盏明灯，照亮了中国人民前进的道路 // 144

也门

也门全国人民大会党书记处成员、政治调研和规划部负责人阿卜杜勒卡维·沙米里：
中国为世界各国树立了绝佳典范 // 148

也门全国人民大会党常务委员会委员马吉德·阿卜杜拉：
为人民服务，是中共成功建设新的伟大中国的首要原因 // 150

也门青年、阿拉伯记者、阿拉伯中国之友作家和新闻媒体人士国际联盟也门分支成员阿卜杜勒哈米德·卡比：
人类命运共同体理念和"一带一路"倡议成为中国特色大国外交的标志 // 153

也门全国人民大会党对外关系部副部长阿卜杜拉·法尔汉：
中共坚持与时俱进 // 156

也门社会党领导层成员、阿拉伯中国之友作家和新闻媒体人士国际联盟也门分支成员穆罕默德·萨米伊：
只要有中国这样的正义力量，世界就有望走出霸权主义的噩梦 // 158

也门青年阿卜杜勒阿齐兹·本阿里：
中国成功实现了马克思主义本土化、时代化 // 160

也门全国人民大会党常务委员会委员、也门驻阿盟使团二秘、也门议长苏尔坦·巴尔卡尼之子穆阿兹·巴尔卡尼：
中国为各国追求自由和实现发展指明了道路 // 163

也门复兴运动塔兹省支部书记穆罕默德·阿里：
中共之所以能够始终保持生机活力，最重要的原因在于历代领导人的远见卓识 // 165

也门阿拉伯复兴社会党党员、北京语言大学留学生塔利克·朱纳德：
到中国留学后，我发现西方媒体上许多有关中国的信息都是虚假的 // 168

也门全国人民大会党常务委员会委员阿玛尔·巴卡利：
中共始终代表广大人民的利益，为国际社会树立了典范 // 175

也门社会党中央委员拉菲克·沙尔比：
习近平总书记是有雄心壮志的世界级领导人 // 177

也门青年阿德南·阿卜杜拉·阿里·卡西姆：
实践证明中共能够领导中国战胜国内外一切艰难险阻 // 181

也门青年阿拉法特·阿里·塔希里·拉埃尼：
中共取得的伟大成就使中国成为今日之中国 // 183

也门青年阿卜杜勒阿基姆·贾兹姆·穆格比勒·萨比特：
马克思主义理论为中共的诞生带来了灵感 // 185

也门青年胡萨姆·哈立德·哈扎·沙伊巴尼：
中共的故事像灯塔般照亮我们青年人的奋斗之路 // 187

也门改革集团青年党员、山东大学博士研究生优素福·贾巴里：
历史和事实均表明没有中共就没有中国的全面发展 // 189

也门青年、暨南大学博士研究生叶海亚·贾比尔：
中共成功地将马克思主义基本原理同中国具体实际和优秀传统文化相结合 // 192

也门在华留学生、吉林大学博士研究生叶海亚·卡西玛：
中共带领亿万人民经千难而百折不挠、历万险而矢志不渝，成就了百年大党的恢宏气象 // 195

也门青年法瓦兹·加里布·巴卡利：
中共治国理政的成功之处在于始终为实现人民群众的需求和向往而奋斗 // 200

伊拉克

伊拉克青年拉娜·塔希尔：
我希望成为向阿拉伯国家介绍中共经验的使者 // 206

伊拉克萨拉赫丁大学中文系学生蒂拉努：
中文课是我们最喜欢的课 // 211

伊拉克青年维阿姆·穆罕默德：
中国人民将携手与世界人民一道应对全球性挑战 // 213

伊拉克库尔德斯坦地区青年宰顿·赫迪尔·侯赛因：
中共带领中国迈进新时代 // 215

伊拉克库尔德斯坦地区青年工程师拉瓦·奥马尔·陶菲克：
实现中国的可持续发展和经济繁荣是中共的标志性成就和独特实践 // 218

伊拉克库尔德斯坦地区青年赫尔维斯特·赛义德：
中共带领中国人民在人类进步史上留下了光辉的一页 // 221

伊拉克库尔德斯坦地区青年赫鲁·哈桑·赛义德：
在习近平总书记的领导下，中国进入国家发展的黄金时代 // 224

伊拉克库尔德斯坦地区青年拉娜·哈桑：
习近平总书记提出新发展理念，开启了中国发展新篇章 // 229

阿拉伯中国之友作家和新闻媒体人士国际联盟伊拉克分支成员
阿卜杜伊拉希·米赫那：
让人民过上幸福生活，是中共的出发点和落脚点 // 232

阿拉伯中国之友作家和新闻媒体人士国际联盟伊拉克分支主席
巴哈·沙耶阿：
习近平新时代中国特色社会主义思想是开放发展的思想 // 235

伊拉克库尔德斯坦地区青年拉瓦·萨达尔：
中共所做的一切不是为了和谁竞争，而是为了让人民过上更好的生活 // 238

伊拉克库尔德斯坦地区作家、阿拉伯中国之友作家和新闻媒体人士国际联盟伊拉克分支成员、中国网（库尔德语网站）主编阿卜杜拉·沙姆斯丁：
世界对中共二十大充满期待 // 244

伊拉克青年学生哈韦斯特·舍扎得：
中国和中东人民之间的联系非常紧密 // 248

伊拉克青年艾哈迈德·哈米德：
一花独放不是春，百花齐放春满园 // 250

伊拉克青年海德尔·阿卜杜勒加尼：
心合意同，谋无不成 // 254

伊拉克马达因新闻通讯社主编、阿拉伯中国之友作家和新闻媒体人士国际联盟伊拉克分支成员、伊拉克记者协会成员阿里·萨勒曼·穆希勒：
中共取得的最伟大成就之一就是消除绝对贫困 // 257

阿拉伯中国之友作家和新闻媒体人士国际联盟伊拉克分支成员伊斯拉·阿巴迪：
全人类都在经历"大考"，只有中国真正通过了考试 // 259

伊拉克库尔德斯坦地区律师协会成员、地中海区域研究机构研究员比拉勒·艾斯麦尔·哈马：
中国特色社会主义是世界上最成功的社会主义模式 // 262

伊拉克青年萨巴拉·阿比迪·哈姆达明：
中共的英明领导是中国取得经济发展的根本原因 // 266

伊拉克青年伊斯梅尔·侯赛因：
共产主义是像中国这样人口众多国家的最佳选择 // 268

伊拉克库尔德斯坦地区大学生萨拉·艾哈迈德·萨米尔：
中国今天的成功源于中共的领导 // 270

伊拉克青年马纳尔·沙齐尔·马哈茂德：
在中共的领导下，中国必将在未来30年内实现中华民族伟大复兴 // 272

伊拉克共产党党员、阿拉伯中国之友作家和新闻媒体人士国际联盟伊拉克分支副主席、伊拉克记者协会巴士拉分会主席巴西姆·穆罕默德·侯赛因：
中共实现了最令中国人民受益的目标，那就是消除绝对贫困 // 277

伊拉克记者米赫纳德·穆艾德·凯利姆·苏威德：
中国在消除贫困、抗击疫情方面取得了远超所有发达国家的成功 // 280

伊拉克库尔德斯坦地区青年法尔曼·拉苏尔·穆罕默德艾敏：
中国如此繁荣强盛，正是得益于伟大的中共 // 282

印度尼西亚

印度尼西亚国民使命党总主席、人民协商会议副主席祖尔基弗利：
携手抗击疫情，共促繁荣进步 // 284

印度尼西亚前国会议长阿贡·拉克索诺：
期待中国在维护国际和平、促进共同发展方面发挥更大作用 // 286

约旦

约旦-俄罗斯籍作家、媒体人，阿拉伯中国之友作家和新闻媒体人士国际联盟约旦分支副主席叶莲娜·尼杜吉娜：
习近平总书记是中国人民的英明领袖 // 288

阿拉伯中国之友作家和新闻媒体人士国际联盟约旦分支成员，约旦作家、诗人塔里克·卡迪斯：
中共顽强拼搏、不懈奋斗的光辉形象在全世界深入人心 // 290

阿拉伯中国之友作家和新闻媒体人士国际联盟约旦分支创始成员、新闻发言人塔斯尼姆·易卜拉欣·法拉杰：
中国已成为世界上首屈一指的国家 // 293

阿拉伯中国之友作家和新闻媒体人士国际联盟约旦分支成员马丽娜·苏达哈：
中国特色社会主义是科学社会主义的典范 // 296

约旦青年阿希姆·哈马德：
在习近平新时代中国特色社会主义思想的指引下，中国取得了世界级成就 // 298

第二篇 非 洲

阿尔及利亚

阿尔及利亚高中生玛利亚·哈米迪·奥贾南：
加强组织建设是中共的政治优势所在 // 305

阿尔及利亚中国丝路新闻网记者艾哈迈德·古梅迪：
拥有坚强领导核心的中共是带领中国实现伟大历史目标的根本保障 // 307

阿尔及利亚记者阿卜杜·易卜拉欣：
中共，一个永葆青春的政党 // 309

阿尔及利亚青年本欧迈尔·阿米娜：
习近平新时代中国特色社会主义思想具有重要而深远的世界意义 // 311

阿尔及利亚青年迪尔玛·塔希勒：
习近平总书记以卓越的智慧领导中国和中国人民不断取得进步 // 313

阿尔及利亚作家迪勒米·塔希尔：
中共二十大将为新时代阿中关系发展开辟新前景 // 315

阿尔及利亚光荣解放革命历史文化遗产保护学会作家马基·巴迪：
中共始终坚持以人民为中心的发展思想 // 319

阿尔及利亚青年塞拉维·娜里曼：
习近平总书记为中国人民立下汗马功劳，建立丰功伟绩，是中共历史上的一代伟人 // 321

阿尔及利亚青年拉比德·冬雅：
我们愿成为阿中友好的使者 // 323

阿尔及利亚青年学生拉比吉尔·娜比娅：
中国的发展目标清晰，步伐坚定，中国必将取得更大成功 // 325

阿尔及利亚青年萨夫拉尼·赛卜哈维：
不了解中共，就不可能理解中国近现代发生的深刻变化 // 327

阿尔及利亚工人阿卜杜勒卡迪尔·本·穆罕默德：
光荣属于伟大的中共和中国人民 // 332

阿尔及利亚公民学术组织办公室主任易卜拉欣·拉穆里：
中国人民衷心拥护中共，美国和一些西方反华势力的阴谋永远不会得逞 // 335

阿尔及利亚中国丝路新闻网编辑本哈立德·阿卜杜勒凯利姆：
相信以习近平同志为核心的中共中央将带领全体中国人民实现共同富裕 // 337

阿尔及利亚中国丝路新闻网主编哈利勒·阿卜杜勒卡迪尔：
习近平总书记从一个农村青年成长为世界级领袖，展现出高超非凡的领导才干和深沉厚重的责任担当 // 339

阿尔及利亚中国丝路新闻网撰稿人拉杰·库拉里：
中国模式是当今世界最重要的发展模式之一 // 341

阿尔及利亚青年哈迪贾·哈吉：
中共捍卫和挽救了世界社会主义事业，成为建设和发展社会主义国家的旗帜 // 343

阿尔及利亚青年哈立德·法哈尔：
中共由小变大、由大向强的一大成功经验在于始终高度重视全面加强党的建设 // 345

阿尔及利亚青年费萨尔·拉布希：
实现中华民族伟大复兴不可逆转 // 349

阿尔及利亚阿中关系学者玛丽亚姆·布拉欣：
中国奇迹和国家软实力将成为衡量国力、可持续性、外部影响力和相互依存度水平的标杆 // 352

埃及

埃及青年哈贾尔·艾哈迈德：
中共领导下的中国丰富了全球政治发展和国家治理实践 // 358

埃及籍广州圆海国际供应链有限公司法人穆斯塔法·穆罕默德·卡纳维：
阿拉伯国家和中国需要并肩前行 // 360

埃及作家、记者萨米：
中国的一切成就都是在中共领导下取得的 // 363

埃及青年拉德瓦·法拉吉：
现代以来中国发生的深刻变革和取得的重要成就，都离不开中共领导 // 365

埃及共产党青年书记马哈茂德：
让我们携手并进，朝着实现现代化和社会主义目标不断迈进 // 367

埃及前总理伊萨姆·沙拉夫：
"一带一路"倡议与全球安全倡议、全球发展倡议互为支撑和补充 // 372

埃及祖国未来党成员穆罕默德·贝勒塔基：
在以习近平同志为核心的中共中央领导下，中国取得了人类史上

前所未有的成就 // 375

埃塞俄比亚

埃塞外交关系研究所研究员加绍·埃弗拉姆：
中共迈向第二个百年奋斗征程：非中政党治国理政经验交流的机遇与挑战 // 378

埃塞俄比亚繁荣党公共与国际关系部国际关系局局长穆罕默德·塞提格内：
中国是埃塞俄比亚真正的伙伴 // 382

埃塞俄比亚繁荣党青年团秘书长阿克利卢·塔德塞：
进一步推动中非友好合作精神代代相传、发扬光大 // 385

埃塞俄比亚外交事务研究所项目协调和伙伴关系办公室主任梅拉库·穆卢阿利姆：
积极学习中共成功经验，携手构建非中新型伙伴关系 // 387

埃塞俄比亚繁荣党公共与国际关系部国际关系局局长穆罕默德·塞提格内：
中共的成功为非洲国家政党树立了一个标杆 // 390

埃塞俄比亚和平与安全研究所主任尤纳斯·阿德耶：
习近平总书记提出全球发展倡议充分彰显中共胸怀天下 // 393

安哥拉

安哥拉人民解放运动中央政治局委员、国会议员埃斯特维斯·希拉里奥：

中国特色社会主义是非洲国家学习的范本 // 395

安哥拉人民解放运动中央委员贾斯蒂诺·卡帕皮尼亚：
携手开创非中人民更美好未来 // 399

安哥拉人民解放运动中央委员齐尔达·沃洛拉：
对非中友好合作的几点建议 // 401

安哥拉人民解放运动中央委员格拉切特·桑格瓦：
愿以中国为蓝本，探索安哥拉特色社会主义 // 403

贝宁
贝宁共和阵营地区代表阿波利奈尔·约苏：
传承非中友好是青年人义不容辞的责任 // 406

贝宁共和阵营青年组织成员法蒂娜杜·奥胡·赛库：
非中关系的未来离不开青年的参与 // 408

博茨瓦纳
博茨瓦纳民主党党员塔托·巴瑞茨：
博茨瓦纳和中国要成为民主进步和经济发展的共同见证者 // 410

博茨瓦纳民主党青年委员地方政府协会青年专员勒希寇·夸姆巴拉：
携手构筑博中青年发展的共同愿景 // 412

博茨瓦纳《报道者报》专栏作家、杜马电台专栏主持人索利·拉克霍莫：
博茨瓦纳希望和中国在医疗卫生领域进一步深化合作 // 414

布隆迪

布隆迪穆杰雷水电站布方员工马尼拉吉扎：
回忆我的中共党员兄弟 // 416

布隆迪政府地区发展事务负责人恩达伊克基：
中共改变了我的命运和家乡面貌 // 419

联合国开发计划署驻多哥办事处职员伊玛尼施姆薇：
中共引领中国妇女事业走向辉煌 // 422

赤道几内亚

赤道几内亚民主党外联和青年事务协调员阿莱：
赤道几内亚民主党高度钦佩中共执政理念 // 424

多哥

多哥保卫共和联盟副主席、国民议会副议长伊卜拉希玛：
实现人民对美好生活的向往，推动构建人类命运共同体 // 427

多哥保卫共和联盟副主席、国民议会副议长巴比耶格：
中共始终坚持独立自主探索发展道路 // 430

佛得角

佛得角争取民主运动青年组织总书记艾斯马埃尔·特谢拉：
非中应携手构建社会主义现代化的未来 // 433

冈比亚

冈比亚国家人民党全国主席助理福迪·西塞：
中共始终致力于人类进步事业 // 438

刚果（布）

刚果（布）数字广播电视台（DRTV）记者莫萨：
中国是非洲国家的发展典范 // 440

刚果（布）劳动党青年组织"刚果上升力量"第一书记姆武巴·瓦蒂姆：
非中青年心意相通、真诚相交 // 442

刚果（金）

刚果（金）中国工商会主席马贝雷：
中共是全世界政党的榜样 // 445

几内亚

几内亚总统府法律顾问贾米·迪亚洛：
中国发展模式独具特色、行之有效 // 447

几内亚比绍

几内亚比绍民主更替运动-15人小组青年团副书记奥斯瓦多·南戈：
我们永远与中国团结在一起 // 449

加纳

加纳新爱国党国际部主任伊曼纽尔·阿塔福阿-丹索：
非中携手为人民谋幸福 // 451

加蓬

加蓬民主党前总书记布恩冈加：
百年征程铸就百年辉煌，继往开来续谱发展新篇 // 453

加蓬民主党青年联盟主席阿耶努：
愿非中携起手来，同心同行 // 455

津巴布韦

津巴布韦孔子学院毕业生塔滕达·钦本德：
我感受到中国人民对我超越种族的爱 // 458

津巴布韦孔子学院学生穆亚拉兹·肖科：
中国之行对我的人生产生了重要影响 // 460

津巴布韦孔子学院毕业生、《先驱报》记者提勒·塔滕达·马林加：
我已深深爱上了中国 // 462

津巴布韦孔子学院毕业生鲁法罗·卢塞塔·马基瓦：
学习中文为我打开了一扇窗 // 464

津巴布韦非洲民族联盟－爱国阵线（津民盟）青年联盟成员凯尔文·曼延加瓦纳：
打造新时代津中命运共同体 // 466

津巴布韦非洲民族联盟－爱国阵线（津民盟）总部网络安全负责人阿奇福德·古维罗：
中国推动国家发展和参与全球治理成就斐然 // 468

津巴布韦非洲民族联盟－爱国阵线（津民盟）青年团北马塔贝莱兰省书记阿尔文·伦迪·辛泽卡：
习近平新时代中国特色社会主义思想对南部非洲六姊妹党提升领

导力具有重要启发意义 // 471

津巴布韦非洲民族联盟－爱国阵线（津民盟）青年团中央书记处书记阿德麦尔·马哈奇：
中共脱贫攻坚伟大成就令人赞叹 // 473

津巴布韦非洲民族联盟－爱国阵线（津民盟）中央政治局委员坦代·齐劳：
中共是非洲昨天、今天和未来的朋友 // 475

津巴布韦非洲民族联盟－爱国阵线（津民盟）外事局长冈姆齐拉伊·曼冈杜：
新时代中共为什么能 // 478

津巴布韦非洲民族联盟－爱国阵线（津民盟）青年团中央委员西邦吉尔·西班达：
中共为南部非洲六姊妹党执政兴国提供宝贵经验借鉴 // 481

津巴布韦非洲民族联盟－爱国阵线（津民盟）全国主席顾问布里奇特·莫齐内姆哈拉：
津民盟愿全面学习借鉴中共伟大成就经验 // 483

津巴布韦外交部中国事务主管豪普维尔·穆番干亚玛：
中共的伟大成就经验给南部非洲六姊妹党带来了希望 // 485

津巴布韦独立通讯社记者提那谢·凯里扎：
非洲国家都应学习中国的脱贫模式 // 487

津巴布韦非洲民族联盟－爱国阵线（津民盟）青年团唐格纳区土地委员会书记特兰斯·齐格亚：
中国对国际法及他国主权的尊重与一些西方国家的行径形成鲜明对比 // 491

津巴布韦非洲民族联盟－爱国阵线（津民盟）青年团中央委员格特鲁德·穆坦迪：
中共探索自主发展道路经验值得借鉴 // 493

科摩罗

科摩罗复兴公约党宣传事务全国书记发言人卡马尔：
中共是南南合作的重要推动者 // 495

科特迪瓦

科特迪瓦乌弗埃民主和平联盟统一党青年办公室对外联络副书记萨诺科：
习近平新时代中国特色社会主义思想是21世纪的伟大政治愿景 // 498

肯尼亚

肯尼亚朱比利党前政治顾问卡达加·斯瓦雷：
非中政党应加强治国理政经验交流 // 501

肯尼亚联合民主同盟外事顾问埃德温·姆文达·姆威蒂：
关于《习近平谈治国理政》对肯尼亚借鉴意义的思考 // 505

利比里亚

利比里亚非中双边和多边合作研究员、作家、记者尼古拉斯·尼梅利：
对非中治国理政经验交流的几点建议 // 508

利比里亚非中双边和多边合作研究员、作家、记者尼古拉斯·尼梅利：
中国不是送给我们小"鱼"，而是教会我们钓更大的"鱼" // 510

莱索托

莱索托全巴索托大会党青联总书记姆波克·莫拉木：
非中传统友谊是互利共赢国际合作的典范 // 512

马里

马里变革党政务书记哈米杜·敦比亚：
探寻中共的成功秘诀，展望非洲政党的发展未来 // 515

毛里塔尼亚

中国港湾工程有限责任公司毛里塔尼亚办事处商务经理亚尔班·赫拉希：
新时代的中共必将改变世界面貌 // 519

摩洛哥

摩洛哥社会主义青年团培训事务书记阿卜杜勒阿里·布齐迪：
未来孕育在中华文明和习近平新时代中国特色社会主义思想的怀抱中 // 523

摩洛哥在华留学生何晓娜：
以人民为中心的发展思想诠释了中共的初心使命 // 526

摩洛哥"社会主义中国之友"网站运营人谢哈布·克里克什：
中共二十大对14亿多中国人民实现中华民族伟大复兴中国梦具有重要意义 // 532

摩洛哥《弗莱什因弗报》记者希玛·哈姆里里：
没有中共，中国人民就不会享有如今的福祉 // 534

摩洛哥进步与社会主义党青年团成员苏阿德·阿姆鲁尼：
中共二十大的成功将是全世界所有渴望自由、和平、发展人士的成功 // 536

摩洛哥进步与社会主义党青年团成员纳比勒·贝勒卡斯：
中共二十大不仅将描绘中国发展的宏伟蓝图，也将影响全世界的发展走向 // 540

莫桑比克

莫桑比克解放阵线党青年团组织和培训书记若泽·福雷：
非中合作帮助我们实现经济解放 // 544

莫桑比克解放阵线党中央培训局长扎伊达·马托拉：
学习习近平新时代中国特色社会主义思想的几点心得 // 546

莫桑比克国会议员马蒂亚斯·尼翁戈：
以非中团结合作应对时代挑战 // 548

莫桑比克解放阵线党老战士组织中央委员吉利恩·密歇拉：
构建非中繁荣共同体是大势所趋、民心所向 // 550

莫桑比克解放阵线党中央书记处传播与图像局副局长费尔南多·奇科内拉：
中国特色社会主义道路是全人类的成功之路 // 552

纳米比亚

纳米比亚营火儿童组织成员莫塞斯·席卡乐波：
非洲期待能分享中国成功故事 // 555

纳米比亚青年农业组织创始人、执行主席恩达图卢穆夸·海卡里：
"歇马凭云宿，扬帆截海行" // 557

纳米比亚营火儿童组织成员罗伊德·希宁加牙姆威：
中共对人民负责的程度，超越了人类历史上任何其他政治力量 // 560

纳米比亚营火儿童组织成员约瑟夫·艾米利亚：
各国政党积极学习"中国模式" // 562

纳米比亚营火儿童组织成员考特维玛·露易丝：
纳米比亚可以从"中国奇迹"中汲取力量 // 564

南非

南非学生大会西北省工作组召集人西西波·西比德拉：
中国的成功让全球进步力量备受鼓舞 // 566

南非共青团北开普省主席、召集人米琪娅·蒙乔：
中共为非洲青年提供了全新的希望 // 568

南非非国大林波波省委政治教育委员会委员茨瓦雷罗·马特布拉：
中共的成功故事是世界政党的力量源泉 // 571

南非共产党中央委员马特拉科：
非洲左翼进步力量必须同中共加强合作 // 575

南非非国大北开普省委政治教育委员会委员斯珀·恩德拉皮：
习近平新时代中国特色社会主义思想为非国大治国理政指明方向 // 577

南非非国大林波波省执委桑尼·恩德洛乌：
要向做得最好的中共学习借鉴 // 581

南非非国大姆普马兰加省委政治教育委员会委员威廉·图拉雷·马迪勒恩：
学习借鉴中国特色社会主义是未来所向，必须从现在做起 // 584

南非全国学生大会西北省发言人西内西弗·西比德拉：
中共和中国人民必将取得更大成就 // 588

南非共产党青年团全国组织书记莫图斯·蒂斯汀：
中共为世界社会主义的复兴带来光明前景 // 590

南非非国大东开普省委政治教育委员会委员乌伊塞卡·姆博泽拉：
非中双方应合力开辟发展新路径，共同抵御资本主义侵袭 // 593

南非非国大林波波省委政治教育委员会书记马特娄·劳伦斯·希拉拜：
习近平总书记为南部非洲国家领导人树立了标杆 // 596

南非非国大林波波省委政治教育委员会委员利乌瓦尼·埃塞尔·利加拉巴：

在中共领导下，中国人民总能创造奇迹 // 599

尼日利亚

尼日利亚中国研究中心主任查尔斯·奥努奈伊朱：
习近平总书记引领中国特色社会主义进入新时代 // 602

尼日利亚国际观察协会主席奥维·雷克穆法：
中共治国理政经验值得非洲国家学习借鉴 // 605

尼日利亚《非洲中国经济》主编伊肯纳·埃梅乌：
我眼中的习近平总书记、中共和非中关系 // 608

塞拉利昂

塞拉利昂－中国联合会创始人玛丽亚·凯克：
我首次来中国就爱上了这个国家 // 612

塞拉利昂《阿沃克报》副主编奥斯汀·托马斯：
非洲国家应抓住机遇从非中合作中受益 // 614

塞拉利昂《阿沃克报》副主编奥斯汀·托马斯：
开放包容、互利共赢、共同发展才是中国梦的特点 // 616

塞拉利昂全国人民大会党宣传部副书记、塞中基金会主席穆罕默德·卡马拉：
非中友谊成为合作共赢的代名词 // 618

塞拉利昂全国人民大会党宣传部副书记、塞中基金会主席穆罕默德·卡马拉：

非中伙伴关系是互利共赢的代名词 // 620

塞内加尔

塞内加尔独立劳动党总书记桑巴·西：
中国辉煌成就是马克思主义中国化的成功 // 622

塞内加尔独立劳动党创始人之一、政治局委员恩东戈：
中共从未忘记初心使命 // 624

塞内加尔独立劳动党书记处书记拉明·巴：
中共的卓越领导是中国繁荣富强的关键因素 // 626

塞内加尔非洲争取民主和社会主义党国际事务书记姆巴科·洛：
理论创新是中共保持强大生命力的秘诀 // 628

塞内加尔非洲争取民主和社会主义党总书记萨瓦内：
习近平治国理政思想为非洲各国探索自主发展道路增添信心 // 630

斯威士兰

斯威士兰共产党总书记库内内：
斯威士兰共产党愿同中共加强团结合作 // 632

苏丹

苏丹籍河北大学博士留学生奥马尔：
中国特色大国外交具有胸怀天下的道义担当 // 634

苏丹喀土穆大学中文系讲师艾哈迈德·法基：
未来中国定将成为世界上最强大的国家 // 636

苏丹中国视界新闻网总编辑阿卜杜勒·瓦哈布：
没有中共，就没有今天的强大中国 // 639

苏丹拉卡伊兹知识研究中心研究员达乌哈德尔·艾哈迈德：
习近平新时代中国特色社会主义思想内涵丰富，为新时代党和国家事业发展指明了前进方向 // 643

苏丹青年陈晴空：
如果想读懂中国，请先读懂中共这个百年大党 // 647

苏丹籍清华大学博士留学生穆罕默德·哈马德：
我希望今后为阿中文化交流作贡献，让世界了解真正的中国和中共 // 650

坦桑尼亚

坦桑尼亚革命党青年团全国执委伊纳特·阿布巴卡尔：
全过程人民民主堪称民主的典范 // 652

坦桑尼亚革命党全国执委加里拉·瓦班努：
中共百年征程成就斐然 // 654

坦桑尼亚革命党青年团宣传与动员书记维多利亚·姆万兹瓦：
非洲国家希望学习借鉴中国智慧实现自身发展 // 656

坦桑尼亚革命党全国执委哈迪加·哈利迪·伊斯迈尔：
中共创造了人类历史上最伟大的故事 // 658

坦桑尼亚革命党青年团达累斯萨拉姆市主席穆萨·基拉卡拉：
中共像一盏明灯照亮中国的前进道路 // 660

坦桑尼亚总统府内阁副秘书长麦瑞克·卢文加：
借鉴中国经验，探索符合国情的发展道路 // 662

突尼斯

突尼斯人民运动议会党团顾问侯塞姆丁·莎菲：
在中共领导下，中国将成为世界上最强大的国家 // 664

突尼斯人民运动党员拉玛齐·萨德利：
中共兑现了向人民和历史作出的庄严承诺 // 666

赞比亚

赞比亚社会主义党主席弗雷德·蒙贝：
习近平总书记是真正的马克思主义思想家 // 667

赞比亚社会主义党党员阿肯德·蒙贝：
中国特色社会主义道路的成功鼓舞非洲国家自主探索发展道路 // 669

中非

中非总统福斯坦·阿尔尚热·图瓦德拉：
习近平总书记是我的兄长 // 671

中非"团结一心运动"体育文化事务全国书记圣克莱尔·班加·班吉：
中非"团结一心运动"愿进一步学习借鉴中共治国理政经验 // 674

第三篇 欧 洲

白俄罗斯

白俄罗斯共产党中央委员会委员、中央委员会意识形态部部长尼古拉·沃洛维奇：

中共是中国社会主要政治力量，也是世界上许多国家的"灯塔" // 679

波黑

波黑部长会议前主席兹拉特科·拉古姆季亚：

中国终将向世界证明"国强必霸"是个伪命题 // 682

丹麦

丹麦共产党主席亨里克·斯塔默·赫丁：

期待中共在下一个百年取得更大成就 // 685

德国

德国的共产党主席帕特里克·科伯勒：

中国道路彰显社会主义的强大生命力 // 688

俄罗斯

俄罗斯联邦共产党中央委员会副主席德米特里·诺维科夫：

中国已成为人类进步力量的指路明灯 // 690

俄罗斯统一俄罗斯党最高委员会与中国共产党合作事务工作组组长阿尔乔姆·谢苗诺夫：

习近平总书记是新时代中国当之无愧的伟大领袖 // 692

俄罗斯国立人文大学现代学系副教授纳塔莉亚·波莫佐娃：
中共国家治理的成果可以为世界提供"秘方" // 695

俄罗斯科学院社会与政治研究所政治学研究室主任、俄罗斯科学院欧洲研究所研究员、原公正俄罗斯党国际部部长鲍里斯·古谢列托夫：
新时代的中共：俄罗斯的观点 // 697

俄罗斯亚太地区研究中心主任、俄罗斯国际事务委员会成员、欧亚人民大会副秘书长、俄中友协副主席谢尔盖·萨纳科耶夫：
有着强有力领导人的中国自信地步入新时代 // 701

俄罗斯《劳动报》副主编米哈伊尔·莫罗佐夫：
中国成功之基在于中共的智慧和科学领导 // 705

法国

法国共产党全国理事会主席皮埃尔·洛朗：
人类命运共同体理念为解决全球性挑战提供了方向 // 710

意大利

意大利共产党全国书记阿尔博雷西：
中国经验为世界社会主义运动注入蓬勃生机 // 714

英国

英国共产党总书记罗伯特·格里菲斯：
习近平新时代中国特色社会主义思想为中共提供了先进理论指导 // 717

新英国共产党总书记安迪·布鲁克斯：
中共领导下的中国是世界希望的灯塔 // 720

英国共产党（马列）主席鲁尔：
中共的领导是中国发展壮大的根本 // 722

"社会主义中国之友"网站联合编辑贝内特：
习近平新时代中国特色社会主义思想是21世纪的马克思主义 // 725

"社会主义中国之友"网站联合编辑卡洛斯·马丁内斯：
共产主义者联合反对美国和西方一些势力反华"宣传战" // 728

英国共青团国际部成员迈赛克：
在华生活经历坚定了我对共产主义事业的信心 // 730

欧洲左翼党

欧洲左翼党第一副主席玛丽亚·特蕾莎·莫拉：
中共展现出很强的变革和创新精神 // 732

第四篇 美 洲

阿根廷

阿根廷正义党前主席、众议院副议长希奥哈：
在拉美的发展中，中国绝不能缺席 // 737

安提瓜和巴布达

安提瓜和巴布达工党青年党员蒂芙尼·斯特恩-彼得斯：
中共带领新中国实现"凤凰涅槃" // 739

巴拿马

巴拿马民主革命党总书记冈萨雷斯：
中国特色社会主义道路回应了当今世界的要求 // 741

巴拿马亚洲战略中心名誉主席胡里奥·姚：
在我们看来中共的成功秘诀 // 743

巴西

巴西民主工党主席卢皮：
巴中密切合作，共同推动构建一个更加美好的世界 // 745

玻利维亚

玻利维亚共产党第一书记门多萨：
中国成功实现了党与政府、党的领导与国家治理的辩证统一 // 747

多米尼加

社会党国际拉美加勒比委员会主席、多米尼加革命党主席巴尔加斯：
拉中政党携手应对全球性挑战 // 750

多米尼克

多米尼克工党领袖、政府总理罗斯福·斯凯里特：
期待进一步深化和加强同中共的关系 // 752

多米尼克工党青年党员汉内尔·杰克逊：

习近平总书记——一名真正的领袖 // 754

多米尼克工党青年党员帕洛玛·马克：

"中国共产党像一座灯塔，为人民照亮前进的路" // 756

圭亚那

圭亚那人民全国大会党中央委员雷亚兹·鲁普纳瑞恩：

中国式民主让所有人民的声音得到倾听 // 758

美国

美国共产党：

中国特色社会主义制度是比西方资本主义制度更加民主和成功的发展模式 // 761

尼加拉瓜

尼加拉瓜财政部长阿科斯塔：

将人民至上、以人民为中心的理念推广开来 // 766

苏里南

苏里南大众解放发展党主席、副总统布林斯维克：

用爱与智慧引领各自政党，促进党际关系健康发展 // 768

苏里南大众解放发展党国会议员米凯拉·希奥玛－霍尔：

与青年同行的中共 // 770

苏里南民族民主党科学事务办公室主任马丁·杰弗里：

中国的脱贫攻坚和乡村振兴战略值得苏里南学习 // 772

特立尼达和多巴哥

特立尼达和多巴哥人民民族党参议员拉巴拉特：
我们从中共的经验中受益匪浅 // 774

特立尼达和多巴哥人民民族运动党公关管理专员肖恩·威廉斯：
中共的领导为国家快速发展和繁荣奠定了坚实基础 // 776

特立尼达和多巴哥人民民族运动党全国青年联盟主席杰里米·英尼斯：
中共100年的光辉历程 // 778

特立尼达和多巴哥人民民族运动党青年团秘书扎巴里·雅各布：
中共是推动中国发展的伟大团结力量 // 780

牙买加

牙买加工党青年团外事委员会主席桑卓·罗顿：
习近平总书记——中国人民强有力的领袖 // 782

牙买加工党青年团外事委员会委员达贾·麦金托什：
我与中共的故事 // 784

智利

智利共产党主席泰列尔：
我们高度重视中国在国际舞台上的作用 // 786

第一篇

亚洲

| 阿 | 曼 |

感谢中国党和政府给我提供在北京大学学习的机会

阿曼籍工程和管理学院副院长
穆罕默德·艾尔·伊赛

我叫穆罕默德·艾尔·伊赛,来自阿曼。1970年之后,阿曼在已故苏丹卡布斯的带领下逐渐发展壮大。卡布斯于2020年去世,他对阿曼的伟大贡献得到了国际社会的广泛认可。卡布斯的功绩之一便是推动阿曼人民获得普遍教育并支持阿曼人出国留学。他有一项伟大的愿景,便是在包括北京大学在内的世界排名前17的大学中建立所谓的"苏丹卡布斯教席"。我作为阿曼高等教育部负责监督实施"苏丹卡布斯教席"的工作人员,对中国有着浓厚的兴趣,想要更多了解关于中国,特别是北京大学的故事。当得知中国商务部有关奖学金的通知后,我马上着手申请并最终有幸被北京大学录取,于2019年9月开始在北京大学学习,成为第一批在北京大学攻读博士学位的阿曼学生之一。

当飞机降落在北京国际机场时,一位北京大学年轻女学生拿着一块写有我名字的指示牌迎接我。虽然航班延误,但她一直很耐心地等待,并开车送我到学校。带我到学生宿舍后,她马上将北京大学学生证递给我。这是我对中国的第一印象,我为她的周到细致所感动。接下来的日子里,从办理银行卡、电话卡,到熟悉校园,都在那位女生的协助下完成，一切都很顺利。在开始我的博士课程后，我才了解到卡布斯决定与北京大学建立联系的原因。北京大学是一所组织有序且享有盛誉的大学，可与世界其他任何顶尖名校相匹敌。在我爱上中国和北京大学的过程中，中国商务部发挥了重要作用，从照顾我们的食宿、提供奖学金支持生活费用，到组织我们在中国进行实地考察，他们让我们在中国的生活变得十分愉快且受益良多，这也促使我开设了自己的脸书账号和照片墙账号，希望向世界展示外国留学生在华生活和学习的感受，同时讲述一些关于中国文化的趣事。目前我的分享已经吸引了超过25名来自阿曼和其他阿拉伯国家的学生来华留学。最后，再次感谢中国党和政府为我提供在北京大学学习的机会。

习近平总书记是有决心、有行动力的领导人

阿曼籍青年：
法迪亚·阿尔巴克里（主作者）、穆斯塔法·阿拉什迪、玛丽亚·阿尔巴克里、阿比尔·阿尔巴克里

在亚洲大陆的东侧，有一个世界闻名的大国，她便是中华人民共和国。她东临太平洋，北与俄罗斯、蒙古国等国家相邻，南与印度、巴基斯坦等国接壤，这些国家构成了全世界人口重要聚集地。中国人口数量居世界第一，约为14.13亿人。数量庞大的中国人口分布在约960万平方千米的土地上，这里气候类型多样、地形类型复杂、植被种类丰富。当前，中国已成为参与世界各国经济竞争合作的强大经济体。

本文将从新时代的中国和中国共产党取得的重要成就和历史经验、习近平新时代中国特色社会主义思想的国际贡献和世界意义、中国外交等方面进行阐述，同时也将讲述阿拉伯国家与中国共产党交流互鉴的故事。

中国共产党是一个致力于建设社会主义现代化强国、实现共产主义目标的政党。总体来看，中国共产党100年来的征程就像一条永不干涸、勇往直前的江河，在她的每个前行之处都刻画着显著的航标，正是这些航标指引着航船不断前进。中国共产党于1921年在上海成立。她是一个具有鲜明政治意识形态的政党，其特点是能够在瞬息万变的世界跟上内外发展的步伐。

中国共产党团结领导中国人民经过28年的艰苦斗争，推翻了长期存在和压迫中国人民的帝国主义、封建主义和官僚主义三座大山，建立了中华人民共和国。此外，她结束了中国的分裂状态，实现了中华民族独立和国家统一；完成了从封建专制制度向全过程人民民主制度的历史转变。

从历史上看，中国的发展成就举世瞩目。在中国共产党的带领下，中国实现了从崛起到富强的巨变。令人惊讶的是，中国在短短几十年内就实现了西方国家几百年才能实现的工业化进程。所有这些都提升了中国的国际形象，并产生了巨大的全球影响力。

中国共产党在过去100年始终拥有强大生命力，其中一个重要原因就是拥有宽广视野、深谋远虑的领导人。从毛泽东到邓小平，再到现任党的总书记习近平，他们带领党与时俱进、开拓进取。

自2012年11月习近平同志当选中共中央总书记以来，一直被国际社会视为拥有坚定决心和行动力的领导人，习近平新时代中国特色社会主义思想对国际合作和全球安全产生了重要影响。在过去的十年里，习近平总书记带领中国共产党成功克服了许多障碍和危机。例如，2015年年初，当也门陷入混乱时，习近平总书记指示中国海军撤离滞留在那里的数百名中国公民。此外，在美国对中国发动贸易战时，以习近平同志为核心的中共中央制定了"不愿打、不怕打、必要时不得不打"的政策立场，坚持对话与合作的战略选择。2021年，中国在全球创新指数中排名第12位，高于日本和加拿大。中国是世界上最大的外国直接投资接受国，并即将成为全球最大的消费市场。

阿拉伯国家和中国是国际舞台上重要的政治力量，阿中合作伴随着全球发展浪潮不断进步。历史上，阿拉伯国家与中国在经济、商业、文化等方面有着广泛的联系，在古丝绸之路上结下了真挚的友谊，在独立建国之路上相互帮助。当前，新冠肺炎疫情仍在全球蔓延，阿拉伯国家和中国迅速采取措施共同应对这一流行疾病，加强双方在卫生领域的合作是阿中命运共同体的生动体现。此外，阿拉伯国家在涉疆、涉藏、涉港等问题上多次在联合国人权理事会发出支持中国的声音。中国也建设性地参与中东地区事务，与阿拉伯国家一道，通过对话就各方关切达成最大共识，努力为地区稳定提供更多公共产品。

中国共产党带领中国在经济建设方面取得了巨大飞跃，中国过去20年的经济进步极大地增强了国家力量。中国的外交政策从历史中汲取经验，致力于面向未来加强国家间合作，中国与阿拉伯各国友好合作关系不断发展，并通过中阿合作论坛、中海战略对话等平台不断深化集体对话与合作。

中共不断取得成功、始终保持活力的最重要原因是她拥有高瞻远瞩、英明睿智的领导人

阿曼青年
瓦利德·穆罕默德·侯赛尼

在中国共产党领导下,中国已发展成为世界上最重要的经济体、最强大的国家之一。这些成就的取得源于中国共产党致力于为中国人民提供更有尊严、更美好的生活。与此同时,中国在工业领域特别是在重工业方面取得的进步令人惊叹,为世界提供了源源不断的中国产品,涵盖人们日常生活的方方面面。本文将从中国、中国共产党、中国共产党对中国和世界发展所作贡献、中国和阿拉伯国家关系、"一带一路"倡议、中国经济发展、习近平总书记领导中国实现发展复兴等方面简要介绍中国和中国共产党取得的伟大成就。

关于中国

中国地处东亚,人口超过14亿,是世界上人口最多的国家。中国实行由中国共产党领导的多党合作和政治协商制度,首都北京,陆地面积约为960万平方千米,居世界第三位,共有30多个省级行政区。在中国共产党的领导下,中国实施一系列改革,包括推动国有企业和

银行系统改革、扶持私营部门发展、加强对外贸易和吸引外资等。这些改革改变了原有的封闭、限制和集中的经济体系，建立起面向世界市场的开放型经济体系，使中国经济快速增长并全面融入世界经济体系。2013年，中国成为世界第一大货物贸易国。当前，中国是世界上最强大的经济体之一，也是公认的发展最快的国家之一。中国自古以贸易闻名，如今已成为世界上贸易最发达的国家之一，中国经济在全球经济中占据越来越重要、越来越突出的地位。

关于中共

中国共产党是拥有9600多万名党员、领导着14亿多人口大国、具有全球影响力的世界最大的马克思主义执政党，是中国特色社会主义事业的领导核心，代表着中国最广大人民的根本利益。她领导中国实现了经济快速增长，并发展成为世界性强国。从1921年建党到1949年新中国成立再到现在，中国共产党战胜了一个又一个困难挑战，不断完善治理理念，连续执政73年，这对于大多数西方国家政党来说是极其困难的。中共在过去101年里不断取得成功、始终保持活力的最重要原因是她拥有具有高瞻远瞩、英明睿智的领导人。从新中国成立之初的毛泽东到邓小平、江泽民、胡锦涛，再到如今的习近平，他们都致力于为中国创造光明的未来。在这些伟大领导人的带领下，中共顺应时代发展、克服重重困难，带领中国人民不断创造新的辉煌。

中共在新民主主义革命时期领导中国人民开展革命，先后经历了四个阶段，分别是"大革命"阶段（1924—1927年）、土地革命阶段（1927—1937年）、抗日战争阶段（1937—1945年）和解放战争阶段（1945—1949年）。在这四个阶段，中共既同国民党合作抵抗日本侵略者，赢得抗日战争胜利，也试图在经济、政治、工业、农业等各方面全面改革中国，建设一个崭新的强大国家。

新中国成立后，中共领导开展农村土地改革运动，超过90%的农业人口完成土地改革，三亿农民获得了约4700万公顷的土地；实施第一个五年计划，获得了国民收入年增长8.9%以上的惊人成就，并完成了一系列从无到有的基础工业门类建设，包括飞机和汽车、重型和精密机械、发电设备、采矿设备、不锈钢冶炼、有色金属冶炼等；开展大规模社会主义改造，实现从新民主主义到社会主义的转变，大力发展社会主义经济、政治和文化。

在中共带领下，1978年起中国开始实施改革开放，将工作重心转移到经济和现代化建设上来，通过改革政治和经济制度，逐步建立起现代化的中国特色社会主义制度，使中国发生翻天覆地的变化，进入了政策稳定、经济快速发展、外交积极进取的大繁荣时代。

中共现阶段的主要任务是团结带领全国各族人民，自力更生、艰苦奋斗，逐步实现社会主义现代化，进而把中国建设成为富强民主文明和谐美丽的社会主义现代化强国。

中共对中国和世界发展所作贡献

中共成立至今，特别是改革开放后，带领中国取得了巨大的经济发展成就，成为世界第二大经济体。中共对中国乃至世界发展作出了巨大贡献，我仅简要列举一部分：

——中国在工业、科技、军事和人工智能等领域取得的发展进步产生了全球性影响；

——尽管中国是一个人口众多的多民族国家，但中共在维护民族团结和谐、赢得人民信任方面取得了巨大成功；

——在国际层面，一方面，美国等国将中国视为强大的竞争对手，另一方面，发展中国家将中国发展视为自身发展机遇和经济转型的资源；

——中共奉行不干涉他国内政原则，这使中国可以远离许多国际冲突，赢得了各方信任和钦佩；

——"一带一路"倡议是世界上最大的经济项目，中国在基础设施、普惠金融、贸易等方面与世界共享发展红利；

——中国通过持续扶贫，取得了脱贫攻坚战的全面胜利，使现行标准下9899万农村贫困人口全部脱贫，中国历史性告别绝对贫困。联合国寻求在2030年前消除贫困，中国领先其他国家近十年完成了这一目标；

——中国是世界各国没有任何政治附加条件的合作伙伴，始终愿意为发展中国家提供力所能及的支持和帮助；

——全国公司、工厂数量的增加创造出许多工作机会，中国农村和城镇失业人口数显著下降，这也侧面证实了中国经济的增长；

——中国教育水平呈指数级增长。

阿拉伯国家和中国关系

阿拉伯国家与中国间的友谊源远流长，新中国的成立和阿拉伯国家的独立进一步促进了阿中友好交往。近年来，阿中友好合作实现了历史性飞跃，双方建立了战略伙伴关系。阿中坚持相互尊重、平等相待，无论国际形势如何变幻，始终是好兄弟、好朋友和好伙伴。中国政府在总结阿中关系发展经验的基础上，明确了发展阿中关系的原则和战略，规划了阿中互利合作的美好未来。双方致力于在政治、投资贸易、社会福利、人文交流，以及和平安全等领域全面加强阿中关系。阿中之间深厚友谊的最新例证是合作抗击新冠肺炎疫情。在疫情最早在中国暴发时，阿拉伯国家与中国站在一起，通过提供医药物资等方式帮助中国抗击疫情。沙特、卡塔尔等阿拉伯国家第一时间帮助中国。当疫情在世界各国蔓延后，中国立即帮助其他国家，特别是向阿拉伯国家提供了许多医疗器械、口罩和抗疫物资。中国还毫无保留地同阿方开展诊疗技术交流，先后向阿尔及利亚、巴勒斯坦、伊拉克、沙特等国派遣医疗专家组，建立医学实验室。中国还致力于向全人类提供新冠疫苗。阿中抗疫合作成为发展中国家合作的典范，进一步提升了阿中关系水平，是对"打造面向新时代的阿中命运共同体"理念的生动诠释。

关于"一带一路"倡议

"一带一路"倡议是中国和阿拉伯国家目前正在开展的最重要的合作项目之一。中国于2013年提出了"一带一路"倡议，这是一项超大规模的基础设施建设项目，旨在通过建设港口、铁路、机场和工业园区来扩大同其他国家的贸易联系。"贸易是经济增长的重要引擎。"习近平主席在第一届"一带一路"国际合作高峰论坛开幕式上的演讲中指出："我们推进'一带一路'建设不会重复地缘博弈的老套路，而将开创合作共赢的新模式。"习近平主席还强调："我们要打造开放型合作平台，维护和发展开放型世界经济。""一带一路"倡议是来自中国的发展倡议，旨在复兴古丝绸之路。鉴于世界正在经历经济和地缘政治层面的巨大变化，中国提出"一带一路"倡议可以加强各国间相互依存的关系。通过这个倡议，中国寻求建立新市场并保障全球供应链稳定，这将有助于实现可持续的经济增长和社会稳定。"一带一路"倡议还旨在建立一个连接亚洲与欧洲、非洲及其他地区的经济和基础设施网络。这项大规模的开发和投资计划将极大增强中国的全球影响力，并加深中国与世界各国的联系。

2013年以来，中国与"一带一路"沿线国家的经贸关系显著增强。根据中国商务部副部长盛秋平在2022年的最新表态，2013年至2021年，中国与"一带一路"沿线国家的年度贸易额从1.04万亿美元扩大到1.8万亿美元，增长了73%。中国对"一带一路"沿线国家直接投资累计1613亿美元，沿线国家在华投资设立企业3.2万家，实际累计投资712亿美元。巨额的投资使我们相信，"一带一路"倡议将使中国成为世界经济强国和全球贸易中心，通过陆海连接亚洲、非洲和欧洲，便利货物运输，刺激各国贸易和经济增长，增强中国同沿线国家经济金融一体化潜力。

中国经济发展

1949年新中国成立以来，中国经济快速发展，特别是1978年改革开放后，中国经济持续平稳健康发展。目前，如果按购买力平价计算，中国已是世界第一大经济体；即使是按汇率计算国内生产总值，中国也是世界第二大经济体。2019年，中国国内生产总值占世界比重达16.5%，被认为是世界上最大的货物品出口国。在制造业领域，一方面，中国在世界集装箱港口建设方面具有领先地位，航运在连接中国与世界各国方面发挥了突出作用，中国产品被运往世界。另一方面，中国拥有稀土这一独特矿产资源。稀土是生产风力涡轮机、太阳能电池板和电动汽车的关键材料，不仅在信息技术和新能源领域，还在战斗机、核潜艇、导弹制导系统生产等领域发挥着重要作用。中国在稀土市场上的重要地位，使美国、加拿大和澳大利亚等国很难在供应链方面与中国竞争。我们可以在世界各个国家的市场上看到"中国制造"，中国正引领一场全球贸易革命，开启中国经济新时代。当前中国仍在大力发展经济，采取了许多有助于促进经济增长的战略。下面是一些我了解到的中国为促进经济增长而采取的战略：

——中国大力发展重工业，已成为全球钢铁最重要的生产基地，钢铁产量约占全球产量的一半；

——中国加强发展能源和采矿业，提升石油、黄金、天然气和其他矿产资源产量，提高国内生产总值；

——中国减少对煤炭的依赖，大力发展可再生能源技术；

——中国完善工业门类建设，几乎可以生产世界所需的任何产品，世界找不出第二个国家可以在此方面与中国相提并论，完善齐全的工业门类使中国经济拥有光明未来；

——中国正在努力发展交通运输业，汽车、高铁制造和其他电子零件制造已成为中国的鲜明名片。世界上所有人都应该明白，对中国来讲没有什么是不可能的。

在中共领导下，中国农业也取得巨大发展，中国已成为全球第一大小麦生产国。相信在以习近平同志为核心的中共中央领导下，中国国内生产总值可以在2035年前再翻一番，并实现对美国经济的超越。

新冠肺炎疫情暴发后，当许多国家面临经济崩溃和收入下降时，中国经济表现出了极强韧性。不同于美国、日本和许多欧洲国家大规模解雇员工，经济增速急剧下降，中国快速控制住了疫情传播，当年便使经济恢复平衡并实现2.3%的增长。

习近平——中国复兴的领导人

习近平总书记的父亲是中国革命的先驱者。习近平毕业于清华大学人文社会学院，1974年加入中国共产党，曾在被誉为中国第二大城市和商业中心的上海担任市委书记。习近平于2012年当选中共中央总书记，于2013年当选中华人民共和国主席。习近平成功领导中国进行全面改革，为遏制中国经济增速下滑作出了重要贡献；领导国有企业改革，成功提出大型互联互通合作项目——"一带一路"倡议；发起了一系列反腐运动，并提出"'老虎''苍蝇'一起打"的主张。

《华尔街日报》将习近平描述为自毛泽东之后中国最有作为、在国际舞台上最具抱负和影响力的领导人。在其领导下，按购买力平价计算，中国经济已超过美国，自2014年起成为世界第一大经济体。习近平从长远角度审慎地思考和谋划中国的未来，希望借助经济优势使中国成为全球性大国，并有望在2049年使中国成为社会主义现代化强国。以习近平同志为主要代表的中国共产党人，创立了习近平新时代中国特色社会主义思想。在习近平的讲话中多次提到中国将坚定维护国家主权和领土完整，将之视为对历史和人民的神圣义务，这显示出习近平对中国及中国人民的深厚感情。习近平致力于提高中国的国际地位，积极加强同东南亚国家的联系，使东盟取代日本、澳大利亚和美国成为中国最大贸易伙伴。在军事方面，习近平大力开展军队建设，改革军队结构，打击部队上的腐败，加强了军队各部门战斗力，尤其是更加关注发展空军和海军，无论是规模还是深度都前所未有。

总　结

中国共产党带领中国实现经济增长，使中国在政治、经济、工业和贸易等各方面达到发达国家水平，成为世界上最强大的国家之一。中国共产党的发展历程并不简单，经历过极其艰难且关键的阶段，但她始终不忘初心、艰苦奋斗，将中国建设成为一个伟大而成功的国家。中国共产党推动中国经济快速增长，摆脱绝对贫困，降低农村和城镇人口失业率。相信在习近平总书记的坚强领导下，中国将坚持自身发展战略，取得更大发展成就，成为具有全球影响力的政治经济强国。

阿拉伯世界可以学习中国模式以推动经济社会发展

阿曼阿利兹伊斯兰银行副经理
纳赛尔·苏尔坦·阿勒沙格希

中共带领中国取得历史性成就

1921年，中国共产党在共产国际的帮助下成立。多年来，中国共产党在建立中华人民共和国及推动国家经济社会发展等方面取得了诸多成就。为实现发展，中共历届领导人提出了符合社会主义意识形态和中国国情的理论和方案。本文将着重论述中共的历史性成就、其对当代中国发展进程的影响，以及习近平新时代中国特色社会主义思想。

中国共产党最伟大的成就之一是在1949年建立了中华人民共和国，结束了国内的动荡。发展难以在动乱和冲突中实现，而内战的结束为中国的发展铺平了道路。中共努力巩固政权，制定经济社会政策，促进国家发展。中共还实施了土地改革，将生产资料分配给此前被边缘化的农民。尽管"大跃进"造成不良后果，但土地改革本身有助于重新分配国家财富并将生产资料交到生产者手中。农民获得土地，并被允许与投资者在农村合作进行营利性投资。阿曼的外国投资政策借鉴了中共的社会公正理念和土地改革举措，外国公司应当与阿曼本地人合作。阿曼的资本投资法规禁止外国公司在阿曼拥有土地，经济特区除外。

从 1978 年邓小平同志的改革开放到习近平总书记的乡村振兴战略及其他扶贫举措，中共带领中国在经济社会发展方面取得长足进步。邓小平的政策让中国向外国投资者敞开大门，结束了中国的封闭半封闭状态。中国鼓励外国直接投资，在经济特区执行有吸引力的投资政策，基础设施和人力资本随之迅速发展。比照中共的经济发展方针，阿曼设立了两个经济特区和三个自由区。与阿曼其他地区不同，经济特区和自由区实行对投资者更加友好的投资政策，以吸引外国直接投资，就像中共领导下的中国一样。阿曼此前过度依赖石油这种不可再生资源，现在有必要效仿中国模式，鼓励加大对农业、制造业和服务业的投资。

学习中国模式推动经济社会发展

习近平担任中国党和国家领导人后，习近平新时代中国特色社会主义思想这一指导中国政治、经济和社会发展的新思想逐步形成，并被写入中国宪法。在该思想指导下，中国为实现更加公平的财富分配而制定实施各类政策，致力于消除贫困、在经济上给穷人赋能，并开始实施乡村振兴战略。中国的农村地区普遍存在贫困问题，包括阿曼在内的很多国家也是如此。私营公司追求利润最大化，通常不愿在农村和偏远地区进行投资。因此，中国政府重视在农村地区进行投资，让农民参与到既定项目中，既当工人又当股东。这可以将农民纳入国家的经济活动，防止其被边缘化。中共在农村推广各类旅游观光活动和有机农业项目，农民享有就业机会和利润分成，进而提高了生活水平。

2012 年以来，在中共的领导下，中国近一亿乡村贫困人口摆脱了绝对贫困。广西就是利用自然禀赋从这一政策中受益的省份之一。

阿曼也可以借鉴这一理念，带领人民摆脱绝对贫困。阿曼和本地区各国均阳光充沛，可以通过发展太阳能带动国内产业发展。阿曼还可以抓住旅游业机遇，扩大农民参与，让他们利用本地资源获得收益。中国政府意识到农村劳动力的短缺正在限制农村的发展，因此在农村地区进行投资，减少农村人口向城市的迁移。上述举措让中国整体消除了绝对贫困。然而，包括阿曼在内的大多数阿拉伯国家仍然存在深度贫困和收入差距巨大等问题。如果本地区要实现可持续发展目标，特别是消除贫困和保障民生福祉，就需要协调有序的扶贫和乡村振兴战略。

中共重视政策稳定性和连续性，因而具备落实长期规划的能力。中共已提出到21世纪中叶的长远规划目标。与那些频繁更换领导人而影响政策连续性的国家不同，习近平总书记能够实施长远规划和愿景。因此，在阿曼，有必要确保苏丹掌握管理政府的权力。民选领导人通常在其政策取得成果前就会结束任期，苏丹与他们不同。中国共产党向来重视反腐败工作，腐败会破坏经济社会进步，阿曼及地区其他国家也需要同腐败作斗争。

阿曼和阿拉伯世界可以学习中国模式以推动经济社会发展。有些举措可以直接采用，有些举措需进行调整以适应阿拉伯国家国情和文化传统。用睿智的中国领导人邓小平的话来说，我们需要"摸着石头过河"。

| 阿 | 塞 | 拜 | 疆 |

中共创造了真正的"中国奇迹"

阿塞拜疆"欧亚观察国际"问题研究中心主任、"观点"新闻网总编辑马马多夫

中共始终顺应人民的期望

中国共产党已跨越百年征程，2022年7月1日迎来建党101周年。中国共产党是世界上最大的马克思主义执政党，拥有9600多万名党员。党员人数还在不断增加，很快将达到一亿人。中国共产党的伟大不只在于其党员数量，更在于其目标的宏大。无论何时何地，政治家的成功和地位都是由社会现状和民意决定的。人民越是信任执政党，其地位就会越巩固，设定宏伟执政目标的可能性就越大。中国共产党依靠人民以及人民对党的热爱和信任，克服种种困难，在执政期间创造了真正的"中国奇迹"。

赢得人民的信任并不容易，这种信任不是天然形成的，而是由于中国共产党始终顺应人民的期望。1921年7月中共一大召开时，中国正经历困难时期，中国共产党不得不为国家前途甚至存续奋斗。这场斗争持续了几十年，最终中国共产党领导中国人民取得了胜利。1949年中华人民共和国成立，中国共产党以先进思想和中华民族古老智慧为指引，发展成为世界上最成功的政党之一。中国共产党不仅是一种象征，更是一个务实的政治组织。

中国共产党作为执政党，其战略部署为国家所有政治决策奠定基础。中国共产党的战略目标十分清晰，任何一项决定都会得到精准落实。中国共产党致力于实现和谐发展，不再将经济成就作为衡量社会进步的唯一指标。

当然，经济成就不是衡量中国取得举世瞩目发展的唯一标准，但这是中国人民在中国共产党领导下创造的真正奇迹。50年前还在贫困中沉睡的中国，如今已成为世界第二大经济体，并以经济实力为纽带，将全世界联系起来。在2017年10月举行的中共十九大上，习近平总书记提出全面建成小康社会的宏伟目标——小康社会，即没有贫穷、饥饿和失业的社会。尽管任务艰巨，中国共产党仍实现了这一目标。

中国共产党建党百年时已实现全面建成小康社会目标。下一个目标是在中华人民共和国成立100周年时（2049年）使中国达到中等发达国家水平。

形象地说，中国共产党正带领人民走在不断增进人民福祉的道路上并已抵达第一站。如今以习近平同志为核心的中共中央正领导党和国家，同腐败等其他丑恶现象坚决斗争，这使中国人民更加坚定团结在中国共产党周围，民众对国家领导层的信任不断提升。这种信任是未来国家取得胜利和成就的基础。

中共创造的"中国奇迹"并非偶然

中国共产党以高超的智慧领导国家和人民，其意识形态十分深入而和谐地融入国家各级机关。因此，当共产主义意识形态与市场经济、企业发展相结合时，中国共产党创造的"中国奇迹"并非偶然。中国共产党已成为一种现象，是一个不断发展、政策灵活、不拘泥于教条、随时准备对话和不断接受新事物的进步政党。一方面，中国是社会主义国家；另一方面，中国是拥有超级富豪人数最多的国家。这听起来似乎很矛盾，但事实上并不违和。因为为中国人民谋幸福、为中华民族谋复兴是中国共产党的初心和使命。得益于中国共产党的政策，近十年来中国社会发展和各阶层人民生活水平逐步均衡。2021年，中国政府宣布消除绝对贫困。

中国共产党领导并制定出高效的脱贫规划。2021年2月，习近平总书记宣布脱贫攻坚战取得全面胜利。在中国共产党和中国人民的共同努力下，现行标准下9899万农村贫困人口全部脱贫，12.8万个贫困村全部出列。习近平总书记表示，中国"完成了消除绝对贫困的艰巨任务，创造了又一个彪炳史册的人间奇迹！这是中国人民的伟大光荣，是中国共产党的伟大光荣，是中华民族的伟大光荣！"2020年，中国国内生产总值超100万亿元，是2000年的10倍。中国已成为世界第二大经济体，对全球经济增长的贡献率约为30%。

这一成功并不意味着中国共产党将安于现状，不再有所作为。恰恰相反，上述成就鼓舞中共不断夺取新的胜利。今天的中国正以更大的热情和信心向前迈进。中国的超大型城市令人震撼，实施的项目令人惊叹。经济的高速增长招致一些国家的嫉妒和担忧，因为他们已经清楚地知道不可能赶超中国。中国是一个能够制造一切的世界工厂。在中国共产党的领导下，中国正在进行地底和外太空探测，发展高新技术和创新领域，中国技术在全世界受到热捧。中国社会不断发展，民众受教育水平和文化程度明显提升，年轻人就业率显著提高。此外，中国共产党自身也在走向年轻化，国家取得的成就和巨大的机遇不断吸引青年人加入中国共产党。中国的新一代青年人在社会主义思想教育下成长，成为推动中国经济和科学发展、推动构建和谐社会的强大力量。研究中国经验的外国分析人士认为，建设社会主义国家的思想不会过时。

中国特色社会主义是切实可行、富有活力的。尽管一些西方政客曾预言这一制度将很快崩溃，但中国共产党证明，他们的判断是错误的。事实证明,社会主义价值观同发展和繁荣的理念并不矛盾,相反,在中国共产党的英明领导下显得相得益彰。

中国共产党已迎来101岁华诞,进入新的发展阶段。中国正坚定走在不断推动发展和改革、为中国人民创造美好未来的道路上。

习近平新时代中国特色社会主义思想揭开了马克思主义中国化发展的新篇章

阿塞拜疆新阿塞拜疆党成员、中国研究学者
拉菲格·阿巴索夫

没有中共就没有中国特色社会主义

2021年是国际上具有历史性意义的日子——中国共产党成立100周年。自1921年成立以来，中国共产党带领英雄的中国人民为实现中华民族的伟大复兴而奋斗。中国共产党的历史与人民的命运紧密相连。正如中共中央总书记习近平在十九大报告中指出，"中国共产党人的初心和使命，就是为中国人民谋幸福，为中华民族谋复兴。这个初心和使命是激励中国共产党人不断前进的根本动力。"今天，9600多万中国共产党人维护着人民和国家的利益，在建设社会主义现代化国家道路上前行。

历史已经证明，没有中国共产党就没有新中国，就没有中国特色社会主义。在中国共产党这个世界上最大的马克思主义执政党的领导下，中国在很短的历史时期内成为全球大国，成为世界经济的"火车头"，成为国际政治中的主导因素。今天，中国共产党以其革命精神、坚定的政治信念和大力打击党内腐败而闻名。中国共产党积极发动群众解决事关国计民生的重大问题，为国家的发展制定革命性战略政策，创造新的经济和外交政策模式，为当今世界全球性挑战寻找解决办法。中国共产党建立的独特治理体系已成为一种组织力量，能够应对国家安全领域的所有威胁，其集中统一的决策和执行机制确保了中国在全国范围内取得抗击新冠肺炎疫情最终胜利，并向世界伸出援助之手，为各国提供帮助与支持。显然，如果没有一个高效的治理体系，中国就不会成为疫情背景下第一个恢复经济增长的世界大国。

在中国特色社会主义发展的关键时刻，在全面建成小康社会的决胜阶段，中国共产党第十九次全国代表大会胜利召开。这不仅对中国和中国人民具有划时代意义，也对整个世界产生了巨大影响。中国在国际上的地位和影响力不断提升，对世界经济和全球发展的贡献不断增加，彰显了中国特色社会主义制度的强大优势和国家治理体系的突出效率。中国共产党始终坚持"人民至上、生命至上"，在实现中华民族伟大复兴的中国梦的奋斗道路上发挥领导作用。

习近平新时代中国特色社会主义思想揭开了马克思主义中国化发展的新篇章，确定了党的建设新路径和实现"两个一百年"奋斗目标的新前景，充分体现了全党和全国人民的共同愿望。今天，中国特色社会主义大国外交正致力于推动构建相互尊重、公平正义、合作共赢的新型国际关系和人类命运共同体。在中国共产党的领导下，中国梦与世界人民的梦想密不可分，必须推行全面、可持续的全球安全理念。中国梦的主要目标是使中国成为富强民主文明和谐美丽的社会主义现代化强国，振兴中华民族，为人民创造幸福生活。

中共的领导使中国成为世界上最具活力的发展中国家之一

2021年，中国进入了建设社会主义现代化强国的新阶段，在中国共产党的领导下实施"十四五"规划，提出了新发展理念和构建以国内大循环为主体、国内国际双循环相互促进的新发展格局。实施大规模的社会主义现代化计划，将中国转变为世界领先的创新国家，必须始终坚持中国共产党的领导，发展科学、技术和教育，在此基础上实现新型工业化、信息化、城市化和农业现代化。今天，在中国共产党的领导下实施的中国现代化政策向世界展示了中国经济、科学、技术和文化的崛起，使中国成为世界上最具活力的发展中国家之一。中国不仅成为全球化进程中最重要的参与者之一，而且还成功征服了发达国家和发展中国家的众多市场，成为世界最主要的贸易大国，并在世界经济和全球货币金融市场危机中成为稳定性因素。同时，中国现代化政策的主要目标仍然是建设一个富强民主文明和谐美丽的社会主义现代化强国、实现中华民族伟大复兴。在中国共产党第十九次全国代表大会上，习近平总书记重申了全面深化改革的重要性，并指出全面深化改革的总目标是"完善和发展中国特色社会主义制度、推进国家治理体系和治理能力现代化"。毋庸置疑，改革开放40多年来的成就令人印象深刻。中国的国内生产总值多年来一直位居世界第二，中国已成为全球主要对外贸易和投资大国。改革开放的长期实践告诉我们，中国的发展前景与整个世界的发展、繁荣和稳定前景紧密相连。中国坚持以互利为原则的开放战略和以独立自主为原则的外交政策，坚持维护世界和平与稳定。

"一带一路"倡议以共商共建共享原则为指导，成为位于欧亚运输线上国家间合作发展的新平台。中国在欧亚大陆提出的这一经济发展模式将从根本上改变地区政治经济格局，给欧亚大陆带来和平、稳定和繁荣。中国对在"一带一路"倡议框架下与所有国家的合作持开放态度，"一带一路"是一个开放的合作平台，为能源、交通、工业和人道主义合作方面的一体化发展树立了一个新榜样，是21世纪人类创造的又一宝贵历史经验。中国"一带一路"国际合作高峰论坛为欧亚大陆在平等互利、尊重国家主权、国际法的基础上建立和发展了一个全新的贸易和运输格局。

今天，在中国共产党的领导下，中国努力建设社会主义现代化国家，实施对外开放国策，创造中国新的经济增长点，保持中国经济在全球领先地位。"一带一路"倡议框架下的国际合作对中国来说，不仅在确保政治协调、基础设施互联互通、国际贸易合作方面发挥了重要作用，而且在扩大开放政策和发展与区域合作伙伴的关系方面也发挥了重要作用。"一带一路"倡议的实施正在为中国的政治和社会经济发展带来切实成果。中国向新的经济发展模式和集约化经济管理方法的转变，大大增加了中国公司在国外的投资活动，为中国商品出口和矿物进口开发了新市场，过渡到了更加平衡的外贸政策，发展了区域货币和金融一体化，提高了人民币在国际金融交易中的作用，并有效缓解了产能过剩问题。此外，打造新的经济特区，建设新的交通和经济走廊逐渐缩小了中国沿海和内陆地区社会经济发展的差异。

当前，中国面临着到2049年建成富强民主文明和谐美丽的社会主义现代化强国的艰巨任务，党和国家机构必须推行改革。只有成功实施改革开放政策，才能实现中国的快速发展、社会主义的发展和马克思主义的发展。毋庸置疑，只有坚持中国共产党的领导，坚持和发展中国特色社会主义制度，实现国家治理体系和治理能力现代化，才能确保实施如此宏伟的计划。国家体制改革主要是为了保障人民当家作主，这是社会主义民主政治的本质特征。中国共产党带领中国人民，在科学决策基础上有效进行国家治理，全国人民代表大会和中国人民政治协商会议等政治机构确保党的领导、人民当家作主和依法治国的有机统一，体现中国政体的政治优势和国家治理的革命性变化。体制改革将保持中国经济的高速增长，并促进中国经济在宏观经济、中观经济和微观经济层面的深度结构转型。实施体制和经济改革，还可以推动落实诸如发展创新创业、有效利用市场机制、扩大外资流入规模等重要任务，最重要的是提高人民收入和提升生活质量，全面加强中国共产党在中国社会的政治作用。中国坚持实施体制改革，对现有的政治、经济和社会体制进行渐进式革新，确保社会和经济高度稳定和高效运作，使中国不断接近建设一个繁荣富强的社会主义国家目标。

在中国共产党的领导下，发展社会主义民主的制度化、规范化和程序化，向世界展示一种基于民族特色的、高效的、充满活力的独特政治制度。

新阿党和中共间的政治合作和党际对话正持续稳步发展

中国共产党外交政策的主要目标是为中国发展创造和平有利的国际环境，并与其他国家的执政党发展联系。在此背景下，阿塞拜疆新阿塞拜疆党和中国共产党之间的政治合作和党际对话正持续稳步发展。前阿塞拜疆国家领导人、新阿塞拜疆党创始人盖达尔·阿利耶夫正式访问中国，奠定了阿中两国高层政治对话的基础。如今，阿塞拜疆总统、新阿塞拜疆党主席伊利哈姆·阿利耶夫延续并发展这一机制。在阿利耶夫总统和习近平主席的会晤中，两国元首强调要加强执政党之间联系，深化治国理政经验交流，增强两个历史上由伟大的丝绸之路连接在一起的兄弟国家间的政治互信。习近平主席出席第二届"一带一路"国际合作高峰论坛期间表示，中国共产党愿加强同新阿塞拜疆党的联系，交流国家治理经验，加强两国政治互信。习近平主席在中阿建交30周年之际，向阿利耶夫总统致贺电。贺电中指出，建交30年来，中阿关系保持健康稳定发展势头。双方政治互信深化，各领域合作扎实推进，国际和地区事务协作日益密切。

在新阿塞拜疆党与中国共产党20多年交往历史中，有许多标志性重大事件。中共代表团出席了具有历史意义的新阿塞拜疆党第一次全国代表大会，会见了当时阿塞拜疆国家领导人盖达尔·阿利耶夫。在新阿塞拜疆党和中国共产党的当代政治合作框架内，党的代表团实现多次互访，交流国家和社会治理以及政治思想工作经验，两个执政党积极参加亚洲政党国际会议框架下的活动，实施丝绸之路经济带计划，并在涉及两国核心利益问题上始终相互支持。

阿塞拜疆和中国之间全方位合作由伟大的丝绸之路联系在一起，

近年来得到了新发展动力。阿塞拜疆积极参与中国的"一带一路"倡议，共同建立欧亚运输和经济走廊，确保沿丝绸之路的人道主义交流、政治对话和文化沟通。阿利耶夫总统于2015年12月对中国进行历史性访问，其间与习近平主席签署了《关于共同推进丝绸之路经济带建设的谅解备忘录》，为两国的进一步合作奠定坚实基础。今天，阿塞拜疆和中国还在跨里海运输项目框架下开展积极合作。所有这些都是中国在中国共产党领导下成功实施开放政策的生动例子，有助于构建新型国际关系和人类命运共同体。最近，阿利耶夫总统和习近平主席通电话，再次确认了在互利互惠基础上发展双边关系的路线。阿利耶夫总统在通话中明确表示，阿中两国在政治、经济、交通运输等各领域合作良好，为促进阿塞拜疆经济发展发挥了积极作用。阿方欢迎更多中国企业赴阿投资，愿同中方就地区事务加强沟通合作。中国是阿塞拜疆的真正伙伴，阿方过去、现在、将来都坚定支持中方在涉台、涉港、涉疆问题上的立场，愿同中方共同努力，推动阿中全面战略伙伴关系不断发展。习近平主席表示，愿从阿方进口更多优质特色产品，支持中国企业赴阿投资兴业，开展基础设施建设等领域合作。

习近平主席在阿塞拜疆独立日之际给阿利耶夫总统的贺电中特别指出，双方政治互信深化，共享机遇、共谋发展，规划好、推进好共建"一带一路"合作，国际和地区事务协作日益密切。最近在巴库举行的"外高加索：发展与合作"国际会议上，阿利耶夫总统特别提到阿塞拜疆与中国关于地区和双边关系政治对话的成功。"习近平主席认为我是中国的伟大朋友，同时习主席也是阿塞拜疆的亲密朋友，我是受邀参加2019年'一带一路'国际合作高峰论坛的少数国家元首之一。"

近年来，阿塞拜疆出版了一系列关于阿中政治和党际对话的图书，特别是用阿塞拜疆语出版了习近平总书记关于国家治理现代化理念和中国领导层政治战略重要论述的系列图书。该系列图书包含了习近平总书记关于国家治理的讲话，阿塞拜疆民众由此可以进一步了解中国领导人的政治理念、中国内外政策发展的关键战略方针，熟悉中国梦的概念和旨在复兴丝绸之路的"一带一路"项目。特别是《阿塞拜疆共和国与中华人民共和国建交 30 周年：总统纪事》一书中，包括了领导人的演讲、声明、采访和信件，反映了阿利耶夫总统在 2003 年至 2021 年就发展阿中政治、经济和文化关系所进行的活动。

巴 基 斯 坦

新疆发展稳定不容抹黑，中国抗疫成果惠及全球

巴基斯坦国民议会副议长
苏里

2021双喜临门之年将为两党两国关系发展注入新动力

2021年是巴中建交70周年，也是中国共产党成立100周年。首先，请允许我对中国共产党成立100周年表示热烈的祝贺。在习近平总书记和中国共产党的强有力领导下，中国在过去一个世纪取得了举世瞩目的成就。中国共产党不忘初心、牢记使命，始终把人民摆在第一位，为中国人民谋幸福、为中华民族谋复兴的脚步从未停止，我们对此表示由衷钦佩！如今，中国已成为世界第二大经济体，并成为后疫情时代推动世界经济复苏与发展最重要的动力。对于中国人民和世界来说，2020年是极不平凡的一年。我们高兴地看到，中国克服了新冠肺炎疫情带来的影响，全面建成小康社会取得伟大历史性成就，决战脱贫攻坚取得决定性胜利。我相信，中国作为构建人类命运共同体的践行者，和平、稳定与繁荣的倡导者，将为提升全人类福祉作出重要贡献。

中国新疆是中巴经济走廊的起点。随着走廊进入第二阶段高质量合作与发展，我们相信巴基斯坦和新疆地区将享有更多的机会，两地人民将广泛受益于合作带来的丰硕果实。2021年是巴中建交70周年。

在这具有里程碑意义的一年中，我们相信两国执政党交往、双边交往以及包括新疆在内的地方交往将更加紧密。

美国及西方一些反华势力对中国人权问题的指责毫无依据

中华民族具有 5000 多年的文明发展史，各民族共同创造了悠久的中国历史、灿烂的中华文化。作为统一的多民族国家，中国高度重视民族和谐，一贯追求民族平等和共同繁荣，尊重宗教信仰自由，并采取坚决行动打击宗教极端主义和恐怖主义。中国宪法不仅为新疆提供了高度自治权，而且切实保护了当地人民的合法权益。据我所知，新疆有 24 400 座清真寺，清真寺人均拥有量高于世界许多地方。此外，中国宪法规定，民族区域自治地方的行政首长应来自实行区域自治的民族，少数民族的各项权益应得到有效保障。新疆取得的进步，以及当地民众的活力和幸福令人印象深刻，这是回击美国及西方一些反华势力对中国攻讦的最有力证明。当前，部分势力试图污蔑中国和中国共产党的形象，通过无端指责离间中国民族关系。新疆的进步与稳定证明，这些指责是毫无根据的，破坏中国稳定的企图注定要失败。

中国抗疫有方、惠及邻里，为全球抗疫和人类进步带来希望

新冠肺炎疫情关乎每一个人。我要祝贺在中国共产党带领下，中国成功打赢了疫情防控的人民战争、总体战、阻击战！大疫情当前，中国采取了非常了不起的应对措施，有效缓解了这场巨大的健康危机带来的挑战。我要祝贺中国国家主席习近平阁下，习主席的坚定决心和非凡举措不仅是中国成功抗疫的根本保证，而且为全球抗疫合作和全人类的进步带来希望。我还要对中国人民和中国领导人向巴基斯坦提供疫苗表示诚挚感谢，这是两国兄弟情谊和伙伴关系的真实体现，我们感念在心！

中共提升了中国的国际地位

巴勒斯坦人民斗争阵线中央委员
穆纳德尔·哈纳尼

毫无疑问,中国共产党是中华人民共和国的缔造者。在中国共产党的领导下,中国已经发展成为全球大国,在科技、文化、社会、经济、军事等领域取得了举世瞩目的发展成就。中国的繁荣复兴,归功于中国共产党的领导及其在各领域制定的正确政策。无论在中国,还是在世界其他国家,中国共产党已成为大家竞相学习的楷模和灯塔。但与此同时,野蛮帝国主义、犹太复国主义等外部势力将中华民族伟大复兴和中国共产党视为最大威胁。随着中国共产党第二十次全国代表大会日益临近,中国面临着日益严峻的外部挑战。

中国共产党致力于推动中华民族实现伟大复兴,在科技进步、经济发展、社会繁荣等领域创造了奇迹。中国的科技革命令那些敌视中国的国家感到恐惧。我认为,世界各国青年尤其是巴勒斯坦等阿拉伯国家青年,应学习借鉴中国经验。巴勒斯坦把中国共产党视作推动实现各领域发展进步的样板,认为中国共产党的纲领是值得我们学习借鉴的伟大文明成果。

值此中共二十大召开之际,谨向以习近平同志为核心的中共中央和中国共产党全体党员干部致意,期待中国共产党持续加快在科技、经济、社会等领域的前进步伐，成为全世界进步人士的榜样，推动建立一个追求自由，反对霸权、侵略和单边主义的新世界。帝国主义国家企图延续旧世界，以便继续压迫他国人民，剥夺他国人民在政治、经济等领域自主决策的权力。

在伟大的中国共产党领导下，中国不仅成为各国人民关注的焦点，也成为许多寄望摆脱美国霸权主义和帝国主义影响的国家的依靠。特别是在中东地区，我们热切期盼中国共产党继续成为我们未来几代人的伟大楷模和领路人。中国共产党提升了中国的国际地位，推动中国成为全球高新技术发展进步的桥头堡。

中国共产党制定的经济社会政策有力推动了科技进步和社会发展，包括我党在内的阿拉伯国家社会主义政党均应学习借鉴。中国共产党的方针政策有利于培养青年人的思想，并赋予他们希望，帮助青年人及其所在政党、所在国家开创美好未来。

中国共产党推动中国实现发展变革，引领中华民族走向伟大复兴，成为全人类发展进步的希望。中国积极弘扬全人类共同价值，致力于实现互利共赢，构建人类命运共同体。我们期待中国共产党继续高举中国特色社会主义旗帜，在习近平新时代中国特色社会主义思想的引领下，成功召开第二十次全国代表大会，相信这一大会必将成为中国共产党历史上的重要里程碑，并进一步巩固中国的国际地位。在中国共产党的领导下，中国人民信心坚定，团结一致，必将取得更大成就。

我谨代表巴勒斯坦人民、全世界进步人士和社会主义者，向伟大的中国共产党领导人和全体中共党员干部致敬！

中共铸就人类文明史上的伟大奇迹

巴勒斯坦人民斗争阵线党员
萨米尔·艾斯阿德

中共赢得人民的完全信任和全力支持

尽管中国人民在历史上遭受诸多磨难和不公,但最终以坚强的意志和坚定的决心战胜了各种风险挑战,将中国发展成为富有创新精神、致力于摆脱落后和束缚枷锁的进步人士向往的国度。近年来,中国实现快速发展,铸就人类文明史上的伟大奇迹。中国奇迹,是中国人民以生机活力和奋斗热情干出来的。可以说,中国人民成功摆脱历史束缚,纠正历史不公,已进入全新的发展阶段。

中国共产党领导人重视汲取经验教训,勇于开展批评和自我批评,拒绝投降主义、依附主义,致力于建设人民群众拥护支持的中国特色社会主义。在中国共产党领导人的英明领导下,中国人民成功摆脱贫困、落后和对外依赖,不断走向进步、繁荣和民族复兴。

对很多人来说中国充满了神秘感,比如黄皮肤、龙图腾、神秘的少林寺、神奇的象形文字等。中国人民创造了举世瞩目的发展奇迹,赢得了无限荣耀。

在帝国主义势力甚嚣尘上的背景下,一些人认为,帝国主义势力的军事威慑、科技垄断、恐吓勒索，最终一定会使中国遭遇失败。但事实证明，这些预测完全错误。

邪恶和黑暗势力越过所有红线，恶魔一般肆无忌惮地对中国实施封锁、制裁、污名化，企图削弱中国人民的意志，破坏中国人民的成就，但最终未能得逞。

从中国人民中，走出了很多有着崇高威望的伟大领导人。他们肩负起引领文明进程的重任，照亮国家前行之路，坚毅勇敢地推进国家建设，致力于实现民族复兴。中国共产党为中国人民谋幸福，为中华民族谋复兴，彻底改变了中国的历史进程。

英明睿智的中国共产党领导人带领中国人民取得成功，赢得中国人民的完全信任和全力支持。中国人民有觉悟、有信仰，完全信任中国共产党的领导。

中国共产党坚持人民立场，领导中国人民阔步前行，逐步恢复在战争中遭到破坏的民族创造力，引领中华民族走向伟大复兴。

坚持人民至上是中国共产党推动中国实现发展繁荣、成功创立中国模式的重要原因，体现了中国制度的优越性。事实证明，作为大国，中国秉持同舟共济精神，坚持自力更生，重视国际合作，最终取得了成功。

中国共产党重视总结经验教训，在中国人民的坚定支持下夺取政权，结束了中国人民遭遇的百年屈辱。中国共产党承载着民族希望，始终砥砺前行、奋发有为，战胜前进道路上一个又一个困难挑战，为中国人民勾勒出一幅优美动人的画卷。

中国共产党重视激发中国人民的奋斗热情，实现了思想解放，将中国人民从孤立、贫穷、失败、落后、悲观中彻底解救出来，并以令人震惊的速度带领中国人民走上复兴、进步的康庄大道。在中国共产党的领导下，中国已成为世界强国和全球第二大经济体。

中国共产党始终坚持改革开放正确方向，建立经济特区，推动现代化进程，实现人人平等，提升人民福祉。中国共产党把马克思主义基本原理同中国具体实际相结合、同中华优秀传统文化相结合，坚持正确的执政方略，制定明确的发展目标，筑牢坚实的执政基础。

世界各国政党应该学习借鉴中共的经验

在中国特色社会主义新时代，中国已发展成为令帝国主义、殖民主义国家感到恐惧的经济大国。与奉行帝国主义、殖民主义的邪恶国家截然不同，中国始终高举和平、发展、合作、共赢旗帜。

在帝国主义、殖民主义国家的"有色眼镜"中，中国为扩大全球贸易合作提出共建"一带一路"倡议，支持世界各国被压迫民族解放运动，为以美国为首的反华集团亮起了"红灯"。以美国为首的反华集团正在千方百计地打压遏制中国，甚至诬称中国企图殖民和占领整个世界，完全无视中国为结束单极世界、维护世界和平所作的创造性贡献。

新时代的中国共产党是世界各国特别是广大发展中国家政党的榜样！中国共产党坚持独立自主、自力更生，世界各国政党应该学习借鉴中国共产党的理念经验。中国共产党在以下方面取得了进步与繁荣。

中国从未侵略和占领其他国家。中国积极帮助贫穷落后国家，尤其是帮助其合理开发利用自然资源。中国致力于维护世界和平，在解决全球问题尤其是发展问题方面发挥着引领作用，反对霸权主义、强权政治和剥削压迫。积极弘扬中国优秀传统文化。努力避免卷入军事冲突。积极推动科技进步，利用中国科技创新成果支持世界繁荣发展。制定明确而透明的发展目标。一些国家对此感到不快，担心中国通过共建"一带一路"、参与北极事务等实现飞速发展，对其构成威胁。以史为鉴、面向未来。弥合社会矛盾，推动中国发展进程。驳斥西方媒体不实报道，宣传中国在经济发展、宗教保护、文化传承等领域取得的成就。通过多种方式寻求友好国家支持，积极推进中国实践，努力挫败外部阴谋。从正反两方面总结中国革命胜利的基本经验。加强作风建设，密切党群关系，与全世界革命力量发展关系。全世界革命力量认为，中国革命是创造性实践，有助于实现符合人文精神的发展目标。积极探索外太空，推动人类发展进步，缩小各国人民之间的发展鸿沟。

在中国特色社会主义伟大实践的指引下，遭受百年屈辱的中国人民实现经济飞速发展，重新跻身世界民族之林。勤劳勇敢的中国人民从未放弃理想信念，紧密团结在中国共产党周围，积极为实现中华民族伟大复兴的中国梦贡献力量。

国际社会眼中新时代的中国共产党

中共的诞生开辟了中国历史的新纪元

巴勒斯坦人民斗争阵线政治局委员
穆拉德·哈尔福什

中国共产党于1921年7月在上海诞生,领导全国各族人民,经过长期的反对帝国主义、封建主义、官僚资本主义的革命斗争,取得了新民主主义革命的伟大胜利。1949年10月1日,中国共产党第一代领导核心毛泽东庄严宣告中华人民共和国成立。此后,中国共产党团结带领人民创造性完成社会主义改造,在经济、政治、文化等领域坚定不移走中国特色社会主义道路。中国共产党的诞生,开辟了中国历史的新纪元,为中国人民和中华民族创造了新的未来。

100年来,中国共产党深刻影响着世界,从一个只有50多名党员的小党发展成为世界最大的马克思主义执政党。以毛泽东同志为主要代表的中国共产党人,把马克思主义基本原理同中国具体实际相结合,为实现中华民族伟大复兴创造根本社会条件。

中共十八大以来,中国特色社会主义进入新时代。中国共产党彻底消除了绝对贫困,正意气风发地向着全面建成社会主义现代化强国的第二个百年奋斗目标前进。中国已经成为全球中等收入人数最多、规模最大的国家,即将迈入高收入国家行列,织就世界规模最大社会保障网。中国已开启全面建设社会主义现代化国家新征程,即到

2035年基本实现社会主义现代化，到21世纪中叶建成富强民主文明和谐美丽的社会主义现代化强国。

以习近平同志为主要代表的中国共产党人，创立了习近平新时代中国特色社会主义思想。《中共中央关于党的百年奋斗重大成就和历史经验的决议》全面总结了中国共产党百年奋斗的宝贵历史经验，即坚持党的领导，坚持人民至上，坚持理论创新，坚持独立自主，坚持中国道路，坚持胸怀天下，坚持开拓创新，坚持敢于斗争，坚持统一战线，坚持自我革命。

中国是世界上唯一一个将"坚持和平发展道路"载入宪法的国家。中国就中东事务提出一系列倡议，包括提出实现中东安全稳定的五点倡议，鼓励地区国家远离大国地缘争夺、走向联合自强之路；在巴勒斯坦问题上提出落实"两国方案"三点思路，推动公正解决巴勒斯坦问题。此外，中国还提出解决叙利亚问题的四点主张，推动伊核全面协议早日重返正轨等。

中国致力于同阿拉伯国家一道携手打造阿中命运共同体，推动阿中战略伙伴关系迈上更高水平。双方在中阿合作论坛框架下，不断深化人文交流，加强文化、教育、旅游等各领域合作，推动阿中关系不断巩固发展。

中共致力于为中华民族谋复兴

巴勒斯坦解放巴勒斯坦民主阵线青年组织

习近平新时代中国特色社会主义思想为全人类提供了独特经验

100多年来，以毛泽东同志为代表的中共领导人带领中国和中国共产党跨越重重难关，开辟伟大征程，取得伟大成就。在新的历史阶段，习近平新时代中国特色社会主义思想为全人类提供了独特经验。阿拉伯国家，特别是阿拉伯国家青年应该学习中国经验并从中获益。

长期以来，解放巴勒斯坦民主阵线把学习中国经验作为青年干部培训中不可或缺的一部分。同时，中国邀请很多阿拉伯国家左翼政党访华，听取阿拉伯国家政党对有关问题的看法，为其学习中国经验提供了契机。

学习中国经验并不是"输入外国模式"，而是从中寻找灵感和启发。中国经验是最重要的经验之一。一个国家学习中国经验，了解中国在政治、思想、经济等领域作出的重要贡献，有助于推动国家建设，实现变革和发展。

习近平总书记多次强调坚持马克思主义的重要性。中国共产党长期坚持这一行动指南，坚信马克思主义能够适应不断变化的内外形势。解放巴勒斯坦民主阵线致力于将马克思主义理论与巴勒斯坦具体实际相结合，认为马克思主义不是僵化的理论，应该根据每个国家、每个社会的具体情况而与时俱进地作出调整。习近平新时代中国特色社会主义思想囊括了中国经验的各个方面，进一步充实了中国经验的丰富内涵。

中国共产党高度重视维护党的团结，确立习近平同志党中央的核心、全党的核心地位也体现了这一点。2021年，中共中央政治局党史学习教育专题民主生活会认为："百年党史给我们的一个重要启示就是，坚决维护党中央的核心、全党的核心是党在重大时刻凝聚共识、果断抉择的关键，是党团结统一、胜利前进的重要保证。"中国共产党致力于为中国人民谋幸福、为中华民族谋复兴，这是中国共产党具有历史自信的最大底气。

中共领导中国取得非凡成就的原因

很多阿拉伯国家面临着改革难以落实、经济发展迟滞、党政机构腐败滋生的问题。反观中国共产党，在政治、经济、社会、文化、思想等各个领域都取得了成功。

中国推行经济体制改革，通过颁布法案吸引外国投资，服务国家经济发展，并优先从外国引进先进技术。中国还坚持打击腐败，禁止党员干部利用职权和党内职务谋取私利。在中国，打击腐败不是短暂的、阶段性的运动，而是一项长期政策，目标是一体推进不敢腐、不能腐、不想腐。

对于阿拉伯国家政党而言，打击腐败可能只是选举和投票期间短暂喊出的口号。但在中国，打击腐败得到彻底落实，很多涉嫌腐败的党政高官受到惩处，赢得了中国人民的衷心拥护，进一步巩固了中国共产党的执政地位。数据显示，中共十八大以来，有百余万名党员干部因贪腐问题受到处分，其中很多人被开除党籍。

重视青年是中国取得成功的另一个原因。只有青年充分发挥能力和天赋，才能推动知识创新和科技革命。数据显示，中国专利申请量已连续11年排名世界第一。

中国领导人重视青年，鼓励青年创新求知。截至2021年6月，中国共产党35岁以下青年党员占党员总数的24.9%。习近平总书记高度重视青年工作，号召中国共产主义青年团（截至2021年12月31日，共有团员7371.5万名）帮助青年"早立志、立大志，从内心深处厚植对党的信赖、对中国特色社会主义的信心、对马克思主义的信仰"。

中国共产党在经济、政治等方面取得了非凡的成就，领导中国成为世界第二大经济体。中国坚持打击腐败，持续推进全面改革进程。中国经验深深地吸引了我们这些渴望变革、盼望发展的阿拉伯国家青年。

中国愿意同世界各国分享经验。中国提出的"一带一路"倡议，是不同国家之间开展合作的新形态。虽然政治体制、社会形态不尽相同，但阿拉伯国家都需要同中国加强合作，学习习近平新时代中国特色社会主义思想。

| 格 | 鲁 | 吉 | 亚 |

中共领导中国成为维护世界和平的中坚力量

格鲁吉亚议会教育、科学委员会主席、格中友好小组主席
乔治·阿米拉赫瓦里

中共成功探索出一条符合中国国情的中国特色社会主义发展道路

中国共产党第二十次全国代表大会将于2022年下半年召开,这是中国2022年最重要的政治议程。借此机会,我愿向友好的中华人民共和国和中国人民致以热烈祝贺。

在中国共产党领导下,中国取得了举世瞩目的发展成就。自1921年成立至今,经过百年多来的不懈奋斗,中国共产党领导中国人民实现了从站起来、富起来到强起来的伟大飞跃。中国共产党拥有9600多万名党员,是世界上最大的马克思主义执政党。在中国共产党领导下,中国进行了经济改革,国家保持健康稳定发展。中国正处于社会主义发展的新阶段,是世界公认最成功的国家之一。独特的历史文化底蕴,广袤的国土和众多的人口,使得中国在当今世界独领风骚。中国在促进全球经济发展和创造就业机会方面发挥着重要作用。中国已成为世界第二大经济体、第一大工业国、第一大货物贸易国、第一大外汇储备国,对世界经济增长的贡献率超30%。中国在创新和高科技方面投入大量资源。十几年前,在各国印象中,中国还只是服装、纺织品和鞋子的产地，但现在全世界都知道中国大量生产高科技产品。中国为推动科研和教育等领域发展付诸了巨大努力，取得显著进步。

与此同时，中国共产党倡导为人类和平与发展作出贡献，已领导中国成为维护世界和平的中坚力量。中国坚持独立自主的和平外交政策，反对霸权主义和强权政治，在互相尊重主权和领土完整、互不侵犯、互不干涉内政、平等互利、和平共处五项原则基础上，同世界各国发展关系，推动构建人类命运共同体。中国坚持多边主义和贸易自由化，坚持大小国家一律平等，提倡各国文化交流互鉴，呼吁建立一个持久和平、普遍安全、共同繁荣、开放包容、清洁美丽的世界。中国共产党成功的秘诀在于始终保持党同人民群众的密切联系，把人民对美好生活的向往作为奋斗目标，把人民群众的支持作为最可靠的力量源泉。始终坚持用与时俱进的理论指导实践，是中国共产党的优良传统，也是中国共产党的巨大优势。中国共产党成功探索出了一条符合中国国情的中国特色社会主义发展道路。

格中伙伴关系正处于历史最高水平

2022年是格鲁吉亚与中华人民共和国建交30周年。借此机会，我谨代表格鲁吉亚政府和人民向中方表示衷心的祝贺。两国都是历史悠久的文明古国。希望我们的伙伴关系进一步深化，不断造福两国和两国人民。

近年来，格中双边关系和各领域合作蓬勃发展，格方十分重视对华关系。中国是最早承认格独立、与格建交并在第比利斯开设大使馆的国家之一，这有力推动了两国关系的进一步发展。目前，格中伙伴关系正处于历史最高水平。蓬勃发展的双边合作、频繁的高层互访以及各领域合作成果都印证了这一点。

近年来，中国对格投资显著增加。20多家中国企业在格成功参与建筑、道路、能源和银行等领域合作。新冠肺炎疫情暴发前，两国贸易额和来格中国游客人数不断增长，文化和教育领域的关系也不断深化。此外，两国设有政府间经贸合作委员会，这是双方讨论经贸合作的重要沟通平台。两国议会都设立了友好小组，进一步拉近了双方距离，为深化格中关系创造了更多机遇。我十分高兴担任格议会格中友好小组主席。格高度重视与中国进一步加强各领域合作关系。中国积极参与经济全球化和一体化进程，经贸合作潜力巨大且持续增长。格中经济关系不断发展，格对华出口逐年增长。2018年1月1日，格中自由贸易协定正式生效，为两国经贸关系持续发展发挥了重要作用。中国是格前三大贸易伙伴之一，格中贸易仍有保持增长的巨大潜力。

两国旅游和人文关系发展也相当重要。格凭借其名胜古迹和度假胜地，成为中国游客的新兴旅游目的地，格游客对中国同样感兴趣。格方为此推行一系列便利化措施，包括简化中国公民赴格签证政策及开通格中直航航班。这为格中经贸关系发展、加强两国人文交流作出了重要贡献，也有助于深化格中旅游领域合作。直航的开通对游客数量的增长起到了积极作用。值得一提的是，2012年2月，中国政府将格列为出境旅游目的地国。疫情期间，中方向格提供了大量援助，是最早向格无偿提供新冠疫苗的国家之一。此外，中方还多次向格方提供抗击疫情所需的医疗物资。

我现在担任格议会教育、科学委员会主席。在步入政坛之前，我在教育领域工作多年，曾担任第比利斯开放大学的校长。因此，我特别关注两国教育合作。汉语教学在格鲁吉亚可追溯到20世纪80年代。那时，第比利斯亚非学院开始教授汉语，格第一代汉学家都在此就读。十几年前，第比利斯自由大学开设了格第一所孔子学院。多年来，掌握了汉语的学生们毕业后积极投身政治、教育、商业等领域，成为格中友好互利合作的见证者、参与者和推动者。我本人也参与了格鲁吉亚汉语教学的普及，并为此感到十分自豪。多年来，第比利斯开放大学与中国多所大学和研究机构建立了合作关系。我们看到,全世界对汉语教学的需求不断增长。在中国驻格使馆积极支持下,第比利斯开放大学也推动为学生们尽快开设汉语课程。由于学生们的学习愿望强烈,我们与中国国家汉办积极开展合作,2017年与中国兰州大学共同在第比利斯开放大学开设了孔子课堂。中国老师与格当地老师一道,为本校及其他学校的大学生和中学生进行汉语教学,很多学生还赴中国留学。此后,经过两年的教学,该孔子课堂升级为格第二所孔子学院,我担任格方院长。在此期间,我多次访问中国,参加学术和文化交流活动。说实话,我在中国的所见超出预期。中国人和格鲁吉亚人一样,对客人非常热情和尊重。中华民族不断辛勤奋斗,稳步推动国家发展,取得显著成就。中国发展的速度和质量确实令人惊叹。我们得知,中国科学院拥有众多大型科研机构,格方也十分希望与该院管理的中国科研机构和大学加强往来。

没有哪个国家能够独自应对人类面临的各种挑战,世界命运掌握在各国人民手中,人类前途系于各国人民的抉择之中。中国帮助许多国家加快发展,中国与他国开展合作有助于实现世界和平、稳定与繁荣,并得到了普遍支持。

我谨代表格议会和格中友好小组,愿为加强两国议会交往作出贡献。展望未来,我们要落实两国领导人达成的共识,延续传统友谊,携手砥砺奋进。我相信,两国将取得更大发展成就。祝愿两国和平,祝愿格中合作结出更多丰硕成果。

| 柬 | 埔 | 寨 |

中共的执政理念和成就有目共睹

柬埔寨人民党中央常委、参议院第二副主席
迪翁

新冠肺炎疫情持续蔓延，死亡人数超过 200 万，并对全球 200 多个国家和地区的 70 亿多人口造成不同程度的影响。我们呼吁各国继续把保护人民生命安全和身体健康作为首要任务，通过合理调配医务人员、畅通物资供应、积极救治病患等务实举措，争取抗疫取得更大成果。同时，我们也呼吁各方加强国际抗疫合作，力求在最短时间内掌握抗疫主动权，共同建设一个平等包容的人类卫生健康共同体。

目前，全球已有 2 亿多人因疫情陷入贫困，大多数国家的经济社会发展也受到疫情严重冲击，如期实现《联合国 2030 年可持续发展议程》的目标任务更加艰巨。因此，各国应进一步加强宏观经济政策协调配合，维护全球金融市场和供应链稳定，控制自身债务规模和风险，促进商贸流通发展，助力世界经济复苏发展，推动世界减贫事业快速重回正轨。

生存和发展是人权的根本所在，我们支持各方为保护和发展人权所作的努力。我们要坚持人民利益至上原则，以公平发展更好惠及全体人民，早日消除阻碍人权发展的最大障碍——贫困。

我们坚信，人权状况的好坏优劣，没有放之四海而皆准的评价标准。我们应该充分尊重人权发展道路的多样性，旗帜鲜明反对任何将人权问题政治化的做法，坚决反对任何国家实行双重标准或利用人权问题粗暴干涉他国内政。我们认为，各方应共同努力，推动构建更加平等、公正、包容、广泛的全球人权治理格局。

我们看到了新疆为贯彻落实中国共产党的民族政策，坚定维护民族团结，充分尊重和保护各族群众宗教信仰自由，推动高质量发展，保障和改善民生所作的努力。在新的历史起点上，相信新疆各族人民一定能在中国共产党的领导下，把自己家乡建设成为团结和谐、繁荣富裕、文明进步、安居乐业的美好家园。

我们高度赞赏中方在保护少数民族宗教信仰、语言文字等领域所作的努力，这必将为推动少数民族地区经济社会发展发挥积极作用。少数别有用心的国家和个人刻意捏造、传播涉及新疆的负面新闻，企图丑化中国共产党的国际形象，我们坚决反对这种卑劣的行径。

2021年恰逢中国共产党成立100周年。在此，我们谨向中国共产党和中国人民致以热烈祝贺，祝愿中国共产党在建党100周年之际带领中国人民如期实现第一个百年奋斗目标。

中国共产党人的初心和使命，就是为中国人民谋幸福，为中华民族谋复兴，柬埔寨人民党对此高度赞赏并给予积极评价。在中国共产党领导下，中国经济快速发展，社会长期稳定，特别是近期取得抗击新冠肺炎疫情斗争重大战略成果，积极推动构建以国内大循环为主体、国内国际双循环相互促进的新发展格局，以中国实践展现了中国精神、中国力量、中国担当。同时，中国积极参与国际抗疫合作，特别是着眼人类前途命运和共同利益，以实际行动致力于促进疫苗在发展中国家的可及性，我们对此表示赞赏。

在柬埔寨疫情防控关键阶段，中方向柬埔寨紧急派出面向周边国家的首个医疗专家组，并通过政党等渠道提供大量防疫物资。近期，中国援助柬埔寨的新冠疫苗顺利运抵金边。借此机会，我谨代表柬埔寨人民党、国家、人民对中方的宝贵抗疫援助表示诚挚感谢！

柬埔寨人民党愿以构建柬中命运共同体为契机，深化同中国共产党治国理政经验交流，拓展双方合作的深度与广度，为构建人类命运共同体作出新的贡献。

在此，我愿重申柬埔寨坚定支持"一个中国"原则，台湾、香港、新疆事务属于中国内政，其他国家或个人不应说三道四、妄加评论。柬埔寨人民党支持各方关于反对以人权为借口干涉他国内政的共识。

祝愿大家身体健康，在崇高的事业中取得更大成就，为维护本国和平与发展作出更大贡献。

| 黎 | 巴 | 嫩 |

中共的伟大之处在于，她唤醒了中国人民拥有的强大力量

黎巴嫩共产党党员、浙江工商大学中阿"一带一路"研究中心研究员
阿德汉·赛义德

中国的壮举

习近平总书记强调："中国人民自古就明白，世界上没有坐享其成的好事，要幸福就要奋斗。"自从我开始深入地了解中国，我就想为中国写一系列文章，或许还可以写一本书。我已经拟好了书名，即《中国的壮举》。我回忆了关于中国的所有美好记忆，从万里长城到西安兵马俑，到宜昌三峡大坝，再到我在贵州拜访的一户成功脱贫的家庭。然后，一个问题突然出现在我的脑海里：这些成就之间有什么内在联系？

在我试图回答这个问题时，更多伟大的壮举出现了。中国的一段历史尤其让我着迷，那就是长征。

这些人为何要走这么远的路？他们如何破解敌人的围攻，冒着枪林弹雨克服一路上的艰难险阻？是什么促使他们坚持走了这么远？长征胜利的秘诀是什么？

我逐渐意识到，取得这些进步和成就的秘诀，是他们对伟大思想、

伟大梦想的信念。革命者首先是梦想家，梦想建立一个更美好的世界并为之奋斗。这就是他们所做的。

在中国读书时，我想象着他们就在我面前。我能在路边每一个水泥工人的脸庞上看到他们，我能在武汉每一条地铁上看到他们，我能在这座城市的每一座新建的桥梁上看到他们。当我看到同学们在图书馆里争分夺秒地学习时，我想起了红军战士们强渡大渡河的情景。不同的时代，相同的战士。

长征的故事使我对中国有了更清晰的认识。我相信，万里长城、兵马俑和三峡大坝都是中国壮举的一部分，它们属于各个不同时代。

我发现，中国最伟大的地方在于她的人民，人民是这一切的缔造者。人民是建造长城、建立军队、走过长征路的人，正是他们创造了中国的辉煌。

是的，人民是最主要的力量。但是，如果没有明确目标，这股力量就不可能创造伟大成就。我研究了历史上处于分裂、内战、鸦片战争和殖民主义时期的中国。有谁能相信，我们今天生活的中国，仅仅100年前还处在一个充满屈辱、被占领和任人宰割的时代？

是什么改变了这一切？

请允许我确信无疑地说：没有中国共产党，中国就不会取得今天的成就。在这里，我要再次提及长征精神。由中国共产党领导的"长征"有一个明确的目标，那就是为中国人民谋幸福、为中华民族谋复兴。

中国共产党的伟大之处在于，她唤醒了中国人民拥有的强大力量。一个国家要想成为大国，仅靠人口众多是不够的。当你清楚如何激发和引导人民的力量，为实现一个共同的愿景和目标而奋斗时，就没有人能够打败你。当伟大的中国人民走在"长征"路上时，他们正在创造新的历史，没有任何力量能阻止他们。

武汉的"春天"

2020年1月22日晚,我在考虑是否应该在武汉"封城"前离开。在那一刻,中国、中国人民和中国共产党的伟大成就浮现在我的脑海里。我告诉自己,这是一场战争,中国必将取得胜利。

我相信,组织严密、有强大战斗力的中国人民一定能取得胜利,中国共产党将领导中国人民走向胜利。

我相信,这是一场为全人类而战的战斗。在武汉,我们站在最前线,我很荣幸能成为其中的一员。

在那一刻,我开始着手写《中国的壮举》这本书。

对抗病毒的战争开始了,我密切关注每一个细节:人们纷纷走上阳台,为武汉加油助威;来自全国各地的医护人员纷纷赶来支援武汉;工人和工程师们以创纪录的速度建起了"战地医院";一支支由居民和共产党员组成的志愿者队伍保障了人们的日常需求,帮助人们度过居家隔离期;中国人民解放军建起陆空桥梁,以保障武汉市民对食品和药品的需求;外卖大军昼夜不停地工作;科技公司竭尽全力,开发为抗疫服务的应用程序;工厂调整生产计划,以生产武汉最需要的设备和工具。我目睹了这一切,试图与全世界分享武汉书写的关于奋斗、坚韧和抗疫的史诗。

有人问我,武汉抗疫取得胜利的秘诀是什么?

"秘诀在于人民的斗争",我回答。是的,秘诀在于人民和政府之间的承诺、信任与和谐,在于中国共产党的正确规划和领导,在于"人民至上、生命至上"的抗疫理念,在于相信科学。这是人民团结一致产生的强大力量,是让中国共产党能够创造奇迹的力量。

2020年4月8日晚,也就是武汉市最后一个公共设施(机场)宣布重新开放的当晚,我开始书写我的亲身经历。2020年5月1日上午,我写下了全书的最后一句话,也是我眼中中国最重要的成功经验:团结一致、充满战斗力的人民,坚持科学规划、秉持"人民至上"

理念的中国共产党。

红船精神

我曾随一个经贸代表团到访浙江嘉兴，一座在中国共产党历史上有着重要意义的小城。1921年，中共一大代表陆续从上海来到浙江嘉兴南湖，庄严宣告中国共产党的诞生。漫步在南湖革命纪念馆，我细细品味"红船精神"。在中国共产党领导下，中国从世界上最贫困的国家之一发展成世界第二大经济体，这无疑是个伟大的奇迹。

南湖革命纪念馆述说着中国共产党的光辉历史。在其中一个展厅，按照1∶1比例复制的红船模型格外引人注目，它利用全息影像技术，通过声、光、电，再现了100年前毛泽东等13位代表出席中共一大的场景。站在红船边，我仿佛看到13位代表就坐在我的面前，我正亲自见证这段伟大的历史。他们当年的伟大梦想，今天都已实现。

初心使命

100年前，毛泽东同志宣读《中国共产党党纲》，将中共一大的热烈气氛推向了高潮。在毛泽东同志的领导下，中国共产党把为中国人民谋幸福、为中华民族谋复兴确定为自己的初心使命。在南湖革命纪念馆，我在脑海中不断回忆中国共产党的百年光辉历程，从中共一大到伟大的长征，再到武汉抗疫取得胜利，中国共产党彻底改变了中国面貌。中国共产党领导中国人民实现三次历史性转变，一是从半殖民地半封建社会到民族独立、人民当家作主新社会的历史性转变，二是从新民主主义革命到社会主义革命和建设的历史性转变，三是从高度集中的计划经济体制到充满活力的社会主义市场经济体制、从封闭半封闭到全方位开放的历史性转变。

当前，中国特色社会主义进入新时代，中国经济进入高质量发展阶段。中国历史性地解决了绝对贫困问题，第一个百年奋斗目标如期实现。

中国特色社会主义和现代化"新长征"

"两个一百年"奋斗目标，是建设中国特色社会主义的奋斗目标。2012年11月，中共十八大提出，在中国共产党成立100年时全面建成小康社会，在新中国成立100年时建成富强民主文明和谐美丽的社会主义现代化强国。

必须指出的是，中国领导层的优势之一是统筹制定短期和长期规划。例如，当2013年习近平总书记提出"一带一路"倡议时，一些外国人可能认为这只是一种梦想。然而，九年后，这个梦想已经成为现实。

回到"两个一百年"奋斗目标，中国在2021年顺利实现第一个百年奋斗目标。幸运的是，我在中国见证了这一时刻。

在中国宣布彻底消除绝对贫困的那一天，我告诉一位中国朋友，我们应该庆祝这个日子，于是我们到一家餐馆共进晚餐。回来的路上，我们看到一家电动汽车制造商在展示他们的最新产品。我以为这就是著名的特斯拉汽车，当得知这是中国生产的小鹏汽车时，我感到很惊讶。我告诉朋友，中国最终将摆脱美国、西欧、日本对汽车产业的垄断，用自主研发的电动汽车续写"新长征"。

无论谁看到新时代的中国都会发现，延续了几十年的"做追随者"的时代在中国已经一去不复返。今天，我们谈论的是一个在各个领域都具有竞争力的中国，特别是在电动汽车、民用飞机、5G通信等领域。在此背景下，帝国主义国家愈发感到担忧，他们不断对中国进行抹黑，无理打压华为公司等中国企业。多年来，无力阻止中国前进步伐的帝国主义国家不断对中国发动攻势，甚至试图妖魔化中国，尤其是美国企图对中国发动"新冷战"，以此遏制中国的发展进步。

美国从未停止打着所谓"民主""自由""人权"的幌子对其他国家实施霸凌。历史告诉我们，压迫其他民族的民族是无法获得解放的，打压其他国家的国家是无法实现民主的。

百年奋斗经验

中国共产党百年华诞，以及即将召开的中共二十大，都是值得我们学习借鉴的重要实践。萦绕在我心头的问题是，为什么中国能够成功崛起，而我们阿拉伯人做不到呢？要知道，中国与大多数西方国家不同，没有通过占领或殖民其他国家来实现发展。恰恰相反，中国曾经是被占领、被殖民的国家，直到今天其领土完整还面临着威胁。值得注意的是，几乎就在中国获得独立的同时，阿拉伯国家也从殖民主义的枷锁中解放出来。

"经济奇迹"，这是专家们对中国经济的描述。但在历史上，中国曾经饱受贫穷、饥饿、内战、殖民之苦。直到中国共产党掌握政权后，中国才走上统一和振兴之路。短短70年间，中国已发展为全球第二大经济体。

过去10年间，中国经济实现飞速发展，国内生产总值由2012年的约8.5万亿美元提升至2021年的约18万亿美元。多年来，中国高度重视发展数字经济等新兴产业，实施创新驱动发展战略，积极推动科技创新，在医药产业等领域取得瞩目成就，助力中国研发疫苗、抗击疫情。截至2022年1月，中国已对外提供超过20亿剂新冠疫苗。

此外，中国近年来加大投资力度，兴建一大批港口、机场、公路、高铁、桥梁等基础设施。在民生领域，2011年中国人均国内生产总值仅有约5000美元，2019年这一数字已攀升至近10 200美元。1978年，中国贫困发生率高达97.5%，而2021年中国已全面消除绝对贫困。

结　语

没有人民的拥护支持，任何一个政党都难以走过百年。赢得人民的拥护支持并不容易，首先要坚持真理、修正错误、落实规划，把为人民谋幸福作为根本使命。

100年前，13位青年代表汇聚到上海一座小房子里，庄严宣告中国共产党的成立。100年后，美国哈佛大学肯尼迪学院的研究人员得出结论，中国民众对中国政府的满意度高达93.1%。中国人民衷心拥护中国共产党的领导，信任中国共产党制定的目标及开展的实践。如今，中国共产党已经拥有超过9600万党员。

随着时间的推移，这种信任还在不断增强，尤其是在中国共产党成功抗击疫情之后。

这意味着什么呢？意味着中国共产党在成立100年后，仍然走在正确的道路上。"赶考"路上，人民是唯一的阅卷人，而中国人民明确地表达了对中国共产党的支持。

中共正带领中华民族走在实现民族复兴的征途上

黎巴嫩阿迈勒运动哈桑·卡希尔烈士职业技术学院学生
阿巴斯·穆罕默德·卡巴兰

得益于中国共产党的正确领导，中国在过去73年间实现飞速发展，成为世界强国。中国共产党成立于1921年，带领中国人民在1949年取得解放战争的胜利，建立了新中国。100多年来，中国共产党从一个仅有50多名党员的新兴政党发展成为拥有9600多万名党员的世界最大的马克思主义执政党，今天正带领中华民族走在实现民族复兴的伟大征途上。

中国共产党是新中国的缔造者和执政党。中国共产党最大的特点是坚持理论创新并将之付诸实践。中国共产党把中国人民视作生命，这给予了中国共产党完成历史使命所需要的一切力量。

中国共产党一旦决心实现预定目标，无论路途有多坎坷，都会坚定不移地踏上实现目标的征程。中国共产党不断强化自身建设，推动中国在军事、政治、经济、文化等领域实现了快速发展。中国在新时代最大的成就之一是消除了绝对贫困。自2012年起，中国成功让9800多万人口脱离贫困。中国的科技正加速发展，在全世界独树一帜。中国共产党决心实现目标，保障安全，为中国人民和世界人民创造美好和平的生活。中国人民对党和国家推动各民族事业发展展现出的恒心、决心，以及取得的进步和成就深感自豪。

在习近平总书记的带领下，中国取得了举世瞩目的发展成就。习近平总书记持续推进改革开放，强调应实现真正的经济增长，坚定不移地扩大对外开放，不断提高政府服务能力，努力改善人民生活，创造宜人的生活环境。习近平总书记在不遗余力地服务人民、保障国家安全的同时，推动实现世界安全，促进中国文化的海外传播，赢得了中国人民的衷心爱戴和一致拥护。

中国与阿拉伯国家间的关系日益牢固。新冠肺炎疫情发生后，中国在卫生等各个方面向阿拉伯国家提供支持，在阿拉伯国家留下了中国印迹。持续2000年的阿中友好关系得到巩固，双方政治互信进一步增强。古丝绸之路对阿拉伯地区有着巨大影响，也将中国文化传播到阿拉伯国家。中方一贯重视同阿方加强磋商协调，尊重文明多样性，中国在发展对外关系时始终坚持和平共处五项原则，即互相尊重主权和领土完整、互不侵犯、互不干涉内政、平等互利、和平共处。

当我开始与中方机构及人员打交道后，我对中国共产党和中国的喜爱与日俱深。我曾参加"我眼中的中国共产党"主题征文比赛，还在中国朋友的帮助下向中国驻黎巴嫩使馆及孔子学院咨询过中文培训、奖学金项目和夏令营情况。在他们的帮助下，我更加关注中国事务、喜爱中国文化，希望有机会到中国留学，推动双方文化交流，把中国文化更多地传播到黎巴嫩等中东国家。

党的建设是中国发展的基石

黎巴嫩人民会议组织成员
阿卜杜勒·纳赛尔·米斯里

中共始终坚定理想信念，牢记初心使命

100年来，中国共产党领导中国人民取得重大成就和历史经验。阿拉伯国家政府、政党和人民也渴望实现国家统一、民族复兴、发展进步，就应该学习中国在实现民族独立、人民解放、国家建设，尤其是在城市建设、工业发展、科技进步等领域积累的宝贵经验。近年来，中国统筹推进工业化、信息化和城市化，高度重视人的全面发展，制定脱贫攻坚计划，为民众创造就业机会，不断提升劳动者的技术水平和工作能力。同时，中国反对剥削压迫，反对掠夺贫困国家人民财富，推动构建人类命运共同体，在国际事务中发挥着重要作用。

通过认真研读《中共中央关于党的百年奋斗重大成就和历史经验的决议》，我们可以收获很多宝贵经验。囿于篇幅所限，本文将主要聚焦中共党建经验，因为党建尤其是党的纪律建设在坚持以人民为中心推进国家治理现代化、维护人民群众合法利益、实现中华民族伟大复兴等方面发挥着重要作用。

众所周知，严守党的纪律是做好党的各项工作、实现党的建设总

目标的前提保证。党员干部应坚定理想信念，牢记初心使命，并为之不懈奋斗，同时严格遵守党的组织纪律，坚持与时俱进，克服僵化思想。中国共产党是执政党，肩负着领导国家建设、维护国家统一的重任，党的纪律建设重要性更加突出。

上述决议要求中国共产党全体党员坚定理想信念，思想上更加统一、政治上更加团结、行动上更加一致，顺应新时代新要求作出重大决策部署，坚持党的集中统一领导。尽管中国取得了伟大成就，但中国共产党强调，中国处于并将长期处于社会主义初级阶段，这是中国最大的实际和基本国情。这充分体现了中国共产党领导人坚定的理想信念和谦虚谨慎的工作作风。

中国共产党为实现中华民族伟大复兴的中国梦而不懈奋斗。在全世界的见证下，中国梦正在成为现实。中国共产党并未因此骄傲自大、故步自封，而是坚持开展批评与自我批评，不断总结经验，勇于承认错误，着力整治形式主义、官僚主义、享乐主义、奢靡之风，以及所有阻碍党和国家事业发展的问题。

中共十八大以来，中国共产党在历次重要会议上均重申坚定共产主义远大理想和中国特色社会主义共同理想的重要性，有效避免了思想上的混乱。中国共产党认为，教条主义只会导致思想僵化、发展停滞甚至政权垮台。因此，中国共产党不断在实践中总结经验教训，并制定相应的政策措施，组织各级党员和领导干部定期参加培训，引导其自觉弘扬社会主义核心价值观，践行全心全意为人民服务的根本宗旨，为实现中华民族伟大复兴的中国梦不懈奋斗。中国共产党深刻认识到，维护习近平总书记党中央的核心、全党的核心地位，维护党中央权威和集中统一领导，对于捍卫党和国家的团结统一、推动党和国家事业发展意义重大。

为实现最高理想和阶段性目标而奋斗，是严守党的纪律的重要表现形式。每个历史阶段都会有不同的条件和挑战，也会有不同的阶段性目标。新民主主义革命时期，中国共产党的主要任务是反对帝国主义、封建主义、官僚资本主义，争取民族独立、人民解放，为实现中华民族伟大复兴创造根本社会条件。新中国成立后，中国共产党的主要任务是恢复和发展生产，建设一个强大的统一国家。改革开放和社会主义现代化建设新时期，中国共产党明确提出建设中国特色社会主义，推动全面协调可持续发展。

中共坚持深化党的建设制度改革

当我们谈到党的纪律时，首先应该认识到党员干部根据形势发展保持优良工作作风的重要性。中国共产党对社会主义有独特的认识，根据自身奋斗经验和社会需要形成了独特的执政方式、党内法规和制度体系，始终坚持推动自我革命，不断增强斗争本领，提升应对各类风险挑战的能力。

中国共产党坚持深化党的建设制度改革，不断形成和发展符合当代中国国情、充满生机活力的体制机制，把全面从严治党摆到了突出的位置，积极发展党内民主，有计划、分阶段地加强党的组织建设，纠正部分党员干部在思想、组织、作风、纪律等方面存在的问题。中国共产党重视青年党员，努力培养他们的革命精神，提升科学素养和专业能力，为党的工作不断注入新鲜血液，提升党的执政和领导水平，切实提高反腐倡廉能力。

以习近平同志为核心的中共中央强调，坚持和完善党的领导，是党和国家的根本所在、命脉所在，号召全体党员在思想上政治上行动上同党中央保持高度一致，并强调党的领导是全面的、系统的、整体的，保证党的团结统一是党的生命，党中央集中统一领导是党的领导的最高原则，加强和维护党中央集中统一领导是全党共同的政治责任，党员应严明党的政治纪律和政治规矩，防止和反对个人主义、分散主义、自由主义、本位主义、好人主义等，对党忠诚、听党指挥。

全面从严治党并不妨碍中国共产党实行民主集中制，这也是中国特色社会主义民主的体现。中国共产党建立健全党对重大工作的领导体制机制，强化党中央决策议事协调机构职能作用，完善党领导人大、政府、政协、监察机关、审判机关、检察机关、武装力量、人民团体、企事业单位、基层群众性自治组织、社会组织等制度，确保党在各种组织中发挥领导作用。

面对裙带关系等腐败问题，习近平总书记反复强调，中国共产党坚持党要管党，全面从严治党，这是中国共产党始终赢得广大人民群众衷心拥护、克服党和国家面临的风险挑战的关键所在。

中国共产党的根本宗旨是全心全意为人民服务，全体党员干部要带头遵纪守法，坚定理想信念，开展批评与自我批评。中国共产党先后开展党的群众路线教育实践活动、"三严三实"专题教育等，坚决打击腐败这一党长期执政的最大威胁，强调"不得罪成百上千的腐败分子，就要得罪十四亿人民"。但愿其他发展中国家的执政当局也能这么做，绝不能为包庇腐败分子而牺牲大多数人的利益。对腐败分子一查到底、绝不姑息，才是建设强大、公正国家的正确途径。

总而言之，中国共产党作为执政党，在70多年的执政历程中领导一代又一代严守纪律、热爱祖国的党员干部为建设祖国、实现中华民族的伟大复兴作出不懈努力，把中国发展成为社会和谐稳定、各领域实现发展进步的先进国家，带领中国人民过上了幸福美满的小康生活。

去月球，去火星，去新世界

黎巴嫩共产党党员
凯利姆·哈桑·海达尔

近日，全球媒体热议第三批中国航天员进驻"天宫"空间站"天和"核心舱。看到新闻，我不禁回想起2021年年中首批三名中国宇航员进驻"天宫"空间站的场景，当时恰逢中国共产党成立100周年，他们从太空向中国共产党和中国人民致以问候和祝贺。这是中国共产党领导中国航天事业取得伟大成就的最新展现，也是中国共产党百年奋斗重大成就和历史经验的一个生动缩影。

上述重大成就是在西方国家拒绝中国加入国际空间站、企图在航天领域对中国实施围追堵截的背景下取得的。面对一些西方国家的施压和诋毁，中国用事实证明，中国完全有能力突破任何外部施加的"封锁"，在航天、环境、经济等各领域实现创新发展。同时，中国尊重世界各国的主权，反对压迫其他国家。

给世界的礼物

中共十八大以来，中国近一亿农村贫困人口全部脱贫，中国人民走上发展和富裕之路。脱贫攻坚全面胜利不仅造福了中国人民，也是中国共产党送给全世界的礼物。在此，我不禁回忆起毛泽东主席的保健医生、第一个加入新中国国籍的外国人、黎巴嫩人马海德（乔治·海德姆），他在中国共产党的感召下加入中国共产党，在新中国成立后积极投身梅毒等性病及麻风病的防治工作。在那个缺衣少食、住房困难的年代，马海德医生与病人同甘共苦、同吃同住，为实现毛泽东主席提出的改善新中国医疗卫生条件的目标付出了巨大努力。马海德曾说："我们对全国人民负责，而不是对个人负责。我们在为人民服务的同时，也在服务个人，因为我们相信人民利益和个人利益并不矛盾。"马海德医生的父亲在与他久别重逢时，得知他与中国领导人关系密切，便询问他有多少财产。马海德回答说："我有一片土地，其面积是960万平方千米，就连中国所有的房子都是我的。"

中国共产党如果没有始终坚持英明领导和科学决策，始终坚持以人民为中心的发展思想，领导中国人民团结协作、认真贯彻落实各项方针政策，中国就不可能取得今天的发展成就。也正是因为这些原因，中国有效控制住新冠肺炎疫情传播，免遭对国家卫生健康和经济发展造成的严重冲击。

对人民负责，对世界负责，成为中国近几十年来最鲜明的特质。以气候变化问题为例，近年来世界各地民粹主义势力抬头，一些领导人上台后毫不关心气候变化等全球性挑战。虽然美国总统拜登在这方面曾作出承诺，但美国国会内部意见分裂，使美国难以采取有效举措。与之相反，中国为解决气候变化问题作出了实实在在的贡献。未来20年，中国可再生能源增量将超美欧总和。

中国送给世界的另一个宝贵礼物是构建新型国际关系，反对发达国家对发展中国家的压迫和剥削。阿拉伯国家正争先恐后地与中国开展合作。2013年以来，"一带一路"倡议为推动阿中关系发展深化作出了积极贡献，这在双方近年来签署的共建"一带一路"合作文件以及开展的重大合作项目中得到了充分体现。例如：在埃及，埃方希望在共建"一带一路"框架下，将新苏伊士运河项目打造成全球贸易枢纽，推进新行政首都建设，建设埃中苏伊士经贸合作区；在卡塔尔，阿拉伯国家首个人民币跨境结算中心于 2015 年宣告成立；在阿联酋，阿中两国于 2018 年宣布建立全面战略伙伴关系，迪拜龙城成为海湾地区中国商业中心。不仅阿拉伯国家与中国建立起牢固的友谊，拉美国家等世界多国也将中国视作比美国更为重要的贸易伙伴。截至 2022 年 3 月，已有 21 个拉美国家同中国签署了共建"一带一路"合作文件。2021 年，拉美地区同中国贸易总额突破 4500 亿美元。

西方失败的诋毁

为了破坏中国取得的发展成就及其提出的构建新型国际关系理念，西方国家在涉及中国核心利益问题上对中国大肆发动舆论攻击。在涉疆问题上，西方国家每年投入上千万美元资助各类非政府组织和媒体，编造所谓新疆维吾尔族穆斯林遭受"人权危机""种族灭绝"等谣言，企图抹黑中国的国际形象，特别是在阿拉伯国家的形象。但事实胜于雄辩，新疆各族人民饮食、住房、教育等基本人权得到保障。到 2020 年年底，新疆 300 多万现行标准下农村贫困人口全部脱贫，3666 个贫困村全部出列，35 个贫困县全部摘帽。2016 年至 2021 年的五年间，新疆建成农村安居工程 120 多万套，城镇保障性安居工程 138.4 万套，使包括维吾尔族在内的各族人民从新疆的发展进步中受益。与此同时，新疆地方政府不断修缮清真寺等宗教活动场所，修建存放宗教文化典籍的图书馆，配备空调、水冲式厕所等配套设施。自 1990 年至 2016 年年底，民族分裂势力、宗教极端势力、暴力恐怖势力在新疆地区策划实施了数千起暴力恐怖案件，造成大量无辜群众被害和财产损失。中国坚持运用法治思维和法治方式处理问题，借鉴吸收国际社会反恐经验，通过改善居民生活条件、提升教育水平、开展教培工作等方式，从源头上消灭恐怖主义、宗教极端主义。2017 年以来，新疆连续五年未发生暴力恐怖案件。在联合国人权理事会第 46—49 届会议上，黎巴嫩均坚定支持中方在涉疆问题上的立场。黎巴嫩驻华大使米莉亚·贾布尔亲自访问了新疆地区，考察了当地的实际情况。2021年10月，包括黎巴嫩、阿联酋、沙特等伊斯兰国家在内的80多个国家在第七十六届联合国大会第三委员会审议人权问题时发言支持中国。

一些西方国家造谣中国控制斯里兰卡的港口，炒作所谓的"债务陷阱"，连美国的"自己人"——哈佛大学的专家学者都对此予以驳斥。他们又谎称中国"占领"乌干达唯一的机场，乌干达政府主动澄清了谣言。他们还企图利用台湾问题要挟和遏制中国，但这改变不了台湾自古以来就是中国领土不可分割的一部分这一事实。

建立新世界

纵观近年来全球局势的发展进程，我们可以发现，中国、俄罗斯等新兴大国的崛起为世界各国在航天、能源、贸易等领域开展合作翻开了新篇章，预示着新的世界秩序即将诞生。毫无疑问，像黎巴嫩这样正在经历严重经济危机的国家，必须重新审视其对外政策。作为活跃在政治领域的青年人，我们应向社会民众介绍与中国开展合作的重要性，并把愿意与中国开展合作、愿意学习借鉴中国经验的人选上台。外面的世界很精彩，各国的主张也不尽相同。相信在中国这样的新兴力量支持下，我们不仅能登上月球、抵达火星，也完全能建设一个更加美好的新世界。

中共创造了真正意义上的人类奇迹

黎巴嫩人民会议组织成员
欧麦尔·哈桑·米斯里

成功不需要很多知识,但需要智慧。如果我们找不到取得成功的方法,就要想办法创造条件。有着百年光辉历史的中国共产党就是这样做的。中国共产党拥有坚定的政治信仰,能够根据内外形势变化与时俱进。100年来,中国共产党取得长足发展,涓涓细流汇聚成河,永不干涸。

中国共产党为中国人民谋幸福,为中华民族谋复兴,为人类谋进步,为世界谋大同。在中国共产党的领导下,中国实现伟大飞跃,取得历史性成就,令人印象深刻。

中国共产党成立100年后,中国成为世界第一大出口国,并有望成为世界第一大经济体,这是值得中国共产党和中国人民引以为傲的伟大成就,中国经验是广大发展中国家可资借鉴的典范。"一带一路"倡议为世界各国开展互利合作、实现均衡发展、摆脱战争影响提供了契机。但有一些国家为了实现自身利益、扩大势力范围、服务自身发展,不惜点燃战火、制造冲突,牺牲发展中国家的利益。

中共十八大以来,中国人民的生活水平显著提高,社会治理取得长足进步,现行标准下近一亿农村贫困人口全部脱贫,832个贫困县全部摘帽,12.8万个贫困村全部出列,提前十年实现《联合国2030年可持续发展议程》减贫目标。可以说，中国共产党坚守为中国人民谋幸福、为中华民族谋复兴的初心使命，通过各种方式"补短板""解难题"。

新冠肺炎疫情发生后，以习近平同志为核心的中共中央坚持"生命至上、人民至上"抗疫理念，坚定抗击疫情。在脱贫攻坚过程中，习近平总书记指出，"扶贫必扶智，治贫先治愚"。中国共产党在收入分配、就业、教育、社会保障、医疗卫生等方面推出一系列重大举措：深化医药卫生体制改革，把"预防为主"摆在更加突出的位置；进一步完善养老保险体系，截至2020年年底，中国养老金市场规模达到12万亿元；加强防灾减灾救灾工作，从源头抓好安全生产；完善信访制度，防范和打击暴力恐怖、新型网络犯罪、跨国犯罪；修建道路、医院、学校等基础设施，并向民众提供广泛的金融信贷服务。这些经过深入研究的举措取得了令人瞩目的巨大成功，创造了真正意义上的人类奇迹，同时向其他国家特别是发展中国家证明，只要付出努力，一定能消除极端贫困。

坚持人与自然和谐共生是习近平新时代中国特色社会主义思想的基本方略之一。习近平新时代中国特色社会主义思想是对马克思主义的坚持和发展，是马克思主义中国化的最新成果。

近年来，阿拉伯国家和中国的关系不断发展。阿中双方一致同意于2022年召开首届阿中峰会，携手打造面向新时代的阿中命运共同体，为阿中关系发展翻开新篇章。

今天，阿拉伯国家和中国正致力于构建顺应时代发展、顺应两大民族愿望的阿中命运共同体。"友谊是树，忠实为根，亲善为枝。"无论遇到任何困难和挑战，阿中双方始终患难与共、众志成城、并肩战斗、团结互助，以实际行动践行人类命运共同体理念。

作为阿拉伯人，我们以中国为世界带来勃勃生机感到骄傲，高度赞赏阿中双方间的友好合作关系，坚信中国将为世界带来安全稳定、公平正义。我们愿与中方一道，弘扬全人类共同价值，推动构建人类命运共同体。

授人以鱼不如授人以渔

阿拉伯国家联盟贝鲁特阿拉伯法律与司法研究中心副主任
尤素福·哈利勒·易卜拉欣

推动共建"一带一路"高质量发展

从2013年提出"一带一路"倡议，到2017年举办首届"一带一路"国际合作高峰论坛，共建"一带一路"取得巨大进展，相关合作从顶层设计不断转化为具体项目落地实施，有力推动了沿线国家发展。

从一个国家的倡议到沿线国家的共识，"一带一路"倡议推进了一系列重大合作项目，拉动了各国经济发展，创造了大量就业机会，给沿线各国带来了实实在在的利益。首届"一带一路"国际合作高峰论坛吸引了29个国家的元首和政府首脑，140多个国家、80多个国际组织的1600多名代表参加。

中国国家发展改革委员会区域开放司副司长张明表示："中国倡议之所以如此具有吸引力主要源于两个方面。一方面，'一带一路'倡议真正实现了参与方的合作共赢。'一带一路'源自中国，但属于世界。另一方面，'一带一路'倡议契合世界各国和平发展的共同愿望和当今世界发展的大趋势。"

在首届高峰论坛举行期间，习近平主席强调，"一带一路"建设向所有朋友开放。根据习近平主席的要求，中方还认真梳理各方意见建议，吸纳各国期待和诉求，围绕普遍关注的问题精心设计六场平行主题会，让中外各界代表畅所欲言，凝聚共识。

随着首届高峰论坛圆满闭幕，《"一带一路"国际合作高峰论坛圆桌峰会联合公报》对外发布，公报强调各国将秉持和平合作、开放包容、互学互鉴、互利共赢、平等透明、相互尊重的精神，在共商、共建、共享的基础上，本着法治、机会均等原则加强合作。

2019年，中国主办第二届"一带一路"国际合作高峰论坛，同与会国家和国际组织共商合作大计，使论坛成为各方深化交往、增进互信、密切往来的重要平台。

此外，共建"一带一路"已被列入《中华人民共和国国民经济和社会发展第十四个五年规划和2035年远景目标纲要》。有专家表示，共建"一带一路"是应对全球性挑战的中国方案。"十四五"规划将之前的"推进'一带一路'建设"的表述变为"推动共建'一带一路'高质量发展"，这与未来五年经济社会发展主题相契合。

中国还提出把"一带一路"打造成团结应对挑战的合作之路、维护人民健康安全的健康之路、促进经济社会恢复的复苏之路、释放发展潜力的增长之路，为未来继续推动共建"一带一路"高质量发展指明了方向。

全球发展倡议

全球发展倡议是继"一带一路"倡议之后，习近平总书记提出的又一重大倡议，是对全球发展合作的"再动员"，是对以人民为中心这一核心人权理念的"再确认"，为缩小南北鸿沟、破解发展不平衡提出了"路线图"，也为推进落实联合国2030年可持续发展议程提供了"加速器"，为推动实现更加强劲、绿色、健康的全球发展，为构建人类命运共同体凝聚起强大合力。

全球发展倡议归纳了发展的重点是推进减贫、粮食安全、抗疫和疫苗、发展筹资、气候变化和绿色发展、工业化、数字经济、互联互通等八个领域的合作，核心理念是以人民为中心，最主要的目标是加快落实联合国2030年可持续发展议程。倡议高度契合各方需要，迅速得到联合国以及近百个国家的响应支持。2022年1月，"全球发展倡议之友小组"在纽约联合国总部举行首次会议，超过100个国家和20多个国际组织的代表齐聚一堂，为落实倡议凝聚了更广泛的国际共识。

全球发展倡议高度契合各方需要。联合国以及近百个国家积极响应，倡议先后被写入中国－太平洋岛国外长会、中国－东盟建立对话关系30周年纪念峰会、中非合作论坛第八届部长级会议、中拉论坛第三届部长会议等相关成果文件。

阿中合作

中国始终用实实在在的行动，为中东安全提供中国智慧、中国方案。自2014年习近平总书记提出共同、综合、合作、可持续的新安全观以来，中国持续为促进中东安全而笃行不辍。2018年，习近平主席在中阿合作论坛第八届部长级会议开幕式上提出了中东安全的中国方案。2019年，中国举办首届中东安全论坛，首次与中东及域外有关国家的外交、安全领域的官员、学者共聚一堂，共同探索实现中东和平与安全的出路。2020年，中国首倡搭建海湾地区多边对话平台，为促进地区安全稳定不断凝聚共识。2021年，王毅国务委员兼外长数次出访中东，提出实现中东安全稳定五点倡议、解决叙利亚问题四点主张、落实巴以"两国方案"三点思路，推动对话解决热点问题、实现地区安全和共同安全。《阿中数据安全合作倡议》也是全球首创，旨在共同应对网络安全威胁和数据安全风险。阿拉伯国家联盟外长理事会会议连续多年通过加强对华关系的决议，并赞扬中国为促进地区稳定与和平所作努力，体现了地区国家对中国的高度评价。

安全与发展就像鸟之两翼，与经济全球化的深入发展息息相关。中国支持中东国家团结协作解决地区安全问题，支持中东人民独立自主探索发展道路，愿与中东国家共享发展机遇，交流治国理政经验，夯实地区和平与安全之基。

"一带一路"是答案，不是问题

斯里兰卡、土耳其、巴基斯坦等部分国家外债高企，面临公共债务危机，有人利用这些危机炒作所谓的"中国债务陷阱"。事实上，这些国家的债务危机不是因为中国，而是全球物价上涨和乌克兰危机等因素造成的。

从巴基斯坦的外债构成看，截至2021年12月，巴基斯坦外债总额接近1300亿美元，其中大部分来自西方，主要是从世界银行、国际货币基金组织、巴黎俱乐部和亚洲开发银行（总部设在马尼拉，主要由日本、美国、英国、法国、德国、加拿大、澳大利亚、印度和中国出资）获得的。中方债务仅占巴基斯坦总债务的10%。巴基斯坦还从西方和海湾国家的私人银行借款，并在全球金融市场销售伊斯兰债券获取资金。

中巴经济走廊的大部分项目是中方直接投资和无偿援助，少数使用贷款。中巴经济走廊能源合作优先实施项目——卡洛特水电站仍在建设中。巴基斯坦债务问题的主要来源是贸易逆差，尤其是巴基斯坦为购买石油、天然气和石油衍生品对外举债，每年成本约为150—200亿美元。巴基斯坦依靠进口石油和天然气生产该国一半的电力。由于2021年国际石油和天然气价格攀升，该项支出显著增加。而随着乌克兰危机爆发，该项支出更是灾难性地暴涨。巴基斯坦可以通过推进与中方合作建设火力、水电、核能发电项目解决问题。煤炭发电可以使巴基斯坦减少从外国购买石油和天然气，进而摆脱债务危机。

"一带一路"倡议拉动了许多国家的经济增长,例如,肯尼亚蒙巴萨—内罗毕铁路作为"一带一路"合作框架下的重大项目,改善了肯尼亚货物运输条件,促进了该国经济发展,为当地民众带来了许多实实在在的好处,同时也保护了当地生态环境。"一带一路"框架下值得注意的标志性项目还有全长1035千米的中老铁路,该项目在2021年12月3日开通运营后将把东南亚和欧洲市场联系起来。

总而言之,世界各国文明有许多"公约数",彼此相互需要。全球发展倡议因此成为世界各国促进共同合作的积极选择,推进减贫、粮食安全、抗疫和疫苗、发展筹资、气候变化和绿色发展、工业化、数字经济、互联互通等八个领域的合作倡议也因此得到各国广泛支持。

1840年至1949年这段时期,中国曾饱受欧洲和日本殖民势力入侵之苦,沦为半封建半殖民社会。这100多年在中国文学中被描述成百年屈辱史,但中国在开展伟大斗争后取得了成功。

这段黑暗的历史造就了中国人民、中国政府、中国共产党不屈不挠的斗争精神。中国坚持不懈地寻找"疗伤"的方法,努力提升自身能力,谋划发展,通过艰苦奋斗提升"药效",书写了新的奋斗历史,重振了中华民族的希望和信心。

20世纪80年代中国实行改革开放后,"授人以鱼不如授人以渔"这句话开始流行。从那时起,中国经济增长的车轮就从未停止,中国发展成为世界第二大经济体,在过去20年使世界经济格局发生了质的变化。当美国在世界各地花费数万亿美元进行破坏性战争时,中国却远离"喧嚣"埋头苦干,努力建造一个又一个工厂,吸引世界各地的先进产业到中国发展。在此背景下,中国国内生产总值从2000年的1.21万亿美元增加到2019年的14.34万亿美元,而美国同期的国内生产总值从10.25万亿美元增加到21.43万亿美元,两者增速差异明显。2020年,尽管全球经济因新冠肺炎疫情出现萧条,但中国经济同比增长2.3%,成为全球唯一实现经济正增长的主要经济体。

改革开放创造了只有中国才能实现的发展奇迹

黎巴嫩人民会议组织成员
扎卡里亚·叶海亚·艾哈迈德

中共带领中国人民制造出独特的中国模式

世界各国有着不同的发展模式。可以确定的是，得益于中国共产党在新时代的英明领导及中国人民的团结一心，中国在各领域取得了伟大成就，创造出独特的中国模式。

在中国共产党的英明领导下，中国人民取得了举世瞩目的发展成就，中国的综合国力得到不断提升，为世界各国提供了宝贵经验。1978年，中国共产党作出把党和国家的工作重心转移到社会主义现代化建设上来和实行改革开放的重大战略决策，为形成中国模式打下了基础。

在这一重要转折点之后，中国经济快速发展，综合国力突飞猛进，实现了前所未有的经济振兴，创造出人类历史上最伟大的经济发展奇迹。

在谈到改革开放政策取得的历史性成就之前，我们必须先回顾一下改革开放政策的历史背景。1949年新中国成立时，中国经济遭受几十年战争影响，很多矿山、工厂被损毁，交通、通讯、能源系统因维护不足而陷入停滞，农业生产中断，粮食产量大幅下降。在这一背景下，中国领导人采取了果断行动，于1949年到1952年顺利完成了恢复国民经济的任务。

1953年，在中共中央的直接领导下，周恩来总理和陈云同志具体负责组织领导中国国民经济的恢复和建设工作，制定了国民经济和社会发展第一个五年计划，主要内容是：集中主要力量进行以苏联帮助中国设计的156个建设项目为中心、由694个大中型建设项目组成的工业建设，以建立中国社会主义工业化的初步基础；发展部分集体所有制的农业生产合作社，以建立对农业和手工业社会主义改造的基础；基本上把资本主义工商业纳入各种形式的国家资本主义轨道，以建立对私营工商业社会主义改造的基础。

尽管面临很多困难和挑战，但"一五"计划还是推动中国实现了很好的经济增长，据报道，中国人均国内生产总值平均每年增长2.9%，顺利实现了经济发展任务和预定发展目标。

改革开放是决定当代中国命运的战略抉择

在中国共产党的领导下，邓小平同志在1978年召开的党的十一届三中全会上作出实施改革开放的伟大决策。坚持解放思想和发展生产力，是中国改革开放的鲜明特征。个人认为，中国改革开放分为五个阶段：

第一个阶段从1979年至1982年，这是改革开放的起步阶段，实现了拨乱反正、恢复秩序。

第二个阶段从1982年至20世纪90年代初，这是改革开放的探索阶段，确定了以经济建设为中心的基本方针，逐步探索中国特色社会主义道路。

第三个阶段从1992年至2002年中共十六大召开，这是改革开放的新阶段，改革开放迈出坚实步伐，改革的目标和方向都已明确，提出了社会主义市场经济理论，改革开放实现新的历史性突破。

第四个阶段从 2002 年至 2012 年中共十八大召开前，这是改革开放的持续推进阶段，中国和中国共产党站在新的历史起点，高举中国特色社会主义伟大旗帜，全面投身小康社会建设。

第五个阶段从 2012 年至今，这是改革开放的全面深化阶段，中国经济飞速发展，结构性改革持续推进，改革开放事业不断取得新成就。

改革开放是决定当代中国命运的战略抉择，创造了只有中国才能实现的经济发展奇迹。2016 年，中国国内生产总值增长率为 6.7%，美国仅为 1.6%。2020 年，中国国内生产总值首次超过 100 万亿元，人均国内生产总值超过 1 万美元。中国的经济实力和科技能力都有了新发展，正朝着更高质量、更有效率、更加公平、更可持续、更为安全的方向发展。

中国向世界展示了有史以来最优秀的文明成果

黎巴嫩青年学者
阿德南·亚当

发展是所有奋发图强、引领时代的国家固有的特征。任何一个民族,如果不重视发展和创新,不能在历史和未来之间实现平衡,就会摇摇欲坠。因此,必须创造一个能够紧跟时代变化的发展环境,为政治、经济、科技等各领域提供安全保障。

新时代的中国在国际舞台上发挥着举足轻重的作用。世界各国尤其是阿拉伯国家,饱受美国的傲慢和剥削之苦。在中国共产党的英明领导下,中国向世界展示了有史以来最优秀的人类文明成果。

"刚柔相济"是新时代中国经验的主要特色

要回答这个问题,需要全面了解中国共产党采取的内外政策。中国共产党探索出一条把马克思主义基本原理同中国具体实际相结合的正确道路,创造了中国特色社会主义,领导中国人民把握发展机遇,为全面建成小康社会奠定了坚实基础。

在国家安全问题上,中国始终坚定捍卫自身权利,过去这体现在香港回归祖国进程中,现在则体现在台湾问题上。中国共产党书写了近现代史上最伟大的史诗——长征,与帝国主义支持的国民党反动派进行了激烈斗争，并取得了最终胜利。国民党反动派从中国大陆败退到台湾后，中国一直努力推动祖国统一。相信中国共产党一定能实现这一目标，因为过去饱受欺凌的旧中国已经一去不复返，新中国已成为国际上一支坚不可摧的力量。

在解决贫困和失业问题上，中国共产党始终对此保持高度重视，并在这场斗争中取得了伟大胜利。以下是中国共产党的经验做法。

第一，制定规划。在推动脱贫攻坚、可持续发展过程中，中国共产党并未固守以往经验，而是从中国国情和具体实际出发，制定了短期和长期发展规划，不仅推动各个地区实现整体经济发展，也满足了个人的发展需求。中国实行的政治制度确保了国家的稳定，国家政策不会随领导人的变动而变化。相比之下，在其他国家，国家发展计划往往随着政权交接而出现改变，新当选领导人一般会推翻前任制定的规划。一些国家领导人为赢得选举，只重视短期规划，忽视了长期规划。

第二，解放生产力。44年来，改革开放解放和发展了中国社会生产力，加快了中国的全面发展，推动了广泛深入的社会治理体制改革。中国社会发生了巨大变化，摆脱了长期困扰中国人民的贫困问题，中等收入群体规模不断扩大，社会购买力不断增强，中国即将成为全世界最大的消费市场。中国共产党不仅解放了生产力，也打开了符合中国国情的创新之门，让科技创新成为经济发展的动力。中国共产党在发展市场经济的同时也重视维护社会公平正义。

第三，消除贫困。在中国共产党成立100周年之际，中国正式宣布战胜绝对贫困，这是习近平总书记领导中国共产党取得的伟大胜利。2018年3月20日，习近平总书记在中国第十三届全国人大一次会议闭幕会上的讲话中指出："我们生活的世界充满希望，也充满挑战。中国人民历来富有正义感和同情心，历来把自己的前途命运同各国人民的前途命运紧密联系在一起，始终密切关注和无私帮助仍然生活在战火、动荡、饥饿、贫困中的有关国家的人民，始终愿意尽最大努力为人类和平与发展作出贡献。"

改革开放以来，中国七亿多农村贫困人口摆脱了贫困。中国政府于 2010 年制定的贫困线相当于每人每天 2.3 美元，高于世界银行确定的每人每天 1.9 美元的贫困标准。

中国经验十分契合阿拉伯国家

在国际舞台上，中国共产党又提供了哪些经验呢？作为人类文明的典范，中国经验十分契合阿拉伯国家。中国从来都不是一个对阿拉伯国家怀有殖民野心的国家，也不是一个为谋取狭隘利益而制造混乱的血腥国家。恰恰相反，中国共产党高举爱国主义旗帜，团结带领中国人民以最好的方式践行民主，取得了巨大的成功。

长期以来，中国通过接待团组访问、举办国际会议等方式，努力向世界各国介绍中国经验。2019 年 11 月，300 多位世界各国政党代表齐聚江西南昌，与中国共产党交流治国理政理念，学习中国经验。

中国之所以强大，是因为拥有一个充满凝聚力的政党和一个坚强的领导核心。习近平总书记是一位思想深邃、守正创新、拥有远见、不懈奋斗的思想家、实干家。在习近平总书记的领导下，中国共产党开展了大规模反腐败斗争，并在涉疆、涉藏、涉港等问题上坚定捍卫自身利益。

值得一提的是，中国共产党和中国人民已经开启全面建设社会主义现代化国家新征程。2035 年，中国将基本实现社会主义现代化。到 21 世纪中叶，也就是新中国成立 100 周年的时候，中国将建成富强民主文明和谐美丽的社会主义现代化强国。

国际社会眼中新时代的中国共产党

中共向历史和人民交出了一份优异的答卷

黎巴嫩青年
纳迪姆·穆斯里姆

时代是出卷人,人民是阅卷人。中国共产党成立101年来,向历史、向人民交出了一份优异的答卷。

鸦片战争以来,中国人民饱受列强欺凌和战乱之苦,国家主权和领土完整遭到严重破坏。中国共产党成立后,中国人民迎来了新的黎明。中国人民和中国共产党团结一心,推动中国巨龙实现了新的腾飞。中国的崛起为贫弱国家实现发展振兴提供了重要启示。

中国共产党以马克思列宁主义、毛泽东思想、邓小平理论、"三个代表"重要思想、科学发展观、习近平新时代中国特色社会主义思想作为自己的行动指南,坚定共产主义远大理想和中国特色社会主义共同理想,牢记初心使命,始终谦虚谨慎、不骄不躁、艰苦奋斗。中国共产党善于总结历史经验,通过总结历史经验不断把党和人民事业推向前进,将党的领导、人民当家做主、依法治国有机结合,取得了一个又一个伟大胜利。中国共产党积极弘扬社会主义核心价值观,坚持在发展中保障和改善民生,实现了人与自然和谐共生,统筹好发展和安全两件大事,加快推进国防和军队现代化。

中国共产党来自人民、根植人民、服务人民。中国共产党在不断巩固工农联盟的基础上，立足实际，自力更生，全心全意为人民服务，这在中国共产党党章中得到了充分体现。中国共产党的最高理想和最终目标是实现共产主义，消灭剥削，消除两极分化，实现共同富裕。中国共产党坚持民主集中制和"老中青三结合"原则，实行集体领导和个人分工负责相结合的制度。

在中国共产党的领导和努力下，改革开放以来，中国有七亿多人成功脱贫，历史性地解决了绝对贫困问题。此外，中国经济在世界经济中的地位和影响力不断提升，实现了快速发展和社会繁荣。中共十八大以来，中国共产党坚定不移惩治腐败，包括高级干部在内的百余万名党员干部因贪腐问题受到惩处。尽管中国人口众多、民族多元，但中国共产党成功维护了国家统一和民族团结，用理念主张更用实际行动赢得了中国人民的衷心拥护。

习近平新时代中国特色社会主义思想是对马克思列宁主义、毛泽东思想、邓小平理论、"三个代表"重要思想、科学发展观的继承和发展。在习近平新时代中国特色社会主义思想的指引下，中国全面深化改革，推动科技创新，坚持绿色发展，弘扬社会主义核心价值观。此外，中国重视环境保护，推动发展可再生能源，为维护气候安全、构建人类命运共同体作出了重要贡献。

|蒙|古|国|

中共带领中国人民成功开创了一条中国式现代化道路

蒙古人民党书记
图勒嘎

中国共产党团结带领中国人民实现民族独立、人民解放，成功开创了一条中国式现代化道路，中国人民的生活发生了翻天覆地的变化。中国的发展历程充分表明，中国共产党的领导是中国实现繁荣发展、取得伟大成就的根本保障。

我曾多次到访中国，对中国经济的快速发展、人民生活水平的不断提高印象深刻。中国成功让亿万民众摆脱贫困，为全球减贫事业作出巨大贡献。中国始终践行和平发展理念，与世界各国共享发展红利，携手实现共同发展。坚持以人民为中心是中国共产党保持卓越领导力的关键所在，值得各国政党学习借鉴。

习近平总书记深刻总结治国理政实践经验，发表了一系列重要论述，提出了许多具有原创性、时代性、指导性的重要思想，进一步丰富和发展了科学社会主义理论。我仔细研读了《习近平谈治国理政》《摆脱贫困》等著作，对书中关于推进反腐倡廉建设、生态文明建设、提高党的执政能力和领导水平等有关论述印象深刻。习近平总书记指出，"能否保持党同人民群众的血肉联系，决定着党的事业的成败。"这一观点十分深刻鲜明，给我们管党治党带来重要启迪。

蒙古人民党和中国共产党都有超过百年的历史，两党深刻总结发展合作历程，不断推进两国发展战略对接。作为各自国家的执政党，蒙古人民党与中国共产党保持友好交往，为推动两国关系发展和各领域合作发挥了重要作用。2022年2月，蒙中两国政府发表联合声明，双方商定将深入推进全球发展倡议、共建"一带一路"倡议同蒙古国"远景2050"长期发展政策、"新复兴政策"对接。这些合作将把蒙中全面战略伙伴关系提升到新水平，有助于蒙古国在后疫情时代的经济复苏和发展，推动双边经贸关系发展，并为国际投资者开辟广阔空间。

新冠肺炎疫情防控期间，我曾通过中共中央对外联络部感谢中国共产党介绍抗击疫情经验做法。在习近平总书记的英明决策下，中国采取系列有力措施有效控制疫情，为国际社会抗击疫情树立了典范。中国共产党呼吁各国团结合作、共克时艰，得到国际社会的积极响应和支持。中国的经验和做法值得各国借鉴和推广。我们十分感谢中国在蒙古国疫情最严重时提供疫苗支持。通过抗疫合作，我们两党两国之间的友好合作关系得到进一步巩固与深化。

北京冬奥会期间，蒙古人民党主席、蒙古国总理奥云额尔登来华出席了开幕式。北京冬奥会取得了巨大成功。为保障冬奥会和冬残奥会参赛运动员、代表团成员，以及组织者的身体健康，北京冬奥会采取的赛时闭环管理非常成功，各项比赛的组织工作十分到位，显示了中国的高水平组织能力和付出的巨大努力。作为人类团结象征的冬奥会在疫情防控期间成功举办，给世界人民带来了希望和信心。

期待中共为引领世界走出乱局提供中国智慧和中国方案

蒙古国前总理
林·阿玛尔扎尔格勒

关于"一带一路"国际合作

蒙古国是中国的近邻，同中国携手共建"一带一路"有天然优势。当前，新冠肺炎疫情和乌克兰危机进一步凸显出"一带一路"国际合作的意义，各共建国在"一带一路"框架内加强经济、社会、文化等方面合作与交流，对推动全球经济复苏和维护世界和平稳定极为重要。我期待从今天的交流中获得启发，也希望今后能同中方加强沟通，共同探索新形势下推动共建"一带一路"高质量发展的新思路和新举措。

关于全球安全倡议

2022年4月21日，习近平主席在博鳌亚洲论坛2022年年会开幕式上发表主旨演讲时提出全球安全倡议，强调安全是发展的前提，人类是不可分割的安全共同体。我对此表示高度赞赏，没有安全就无法实现经济发展，更谈不上社会进步，安全是事关全局的最重要前提。

全球安全倡议对国际社会携手应对风险挑战、构建全球安全合作框架具有重要指导意义。正如习近平主席在讲话中强调的，要共同维护世界和平安宁，坚持尊重各国主权、领土完整，不干涉别国内政，尊重各国人民自主选择的发展道路和社会制度。可以说，全球安全倡议是我们共同构建安全世界的重要遵循。

关于俄乌冲突和国际局势

一方面，乌克兰危机使本就脆弱的世界经济雪上加霜，对世界和平发展带来挑战，将深刻改变国际格局和国际秩序，并对相关国际机构的体制机制产生重大冲击，对国际组织和世界经济的长期影响目前尚未完全显现。另一方面，国际关系和全球局势正在经历深刻的范式转变，世界各国需要认真思考应发挥什么样的作用、如何发挥作用。国际社会期待日益走近世界舞台中央的中国发挥重要领导作用，也期待中国共产党对全球政党发挥更重要的引领作用。

我注意到，在俄乌冲突问题上，中国一直呼吁各方珍视和平、停火止战，通过对话谈判和平解决俄乌冲突，为推动缓和局势发挥了重要建设性作用。这种态度和立场体现了中国共产党的成熟和担当，我对此表示钦佩。

关于中共二十大

中共二十大是中国2022年政治议程中的头等大事，对中国和世界都会产生重要影响，受到国际社会的高度关注。我们期待通过这次重要会议看到一个更有魅力、更加蓬勃的中国，也期待了解中国对未来发展的规划和对当前国际局势、世界发展走向的判断和立场，尤其是面对诡谲多变的国际形势，中国共产党将提出怎样的思路和方案。相信中共二十大将为引领世界走出乱局提供中国智慧和中国方案。

塔吉克斯坦

伟大中国是人类进步新模式的引领者

塔吉克斯坦人民民主党中央执行委员会办公厅新闻分析中心主任
伊诺姆佐达·哈米济约恩

中共书写了国家和民族发展的伟大史诗

我曾两度通过党际渠道访华，中国人民的勤劳奉献，以及中国共产党为促进世界和平与发展所作努力始终鼓舞着我。目睹这一切，我想说，没有人会对中国实现21世纪发展目标的进度和成就水平漠然视之。治理有效、成果突出以及对人类未来的关注，无疑使伟大中国成为人类进步新模式的引领者。

我深信，中国应该参与全球治理体系的改革。作为世界第二大经济体，中国是当前国际体系中的重要参与者、建设者和贡献者。中国参与全球治理的目的是解决治理效能低下、方法无效和路线偏差等问题。我知道，中国不谋求在现有全球治理体系外建立对抗性或替代性国际机制，而是尊重现有国际规则，投身于全球治理体系改革。

在30年的外交关系中，我们国家在建设先进社会方面取得了成果。在应对"三股势力"——暴力恐怖势力、民族分裂势力和宗教极端势力，以及跨国有组织犯罪、贩毒、网络犯罪等现代人类社会公敌的挑战中，作为中国的近邻和可靠伙伴，塔吉克斯坦将在和平与国家统一的缔造者、民族领袖、总统、人民民主党主席拉赫蒙的领导下，通过合作争取安全与稳定，筑牢确保共同安全的屏障。

毫无疑问，中国共产党书写了国家和民族发展的伟大史诗。在中共中央总书记、国家主席习近平同志的英明领导下，中国全面建成小康社会，开启全面建设社会主义现代化国家的新征程。中国共产党确立习近平同志党中央的核心、全党的核心地位，确立习近平新时代中国特色社会主义思想的指导地位并非偶然，这对推动中华民族伟大复兴历史进程具有决定性意义。值得指出的是，中国共产党十九届六中全会在总结中国共产党政治建设成就时，将发展全过程人民民主放在首要位置。

塔中两国是友好近邻、可靠伙伴。塔吉克斯坦高度评价友好的中国全方位支持塔吉克斯坦经济社会发展，包括在经济、能源、交通基础设施、农业等对国家可持续发展具有重要意义的领域推动项目落实、开展专家培训等。

塔中两国和两国领导人——尊敬的拉赫蒙总统和习近平主席向世界分享自身观点、独特的发展模式和促进世界共同发展的综合方案。对于两国领导人而言，依靠文明古国智慧、文化、人文价值实现国家发展，并利用现代化成就为世界作出贡献具有重要意义。

中共真正关注人类前途命运，并与世界所有进步力量携手同行

人类命运共同体是实现全球和平发展、建设和谐世界的重要理念。该理念意味着摒弃战争和强权政治，新安全观为全球治理指明方向。最近国际热点问题再次证明推动构建人类命运共同体和共建"一带一路"倡议的必要性。

人类命运共同体理念蕴涵了中华传统文化的美好愿景，即"天下为公"和"世界大同"，旨在建设持久和平、普遍安全、共同繁荣、开放包容、清洁美丽的世界。这一理念与和平、发展、公平、正义、

民主、自由的全人类共同价值相契合，为世界发展指明了正确的方向。

塔吉克斯坦人民民主党领导层多次表示，我党愿持续推进塔吉克斯坦"2030年前国家发展战略"同共建"一带一路"倡议对接，继续深化同中国的全面战略伙伴关系。

习近平总书记提出全球发展倡议和全人类共同价值，为推动世界发展合作、维护和平作出了重要贡献。我认为，在新的挑战和威胁面前，任何国家都无法独善其身，强权政治和单边行径只会加剧危机。

中亚国家当前形势、地区国家间关系、中亚各国同世界大国和其他国家的联系正经历积极转变。中亚进入新发展阶段，更加紧密地融入世界经济和政治进程中。同时，中亚各国正面临新的威胁，需要进行适当的应对。

令人满意的是，今天，塔吉克斯坦和中国在双多边层面处于较高协作水平，互信程度不断提升。中方在塔方建设手工艺中心、向塔方转交药品用于治疗和预防新冠肺炎疫情，这是两国友谊的鲜明象征。我们时刻感受到中方战略伙伴在发展两国关系中给予的实际支持。塔中关系历经考验和淬炼愈发牢固，进入新时代。

作为塔吉克斯坦人民民主党中央执行委员会办公厅新闻分析中心主任，经过多年与中国同事的交往，我得出这样的结论：中华民族的血液中没有称王称霸的基因。中国共产党真正地关注人类前途命运，并与世界上所有进步力量携手同行。在这条复杂艰难的道路上，必须高举和平、发展、合作、共赢的旗帜，奉行独立自主和平外交政策，坚持走和平发展道路，推动构建新型国际关系，推动构建人类命运共同体，推动共建"一带一路"高质量发展，以中国的新发展为世界提供新机遇。这些举措和目标完全可以实现，因为今天中华民族"像石榴籽一样紧紧抱在一起"，准备战胜前进道路上的一切艰难险阻。

我相信，在中国共产党的领导下，各族人民紧密团结，全面建成社会主义现代化强国的目标一定能实现，中华民族伟大复兴的中国梦一定能实现。

塔中将继续扩大深化各层级双边合作,树立睦邻友好的典范,做地区安全稳定的引领者,共同构建新型国际关系和人类命运共同体。

土 库 曼 斯 坦

共建"一带一路"倡议为不同文明和谐相处与团结发展提供平台

土库曼斯坦工业企业家党中央委员会

"一带一路"倡议和"复兴古丝绸之路"
都将造福人民，促进各国繁荣

世界历史上最宏伟的路线是古丝绸之路，这是人类文明历史发展全过程所印证的公理。古丝绸之路的历史可追溯到 2000 多年前。从万里长城到地中海沿岸，绵延数十万千米的古丝绸之路横贯东西，成为文明交流互鉴的桥梁，向各国人民传播融合的文化。商路所到之处，城市兴盛，手工艺、科学文化得到发展。

2013 年，习近平总书记提出共建"一带一路"倡议，为古丝绸之路的复兴提供了有利契机。该倡议的原则、标准以及提出的经济和基础设施指导方针，为各国及不同文明的和谐共处和团结发展提供了平台。在保持政治和文化独立的同时，各国经济相互依存，共谋和谐发展。这将成为构建人类命运共同体的平台、人类文明新形态的开端。

如今，"一带一路"连接着众多国家，其经济总量在全球经济总量中占比超过三分之一，覆盖世界三分之二的人口。支持中方倡议并加入共建"一带一路"的国家构建了各层级、综合性和全方位联系的新格局。这意味着，国家和地区间合作发展迎来新的机遇。

上述前景必然得到了独立、中立的土库曼斯坦的理解与支持。土库曼斯坦历史上便处于古丝绸之路的十字路口，更形象地来说，是位于它的中心。土在梅尔夫、阿穆尔、萨拉赫斯、阿比韦尔德、德希斯坦建设的美丽客栈，土人民的热情好客在各个城市口口相传，美名远播。当前，土库曼斯坦持续积极发挥自身作为古丝绸之路桥梁的作用，推进地区和国际合作，为解决重要时代问题建言献策，"复兴古丝绸之路"项目便是其中之一。

同时，土库曼斯坦前总统、尊敬的库尔班古力·别尔德穆哈梅多夫在习近平主席提出"一带一路"倡议后立即给予支持，认为该倡议同"复兴古丝绸之路"并不冲突。库尔班古力·别尔德穆哈梅多夫称，共建"一带一路"倡议和"复兴古丝绸之路"始终拥有广泛需求，因为二者都将造福人民，促进各国繁荣。

中国是一个可靠和值得信赖的朋友

土库曼斯坦独立后推行基于中立、人道主义、平等、互利合作原则的政策。土在内政外交中奉行上述原则，同中国建立了彼此友好、相互尊重的关系。得益于两国元首的政治意志，双边关系今天提升至战略伙伴的高度。在接受中国多家电视频道和权威出版物的采访时，库尔班古力·别尔德穆哈梅多夫强调，"对于土库曼斯坦来说，中国不仅是一个伟大的国家、强大的世界经济和工业中心、广阔而充满希望的市场，更是一个可靠和值得信赖的朋友。土中关系具有长期性和战略性的特点，经受住了时间的考验，成为欧亚地区促进稳定和发展的重要因素。"

认识到交通对于保障可持续发展、实现《联合国2030年可持续发展议程》目标的重要意义，土库曼斯坦制定并持续落实自身交通政策。土同乌兹别克斯坦正建设"乌兹别克斯坦—土库曼斯坦—伊朗—阿曼—卡塔尔"这一新的交通过境走廊,双方有意充分发掘土库曼巴希国际海港和"亚太国家—中国—吉尔吉斯斯坦—乌兹别克斯坦—土库曼斯坦—阿塞拜疆—格鲁吉亚—欧洲"国际多式联运路线的潜力。"克尔基—阿基纳—安德霍伊"铁路为经贸关系的发展创造了有利条件。土还愿共同开发"乌兹别克斯坦—土库曼斯坦—里海"运输路线并通过黑海港口通向欧洲。土正同阿富汗、阿塞拜疆、土耳其落实"青金石走廊"(阿富汗—土库曼斯坦—阿塞拜疆—格鲁吉亚—土耳其)项目以通往欧洲。土正同阿塞拜疆落实将里海、黑海地区连接到统一交通走廊的想法,它将涵盖"土库曼斯坦—阿塞拜疆—格鲁吉亚—罗马尼亚"路线。土同哈萨克斯坦、伊朗有效合作的鲜明范例是"哈萨克斯坦—土库曼斯坦—伊朗"联合铁路建设项目的落实,该项目不仅具有地区意义,还具有国际影响。在土哈物流协作领域,深化里海港口(阿克套、库雷克、土库曼巴希)合作是优先方向。"土库曼斯坦—阿富汗—塔吉克斯坦"铁路建设是亚洲国际铁路运输走廊的重要组成部分。

"土库曼斯坦—中国"天然气管道项目是新时代的能源丝路,该项目已稳定运行数年。

历史表明,道路所及,生命欣欣向荣。土库曼斯坦对合作持开放态度,支持所有建设和平之路、友谊之路、进步之路的国家,延续古丝绸之路时期业已形成的历史对话。

祝愿中国共产党在造福人民、国家和全人类的宏大事业中续创辉煌。

当今中国是经济稳定发展、政治社会稳固的世界大国

土库曼斯坦农业党中央委员会

中共为引领中国建立和巩固同世界各国的友好关系发挥巨大作用

中国共产党作为中国的执政党，在对外交往中秉持友好和爱好和平的原则，为引领中国建立和巩固同世界各国的友好关系发挥巨大作用。

中国立足于历史认同和自身独特性，选择独立自主的发展道路，发展成为经济快速增长的繁荣国家。近年来中国发生的政治、经济和社会变革真正具有历史意义，并使中国迈上新的发展阶段。当今中国不仅是地区大国，还是经济稳定发展、政治社会稳固的世界大国。

中国推行的外交政策为世界建立和巩固和平与可持续发展发挥重要作用。同土库曼斯坦一样，中国在解决国际关系中的任何问题时，都主张通过外交途径，首先是谈判解决所有问题。此外，中国还是世界经济的重要投资者，实施的大型项目有助于地区经济社会发展。在所有这些方面，中国共产党都发挥着非常重要的作用。中共选择了一条适合自己的发展道路，这就是闻名世界的中国特色社会主义道路。

自独立以来，土库曼斯坦也选择了一条新发展道路。在深受敬爱的土库曼斯坦总统领导下，土经济改革基于本国人民民族特性，具有

独特性，土国民生产总值和人均收入较高即是证明。目前土国内各领域正在进行多方面改革，主要方向是提升人民生活水平。

在联合国各成员国支持下，土获得了中立国合法地位。通过积极发挥地位优势，土已成为公认的中亚维和中心。土库曼斯坦呼吁全球各国和平发展，在此背景下我国多次在联合国各种论坛上提出重要国际倡议，每每获得一致支持。

作为中立国，土库曼斯坦在国际舞台上奉行"国门开放"政策，同世界各国国际合作不断巩固拓展。众所周知，土占据绝对重要的地缘政治位置，这得益于土位于国际交通要道的战略十字路口。土在对外战略中高度关注同中国的关系。

土农业党在互相尊重和互信基础上同中共建立紧密关系

古丝绸之路曾穿越土中两国领土，这条商路曾在东西方人民交往历史中扮演重要角色。古丝绸之路东起中国，途经天山、中亚、里海、高加索和黑海，最终达到欧洲西部。古丝绸之路留下的丰硕遗产令世界自豪。众多民族先辈都曾向这条国际商路倾注心血，如今，对光荣历史的自豪感鼓舞我们在未来取得新的成就。

土中关系源起中世纪，绵延至今，在国际合作中占据重要地位。目前两国在政治、经贸、人文、科技、交通运输等领域积极发展多边关系。形象地说，世界最大天然气管道，即"中国—中亚"天然气管道已成为现代复兴丝绸之路，有助于夯实土中两国和两国人民在经贸和人文合作中结下的深厚友谊。同样重要的是，这条世界最大天然气管线途经很多国家，通过帮助生产者、运输者和消费者等实现互利共赢，有助于巩固地区稳定，促进地区繁荣。现在，在土中两国共同努力下，土天然气可运至中国各个地区，直至太平洋沿岸。但我们的能力和机遇远不限于此。中石油阿姆河公司巴格德雷合同区B区西部新气田盛大投产仪式表明两国合作潜力巨大。

土中关系平稳发展得益于土库曼斯坦和中国领导人的支持。两国友好关系为开展成果丰硕的党际交往提供广阔机遇。土农业党在对外交往中立足于国家中立地位，在互相尊重和互信基础上同中国共产党建立紧密关系。土农业党与中国共产党之间的友好关系对于促进两国交流互鉴具有重要意义。

土农业党的政治主张同中共有许多相似之处，我们均致力于共同推进互利合作，造福两国人民。土农业党积极参与中共举办的各类政党论坛、会议，比如"一带一路"框架下的各类活动，以及线上研讨会。

世界各国政党的主要任务是保障人民生活幸福，增进民生福祉，维护国家统一与和谐。我们应以这一任务为指引，定期开展交流互鉴，举办各类论坛，造福两国人民。

祝中国共产党取得新的成就，祝愿人民和平安康、幸福快乐！

| 叙 | 利 | 亚 |

中共是值得我们学习的榜样，是骄傲和光荣的源泉

中阿卫视 CATV 叙利亚记者
扎里夫·穆罕默德

中国共产党恰如一条源远流长、波澜壮阔的伟大河流。这条大河奔腾不息，滋润着中国广袤的疆土，滋养着中国人民与中国土地。我认为，中国共产党的每一次全国代表大会都是在这条大河上建起的一座座伟大堤坝，汇聚起各项成就的磅礴伟力，并根据不同阶段客观条件将河水输送到有需要的地方。

经过多年持续关注中国的复兴进程，我深深体会到中国特色社会主义是无与伦比的。让我自豪的是，我同样身处伟大的东方。我始终高度关注并认真学习中国共产党为推进中华民族伟大复兴历史进程、实现人民幸福采取的各项举措。

当西方企图挑衅中国时，我见证了中国共产党的智慧；当一些势力妄图威胁中国国家安全时，我见证了中国共产党的决心。中国共产党在应对新冠肺炎疫情对中国经济造成的影响时展现灵活性，并通过采取"动态清零"政策成功战胜了疫情，我对此深表钦佩。此外，我还见证了中国共产党成功实现消除绝对贫困目标。中国经济连续多年实现快速增长，引起全世界经济学家的关注。

我们不应忘记，中国共产党领导中国人民战胜了西方一些势力对中国发动的政治、经济和舆论攻击。西方一些势力在病毒溯源等诸多问题上编造谎言，他们所作所为只是为了通过抹黑中国掩饰其抗疫失败。我们不应忘记，中国共产党领导人、中国专家和媒体有力地驳斥了西方一些势力对涉疆问题编织的谎言，通过乡村振兴、脱贫攻坚、支持教育卫生事业等向世界证明了新疆是个好地方。在中国共产党的坚强领导下，中国香港特区政府有效瓦解了外部势力对特区事务的干涉，成功捍卫了"一个中国"原则；中国共产党还克服一些国家的阻挠，成功举办了2022年北京冬奥会。

中国共产党不仅领导中国人民取得伟大成就，展现出强有力的人文精神，还秉持"人类命运共同体"精神向发展中国家无私提供援助。特别是在新冠肺炎疫情发生后，中国向阿富汗、伊拉克及我的祖国叙利亚等饱受战争和恐怖主义之苦的国家提供医疗设备、新冠疫苗及人道主义援助。

在世界各国大多陷入经济危机的背景下，习近平总书记提出的"一带一路"倡议成为拯救沿线国家的生命线。"一带一路"倡议实现了"共赢"，保障了沿线国家的共同利益。在巴沙尔·阿萨德总统的亲自指示和高度关注下，叙利亚政府正式签署了"一带一路"合作谅解备忘录，这令我欣喜万分，内心燃起了推动叙利亚经济实现复兴的希望。中国的善意已经抵达我的祖国——一个饱受西方封锁、殖民主义和恐怖主义折磨的国家。我想对中国、中国共产党和习近平总书记说：谢谢你们，我们亲爱的朋友。

最后，我愿向英明睿智的习近平总书记及中国共产党第二十次全国代表大会全体代表说，中国共产党是值得我们学习的榜样，是骄傲和光荣的源泉。叙利亚将永远是你们忠实的朋友，愿学习借鉴你们的成功经验，尤其是习近平总书记充满创造力的伟大思想。叙中两国人民在历史上相知相交，我们深信老朋友胜过新朋友。你们取得的伟大成就，以及你们为中国人民谋幸福、为世界人民谋大同的不懈追求值得我们致以敬意和高度赞赏。我期待有一天能在中国的土地上与你们相见。

顺致崇高敬意！

新时代的中共及其对构建新型国际关系的积极影响

叙利亚作家、记者
萨米尔·凯迈勒·法德勒

中共是一个与时俱进的政党

中国共产党的历史可以追溯到1921年在上海建党。建党以来，中国共产党始终坚持将马克思列宁主义同中国工人运动相结合，并根据内外形势发展进行理论创新。中国共产党始终坚持民主集中制，确保了党的思想统一和言论自由。中国共产党党章以马克思主义政党学说为指导，在2007年召开的中共第十七次全国代表大会上首次将党的宗教工作基本方针写入了党章。这表明，中国共产党不是一个僵化的政党，而是一个能够根据新形势、新发展的要求与时俱进的政党。

中国共产党的成立是重要历史事件，不仅唤醒了中国人民，也开启了中国人民在中共领导下团结开创新时代的奋斗征程，这彻底改变了中国的发展进程，也为中国人民开辟了新的未来前景。中国共产党坚定理想信念，坚守为中国人民谋幸福、为中华民族谋复兴的初心使命，为推动中华民族实现伟大复兴、推动中国走向繁荣富强作出了重要贡献，在国家各领域发展进程中创造了一个又一个奇迹。中国共产党从一个仅有50多名党员的小党，发展成为拥有9600多万名党员的世界最大的马克思主义执政党，中国共产党坚持将马列主义基本原理与中华优秀传统文化相结合，推动实现了国家振兴。世界上没有任何政党能与中国共产党相比拟。

中国共产党在漫漫征途中之所以能取得伟大成就，首要原因是紧紧依靠人民群众。中国人民紧紧团结在党中央周围，服从党中央的各项决定。另一个重要原因是中国共产党坚持人民至上，没有自己的特殊利益。中国共产党的初心使命是为中国人民谋幸福，为中华民族谋复兴。同时，中国共产党坚持对外开放，推动建立以合作共赢为核心的新型国际关系，以普惠包容取代霸权主义。

习近平新时代中国特色社会主义思想是当代中国进步和繁荣的指南针

自当选中共中央总书记、中华人民共和国主席以来，习近平阁下关于建设新时代中国特色社会主义的睿智思想成为当代中国进步和繁荣的指南针。中国于2013年提出"一带一路"倡议，之后积极推动与丝绸之路沿线国家的经济合作。沿线国家多是工业和国际贸易基础较为薄弱的发展中国家，为促进彼此经济融通，中国致力于同上述国家合作共建经济基础设施。通过共建"一带一路"，条件落后的沿线国家和地区通过数字化平台和中国提供的网络资源得以与外界深化交流，特别是那些由于地理隔绝而陷入困境的最贫穷地区受益匪浅。我们高兴地看到，当地民生水平已大幅提高。

2015年，习近平主席在G20峰会演讲中介绍了"一带一路"沿线国家在建设"数字丝绸之路"、实现可持续发展等方面开展的互利合作。2017年，习近平主席在联合国日内瓦提出，国际社会应增强合作，维护安全和发展、促进文明对话，推进全球生态文明建设，得到全体与会者的热烈欢迎。巴黎大学中国事务专家皮埃尔·皮科特认为，习近平总书记倡导建立以合作共赢为核心的新型国际关系，主张实现各国共同进步、全面稳定和平衡发展；习近平新时代中国特色社会主义思想是有史以来最好的哲学思想。目前，中国已经同180多个国家和地区建立外交关系，相较20世纪50年代获得了显著增长。

习近平新时代中国特色社会主义思想为推动中国取得政治、经济、社会等领域伟大成就，以及建设无与伦比的中国特色社会主义作出了重大贡献。建国初期，新中国优先发展重工业，建立起独立完整的工业体系和国民经济体系，实现了独立自主发展。在以习近平同志为核心的中共中央领导下，中国创造了经济发展奇迹，并在此基础上推动健康、教育、科研、人文等领域快速发展。中国已形成独一无二的发展模式，这得益于英明的习近平总书记领导中国共产党采取的正确理念和政策。随着中国经济实现腾飞，中国已经发展成为世界第二大经济体，并朝着世界第一大经济体的方向不断迈进。

中共在习近平总书记带领下致力于建设良好国际关系

在国际上，中国共产党在习近平总书记带领下，一直高举和平、发展、合作、共赢旗帜，坚持在合作基础上推动对外开放，致力于建设良好国际关系。这其中最重要的一对国家关系是中俄关系。中俄在共同利益基础上深化各领域合作，共同致力于在新时代重塑国际安全和金融秩序，抵御美国霸权主义给国际政治格局带来的风险挑战。2021年，中俄在莫斯科续签《中俄睦邻友好合作条约》，体现了两个大国对构建世界新秩序、建立新多边体系的共识，包括中东国家在内的发展中国家已从中受益。中国还重视发展同中东国家的关系，专门出台面向中东国家的政策举措。大多数阿拉伯国家都属于中国的战略大周边，坚持在互相尊重主权和领土完整、互不侵犯、互不干涉内政、平等互利、和平共处这五项原则基础上与中国发展关系。

阿拉伯国家是中国的重要合作伙伴，双方坚定推动和平发展，促进发展中国家间的团结协作。中国始终从战略高度看待阿中关系，不断发展和深化阿中传统友谊，并将其作为长期坚持的外交政策。一方面，中国始终支持阿拉伯民族解放运动，支持阿拉伯国家为捍卫国家主权和领土完整而开展的斗争，还支持阿拉伯国家开展经济建设，支持中东无核化。中国始终支持中东和平进程，支持建立以1967年边界为基础、以东耶路撒冷为首都、拥有完全主权、独立的巴勒斯坦国。另一方面，阿拉伯国家在台湾问题上坚定支持中国维护国家主权，认为台湾是中国不可分割的一部分。近年来，阿中关系不断发展，中国成为阿拉伯国家最大石油进口国，阿拉伯国家也成为中国产品和技术的主要买家之一。

随着中国实力不断增强、国际地位不断提高，中国已经成为世界重要一极。中国的发展模式为发展中国家尤其是阿拉伯国家提供了重要借鉴。中国从不吝惜分享改革开放成功经验，这令在中东推行"改造"政策的美国感到担忧。美国企图控制中东国家的主权和决策，干预其内部事务，妄图以"民主"为幌子改变地区国家体制，迫使地区国家及其领导层对美唯命是从。与之形成鲜明对比的是，中国一直坚持合作共赢原则。

当前，中国的崛起和国际影响力持续扩大已经成为不争的事实，这使得中国有能力为推动构建国际新秩序作出重要贡献。尽管仍有国家予以反对，但多数国家希望建立新的标准。作为世界重要一极，中国的和平崛起为这些国家尤其是阿拉伯国家提供了除单极世界外的更多选择，必将对国际秩序产生深刻影响，也将有助于中国的政治、经济领导力拓展至全世界。

中共领导中国走向巅峰

叙利亚大马士革大学法学院学生
哈利德·穆阿迈尔·沙希尔

中国成功的奥秘就是中共的坚强领导和人民情怀

伟大的中国共产党成立 100 年来，从未虚度光阴，而是争分夺秒地推动国家发展，领导中国从一个贫穷落后的国家发展成为世界上最富饶、最先进的国家之一，甚至让她的敌人患上了"中国恐惧症"。

中国所取得的发展成就确实令她的敌人感到恐惧。21 世纪将成为我们所期待的"中国世纪"。中国的敌人正是因为充分了解这一发展方向，所以才竭尽全力地妄图妖魔化中国。

当不公正的战争被强加给我的祖国叙利亚时，我开始关注中国近代史。战争之初，我还是一名小学生，生活在"伊斯兰国""支持阵线"等极端组织占据的城市。他们把我们赶出家园，我们被迫流落到大马士革。我一直关注着那些诋毁我祖国的谎言。

在中国宣布反对向叙利亚强加战争后，我对中国历史、中国文明的兴趣变得更为浓厚。中国在面对美国的傲慢时没有沉默，而是敢于在联合国安理会等场合大声说"不"。中国是叙利亚人民最友好的国家之一。

当我看到中国国际电视台（CGTN）阿拉伯语频道网站时，我感到非常惊讶。这个网站能使我了解中国更多情况，也让我对中国如何取得成功兴趣盎然。我开始阅读更多关于中国伟大领袖习近平总书记的文章，我也读了习总书记自己撰写的许多文章，看到了习总书记的照片。我从习总书记的睿智谦虚以及对贫困民众的关心关爱中找到了中国成功的奥秘，那就是以习近平同志为核心的中共中央的坚强领导，以及习近平总书记的人民情怀。中国人民衷心信任、拥戴习总书记，全力落实习总书记关于建设国家的指示，这也是秘诀之一。

此后，我了解到习近平总书记在2013年提出的"一带一路"倡议。起初，我并不了解这一战略的伟大之处，也不知道中国想要实现什么目标。但随着不断查阅更多资料，我很快便找到了答案。是的，"一带一路"倡议是一个伟大理念，中国希望与其他国家合作共赢，实现共同发展，重要的是中国在历史上从未殖民过其他国家，也从未掠夺过其他国家人民的财富。

此后，我对共产党及其思想理念更加好奇。我本认为，共产主义思想及其实践在苏联解体时已宣告终结，但后来我发现中国的共产主义与其他国家截然不同，它是中国人民的伟大创造，旨在推动世界各国人民的共同发展，并消除人类已知的"最危险疾病"——贫穷。

在中国中山大学任教的叔叔送给我一本《习近平谈治国理政》。阅读之后，我进一步了解了中华民族实现伟大复兴背后的奥秘，尤其是2012年之后中国实现快速发展的秘诀。读一遍并不足以让我理解这本书的深刻内涵，在反复阅读两三遍后，我更加深入明白了中国共产党为什么能带领中国人民将中国发展为世界大国。

中共言行合一，成功实现了发展愿景

进入大学后，我的梦想是到中国求学，但命运不尽遂人愿。由于危险的新冠肺炎疫情在世界传播，我到中国求学的梦暂时难圆。与

此同时，我关注到部分阿拉伯和西方反华媒体大肆炒作"中国梦的终结"，妄称中国经济即将崩溃，我顿时忧心忡忡。但不久就传来了好消息，中国政府率先控制住可怕的新冠肺炎疫情，给世界提供了独立自主应对危机的经验。是的，中国秉持的不是独善其身，而是兼济天下。

我为中国在研发疫苗上取得的成就感到骄傲。当中国开始帮助世界其他国家和地区抗疫时，我深受感动。我永远不会忘记中国为我的祖国提供的人道主义援助。

我曾密切关注疫情是否会影响伟大的中国共产党实现其消除绝对贫困的目标。但我高兴地看到，2021年中国共产党成立100周年之际，中国历史性地战胜绝对贫困，为千年贫困难题画上了句号。

如今，作为一个阿拉伯童子军，我生活在一个饱受西方虚假舆论侵害的国家。这些舆论以"民主"为幌子，误导了大批叙利亚青年。我想提醒中国青年和世界其他国家青年对此保持警惕：西方以"民主"为幌子破坏我们的国家，以保护人权为借口掠夺我们的财富。我希望大家看看伊拉克被破坏的现实，以及前美国国务卿鲍威尔编织的谎言，再听听他在去世前作出的供词，他亲口承认自己说了谎。

对我们阿拉伯人来说，中国是唯一可以改变世界格局的希望之光，中国共产党的经验已成为每个人的关注焦点，甚至那些不信奉政党理论的国家也在关注中国共产党。中国共产党将自己奉献给所有人，她言行合一，成功实现了发展愿景。

我们也高度关注美国在台湾问题上对中国的挑衅，并为中国对此采取坚定冷静的外交政策感到自豪。我们相信，一个中国原则符合中国的利益，也符合中国台湾的利益。毫无疑问，台湾将回归中国共产党领导下的中国的怀抱。中国共产党清楚如何实现台湾回归，我们希望以和平方式而非武力手段，这样才能保障友好的中国人民的安全。

我们坚信，在伟大的中国共产党领导下，中国将不断取得新的进步，在以习近平同志为核心的中共中央领导下，中国共产党绝不会失败。伟大的习近平总书记将领导中国共产党顺利实现伟大的"一带一路"等战略愿景。

中共恢复了共产主义荣光

叙利亚大马士革大学公共管理专业硕士研究生
特伊迈·陶菲克·易卜拉欣

中共取得成功的根本原因在于制定了明确政策，并认真加以落实

100年来，中国共产党成功将中国从一个饱受无知、疾病、落后困扰的贫穷国家发展成为一个举世瞩目的超级大国。中国共产党取得成功的根本原因在于制定了明确政策，并认真加以落实，而不是像西方一些国家政党那样只会喊空洞的口号。同时，中国共产党专注于中国内政，坚持尊重各国主权原则，从不干涉其他国家内部事务，同世界绝大多数国家建立并保持良好关系。

众所周知，西方殖民主义给中国人民带来了疾病、无知和落后，导致中国成为贫穷国家。1949年中华人民共和国成立后，中国发生了翻天覆地的变化。中国共产党制定了明确的脱贫计划，推动中国在现代化道路上迈出重要步伐。中国共产党秉持"要想富，先修路"理念，带领中国人民修建了全世界规模最大的公路网络，有效缩短了物流时间，并借助便利的交通帮助农民销售农产品，助其摆脱贫困。中国在农业领域实现巨大飞跃，并将农业收入用于工业投资，大力发展制造业。改革开放后，中国从相对封闭转向积极吸引和利用外资。随着全球资本涌入中国，中国创造了大量就业机会，在工业领域获得了巨大经济收益，也让全世界几乎每一户家庭都能享受到中国产品。"中国制造"成为全世界最热名词。

最初，中国只能制造价格低廉的轻工业产品，但如果没有这些中国产品，第三世界国家将无法获得价格高昂的计算机、通信设备等科技产品。中国产品帮助很多阿拉伯国家进入了信息技术时代。

当时，世界各国以不同心态关注中国的发展进步。敌对国家充满焦虑，认为中国崛起将严重威胁其国际地位。而友好国家则对中国的成功满怀期待，因为中国是世界人民尤其是贫困国家人民的支持者。

之后，世界各国对中国有了更大期待。特别是习近平总书记于2013年提出的"一带一路"伟大倡议，在互利共赢原则基础上把中国和世界各国更加紧密地联系起来。

随着共建"一带一路"不断推进，中国帮助许多贫穷国家建设基础设施，并成立了亚洲基础设施投资银行，向有需要的国家提供优惠贷款，帮助其实现发展愿景，许多非洲国家率先与中国企业开展合作。

中国还培养了成千上万名来自世界各国的留学生。他们获得中国政府提供的全额奖学金，毕业回国后成为"中国使者"，把中国人民的高尚和博爱传播到全世界，并积极撰文发声，介绍中国共产党伟大的治国理政经验及其在中国现代化建设中发挥的重要作用。

新冠肺炎疫情让全世界认识到中国制度的独特优势

近年来，中国面临反华媒体发动的旨在破坏中国国际声誉的舆论攻势。随着新冠肺炎疫情暴发，这一攻势愈演愈烈，甚至污蔑中国制造新冠病毒。但事实表明，这些指控纯属凭空捏造。俄罗斯军方在乌克兰发现的生物实验室进一步证实，有人蓄意制造病毒，并企图向中国和其他国家"投毒"。

疫情发生后，中国不仅成功管控了危机，还化危为机，让全世界认识到中国制度的独特优势。中国及时与世界各国分享疫情信息和抗疫经验，提供病毒检测试剂和疫苗援助，帮助世界各国尤其是发展中国家抗击疫情。

虽然中国在处理国际问题时保持了一定的灵活性，但在原则问题上立场十分坚定。中国始终认为一个中国原则神圣不可侵犯，全世界正义力量也都认为中国有权收复台湾，这一点不容谈判和磋商。我们深信，台湾将在不久的将来回归中国怀抱，西方国家利用台湾问题针对中国的企图必将失败。事实证明，西方国家没有盟友，阿富汗就是最好的例证。我们也希望中国能像收复香港和澳门一样通过和平方式和外交渠道收复台湾，这不仅符合中国大陆的利益，也符合台湾地区的利益。

中国共产党历经百年而风华正茂。即使面对新冠肺炎疫情带来的挑战，中国共产党依然成功地向中国人民兑现了战胜绝对贫困的诺言。历史证明，只要一个国家有坚强有力的领导人，有正确的政治和管理理念，这个国家人民的意志就不可能被击败。我是公共管理专业学生，十分关注中国成功的奥秘，在《习近平谈治国理政》一书中，我找到了答案。

今天，中国已经成为"世界之巅"的有力竞争者。共产主义一度因苏联解体而黯淡无光，但中国共产党成功恢复了共产主义的荣光。中国特色社会主义建设经验是值得我们仔细研究和学习借鉴的宝贵经验。中国人民紧密团结在中国共产党周围，衷心拥护和信任党的领导，为实现把中国建成社会主义现代化强国的崇高目标而不懈奋斗，为全世界人民树立了典范，赢得了全世界人民的尊重和赞赏。

祝愿友好的中国人民幸福安康！祝愿伟大的中国共产党繁荣昌盛！

关于编写《中国共产党原创经验百科全书》的建议

叙利亚大马士革大学政治学博士
萨欧德·贾马勒·萨欧德

中共的原创经验值得借鉴

与其他国家政党进行治国理政经验交流是中国式全球化的一部分。这并非经济层面的全球化，而是政治层面的全球化，目的是让各国认可中国的政党制度，而非像美国那样将其意志强加于人，并散播仇恨。中国式全球化致力于把中国和中国人民的经验模式分享给国际社会，使世界各国了解并借鉴中国在经济、政治、社会等领域取得的成功经验。谈到中国式全球化，即向世界各国分享中国经验，必须首先回答以下重要问题：中国的政党制度从何而来？与其他制度相比有什么特色和优势？

答案是：中国的政党制度具有优越性。中国共产党不谋求私利，而是代表最广大人民的根本利益，始终认为权力来自人民，并坚持为人民执政。中国共产党虽然是执政党，但是致力于通过国家机构治理国家，通过统筹国内国际两个大局推动实现国家振兴，中国国内生产总值稳居世界第二就是最佳例证。中国共产党重视党的建设，坚持在党内开展批评和自我批评。虽然中国共产党在全球各地都有党组织，但从不"输出"中国模式，因为中国共产党意识到，中国的政治制度、政党制度与其他国家的国情并不完全匹配。

作为叙利亚人，我认为世界各国尤其是阿拉伯国家政党，都需要借鉴中国共产党的成功经验。原因如下：

第一，包括阿拉伯政党在内的一些政党受思想僵化、意识形态狭隘、无法与时俱进地调整方针政策等问题困扰，导致其无法跟上时代步伐。

第二，许多政治力量缺乏思想纲领和方法论，难以及时调整治国理政理念举措。

第三，与中国共产党领导人充满智慧不同，一些阿拉伯政党领导人能力经验不足，更易个人崇拜和盲目跟风。

第四，阿拉伯政党谋求实现个人或者支持者的政治和经济利益，与其他社会群体和政治力量关系脱节。

第五，不少政党在选战中利用民意支持获取职位，但在达到目的后往往背弃对选民的承诺。他们只是"选票贩子"而已。

第六，怀着谋取个人私利和实行独裁心理执政的政党并不理解团结合作的精髓，无力建设法治国家。最重要的是，包括阿拉伯政党在内的一些政党脱离人民群众，不能做到权力取之于民，用之于民。

第七，包括阿拉伯政党在内的不少政党都存在依赖外部势力的问题，这阻碍了国家政治进程，无益于解决国家面临的政治问题，反而给外部势力提供了操纵机会。他们为实现自身的狭隘利益，甚至不惜牺牲国家利益。

中共取得的伟大成就

中国共产党在以下领域取得了伟大成就：

第一，在群敌环伺的背景下，拥有一个坚强的执政党更有助于维护国家安全和稳定。多党制既不利于国家安全和稳定，也容易消耗人民资源，还会导致政策方针和意识形态混乱。因此，我们需要学习借鉴中国和中共经验。

第二，中国共产党的组织架构分为中央、地方和基层三个层次，其中党的中央组织包括党的全国代表大会、中央委员会、中央政治局及其常务委员会、中央书记处、中央纪律检查委员会、中央军事委员会。党的全国代表大会代表和中央委员会委员在党内发挥重要作用。

第三，中国共产党高度重视意识形态工作，以使中国在意识形态上免受西方影响。习近平新时代中国特色社会主义思想是中国共产党的重要指导思想，以习近平同志为核心的中共中央制定所有方针政策的出发点都是服务人民，坚持权力取之于民、用之于民。2021年中国摆脱绝对贫困就是最佳例证。

第四，中国共产党在百年奋斗历程中始终聚焦人民的前途命运，致力于实现中华民族伟大复兴，坚持推动理论创新，提升国际影响力，并坚持自我革命。中共十九大报告值得其他政党学习借鉴。

第五，中国共产党党章规定，中国共产党党员要切实开展批评和自我批评，勇于揭露和纠正工作中的缺点、错误，坚决同消极腐败现象作斗争。

第六，维护中央权威和凝聚力。中国共产党治国理政取得成功的原因在于，根据人民意志选举出的领导层始终保持团结统一，并坚持人民至上。

第七，同中东国家的情况不同，中国共产党并非专制政党，而是坚强稳定的政治组织，不断积累治国理政经验，从人民中汲取力量。

中共的治国理政经验是领先世界的样板

当前，世界各国均迫切需要成功的政党模式，而中国共产党的成功经验可供其他国家学习借鉴。根据这一逻辑，我萌生了编写《中国共产党原创经验百科全书》的想法。

《中国共产党原创经验百科全书》可主要介绍中国共产党在选举方式、执政模式、政治制度、危机处理、指导思想、政治协商等领域的理念经验。我认为，编写者应做好以下工作：

第一，为其他国家面临的政党政治问题提供解决方案。

第二，为世界各国提供智力支持，帮助解决其面临的政党政治问题，鼓励其通过与中国开展合作推进所在国的政治经济改革。

第三，积极参与国际热点问题解决。

第四，提供内政外交参考经验、政策咨询。

第五，分享中国共产党在国家治理、推动全球化、解放生产力等方面的成功经验。

第六，加强世界各国共产党间的联系。

第七，帮助与中国共产党保持友好关系的世界各国共产党提升政治地位、发挥政治影响力，特别是在发展领域。

第八，秉持依靠国家机构而非特定群体治国的理念。

第九，把权力集中在特定领导集体手中至关重要，特别是对于一个遭到美国及其盟友针对的国家，这可以避免国家陷入内部分裂。

第十，解决国家决策机构面临的问题，并出台评估机制，以衡量评估国家决策机构在政治、经济等领域取得的成就。

每个国家都有自己的政治制度、政党制度、决策机构，各国在社会构成上也存在差异，但各国在政党政治中存在的缺陷更应促使他们借鉴中国共产党的治国理政经验。中国和中国人民取得的成就已经证明，中国共产党的治国理政经验是领先世界的样板。

中共创造了人类历史上的伟大奇迹

叙利亚阿拉伯复兴社会党青年党员
阿迈勒·谢里达

时代会变,但精神永存!

一棵树苗埋在土中,历经风雨才能长成参天大树。中国共产党这艘100年前承载着民族希望的小小红船,如今已成为全体中国人民寄予厚望的巨轮。中国共产党致力于为中国人民谋幸福,为中华民族谋复兴,给中国人民带来了希望,将不可能变成了可能,创造了人类历史上的伟大奇迹。这就是中国共产党的故事。

中国共产党创造的伟大奇迹是用鲜血、汗水和奋斗书写的。从1840年到1901年,中国经历了鸦片战争等数次战争,遭到最为恶劣的压迫,签订了一系列不平等条约,给中国人民带来深重灾难。辛亥革命推翻了封建王朝,但并没有改变中国人民遭受苦难和压迫的现实。

中国人民并未举手投降,而是通过发动学生罢课、工人罢工、商人罢市奋起反抗。有力量、有志气、有决心的中国人民发动了"五四运动",开启追求民主和自由的进程,伟大的中国共产党应运而生。

近年来,中国共产党在互利共赢原则基础上,致力于与世界各国发展友好关系,取得举世瞩目的伟大成就,造福了世界人民。

中国共产党是一个致力于为中国人民谋幸福的政党。进入新时代，以习近平同志为主要代表的中国共产党人创立习近平新时代中国特色社会主义思想，带领中国航船进一步走向繁荣。习近平总书记提出"一带一路"倡议，对沿线国家特别是发展中国家意义重大。受益于"一带一路"倡议，沿线很多国家通过数字贸易实现了对外开放，获得了实实在在的利益。

中国共产党描绘了优美的历史画卷，取得了人类历史上最伟大的成就。

得益于理念先进、领先世界的习近平新时代中国特色社会主义思想，中国在世界大国中进一步脱颖而出。中国共产党和习近平总书记始终采取正确政策，始终高举和平、发展、合作、共赢的旗帜。在独立自主基础上加快建设包括重工业在内的现代化经济体系，为中国人民提供完善的医疗、教育、科研服务。

在重大历史关头，习近平总书记致力于维护国际安全与和平，提出了全球安全倡议，旨在推动世界实现全面和平。当今世界尚未摆脱新冠肺炎疫情影响，但中国共产党通过不懈努力，成功将中国从这种致命病毒中解救出来。

2022年5月19日，习近平主席在金砖国家外长会晤开幕式上发表视频致辞强调，历史和现实告诉我们，以牺牲别国安全为代价，片面追求自身安全，只会造成新的矛盾和风险。

为了实现梦想，我们应该深入了解中国共产党的故事。

谢谢你，伟大的中国共产党。你们的经验就是我们的经验，你们迈出的步伐就是我们迈出的步伐。让我们携起手来，共同建立一个充满和平、友爱与幸福的世界。

新时代的中国和中国特色社会主义

叙利亚阿拉伯复兴社会党革命青年联盟拉塔基亚
分支机构领导成员
山迪·穆罕默德·海伊尔

无论你身处世界上哪个地方,你总能在家用电器或物品组件上找到"中国制造"标签。这令人不禁发问,中国的发展成就从何而来?中国的发展之路是如何实现的? 14亿多中国人的生活发生了哪些变化?

毫无疑问,推动中国发展进步的主要原因,是70多年前中国共产党在全国赢得执政地位。在此之前,中国是一个孤立、封闭的国家,主要依赖自给自足的小农经济。中国共产党执政后,持续推进社会主义建设,推动工农业革命,推动国家实现了工业化,中国的社会主义事业取得长足发展。中国特色社会主义朝气蓬勃、方兴未艾。习近平总书记在中共十九大报告中深入阐述了中国共产党人的初心使命:"中国共产党人的初心和使命,就是为中国人民谋幸福,为中华民族谋复兴。这个初心和使命是激励中国共产党人不断前进的根本动力。全党同志一定要永远与人民同呼吸、共命运、心连心,永远把人民对美好生活的向往作为奋斗目标,以永不懈怠的精神状态和一往无前的奋斗姿态,继续朝着实现中华民族伟大复兴的宏伟目标奋勇前进。"

众所周知,中国共产党具有很强的韧性,能够应对过去以及现在面临的所有挑战。从毛泽东到邓小平，再到习近平，中国共产党的历代领导人均具有远见卓识。

在毛泽东时代，中国共产党推行土地改革，为中国妇女的解放事业作出积极贡献，组织大规模扫盲运动，积极构建重工业体系，建设强大的国防力量。这些举措确保中国有能力维护国家主权，也为中国的发展进步创造了条件。

在邓小平时代，中国共产党科学分析国际形势变化，提出只有解放思想才能顺应时代变化，提升中国的国际地位。邓小平同志反对意识形态僵化，提出"不管黑猫白猫，会捉老鼠就是好猫"。

中国共产党允许发展非公有制经济，鼓励外资进入中国，采取各种举措扩大对外开放，成功开创了中国特色社会主义。相较于西方国家，政治体制在中国经济发展中发挥的作用更大。邓小平同志认为，不改革政治体制，就不能保障经济体制改革的成果，不能使经济体制改革继续前进。他还一再强调解放思想的重要性，认为"不打破思想僵化，不大大解放干部和群众的思想，四个现代化就没有希望"。

在邓小平同志领导下，中国共产党的工作重点逐步转移到社会主义现代化建设上，人民日益增长的物质文化需要同落后的社会生产之间的矛盾取代阶级斗争成为中国社会的主要矛盾，这为中国和中国共产党的进一步发展作出了重大贡献。

中国之所以能发展为全球第二大经济体，一个重要原因是中国始终保持政治稳定。同时，中国在国际舞台上扮演着重要角色，积极对抗美国将西式民主强加给世界各国的图谋。中国共产党认为，西式民主不是现代民主政治的唯一、终极方案，因为每个国家都有自己的社会结构和文化传统，西式民主并不适用于所有国家。正如2021年中国国务委员兼外长王毅在同美国对外关系委员会视频交流时所讲："民主不是可口可乐，美国生产原浆，全世界一个味道。"

习近平总书记提出"一带一路"倡议，旨在实现沿线国家的互联互通，中国帮助沿线国家特别是发展中国家实施了很多发展项目。中共十九大提出，中国要推动构建相互尊重、公平正义、合作共赢的新型国际关系，推动构建人类命运共同体。这"两个构建"概括了中国外交今后努力的总目标。

阿拉伯国家在"一带一路"倡议中占据重要地位，伊拉克、科威特、阿联酋、沙特阿拉伯、摩洛哥等国均与中国签署了共建"一带一路"合作文件，推动阿中关系进入新阶段。2017年，阿中贸易额达到1910亿美元，较2004年增长了4倍。此外，中国多次在叙利亚问题上行使否决权，以减轻叙人民遭受的苦难。

总而言之，全世界人民都应学习借鉴中国经验，而不应无端地恐惧"社会主义"和"共产主义"。因为新时代的中国和中国共产党已经向全世界证明，中国特色社会主义道路不仅属于中国，更属于世界。

闪闪红星照耀世界

叙利亚阿拉伯复兴社会党党员
努尔·莎赫万

清晨，我在中国香薰的芳香中醒来，一睁开眼就看到了我喜爱的玩具——中国洋娃娃。她留着乌黑的秀发，穿着美丽的白色纱裙，对着我甜蜜微笑。在她的陪伴下，我愉快地度过了童年中的每一天。这是"中国制造"带给我的幸福快乐。

在孩提时代，我时常被幸福和快乐环绕，因为我常常观看中国动画片，从中国人塑造的卡通形象中学会了爱与奉献、尊老爱幼、积德行善等正确价值观。

在我的童年印象中，中国是个神奇而迷人的国家。今天，作为一名青年人，我与中国之间的联系愈发密切，对中国的热爱与日俱增。

当你与任何一个有学识的人谈到中国时，他可能都会提到"和平""安全""稳定"这几个关键词，因为中国政府是热爱人民、造福人民的政府。

当今世界，战争不断增多，把很多国家及这些国家的人民推向灭亡边缘。但中国致力于在世界传播和平与安宁，推动世界各国走向发展繁荣。

那些自诩为超级大国的国家妄图推行单边主义，以称霸世界。而中国在友爱、亲和、道德的基础上，积极推动构建人类命运共同体。

中国如何从一艘红船发展成庞大的巨轮？这艘巨轮的"掌舵者"是如何在集体主义精神指引下，用友爱与和平理念引领全世界的？中国又是如何发展成为传播相互尊重、合作共赢理念的"红色巨龙"的？

答案是：中国共产党的领导。中国共产党在实践中取得了成功，从一个弱小政党发展成为全世界最大的马克思主义执政党。在习近平总书记的英明领导下，中国共产党全体党员坚定理想信念，为实现目标不懈奋斗。

我用中国制造的钢笔撰写这篇文章，中国为我和全世界人民提供了先进智能设备，带领我们进入了数字化时代。中国从不吝啬她的慷慨，总是向全世界人民伸出无私援手，造福于全人类。

我热爱中国，因为我从中国文化中获得了很多启发。中国这个筑造了万里长城的伟大国家让我明白，要努力以美德打造能够保护自身的"长城"。中华传统美德讲究"仁、义、礼、智、信"，这深深影响了我。

我热爱中国，因为中国在叙利亚问题上多次行使否决权，阻止美国对叙利亚进行侵略、实施霸凌。中国认为，世界各国命运与共、休戚相关，致力于维护国际公平正义，积极劝和促谈。

我热爱中国，因为中国帮助世界人民抗击新冠肺炎疫情，向世界各国无私提供医疗物资和人道主义援助，拯救人类的生命。

中国总是能够倾听其他国家的观点和感受，积极推动世界各国开展友好合作。作为一名青年人，我希望与中国的青年长期保持牢固友谊，相互支持，互学互鉴。我真诚期待叙利亚阿拉伯复兴社会党党员干部学习借鉴中国共产党的执政经验，助力叙利亚的发展进步。

中国推动国际政治经济格局更加包容普惠

叙利亚复兴党中央党校讲师
哈立德·梅克达德

中国的传统道德观促使中共走和平发展道路

当今世界，很多大国标榜本国的政治经济实践能推动世界实现经济繁荣，但最终为什么是中国而不是西方国家取得了更大成功？

先知穆罕默德曾说："我被派遣，为的是完善道德。"《中国共产党章程》规定：中国共产党领导人民发展社会主义先进文化。建设社会主义精神文明，实行依法治国和以德治国相结合，提高全民族的思想道德素质和科学文化素质，为改革开放和社会主义现代化建设提供强大的思想保证、精神动力和智力支持，建设社会主义文化强国。加强社会主义核心价值体系建设，坚持马克思主义指导思想，树立中国特色社会主义共同理想，弘扬以爱国主义为核心的民族精神和以改革创新为核心的时代精神，培育和践行社会主义核心价值观，倡导社会主义荣辱观，增强民族自尊、自信和自强精神，抵御资本主义和封建主义腐朽思想的侵蚀，扫除各种社会丑恶现象，努力使我国人民成为有理想、有道德、有文化、有纪律的人民。或许有人会因此感到惊讶，中国共产党党章中竟然有与伊斯兰教圣训相似的理念。

中华文明自诞生之日起，就散发着道德和人性的光辉。中国人发明火药，用于制造各类庆典用的礼花；而西方人使用火药是用于屠杀美洲、澳洲的土著人，殖民其他国家，掠夺世界人民的财富。

中国的传统道德观促使中国共产党坚持独立自主的和平外交政策，坚持走和平发展道路，奉行互利共赢的开放战略，反对霸权主义和强权政治。

中共中央总书记习近平强调，"中国共产党所做的一切，就是为中国人民谋幸福、为中华民族谋复兴、为人类谋和平与发展。"习总书记还指出，"中国共产党人和中国人民完全有信心为人类对更好社会制度的探索提供中国方案。"

2015年，习近平总书记从伙伴关系、安全格局、发展前景、文明交流、生态体系五个方面系统提出构建人类命运共同体的"五位一体"总布局和总路径，呼吁世界各国在更加广阔的层面考虑自身利益，不能以损害其他国家利益为代价。

习近平总书记还提出构建相互尊重、公平正义、合作共赢的新型国际关系，推动全球治理体系朝着更加公平合理的方向发展。这意味着国际政治经济格局将更加包容普惠，顾及所有国家尤其是发展中国家的利益，帮助其实现发展。

以中国在叙利亚问题上的立场为例，中国向叙利亚政府提供了大力支持。叙利亚虽然国力有限，但在共建"一带一路"中能够发挥重要作用。"一带一路"倡议旨在推动中国与世界经济融合发展，有助于叙利亚实现巴沙尔总统在2004年提出的"五海联通"构想。

中国在叙利亚问题上采取正义立场，帮助叙利亚挫败了美国的分裂阴谋，消灭了包括"东突"恐怖分子在内的大批恐怖分子，而美国则妄图借助"东突"恐怖分子削弱中国。

在此，我必须谈谈中国新疆穆斯林的幸福生活。1982年通过的《中华人民共和国宪法》规定，中华人民共和国各民族一律平等。国家保障各少数民族的合法权利和利益。新疆实施民族区域自治，自治区内有 2.2 万余座清真寺。新疆的大学都设有清真食堂，有的大学甚至有三个清真食堂和专门礼拜用的清真寺。这在美欧很多国家的大学里是没有的。

中国提供的无私支持帮助叙利亚人民摆脱了种族灭绝厄运，在叙利亚社会中引发积极反响。每当中国农历新春佳节来临之际，叙利亚人民都会在首都大马士革街头与中国朋友一起庆祝春节，祝贺中国朋友"新年快乐"。有一位来自中国佛山的电器公司经理曾说："我在叙利亚很开心，而且感觉很安全。"

中共"更值得骄傲的还在后头"

"一带一路"倡议为世界减贫事业作出了重要贡献。世界银行报告认为，到 2030 年，"一带一路"倡议有望帮助全球 760 万人摆脱极端贫困、3200 万人摆脱中度贫困。

改革开放 40 多年来，中国对世界减贫贡献率超过 70%，提前十年实现《联合国 2030 年可持续发展议程》减贫目标，为全球减贫事业和人类发展进步作出了重大贡献。

比较中国和美国两大文明发展历史可以发现，美国一直通过战争和侵略实现自身利益，其发展历程始于对美洲大陆 1.2 亿土著人口的种族灭绝。第二次世界大战至今，美国对全球 33 个国家发动了 69 次侵略，推翻了部分国家的合法政权。此外，美国还在新自由主义政策下，对很多国家实行政治、经济和社会侵略。

与之相反，中国传统上尊崇儒家思想，儒家思想在中国深入人心。中国大力弘扬君子人格和君子文化，主张"先天下之忧而忧，后天下之乐而乐"。在儒家思想影响下，中国在历史上从未对外发动过侵略战争。公元前 214 年秦始皇下令修筑万里长城是为了抵御外敌侵扰。而野心勃勃的西方国家一直觊觎中国，于 1840 年对中国发动第一次鸦片战争，强行打开了中国的国门。

中国坚持互相尊重主权和领土完整、互不侵犯、互不干涉内政、平等互利、和平共处五项原则，主张弘扬全人类共同价值，在互利共赢原则基础上发展本国文化，而美国则将自身利益凌驾于其他国家人民之上，两者相比高下立判。

毛泽东同志指出，"在过了几十年之后来看中国人民民主革命的胜利，就会使人们感觉那好像只是一出长剧的一个短小的序幕。剧是必须从序幕开始的，但序幕还不是高潮。"我相信，正如毛泽东同志所说的，中国共产党"更值得骄傲的还在后头"。

中共领导中国人民取得举世瞩目伟大成就

叙利亚复兴党中央党校讲师、霍姆斯省复兴大学讲师
丽芭·阿祖尔

200多年前,拿破仑曾形容"中国是一头沉睡的狮子,一旦觉醒将会震动世界"。今天,中国已经醒来,是一个热爱和平、致力于推动文明进步的国家。

中国共产党是中华人民共和国的缔造者,是中华民族伟大复兴事业的领导者。100年来,从新中国的主要缔造者毛泽东同志,到改革开放的总设计师邓小平同志,再到新时代的领路人习近平同志,一代代中国共产党人接续奋斗,领导中华民族迎来了从站起来、富起来到强起来的伟大飞跃,中国的国际地位和影响力显著提升。

在毛泽东同志的领导下,中国共产党取得了在全中国的执政地位,于1949年建立了中华人民共和国,并将新中国发展成为世界大国。新中国战胜各种困难,建立起独立完整的国民经济体系,摆脱了在国际关系中的附庸地位,逐步形成了独特的中国模式,为中国发展带来光明前景。

中共十八大以来,以习近平同志为核心的中共中央为中国这个全球第二大经济体制定了总体规划和发展蓝图,提出了新时代中国特色大国外交战略,在中美关系不断紧张的背景下始终坚持独立自主的和平外交政策。2021年恰逢中国共产党成立100周年，中国共产党顺利实现了第一个百年奋斗目标，开启了实现第二个百年奋斗目标新征程。中国经验为全世界树立了典范，彰显了中国共产党的全球视野和使命担当，粉碎了美国及一些西方势力控制全人类的痴心妄想，推动世界发展变革进入新阶段。

在此，我愿谈一谈对中国的外交政策、中国共产党"两个一百年"奋斗目标，以及中国共产党在新时代面临的主要风险挑战的认识。

中国外交在改革开放中积累起宝贵经验，以反对核军备竞赛、反对单边制裁、劝和促谈为主要特点。2017年，习近平总书记在中共十九大报告中作出中国特色社会主义进入新时代的重大政治判断，这是中国发展新的历史方位。习近平总书记指出："中国共产党是为中国人民谋幸福的政党，也是为人类进步事业而奋斗的政党。""中国将高举和平、发展、合作、共赢的旗帜，恪守维护世界和平、促进共同发展的外交政策宗旨。"

中国的外交政策主要受以下几个因素影响：一是中国的悠久历史和文化底蕴；二是中国共产党对社会稳定和人民支持的不懈追求；三是中国与美国等大国关系的变化。

中国特色社会主义事业的总体布局是经济建设、政治建设、文化建设、社会建设、生态文明建设"五位一体"，战略布局是全面建设社会主义现代化国家、全面深化改革、全面依法治国、全面从严治党"四个全面"。

中国共产党深入研究苏联解体的教训，高度重视加强党的建设，以免重蹈覆辙。中国共产党认为，思想僵化、意识形态失去活力、干部队伍老化、基层党组织丧失作用、经济发展停滞等问题将导致党的工作遭遇失败。为此，中国共产党集中解决形式主义、官僚主义、享乐主义、奢靡之风这"四风"问题，激发人民群众的积极性和基层党组织的生机活力，依规依纪依法把党内监督、群众监督和其他监督有机结合。中国共产党高度重视培养领导干部，积极发挥领导干部在推动经济社会发展中的重要作用。中国共产党积极推动将中国经济发展成果更多体现在改善民生上，中共十八大以来中国近一亿农村贫困人口全部脱贫。中国共产党是中国改革发展事业的领导者，是中国人民发展致富的领路人，极大增强了中国人民的民族自豪感和民族认同感。

中国共产党领导中国取得举世瞩目伟大成就，在引导非公有制经济发展、打击腐败等方面作出了不懈努力。中国经济的高速发展带动中国人民的生活质量持续改善。2020年，面对新冠肺炎疫情影响，中国成为当年唯一实现经济正增长的全球主要经济体。2020年9月，习近平总书记对做好新时代民营经济统战工作作出重要指示，要求各级党委加强对民营经济统战工作的领导。中国共产党还建成世界上规模最大的社会保障体系，基本医疗保险覆盖率稳定在95%以上。

与此同时，中国共产党在经济发展不平衡不充分、环境治理、粮食安全、消费者权益保护等方面还面临一定挑战，这都需要中国共产党采取必要举措加以应对。中国共产党还面临着人口老龄化挑战。2020年年末，中国60周岁及以上老年人口占总人口比重约18.7%，人口出生率再创新低。为此，中国共产党进一步优化生育政策，实施一对夫妻可以生育三个子女政策，并采取了配套鼓励措施。

在"中国龙"复兴腾飞的新时代，中东地区也迎来了"后美国时代"。一方面，美国在中东地区的影响力衰退，为中国、俄罗斯等"东方力量"在地区扩大影响提供了机遇；另一方面，地区国家自主探索符合自身国情的发展道路，中国、俄罗斯等国的发展模式对其而言具有吸引力。美国任何妄图在中东地区推行霸权的图谋，都必须考虑到中国和俄罗斯的存在。

一些人担心，共建"一带一路"只会令中国受益。实际上，"一带一路"倡议秉持共商共建共享原则，开创了中国对外开放新局面，为推动国际和平合作提供了中国方案。鉴于叙利亚处在"一带一路"沿线重要位置，叙战后重建有望成为未来叙中合作的主要议题之一。

叙利亚和中国有共同利益，两国关系建立在道义和原则基础上。

作为叙执政党，叙阿拉伯复兴社会党始终把中国共产党视为最重要的朋友，高度认同中国共产党的执政理念。此外，叙阿拉伯复兴社会党青年党员与中国青年在政治信仰和道德操守上有许多共同点，这将为发展叙中友好关系开辟广阔前景。

中国在安理会就叙利亚问题多次行使否决权，这在中国外交史上十分罕见。叙利亚人民绝不会忘记中国坚持的原则立场，不仅有力地维护了叙利亚的主权，也粉碎了美国称霸世界的图谋。

我深信，在多极化合作共赢的新时代，在中国共产党的领导下，"中国龙"将成为世界经济和政治舞台上的主要引领者和平衡力量，在引领世界各国走向和平、发展、合作、共赢方面树立文明典范。

中国共产党将弘扬伟大建党精神，以高度的责任担当和求真务实作风，直面时代挑战，实现中华民族伟大复兴的中国梦。

我愿提出以下提议：开展更多文化交流活动，巩固深化叙中两国青年之间的友好关系；在叙境内设立中国技术培训中心，帮助叙方学习中国的先进技术；举办网络研修班，帮助叙青年学习借鉴中国共产党的理念经验。

百年辉煌，未来可期

叙利亚阿拉伯复兴社会党青年党员
瓦伊勒·哈夫亚尼

中国位于亚洲大陆东部，陆地面积约 960 万平方千米，约占世界陆地面积的十五分之一，是世界上国土面积第三大的国家。中国拥有矿物、煤炭等丰富的自然资源，耕地面积约为 143 万平方千米。中国拥有 14.5 亿人口，这是比自然资源更为宝贵的重要资源。

我介绍这些数据，是为了说明中国这个伟大的国家在世界上占据的重要地位。中国共产党领导新民主主义革命取得伟大胜利，于 1949 年建立中华人民共和国，在中国历史上书写下浓墨重彩的一笔。

中华民族有着 5000 年文明史。1840 年鸦片战争后，中国逐渐沦为半殖民地半封建社会，中国人民为反抗外敌入侵进行了长期的英勇斗争，先后爆发了太平天国运动、洋务运动、戊戌变法、义和团运动，但均遭遇了失败。1911 年，辛亥革命推翻了持续几千年的封建统治，但中国并未完全摆脱半殖民地半封建状态，人民仍在遭受苦难。直到俄国十月革命一声炮响，给中国送来了马克思主义，1921 年，中国共产党宣告成立。

中国共产党宣告成立是中国历史上开天辟地的大事变。中国共产党把马克思主义基本原理同中国具体实际相结合，开启了中国历史上的崭新时代。

中国共产党成立后,把帝国主义和中华民族的矛盾、封建主义和人民大众的矛盾,确定为近代中国社会的主要矛盾,团结带领中国人民经过艰苦卓绝的不懈奋战,最终推翻了压在中国人民头上的三座大山,取得了新民主主义革命的伟大胜利。

建党之初,中国共产党制定民主革命纲领,发动工人运动、农民运动、青年运动和妇女运动,领导全国进行反帝反封建伟大斗争。

经过长期艰苦卓绝的斗争,中华人民共和国于1949年10月1日宣告成立,中国从此摆脱了半殖民地半封建社会,进入了新民主主义社会。中国废除了帝国主义据以攫取在华特权的一切不平等条约,支持世界各地受压迫民族实现民族独立、人民解放。

新中国成立后实行工人阶级领导的、以工农联盟为基础的人民民主专政,推动中国逐步从落后的农业经济向社会主义工业化过渡。

1954年,中华人民共和国第一届全国人民代表大会第一次会议召开,制定和颁布了新中国历史上第一部人民的宪法——《中华人民共和国宪法》,确认了人民代表大会制度、中国共产党领导的多党合作和政治协商制度、民族区域自治制度,实现了人民当家作主。

中共八大指出,中国社会的主要矛盾不再是工人阶级和资产阶级之间的矛盾,而是人民对于建立先进的工业国的要求同落后的农业国的现实之间的矛盾,解决这个矛盾的办法是发展社会生产力,开展大规模的经济建设。

此后,中国成功实行了几个五年规划(计划),为建立独立的、比较完整的工业体系和国民经济体系奠定了基础,农业、教育及生活的各个方面都实现了新的飞跃。此外,中国在科技领域也实现了重大突破,第一颗原子弹、第一颗氢弹先后试验成功,第一颗人造卫星发射升空,极大地加强了中国的国防力量,提高了中国的国际地位。

在建设中国特色社会主义的过程中,中国共产党经历了很多磨难和考验,但最终成功战胜了这些困难,领导中国人民走上了正确的经济和社会发展道路,不断满足中国人民对美好生活的向往。

1978年,中共十一届三中全会胜利召开,实现了新中国成立以来中共历史上具有深远意义的伟大转折。全会总结了历史经验教训,决定停止使用"以阶级斗争为纲"的口号,在解放思想、实事求是的基础上,把全党的工作重点和全国人民的注意力转移到社会主义现代化建设上来,并作出实行改革开放的历史性决策。

中国共产党就真理标准问题展开大讨论,从新的实践和时代特征出发,坚持和发展马克思主义,不断推进中国特色社会主义建设,推动经济发展、政治稳定、祖国统一,实现了马克思主义中国化的新飞跃。

此后,中国共产党团结带领中国人民应对风险挑战,充分展现了中国制度的强大生命力和巨大优越性。

2012年11月,中共十八大胜利召开,中国特色社会主义进入新时代。在习近平总书记的领导下,中国共产党把马克思主义基本原理同中国具体实际相结合、同中华优秀传统文化相结合,致力于实现中华民族伟大复兴的中国梦,建设富强民主文明和谐美丽的社会主义现代化强国。

习近平新时代中国特色社会主义思想明确坚持和发展中国特色社会主义,总任务是实现社会主义现代化和中华民族伟大复兴。实现这一目标,需要协调推进"四个全面"战略布局,即全面建设社会主义现代化国家,全面深化改革,全面依法治国,全面从严治党。

中国经验的独特之处,在于坚持社会主义基本经济制度,充分发挥市场在资源配置中的决定性作用,更好发挥政府作用,全面贯彻创新发展理念。

习近平新时代中国特色社会主义思想实现了马克思主义中国化时代化新的飞跃。相信在习近平总书记的领导下,中国将在建设中国特色社会主义事业上大踏步前进,并战胜前进道路上的所有风险挑战。

中共用事实驳斥了西方所谓"历史终结论"

叙利亚复兴党青年党员
菲努斯·阿拉彼得

如果你想了解中国的辉煌历史,就应该先了解中国的万里长城。这是中国向世界传递的信息,也是中国共产党百年成就的最佳注释。近年来,中国实现繁荣发展,中国共产党在此背景下迎来庆祝建党百年纪念日。这些伟大成就是如何实现的呢?让我们一起领略新时代的中国风采。

在毛泽东时代,中华人民共和国宣告成立。在邓小平时代,中国开始实施改革开放。在习近平时代,中国坚定不移深化改革开放,坚定不移推动高质量发展,中国特色社会主义进入了新时代。

在新时代,中国制定了新战略,提出了新理念,从开展反腐败斗争,到领导强军兴军,包括成立战略支援部队,发展先进武器,加强空军、海军等国防力量建设等。

在经济领域,中国取得了巨大成就。中国朋友常说:"告诉我你想要什么,我会以最快速度、最高质量、最低价格给你生产出来。"中国是巨大的全球投资目的地,吸引了很多致力于在全球拓展业务、进行投资的世界级大公司。中国商品在全球家喻户晓。可以说,全球每一个家庭都在使用中国商品。在经济和社会发展进程中,中国就像娴熟的水手，十分清楚世界需要什么，并将物美价廉的中国商品提供给世界各国。

在科技领域，中国也是头号选手，充分展现了"中国标准"。中国日益成为冉冉升起的新星，与处于衰落期的美国及其单边主义政策形成了鲜明对比。中国还在致力于重塑国际政治。为什么不呢？我们看到，中国已经脱离地球的"束缚"进入太空，发射多颗人造卫星成功组建北斗导航系统，可与包括GPS导航系统在内的西方导航系统相媲美。

纵观中国文明，我们发现中国精神绵延不断，传承至今。中国就是中国，中国的属性没有改变，中国精神将万世永存，并不断发扬光大。中国商品承载着中国精神，传播到世界各地，这恰是中国商品的独到之处。

当下，很多人都在谈论中国经验。毫无疑问，中国经验是在中国共产党的领导下形成的，中国共产党领导中国人民取得了伟大成就。"共产党"一词令西方特别是美国颇为忌惮，他们企图编造谎言抹黑中国共产党，因为中国共产党带领中国人民取得了令西方震惊的发展成就，提升了中国的国际地位，用事实驳斥了美国及西方一些国家在苏联解体后提出的所谓"历史终结论"。"历史终结论"认为，自由主义及美国式全球化将席卷全球，并影响世界各国的政权。

中国向所有致力于建设和平、繁荣新世界的人民伸出了双手。我们热切期盼中国在新时代这一"黄金时代"取得更大发展成就和更多创新成果，推动阿中携手共建美好未来。

国际社会眼中新时代的中国共产党

中共领导中国实现发展奇迹

叙利亚复兴党革命青年联盟新闻办公室成员
罗拉·瓦吉·艾哈迈德

发展奇迹

中国共产党领导中国人民实现经济快速发展和社会长期稳定"两大奇迹",为推动人类发展、促进世界和平稳定作出了实实在在的贡献。中国经验为很多阿拉伯国家提供了灵感与启迪。

教育是培养人才的关键。中国共产党和中国政府高度重视教育和科研事业,中国在通信技术、人工智能、电子商务、可再生能源等领域均处于世界领先地位。

中国成功消除绝对贫困,有效缩小城乡之间、区域之间的发展差距。中国坚持对外开放,是经济全球化的重要参与者,也是坚定支持者。为了促进同世界各国的交往与合作,习近平总书记提出"一带一路"倡议和人类命运共同体理念。"一带一路"倡议推动全球互联互通,已成为经济全球化的重要组成部分。

叙利亚复兴党中央领导机构成员达哈莱同志曾说:"中国有强大的反腐机制,我们需要中国经验。"达哈莱同志曾于20世纪八九十年代多次访华,亲自见证了中国的快速发展。他认为,中国坚持走独立自主的发展道路，不输入外国模式，不以损害别国利益为代价实现自身发展，也从未殖民过其他国家，而是与世界各国共同维护公平正义和世界秩序。在中国共产党的领导下，中国不断扩大对外开放，体现了中国领导人的宽广胸怀，值得叙利亚复兴党学习借鉴。

在中国共产党成立100周年之际，中共中央总书记习近平庄严宣告，经过全党全国各族人民持续奋斗，中国实现了第一个百年奋斗目标，在中华大地上全面建成了小康社会。如今，中国是世界第二大经济体、全球最大外资流入国、全球最大的消费品市场之一，国内生产总值连续两年超过100万亿元人民币。中国国内生产总值占世界经济的比重从1978年的1.8%上升至2021年的18%以上。

治国理政经验

多国政治人士一致认为，中国经济实现快速发展，中国在国际舞台作出突出贡献，归功于中国共产党的坚强领导。

阿塞拜疆副总理、阿执政党新阿塞拜疆党副主席阿里·阿赫梅多夫表示，中国共产党的坚强领导是中国发生翻天覆地变化、取得举世瞩目成就的根本原因。阿赫梅多夫认为，中国共产党具有强大的政治动员力，汇聚了服务人民和社会的强大力量，得到人民的坚定拥护和支持。

捷克和摩拉维亚共产党前主席伊捷赫·菲利普认为，在中国共产党领导下，中国在短短几十年间实现巨大发展，创造了世界瞩目的"中国奇迹"，充分说明中国特色社会主义是一条成功之路。

斯里兰卡共产党前总书记古纳塞克拉认为，在多年的探索中，通过研究发达国家、发展中国家的经验，中国共产党为中国建立了成功的发展模式。中共在保留中国根深叶茂的历史文化的同时，将市场经济与宏观调控成功结合在一起。

人民至上

日本前首相鸠山由纪夫说，回溯百年历史，始终与人民在一起，是中国共产党取得彪炳史册伟大功绩的一个秘诀。摩洛哥正义与发展党副总书记苏莱曼·欧姆拉尼表示，中国人民在中国共产党的领导下取得了令人瞩目的成就，这给其他国家带来启迪。中国共产党以人民为中心的发展思想令人关注。法国团结与进步党主席雅克·舍米纳德说，正是一代代中国共产党人对"一切为了人民"这一初心的坚守，才创造出中国发展的巨大成就。

习近平总书记强调："江山就是人民，人民就是江山。""党的根基在人民、血脉在人民、力量在人民。""中国共产党始终代表最广大人民的根本利益，与人民休戚与共、生死相依，没有任何自己特殊的利益，从来不代表任何利益集团、任何权势团体、任何特权阶层的利益。"

值得学习的榜样

意大利共产党全国书记阿尔博雷西说，中国共产党为世界其他执政党树立了非常好的榜样。在脱贫攻坚方面，中国共产党把很多人认为不可能实现的目标变成了现实，表明中国共产党在建设社会主义现代化国家的过程中把人民的福祉置于中心位置，这为其他国家树立了重要标杆。

俄罗斯联邦共产党中央委员会主席久加诺夫认为，中国树立了如何将经济和社会进步结合在一起的榜样。享受中国发展成果的不是一小撮人，而是全体人民。

关于中国的治理经验，许多专家都提到了《习近平谈治国理政》。泰国为泰党外事工作委员会主席纳丽妮·塔威信说，中国共产党历经百年奋斗，成就斐然，树立了高标准典范。中国共产党的发展历程为其他国家政党带来重要启示,那就是政党必须紧密联系群众、执政为民,持之以恒加强廉政建设,更加公平公正地分配经济发展成果。

中共一切为了人民

叙利亚复兴党革命青年联盟成员
贾法尔·胡杜尔

中国共产党把马克思列宁主义作为行动指南之一,而马克思列宁主义于1917年点燃了布尔什维克革命,推翻了俄国临时政府。由此,我们提出两个同样重要的问题:中国共产党取得成功的秘诀是什么?中国共产党如何带领中国实现和平发展并引领世界?

中国共产党取得的卓越成就与其苦难辉煌的发展历程是分不开的。1840年鸦片战争后,中国被迫同西方国家签订一系列不平等条约,中国人民由此陷入了悲惨境地。中国共产党勇敢地投身革命,数百万革命战士不怕牺牲,经历了北伐战争、土地革命、抗日战争、解放战争,终于使中国摆脱了半殖民地半封建社会和贫困处境。中国从此进入了新的历史阶段,中国共产党在1949年成为中国的执政党。

历经百年风雨,中国共产党从一个仅有50多名党员的小党,发展成为拥有9600多万名党员、领导14亿多人民的世界最大的马克思主义执政党。

中国共产党取得成功,因为她坚持一切为了人民,一切依靠人民。中国共产党不断巩固工农联盟,坚持从实际出发,自力更生、艰苦奋斗,把全心全意为人民服务写进了党章,把实现共产主义的社会制度作为党的最终目标，成功抵御了外部势力对中国的种种威胁。中国共产党实行民主集中制，强化纪律监督，坚持集体领导和个人分工负责相结合。

中共一大提出，党的目标是实现共产主义和社会主义。中国共产党从实际出发，在坚持原则的同时，创新性地解决了许多在斗争中遇到的问题。2021年11月，中国共产党召开十九届六中全会，全面总结了党的百年奋斗重大成就和历史经验，通过了《中共中央关于党的百年奋斗重大成就和历史经验的决议》。同时，中国还正向着第二个百年奋斗目标努力，目标是在21世纪中叶建成富强民主文明和谐美丽的社会主义现代化强国。苏联因为没有因地制宜地实施社会主义，最终走向解体。苏联的错误在于忽视农业，在购买机械设备和扶持重工业发展方面花费过度，而中国共产党与之不同，重视团结工人和农民。

中国共产党自执政初期就坚持远大理想，并设立阶段性目标，坚持与时俱进，不断提高科学技术水平，逐步改善人民群众生活，同时统一思想，使全党全国朝着中华民族伟大复兴的目标奋斗，避免因为意见分歧阻碍国家发展，或影响抵御风险挑战的能力。中国作为多民族国家，致力于加强民族团结，促进经济、文化发展。一位阿拉伯青年告诉我，他在访问中国期间曾询问一位中国人的信仰，得到的回答是："我相信中国共产党，党就是我们的代表。"

中国共产党是制定国家政策的源头，按照"制定目标—采取行动—实现目标"的模式不断发展，把实现人民对美好生活的向往作为党的奋斗目标。

中国坚持走和平发展道路，支持通过对话解决冲突分歧。与中国做法完全不同的是，美国的内外政策完全服务于国内统治阶级利益，对不屈服于其压力的国家肆意攻击。"美国优先"已经成为美国的政治信仰。

始于1978年的改革开放促进了中国的经济发展，增进了人民福祉，推动了国有和私营企业在海内外投资。改革开放政策为私营企业发展开辟了空间，提高了本土企业的竞争力，并探索建立了社会主义市场经济。

此后，私营企业开始向重工业领域挺进，混合所有制经济打破了国有企业对部分行业的垄断。随后，中国加入世贸组织，逐步成为世界市场的重要力量。

中国经济实现了多元化发展，收入公平分配促进了社会繁荣。改革开放以来，中国7.7亿农村贫困人口摆脱贫困。2021年中国共产党成立100周年之际，中国宣布全面打赢脱贫攻坚战，历史性地消除了绝对贫困。

习近平新时代中国特色社会主义思想是对马克思列宁主义、毛泽东思想、邓小平理论、"三个代表"重要思想、科学发展观的继承和发展。中国共产党坚持弘扬高尚的道德品质，努力营造良好的社会风气，并通过发展可再生能源实现人与自然的和谐共生，为世界气候安全作出了贡献。中国不仅重视自身安全，还提出了构建人类命运共同体理念。

中国在提高高技术产业水平、维护和平、抗击疫情等方面付出巨大努力，取得卓越成就。中国经过跨越式发展，在很多尖端技术领域已经能够同美国竞争，包括人工智能、半导体、生物科技、绿色能源、无线通信与量子通信等。实际上，中国在一些领域已经超过了美国，取得了领先地位，并且在其他领域也在努力追赶。

中国是联合国维和行动第二大出资国，在五个安理会常任理事国中派出维和人员数量名列第一。新冠肺炎疫情发生以来，中国为发展中国家提供了20亿美元援助，向150多个国家和13个国际组织提供了抗疫物资援助。

"一带一路"倡议是中国与阿拉伯国家关系发展的关键。"一带一路"倡议不仅是倡议，更是行动纲领。早在汉代，中国就开辟商路出口丝绸，形成了古丝绸之路，成为连接三大洲的重要纽带。很多阿拉伯国家都在从"一带一路"倡议中获益。在此背景下，中国的国内生产总值连续两年超过了 100 万亿元人民币，人均国民收入超 1 万美元。

最后，我愿向中国共产党致敬。在中国共产党领导下，中国成为世界大国和国际舞台上的重要力量，为世界人民带来了和平与繁荣，恢复了数千年古老文明的荣光。

中共坚定不移走中国特色社会主义道路

叙利亚青年
亚赞·哈吉·哈米斯

中国共产党成立于1921年，主要创始人是陈独秀和李大钊等人。1921年7月23日，13位代表出席了中国共产党第一次全国代表大会。

中国共产党坚定不移走中国特色社会主义道路，坚持把马克思主义基本原理同中国具体实际相结合。

1949年10月1日，中国共产党领导中国人民在经历28年浴血奋战后，取得了新民主主义革命的胜利，建立了中华人民共和国。在中国共产党的领导下，新中国在各领域取得发展进步，逐渐占据世界领先位置，从一穷二白发展成世界第二大经济体。

1978年以来，中国实施改革开放，七亿多人成功脱贫，为全球减贫贡献中国经验。

在工业和贸易领域，改革开放以来，中国实现了从计划经济向市场经济的转变。中国政府鼓励企业根据市场需要开展生产活动，并将利润用于扩大生产和对外投资。

中国是世界银行和国际货币基金组织成员国。改革开放初期，中国设立了四个经济特区，这是中国改革的试验田和对外开放的窗口。

习近平总书记提出"一带一路"倡议，旨在借用古代"丝绸之路"

的历史符号，积极主动地发展与沿线国家的经济合作伙伴关系。今天，"一带一路"已成为当今世界范围最广、规模最大的国际合作平台。习近平总书记还提出人类命运共同体理念，为解决人类问题贡献中国方案。

在农业领域，改革开放前，中国人口主要集中在农村地区，经营主体、经营形式和经营体系都比较单一。改革开放后，家庭承包经营成为主要农业生产组织形式，越来越多的农产品开始走向规模化、专业化、集约化、社会化生产和经营。

在建设领域，中国在过去40余年取得的建设成就，相当于美国在过去几百年取得的建设成就。随着经济发展和社会进步，中国主要城市规模不断扩大，主要城市人口总量甚至超过伊朗、叙利亚等国的人口总量。

在交通领域，截至2020年8月，中国高速铁路运营总里程达到3.6万千米，位居世界第一，中国铁路客运量占全国交通运输客运量的22.9%。中国拥有全球最长高速铁路，长达2400千米。中国高铁技术已出口到土耳其、沙特等国。

在能源领域，中国可再生能源开发利用规模稳居世界第一，建有世界上规模最大的水电站——三峡水电站。此外，中国还在建设世界上规模最大的风力发电场。过去10年，中国太阳能发电装机容量猛增了90倍。

中国拥有数十个核电站，并在新建十余个核电站。2030年，中国核电装机规模或将达到1.5亿千瓦。

中国共产党近年来取得的伟大成就包括：成功控制新冠肺炎疫情；彻底消除绝对贫困；推动科技进步；创造中国发展模式，推动均衡发展；用占世界7%的耕地，养活世界22%的人口；领导拥有14亿多人口的大国在各领域占据世界领先位置；对外提供援助、开展投资，支持广大发展中国家经济发展复苏。

|亚|美|尼|亚|

中共像一盏明灯,照亮了中国人民前进的道路

亚美尼亚共和党理事会成员、青年组织秘书长
阿皮扬

中国共产党已经从一个只有 50 多名党员的小党发展成为世界上最大的马克思主义执政党,拥有 9600 多万名党员、领导着 14 亿多人口的大国。中国共产党具有重要国际地位,70 多年来领导着世界上最大的社会主义国家,带领中国人民走上了民族复兴和现代化道路,得到了中国人民的广泛支持。中国共产党领导中国人民所作的一切斗争、牺牲和努力都是为了一个目标——实现中华民族的伟大复兴。自新中国成立后,中国共产党领导中国人民实现伟大转型,制定了社会主义初级阶段总方针,实施改革开放政策,克服来自各方面的风险和挑战,开创、坚持和发展了中国特色社会主义。

在过去一个世纪的努力中,中国共产党形成了坚持真理、坚守理想、践行初心、担当使命,不怕牺牲、英勇斗争,对党忠诚、不负人民的伟大建党精神。作为一个马克思主义政党,中国共产党与历史上其他政治力量不同,没有自己的特殊利益,始终坚持为中国人民谋幸福、为中华民族谋复兴。中国共产党像一盏明灯,照亮了中国人民前进的道路。

中国实现了从高度集中的计划经济体制到充满活力的社会主义市

场经济体制、从封闭半封闭到全方位开放的历史性转变，实现了从生产力相对落后的状况到经济总量跃居世界第二的历史性突破，实现了人民生活从温饱不足到总体小康、奔向全面小康的历史性跨越。

2021年是中国共产党建党100周年，是中国实施第十四个五年规划的开局之年，是开启全面建设社会主义现代化国家新征程的第一年。在过去的100多年里，中国共产党的党员人数从1921年的50多人增加到现在的9600多万人，已经发展成为最大的马克思主义执政党，给人口众多的中国带来了巨大变化。

中国共产党第十八次全国代表大会于2012年11月8日至14日在北京成功召开。大会确定的目标是确保到2020年实现全面建成小康社会和全面深化改革开放，实现经济持续健康发展；民主制度更加完善，民主形式更加丰富，依法治国基本方略全面落实；社会主义核心价值观体系深入人心，文化产业成为国民经济支柱性产业；基本公共服务均等化总体实现，全民受教育程度和创新人才培养水平明显提高；资源节约型、环境友好型社会建设取得重大进展。

中共十八大以来，中国共产党高举中国特色社会主义伟大旗帜，团结带领中国各族人民，坚持以人民为中心的发展思想，统筹推进经济建设、政治建设、文化建设、社会建设、生态文明建设"五位一体"总体布局，协调推进全面建设社会主义现代化国家、全面深化改革、全面依法治国、全面从严治党"四个全面"战略布局。在此基础上，形成了习近平新时代中国特色社会主义思想。

中共十九大报告中明确指出，中国特色社会主义进入了新时代。中共十九届五中全会召开后，有关"全面建成小康社会"的目标转变为"全面建设社会主义现代化国家"，体现了中国共产党根据实际情况坚持和完善中国特色社会主义制度，推动国家治理体系和治理能力现代化。

今天，中国立足新发展阶段，贯彻新发展理念，构建新发展格局，向第二个百年奋斗目标迈进。按照中国共产党提出的新时代"两步走"

发展战略，2035年中国将基本实现社会主义现代化，并在21世纪中叶建成富强民主文明和谐美丽的社会主义现代化强国。中国共产党之所以能够取得如此辉煌的成就，关键在于其崇高的理想和使命，可以概括为中国共产党始终为中国人民谋幸福，为中华民族谋复兴，为人类谋和平与发展。

全心全意为人民服务是中国共产党的根本宗旨。1945年，毛泽东主席指出，中国共产党区别于中国其他政党的典型标志是，中国共产党和最广大人民群众建立了最密切联系；全心全意地为人民服务，一刻也不脱离群众；一切从人民的利益出发，而不是从个人或小集团的利益出发。自此，"全心全意为人民服务"一直被保留在《中国共产党章程》中。2017年，习近平总书记在中共十九大报告中再次强调，必须把人民对美好生活的向往作为奋斗目标。在过去的100多年里，中国共产党团结带领中国人民自力更生、艰苦奋斗建设家园，齐心协力、坚定不移打好脱贫攻坚战。自中共十八大以来到2020年年底，通过八年的努力，中国实现了消除绝对贫困的目标，这是建设中国特色社会主义的一个重要目标。现行标准下9899万农村贫困人口全部脱贫，832个贫困县全部摘帽，12.8万个贫困村全部出列。中国打赢了脱贫攻坚战，提前十年实现了《联合国2030年可持续发展议程》减贫目标。

中国共产党成立以来，肩负着带领人民推翻帝国主义、封建主义、官僚资本主义"三座大山"的历史使命，于1949年建立了新中国。中国共产党把社会主义确立为中国根本制度，从根本上扭转了中华民族的命运，引领国家不断走向繁荣富强。1978年，中国共产党决定实施改革开放，破除了国家发展的所有思想和体制障碍，开辟了中国特色社会主义道路，使中国大踏步追赶上时代的步伐。

中国共产党在中国革命、建设和改革的长期实践中，探索出了中国特色社会主义政党制度，其特点是中国共产党领导的多党合作制，即中国共产党作为执政党，八个民主党派全面参政。中国共产党与各民主党派本着长期共存、互相监督、肝胆相照、荣辱与共的基本方针，共同发展中国特色社会主义。实践证明，中国共产党领导的多党合作和政治协商制度符合中国的实际情况，显示出强大的生命力和优势。

中国为世界各国树立了绝佳典范

也门全国人民大会党书记处成员、政治调研和规划部负责人
阿卜杜勒卡维·沙米里

中国在经济、政治、发展模式上为世界各国树立了绝佳典范。当今的中国，在国际格局中占据重要一席，对国际关系演变发挥着重要作用，中国始终倡导构建一个讲公道、讲情义的世界，推崇全人类共同价值，倡导支持人的发展进步，从而推动世界朝着有利于全人类福祉的方向发展变革。中国树立的榜样是前所未有的，也是独一无二的，值得世界上那些想要建设好国家、促进和平与安全、推进创新的国家和民族学习借鉴。中国以其高尚的道义追求和人道主义精神，积极发展与世界各国的关系，倡导世界上不同国家、不同民族和平共处，在不同文明和文化间架设沟通的桥梁，推动世界各国互学互鉴，为全人类创造美好明天，让世界各国青年看到希望。

我们坚信，如果世界上出现道义缺席、道德败坏之事，中国一定会站在正义的一边，坚守住自身宝贵的品质。中国的成就，堪称世界发展史上的转折点，给世界上爱好和平、渴望实现发展的其他民族提供了启发，开辟了先路，并告诉他们，独立自主实现发展是可行的。中国，不同于西方国家——那对很多发展中国家来说是另一个星球——始终致力于提升全人类的福祉。中华民族是具有深厚历史积淀和人道主义精神的民族，关于这一点，我们可以写很多诗篇、文章来赞颂，但是现有的语言不足以充分展现出中华民族和中国人民的伟大之处。

2022年，中国共产党将召开党的二十大，借此机会，我们想对中国共产党和中国人民表达最热烈的祝贺和最诚挚的祝福。自1921年成立以来，中国共产党走过100多年的奋斗历程，把争取民族独立、人民解放和公平正义的英勇斗争镌刻在史册中，不断在发展进程中书写新的里程碑。中国共产党始终代表中国人民的意志，凝聚中国人民的力量，以科学思想为指引，将中华民族从黑暗的专制统治和帝国主义欺凌中解放出来，竭尽全力为实现中华民族伟大复兴而奋斗。中国共产党也心系世界人民的发展事业，与世界各国开展经济合作，取得丰硕成果。

阿拉伯国家为友好的阿中关系和与中国共产党的友好关系感到无比自豪。我们相信，在习近平总书记的带领下，在中国共产党的领导下，中国将在经济、社会、科学、文化等各领域实现更大发展，推动世界发生更多历史性变革，促进世界各国团结一致，朝着人类共同目标奋进。事实上，中国近年来提出的一系列全球性倡议，已经在无形中描绘了实现世界和平、发展与稳定的路线图。

祝福中华人民共和国！祝福中国共产党人！自由和坚韧的中国万岁！祝中国兴旺发达、繁荣昌盛！

为人民服务,是中共成功建设新的伟大中国的首要原因

也门全国人民大会党常务委员会委员
马吉德·阿卜杜拉

100年前的中国,与现在的中国大为不同。当时的中国,军阀割据,国家分裂,内部冲突不断,外国列强竞相争夺对中国的控制权,中国人民饱受贫穷、饥饿和欺凌之苦。在这一中国历史上的关键时刻,一群有志之士站了出来,他们有着共同的目标、共同的信仰,让中国重新燃起了希望。他们是谁?他们要干的事业是什么?这就是本文要探讨的主题。

1921年,这群有志之士成立了中国共产党。此后经过数十年奋斗,中国共产党带领中国人民建立了新中国。新中国成立73年来,中国共产党带领中国人民将这个积贫积弱的国家发展成为世界上数一数二的经济强国、军事强国、科技强国,成为能够与世界上其他强国匹敌的重要一极。中国这条巨龙重新腾飞!

中国共产党成立101年、执政73年来,成功应对了各种风险挑战,不仅平息了内部纷争,还将所有外国列强赶出了中国。中国共产党刚成立时只有50多名党员,现在已拥有9600多万名党员,是世界上最大的马克思主义执政党。她始终将实现中华民族的伟大复兴作为自

己的使命。今天，我们看到这已经成为事实。

2021年，中国共产党隆重庆祝了成立100周年，我也通过网络观看了庆祝大会，当时我就在想，中国共产党成功带领中国人民实现人类文明史上巨大飞跃、取得举世瞩目成就的原因是什么？于是我仔细阅读了中共中央宣传部于2021年8月发布的文献《中国共产党的历史使命与行动价值》，这部文献将全心全意为人民服务作为第一章，其中包含四个部分，分别是把人民放在心中最高位置、依靠人民不断取得胜利、实现人民当家作主、让人民过上好日子。从这里，我们能发现，中国共产党一切工作的宗旨就是为人民服务，这也是其能够建设新的伟大中国的首要原因。

对于中国共产党来说，人民永远是第一位的。在中国，我们看到"人民"一词出现在很多场合，中国的国名是中华人民共和国，中国的政府叫人民政府，中国的军队叫中国人民解放军，中共中央发行的报纸叫《人民日报》，中国的央行叫人民银行，从这里你能感受到，对于中国共产党来说，人民是其力量源泉所在，人民赋予了其巨大能量，完成了一个又一个历史任务，创造了举世瞩目的成就。

中国共产党秉持人民至上的理念，也就是说，所有政策都应该为人民利益服务，聚焦于人民。这是中国共产党之所以能够成为今日之中国共产党的根本原因。

实事求是、利用一切可以利用的方式推动发展，也是中国共产党一大重要经验。中国共产党经历了无数挑战，遇到了无数艰难险阻，但她始终坚持实事求是，不盲从、不僵化地运用马克思主义理论。正如习近平总书记所说，中国共产党坚持马克思主义基本原理，坚持实事求是，从中国实际出发，洞察时代大势，不断推进马克思主义中国化。

在阿拉伯人看来，中国的发展不仅给中国人民带来了福祉，也使全世界受益。特别是中国成功消除了绝对贫困，这是中国近年来最重要的成就之一，而取得这一成就的重要原因就在于中国共产党的英明领导，在于中国共产党将中国人民都动员起来，坚持朝着实现发展繁荣的目标迈进。在中国共产党的领导下，中国成为强大国家，中国人民安居乐业。中国人民感到身后有强大后盾，帮助他们克服重重困难，保护他们不受灾害侵袭。最近两年，中国共产党打赢了新冠肺炎疫情阻击战，书写了消除绝对贫困的史诗，这是中国共产党和中华民族智慧与力量的最好例证。

　　心系人民、服务人民，把人民放在心中最高位置。正因如此，中国共产党才能够在100多年来带领中华民族实现光辉成就，续写这一古老民族延续5000多年的辉煌。一个多世纪以来，中国共产党坚持不懈奋斗，付出了巨大牺牲，实现了国家的快速发展，让近八亿人成功脱贫，人均国内生产总值超过1万美元，成为世界上最强大的经济体之一。与此同时，中国共产党向中国人民庄严承诺，到2035年将把国家建设得更加强大，基本实现社会主义现代化。

人类命运共同体理念和"一带一路"倡议成为中国特色大国外交的标志

也门青年、阿拉伯记者、阿拉伯中国之友作家和新闻媒体人士国际联盟也门分支成员
阿卜杜勒哈米德·卡比

中国曾在近代历史上饱受外来侵略,但中国革命取得了胜利,走上了中国特色社会主义道路。

中国战胜了法西斯,也为全世界人民争取和平作出了重要贡献。中国在20世纪50年代提出了和平共处五项原则,将互相尊重主权和领土完整、互不侵犯、互不干涉内政、平等互利、和平共处作为同世界各国人民相处的准则。此后,中国恢复了其在联合国的合法席位,重新加入各类国际组织,向外国市场和投资者敞开大门,在中国共产党的领导下坚持和发展中国特色社会主义。

中国现代文明发展不断取得成功和进步,中国各族人民紧密团结在中华民族大家庭中。可以说,中国共产党在中国的发展振兴中发挥了关键作用。中国共产党成功应对各种风险挑战、敌意阴谋,推动各项建设和发展,坚持以人民为中心,大力激发中国人民在各领域的生产力、创造力。建设和发展成为中国共产党的标签和关键词。得益于此,中国成为世界第二大经济体,历史性消除绝对贫困,在航天等科技领域达到世界领先水平。中国致力于建设现代化军队,不断提高维护本国和世界和平的能力。习近平总书记提出的人类命运共同体理念和"一带一路"倡议成为致力于维护世界和平、推动互利共赢的中国特色大国外交的标志。

当前，新冠肺炎疫情仍在全球肆虐，但中国在中国共产党领导下凭借其制度优势和万众一心成功战胜了病毒，并不附加任何歧视、剥削和政治条件地将人道主义援助和新冠疫苗提供给世界各国。这表明，中国在不同历史时期均具有人道主义精神，向包括我的祖国也门在内的世界各国提供各类援助和支持，中国帮助也门修建的公路、医院、工厂、学校不胜枚举，也门首都萨那的中国烈士陵园见证了中国对友好的也门人民付出的巨大牺牲。

数个世纪以来，中华民族与阿拉伯民族之间结下了深厚的历史友谊。现代以来，包括也门在内的阿拉伯国家是最早一批承认新中国的国家，阿中关系不断发展，经贸往来日益频繁。中国与阿拉伯国家成立了中阿合作论坛，中国共产党也多次组织召开同阿拉伯国家政党的国际会议。中国与阿拉伯国家、中国共产党与阿拉伯国家政党之间具有历史性关系，双方共同举办的各类会议成为阿中加强合作和实现互利共赢的重要平台。

中国已成为阿拉伯国家第一大贸易伙伴，在习近平新时代中国特色社会主义思想指引下，相信阿中双方会成为构建人类命运共同体的重要伙伴。

七年前，我结识了著名学者、阿拉伯中国之友作家和新闻媒体人士国际联盟主席马尔旺·苏达哈先生，他不遗余力向我们、向整个阿拉伯世界介绍中国。受他的感召，我也加入了国际联盟，开始了解中国共产党的发展历程，撰写关于中国和中国共产党的文章。

借此良机，我预祝中共二十大胜利召开，坚信以习近平同志为核心的中共中央将继续带领中国人民实现中华民族伟大复兴，继续加强阿中关系特别是阿中青年之间的交流。中共中央对外联络部一直以来致力于促进阿中青年交往，举办各类会议向阿拉伯国家青年宣介习近平新时代中国特色社会主义思想和中国取得的伟大发展成就。青年是各国人民的未来，我们感受到了中国共产党对青年工作及青年交流的重视，希望中共未来能继续举办各类青年活动。

中共坚持与时俱进

也门全国人民大会党对外关系部副部长
阿卜杜拉·法尔汉

习近平总书记在庆祝中国共产党成立100周年大会上深刻指出："以史为鉴，可以知兴替。"习近平总书记在现场数万名参会者面前回顾了100年来中国共产党带领中国取得的光辉成就与伟大进步。中国共产党将优异答卷写在中国大地上。

拥有9600多万名党员的中国共产党百年恰是风华正茂，致力于实现建成社会主义现代化强国和中华民族伟大复兴的目标，这些目标已经写入了中共党章和中国宪法。

中国特色社会主义制度有两大支柱：一是中国共产党的领导。中共始终坚持以人民为中心，坚持理论和实践的与时俱进。二是中华文明延续几千年积累的优秀传统文化。中国一贯尊重世界各国及其人民、不做傲慢的教师爷，体现了这一点。

习近平总书记在庆祝大会上回顾历史，强调中国共产党一经诞生就把为中国人民谋幸福、为中华民族谋复兴确立为自己的初心使命。100年来，中共带领中国人民进行的一切奋斗、一切牺牲、一切创造，归结起来的主题就是实现中华民族伟大复兴。中国将坚定不移地走中华民族伟大复兴之路，一方面要顺应时代潮流，另一方面要筑牢中国共产党的核心价值观。只有这样，中国共产党才能在长期的执政中应对各类挑战，带领中国不断走近世界舞台中央。得益于此，中国共产党的治国理政经验不断丰富，中国创造了经济快速增长和社会长期稳定两大奇迹，得到了世界各国的尊重和赞许。各国对中国进一步加强其在国际社会的影响力也更加安心，因为中国始终坚持不称霸，不干涉别国内政。

从马列主义、毛泽东思想到习近平新时代中国特色社会主义思想，中国共产党坚持与时俱进，成功顺应国际和时代大势，实现了国家强盛、人民安康。新冠肺炎疫情使得中国共产党的人民情怀和国际担当，以及中国特色社会主义制度优势得到更鲜明的体现和印证。

世界越来越了解中国，因为中国成为越来越多国家的第一大贸易伙伴，中国商品家喻户晓，中国的通讯、航天、新材料等领域科技飞速发展，取得了大量专利。中国在北斗导航系统、空间站、可控核聚变和"人造太阳"试验等方面创造了一个又一个全球领先的新纪录。

此外，中国积极构建国际伙伴关系网络，"一带一路"倡议使得中国与沿线国家的基建、物流、制造业和人力资源合作不断深化。中国与阿拉伯国家拥有广泛的共同利益和一致的发展愿景，在产业链、供应链、工业化、信息化等领域拥有广阔的合作空间。此外，增进阿中双方民心相通，有助于夯实阿中政治互信和经贸合作的基础，也有助于实现阿中在国际事务中的协调合作。

只要有中国这样的正义力量，世界就有望走出霸权主义的噩梦

也门社会党领导层成员、阿拉伯中国之友作家
和新闻媒体人士国际联盟也门分支成员
穆罕默德·萨米伊

1921年7月，中国共产党成立，这是开天辟地的大事件。此后，中国共产党以马列主义为指导，开辟了独特的革命道路，与帝国主义和霸权主义开展了艰苦卓绝的长期斗争。中国共产党是工人阶级的先锋队，是中国各族人民利益的忠实代表，成立之初只有50多名党员，现在其党员人数超过了9600万。在取得抗日战争胜利后，这支庞大的左翼力量领导并开展了中国新民主主义革命，取得了胜利果实，于1949年成立了中华人民共和国。

100多年来，中国共产党领导了卓越的伟大工程，取得了光辉成就。在世界上其他国家，很多进步力量由于遭到帝国主义势力、反动势力和地方军阀的迫害、打压和清算而衰弱甚至灭亡，但是中国共产党没有被这些势力打倒，在斗争中更加坚韧强大。

众所周知，中国共产党的力量源泉在于始终获得中国人民的衷心拥戴，始终依靠中国人民的强大力量，这是中共不断从胜利走向胜利的奥秘所在。尽管面对单边主义、霸权主义的强力打压，中国共产党领导下的中国和中国人民始终保持信心，坚持不懈向前迈进，为实现

社会公正、自由平等和人民福祉而努力奋斗。我们看到，为了实现上述目标，中国共产党持续根据形势变化对党的路线方针和发展政策作出调整，制定国家中长期经济社会发展规划。中国共产党的力量源泉还来自其领导层的国际主义精神，中共历任领导人为促进世界和平、反对霸权主义和帝国主义作出了巨大贡献。

随着中国在各领域不断取得新的成就，国际上支持中国、看好中国的国家越来越多，中国和中共的朋友圈越来越大。我们也愈发相信，只要有中国这样的正义力量，世界就有望走出霸权主义的噩梦。

中国共产党在漫长的奋斗征程中积累了宝贵经验，在中国这样一个幅员辽阔、人口众多的大国获得了人民广泛支持、衷心拥护。正因如此，阿拉伯国家十分重视学习研究中国共产党的具体经验和做法，阿拉伯国家的政党和青年都期望有机会去中国实地考察，到中国共产党的党校学习如何治理国家、如何开展组织工作、如何培养优秀党员干部等，我们需要借鉴中国共产党的先进和成功经验来帮助我们实现进步。

我们也不能忘记中国对阿拉伯世界正义事业的支持，以及中国对阿拉伯国家发展事业的支持。中国在阿拉伯国家援建了医院、学校、技术学院以及公路等基础设施，以优惠的价格向阿拉伯国家出口工业设备、机电和电子产品等，打破了西方科技对阿拉伯世界的垄断。我们希望进一步加强阿中友好关系，增进理念经验互鉴，实现互利共赢，收获更多合作成果。

最后，作为中国的朋友，作为阿拉伯中国之友作家和新闻媒体人士国际联盟的一名成员，我想再次祝贺中国共产党成立100周年，向中共领导人和中国人民为推动世界发展、抵制资本主义和帝国主义恶行的不懈努力致以诚挚的感谢、赞赏和敬意！

中国成功实现了马克思主义本土化、时代化

也门青年
阿卜杜勒阿齐兹·本阿里

我曾熟读中国近现代史，了解世界马克思主义运动和中国共产党发展历程，由衷钦佩中华民族在经历痛苦和黑暗之后能够实现迅速发展、创造奇迹。

中国创造了伟大的东方文明，在历史上曾长期是世界上最强盛的国家之一。但近代以来，西方帝国主义国家在亚洲发动残酷的鸦片战争，对中国造成重大冲击，中国的国力和国际地位急剧下降，这也成为此后日本入侵中国并妄图将中国从世界版图上移除的原因之一。这一时期，中国人民遭受了无数苦难和暴行。

苦难孕育革命，也孕育希望，其中最重要的就是新中国缔造者毛泽东领导的新民主主义革命。毛泽东深入分析中国衰落的原因，带领中国人民奋起抵抗日本侵略，推翻反动统治，取得新民主主义革命胜利，建立新中国。

读两次鸦片战争直至二战结束时期的中国历史，你会注意到那时的中国四分五裂、贫穷落后，与中国共产党建立新中国后中国团结统一、奋发图强的景象截然不同。而今天，中国已成为世界级强国，无比的团结和强大。

有些人不关注19世纪到21世纪的中国政治史，而只关注经济方面，将中国取得的经济建设成就称为"奇迹"，但中国创造的不仅是经济奇迹，更是政治奇迹，是一部亚洲乃至全世界范围的民族斗争史诗。新中国的成立是中国历史上的重要里程碑，也证明了中国共产党不仅有领导革命的能力，更有高超的治理国家和发展经济的能力。

谈到中国的经济成就，给我印象最深的不是亮眼的经济数字，而是中国努力帮助贫困群体脱贫、历史性消除绝对贫困，并重视调动中等收入群体在其适宜的领域和行业中发挥作用。

关于中国制造，在我的祖国也门，每个家庭中的商品都是中国制造的最多。可以说，除了房子不是中国制造的，房子里的所有东西都是中国制造的！因为中国商品物美价廉，不像西方商品，其价格对中东地区大部分民众来说高不可及。这也反映出，在中国共产党的领导下，中国大力遏制资本的野蛮生长、无序扩张，使中国低收入人群能够享受幸福生活，民族工业能够得到发展。

关于新时代的中国共产党，我想重点谈及以下几点：

一是关于共产主义意识形态。中国取得举世瞩目发展成就的一个最重要原因是中国共产党成功将马克思主义基本原理同中国具体实际相结合，建设有中国特色的社会主义。这使得中国免受苏联解体以及苏东社会主义阵营崩溃的影响。苏联解体前后，因为深度依赖苏联，几乎所有社会主义国家都遭遇了动荡和危机，包括我所在的南也门（原也门民主人民共和国），以及南斯拉夫、罗马尼亚、摩尔多瓦等国家。我认为，中国将马克思主义本土化、时代化的成功实践，有助于我们重新审视如何看待共产主义意识形态问题。我们应当与时俱进，而不是破坏它、废除它，抑或是因循守旧、闭关锁国、穷兵黩武，这些都是对共产主义的扭曲和破坏。20世纪苏联的经历就是明证。

二是中国与阿拉伯国家的关系。中国一直在外交上平衡地处理阿拉伯世界的复杂问题，这是值得称赞的。但我认为中国应该进一步加强在阿拉伯世界的影响力。我希望，中国政府采取强有力举措，引领阿拉伯世界解决棘手问题，为地区带来和平。中国与阿拉伯世界内部的矛盾冲突各方都保持良好关系，若中国居中调解，将会受到各方及全体阿拉伯民众的欢迎。中国对于阿拉伯事务任何积极地介入，都有助于在阿拉伯民意舆论中塑造正面形象。

三是中国与阿拉伯国家的经贸合作。我希望中国在加强与阿拉伯国家经贸合作的同时，能够帮助阿拉伯国家特别是索马里、也门、苏丹等较为落后国家实现经济发展。一方面，中国商品物美价廉，适合这些国家的购买力。另一方面，这些国家普遍缺乏外国投资，但投资潜力巨大，是中国在中东投资的沃土，尤其是在工业和物流服务领域。就我个人而言，我希望中国投资也门亚丁港、索科特拉群岛、迈赫拉省等具有地缘战略意义和旅游潜力的地区，助力这些地区的开发，为也门经济复苏和发展注入动力。

四是中国的阿拉伯语媒体。希望中国党和政府进一步加大对中国的阿拉伯语媒体的支持力度，鼓励他们向阿拉伯民众宣介中国近现代历史和中国共产党的伟大发展历程，讲述中国共产党是如何带领中国从贫穷落后国家转变为世界级强国。遗憾的是，由于冷战时期，尤其是在苏联入侵阿富汗时期，美国及西方一些敌对势力对共产主义进行大规模政治宣传，使得共产主义被严重歪曲抹黑，很多阿拉伯人将其视作一种邪恶和仇恨伊斯兰教的意识形态。因此，我认为中国大力支持阿拉伯语媒体发展意义重大，可以在阿拉伯世界和民意舆论中激浊扬清、以正视听、扭转观念，促进阿中关系发展。

祝愿中国更加繁荣进步！

中国为各国追求自由和实现发展指明了道路

也门全国人民大会党常务委员会委员、也门驻阿盟使团二秘、也门议长苏尔坦·巴尔卡尼之子
穆阿兹·巴尔卡尼

首先,值此中国共产党第二十次全国代表大会即将召开之际,我谨向中国共产党表示热烈祝贺和诚挚祝愿,祝愿中国在中国共产党领导下不断取得日新月异的进步和成就。

中国共产党自成立以来,始终致力于争取国家解放和民族独立,最终取得了伟大胜利。新中国的成立,堪称中国乃至世界历史上重要的里程碑。时至今日,中国已成为全世界追求自由和福祉的人民心中的国家典范,也为各国追求自由和实现发展指明了道路!

中国共产党从未缺席与世界的交流互动,中国以相互尊重、合作共赢为基础,与国际社会建立了独特且均衡的关系,为各国实现和平、安全与稳定作出了积极贡献。中国共产党始终站在公平正义的一边,恪守原则、主持公道。中国共产党高度重视激发中国青年的活力与创造力,大力支持青年积极参与国家建设和创新发展,不断与时俱进。中国共产党也善于做外国青年工作,通过提供奖学金等方式支持各国年轻人来华留学,实现启迪思想、助力成才的目标。中国共产党即将迎来建党101周年,我很荣幸与你们共同庆祝这个伟大的生日,我为我们与这个有雄心壮志、为全人类服务的政党之间的友好关系感到自豪。伟大的中国和中国共产党用一篇文章来描述远远不够，需要大量文字和资深学者从政治、社会、历史等各角度充分论述，向全世界讲述中国的综合国力、强大的社会动员力，讲述中国为何如此伟大。中国是历史悠久的文明古国，中国的文化遗产得到了很好的继承和发扬，中国在古丝绸之路基础上提出了"一带一路"倡议，成为推动全球经济发展和塑造新型国际经济关系的崭新里程碑，我们对中国充满期待。

我们珍视阿拉伯国家青年与伟大的中国共产党之间的关系，高度赞赏中国对青年的重视、关注和支持。

伟大的中国万岁，高尚的中方价值观和原则万岁！

中共之所以能够始终保持生机活力，最重要的原因在于历代领导人的远见卓识

也门复兴运动塔兹省支部书记
穆罕默德·阿里

中国共产党于1921年成立于中国上海，是一个拥有坚定政治信仰、与时俱进的政党。世界形势风云变幻，中国共产党是如何始终保持年轻、与时俱进，同时又能坚守宗旨原则？

首先，这与中国共产党所秉持的先进思想有关。中国共产党人把实现共产主义作为最高理想和最终目标。共产主义思想起源于欧洲，中国共产党人将这一思想中国化，特别是与当时中国农村的实际相结合，将中国革命的重心从城市转向农村，开辟了中国的革命道路。思想，代表着人和国家的思维和行为方式，是干事创业的基础。直到今天我们还能经常听中国人提及孔子及其他中国古代先贤的名言。毛泽东思想、邓小平理论、"三个代表"重要思想、科学发展观、习近平新时代中国特色社会主义思想进一步丰富了中国的思想宝库，共同构成了中国共产党的指导思想。2017年召开的中共十九大将习近平新时代中国特色社会主义思想写入党章。在此之前，中共十八届六中全会明确习近平同志为党中央的核心、全党的核心。在中国共产党领导下，在马克思列宁主义、毛泽东思想、邓小平理论、"三个代表"重

要思想、科学发展观、习近平新时代中国特色社会主义思想指引下，中国各族人民将继续坚持人民民主专政，坚持社会主义道路，坚持改革开放，坚持发展社会主义市场经济，坚持完善中国特色社会主义法治体系，贯彻新发展理念，自力更生推进中国式现代化，协调推进经济、政治、文化、社会、生态文明建设，将中国建设成为富强民主文明和谐美丽的社会主义现代化强国，实现中华民族伟大复兴。

其次，这与中国传统哲学思想有关。一是中国人自古就重视稳定，视稳定和安全高于一切。在中国封建时代，中国统治者就在稳定和自由之间选择了稳定。在中国历代封建统治者看来，实行集中统一领导，是维持政治和社会秩序的前提。中国共产党在一定程度上借鉴了这一古代治理经验。二是中国人十分重视忠诚，强调忠于贤德且公正的统治者，忠诚的人不会做不义之事。三是对变化的看法，中国传统哲学认为，万物都处在永不停息的运动、变化和发展之中，自然界中的一切现象都存在着相互对立而又相互统一的关系，不断变化但又始终处于动态平衡之中。四是中国人讲究中庸，这也是促使当代中国对国际热点问题普遍持中立立场的因素之一。

中国共产党不是僵化的政党。在1978年召开的中共十一届三中全会上，中国共产党作出了改革开放的重大决策。得益于此，中国发展开启了新篇章，重新屹立于世界民族之林。

中国共产党认为，西式民主并非政治治理的唯一模式，不同国家有着不同的历史、国情，处于不同的发展阶段，这些因素决定了一个国家适合什么样的治理方式和发展模式。中国国务委员兼外长王毅在2021年4月同美国对外关系委员会视频交流时强调："民主不是可口可乐，美国生产原浆，全世界一个味道。"

中国共产党100年来之所以能够始终保持生机活力，最重要的原因在于历代领导人的远见卓识。从毛泽东同志到邓小平同志，再到习近平总书记，中国共产党始终与时俱进、攻坚克难、开拓创新。毛泽东同志是伟大的马克思主义者和无产阶级革命家、战略家和理论家。

在毛泽东同志的领导下，中国共产党经受住了强大的国际压力，在中国农村实行土地革命，将土地分给农民，开展了妇女解放事业，建立了独立、比较完整的工业体系和国民经济体系，大大提升了中国国防能力，为新中国维护国家主权提供了保障，为国家进步创造了条件。在邓小平同志的领导下，中国共产党意识到世界发生巨大变革，中国想要在世界上屹立不倒，必须顺应世界之变和时代潮流，要实现这一目标，唯一路径就是解放思想。邓小平同志曾说，黑猫白猫，能抓老鼠就是好猫，也就是说，只要坚持党的宗旨原则，无论计划经济还是市场经济，只是发展的手段。中国共产党开始允许发展非公有制经济，鼓励外资来中国投资，采取系列举措推动社会开放，对中国特色社会主义的探索由此开启。

100年来，中国共产党遇到无数内外挑战，但重要的是中国共产党始终能够清醒地认识挑战、应对挑战，这也是中国共产党始终保持生机活力的原因之一。正因如此，中国共产党才能够领导中国在世界变局中开辟出一片新天地。中国共产党的未来，也将取决于中国共产党自我革新和应对内外形势变化的能力。

到中国留学后，我发现西方媒体上许多有关中国的信息都是虚假的

也门阿拉伯复兴社会党党员、北京语言大学留学生
塔利克·朱纳德

西方"有色媒体"试图抹黑中国

主说，信道的人们啊！你们当尽忠报主，当秉公作证，你们绝不要因为怨恨一伙人而不公道，你们当公道，公道是最近于敬畏的。你们当敬畏真主。真主确是彻知你们的行为的。（《古兰经》筵席章第八节）主说，信道的人们啊！如果一个恶人报告你们一个消息，你们应当弄清楚，以免你们无知地伤害他人，到头来悔恨自己的行为。（《古兰经》寝室章第六节）

从以上真主的箴言中，我们可以认识到辨别事实真伪的重要性。作为真主的信众，我们应该善于从信息中分辨真相，即便是与我们敌人相关的信息，我们也要细细核实。特别是在当今世界，信息造假在新闻媒体中普遍存在，某些媒体尤其擅长传播谎言假象，比如把拥有大规模杀伤性武器作为封锁和占领伊拉克的理由，作为入侵和毁灭也门的理由，作为打压和遏制伊朗的理由。这些媒体把很多谎言描绘成事实，而在这些消息广为传播后，我们才发现他们所言不实，但是木已成舟，很多无辜的人因此受到伤害。

伊玛目阿里曾对信众说过，真理和谬误之间只有四个手指的距离。在场听众问他这句话的含义，他把四指并拢竖起来放在眼睛和耳朵之间，然后说，耳听为虚，眼见为实。

对于一个人来说，他所听到的某件事、某个话题可能并非实际发生。这就是我去中国之前的状态。去中国前，阿拉伯人对中国的印象往往来自美国及西方资本主义媒体——他们是人类和社会主义的敌人。有时候，我们对中国的印象还来自极端宗教人士——他们是"伊斯兰国"和"基地"组织极端思想的支持者，"东突厥斯坦伊斯兰运动"（以下简称"东伊运"）为上述两大组织效力，其武装分子在叙利亚与"伊斯兰国"分子共同从事恐怖活动。但令人奇怪的是，直到现在，西方世界和他们的"有色传媒"仍将"东伊运"与"穆斯林"画等号。但真相是，该组织是由一群极端青年组成的、为"伊斯兰国"和"基地"组织效力的恐怖组织，它只代表它自己。"东伊运"曾活跃于维吾尔族聚居的中国新疆地区，该组织已被联合国列入恐怖组织名单，中国十个信仰伊斯兰教的少数民族都不认可该组织。是的，读者朋友们，在中国，并不只有维吾尔族人信仰伊斯兰教，还有其他九个少数民族都信仰伊斯兰教，他们生活在中国各地，其中包括生活在新疆地区的回族。根据中国官方统计数据，中国穆斯林人口大约为2400万，除了维吾尔族外，其他九个少数民族分别是：回族，人口约1130万，与维吾尔族人口相当，回族、维吾尔族人口之和占据了中国穆斯林人口的90%。回族是古时候来华定居的阿拉伯人、波斯人后裔，现在他们主要生活在新疆、河北、河南、宁夏等地。在中国历史上，有成千上万的回族烈士为祖国事业壮烈牺牲。哈萨克族，主要聚居在新疆，人口大约150万。乌孜别克族，欧罗巴人种，讲乌兹别克语。塔塔尔族，是古时穿越鞑靼斯坦地区来到中国的突厥部落后裔。撒拉族，主要聚居在青海省循化撒拉族自治县，拥有自己的语言。东乡族，主要聚居在甘肃省，据传是蒙古人的后裔，是蒙古人中最早信仰伊斯兰教的。保安族，主要聚居在甘肃省，蒙古人种的分支。柯尔克孜族，突厥人种，来自吉尔吉斯斯坦，新疆有一个叫作克孜勒苏的柯尔克孜族自治州。塔吉克族，欧罗巴人种，讲塔吉克语。

直到现在，西方报刊、受到西方情报机构资助的部分阿拉伯报刊、遵从西方意志的部分阿拉伯电视台仍戴着有色眼镜，中国和穆斯林的形象在他们口中十分不堪，但他们所说的都是捏造的，目的就是在全世界和阿拉伯国家媒体中呈现完全不属实的中国和中国共产党的形象。

即便如此，我们仍从一些曾经去过中国的阿拉伯国家记者、媒体人士、留学生口中听到了一个真实的中国。遗憾的是，这些看到真相、讲述真相的声音并没有什么影响，与西方传媒帝国影响力差距甚大，尤其是还有一些阿拉伯国家媒体与西方沆瀣一气，像鹦鹉学舌那样复读西方媒体的内容。

就我个人经历来说，在去中国之前，我和很多阿拉伯青年一样，深受这些"有色媒体"的影响。这些由中国的敌人出资设立的媒体在阿拉伯世界占据舆论主导，成千上万阿拉伯青年受其蒙骗，对中国和中国共产党没有好感，因为我们偏听一家之言！最近几年，我们看到越来越多的中国外交官、记者用阿拉伯语向阿拉伯和伊斯兰世界增信释疑，驳斥西方媒体抹黑中国的谣言。

某些西方媒体和地区媒体经常散布挑拨穆斯林神经的不实信息，这些媒体通过这些信息，试图让中国在阿拉伯人和世人心中成为一个可怕的恶魔。

正是由于这些被西方媒体歪曲的中国形象传播太过广泛，我和一些阿拉伯朋友一开始真的相信了他们的谎言。而当我在脸书和推特上与在中国学习工作的也门等阿拉伯朋友聊天时，他们都告诉我，别相信西方媒体上关于中国的信息，都是假新闻！他们的话让我重新陷入思考，并激发了我探索真相的好奇心，我想通过实际行动来验证我在文首提及的两句《古兰经》箴言，我只相信亲眼看到的事情！

到中国后，中国的形象前所未有地清晰

幸运的是，2010年年底，在所谓"阿拉伯之春"爆发之前，我听说中国在向也门首都一所职业技术学院的优秀学生提供奖学金。尽

管当时我已经念到高中二年级，下一年就将进入高三，但我还是立刻去了萨那，在那所职业技术学院——萨那工业技术学院从头读起，主修机械工程。就在那一年，我的一位朋友以电子工程专业第一的成绩从学院毕业，获得了中国奖学金，这件事激励我更加努力学习。最终，我以2013至2014学年全也门第一名的成绩从学院毕业，那时我开心极了，因为我终于有机会去中国留学了，我可以亲眼验证西方媒体口中中国形象的真假了。与此同时，能去中国这样的国家留学是非常宝贵的机会。但是世事难料，2014年也门内战的爆发成为我去中国留学的最大障碍。

到2017年，我惊讶地发现，有一名2016年从萨那工业技术学院毕业的优秀学生获得了中国政府奖学金并去了中国，他当时去临时首都亚丁提交了奖学金申请，最终被录取。2018年年初，亚丁形势不再像之前那么危险，于是我从萨那去往亚丁，一边凭借我的专业技术找了一份工作，另一边向也门教育部提交了留学申请材料，里面写明了我在学院中的优异表现。中国每年都向我的学院提供留学名额，根据也中两国在战前签署的备忘录，中国每年向学院高中阶段各专业前三名学生提供奖学金，向高中以后阶段各专业前两名学生提供奖学金。当时教育部留学生办公室主任收下了我的材料，他和当时主管留学的次长对此事很积极，到现在我都十分感谢他们。2018年9月，我收到了来自中国大学的录取通知书，后来我就和70多名也门学生一同前往中国留学。

到中国后，中国的形象前所未有地清晰！我发现，之前在西方媒体上听到的关于"独裁、专制中国"的信息，包括中国迫害穆斯林、禁止他们把斋、逼他们喝酒吃猪肉、强制穆斯林妇女节育等等，都是谎言和诽谤！美国对中国的舆论攻击与其当年在冷战时期对付苏联的手段如出一辙，目的就是煽动世界上的穆斯林群体反对中国，破坏中国在全球的利益，甚至想利用穆斯林对中国发起代理人战争！我到现在都记得，刚到北京语言大学时，我们有一门课学的是中国美食，当时老师介绍了中国不同民族的美食，用了很多时间来讲新疆美食，并建议在华留学的穆斯林学生到清真餐厅用餐。

在这里我想简要地谈一谈涉疆问题，这一问题与中国国家安全密切相关，但与宗教和维吾尔族没有关系。事实就是，在新疆有这么一个信奉"基地"组织和"伊斯兰国"极端思想的组织，叫作"东突厥斯坦伊斯兰运动"，其领导人和成员来自中国新疆及其他省市，这些人与外国情报机构和反华势力相勾连。中国维吾尔族和其他少数民族穆斯林都反对该组织的极端思想，因为他们深受其害。该组织犯下了很多罪行，他们在境内外策划自杀式恐怖袭击，导致很多无辜的新疆维吾尔族人被杀害。该组织谋求分裂中国，在北约国家的支持下建立像"伊斯兰国"那样的所谓"独立"国家。众所周知，中国新疆地区是维吾尔自治区，与哈萨克斯坦、吉尔吉斯斯坦、塔吉克斯坦、巴基斯坦、印度、阿富汗、俄罗斯、蒙古国等多个国家接壤，自古就是丝绸之路上的重要一站，是"一带一路"重要的陆上门户。正是由于新疆地理位置重要，我们可以从一些报告中看到，美国等仇视中国的国家向该极端组织提供了很多支持，对新疆安全稳定构成严重威胁。他们的目的之一，就是破坏"一带一路"倡议的实施（这一倡议由习近平总书记于2013年提出）。根据卡塔尔前外交大臣透露的信息，该组织还参与了叙利亚内战，同美国、土耳其等国一些组织勾连，接受对方资助，在全球招募恐怖分子和雇佣军。西方国家还支持该组织从事破坏中国安全稳定、损害中国利益的活动，同时不停制造"迫害穆斯林"的假新闻来博取人们的同情，刺激一些伊斯兰国家激进组织的情绪，从而利用他们来进行反华活动。

中共带领中华民族实现巨大飞跃

中国共产党100年的历史是一幅宏伟的水墨画卷，中国共产党在各领域取得了伟大成就，实现巨大积极变革，使中国在极短时间内跻身世界前列，让那些不看好中国和中国共产党的国家感到震惊，让世界各国学者开始研究中国的成功经验。从中共一大到中共十九大，中国共产党从未忘记成立时的初心，始终坚持以人民为中心，为人民谋幸福，带领中国人民勇毅前行，让各族人民都紧密团结在党的周围并肩奋斗，为实现人民福祉、社会发展而不懈努力。从1949年10月1日新中国成立到1978年12月开始实施改革开放政策，中国社会的主要矛盾是落后的农业国与先进的工业国之间、人民日益增长的物质文化需要与落后的社会生产之间的矛盾，这是在1956年中共八大上提出来的。2017年召开的中共十九大指出，中国社会主要矛盾转变为人民日益增长的美好生活需要和不平衡不充分的发展之间的矛盾，原因就在于中国社会生产力水平显著提高，阻碍中国发展的大部分问题已经解决。2021年，中国共产党宣布在中国消除了绝对贫困，实现了全面小康。正是在中国共产党的领导下，中华民族才能实现如此巨大飞跃，为中华民族伟大复兴开辟了光明前景。

中共是老朋友，也是新伙伴

2022年是中国全面建设社会主义现代化国家、向第二个百年奋斗目标迈进的关键一年。中国共产党将召开二十大，这是中国政治生活中的一件大事。中国共产党在革命、建设、改革的奋斗征程中克服重重困难，走过一些弯路，开辟了中国特色社会主义新时代。中国共产党确立的方针政策为其实现历史性成就奠定了基础，特别是在习近平同志担任中共中央总书记期间。中共二十大将擘画中共和中国发展进步的崭新路线图、规划书，也将推动中共继续为实现为人类谋进步、为世界谋大同的高尚目标而不懈奋斗。

对阿拉伯世界来说，中国共产党是老朋友，也是新伙伴，美国低估了中国在阿拉伯世界的影响力。与美国扩张势力范围的做法截然不同——通常地区国家接收美国援助的一个基本前提就是建立符合美国标准的政治制度，有的国家这么做了，可最后美国却几乎没有提供任何援助——中国明确表示不干涉他国内政，避免插手任何地区争端，这为中国赢得了良好口碑。据中国政府预计，到 2023 年中国对阿拉伯国家的投资将超过 6000 亿元，当前中国是阿拉伯世界最重要的经贸伙伴。

尽管很多阿拉伯国家与美国长期保持密切关系，但美国不该高估其对阿拉伯世界的影响力。中国正在以非美国的方式向阿拉伯国家提供经济和政治保障。在阿拉伯国家看来，中国是可靠的政治和经济伙伴，与西方国家相比，中国更尊重他国主权。在阿拉伯世界，到处可以看到中国的身影。比如，在经受多年内战的叙利亚，中国已经成为叙战后重建的主要出资国，而西方国家都拒绝帮助叙重建，尽管他们对这场战争负有责任。摧毁叙利亚、推翻叙政权，是美国与部分阿拉伯国家共同策划的阴谋，这已经被卡塔尔前外交大臣哈马德所证实。

现在西方面临尴尬境地，因为他们没有完全准备好放弃他们在地区的既定政策——建立在剥削、掠夺和制造分裂基础上的政策。正因如此，阿拉伯国家与他们渐行渐远，与中国越走越近，但西方并不甘心就这么放弃在地区的影响，让中国获利。如果他们真想重振对阿拉伯世界的影响，也许应该向中国学习。

中共成功的借鉴意义

群众路线是毛泽东思想三个活的灵魂之一。当今世界，互联网成为民意舆论和公众情绪的最大集散地，中国网民人数已经超过 10 亿，形成了世界上最大的数字社区。这表明，需要根据新形势在互联网上落实群众路线，通过社交平台倾听民众的诉求。事实证明，互联网的广阔空间给广大群众提供了讨论交流、表达诉求、指出缺点漏洞、提出意见建议的平台，可以帮助政府尽快解决问题。

无论世界形势如何变幻，合作是解决一切问题的唯一出路。"合作"一词是近年来中国共产党历次重要会议的高频词，特别是在与"一带一路"倡议相关的国际会议上。这充分表明，中国共产党坚持在协商和合作基础上构建伙伴关系，倡导世界各国相互信任、携手合作。

中共始终代表广大人民的利益，为国际社会树立了典范

也门全国人民大会党常务委员会委员
阿玛尔·巴卡利

值此中国共产党第二十次全国代表大会即将召开之际，我们谨向这个拥有伟大纲领和悠久历史的政党致以诚挚的祝贺与祝福！

中国共产党愿意与世界各国开展形式丰富、富有成果的建设性合作，中国共产党的伟大成就影响五湖四海。值此友好的中国人民所珍视的重要时刻，作为渴望和平，与中国、中国共产党、中国人民关系密切的阿拉伯青年，我谨向中国共产党及中国人民致以美好祝福。中国共产党自成立以来，始终致力于实现和平、发展、建设，始终代表广大中国人民的利益，而不是代表某个特定阶层或民族的利益，成为全球及地区政党的典范。

中国共产党成立100年来，终秉持公平、正义、平等、解放、进步的价值观与原则，统领中国内政外交一切事务，全力支持科学技术发展，把党的印记镌刻在全国各地。在国际层面，中国共产党和中国政府提出了一系列高瞻远瞩、富有成效的合作理念和倡议，吸引世界各国广泛参与，使中国成为和平发展、相互尊重、建设性合作的象征。我们可以清晰地看到，中国所实施的政策都是在中国共产党明确方向、

加强指引下制定的。可以说，在中国共产党英明领导下，中国在内政外交领域实施了统一和均衡的政策。

中国共产党作为一个典范政党、中国作为一个模范国家在各方面有很多标志和体现。例如，中国大力发展教育，重视环境保护，积极维护和平，支持青年发展并积极倾听青年意见、采纳青年建议。中国支持广大发展中国家发展，特别是向阿拉伯国家、亚洲国家和非洲国家提供大量人道主义援助和基础设施支持。

在我的记忆里，中国在中国共产党领导下在其他发展中国家实施了大量项目，取得了重要成就，其中之一便是中国在也门实施的项目。中国竭尽全力为也门铺设"生命线"，包括连接也门首都萨那及塔伊兹、荷台达等多个省份的道路。这些道路由也中两国工人共同修建，成为联系也中两国人民友好感情的桥梁、体现也中两国历史性友谊的标志。

中国共产党这个拥有悠久历史、取得巨大成就的政党又将迎来一年一度的建党纪念日，我们谨对此表示热烈祝贺，并愿与你们分享喜悦。我们对中国共产党领导中国取得日新月异的成就感到由衷高兴，中国共产党致力于发展经济，使中国从贫穷落后的国家转变为世界最强大的经济体之一，中国共产党在实现现代化的进程中充分汲取中国人民的伟大智慧和中华文明的优秀传统。中国制造的商品足以体现中国的伟大，你走到世界上任何一个地方，在你面前或在你身边，一定会有中国制造的商品。"中国制造"成为被所有中国人所珍视的荣誉徽章。"中国制造"的故事证明了中国有能力克服一切困难和阻碍，体现了伟大的中国共产党和友好的中国人民的光辉形象，也激励我们阿拉伯国家青年与这样的伟大政党和友好人民保持密切联系。

祝愿中华民族伟大复兴的引领者中国共产党、祝愿伟大的中国人民永远进步、成功。

习近平总书记是有雄心壮志的世界级领导人

也门社会党中央委员
拉菲克·沙尔比

中国作为新兴大国正以稳健步伐引领世界，以符合其国际地位的方式参与创造新的人类文明，因为中国在政治、经济、军事等领域已处于全球领先地位。中国成功赢得了发展历程中的每一个胜利，创造了经济奇迹，通过和平方式实现崇高目标而不损害他国利益。中国秉持全人类共同价值，从不谋求殖民侵略他国，从不施行傲慢的霸权政策，从不扶持代理人，从不干涉别国内政。中国追求的是建立一种平等均衡、互利共赢、反对暴力战争的国际关系。这使我们想起了源远流长的阿中交往史，阿拉伯国家和中国通过陆上及海上丝绸之路保持经贸往来，中国通过丝绸之路带来的只有和平、包容和互利共赢，这种历史基因也传承到了中国当前的外交政策中。这种历史传承使中国不会陷入我们阿拉伯国家的泥潭之中——帝国主义势力在阿拉伯地区刻意制造分歧、矛盾和冲突，并通过资金支持、舆论煽动等方式延续这些矛盾冲突，使我们持续落后。中国给阿拉伯青年留下了良好印象，促使我们不断呼吁进一步加深和发展阿中关系，因为中国的未来将深深影响阿拉伯国家的未来。

中国从悠久的中华文明中汲取发展建设的强大力量，积累了将自身从落后中拯救出来、朝着世界强国不断迈进的独特经验。阿拉伯国家同中国建立并发展合作伙伴关系，有助于使阿拉伯各国民众相信，阿拉伯国家也可以像中国那样取得发展、实现振兴，实现阿拉伯民族的梦想。同中国发展关系，可以使阿拉伯国家意识到我们也可以改变现状，因为阿拉伯文明也曾是人类文明中的灿烂一支，我们也可以实现发展、建设与进步。因此，阿拉伯国家需要同中国大力发展关系，向中国学习借鉴，为人类文明作出自己的贡献。阿拉伯文明与中华文明在历史长河中相互尊重、和谐共生，没有发生过任何冲突和战争，这使得双方拥有了牢固联系和诸多共同点。

回顾中国共产党的百年历史，中国共产党成功领导了土地革命，消灭了封建土地所有制，实现了中国人民的期待愿望。中国共产党带领中国人民实现民族独立，建立了中华人民共和国，并大力发展作为经济基石的民族工业。此后，中国实现了从革命到建设再到改革开放的转型，创造了中国特色社会主义全新实践，成为中国经济腾飞的转折点。中国不仅致力于实现中华民族伟大复兴，也致力于为世界各民族复兴和人类进步作贡献。

1985年，中国共产党领导人邓小平在会见坦桑尼亚总统尼雷尔时说，中国的改革不仅在中国，而且在国际范围内也是一种试验。如果成功了，可以对世界上的社会主义事业和不发达国家的发展提供某些经验。中国共产党领导层打破了一切阻碍中国经济发展的藩篱，在制定经济政策时引入了市场经济要素，加大吸引和使用外资，建立经济特区，发展出口型经济。

习近平新时代中国特色社会主义思想坚持把马克思主义基本原理同中国具体实际相结合、同中华优秀传统文化相结合。习近平新时代中国特色社会主义思想使中国经济再次实现伟大飞跃，创造了超乎想象的经济奇迹。中国的经济制度既开放又有规则，不允许资本野蛮扩张，但也不封闭僵化，它与时代的需求和人民的愿望相适应。中国特色社会主义制度源自人民的期盼和中国现实国情需要。中国共产党强调，资本是为人民服务的，要使资本始终服从和服务于人民和国家利益，为全面建设社会主义现代化国家、实现中华民族伟大复兴贡献力量。这不是背离社会主义，而是根据中国国情推动社会主义的时代化新实践，为充分调动人民的主观能动性、激发中国推进结构性改革、经济再次腾飞创造了条件。这使全世界基于一个强大、现代化的中国而改变其对华观念、战略和政策。

中国、中国共产党和习近平总书记就像学校、教材和教师的关系，这是一种互补的关系，三者缺一不可。中国有着悠久的文明、予人启迪的历史和丰富的经验；中国共产党保持开放的姿态和坚定的意志，拥有丰富的治国理政经验，致力于实现伟大目标；习近平总书记作为世界级领袖拥有雄心壮志，中国人民对习近平总书记的拥护与日俱增。

中国完全有理由自豪，因为中国经济体量已接近世界第一，中国的持续发展为世界各国提供了具有启示意义的经验和样板。

中国共产党将于2022年召开第二十次全国代表大会。我认为，中共二十大将成为世界发展新的里程碑。此外，中共还应重申其维护领土完整，同一切威胁中国安全与稳定的分裂主义、恐怖主义势力作斗争的决心。我们期待中共二十大能够出台决议，致力于实现中国和中国人民的宏伟目标，因为这是全世界共同的目标。希望中国能继续在构建公正、民主、共享的多极化世界的道路上迈出坚实步伐，对抗美国单边霸权。美国依靠其霸权持续剥削我们阿拉伯人的资源，破坏我们的生活与未来。这是当前充满矛盾与冲突的国际格局造成的，国际社会对美国的信心消耗殆尽，威胁到了美国在地区的势力范围。在此背景下，美国为了继续施行其政策，已经做好准备牺牲盟友。而中国则与之完全相反，中国政策延续性、稳定性高，追求各国互利共赢，不搞霸权。

我们呼吁所有阿拉伯国家青年在促进阿中关系中发挥建设性作用，加强双方在民族复兴、经验互鉴、共同应对全球性挑战方面的交流合作。我们也呼吁所有阿拉伯国家政党特别是左翼政党，加强同中国共产党的关系，加强治国理政经验交流，共同走上进步与建设之路。我们也希望中国共产党不断加强同也门社会党的关系，造福也中两国人民。

祝愿中国这个亚洲巨人不断进步与繁荣。

实践证明中共能够领导中国战胜国内外一切艰难险阻

也门青年
阿德南·阿卜杜拉·阿里·卡西姆

根据我对中国和中国共产党的了解,在有限篇幅里谈论新时代的中国共产党及其意识形态是难以做到的,对这一伟大国家及其执政党做一个全面的描述也绝非易事。但可以说,中国在政治、经济、文化、科学、技术等领域的惊人发展正是中国的伟大之处、中共执政的成功之处,正是中共指导思想正确性的绝佳体现。中共正确而与时俱进的指导思想指引中国发展,使之跃居世界前列。中共的战略规划不断落到实处、彰于精微,人文情怀也令世人惊叹。中国以其以人民为中心的发展思想,始终致力于增进全人类的福祉和进步。中华文明这棵参天大树有着深厚的历史根基,在中共与时俱进的正确领导下,其生长潜力不可估量。实践证明中共能够领导中国战胜国内外一切艰难险阻,中共执政理念的优越性在各个方面均超过了任何其他国家的领导力量。我对中共的赞赏之情毋庸赘言,这一政党让所有关注中国的人见识了什么是真正的成功,使他们对这一伟大国家的喜爱和赞赏与日俱增。中共堪称实现国家全面发展的政治力量的杰出典范。中共坚持以人民为中心,这充分体现了对人类生命价值的尊重,这一理念体现在中共对发展经济的高度重视、对工业和科技的指导及努力满足人民的各种需求等方面。中国的产品价格亲民，畅销世界各地，为贫穷者带来福音，满足他们的紧迫需求，而这恰好与资本主义经济和商品形成鲜明对比。这一理念还体现在今日之中国使人民从摇篮到坟墓的各种需求都能得到满足。

"胸怀千秋伟业，恰似百年风华"，这正是当今中国共产党的真实写照。过去100多年来，中共向人民和历史交出了一份满意的答卷。当下，中共正团结带领中国人民应战实现第二个百年奋斗目标的大考。习近平总书记指出："时代是出卷人，我们是答卷人，人民是阅卷人。"为将中国建设成社会主义现代化强国，中共制定战略部署，力争在21世纪中叶实现该目标。到那时，中国物质文明、精神文明、政治文明、社会文明、生态文明将全面提升，实现国家治理体系和治理能力现代化，成为综合国力和国际影响力领先的国家，全体中国人民共同富裕基本实现，中国人民将享有更加幸福、安康的生活。中华民族将以更加昂扬的姿态屹立于世界民族之林。今天，中共比以往任何时候都更接近、更有自信和能力实现中华民族伟大复兴的中国梦。

中国共产党坚持马克思列宁主义、毛泽东思想、邓小平理论、"三个代表"重要思想和科学发展观，全面贯彻习近平新时代中国特色社会主义思想，运用马克思主义立场、观点和方法，紧跟时代潮流，引领时代发展，不断深化对共产党执政规律、社会主义建设规律和人类社会发展规律的认识。

我们在此强调中共的初心，并寄望中共初心不改，希望中共在为中国人民和世界人民服务时，在高举社会主义伟大旗帜时，继续牢记作为先进政党的初心和使命，引领构建人类命运共同体，以改善人民生活显著成果体现社会主义价值理念，在实现阿拉伯民族与中华民族共同复兴的圆梦路上以不懈奋斗践行该理念，完成世界社会主义事业的使命，即通过中共指引的道路及其以人民为中心的发展思想实现真正的社会公正。

中共取得的伟大成就使中国成为今日之中国

也门青年
阿拉法特·阿里·塔希里·拉埃尼

作为也门人，我对也中友好关系深感自豪，对中国自也门革命以来向也门提供的一切支持帮助深表感谢。对中国的喜爱源于我高中时期就读阿卜杜勒纳赛尔中学的美好回忆。这所中学是也中友谊的结晶。中学时期我唯一的愿望就是到中国留学。因为自儿时起，父辈们就常常向我讲述共产党的故事，共产党的先进性给我留下了深刻印象。我所处的塔伊兹省在也门统一前与走共产主义道路的南也门接壤，深受共产主义信仰的熏陶。我不会忘记我已故的祖父，他曾是地区知名的共产主义者，每天都向我讲述共产党的实践与斗争，那些故事至今还时常在我脑海中浮现。所有这些促使我追寻共产主义，并使我渴望了解中国共产党。

中国共产党自成立以来，在以独立方式建设中国的道路上不断前进，其成功之处在于坚持中国人民当家作主，以适合中国国情与文化传统的方式努力实现中华民族的伟大复兴。

中国共产党开辟了中国特色社会主义道路，坚持马克思主义基本原理与中国国情相结合，以巨大努力发展人民民主，走理论与实践创新之路，取得了无与伦比的成功。

我们同样不能忘记的是中国共产党在建设伟大中国和为中国人民服务的同时,也帮助其他国家实现发展,坚持对全世界人民保持开放。

中国共产党的奋斗历程及其取得的卓越成就吸引了全世界的目光。这些令中国人民深感自豪的成就使中国成为今日之中国。而所有这些都归功于中国共产党的坚强领导、天下情怀及其坚定不移坚持的改革开放进程。

习近平新时代中国特色社会主义思想是当前所有社会主义建设者的指导思想。尤其值得一提的是,这一思想在外交领域对全人类全世界作出了重要贡献。习近平总书记倡导构建人类命运共同体,建设基于公正、和平与发展原则的国际体系,还提出了"一带一路"倡议,这一倡议旨在加强合作,对深化阿中合作发挥了巨大作用。包括也门在内的阿拉伯国家都应当继续支持"一带一路"倡议、落实"一带一路"合作,不断创新思想、丰富实践,让阿拉伯国家与中国之间的合作纽带越拉越紧。

马克思主义理论为中共的诞生带来了灵感

也门青年
阿卜杜勒阿基姆·贾兹姆·穆格比勒·萨比特

也门与中国在当代良好的外交、经贸关系是两国悠久历史关系的延续。

1956年9月,也门同中华人民共和国正式建交。此后,也中两国大力发展经贸关系,积极推动各领域交流合作。双方于1987年成立部长级经贸合作联合委员会,为双边关系发展提供了强大推进力。

位于也门塔伊兹省的革命医院是中国在也援建的众多项目之一,每当我到访这家医院,都感到十分自豪,那时我唯一的心愿就是能到中国留学。

我来自也门中部农村地区——塔伊兹市哈贾利亚区。1990年南北也门统一之前,该区与南也门接壤,那时南也门人民都在谈论共产主义和马克思主义。我虽为北也门人,听到这些时也产生了浓厚兴趣,开始通过报刊杂志了解什么是共产主义、毛泽东思想,以及二者与世界有怎样的关系。

当浏览网站和报纸时,我发现中国共产党的诞生与1919年发生的五四运动有关。那时马克思主义在中国知识分子中大受欢迎,对中国人民产生了积极影响,马克思主义为中国共产党的诞生提供了理论指导。李大钊是首位公开支持列宁主义和世界革命的中共主要创始人。中国共产党早期重要领导人蔡和森借鉴列宁先锋队理论，系统阐述了有关建党的理论、路线、方针和组织原则。

1921年7月，中国共产党第一次全国代表大会召开，宣告中国共产党正式成立。当前，中国共产党已有9600多万名党员，是在中国连续执政70多年的执政党。

借此机会，我谨向中方提出几点建议：一是希望中国共产党向阿拉伯国家青年提供培训，加深其对中国共产党的了解，激励他们为建设美好未来而奋斗；二是希望中方为也门农村地区民众开设讲习班，帮助他们提高生产能力、早日摆脱贫困。

中共的故事像灯塔般照亮我们青年人的奋斗之路*

也门青年
胡萨姆·哈立德·哈扎·沙伊巴尼

每当提到中华人民共和国成立前的中国共产党，我就会想起以毛泽东同志为主要代表的第一代中共领导人。中国共产党诞生之时，中国人民正饱受苦难，中共早期领导人在危难时刻挺身而出，以"星星之火，可以燎原"的智慧与魄力，救人民于水火之中，领导拥有5000年文明史的中华民族从屈辱中站了起来，这是一件多么伟大而又让人深思的事情啊！

作为也门人，在看到这段历史时，我深有感触。目前，也门仍处在战火之中，满目疮痍，要想实现持久和平、国家富强，我们要像中国共产党那样不怕牺牲、英勇斗争，为人民谋幸福、为民族谋复兴。在中国，我见证了中国共产党带领中国人民取得的瞩目成就。中国取得的成就鼓舞着我努力学习，领悟中国精神的力量，感受中华优秀文化，总结并吸收其优秀内涵，以便我学成回国投身祖国建设事业。我相信我们也门青年的"星星之火"也可以实现"燎原"的宏伟目标。

新时代中国共产党领导中国人民取得了脱贫攻坚的伟大成就，给我留下了深刻印象。在我们阿拉伯国家流传着这样一句话：没有什么

---

* 本文由作者用中文撰写而成。——编者注

比帮助和服务他人的愿望更能激发我们内心的伟大。这句话体现了善良与仁爱。我十分钦佩中国共产党，因为她让中国几亿贫困人口脱贫，带领中国提前十年实现了《联合国2030年可持续发展议程》减贫目标。有一次，我偶然进入了一个直播间，看到一个穿着朴素的中年男人在推销水果，我原本以为他在售卖自家种的水果，没想到他是当地的扶贫干部，顶着烈日帮助当地农民卖农货。这种负责的态度、脚踏实地的作风给我留下了深刻印象。

中国在帮助本国人民脱贫的同时，还不忘援助其他国家，具体体现便是习近平总书记提出的"一带一路"倡议。中国同阿拉伯国家一道共建阿中命运共同体，为创造更美好的未来而共同奋斗。中国对叙利亚、伊拉克等阿拉伯国家的援助都是真真切切、实实在在的。中国对阿拉伯国家的技术和经济支持，也是为了服务广大阿拉伯人民。中国为阿拉伯国家发展作出的贡献，我们都看在眼里。

新时代的中国共产党不仅给中国人民带来了曙光，也给中国的友好国家和我们这些外国友人带来希望。中国共产党的故事像灯塔般发出光芒，照亮我们青年人的奋斗之路，指引我们努力实现社会公平、国家富强。

历史和事实均表明没有中共就没有中国的全面发展

也门改革集团青年党员、山东大学博士研究生
优素福·贾巴里

中国,每当这一名字被提起,我的脑海里总会浮现出增长、发展、繁荣、庞大的基建、重工业和轻工业、科技、教育、进步、互联网、太空、人口众多、历史悠久、万里长城等关键词。

阿拉伯国家的民众十分清楚中国对他们来说意味着什么。毫不夸张地说,遍布世界各地、深入阿拉伯世界家家户户的来自中国的日常生活必需品,以及大大小小的中国商品就是中国的象征。中国在政治、经济,以及国内、国际等各方面的发展成就和积极贡献对阿拉伯民众来说并不陌生也并非远在天边。

中国能够取得这些成就是因为偶然或者有奇迹发生吗?还是因为在中国共产党领导下中国走过了一段漫长而艰辛的历程?让我们透过现代中国来认识和研究引领其发展的中国共产党。

就我个人而言,我在中国的两年半时间里,亲眼看到中国共产党领导中国全力抗击新冠肺炎疫情、保障人民生命健康,并取得了世界其他国家难以企及的成就。我将在下文阐述中国取得上述成就的原因。

让我们回到100年前也就是1921年,这一年正是中国共产党成立之年。一群革命先驱和进步人士认为，旧中国需要一场社会革命。怀揣着这种信念，他们创建了这一政党。像其他政党和革命者一样，中国共产党的发展历程并不平坦，其中遭遇了许多艰难险阻，但是中国共产党的创建者们坚持理想、坚定信念。使中国摆脱贫穷、分裂、落后和内战，成为先进、繁荣的国家，这一理想是他们奋斗的动力。

中国共产党是中国的最高领导力量和最重要决策者。作为世界最大政党之一，中共已拥有9600多万名党员。2021年，中国共产党隆重庆祝成立100周年，中共有充足理由为其取得的历史性成就感到自豪。

在谈论新时代中国共产党对中国乃至世界政治经济的重要影响时，就必须回顾中共在过去一段时期经历的伟大变革、取得的伟大成就。没有什么是凭空产生的，如果对中共的历史一无所知，就无法谈论其未来。

中共具备的最重要的四点要素如下：

一是将人民及其关切置于首要地位。人民是中共的根基、生命的动脉和力量的源泉，是中共治理中国并努力实现民族复兴的最大底气。中共代表中国最广大人民的根本利益。中共没有自己特殊的利益，从不代表任何个人、特定群体和特殊阶层的利益，这是中共保持战斗力和受到人民拥护的最主要原因。

二是坚持中国共产党的领导。中共是中国这一多民族国家各项事业的领导核心。中共的坚强领导是中国人民和中华民族改变命运取得今日之成功的根本原因。历史和事实均表明，没有中国共产党就没有新中国，就没有中国的全面发展。

三是保持独立自主。独立自主是中国爱国精神的核心，也是中国内政外交的重要原则。正如许多中国人说的那样："我们应继承优良传统，这是中国历史传承下来的智慧。"这句话也是中共百年奋斗的经验之谈。中国在制定内外政策时坚持独立自主，在面对美国及一些西方国家的封锁、孤立和制裁时也有底气自给自足。

四是坚定走中国道路。正所谓"方向决定道路，道路决定未来"。一个世纪以来，中国共产党坚持走中国特色社会主义道路这一符合中国国情和历史文化传统的正确道路。中共及其领导人认为，这一道路是实现人民对美好生活向往、弘扬中华民族优良传统的最佳道路。中共坚信中华文化无与伦比的深厚底蕴和无可比拟的古老文明，继续坚定不移地继承并将其发扬光大。

上述这些要点使我们这些来自不同国家、具有不同文化背景的研究者或从政者对实现国强民富这一宏伟目标的中共大为赞叹。中共的长期实践、接连取得的成功及其与日俱增的民意基础让我们深入思考如何借鉴中共的理念和实践经验，并从中获益。

这就是中共，开启新时代新的百年征程的中共。她将引领一个面临新冠肺炎疫情冲击、政治经济秩序调整、全球气候变化等因素叠加影响的时代。中共在习近平总书记领导下正昂首阔步前进，为中国描绘深化改革蓝图，致力于推动工业生产、发展清洁能源、研制超级计算机、探索太空……不仅如此，中共领导下的中国代表和平之声，呼吁对话化解分歧，致力于维护世界稳定与发展。我们看到中共高度重视古已有之的"和为贵"、合作共赢等中国精神，并从中汲取智慧。中国的书籍和谚语展示了中国人的生活方式和处世之道。

在结束本文之前，我谨借此机会呼吁阿拉伯国家的政党、政治组织，特别是也门的政党多去了解和研究中国共产党的历史和经验，因为学习借鉴别国经验并结合自身国情加以利用才是发展的有效方式。以习近平同志为核心的中共中央呼吁各国间加强文化交流和经济合作，中共也愿以开放姿态与各国政党分享发展理念和治国经验。

也门改革集团高度赞赏中国共产党的先进理念和成功实践，这些理念和实践有力维护了中国人民的利益和中国的安全稳定。我们也对中方长期对也门各项事业的支持帮助表示赞赏，这体现了两国人民的深厚友好关系。希望两党交流合作进一步深化并为两国关系发展作出更大贡献。

中共成功地将马克思主义基本原理同中国具体实际和优秀传统文化相结合

也门青年、暨南大学博士研究生
叶海亚·贾比尔

治理中国共产党这样一个拥有近一亿党员的大党并非易事，需要清晰的目标和愿景、庞大的战略、正确的指导思想，以及持之以恒的工作，才能将信号迅速准确地传达到每名党员。只有在中国共产党的坚强领导下，中国才能积极应对各种风险挑战，特别是在中美激烈竞争博弈的背景下。中国注重发展科技，并运用科技改善民生福祉。中国共产党坚决反对"四风"，同奢靡腐败、消极懈怠、忘记初心使命等不良现象作斗争，教育党员干部保持警惕，为实现党的纲领和目标不懈奋斗。要实现这一点，必须有严密的、有针对性的思想和组织体系，这是我今天想重点谈及的。

中国共产党的思想源头并不在中国本土，但中共成功地将马克思主义基本原理同中国具体实际相结合、同中华优秀传统文化相结合。我们都知道，中国国情复杂，是拥有56个民族的多民族国家，在发展进程中经历了很多艰难坎坷、内忧外患。目前，中国共产党的最高领导人是习近平总书记。中国共产党的执政纲领是包含政治、经济、科技、社会等方方面面的综合性纲领，每名党员在此框架下履行自身义务。中共不干涉民众合法权利，尊重公民在不破坏国家主权前提下的宗教信仰自由。

当你和中共党员接触时，你很难见到不称职、对社会无用的党员，无论他是否是领导干部、专业技能是否优秀、学术造诣是否深厚。因为中国共产党在吸收党员及对党员进行培训方面有着严格而有效的举措。相比党员数量，中国共产党更重视党员质量。加入中国共产党不仅仅是获得一张党员证这么简单，而是要经过严格的组织考察，需要有老党员作为介绍人。当申请者的思想和行动都符合党的要求后，会被确定为预备党员，再经过一年的预备期考察，才能成为正式党员。同时你会发现，中国所有的政府机构甚至街道社区都有大量的中共党员，他们做好自己的本职工作，同时向群众宣介党的思想和原则。

中国共产党注重党史研究，注重铭记为建党建国作出突出贡献的仁人志士。此前，中国共产党曾评选过100位为新中国成立作出突出贡献的英雄模范，令我印象最深的是李大钊。李大钊的奋斗历程始于日本，回国后多次奔走在北京、上海、广州之间，与孙中山就国共合作、共同北伐达成协议。后来，他被反动派逮捕入狱，在狱中坚强面对各种威胁，英勇就义。了解中国共产党成立后第一位牺牲的主要领导人的事迹，你就知道中国共产党百年奋斗历程的支柱是什么，知道中国共产党为什么要教导党员随时随地准备牺牲。中国共产党重视在全体党员中纪念、缅怀和宣传牺牲者的光荣事迹，使得不怕牺牲成为中共的精神支柱和建党精神之一，这也激励党员干部竞相建功立业、以敬业和忠诚为党奉献。

很多人问，带领中国成为世界强国的中国共产党是如何面对敌人攻击屹立不倒的？我在中国生活期间，为了探索这个问题的答案，关注了大量新闻，我认为中共带领中国应对风险挑战、取得伟大成就的最重要原因是中共在面对敌人设置的障碍时，首先会统一全党思想，整治由于长期稳定、生活安逸导致的思想懈怠甚至僵化。中共党员和中国人民坚定地对抗针对中国的敌对和虚假新闻宣传，在破解各种扰乱破坏中国发展步伐的阴谋方面取得了前所未有的成功，这也体现了中共在培训干部应对意识形态渗透和舆论宣传斗争方面成效显著。

中国深知与世界各国建立伙伴关系的重要性，也深知在国际冲突不断加剧的背景下单打独斗或者只与极少数国家联合的危险性，因此中国一直致力于构建人类命运共同体、建设全球伙伴关系。习近平主席在多个国际场合重申人类命运共同体理念，表示中国不搞霸权和殖民。我们阿拉伯国家人民和执政者对过去的联盟心怀恐惧，虽然它们已经在一夜之间消亡了。中国通过签署诸如共建"一带一路"等合作协议的方式与阿拉伯国家及其人民建立信任的桥梁和各层级沟通的渠道。

一篇文章很难概括中国共产党的全部特点，因为这需要大量深入研究。阿拉伯国家政党应该全面深入地研究中国共产党，并借鉴、引进中共的先进理念和经验，特别是与中共加强在干部培训等方面的交流合作，这有助于提高阿拉伯国家政党的治党治国效能。

中共带领亿万人民经千难而百折不挠、历万险而矢志不渝，成就了百年大党的恢宏气象

也门在华留学生、吉林大学博士研究生
叶海亚·卡西玛

习近平总书记在 2022 年新年贺词中指出："历史征程风云激荡，中国共产党人带领亿万人民经千难而百折不挠、历万险而矢志不渝，成就了百年大党的恢宏气象。"习近平总书记号召中国人民要坚持不懈、继续奋斗，在过去辉煌成就的基础上，迈出更加坚实的步伐，走向新的黄金时代，实现中华民族伟大复兴。

2022 年是中国共产党成立 101 周年。在此，我想回顾一下中国共产党从 1921 年成立以来在漫长征程中发挥的领导作用。中国共产党领导中国各族人民开展革命斗争，经受住发展、改革和经济社会变革等艰巨任务的考验，取得了一个又一个胜利，逐步实现中华民族的梦想：实现国家振兴，摆脱贫困、软弱和落后的深渊，成为拥有国际影响力的世界强国，在政治、经济、文化、外交和科技领域占据世界领先地位。

中华民族从"废墟"中崛起，经过几十年与屈辱、剥削和殖民主义的艰苦斗争，中国已跻身世界强国行列，在很多领域排名世界第一，比如世界第一大出口国。中国仅次于美国，成为世界第二大经济体。

中国2021年的国内生产总值约为114.37万亿元人民币（约合18万亿美元），比2020年增长8.1%。中国已成为世界制造业中心和全球约130个国家的第一大贸易伙伴。据国际媒体预测，到2028年中国经济总量将超越美国成为世界第一。

几十年来，中国取得了进步和繁荣，特别是在习近平总书记的领导下，中国经济增长的车轮加速运转，与时间赛跑。习近平总书记说："中国改革开放永远在路上。""没有改革开放，就没有中国的今天，也就没有中国的明天。"中国正在经历伟大的工业振兴和城市建设进程，基础设施不断完善，出现了许多高楼大厦、商业中心、独特的城市设计、挤满豪车的街道、郁郁葱葱的花园等，大多数中国人实现了小康生活，摆脱了贫困和饥饿，中国已成为世界减贫事业的典范。据统计，中国贫困人口从1978年的7.7亿减少到了2018年的1660万，2021年，中国历史性地解决了绝对贫困问题。

中国共产党进行社会主义改革、推进社会主义建设，必须高举中国特色社会主义伟大旗帜，这是中国党和人民百年奋斗积累的重要经验。中国特色社会主义理论体系由道路、理论和制度组成，道路是实现路径，理论体系是行动指南，制度是基本保障。习近平新时代中国特色社会主义思想是马克思主义中国化的最新成果，是对马克思列宁主义、毛泽东思想、邓小平理论、"三个代表"重要思想和科学发展观的继承发展，凝聚了中国共产党和中华民族的智慧和经验。

这一思想认为，中国特色社会主义是关乎亿万中国人民的重要事业，要坚持以人民为中心，彰显其人民性，更好地保障人民当家作主；要坚持把经济建设和科学发展作为实现可持续发展的两大基石，适应国家现代化建设进程，提高党的科学、民主、依法执政水平，提高国家各机构的履职能力，提高依法治理国家经济、社会、文化事务的能力。

中国共产党成功建立了具有中国特色的社会主义市场经济，这是一种旨在实现全体人民共同富裕的经济体系，是前所未有的伟大实践。历经百年，中国共产党建设了更加成熟的中国特色社会主义制度，持续推动各领域更广泛、更深入的改革，推动中国特色社会主义制度不断创新和完善，为党和国家事业蓬勃发展持续注入新动力。

改革开放以来，中国始终奉行独立自主的和平外交政策，主张建设一个合作发展、持久和平、共同繁荣的世界。2020年10月，中共十九届五中全会审议通过了《中共中央关于制定国民经济和社会发展第十四个五年规划和二〇三五年远景目标的建议》，强调中国将继续致力于维护世界和平、促进共同发展，坚定不移走和平发展道路，坚持在和平共处五项原则基础上与其他国家开展合作，中国永远不称霸、不扩张，永远是维护世界和平的强大力量。

中国呼吁维护秉持以联合国为核心的国际体系和以国际法、《联合国宪章》宗旨和原则为依据的国际关系基本准则，支持联合国在国际事务中发挥核心作用。目前，中国是联合国维和预算第二大出资国，也是联合国安理会常任理事国中最大的维和行动出兵国。

习近平外交思想作为习近平新时代中国特色社会主义思想的重要组成部分，是新时代中国对外工作的根本遵循和行动指南，致力于推动构建人类命运共同体、维和世界和平、实现互利共赢、睦邻友好、团结共处，构建国际政治经济新秩序，习近平外交思想为中国同世界各国深化友好关系注入了新动力。

习近平外交思想超越了传统的国际关系理论，如强权政治、零和博弈、权力依附等，为建立新型国际关系提供了另一种视角和解读。以相互尊重、公平正义、合作共赢为基础的新型国际关系，体现了世界上大多数国家渴望实现发展进步的共同愿望。世界各国人民特别是发展中国家人民渴望共同建设一个充满爱与和平的美好世界。习近平总书记于2013年提出的"一带一路"倡议，将世界各国、各大洲连接在一起，中国对所有国家展现和平与合作姿态。"一带一路"倡议是人类历史上最大的投资和基础设施项目之一，参与国家超过70个，涵盖世界65%的人口、全球40%的经济总量。截至2020年3月，共有138个国家同中国签署了"一带一路"合作文件。

当前，中国的作用已不再局限于经济合作、环境保护，而是成为一个在应对核不扩散等各类全球危机挑战及国际和地区热点问题方面具有重大政治和外交影响力的国家。中国在包括阿富汗问题、乌克兰危机等国际和地区热点问题上发挥了建设性作用。

中国与阿拉伯国家有着长达2000多年的历史渊源和友好关系。古代的阿拉伯文明与中华文明通过古丝绸之路、海上丝绸之路交流交融。两个文明之间的交流一直秉持和平、合作、开放、互利的共同价值观。

1949年新中国成立后，众多阿拉伯国家是第一批承认新中国的国家，包括埃及、叙利亚、伊拉克、也门、摩洛哥、阿尔及利亚和苏丹等。在1971年联合国大会通过第2758号决议时，阿拉伯国家也走在前列，该决议规定恢复中华人民共和国在联合国的一切合法权利，承认中华人民共和国为中国的唯一合法代表。与此同时，中国坚定支持阿拉伯民族解放运动，坚定支持阿拉伯人民摆脱殖民统治、抵抗外来干涉，维护国家主权和利益。

2004年成立的中阿合作论坛为双方合作提供了新的平台。中国与阿拉伯国家自古以来通过古丝绸之路的相互联系和长期交往决定了阿中双方是新时代共建"一带一路"的天然合作伙伴，双方基于共商、共建、共享原则不断加强各领域互利合作。

阿中建立外交关系60周年之际，中国国家主席习近平于2016年对沙特、埃及进行了国事访问。此访重申阿中关系的重要性，强调阿中关系进入了新时代。中国与包括沙特、埃及、阿联酋在内的阿拉伯国家建立了全面战略伙伴关系、战略伙伴关系。中国发表了对阿拉伯国家政策文件，强调阿拉伯世界是中国在加强同发展中国家团结合作、建立以合作共赢为核心的新型国际关系、坚定走和平发展道路方面的重要合作伙伴。中国致力于在互相尊重主权和领土完整、互不侵犯、互不干涉内政、平等互利、和平共处五项原则基础上进一步发展同阿拉伯国家的关系。中国支持以巴勒斯坦问题为核心的中东和平进程，重申支持建立以1967年边界为基础、以东耶路撒冷为首都建立独立和拥有完全主权的巴勒斯坦国，支持阿拉伯国家联盟寻求平息地区冲突的公正解决方案。在务实合作方面，加强核能、航天、卫星、新能源、农业、金融、科技、文化、军事和安全等领域合作，推动中阿共建"一带一路"，形成"1+2+3"合作格局，以能源合作为主轴，以基础设施、贸易和投资便利化为两翼，以核能、航天卫星、新能源三大高新领域为突破口，努力提升阿中务实合作层次。

中国是阿拉伯国家最大的贸易伙伴，中国商务部副部长钱克明表示，2020年中国与阿拉伯国家贸易额达到2398亿美元，中国对阿拉伯国家的出口额为1230亿美元，同比增加22亿美元。尽管受到新冠肺炎疫情的影响，但阿中双方信心十足，不断深化合作，在政治、经济、科技、商业、文化等各个领域合作都取得了显著成就。"一带一路"倡议旨在建立互信互利、合作共赢、共同发展的战略伙伴关系，是实现各领域合作、互利共赢、共同发展的最大机遇，因为这种模式有别于代理人战争和在地区谋求势力范围。

总之，100多年来，中国共产党及其伟大领袖以坚定的步伐和缜密的谋划带领中华民族取得了质的飞跃，在各领域实现历史性建设成就，在中国、中国人民、中华民族的历史上写下了浓墨重彩的一笔。中国共产党提出的中国特色社会主义道路将助力中国成功应对全球大变局和各种新挑战。可以肯定的是，中国共产党在未来将继续努力，加强子孙后代的凝聚力，团结一致地继续迈向发展、稳定、复兴和开放之路。

中共治国理政的成功之处在于始终为实现人民群众的需求和向往而奋斗

也门青年
法瓦兹·加里布·巴卡利

前　言

当我们在谈论中国共产党时，我们谈论的是一个伟大、光辉的政党。我或许没有办法描述这个伟大政党的全貌，但我尽可能地在本文不太长的篇幅中客观地描述我眼中的中国共产党。

中国共产党取得了举世瞩目的成就，获得了人民的衷心拥护，这是多么伟大的政党啊！中国共产党由一批睿智的政治家和勇毅的爱国人士创立，他们以实现中华民族伟大复兴为理想，并为之不懈奋斗。

当我坐在大学课堂里，看着书本上所写的中国共产党取得的成就、创造的奇迹，我不禁对这个政党肃然起敬，于是我在笔记本上写下这样一段文字：中国共产党是如何团结领导中国人民，并将其从山河破碎、贫穷战乱中解救出来？中国共产党又是如何治理和发展国家，使中国在极短时间内跻身世界先进国家行列，使中国从一个落后的农业国成为能够建造宇宙飞船的制造强国，使"中国制造"进入世界各国千家万户？今天，我重新拿出大学时期的笔记本，借参加此次征文活动的机会来写下我心里的答案。

中国共产党是一个世界大党，拥有深厚的文化积淀，也具有鲜明的中国特征。如果没有中国共产党领导人确立的伟大方针，如果没有一代代中国共产党人果敢奋斗、开拓创新，中国就不会达到今天的高度。

中国共产党是一个具有悠久历史的政党，正是在中国共产党的领导下，中华人民共和国这颗新星才能如此璀璨、闪耀全球。中国共产党每一年、每一天、每一秒都在奋斗，不知疲倦，永不停歇。

回顾中国共产党的历史，1921年，毛泽东同志等一批有识之士创建了中国共产党。在成立之初，中国共产党主要依靠中国工人阶级和工人运动。之后，中国共产党开始关注农村和农民，开始依靠农民阶级的力量。从那时起，中国共产党就将实现中华民族伟大复兴作为自身历史使命，将全心全意为人民服务确立为党的宗旨。1949年，毛泽东同志庄严宣告中华人民共和国成立，并当选为中央人民政府主席。以毛泽东同志为代表的中国共产党领导人始终坚持独立自主、自力更生的原则，带领中国从新民主主义时期进入社会主义建设时期，此后中共历届领导人都坚守这一原则，坚持和发展中国特色社会主义，推动党和国家事业不断向前发展，推动经济建设和现代化进程稳步前进。

1978年，在中共领导人邓小平同志指引下，中国开始实施改革开放政策，这成为中国经济以惊人速度发展的开端。得益于这一伟大政策，中国实现了令全世界震惊的伟大飞跃，成为世界上经济增长速度最快的经济体，成为世界第二大经济体和第一大出口国。中国经济从高度集中的计划经济转变为开放包容的市场经济，深度融入世界贸易体系之中。

总而言之，中国共产党所取得的一切成功，其原因就在于找到了一条适合自身的发展道路——中国特色社会主义道路。

习近平总书记领导下的中共和中国

当前，中国正在习近平总书记的领导下阔步前行，习近平总书记与人民群众想在一起、干在一起，竭尽全力提升人民福祉，致力于在21世纪中叶将中国建设成为社会主义现代化强国，实现中国梦。

习近平总书记高度重视城乡均衡发展，缩小贫富差距；开展力度空前的反腐败斗争，惩治腐败官员。40多年来，中国成功使约八亿人口摆脱贫困。习近平总书记领导了前所未有的脱贫攻坚战。习总书记多次强调，必须让中国所有村镇都摆脱贫困。中共十八大以来，中国有9899万贫困人口脱贫，在2021年彻底消除了绝对贫困。

在国际舞台上，习近平总书记始终倡导和平与发展价值观，推动构建多极化世界。很多学者都评价习近平总书记是极具创新思维的伟大领导人，作为习近平新时代中国特色社会主义思想的主要创立者，习总书记的很多创新思想给中国带来了显著的积极变化。这一伟大思想值得尊重和赞赏，其中就包含"一带一路"倡议、人类命运共同体理念等。"一带一路"倡议旨在推动沿线国家互利合作，实现全人类共同发展。

习近平总书记是一位富有经验的领袖，一位怀有人民情怀的领袖，全世界都看到习近平总书记时常走访田间地头，到人民群众中去了解他们的近况和需求，只要是对人民群众承诺的事，就一定会去完成。

中国在世界经济发展史上开创了中国模式——这是当今世界最重要的发展模式之一，实现了多个经济奇迹，中国外汇储备规模已连续17年世界第一，超过3.1万亿美元。2021年中国创新指数升至世界第12位，超过日本、以色列、加拿大等发达经济体。

不论是在国内考察，还是在国外出访，习近平总书记常常工作到深夜，甚至在飞机上度过自己的生日。习总书记坚持为人民谋幸福、为民族谋复兴，是永不背弃人民的领袖。我们常常能从这一伟大领袖的讲话中听到要以最适合新时代的方式完善社会主义制度。许多专家都强调应深入领会习近平新时代中国特色社会主义思想的特征和优势。

中国共产党是奋斗的、革命的、英明的、光荣的政党,过去101年来,中共创造了众多历史性奇迹,积累了丰富的执政经验,发展了治国治党理论和实践。中华人民共和国在中国共产党的领导下取得了巨大成功,中共使中国从贫困、分裂的魔爪中解脱,由一个落后的农业国转变为先进的工业国。

中国人民解放军为中国解放事业作出巨大牺牲。中国建立了世界上规模最大的社会保障体系,中国拥有世界上规模最大的中等收入群体,并已完全消除了绝对贫困。

中国拥有完善的工业体系,在钢铁、电子游戏、鞋业、汽车制造业、智能手机、电视等产业都占据重要地位。中国工业产值占国内生产总值的45%。

1972年中国人均收入仅为132美元,位居世界第114位。而当时美国人均收入为6094美元,位列世界第二。2019年,中国人均收入达10 410美元,位居世界第66位,而美国人均收入则为65 118美元,位列世界第9。47年间,中国人均收入增长了77倍,而美国仅为10倍。

中共化挑战为成就

新中国成立70多年来,中国共产党一直面临来自经济、社会、国际等方面的种种挑战和困难,但中共以坚定和勇敢应对这些挑战,从一个胜利走向另一个胜利。

新冠肺炎疫情就是中国共产党面临的诸多挑战之一。中国是首个应战新冠病毒的国家,中共怀着强烈的责任感带领中国渡过了这个难关,打赢了疫情防控阻击战。不仅如此,中国还向世界其他国家伸出援助之手,提供大量援助,捐赠了数以亿计的新冠疫苗,只为防控全球疫情,保卫世界人民的健康。这一壮举值得世人赞叹。

无论面临多大的困难,中国共产党、中国和中国人民从不绝望、绝不投降！

2020年，中国在航天领域取得了一系列成就，发射了火星探测器、成功从月球采集了土壤样本、北斗卫星导航系统全面开通。

在技术领域，中国新一代"人造太阳"装置——中国环流器二号M装置（HL-2M）在成都建成并实现首次放电，标志着中国在能源领域取得巨大进步，这是中国在2020年取得的又一大成就。

2020年中欧贸易额达5860亿欧元，比美欧贸易额（5550亿欧元）高出310亿欧元。根据最新评估，中国经济将于2028年超越美国，比之前的评估提前了五年。

2021年对中国共产党而言是一个充满挑战的年份。尽管新冠肺炎疫情肆虐，但中共仍成功领导中国实现了脱贫目标，历史性消除了绝对贫困。中国提前十年实现了《联合国2030年可持续发展议程》减贫目标，这一成就堪称奇迹。如今，中国共产党仍在为人民的美好生活而努力奋斗。

中国共产党和中国人民所具有的伟力向我们释放了一个清晰信号：在英明睿智的领袖习近平总书记的领导下，中共有能力应对各种风险挑战，造福世界各国人民！

阿中伙伴关系愿景

阿拉伯国家认为中国共产党是伟大实践的创造者，是世界所有政党中同他们关系最近的政党。

习近平总书记此前曾出席中国共产党与世界政党领导人峰会，同包括阿拉伯国家政党领导人在内的世界政党领导人视频会晤。习近平总书记在讲话中回顾了中共百年光辉历程，与会阿拉伯国家政党领导人就如何构筑更加牢固紧密的阿中关系、从中共实践中汲取智慧进行了交流。令阿拉伯国家尤为感动的是，中共始终同受压迫国家和人民站在一起，在巴勒斯坦问题等阿拉伯国家重大关切上始终秉持公正立场。

中国和中共致力于维护世界和平与发展,长期以来向包括也门在内的阿拉伯国家提供了大量人道主义援助,并帮助其开展国家建设,我们对此深表感谢与赞赏。

2013年也门时任总统哈迪成功访华就是也中两国牢固关系的证明。自2011年也门危机发生以来,中国一直秉持支持也门人民的立场,在联合国等国际组织和国际场合为也门人民发声。中国的政治立场完全符合也门的利益,有利于实现也门安全、稳定与团结。

中国在支持第三世界国家实现民族解放、国家独立、维护主权、促进发展等方面作出了不可磨灭的贡献。中国严格遵守国际法和国际准则,反对任何国家干涉别国内政,从不以输出共产主义为目标,从不将自身意志强加于任何人,而是尊重各国主权、独立、传统、习俗和价值观。

中国的崛起不是通过殖民或掠夺别国资源实现的,而是充分调动民众的力量,通过自身努力实现的。

结　语

新时代的中国共产党必将领导中国取得更多更大的成就。中共将带领中国人民不断努力接近直至完全实现中华民族伟大复兴。如果说美国的霸权来源于美元霸权,那么中国的实力将来自巨大的产能和对全球市场的贡献。

中国共产党和中国人民都致力于在21世纪中叶到来之际把中国建设成为富强民主文明和谐美丽的社会主义现代化强国。

中国共产党治国理政的成功之处在于党和人民的血肉联系,在于党始终为实现人民群众的需求和向往、为提升人民福祉而奋斗。中国共产党不仅致力于实现中国的发展和中国人民的福祉,也致力于与世界各国各政党建立广泛联系,致力于让全人类享受安全、和平与发展带来的福祉。

| 伊 | 拉 | 克 |

我希望成为向阿拉伯国家介绍中共经验的使者

伊拉克青年
拉娜·塔希尔

百年奋斗的中共

中国共产党不仅将马克思主义作为信仰，还将其作为行动指南。中国共产党在革命年代经过漫长的斗争成功推翻了帝国主义、封建主义、官僚资本主义三座大山，于1949年成立了中华人民共和国，实行以工农联盟为基础的人民民主专政，取得了社会主义建设的巨大成就。在新中国成立之初，中国共产党的主要任务是对农业、手工业和资本主义工商业进行社会主义改造，将原本由资产阶级控制的生产资料转化为人民共有的生产资料，消灭剥削制度。此后，中国共产党为经济发展制定了详细的计划，使中国成为拥有现代农业、工业、国防和交通的国家。中国是多民族国家，由于历史原因，一些少数民族地区的发展较为落后。中国共产党对这些地区加大投入和帮扶，在这些地区实行民族区域自治，大力推动经济和社会发展。

中国共产党要求党员们将国家和人民的利益置于个人利益之上。中国共产党人时常开展批评和自我批评，揭露和消除自己的缺点和错误，以身作则领导人民。

我对中共的突出印象

中国共产党反对霸权主义，反对干涉他国内政，倡导国家不论大小、强弱、贫富，一律平等，倡导真正的多边主义，认为多边主义有助于推动世界发展。

中国共产党倡导构建人类安全共同体，秉持安全不可分割原则，认为冷战思维只会破坏世界和平。因此中国始终致力于维护世界和平与安全，尊重他国主权，不干涉他国内政，遵循联合国宪章宗旨和原则，反对单边主义，倡导通过对话协商、以和平方式解决争端分歧。与此同时，中国向世界清晰展示了她的政治抱负，即成为全球治理的有效参与者，推动全球治理体系朝着更加公平正义的方向变革。中国共产党是经济全球化的坚定支持者，主张改革现有国际贸易和投资规则。中国积极向世界分享其发展经验，重视和世界各国一道，共同创造人类的美好未来。中国倡导构建相互尊重、公平正义、合作共赢的新型国际关系，倡导世界各国加强合作，携手解决疫情、贫困等共同挑战。

中共的伟大成就和历史经验

"动态清零"政策。中国在应对新冠肺炎疫情方面取得伟大成就，有效守护了民众生命和健康。"动态清零"政策的意思不是绝对的"零感染"，而是早发现病例，早采取措施阻遏病毒传播。

"一带一路"倡议。古代丝绸之路是亚洲和欧洲开展交往的主要纽带，"一带一路"倡议传承了丝路精神，倡导构建"丝绸之路经济带"和"21世纪海上丝绸之路"，以加强中国与亚洲、欧洲和非洲等板块的合作。

设立海南自由贸易港。中国致力于建设具有中国特色的自由贸易港，打造层次更高、质量更高的开放新高地。

中国响应联合国"全球共享太空"倡议，开放中国空间站。神舟13号载人飞船顺利返回，标志着中国完成了空间站关键技术验证。开放的中国空间站是造福全人类的太空实验室，这是中国人类命运共同体理念的鲜明体现。

中国为保障全球粮食安全发挥了重要作用。中国基本实现了水稻等粮食的自给自足，并不断发展粮食育种和种植技术，努力保障中国和全球的粮食安全。

消除绝对贫困。中国提前十年实现《联合国2030年可持续发展议程》减贫目标，中国还致力于搭建全球减贫合作平台，以帮助其他国家的减贫事业。

将绿色理念纳入新发展思想。生态文明建设是中国"五位一体"总体布局中的重要组成部分。中国致力于实现绿色发展、低碳发展，不断加大环境保护力度，把应对气候变化作为实现绿色发展的重要任务，建设人与自然和谐共生的现代化。

习近平新时代中国特色社会主义思想的国际贡献和世界意义

习近平新时代中国特色社会主义思想与马克思列宁主义、毛泽东思想、邓小平理论、"三个代表"重要思想、科学发展观一脉相承，是中国共产党在深化对共产党执政规律、社会主义建设规律、人类社会发展规律的认识中形成的。其理论框架包括12个重要方面，明确坚持和发展中国特色社会主义，总任务是实现社会主义现代化和中华民族伟大复兴；明确当前中国社会的主要矛盾是人民日益增长的美好生活需要和不平衡不充分的发展之间的矛盾；明确新时代中国特色社会主义事业总体布局是"五位一体"，即经济建设、政治建设、文化建设、社会建设和生态文明建设，战略布局是"四个全面"，即全面建成小康社会、全面深化改革、全面依法治国、全面从严治党。2021年中国已宣布全面建成小康社会，转而将全面建设社会主义现代化国家作为"四个全面"的一部分。这一思想还强调，中国共产党领导是中国特色社会主义最本质的特征，党的全面领导赋予中国特色社会主义强大生机和活力。习近平强军思想是习近平新时代中国特色社会主义思想的重要组成部分，提出要建设一支听党指挥、能打胜仗、作风优良的人民军队，把人民军队建设成为世界一流军队。习近平外交思想也是习近平新时代中国特色社会主义思想的重要组成部分，旨在推进中国特色大国外交，推动建设新型国际关系，推动构建人类命运共同体。

阿拉伯国家与中国的关系

2021年8月，习近平主席向第五届中阿博览会致贺信，提出携手打造面向新时代的中阿命运共同体，这成为阿中关系发展的新目标。当前，国际形势复杂演变，全球化深入演进，国际政治经济秩序进入重塑期，世界的天平已经开始向东方倾斜，国际秩序不再只是西方主导的秩序。在此背景下，包括海湾国家在内的阿拉伯国家加强发展与中国的关系，中国已成为海湾国家第一大贸易伙伴。一大批重要基建项目建成，包括卡塔尔世界杯主体育场卢赛尔体育馆、沙特延布炼油厂、阿联酋阿布扎比哈利法二期集装箱码头等。中国积极帮助阿拉伯国家推进工业化进程和减贫事业，在发展融资、技术转让等领域向阿方提供了很多帮助。此外，在文化领域，中国与多个阿拉伯国家签署了文化合作协议。在反恐领域，中国重视与阿拉伯国家开展合作，反对双重标准，反对将恐怖主义与特定宗教挂钩，重视维护中东安全与稳定。在医疗卫生领域，中国持续向阿拉伯国家派遣医疗队，帮助救治当地民众，特别是在新冠肺炎疫情暴发后，中国向阿拉伯国家提供了多批疫苗援助，帮助阿拉伯国家缓解了疫苗短缺的问题，中国还与多个阿拉伯国家开展了疫苗联合生产等合作。这充分展现了中国对阿拉伯国家的友好情谊。

尽管到目前为止，我还没有去过中国，但中国和中国共产党对我来说并不陌生，我时常通过中国国际电视台（CGTN）、《今日中国》、新华社等媒体的阿拉伯语频道关注中国的时事新闻，了解中国的人文习俗。作为一名伊拉克青年，我希望伊中两国加强教育合作，希望中国未来在巴格达大学开设中文系和孔子学院。希望未来有机会去中国学习，实地深入研究中国共产党的经验，并成为向阿拉伯国家介绍这一经验的使者。

中文课是我们最喜欢的课*

伊拉克萨拉赫丁大学中文系学生
蒂拉努

我是来自伊拉克库尔德斯坦地区的蒂拉努,我的中文名叫红梅。现在我是库尔德斯坦地区萨拉赫丁大学中文系的一名大三学生。今天,我想带你们了解萨拉赫丁大学的中文系。

(镜头转向萨拉赫丁大学中文系系楼门口由库尔德语和中文写成的招牌,切入中文系门厅)

蒂拉努:这是我们的图书馆和电脑机房,我们是三年级的学生,现在还不用电脑。不过这里也是我们的会议室。

(镜头转向电脑机房,展示中文系高年级学生自习场景)

蒂拉努:有时,我们在这里接待客人。中国的朋友们经常来看我们,和我们交流,帮助我们提高汉语水平。

(镜头展示中资公司员工与中文系学生交流练习的场景)

(镜头转向语音教室,展示语音教室各个方向)

蒂拉努:这是我们的语音教室,中国驻埃尔比勒总领馆为我们提供了这些语音设备,非常感谢中国,感谢领事馆的朋友,萨拉赫丁大

---

* 此作品为中文视频。——编者注

学的其他院系还没有这样的语音教室,他们都很羡慕我们。能在中文系学习,我们很幸运。

(镜头转向中文系楼走廊,走廊里每隔几米挂着一个红灯笼,走廊两边墙上挂着中国结)

(镜头转向教室,教室门口贴着福字,室内挂着多个中国结)

蒂拉努:我们大部分时间在这里上中文课,这是我们最喜欢的课,我们在这里一起度过了很多年快乐的时光。

(镜头展示中国老师上课和向伊拉克学生展示中国武术的场景)

(镜头展示中文系学生学唱中文歌,中国老师与学生在学校足球场踢球、在教室联欢的场景)

(镜头展示中国老师向学生们赠送的熊猫玩偶)

(镜头切回中文系楼门口)

蒂拉努:我们系楼门口种着几颗桑葚树,现在正是结果子的时候,在库尔德语中,桑葚叫作 Tuu。我摘了一些桑葚带回家,等今日开斋后再品尝。谢谢观看。

中国人民将携手与世界人民一道应对全球性挑战

伊拉克青年
维阿姆·穆罕默德

100多年前，十月革命一声炮响给中国送来了马克思列宁主义。当时，中国的进步人士认为马列主义是解决中国当前面临问题的良方。近代以来，中国经历内忧外患，中国人民同时与国内封建统治和外国殖民侵略作斗争。

1921年，中国的工人运动与世界马列主义运动相结合，中国共产党就此诞生。中国共产党成为带领中国人民实现民族独立、国家解放及建设富强繁荣国家的中流砥柱，中国人民对未来的期望也更为乐观主动。中华文明有超过5000年历史，为人类文明进步作出了杰出贡献。历史上很长一段时期，中国是世界上最强大的国家之一。但自1840年鸦片战争起，中国陷入长期内部动荡与外部列强入侵的阴影中。战争使中国支离破碎、民不聊生，无数仁人志士奋起反击，尝试各种方式以期拯救中华民族，但他们都无法改变旧中国的社会积弊，消除中国人民的苦难。因此，自近代以来，实现民族复兴就成了中国人民的梦想。中国共产党自成立之初就将实现共产主义确定为最高理想和最终目标，也肩负着实现中华民族伟大复兴的历史使命。为了实现这一目标，中国共产党团结带领中国人民艰苦奋斗，创造了史诗般的成就。

正如每个政府都会遇到各种问题，中国共产党领导的中国政府也面临着处理中国经济与世界经济之间关系的问题。2008年国际金融危机来袭后，中国领导人带领中国经济实现稳定持续增长，通过一系列经济举措刺激中国的发展。这些举措包括扶持房地产行业，加大铁路、公路、港口等基础设施的公共投资等。这些举措使中国成功度过国际金融危机，成为世界第二大经济体和世界最大债权国。中国还积极拥抱世界，先后举办2008年北京夏季奥运会、2010年上海世博会、2022年北京冬季奥运会，把举办大型国际盛会作为向世界展示中国实力和形象的机会。

进入新时代，以习近平同志为核心的中共中央面对百年未有之大变局，矢志推进改革开放，面对发展中的深层次矛盾和问题，全面深化改革，继续扩大开放；大力推动科技创新，主动应对新一轮科技革命和产业变革带来的激烈竞争；成功应对新冠肺炎疫情，带领中国人民历史性消除绝对贫困；继续积极融入国际社会，携手与世界人民共同应对全球性挑战，共建人类命运共同体。

中共带领中国迈进新时代

伊拉克库尔德斯坦地区青年
宰顿·赫迪尔·侯赛因

中共概况

中国共产党成立于1921年，1949年中华人民共和国成立后，成为中国的执政党。中国共产党当前拥有9600多万名党员，是世界上最大的马克思主义执政党。中国共产党作为中国的最高政治领导力量，领导着中国政治、经济、文化、军事、安全、外交等方方面面。中国共产党的最高领导人——习近平总书记也是中国国家主席和中央军委主席。

开启青年革命，创造美好未来

中国共产党开启了青年革命，创造了中国美好的未来。中国共产党的建立可以追溯到1919年的五四运动。1919年，大批中国青年学生走上北京街头，共同抗议为结束第一次世界大战而制定的和平协定《凡尔赛条约》。尽管中国是一战获胜国，西方列强仍决定将德国在中国山东省的权益让渡给日本。这一消息激怒了包括著名的北京大学在内的中国高校学生，成千上万的中国学生集体上街游行。当学生们向天安门进发时，他们将日本商品和书籍堆放在街上燃烧以示抗议。当局应对西方帝国主义的低效和软弱无能也让青年学生们义愤填膺。

中共的历史目标

2021年11月，中国共产党第十九届中央委员会第六次全体会议通过《中共中央关于党的百年奋斗重大成就和历史经验的决议》，这是中国共产党的第三个历史决议，有其特殊的历史意义。中国共产党的第一个历史决议是在1945年抗日战争胜利前通过的，第二个历史决议是1981年在改革开放序幕揭开后通过的。2021年，在庆祝中国共产党成立100周年大会上，习近平总书记宣布中国全面建成小康社会，实现第一个百年奋斗目标。到中华人民共和成立100周年时，即21世纪中叶，中国共产党决心把中国建成富强民主文明和谐美丽的社会主义现代化强国。

中国共产党的重要理论体现了"思想遗产"的继承和发扬：毛泽东思想将马克思列宁主义的基本原理运用于中国的具体实际，又将中国的独特经验融入了马克思列宁主义，从而成功终结了中国半殖民地半封建社会的历史。邓小平理论从世界历史中汲取经验教训，回答了什么是社会主义、如何建设社会主义的根本问题，明确表示中国将走自己的路，建设有中国特色的社会主义，邓小平理论成功指导了中国的改革开放。习近平新时代中国特色社会主义思想围绕国家治理和全球治理提出一系列独到的新思想、新战略，回答了时代之问，体现了新时代最好的中国文化和精神。习近平新时代中国特色社会主义思想是21世纪的马克思主义，是马克思主义中国化新的飞跃。

习近平新时代中国特色社会主义思想

习近平新时代中国特色社会主义思想是重要的战略理论，它引领中国迈入新时代，是新时代中国共产党创新推动国家建设和社会发展、推进现代化进程的重大战略理论。研究这一思想，我们需要从领导力、内在逻辑、实践基础等方面进行整体性研究，才能逐步深化对习近平新时代中国特色社会主义思想的认知。

中国共产党第十九届全国代表大会深刻总结了中国过去五年的发展、成就和不足。习近平总书记指出，必须坚持完善和发展中国特色社会主义制度。新时代需要新思路、新理论指导社会主义建设和发展。习近平新时代中国特色社会主义思想已经深入人心，通过理论联系实际，为中国共产党提供了重要理论支撑和行动指南，引领新时代中国的建设和发展。

实现中国的可持续发展和经济繁荣是中共的标志性成就和独特实践

伊拉克库尔德斯坦地区青年工程师
拉瓦·奥马尔·陶菲克

我叫拉瓦·奥马尔·陶菲克（Rawa Omer Tofig），来自伊拉克库尔德斯坦地区。我对世界尤其是中国充满了好奇，因为中国在各个领域都取得了很大的进步，中国是一个富有创造力的国家。

我眼中的中共

中国共产党英文简称为 CPC，自 1949 年中华人民共和国成立以来长期执政。中国共产党是通过民主集中制组织起来的，这一组织原则的内涵是"将民主基础上的集中和集中指导下的民主相结合"，集体讨论、作出决策，既最大限度激发全党创造活力，又统一全党思想和行动。中国共产党的最高领导机关是党的全国代表大会和它产生的中央委员会。党的全国代表大会每五年召开一次。

中国共产党于 1921 年 7 月在上海成立，是中国工人阶级的先锋队，是中国各族人民利益的代表，是中国社会主义事业的领导核心。中国共产党以马克思列宁主义、毛泽东思想、邓小平理论、"三个代表"重要思想、科学发展观、习近平新时代中国特色社会主义思想作为党的指导思想。

中国共产党的最终目标是实现共产主义的社会制度。中国共产党领导中国各族人民进行了长期的反对帝国主义、封建主义和官僚资本主义的革命斗争，取得了新民主主义革命的胜利，建立了中华人民共和国。中华人民共和国成立后，中国共产党领导人民顺利实施社会主义改造，实现了从新民主主义到社会主义的过渡，初步建立了社会主义经济、政治、文化制度。

中国共产党一方面致力于反对殖民主义，另一方面也在寻求实现国家的经济繁荣和可持续发展，这是中国共产党的标志性成就和独特实践。这种行之有效的实践有别于以市场控制、知识垄断、生产和市场倾销和人的牺牲为代价的贪婪的资本主义经济。

中华人民共和国成立后，中国共产党领导中国社会主义建设的漫漫征程，以夯实与占主导地位的西方资本主义经济体开展竞争的物质基础。时至今日，中国经济取得了举世瞩目的成就。中国共产党探索出的不同于西方国家的发展模式、以人民为中心的发展思想，为提升包括中国人民在内的全人类福祉作出了卓越贡献。

习近平新时代中国特色社会主义思想

习近平新时代中国特色社会主义思想引领着中国党和国家创新发展，它是新时代中国创新推动社会发展、推进现代化进程的重大战略理论。研究习近平新时代中国特色社会主义思想，需要从领导力、内在逻辑、实践基础等方面作整体性研究，才能逐步深化对习近平新时代中国特色社会主义思想的认知。

对中国的一些建议

在过去十年中，中国与中东的合作出现了巨大变化。中国近一半的石油和天然气自中东国家进口，中国商品、服务和技术也越来越多地进入中东的普通家庭，影响着中东国家的社会、文化和思想。

鉴于伊拉克库尔德斯坦地区在中东独特的资源禀赋和地位作用，我们希望中国进一步加大对伊拉克库尔德斯坦地区的重视和投入，进一步深化双方交流合作。一是建议中方在库区开设更多中文学校和语言学习中心。二是建议在库区设立中方媒体代表处，这是双方文化交流中最重要的事情。三是建议中国政府为探寻正确解决库尔德问题的方案发挥建设性作用，并向库区民众提供人道主义援助。四是鉴于库区专家和人才众多，建议中国在为库区民众提供就业机会以及向其发放赴华签证方面提供便利。五是建议中国公司与库区政府达成协议，更广泛地参与库区基础设施建设投资、进入库区市场。六是建议进一步推动中国与伊拉克两国外交关系再上新台阶，特别是继续提升两国科技合作水平。

中共带领中国人民在人类进步史上留下了光辉的一页

伊拉克库尔德斯坦地区青年
赫尔维斯特·赛义德

在 20 世纪 30 年代毛泽东同志成为中国共产党领导人之后,中国共产党的革命路线发生了变化,革命重心从城市转向农村,更多依靠农民的力量。这就是毛泽东同志所说的,农村包围城市、武装夺取政权的革命道路。同期,中国还在抗击日本侵略者,中国共产党将此作为第一要务,取得抗日战争胜利后,又进行了解放战争,直至 1949 年成立中华人民共和国,中国共产党成为执政党。此后,在中国共产党的领导下,中国进行了社会主义改造,建立了社会主义制度。1978 年,邓小平同志作为中国改革开放的总设计师,推动中国的经济发展方针和思路发生根本性变革,中国进入快速发展期。中国共产党开启了对中国特色社会主义的新探索,并一直延续至今,致力于实现各领域的发展繁荣。

2012 年,中共召开十八大,习近平同志当选为中共中央总书记。中共十八大以来,中国共产党实施了前所未有的反腐行动。与此同时,中国共产党采取史无前例的脱贫力度,在中国消除了绝对贫困。

100 年来,中国共产党始终坚守初心、保持团结,带领中国人民在人类进步史上留下了光辉的一页,创造了光明的前景。

100年来,中国共产党带领中国从分裂走向统一,从弱小走向强大,从贫穷走向繁荣,从被侵略殖民走向独立自主。

中国用几十年的时间完成了发达国家用几百年走过的工业化进程,创造了经济快速发展和社会长期稳定两大奇迹。

中国共产党始终将马克思主义基本原理同中国实际相结合。在中国,马克思主义是经过实践检验的真理,马克思主义的科学性、实践性、开放性、时代性在中国得到充分彰显。

中国的发展为推动人类进步作出了重要贡献,深刻改变了世界格局。中国共产党探索出了一条独一无二的现代化道路,给世界上那些既希望加快发展又希望保持自身独立性的国家提供了全新选择。中国共产党倡导构建人类命运共同体,倡导全人类和谐共处,实现共同发展。

近年来,习近平总书记提出新发展理念,中共中央全面深化改革部署,出台了涵盖各个领域的一系列改革举措,包括土地管理和利用、国有企业党建工作、司法程序、计划生育政策、财政和税收政策、房地产市场、科学技术、反垄断等方方面面。这些举措对中国的长远发展产生了深刻影响。中国共产党全面深化改革举措的核心和实质是发展和完善中国特色社会主义、推动治理体系和治理能力现代化。

在外交层面,习近平主席始终在第一线与国际社会积极互动,持续提出中国倡议。在新冠肺炎疫情暴发前,习近平主席出访了41次,访问了69个国家,是首位出席达沃斯世界经济论坛的中国最高领导人。与世界的积极互动提升了中国的国际影响力。习近平主席在出访期间,日程总是安排得很满,甚至有一次在访问途中度过了自己的生日。

习近平总书记说过,中国共产党所做的一切,就是为中国人民谋幸福、为中华民族谋复兴、为人类谋进步、为世界谋大同。中东地区很多学者都高度赞赏中国积极参与国际事务、参与全球经济治理和重大外交议程，这体现了中国的影响和担当。世界很大，挑战很多，世界要向前发展，需要倾听中国的声音。

习近平主席提出的人类命运共同体理念是中国关于国际关系的最新理念，引发了国际社会的热烈反响。2017年1月，习近平主席在世界经济论坛年会上发表题为《共担时代责任 共促全球发展》的主旨演讲，赢得全场30多次热烈掌声。

在习近平总书记的领导下，中国进入国家发展的黄金时代

伊拉克库尔德斯坦地区青年
赫鲁·哈桑·赛义德

中国共产党已经成立 100 年了。世界上没有任何其他政党像中国共产党那样值得讨论和研究，因为她对中国和世界都产生了巨大影响。

100 年来，中国共产党的政策方针历经多次变革，在邓小平同志担任中国共产党主要领导人时期，中国开启了创造奇迹的道路。当前，在习近平总书记领导下，中国共产党规划了新的路线图。世界上很少有政党能像中国共产党那样长期执政，如果没有强有力的领导，中国共产党无法取得如今的成就，更无法延续历史辉煌。

中国共产党的历史可以分为三个阶段：

第一阶段：由毛泽东同志领导，中共完成了革命任务，建立了新中国，让中国人民站起来了。

第二阶段：由邓小平同志领导，中共实施了改革开放，让中国人民富起来了。

第三阶段：由习近平同志领导，中共致力于让中国更加富强。在这一阶段，中共所取得的最突出成就是在中国消除了绝对贫困。2013 年至 2016 年，中国政府使约 5.5 亿农村贫困人口摆脱贫困，生

活水平不断提高。

100年来，中国共产党始终团结一心，竭诚奉献，努力履行使命，带领中国人民在人类进步史上留下了光辉的篇章和辉煌的一幕。中国利用几十年就走完了发达国家几百年走过的工业化进程，实现了经济快速发展和社会长期稳定两大奇迹。中国共产党还发起了力度空前的反腐败斗争。

中国共产党为实现中华民族伟大复兴而奋斗，为人类进步和世界大同作出了重要贡献，深刻地改变了世界大势。习近平总书记将中国共产党的未来愿景概括为"中国梦"，"中国梦"的含义是实现国家富强、民族复兴、人民幸福。中国共产党带领中国人民走出一条独特的现代化道路。中国共产党倡导构建人类命运共同体，成为推动人类进步的重要动力。中国共产党秉持互利共赢，而非零和博弈。中国维护世界和平的努力也将使中国自身变得更加强大。中国不依赖别人，不欺压别人，也不试图颠覆别人。

习近平新时代中国特色社会主义思想的理论源头是马克思主义基本原理。该理论着重阐述了中国共产党在建设中国特色社会主义中的作用，强调持续推进理论创新，提出新发展理念，倡导人与自然和谐共生，在发展经济的同时保护好环境。在习近平总书记的领导下，中国进入国家发展的黄金时代，成为世界历史的主要塑造者。在2017年召开的中共十九大上，习近平新时代中国特色社会主义思想被确立为中共指导思想，并被写入党章，这是马克思主义中国化又一次新的飞跃。

在习近平新时代中国特色社会主义思想指引下，中国发展成为世界上数一数二的强国。中国十分重视解决贫富差距问题，在习近平总书记带领下，中国发起了脱贫攻坚战，极力避免陷入"富者更富、贫者更贫"的历史怪圈。奥地利著名汉学家卡明斯基曾说，中共十八大后，中国特色已经成为更加鲜明的指导原则，对与中国发展相关的所有重大问题都产生了巨大影响。一个政党和国家的发展，最终靠的是指导思想。习近平新时代中国特色社会主义思想让伟大的中国人民有了强大的思想武装，引领中国人民开启建设伟大事业的历史征程。

2013—2020年，中国国内生产总值年均增长4%—6%，到2020年，中国对世界经济增长的贡献率达到30%。中国建成了世界上最大的社会保障体系，是世界上贫困率最低的国家之一，在过去九年里，约有一亿中国人摆脱了绝对贫困。中国在环境保护方面付出巨大努力，中国城市生活饮用水水质达标率上升到83.4%，中国民众对生态环境满意度达到89.5%。

2018年起，美国对中国发动贸易战。习近平总书记这样回应，"中国不想打、不愿打，但也绝不怕打。加强对话与合作是中美两国的正确选择。"2019年香港社会爆发动荡之际，中国共产党采取了一系列举措维护国家团结，挫败了一切试图破坏香港稳定的阴谋。关于乌克兰局势，习近平总书记面向全世界阐明中国立场，中方支持俄乌对话，反对在乌克兰问题上拱火浇油，欧盟、俄罗斯、美国、北约应推动最终构建均衡、有效、可持续的欧洲安全框架。

习近平总书记提出人类命运共同体理念，倡导建设持久和平、普遍安全、共同繁荣、开放包容、清洁美丽的世界，这是中国共产党继毛泽东同志"三个世界"理论、邓小平同志"和平与发展是当今时代的主题"论断之后提出的外交新理念。习近平总书记还提出构建相互尊重、公平正义、合作共赢的新型国际关系，正如习近平总书记所说，"什么样的国际秩序和全球治理体系对世界好、对世界各国人民好，要由各国人民商量，不能由一家说了算，不能由少数人说了算。"

如今，中国已经成为解决全球性问题和地区问题的重要参与方。习近平总书记说，"世界各国要携手努力，坚持拆墙而不筑墙，开放而不隔绝，融合而不脱钩。"习近平总书记还呼吁世界携手抗击新冠肺炎疫情，中国已经向受疫情影响的150多个国家和13个国际组织提供了抗疫援助，向34个国家派出了37支医疗专家组。此外，在美国从阿富汗仓促撤军后，中国立即给阿富汗人民提供了援助物资。

100年来，可以说，中国在中国共产党领导下走过了令人难以置信的伟大历史进程，从一个积贫积弱的国家发展成为经济强国、军事强国、科技强国，人民日益增长的需求不断得到满足。

2021年召开的十九届六中全会强调，中国共产党全党必须坚持马克思列宁主义、毛泽东思想、邓小平理论、"三个代表"重要思想、科学发展观，全面贯彻习近平新时代中国特色社会主义思想，用马克思主义的立场、观点、方法观察时代、把握时代、引领时代，不断深化对共产党执政规律、社会主义建设规律、人类社会发展规律的认识。必须坚持党的基本理论、基本路线、基本方略，增强"四个意识"，坚定"四个自信"，做到"两个维护"，坚持系统观念，统筹推进"五位一体"总体布局，协调推进"四个全面"战略布局，立足新发展阶段、贯彻新发展理念、构建新发展格局、推动高质量发展，全面深化改革开放，促进共同富裕，推进科技自立自强，发展全过程人民民主，保证人民当家作主，坚持全面依法治国，坚持社会主义核心价值体系，坚持在发展中保障和改善民生，坚持人与自然和谐共生，统筹发展和安全，加快国防和军队现代化，协同推进人民富裕、国家强盛、中国美丽。

最后，我想谈一谈中国与伊拉克库尔德斯坦地区的关系。库尔德斯坦地区位于伊拉克北部，与伊朗、土耳其和叙利亚接壤，是伊拉克通往土耳其和欧洲的陆上必经之路，库尔德斯坦地区重要的地理位置可以使其在"一带一路"建设中发挥更重要的作用。库尔德人是伊拉克的重要族群，也是伊拉克社会的重要组成部分，对伊拉克中央政府决策发挥独特影响。库尔德斯坦地区石油、天然气、矿产资源储量丰富，欢迎中国公司前来投资，希望中伊双方就此制定具体规划。

关于双方合作，我建议，应该加强传媒合作，向对方民众介绍真实的中国、伊拉克和库区。因为在部分西方媒体上，中国及伊拉克的形象总是被抹黑歪曲。具体而言，中国与库区应加强主流媒体、社交媒体及新闻记者之间的交流合作，加大双方书籍、影视作品、传媒节目互译合作。

另外，在反恐方面，库区可以成为中国真正的朋友，在这方面与中国共享信息。

习近平总书记提出新发展理念，开启了中国发展新篇章

伊拉克库尔德斯坦地区青年
拉娜·哈桑

10 年前，在习近平同志出任中共中央总书记之时，中国已经实行改革开放政策 30 多年，经济得到了快速发展，但当时的中国还面临着经济增速放缓、财富分配不均、环境污染等问题，进一步推进改革也遇到阻力。解决上述问题，需要更加科学、更高水平的方针政策。在这样的情况下，习近平总书记提出了新发展理念，也就是创新、协调、绿色、开放、共享的发展理念，目的是让中国进入高质量发展阶段，开启中国发展新篇章，避免让富人更富、穷人更穷。

2013 年，习近平总书记提出"一带一路"倡议，而在这之前就提出了人类命运共同体理念。习近平曾在一次国际会议上说，国际社会应该建设持久和平、普遍安全、共同繁荣、开放包容、清洁美丽的世界，大家好才是真的好。人类命运共同体理念源于马克思主义的共同体思想，在这一共同体里，每个人都能实现真正的自由发展，这一理念也源于中国古代的"大同世界"思想。这是中国共产党关于国际关系的最新理念。毛泽东同志提出了"三个世界"理论，邓小平同志提出"和平与发展是当今时代主题"。在此基础上，习近平同志提出

了有关国际关系的新思想新理念，包括人类命运共同体理念，构建相互尊重、公平正义、合作共赢的新型国际关系，"一带一路"倡议，共商共建共享的全球治理观等。截至2021年8月，世界上已有172个国家和国际组织与中国签署了200多份共建"一带一路"合作文件。根据世界银行发布的报告，"一带一路"倡议能帮助世界上760万人摆脱极端贫困，3200万人摆脱中度贫困。中国和中国共产党不仅在全球发展领域对外伸出援手，同时在解决核不扩散问题、引领全球抗疫当面成为重要力量。

在习近平总书记的领导下，中国共产党坚守初心使命，致力于将中国建设为社会主义现代化国家，并为世界创造更好的明天。2021年，世界卫生组织正式宣布，中国经过70年的努力，已经完全消除了疟疾，这是中国在中国共产党领导下实现的又一重要成就。中国，这个有着14亿多人口的国家，历史性消除了绝对贫困，这一成就是人类减贫史上的奇迹，受到国际社会广泛赞誉。过去几十年，中国向很多国家特别是发展中国家提供大量援助，帮助他们抗击疟疾、新冠肺炎等疫病，支持他们的减贫事业。

在中国共产党的领导下，当前中国正向着第二个百年奋斗目标迈进，致力于到2049年新中国成立100周年时建成富强民主文明和谐美丽的社会主义现代化强国。中国是联合国维和行动第二大出资国，也是联合国五个常任理事国中派出维和士兵最多的国家。在世界百年未有之大变局下，中国已经成为多边主义和国际秩序的坚定维护者，倡导真正的多边主义，反对任何形式的单边主义和霸权主义。

最后，我想谈一谈伊拉克特别是库尔德斯坦地区对中国的重要性。伊拉克库区地理位置重要，连接着伊朗和地中海，土耳其和波斯湾，历来都是国际重要商道的交汇点和商品集散地，至今仍是地区重要的贸易通道。同时，库区拥有良好的资源禀赋，素有"外国投资者的富矿"美誉。伊拉克是中国重要的贸易伙伴和第三大原油进口来源国（排在沙特、俄罗斯之后），伊拉克和库区可以在中国"一带一路"建设中发挥更重要的作用。希望中国加大重视和投入，进一步挖掘与伊拉克和库区合作的巨大潜力。

国际社会眼中新时代的中国共产党

让人民过上幸福生活，是中共的出发点和落脚点

阿拉伯中国之友作家和新闻媒体人士国际联盟伊拉克分支成员
阿卜杜伊拉希·米赫那

1949年10月1日，在中国共产党成立28年后，中华人民共和国成立，宣告中国共产党推翻了帝国主义、封建主义、官僚资本主义三座大山。但当时的中国尚未完全统一，中国人民历经战争动荡，对国家前途命运感到迷茫。于是，在新中国成立之初，中国共产党的任务就是实现国家统一，重振民族精神，走出一条自己的路。中国幅员辽阔，人口规模庞大，民族多元，有平原、山地和沙漠等多种地理形态。推动这样一个积贫积弱的国家发展成为富强昌盛的国家，并非易事，但也不是不可能实现的任务。

在1949年新中国成立之初，中国经济基础薄弱，人民普遍贫困，文盲率很高，连年的战争使国家大部分基础设施被毁。在此背景下，中国共产党带领中国人民大力开展建设，重建国家工业、经济体系。1978年实施改革开放后，中国人民建设国家的征程进入"高峰时期"。40多年来，中国的发展实现巨大飞跃，一举成为世界第二大经济体，经济增长率多年来位于全球前列，中国民众的购买力得到了前所未有的提升。而在此前，有几亿中国民众生活在贫困的泥沼中。2021年，中国共产党领导中国人民如期消除绝对贫困，这是中国共产党

取得的最重要成就之一，脱贫攻坚是过去几十年中国共产党奋斗历程的一个缩影。在此基础上，中国民众收入和民生福祉大幅提升，中国在40年内建造的居民住房数量，相当于美国200多年来建造的住房。

中国共产党之所以能够消除绝对贫困，关键在于习近平总书记深刻理解、高度重视中国的贫困问题。习总书记曾长期在地方基层工作，因此十分了解人民群众面临的困难，对民众的贫苦生活感同身受，这也促使中国共产党在十八大后发起脱贫攻坚战，并提出实施乡村振兴战略。在政府的帮助下，很多贫困村的农业收成大大提升，不仅能自给自足，还能往外销售，有效增加了村民收入。中国的脱贫经验值得世界上其他国家赞赏、学习和借鉴。

随着经济发展，中国逐渐成为世界贸易中心，"一带一路"倡议的提出进一步促进了中国与世界各国的合作。2019年1月至8月，中国进出口总额达到20.13万亿元。

中国城市化水平迅速推进，到2020年年底，城镇化率超过60%。城市的迅速发展促进了中国科技、医疗和基建领域的不断完善，支撑了中国经济的持续增长。

在习近平总书记领导下，中国共产党高度重视科教事业，致力于将中国建设为科技强国，中国中央政府和各级地方政府每年都会增加对教育的预算投入，推动科技发展和创新反哺产业发展。

1949年至今，中国已经成为世界上最具创新力和科技竞争力的国家之一。正是由于实施了正确的发展战略，中国人民才能过上幸福生活，而这正是中国共产党的出发点和落脚点。尽管当前中国和世界各国都面临新冠肺炎疫情带来的问题，但是中国共产党仍带领着中国人民在追求幸福生活和民族复兴的道路上前行，真正将人民放在心上，向他们提供帮助和支持。

从任何层面上来说，中国共产党取得的成就都可称之为奇迹，放眼全球，世界上没有任何其他国家能在短短几十年内取得如此巨大的成就。

最后，向习近平总书记领导的中国共产党致意，祝愿贵党贵国取得新的进步和繁荣！

习近平新时代中国特色社会主义思想是开放发展的思想

阿拉伯中国之友作家和新闻媒体人士国际联盟伊拉克分支主席
巴哈·沙耶阿

成立100年来，中国共产党带领中华民族走过漫长奋斗征程，坚持开展理论建设，赶走了外国殖民者，与地主阶级、买办阶级、反叛分子作斗争，之后又投身国家建设和经济发展的新事业，在国内国际两个领域不断取得胜利，创造了举世瞩目、前所未有的光辉成就，带领中华民族走向荣耀和卓越之巅。

在中国共产党的领导下，中国成为经济大国，超越了很多曾经名列世界前茅的工业强国。这一巨大进步得益于中国共产党领导人和党员干部制定的正确规划，这些规划擘画了国家的美好未来。以新中国的主要缔造者毛泽东同志、改革开放总设计师邓小平同志为代表的中国共产党第一代、第二代中央领导集体为此奠定了坚实的根基。现在，习近平同志作为中共中央的核心、全党的核心，是党和国家事业的最强支柱。

中国共产党历来重视培养高素质的党员干部，以赓续党的事业。具体而言，中国共产党通过让党员干部多次到党校学习来培养他们的治理能力和领导能力，党校的授课老师都有很高的水平，特别是党的领导人亲自为领导干部们授课,以提升领导干部的能力,使他们能够"站在先辈们的肩膀上",在先辈们取得的成就基础之上继续前行,接续推动党和国家事业进步,创造更加光明的未来。中共各级党校都为培养领导干部发挥了重要作用。

得益于严谨细致的规划,中国共产党领导中国在科技、商贸、农业、卫生、铁路、高铁、公路、桥梁和环境保护等各领域实现巨大发展,建立了中国自己的军工体系,提升了中国的军事实力,使其能够保障自身安全,保卫党和人民所取得的成就。

实施改革开放政策后,中国共产党提出坚持四项基本原则,即坚持社会主义道路,坚持人民民主专政,坚持中国共产党的领导,坚持马克思列宁主义、毛泽东思想,这为中国共产党带领中国人民取得卓越成就奠定了基础,同时也促使中国人民始终拥护中国共产党的领导,为国家建设贡献力量。习近平总书记在庆祝中国共产党成立100周年大会上的讲话中将中国人民比喻为钢铁长城,并指出,中国人民绝不允许任何外来势力欺负、压迫、奴役我们。

中国特色社会主义进入新时代后,中国共产党带领中国人民取得了新的伟大成就,中国消除了绝对贫困,全面建成了小康社会,提升了人均国民收入,为民众创造了更多就业机会,让居者有其屋,偏远农村的居民也都得到妥善安置。这一切得益于以习近平同志为核心的中国共产党的领导,得益于中国共产党人的竭诚奋斗。他们像蜜蜂那样团结协作,努力工作,在八年多的时间里打赢了脱贫攻坚战,在实现中国梦的路途上取得重大胜利,他们坚决贯彻习近平总书记"在决胜全面小康路上大家一起走,一个也不能少"的指示,将此作为行动指南。事实上,世界上很多国家都尚未实现全面小康的梦想,甚至尚未实现局部小康,眼看着人民在饥饿中挣扎。

中国共产党将马克思主义作为主导意识形态,以此为原则开展制度建设,中国特色社会主义制度是维护人民权益的制度,将人民福祉放在第一位,作为党的当务之急。中国成功的发展道路表明,没有一种模式是永恒的，永恒的只有人民和国家的最高利益。

习近平新时代中国特色社会主义思想是开放发展的思想。历史上，有一些共产党由于思想僵化而走向灭亡。中国共产党能够让指导思想与时俱进、时刻为人民服务，是巨大、可持续的成功。在马克思列宁主义基础上，中国共产党先后形成了毛泽东思想、邓小平理论、"三个代表"重要思想、科学发展观、习近平新时代中国特色社会主义思想，这些思想构成了中国共产党的指导思想，这在中共十九大报告中得到了明确体现。

中国共产党在中国特色社会主义新时代所取得的成就具有重要的国内和国际意义，只用一篇文章的篇幅无法讲完，而是需要数卷书册来阐述。

祝愿中国共产党领导人和全体党员取得更大光荣！你们是世界各国渴望冲破束缚和强权的人民的骄傲！同志们，光荣的斗争万岁！

中共所做的一切不是为了和谁竞争，而是为了让人民过上更好的生活*

伊拉克库尔德斯坦地区青年
拉瓦·萨达尔

因为攻读硕士学位，我在中国湖北学习居住过一段时间，感觉中国特别厉害，超出了我的想象。这几年，习近平总书记领导下的中国共产党在抗击新冠肺炎疫情上反应迅速，把人民的生命安全放在第一位。我知道在中国，人们居住得比较密集，病毒传播一旦没有控制住，很快很多人就会感染，很多老年人或者身体不好的人感染后会面临更大的死亡威胁。中国共产党对人民的生命一视同仁，宁愿承受国家经济损失也要保护人民的生命安全。上海封城的时间里，每天经济损失很大，政府要做大量的工作，每个公务员都很辛苦，医生护士也很辛苦，却还被西方媒体扭曲报道，这种辛苦和压力、委屈和艰难并不是每一个政府都愿意和有能力承受的，但是中国共产党从来没有放弃，想尽一切方法保护人民的生命和健康。

习近平总书记领导新时代的中国共产党取得了新时代中国特色社会主义的伟大成就，这是全世界有目共睹的。中国共产党为中国的发

---

* 此文是作者用中文撰写而成。——编者注

展作出长远规划，已经考虑到了几十年之后，这在全世界任何一个国家都是不可能的，这太不可思议了。更加令人震惊的是，中国政府除了为自身发展制定规划，还致力于为国际社会作贡献，"一带一路"给非洲国家带来的好处有目共睹。中国政府很有责任心，做了很多事彰显负责任大国形象。中国共产党认为现在是需要中国不断为人类作出更大贡献的时代，中国致力于维护以联合国为核心的国际体系、以国际法为基础的国际秩序，维护和践行真正的多边主义，坚决反对单边主义、保护主义、霸权主义，积极推动经济全球化朝着更加开放、包容的方向发展。同时，中国建设性参与国际和地区热点问题的政治解决，在应对气候变化、减贫、反恐、提升网络安全和维护地区安全等领域发挥了积极作用。中国共产党近两年开展抗击新冠肺炎疫情国际合作，发起新中国成立以来最大规模的全球紧急人道主义行动，向众多国家特别是发展中国家提供物资援助、医疗支持。

中国这些年和中东地区关系紧密，我所在的伊拉克库区对中国政府和中国人民特别友好。2021年，王毅外长先后两次到访中东，目的是落实习近平主席同地区国家元首达成的信任和共识，推动发展中国家团结协作，维护国际公平正义。美国拜登政府执政以来，总是提及民主、人权，一边暗指中国，一边试图影响中东国家内政。中国与中东国家的意识形态交集增多了，中国与中东国家需要一起维护国际秩序，一起维护独立自主和公平正义，避免美国把他们的意识形态强加给别的国家。美国利用新疆和伊斯兰教等因素，试图挑拨伊斯兰世界尤其是中东国家与中国的关系。但是怎么看待和评价"涉疆问题"，中东国家的观点远比美国及西方更权威、更有说服力。我在中国看见很多新疆人开的餐厅、烧烤店，了解到新疆人天然地认为他们就是中国人，他们觉得过得非常快乐，对中国共产党充满了感激。我朋友说过一个例子，新疆一座偏远的山上只有一户人家，中国共产党却为了这一家人安装电路、铺设道路，这真的难以想象，政府始终严肃对待为人民服务这件事。中国有56个民族，他们像一个大家庭一样一直和谐共处，中国没有歧视任何民族，新疆人、西藏人、信奉伊斯兰教的人、信奉佛教的人，他们都是一样的，这只有在中国共产党的治理下才能实现，或者说这是一个奇迹。中国现在开始发展新基建，目的是让人民以后生活得更加幸福便利。有人说，只有基建才能把国家财富转换成生活质量。中国的发展已经快到让其他国家看不懂，欧洲国家却还在想方设法打贸易战、舆论战，想方设法遏制中国的发展，而不是想办法给他们自己国家的人民提供安全的环境、完善的基础设施、便利的生活条件。可是中国政府并不想和任何国家比较和竞争，他们只想让人民的生活过得更好。新时代的中国太不可思议了，科技发展非常迅速，很多国家追赶不上。中国和中东很多国家拥有广阔合作空间，比如在5G、大数据、人工智能、电子商务、航天航空等高新技术领域。

在中国共产党的治理下，中国取得了很多成就，但是政府最重视的是人民生活。我们知道，中国的经济、科技、基础设施都很厉害，但是中国共产党发展这些并不是为了打败谁，也不是为了和别的国家竞争。中国共产党的工作永远都有一个主题，叫"解决矛盾"，这是根据马克思列宁主义原理制定的工作方法，他们现在的主要矛盾是"人民日益增长的美好生活需要和不平衡不充分的发展之间的矛盾"。所以新时代的中国共产党一直促进经济可持续发展，建立各种制度保障教育、养老、医疗，实现财富再分配，使人民幸福地生活。

根据我对中国的了解和我朋友的介绍，以及我自己在网络上的所见所感，中国共产党是谦虚、务实、睿智、开放、包容、有远见、不忘初心使命，对全世界都有爱的一个政党。中国没有财阀，没有其他力量能够绑架、裹挟政府，所以政府的工作都是为了人民，这也就能理解为什么习近平总书记领导下的中国共产党会有这样的特点了。

为什么说习近平总书记领导下的中国共产党谦虚务实呢？一个国家治理的好不好，只有看到他们人民的生活才知道，而不是去相信西方媒体的宣传。我在中国湖北的宜昌市生活过，在那期间我了解了很多。首先中国特别安全，犯罪率非常低，街道整洁干净，没有无家可归的人，没有吸毒的人，我都没有听到过宜昌发生过什么危险的事。晚上很多人都在外面玩，有老人有孩子，有男人有女人，他们每个人都很快乐，有些人喜欢听着音乐跳舞，周围的环境和气氛太让人喜欢了，给人感觉中国人特别有活力，每个人脸上都有微笑，你可以看到他们很享受自己的生活，他们生活质量真的特别高，他们特别信任他们的政府，以自己是中国人为荣。我有些中国朋友说，他们"不是生在一个和平的年代，而是生在一个和平的国家"。他们为自己国家的强大感到骄傲，并且愿意为国家奉献自己的力量。中国共产党特别有影响力，也真的让百姓有凝聚力，中国警察有句口号叫"人民的生命财产安全高于一切"，我听了特别感动，人民的财产能高于警察的生命，这是特别伟大的精神。中国还有句话叫"有事找警察"，警察能给中国人安全感。中国共产党执政理念的核心是人民，人民是这个国家的主人，这个国家的人民有极大的自由，人权能得到很好的保障。

为什么说习近平总书记领导下的中国共产党睿智、开放、包容、有远见呢？中国共产党在习近平总书记领导下组织实施了人类历史上规模最大的脱贫攻坚战，近一亿农村贫困人口实现脱贫，创造了人类减贫史上的奇迹，而且他们不是完成脱贫工作就结束了，他们有长远的可持续的脱贫发展计划。我听一个中国朋友说，她的公务员朋友为了帮助贫穷的人，会去他们家里帮忙，但是他们特别自豪，觉得为人民服务是一种荣幸。中国共产党除了关注经济建设，还特别关心怎样去保护环境，他们提出了"科学发展""可持续发展""绿色发展"等理念，特别关心生态文明建设，他们强调坚决不以牺牲环境为代价换取一时的经济增长。听我的朋友说，中国共产党为了保障人民利益，管理党员干部特别严格，党员有政治信仰，他们认为"事在人为"，认为一切都应该通过艰苦奋斗创造。中共党员会定期开会进行批评和自我批评，会接受别人对自己提出的建议和批评，自己也会总结自己的不足，他们并不惧怕被批评，甚至主动寻找自己的不足。生活中、网络上，随处可以看到中国人民向政府提意见，但是政府有很好的心态，并不会去限制或者介意人民"吐槽"投诉，言论完全自由。我想这个世界上不存在完美的人和集体，但是能接受批评建议，永远愿意改进就是在接近完美，能做成更多事。我想中国之所以能够不断发展，和中国共产党开放包容的特点有很大关系。反观有些欧洲国家没有包容心，歪曲报道，抹黑中国，试图用这种不光彩的方式掩盖自己的不作为，但是他们不知道，中国人说"群众的眼睛是雪亮的"，人民有自己判断，他们这些手段并不起作用。

我还有一个比较大的感受是，中国共产党真的很有智慧，习近平总书记看问题看得很长远，令人觉得不可思议。我对中国的了解还有限，据我初步了解，中国出台一些国家政策真的让人深感敬佩。中国共产党一边努力推动区域协调发展，一边考虑长远发展。比如中国正在建设数据算力中心，实施"东数西算"工程，一方面考虑东西部地区平衡发展，让算力中心分布在不同的城市，另一方面算力中心的建立和发展能促进经济的可持续发展，这里面有很多智慧。中国很大，这么多城市，这么多人口，一直保持发展，中国共产党制定的政策不是其他国家能够做到的。此外，中国共产党很早就意识到当今社会面临着"百年未有之大变局"，倡导国际团结协作，所有国家的政府应该为人民的幸福生活努力奋斗，而不是把精力放在所谓的政治斗争上，所以习近平总书记领导下的中国共产党从不吝啬共享自己的智慧和理念，可是很多国家看不懂也不相信。有的国家在中东地区有很大影响力，这种影响力是战争带来的，给中东人民带来了贫穷、不安全和苦难。这些年中国在中东的经济影响力比较大，很多合作都能促进中东地区经济发展，但中东地区从未感受到来自中国的安全威胁和军事影响，中国在中东提出的倡议很平衡，看法很综合，就像王毅外长倡导中国要和中东国家相互尊重，并就实现中东安全稳定提出五点倡议。

我认识一些中共党员，听说他们入党时需要面向党旗宣誓，发誓为党和人民工作。所以我们可以看到，中国人面临突发灾害和疫情时，很多人特别是中共党员都积极奉献，不顾自己的生命安危，不计较个人得失。全世界只有中国共产党是真正为人民服务的政党，今天看来确实如此。中国特色社会主义事业是成功的，相信在以习近平同志为核心的中共中央领导下，中国将取得更大成功。

世界对中共二十大充满期待

伊拉克库尔德斯坦地区作家、阿拉伯中国之友作家和新闻媒体人士国际联盟伊拉克分支成员、中国网（库尔德语网站）主编
阿卜杜拉·沙姆斯丁

新中国成立以来，中国经历了不同的发展阶段，取得了举世瞩目的成就。中国共产党将七亿多人从贫困中拯救出来，为他们带来了幸福生活，使他们在生活中发挥自身才干。七亿是一个巨大的数字，让七亿多人脱贫确实是举世瞩目的成就！取得如此成就不仅实现了中国人民的夙愿，更引发全球大量中国问题专家的关注。大家都会提出下列问题：中国共产党是如何带领中国人民在创纪录的短时间内取得这么大成就的？是通过精准的规划吗？中国共产党领导人是如何看待这一过程中存在的内部困难和外部敌对势力的？中国取得这样傲然于世的成就的支柱是什么？帝国主义势力怎么看待中国取得的发展成就？他们是否试图遏制中国发展？与此同时，中国共产党会如何应对西方阴谋？

这就是中国！中国是人类历史上最富智慧的国家。中国有 23 个省、5 个自治区、4 个直辖市（包括首都北京和闻名遐迩的上海）、2 个特别行政区（香港和澳门）。中国拥有世界最高峰珠穆朗玛峰（海拔 8848 米）。中国陆地面积约 960 万平方千米，实行社会主义制度，根本政治制度是人民代表大会制度。中国的邻国有蒙古国、俄罗斯、老挝、缅甸、印度等14个国家。中国的海域有东海、南海等。中华文明延绵5000余年，经历了多次王朝更迭。与其他文明古国一样，中国也经历了多次内战、冲突，直至在毛泽东同志领导下成立中华人民共和国。经过70多年的发展，中国一跃成为全球经济增长最快的经济体、世界第一大出口国，出口商品从针线到飞机一应俱全。此外，中国还是全球第二大进口国。中国是联合国安理会五大常任理事国之一，拥有一票否决权。中国有足够的强大的国防能力。中国是世界上人口最多的国家，总人口超过14亿，中国人民坚韧不拔、热爱学习、尊重传统、追求卓越。

新中国成立前，中国经历了很长时间来自西方列强和日本的侵略，山河破碎、民不聊生。此时，中国共产党、毛泽东同志带领中国人民站起来了。

新中国成立后，中国创立了一系列指导思想、制定了一个个经济社会发展规划、启动了一大批大型项目，为全人类提供了工业和科技发展的替代方案，改变了世界的面貌。中国创造了经济可持续发展的典范，成为真正能与西方垄断资本主义抗衡的力量。事实上，中国的力量不是凭空而来的，而是由无数思想家、领导人、农民工人及社会各个群体的力量凝聚而成。在中国共产党领导下，中国在短时间内创造了发展奇迹。

中国人做得多、说得少，建立了民主制度，与世界各国发展政治、经济、外交关系。只要有人的地方，就有"中国制造"。"中国制造"已经成为有史以来在全球传播最广的词汇。

中国人民实现振兴与发展的道路上充满了鲜花，当然也充满了挑战。新中国在发展进程中也遭遇了"大跃进"、三年自然灾害等挑战与冲击。中国的前进道路虽然艰辛，但前途光明。中国摆脱西方帝国主义的压迫，付出了巨大牺牲。

1978年，中国迎来了巨大转折，邓小平同志带领中国实施了一系列对内改革、对外开放的举措，使中国摆脱了与国际社会隔绝的局面，与美国等世界大国改善关系，同广大发展中国家深入发展关系。此外，中国也没有停止对世界民族解放运动的支持。毛泽东同志曾经形容邓小平同志"柔中有刚"。

2012年，习近平同志在中共十八大上当选中共中央总书记，2013年，当选中华人民共和国主席。习近平总书记指出，中华民族是爱好和平的民族。因此，习近平总书记提出了中华民族伟大复兴的中国梦以及宏伟的"一带一路"倡议，这些战略必将带领中国在政治、经济、外交领域走向卓越。

过去70多年来，中国从一个一穷二白的国家发展成为世界第二大经济体，2021年国内生产总值达17.7万亿美元，这是一个伟大的奇迹，是中国人民在习近平总书记带领下实现的。

中国的国防力量不容小觑，任何国家都不要妄想武力干涉中国，中国有能力维护自身安全、捍卫中国的海空和主权、击败一切外敌。根据中国官方消息，中国有能力制造精确制导武器和高超音速导弹。这是属于全人类的伟大成就。

除此之外，习近平总书记提出的"一带一路"倡议将成为人类历史上最大规模的经贸投资倡议，将世界各国彼此相连。目前，全球已有100多个国家加入"一带一路"倡议。这项宏伟的倡议将彻底改变世界的面貌。中国将通过"一带一路"创造一个公平正义、机会均等的新世界，因为中国不会奉行西方侵略和殖民主义的逻辑。中国商品走进了全世界千家万户，但中国绝不干涉别国内政，中国从未发动任何海外军事行动。

在中国不断取得伟大成就的关键节点，中国共产党将于2022年召开第二十次全国代表大会。我认为，中共二十大将对过往的发展历程进行总结回顾，制定面向未来的规划，服务中国和全世界的利益。作为一名来自伊拉克库尔德斯坦地区的作家，我想提出我的建议，希望中国能够继续帮助世界上被西方殖民主义压迫的人民，打破被西方殖民主义"坦克"碾压的旧世界，推动建立一个充满公平正义，享有平等政治、文化、法律权益的新世界。中国是一支富有智慧的力量，在构建新型国际关系中应更大发挥软实力的作用。

第一，继续大力推动科技发展。第二，与受西方帝国主义压迫的人民加强合作，将其从绝望的生活中拯救出来，特别是"一带一路"沿线国家的人民，因为他们将为"一带一路"倡议成功实施发挥重要作用。第三，"一带一路"是一项全球性的多边倡议，应该加大新闻宣传力度，特别是用包括库尔德语在内的世界各国各地语言多宣传"一带一路"，让世界各国人民了解中国对于新型国际关系的构想，了解"一带一路"的本质并不是西方式的全球化，而是全球共同发展的方案。第四，大力发展民间外交，扶持全球范围内支持中国的民间组织、工会团体等。第五，促进民间、人文、学术交流，给予更多外国留学生赴华学习机会。第六，创建一个全球性的银行，为各国发放人民币贷款，助力各国发展，同时对冲美元霸权。第七，建立各类跨国组织，如中国世界人权观察组织、中国人道主义救援组织、中国发展组织、中国全球气候变化观察组织等。第八，在全球范围内开设更多孔子学院等机构，传播中国文化和价值观。第九，提供更多的全球公共产品，打破西方商品、技术、价值观垄断。

我相信，中共二十大的成功召开将引领全人类继续前进。希望中国模式能够取代过去几个世纪以来给人类带来灾难的西方模式，我们热切期盼着这一天的到来。

中国和中东人民之间的联系非常紧密

伊拉克青年学生
哈韦斯特·舍扎得

中国是全球政治和经济大国。对我们大多数人来说,这个国家以制造从回形针到太空火箭的几乎所有东西而闻名。中国究竟是如何成为如今这样的大国呢?这一切都始于中国共产党的创始者们。

1921年,中国共产党成立,经过诸多革命和斗争后,1949年10月1日,中国共产党创始人之一的毛泽东宣布中华人民共和国成立。当时中国共产党及其主要领导人的目标便是将中国建设成一个经济、政治等各领域的强国。

他们的第一步是将国家经济从农业经济转变为工业经济。现在,中国是世界上最大的工业强国之一。中国在世界各地都有巨额投资,包括非洲、欧洲、南美,甚至中东。经贸投资促进了中国与中东国家间的政治和经济关系,这是彼时的中国领导人一直希望能够保持的良好关系。直到现在,中国共产党都遵循这些原则,无论是在经济还是在政治上,使得中国在维护与世界其他国家关系方面卓有成效。比如中东,现在是中国最大的合作伙伴之一。现在,中国人民和中东人民之间的联系非常紧密,不仅表现在经济上,也体现在政治、文化上。

2022年将召开中国共产党第二十次全国代表大会。中共中央总书记、国家主席习近平将着力应对全球经济面临的总体性挑战,并突出中国在应对这些问题时发挥的作用。他还将为如何发展中国与其他国家的关系提出思路。此外,他还将就如何从世纪疫情中推动经济复苏给出设想。

一花独放不是春,百花齐放春满园

伊拉克青年
艾哈迈德·哈米德

中国在近现代遭受了美欧和日本帝国主义的殖民统治、军事侵略,中国人民生活在内忧外患的屈辱和痛苦之中。经历了数次战争的痛苦,中国人民渴望摆脱外国殖民统治、改善生存环境,但遭遇了一次又一次失败。在此背景下,五四运动爆发,成为中国思想复兴的转折点。当时,由工人和学生掀起的抗议示威浪潮席卷全国,要求北洋政府拒绝在《凡尔赛和约》上签字,反对日本侵占山东。世界上其他被殖民国家工人运动的主要诉求一般是提高工资、减少工作时间、改善工作环境等经济诉求,而中国的工人运动则是反对军事压迫和帝国主义的政治运动。五四运动助推了中国人民的觉醒,使中国人民意识到必须成立一个无产阶级政党,为革命指明方向。五四运动打开了马克思主义在中国传播的大门,为中国近现代史的转折创造了前所未有的条件。

中国共产党在1921年成立之初,就将实现中华民族伟大复兴的历史使命作为己任。中国共产党的成立是历史必然。中国共产党致力于探索拯救中华民族的道路,是为中华民族救亡、独立和统一不懈奋斗的代名词。中国共产党深知,当时中国社会的主要矛盾是人民与帝国主义、人民与封建统治之间的矛盾。中国共产党以人民意志为动力，为实现民族独立和人民福祉而奋斗，这些崇高目标是推动中国共产党不断奋斗的不竭动力。中国共产党克服了重重困难与艰辛，通过一场又一场反对殖民和反动统治的斗争，最终击败了帝国主义势力和日本侵略者，击败了国民党反动派，成立新中国。

1949年，中华人民共和国成立。正如毛泽东同志所说："占人类总数四分之一的中国人从此站起来了。"中国共产党以成熟的姿态肩负起了历史赋予的使命，主动接过了救亡图存、实现民族复兴的历史接力棒。中国近现代史告诉我们，没有共产党，就没有新中国。习近平总书记指出，读懂今天的中国，必须读懂中国共产党。中国共产党进入新时代是中国共产党的历史上意义重大的事情，新时代是传承过去、开创未来的时代。

改革开放是解放和发展生产力、发展中国、发展社会主义的一次伟大革命。中华民族伟大复兴，不仅是中国的复兴，因为拥有世界五分之一人口的中华民族实现伟大复兴，其本身就是对人类发展作出巨大贡献。

在中国共产党领导下，中国在各领域创造了举世瞩目的成就。其中最重要的成就包括实现可持续发展、持续改善民生、消除绝对贫困，特别是中国通过不懈努力，成功使近八亿人摆脱贫困。此外，中国不断努力缩小城乡差距，创造了全球最大规模的中等收入群体。

中国共产党具有天下情怀，因此中国在实现发展振兴后没有忘记那些仍饱受外国殖民干涉而支离破碎的国家及其人民，中国向这些国家特别是欠发达国家提供了大量支持和帮助，帮助他们找到消除贫困的路径。

中国持续发展，成为世界第二大经济体、第一大工业国和第一大外汇储备国。中国的国际影响力也不断提升。中国始终致力于发展更加清洁、绿色的经济模式，履行保护环境的承诺，大力发展清洁能源和绿色工业，注重保护生态。这使得中国的生态环境大幅改善，

2020年，中国森林覆盖率已达23.04%，而新中国成立时仅为8.6%。

中国共产党成功战胜无数艰难险阻、持续取得发展进步的重要原因是坚持理论与实践相结合。习近平总书记指出，中国特色社会主义，是科学社会主义理论逻辑和中国社会发展历史逻辑的辩证统一，是根植于中国大地、反映中国人民意愿、适应中国和时代发展进步要求的科学社会主义。换句话说，中国特色社会主义是马克思主义基本原理与中国具体国情、中华优秀传统文化相结合的产物。

习近平总书记要求中共党员干部不能追求自身利益，要全心全意为人民福祉而奋斗。中国共产党区别于其他政党最显著的特征就是敢于自我革命。改革开放的成功助推中国特色社会主义进入新时代，也增强了全球亿万人对实现全球合作与和平发展的信心。中国不会像帝国主义势力宣称的那样称霸世界，也不愿意任何国家领导其他国家。中国倡导国与国之间无论大小强弱一律平等，倡导尊重各国不同国情和文化。习近平总书记为促进世界各国及其人民间的交流对话发挥了杰出作用，提出的人类命运共同体理念是具有天下情怀的伟大理念，不仅致力于为中国人民谋幸福，更致力于为世界各国人民谋幸福，因为各国人民同属一个地球村。习近平主席在第七十六届联合国大会一般性辩论上指出，中国始终是世界和平的建设者、全球发展的贡献者、国际秩序的维护者、公共产品的提供者，将继续以中国的新发展为世界提供新机遇。中国将坚定不移维护真正的多边主义。中国人民崇尚"己所不欲，勿施于人"，不认同"国强必霸"，中国将为实现世界永续和平发展而不懈奋斗。

中国共产党自成立以来便致力于维护世界和平与发展，倡导相互尊重、互利共赢。中国积极推动构建相互尊重、公平正义、合作共赢的新型国际关系，积极推动构建人类命运共同体。中国谚语说："一花独放不是春，百花齐放春满园。"中国愿与世界各国密切合作，坚定不移为人类更美好的未来作出贡献，致力于建设一个没有贫穷和剥削的世界。

关于中国同阿拉伯国家的合作，近年来，阿中关系取得显著发展，特别是在阿中共建"一带一路"不断推进的背景下，阿中关系未来发展前景广阔。"一带一路"给阿中关系发展特别是人文交流带来了历史性机遇。因为"一带一路"本身也是对古丝绸之路历史的纪念，古丝绸之路为阿中两大文明间的交流作出了重要贡献，是我们共同的精神遗产。增进阿中人文交流和民心相通是深化阿中友谊的重要举措和源动力。

阿中关系建立在相互尊重和互不干涉内部事务的基础上，尽管双方意识形态和政治、社会制度不尽相同，但双方之间的对话交流和互学互鉴从未停止。中国支持中东和平进程，支持建立拥有完全主权且独立的巴勒斯坦国。阿拉伯国家始终坚持一个中国原则，拒绝与台湾当局保持任何官方往来和联系。阿中关系在各领域均取得了长足发展，特别是在经贸领域。2020年，阿中贸易额达到近2400亿美元，中国牢牢占据阿拉伯国家第一大贸易伙伴地位，这也是阿中关系强劲发展的一大例证。此外，阿中合作还体现在共同抗击新冠肺炎疫情上，阿中双方守望相助、肝胆相照、荣辱与共。阿中共同抗疫也体现了双方携手应对未来挑战和共建阿中命运共同体的重大决心。

在开展合作时，中国从不向没有合作意愿的国家施加制裁和封锁，也不要求对方作出政治层面的让步。中国毫不吝啬向别国分享其成功经验。阿中交往的历史显示，中国与西方国家完全不同，西方国家眼里只有中东地区丰富的自然资源，中国则愿与中东国家无私分享其孜孜以求的、中国在争取独立和实现可持续发展方面的宝贵经验。中国实现了政治独立和经济发展，成为世界各国效仿的榜样，阿拉伯国家应学习借鉴中国在反抗殖民主义、推进改革开放及扶贫开发等方面的成功经验。

我们阿拉伯世界数亿民众热切期盼以相互理解、共同合作、互利共赢为基础的阿中关系能够实现进一步发展，重塑我们两个古老文明和阿中传统友谊的荣光，共同开创繁荣富强的未来。

心合意同，谋无不成

伊拉克青年
海德尔·阿卜杜勒加尼

中华文明拥有 5000 多年历史，是人类历史上最重要的文明之一，对人类文明进步作出了不可磨灭的贡献。1840 年鸦片战争后，中国逐步沦为半殖民地半封建社会。那个时期的中国遭受了割地、赔款、殖民、侵略等严重屈辱，陷入愚昧、贫穷、落后的悲惨境地，中国人深知这一点，并为此持续抗争。

中国共产党的诞生标志着中国觉醒的开始。1921 年，中国共产党成立，这是中国历史上最重要的事件，是中国历史和文明的重大转折，特别是对中华民族的复兴进程产生了深远影响，对整个世界也产生了深远影响。中国共产党自成立之日起便肩负历史使命，即实现中华民族伟大复兴。中国共产党的宗旨始终是全心全意为人民服务。中国共产党经过长期艰苦卓绝的斗争，于 1949 年成立中华人民共和国。中国共产党以伟大的精神、矢志的决心、对崇高理想和原则的坚守，带领中国人民走向巅峰。在过去的 100 年里，中国共产党从一个不到 60 名党员的小党发展成为拥有超过 9600 万党员的世界第一大党。以毛泽东、邓小平、江泽民、胡锦涛、习近平为主要代表的中国共产党人通过将马克思主义原理与中国具体实际、中华优秀传统文化相结合，确立了中国特色社会主义，在中华民族伟大复兴的征程中从一个胜利走向另一个胜利。

2016年我首次访问中国，至今印象深刻。此后我曾多次访问这个美丽的国家。中国各行各业正在全面振兴。中国人以敬业精神和真诚态度开展工作，总是面带微笑，特别是中国官员对所有人都很友好和尊重。中国在各个层面都取得了一次又一次的胜利。

我对中国越来越感兴趣，关注中国的新闻和政界人士的言论已成为我的日常习惯。现代中国政治话语体系非常复杂，具有独创性，这源自中国共产党独特的理论体系，以及中国领导人对各种全球和区域问题的独特看法。中国呼吁避免局势升级、反对霸权主义、反对发动战争、反对文明优越论和狭隘利益，反对对各国人民的剥削特别是对思想的剥削和对意识形态的操控。现代中国政治话语体系具有明显特征，即倡导理性、拒绝暴力，倡导互利共赢，尊重文化多样性，追求全人类的共同繁荣与进步。

新时代的中国共产党不仅限于言辞和表态。中国领导人将这些崇高理念转化为现实政策和务实举措，这体现在中国处理各种问题挑战的诚意和强大能力上。中国共产党伸出援助之手，帮助世界各国抗击新冠肺炎疫情。"一带一路"倡议是体现新时代中国共产党对待世界各国关系和国际合作态度的最好例证之一。中国共产党致力于实现中国与世界各国人民在互利共赢基础上的友好合作，实现共同发展和公平正义。在这里，我愿引用中国国家主席习近平在全球发展高层对话会上的讲话，我们要"共建团结、平等、均衡、普惠的全球发展伙伴关系，不让任何一个国家、任何一个人掉队""心合意同，谋无不成。"

作为一名伊拉克公民，我渴望在不久的将来看到伊拉克与中国在各个层面开展更多合作。我认为，人文交流是两国交往合作的最重要形式之一，我们迫切期待在巴格达开设中国文化中心。

2019年，我看到庆祝中华人民共和国成立70周年的红旗在义乌和杭州街头飘扬,我希望在新中国百年华诞之际再次见到这样的盛景。衷心祝愿中国和中国人民在伟大的中国共产党的领导下更加辉煌、繁荣、富强!

中共取得的最伟大成就之一就是消除绝对贫困

伊拉克马达因新闻通讯社主编、阿拉伯中国之友作家和新闻媒体人士国际联盟伊拉克分支成员、伊拉克记者协会成员
阿里·萨勒曼·穆希勒

新时代的中国共产党在卫生、工业、贸易、农业、基础设施建设、航空航天等各方面取得伟大成就，对中国人民产生了巨大影响。

1978 年，中共开始实施改革开放政策，引进大量外资。经过几十年的持续发展，中国创造了举世瞩目的经济奇迹。中共致力于让经济发展成果由人民共享，中共取得的最伟大成就之一就是在中国消除绝对贫困。在中共领导下，中国作为多民族多宗教国家，对各民族群众、各宗教信仰一视同仁、平等对待，各族人民和谐共处、团结奋进。

中国在经济和政治方面取得世所罕见的伟大成就。在政治方面，中国在中国共产党强有力的领导下，创立了中国特色社会主义制度。中国在经济方面取得的成就进一步巩固了中国的政治稳定。过去，共产主义不允许私营经济存在，中国共产党对马克思主义原理加以发展，并与中国实际国情相结合，允许私营经济参与经济建设。

中国在经济、政治方面都是世界级大国，并正在向世界级强国迈进。中国是如何做到的呢？首先，中国成功消除绝对贫困，将自身由农业国变为工业国，重视教育和科研，不断提升创新能力。此外，中共领导人高瞻远瞩、奋发有为，领导中国实现跨越式发展。

2013年，中国在古丝绸之路基础上提出"一带一路"倡议，有利于中国同沿线各国特别是伊拉克等阿拉伯国家巩固历史友谊、深化互利合作。该倡议是全球最重要的经济发展倡议之一，有助于加强亚欧大陆各国的互联互通，实现地区稳定和发展。

中国共产党以其伟大成就证明其区别于世界其他共产党的独特优势：从不故步自封，坚持与时俱进，以马克思列宁主义、毛泽东思想、邓小平理论、"三个代表"重要思想、科学发展观和习近平新时代中国特色社会主义思想作为自己的行动指南。中共在领导中国发展的进程中取得了巨大成功，中国人民紧密地团结在中共周围，拥护支持中共在政治、经济、社会等各方面的政策举措。

全人类都在经历"大考",只有中国真正通过了考试

阿拉伯中国之友作家和新闻媒体人士国际联盟伊拉克分支成员伊斯拉·阿巴迪

1919年的五四运动是中国近代史上首次彻底的反帝反封建革命,广大学生、工人和其他社会阶层参与了此次革命,掀开了中国争取民族独立和人民解放的序幕,中国人民越来越意识到需要成立能够团结人民力量,驱赶侵略者、反动派的政党,中国共产党就在这样的历史背景下应运而生。任何了解中国历史的人都知道,在中国共产党成立之前,中国在狂风巨浪中苦苦挣扎。

中国共产党带领中国人民为实现民族独立和人民解放进行了坚持不懈的斗争,先后打赢了抗日战争、解放战争,建立了中华人民共和国,开创了独特的执政实践,探索出了适合中国国情的道路,而不是简单复制他国经验。

中国共产党自成立之初就将为中国人民谋幸福、为中华民族谋复兴作为初心使命,立志将中华民族从苦难中解救出来。成为执政党后,中国共产党坚持为人民服务、为人民用权,努力实现中国人民对美好生活的向往。中国共产党作为中国的领导核心,担负起建设中国特色社会主义的历史使命,团结带领中国各族人民为此不懈奋斗,在中国

开启新篇章。中国的国际影响不断增强，中国基于相互尊重、求同存异、和平共处、增进对话的原则发展同世界各国关系，倡导构建人类命运共同体。在这一进程中，尽管面临众多挑战，但是中国共产党坚持将理论与实际相结合，坚持实事求是，摸着石头过河。

进入新时代，中国共产党创造了新的发展奇迹，树立了和平发展的独特典范。在中国共产党的领导下，中国摆脱了绝对贫困，走上了乡村振兴之路。脱贫攻坚是习近平总书记上任后的重中之重，习近平总书记曾说，要确保所有贫困地区和贫困人口一道迈入小康。中国共产党带领中国人民探索出了一条成功的脱贫道路，40多年来，中国有近八亿人口摆脱贫困。当前，中国正行进在彻底摆脱贫困的道路上。

在中国共产党领导下，中国跃升为世界上的重要一极，成为经济、科技、人工智能和空间技术强国。2021年，中国成功发射神舟十二号载人飞船，中国航天员首次进驻中国空间站。2022年，中国第三艘航母于上海江南造船厂正式下水。中国重视保护环境，大力发展清洁能源，拥有强大的光伏产业。

中国成功应对了2008年国际金融危机，充分显示了中国经济的实力和韧性，更充分展现了中国共产党的治国智慧，她所治理的这个国家，其人口是世界人口的五分之一。

中国的振兴引起了世界上那些傲慢国家、殖民国家、强盗国家的焦虑和"战栗"，但是发展中国家并没有这样的焦虑。中国为发展中国家反殖民斗争提供了很多支持和帮助。

习近平总书记强调，相互尊重和信任是国与国应有的相处之道，倡导建设持久和平、普遍安全、共同繁荣、开放包容、清洁美丽的世界。

在国内层面，习近平总书记高度重视深化改革、扩大开放。在习近平总书记的领导下，中国共产党开启了新时代的伟大变革，引领时代潮流阔步向前、顺应时势，是中国共产党始终保持生机活力的关键。正因如此，中国特色社会主义总能紧跟时代步伐、不断发展革新。习近平新时代中国特色社会主义思想是马克思主义中国化的最新成果，是在理论与实践相结合的过程中形成的指导思想。

中国共产党坚持维护全体人民的利益，要求全体党员将人民放在最高位置。中国共产党不断加大反腐败力度，不放过一个腐败分子，"老虎""苍蝇"一起打，不断完善惩治和预防腐败法律体系，让党员干部不敢腐、不能腐、不想腐。

近年来，中国和阿拉伯国家各领域合作取得长足发展，有力增进了阿中人民的福祉。我们感到，中国高度重视在互利互惠基础上与阿拉伯国家开展合作。新冠肺炎疫情暴发后，全世界都面临严峻挑战，全人类都在经历"大考"，因为人类是休戚与共的命运共同体。但可以说，世界上或许只有中国真正通过了考试。疫情之下，中国和阿拉伯国家也都经历了一段艰难时期，我们双方都迅速采取措施应对疫情，并在卫生领域加强合作。中国尽一切力量向阿拉伯国家提供抗疫援助，毫无保留地分享抗疫经验和医疗技术，向阿拉伯国家派遣医疗专家组，这充分彰显了阿中友谊与合作的力度和深度，中国在阿拉伯国家危难之时伸出援手，充分彰显了中国的人道主义精神。在国际形势风云变幻的背景下，中国支持阿拉伯国家维护自身安全和稳定，支持巴勒斯坦人民的正当权益。阿拉伯国家也始终坚持一个中国原则，支持台湾是中国领土不可分割的一部分。2018年，中国承诺向阿拉伯国家提供230亿美元援助，其中87%是用于开展经济项目、创造就业岗位的专项贷款，600万美元是人道主义援助。

中国是阿拉伯国家第一大贸易伙伴，2020年，阿中贸易额达到2398亿美元。双方未来合作潜力巨大，特别是开展共建"一带一路"合作，将推动阿中关系进一步向前发展，合作领域更加广阔，民心相通更加紧密，续写阿中两大民族在古丝绸之路上结下的传统友谊。2021年，习近平主席提出携手打造面向新时代的中阿命运共同体，推动阿中关系持续向前发展。

中国特色社会主义是世界上最成功的社会主义模式

伊拉克库尔德斯坦地区律师协会成员、地中海区域研究机构研究员
比拉勒·艾斯麦尔·哈马

中国和中共

中国在短时间内创造经济奇迹，成为仅次于美国的世界第二大经济强国，这让"中国模式"备受瞩目。根据世界银行 2014 年的统计数据，此前 30 年中国经济年均增长率超过 10%，是全球经济增长最快的经济体之一。中国曾是极端贫困国家的代表，而今成为世界第二大经济体和经济发展最为稳定的国家，甚至变成了"世界工厂"，这个世界上几乎找不到没有买过中国商品的家庭。

1949 年，中国共产党取得了新民主主义革命的胜利，建立了中华人民共和国。在经历帝国主义侵略及西方和日本资本家的"蹂躏"后，新中国的领导者们着手重建经济。1978 年，中国调整经济战略，实行对内改革、对外开放，吸引大量外商投资，中国经济随之开始腾飞。中国国内市场不断发展，科技工作者、熟练技术人员和工人数量快速增长，覆盖工人和农民的社会保障体系得到完善，这为中国经济的持续增长奠定了基础。

中国经济的全球影响力不断提升，成为世界市场的主要支柱。中国成为世界经济大国并继续发展，这让美国将中国视为对手。但与美国不同，中国的目标不是战争，而是运用经济要素进入世界市场以实现国家的繁荣发展。中国还帮助和支持那些遭受贫困之苦、缺乏公共服务的国家实现脱贫致富。

中共的重要成就和历史经验

国内层面：

1. 在经济领域，中共把国家从落后的农业国发展成为向世界开放的先进工业国。

2. 增进人民福祉，提高个人收入。

3. 扫除文盲，消除贫困。

4. 发展科技，使中国的科研能力跻身世界前列。

5. 发展航天技术。

国际层面：

1. 发展先进技术装备，帮助世界人民以更低价格获取技术装备。

2. 与资本主义国家竞争，帮助和支持世界人民摆脱垄断，以合理价格获取商品。

3. 遏制和消除国际政治中的单边主义。

4. 消除单一国家在世界市场的垄断地位。

习近平总书记主张开展国际合作，支持发展中国家和中东、非洲、拉美等第三世界国家经济建设，防止其经济失衡和落入西方的金融陷阱。中国与世界各国信息、科技和专业人员交流合作逐步深入。中国还通过推动贸易本币结算等方式撼动美元霸权。中国、俄罗斯等国在贸易中减少对美元的使用，是应对美国制裁威胁和美元汇率波动的重要策略。中国在中美贸易中具有优势，中国不依赖美国进口商品，但美国严重依赖自中国进口商品。如果中国决定削减对美出口，将导致美消费停滞，继而引发经济和金融灾难。

习近平新时代中国特色社会主义思想的国际影响

从毛泽东主席开始，中共领导人就把社会主义同中国实际相结合，中国的社会主义始终彰显着中国特色。中国特色社会主义是世界上最成功的社会主义模式。中国持续繁荣发展让"中国模式"在中国内外产生巨大影响。

近年来，习近平总书记在国内外会议和会见中多次强调构建人类命运共同体。地球资源应由全人类共享，而不应被一个或几个国家攫取并为己所用。

习近平总书记强调完善全球经济治理。全球经济需要更加有效、包容的治理方案。

习近平总书记还强调完善全球环境治理。中国防沙治沙、植树绿化的成果体现了对环境保护的重视。

有关预测和建议

中国认为地球是全人类的共同家园，各国应平等享有各种资源。我相信未来几年，中国将逐步改变现有的全球治理体系，或者参与塑造新的全球治理体系，终结单极世界。

习近平总书记提出"一带一路"倡议，将中国的开放政策推向新阶段。共建"一带一路"依靠基础设施建设，而不是武力、动乱、破坏和杀戮，这将吸引更多国家与中国同行，共同成为未来世界的领导力量。

由于中国的经济实力和政策支持，中国语言文化将在世界广泛传播。

遏制中国的联盟将形成，他们将在中国周边及对中国的友好国家中制造混乱。

对中国的建议：

1. 继续为第三世界国家提供经济和技术支持。
2. 继续支持第三世界国家的基础设施建设。
3. 开设更多中国文化中心，传播中国历史文化并造福各国。
4. 推广汉语，为不同国家人民学习汉语提供便利。

我和中共的故事

攻读公共管理硕士学位期间，我致力于研究各国经济转型和综合改革的经验。我被中国经验深深吸引，于2015年撰写了一篇关于中国革命和经济建设的文章。获得硕士学位回到伊拉克库尔德斯坦地区后，我继续研究伟大的中国、中国共产党和习近平总书记，用库尔德语为库尔德人介绍中国、中国经验及世界影响。我是第一个用库尔德语撰写"一带一路"论文的库尔德人，该研究成果于2018年5月由地中海区域研究所发表。后来，我多次参加"加利库尔德人民频道"有关中国的节目，并在报刊撰文介绍中国。

2021年，我参加了"我眼中的中国共产党"征文比赛并荣幸地获得了二等奖，我担任首席译者的《习近平谈治国理政》（第三卷）库尔德文版也得以出版。我们将继续关注和研究中国、中共和中方经验，希望能够造福库尔德人民。

中共的英明领导是中国取得经济发展的根本原因

伊拉克青年
萨巴拉·阿比迪·哈姆达明

近几十年来,中国经济快速增长,国际地位显著提升,取得的成就举世瞩目,在中东地区引发了热烈讨论。中国取得的发展成就及其国际影响成为众多智库学者和专家高度重视的研究课题。一些专家认为,当今世界正经历前所未有的变化,特别是美国霸权在全世界范围内不断衰弱。也有人认为,中国是导致美国霸权衰弱的重要原因。部分经济学家认为,中国数量庞大的人口及其在经济、军事、政治等方面实力的快速增长使中国国际地位不断提升,并朝着世界第一的方向不断前进。法里德·扎卡利亚在其著作《后美国世界:大国崛起的经济新秩序时代》中提道:"当下,中国已成为世界第一大生产国、第二大消费国。同时,中国还是第一大外汇储备国、第二大军费开支国。中国经济快速增长等一系列原因使中国脱颖而出。" 扎卡利亚这番话充分表明与美国相比中国目前在国际舞台上的地位。当今世界任何重要议题都绕不开中国,中国在世界上举足轻重。近20年来,中国走和平发展道路,以经济建设为中心,在外交上积极进取,努力拓展中国的朋友圈,致力于实现中华民族伟大复兴。经过长期努力,中国不仅在经济发展上取得了伟大成就,还在其他领域取得了巨大进步。这使得中国成为所有发展中国家都能从中受益的发展典范。中国的发展模式极大提升了中国的地位，以至于美国、欧洲、日本等国对中国发展的阻挠都是徒劳的。

经济合作与发展组织预测，到2026年中国经济总量将超越美国。

得益于稳定的政治经济形势、庞大的人力资源和先进的基础设施建设，中国已成为全球最大投资目的国。根据联合国贸易和发展会议2014年的报告，中国吸引了1280亿美元外资，而美国仅吸引了860亿美元投资。

总之，中国凭借其伟大制度和先进理念，通过经济援助、直接投资、高效外交、人道主义、优惠贷款等方式帮助和推动其他国家经济发展，这也使中国成为世界最强的国家之一。

中国共产党的英明领导是中国取得经济发展的根本原因！

共产主义是像中国这样人口众多国家的最佳选择

伊拉克青年
伊斯梅尔·侯赛因

首先我想引用拿破仑·波拿巴的一句关于中国的名言："中国是一只沉睡的雄狮，一旦觉醒，世界都会为之颤抖。"如今，东方巨龙已然崛起，这使得她的对手们十分害怕，并试图妄加阻止。

我认为共产主义是像中国这样人口众多国家的最佳选择，没有任何其他政党可以像中国共产党那样治理好中国。中国共产党强调共同富裕和人人平等。中国曾经是一个半殖民地半封建国家，人民饥饿、贫困，文化普及率低，卫生条件差。但在中国共产党的领导下，这一切都发生了天翻地覆的变化。中国实施扶贫脱贫政策，使数千万农村贫困人口摆脱贫困；中国大力发展教育，将文盲率降至最低；切实改善卫生服务，为人民提供适宜的住所；全面发展农业、工业、运输业，满足人民的各方面需求。这些其实是世界各国人民的共同需求，但只有以人民为中心、真正关心民生福祉的政府才能满足人民的需求和向往。

中国共产党作为中国特色社会主义事业的领导核心，成功领导14亿多中国人民解决了温饱问题，她的成功是毋庸置疑的。我认为世界将不再处于单极和霸权时代，只由一个国家或一些国家（西方）决定其他国家和民族的命运，甚至是摧毁别国经济、窃取别国利益、向其兜售武器或挑起战争，使其人民忍饥挨饿、流离失所的时代已经一去不复返了。先进的科学技术不再只有西方拥有，天文学和航空航天技术也不再是西方的专利，互联网不再只有西方使用并从中受益。西方第一，其他国家只能排名二三位的格局将在 21 世纪得到逆转，而这种逆转只有通过中国与地区国家全面发展关系并加强团结合作才能实现。中国作为实力强大的国家应当领导这场变革。中国可以通过在经济上帮助发展中国家来发挥自身作为全球性大国的作用。不同于西方国家将发展中国家视为交易品，中国可以成为发展中国家的好朋友和好帮手，加强同发展中国家的政治经贸关系。中国可以在中东地区建立一个符合各方利益的联盟。中东地处三大洲交界处，货物可以通过这里以低成本运送到世界各地；中东也是世界重要能源库，为包括中国在内的世界各国提供了大量能源；中东还拥有熟练工人和广阔市场，可以成为中国商品的加工地和销售市场。希望中国政府更加关注中东地区，加强与地区国家合作，进一步鼓励中国企业在中东开展生产经营活动，帮助地区国家振兴经济、发展基建、改善民生、独立自主发展。

我认为习近平主席是领导中国的最佳人选。习近平主席拥有无与伦比的战略远见和领导能力，并强力打击腐败。一位领导人民反腐败的领袖是最关心人民利益的领袖，因为打击腐败意味着维护正义，而正义是每一个人的愿望。习近平主席使人民加深了对中国和中国共产党的美好信念。习近平主席致力于为中国人民谋幸福，为中华民族谋复兴，与地区国家建立良好关系。习近平主席提出的"一带一路"倡议是对古丝绸之路的创新发展，开启了新的发展阶段和合作模式，将促进政治、经济、文化等各方面交流合作，是符合沿线国家和发展中国家共同利益的全球性合作和发展平台。得益于共建"一带一路"，我们可以更快、更安全、更便宜地购买各种产品和服务。这一切使我对于中国的发展十分乐观。

最后，我想说的是，即使美国和一些西方国家谋求遏制中国的发展速度，也无法改变中国必将崛起的事实。

中国今天的成功源于中共的领导

伊拉克库尔德斯坦地区大学生
萨拉·艾哈迈德·萨米尔

我叫萨拉,今年22岁,正在学习生物医学,来自伊拉克库尔德斯坦地区。我从小就喜欢中国和中国人民,也曾尝试学习中文。但由于没有找到学习资源,中文对我来讲很难入手。后来在在线学习平台、各类应用软件、电子书、社交媒体平台的帮助下,我逐渐提高了自己的中文水平。2019年,伊拉克埃尔比勒萨拉哈丁大学开设了中文系。很不幸,由于我已经被生物医学专业录取,没能成为中文系学生。但这也为我打开了一扇新的大门,我积极接触中文系的师生,他们为我提高中文水平提供了许多帮助。

我的下一个目标是编撰一本汉语-库尔德语词典,因为我想帮助那些热爱并梦想学习中文的库尔德人。此外,这本词典还将帮助想要学习库尔德语的中国人,特别是居住在伊拉克库区的中国人。通过学习汉语,我逐渐加深了对中国文化和中国人民的了解。我非常喜欢中国人民,因为他们非常淳朴、谦虚、乐于助人。

我平时不太喜欢读政治文章、浏览政治话题,但即使这样,我在使用社交媒体时还是看到了许多与中国和国际政治等有关的话题。我非常高兴地看到中国将为伊拉克建设1000所校舍,这将加强伊拉克教育领域基础设施建设，推动伊拉克教育发展。我真心祝愿这个项目取得成功，并成为中国与伊拉克及库区合作的新起点。我希望未来可以有更多的项目落户伊拉克库区，特别是在发展农业和改善乡村生活方面。我们的村庄和农业需要更多先进技术，希望中方可以帮助库区发展农业，并带来更多投资和技术。

近年来，我看到许多西方媒体的报道，他们说中国通过多个项目控制非洲国家，使他们落入债务陷阱。这些西方媒体只讲中国的坏话，于是我决定去看看其他媒体，这让我看到了不一样的中国。事实上，中国在非洲做了许多好事，包括建造道路、桥梁等基础设施。此外，中国公司还以合理的价格向非洲提供了电信等新技术。这些项目为非洲人民提供了许多工作机会。中国希望非洲成为一片和平发展的热土。我相信中国在非洲的存在可以使非洲人民摆脱极端贫困、过上美好生活。

虽然我对中国共产党的了解还不全面，但我知道中国今天的成功源于中国共产党的领导。纵观历史，我们可以看到，中国共产党为了中国人民的利益实施了许多政治和经济改革举措。中国共产党现在是世界上最大的马克思主义执政党，我也十分好奇中共的党员是如何同彼此合作的。我希望未来可以进一步了解中国共产党的历史，了解她为中国带来的巨大改变。

最后，我希望中国和中国共产党可以为建设一个更加和平、清洁和共享的世界作出更大贡献。我也建议伊拉克和中东地区的大学加强同中国大学的合作，开拓更多研究和交流项目。

在中共的领导下，中国必将在未来30年内实现中华民族伟大复兴

伊拉克青年
马纳尔·沙齐尔·马哈茂德

中国共产党成立于1921年，并于1949年领导中国人民建立了中华人民共和国。经过100多年发展，中共现有9600多万名党员，来自中国各个民族。中国共产党是中国工人阶级的先锋队，将马克思主义基本原理同中国具体实际和中华优秀传统文化相结合，走出了中国特色社会主义道路，其最高理想和最终目标是实现共产主义。中共致力于将中国建成富强民主文明和谐美丽的社会主义现代化强国。中共是中国各项事业的领导核心。

中国共产党通过严密的组织架构发挥内政外交决策作用。

中共全国代表大会

中国共产党全国代表大会及其产生的中央委员会是中国共产党最高领导机关。全国代表大会的职权包括讨论并决定党的重大问题；修改党的章程；选举中央委员会；选举中央纪律检查委员会等。在全国代表大会闭会期间，中央委员会执行全国代表大会的决议，领导党的

全部工作，对外代表中国共产党。在外交决策方面，全国代表大会可以结合国内国际形势的最新变化研究制定党的对外政策，确定中国外交的目标原则，并将其体现在党章中。

中共中央委员会

中国共产党中央委员会是由中国共产党全国代表大会选举产生的中国共产党核心领导机构，中国共产党中央委员会的主要负责人是中共中央总书记，也是中国共产党的最高领导人。

中共中央政治局

中共中央政治局、中央政治局常务委员会和中共中央总书记由中央委员会全体会议选举产生。中央政治局及其常务委员会在中央委员会全体会议闭会期间，行使中央委员会的职权。

中共中央政治局常务委员会

中共中央政治局常务委员会由5—9名成员组成，是中国内外政策的最高决策机构，任何重大政策调整均需经过它的批准。中央政治局常委具备丰富的从政经验和高超的治理能力。

正因如此，中国共产党才能长期坚强领导中国人民在反帝、反封建、反官僚资本主义的艰苦历程中取得一系列伟大成就，并成功完成中国的社会主义改造。

中国为其外交政策制定了一系列目标，其中最重要的一点是要为中国的国内发展营造安全的外部环境和友好的国际氛围。因此，中国外交政策的调整与国内形势的变化有着紧密联系。

中国的外交政策遵循一系列基本原则，其中包括：

1. 反对霸权、维护世界和平、促进共同发展。

2. 不干涉别国内政。

3. 独立自主。

4. 和平共处五项原则。

5. 所有国家一律平等。

6. 加强同第三世界国家的团结与合作。

7. 支持对外开放，加强国际交往与合作。

中国奉行独立自主的和平外交政策，坚持和平共处五项原则，即便与其他国家在政治和社会制度上有所不同，中国仍致力于在平等互利基础上同各国发展友好关系，加强同各国的团结合作，反对霸权主义，维护世界和平。

和平共处五项原则是中国外交政策的基本准则。1954年，中国和印度签订的《关于中国西藏地方和印度之间的通商和交通协定》中首次正式写入这五项原则，分别是互相尊重主权和领土完整、互不侵犯、互不干涉内政、平等互利、和平共处。

以邓小平同志为主要代表的中共第二代领导集体开辟了中国特色社会主义道路，强调以经济建设为中心。在此背景下，实现社会主义现代化这一目标在中国对外政策中占据重要地位。中国走上了改革开放之路。中国至今仍坚持对外开放，努力吸引外资、引进先进技术、研究并借鉴外国有益经验，鼓励国有企业参与到全球市场竞争中，深化改革，加强创新，这些政策举措没有丝毫改变。

中国对外政策在地区层面有诸多目标，这些目标也反映其国内需要。这些目标包括：

1. 维护中国领土完整。

2. 实现中国和平统一。中国领导人多次强调该目标必须实现。

3. 同周边国家建立并保持友好关系。在冷战结束的背景下，同周边国家发展睦邻友好关系对中国而言至关重要。

4. 同亚洲国家特别是东南亚国家加强经济、科技合作。

当前，中国正致力于通过同周边国家共建"一带一路"，提升中国的国际和地区影响力，从而在亚洲乃至世界发挥关键作用。建设安全稳定的周边环境，对中国国内的稳定与发展至关重要。

中国的对外政策会随着时代和形势的变化而调整，中国外交在国际层面也有多重目标：

1. 成为世界强国，提升国际影响力，引领国际关系发展。
2. 塑造并巩固对中国有利的国际环境。
3. 使中国的世界强国地位得到世界各国的认可。
4. 塑造世界文明的典范，恢复历史上中华文明的荣光。

中国着力发展经济和科技，毛泽东之后的中国领导人深知在存异的同时同美国建立和平关系的重要性。中美两国在投资贸易等方面具有很大的共同利益。有多方面原因导致这一局面的形成：第一，中国高度重视均衡发展同各国的关系，将发展对美关系置于中国外交的突出位置。美国同样强调发展对华关系的重要性，关注双边关系的发展。第二，中美两国在维护世界和平与稳定、推动全球经济发展、限制核武器扩散、保护环境等方面有着广泛的共同利益。中国正致力于以经济发展为依托提升其在地区和国际层面的影响力，使之成为亚洲强国乃至世界强国。中国取得举世瞩目的成就，意味着经济发展和国际秩序的主导权正在由西方发达国家转向亚洲新兴国家。中国在国际政治、经济、安全格局中的影响力与日俱增。而所有这些都归功于中国共产党的领导。

中国在文明、人口、军队、经济等方面都具有战略优势，中国具备成为世界强国的资质和能力。中国在地理、历史、资源等方面得天独厚的禀赋优势将为其巩固国际地位提供保障。

因此，中国不会只满足于成为全球商品生产基地，不会止步于成为"制造大国俱乐部"的一员，而是致力于成为全球治理体系的参与者和引领者。这一转变不是一蹴而就的，保罗·肯尼迪很早就洞察到了这一点，他曾预言经济强国将在太平洋地区诞生。他在其著作《大国兴衰》中提到，亚太国家的国内生产总值数目庞大，2008年国际金融危机加速了世界各国分化，也加速了亚洲新兴国家的崛起，发达国家经济都在萎缩，但中国却实现了增长。

这些量变引发中国在国际体系中的作用发生质变，中国的国际地位显著提升，世界大国地位逐步确立，并正向社会主义现代化强国迈进。

20世纪90年代以来，特别是2001年"9·11"事件后，在中国共产党的英明领导下，中国在地区和国际事务中的作用发生重大变化。中国抓住经济飞速发展的机遇和对外交往合作日益活跃的优势，充分利用国际舞台的广阔空间大展拳脚，加大对国际事务的参与，努力展现大国风范。经过多年耕耘和积极进取，中国在东北亚、东南亚、南亚、北美、欧洲、中东、北非等地区都建立起良好的伙伴关系。与此相对，在中国取得这些成就的同时，美国则忙于在阿富汗、伊拉克采取军事行动。

长期以来，中国努力在国际政治中发挥更大作用，并给予亚洲、欧洲、中东、北非等地区特殊重视。这或许是因为中国在参与国际事务时认识到这些地区具有特殊地缘重要性。中国在制定外交政策过程中更加务实、进取，使之符合其世界大国的定位和各方期待。中国始终坚持大小国家一律平等，不将各国按照经济、军事实力划分为三六九等，主张所有国家都积极参与到全球治理之中。中国在国际舞台上的表现堪称优秀。

中国的国家崛起和民族复兴势不可挡。在接下来的二三十年里，中国将成为国际舞台上举足轻重的引领者和关键方。中国在众多国家外交天平上的战略分量将越来越重。亚洲地区阻挠中国发展的势力将不复存在，因为各国都不得不倚重中国实现发展。中国同相关国家建立的经济合作关系将上升为基于双方长远共同利益的战略伙伴关系，不受政权更迭而变化。

不论国际形势如何变化，中国都将在国际事务中占据重要一席。中国具备卓越的全球治理能力，理应发挥更大作用。在中国共产党的领导下，中国必将在未来30年内实现中华民族伟大复兴！

中共实现了最令中国人民受益的目标，那就是消除绝对贫困

伊拉克共产党党员、阿拉伯中国之友作家和新闻媒体人士国际联盟伊拉克分支副主席、伊拉克记者协会巴士拉分会主席
巴西姆·穆罕默德·侯赛因

在 1949 年以前，统治中国的各朝皇帝、侵略中国的外国占领者都不会想到未来中国人民将在快速发展的道路上取得举世瞩目的突出成就。当时中国正处于半殖民地半封建社会，农业是其根本产业。在欧洲、美洲已进入农业机械化时代时，中国人还在用牛耕地，这个最简单的例子反映了当时中国的国情。

中国的陆地面积达 960 万平方千米，拥有来自 56 个民族的 14 亿多人口，不论是在中国的东部还是西部，各族人民团结友爱地生活在一起。中国拥有多种地形，有高山、高原、平原、沙漠，与印度、尼泊尔等国共享喜马拉雅这一世界最高的山脉。中国还拥有世界第三长河长江，长江发源于中国西部高原，滚滚东流入海。此外，中国南北还有澜沧江、黑龙江等多条河流。

我曾有幸两次到访中国，第一次是 2018 年 3 月应中共中央对外联络部邀请，第二次是同年 10 月应《人民日报》邀请来华参加第五届"一带一路"媒体合作论坛。我看到了中国在道路、桥梁、机场、高楼等建设上取得了绝大多数欧洲国家都难以企及的巨大发展。中国

建设的高楼大厦为数千万普通民众提供了舒适宽敞的住房，仅上海就有超过4000栋30层以上的高楼。更不用说中国在工业生产领域取得的成就，世界各国都在进口和使用各式各样的中国商品。

没有以习近平同志为主要代表的中国共产党人一代又一代的不懈努力，中国就不会取得这样惊人的发展成就。中国共产党自成立之日起，就将为中国人民谋幸福、为中华民族谋复兴作为自己的初心使命。中国共产党致力于带领中国人民建设强大国家、过上富裕生活，更致力于推动实现人的全面发展和文明进步，并为之付出努力、时间乃至一切。1949年新民主主义革命胜利后，中国共产党领导中国人民建立了中华人民共和国，成为新中国的执政党，开启了中国的社会主义建设。1978年，中国共产党带领国家实行改革开放政策，此后，中国创造了经济快速发展和社会长期稳定"两大奇迹"。

中国共产党将马克思主义基本原理同中国具体实际和中华优秀传统文化相结合，探索出中国特色社会主义道路，这条道路改变了中国面貌，推动中国在各领域不断前进，使中国成为世界上数一数二的大国。中国还帮助世界各国特别是贫困国家改善人民生活条件，实现共同发展。习近平主席提出的"一带一路"倡议就是中国帮助别国发展的生动写照。中国同"一带一路"沿线国家通过道路、桥梁、铁路、发电站、港口等众多项目紧紧联系在一起。

我们不会忘记，从1921年中国共产党成立到1949年中华人民共和国成立这段时间里牺牲的370万名中国共产党党员。他们为了民族独立、国家富强、人民幸福献出自己的生命。我们同样不会忘记，2019年年底新冠肺炎疫情出现后为抗击疫情而牺牲的中国共产党党员。时至今日，已有数百名奋战于抗疫一线的中共党员不幸牺牲，无数党员还在为抗击新冠肺炎疫情的最终胜利、为了中国人民乃至世界各国人民的生命健康而继续奋战着。

2022年6月22日，习近平总书记在出席金砖国家工商论坛开幕式时发表的主旨讲话是其近期对国际治理体系的理论贡献。习近平总书记在讲话中就解决世界性问题提出了积极建议：第一，惨痛的历史表明，霸权主义、集团政治、阵营对抗不会带来和平安全，只会导致战争冲突。第二，我们要守望相助，共同促进全球可持续发展。第三，我们要同舟共济，共同实现合作共赢。事实一再证明，制裁是"回旋镖""双刃剑"。第四，我们要包容并蓄，共同扩大开放融合。要维护以世界贸易组织为核心的多边贸易体制，消除贸易、投资、技术壁垒，推动构建开放型世界经济。习近平主席再次强调中国将继续提高对外开放水平，并欢迎外资到中国投资兴业。

我和广大读者一样深刻感受到了大国大党领袖的英明睿智，感受到了致力祖国和世界和平发展的中国在解决人类面临的共同问题时的坚持和担当。

中国共产党取得的最伟大成就，实现的最令中国人民受益的目标，就是消除绝对贫困！众所周知，1978 年，中国农村贫困率高达 97.5%，在中共坚强领导下，在全体党员长期努力下，这一比例降低到 2019 年的 5.51%。尽管新冠肺炎疫情肆虐，中国仍然于 2021 年成功消除了绝对贫困，提前十年实现了《联合国 2030 年可持续发展议程》减贫目标，取得了世界上其他国家难以企及的成就。

衷心祝愿即将于 2022 年举办的中共二十大取得圆满成功，希望中共继续为实现中国繁荣进步、人民富裕安康制定正确政策、取得辉煌成就！

最后，我希望我的祖国伊拉克能够效仿中国建设以人民为中心的国家。

中国在消除贫困、抗击疫情方面取得了远超所有发达国家的成功

伊拉克记者
米赫纳德·穆艾德·凯利姆·苏威德

自1921年成立以来,中国共产党取得了众多成就。1949年,在中国共产党领导下,中国人民建立了中华人民共和国,从此结束了人民饱受奴役的历史,开启了中国的工业化、现代化进程。在中国内需主要依靠农业来满足的情况下,中国引进机械化生产,帮助减轻农民负担。

1978年,在邓小平同志领导下,中国共产党开始实行改革开放政策,即对内改革、对外开放。邓小平曾说,中国需要半个世纪来成为政治、经济大国。中国在农业、工业领域不断取得成就。中共中央将发展教育视为实现人的全面发展的最重要方面之一,视为科教兴国的重要部分。习近平总书记继承并发展了中国特色社会主义理论和实践,以实现中国政治、经济、工业、卫生、基础设施建设、航空航天等各领域发展为着力点,大力推进中华民族伟大复兴进程。

2012年年底,习近平总书记在考察中国一个偏远农村(应为在河北省阜平县革命老区、贫困地区考察扶贫开发工作。——译者注)时强调,要做好扶贫开发和消除贫困工作,指出:"没有农村的小康,

特别是没有贫困地区的小康，就没有全面建成小康社会。"中国共产党的最高领导亲自前往偏远贫困地区，同当地干部并肩作战，努力改善人民群众的生活水平，体现了对扶贫工作的高度重视。在以习近平同志为核心的中共中央领导下，中共各级党员干部不知疲倦、不遗余力地奋斗，使中国在短短八年时间里成功消除绝对贫困，创造了人类减贫史上的奇迹。2021年2月，中国共产党正式宣布中国脱贫攻坚战取得了全面胜利，完成了消除绝对贫困的历史性任务。这一成就是中国共产党在当代取得的最重大的成就。

此外，在新冠肺炎疫情肆虐时，中国共产党以保护人民生命和健康为首要任务，带领全体党员不遗余力、不懈奋斗，调动一切医疗资源抗击新冠肺炎疫情，将中国的新冠感染和死亡病例降至最低，取得了远超所有发达国家的抗疫成就。这一伟大成就是中国共产党和中国政府英明领导的铁证。

中国在众多领域都取得了巨大发展，其中最为重要的是在科技和通讯领域。每当我们听闻这些进步成就时，心中的敬意油然而生。中国的经济发展和科技进步让全世界特别是广大发展中国家都受益，这一点尤为重要。

习近平新时代中国特色社会主义思想在引领中国发展、改善经济民生、促进世界和平等方面发挥着重要作用，使中国成为全球政治、经济、文化强国。在此，我们作为关注中国发展的阿拉伯国家青年，呼吁阿拉伯各国政党政府深入学习借鉴中国共产党的先进理念，特别是习近平新时代中国特色社会主义思想，以推动本国的发展建设。

中国如此繁荣强盛,正是得益于伟大的中共

伊拉克库尔德斯坦地区青年
法尔曼·拉苏尔·穆罕默德艾敏

中国共产党是全世界最伟大的政党。有人会问为什么,我的回答是,因为中国是一个伟大的国家,中国如此繁荣强盛,正是得益于伟大的中国共产党。

我读过许多共产主义著作,在阅读中对中国共产党有了更深入的了解。我认识到,中国共产党是保障人民权利的政党,是带领人民不懈奋斗、成功实现国家发展的政党。包括美国、英国在内的全世界各国都希望像中国一样,但它们做不到。它们与中国的区别就在于,中国有习近平总书记这样的伟大领袖,有长期执政的中国共产党,而在美、英等国家,不同政党往往相互攻击、推诿责任。中国共产党有能力带领中国人民把国家建设得更加强盛,更好保障人民权利,激励人民不断取得发展进步、充分释放自身潜能。中国企业发展迅猛,在很多行业处于世界领先地位,特别是在智能手机、汽车制造等领域取得的成就有目共睹。

中国共产党始终为国家发展和人民幸福而奋斗,致力于满足人民需要。习近平总书记是全世界最伟大、最有责任感的领袖,如此卓越的领导人是其他任何国家所没有的。中国为世界各国树立了榜样,我

们需要学习借鉴中方在国家发展、科技创新、军队建设等各方面的有益经验。伊拉克党派众多，仅库尔德斯坦地区就有多个政党，但这些政党的表现不能让人民满意，与中国共产党相比差距很大。如果我们的政党都能向中国共产党学习，伊拉克一定会成为更好的国家，人民会更加幸福。

我相信，在中国共产党领导下，中国将发展得更加繁荣强盛，成为世界第一大国。期待将来有机会前往中国，亲眼看看中国的壮美山河和现代化都市，参访先进的中国企业，进一步了解中国传统文化和中国人民。希望有更多中国企业家到伊拉克创办公司或投资项目，给伊拉克特别是库区带来宝贵发展机遇。库区人民十分热情友好，非常感激中国政府和人民给予伊方的帮助，相信在中方支持下，伊也将创造更多发展成就。

携手抗击疫情，共促繁荣进步

印度尼西亚国民使命党总主席、人民协商会议副主席
祖尔基弗利

在毛泽东、邓小平等中国共产党老一辈领导人和习近平总书记的坚强领导下，中国快速发展成为现代化国家，并一直保持独特鲜明的民族文化特色。这十分值得印尼学习。

面对新冠肺炎疫情，中国共产党倡导包括印尼政党在内的全世界政党携手合作、共抗疫情，国民使命党对此表示高度赞赏。这与今天召开"为了人民的美好生活"主题宣介会一脉相承，是在中国共产党成立100周年之际，共同实现后疫情时代所有人对美好生活的向往。

新冠肺炎病毒传播不分国界，疫情面前没有一个国家可以独善其身。各国政府必须跨越国家、族群、宗教信仰的界限，建立紧密合作关系。国民使命党始终认为，人道主义是超越身份、背景等所有差异的最优先选择。因此，我们十分赞同全世界政党形成合力，共抗疫情。

国民使命党愿积极响应中国共产党的倡议，并采取实际行动，同世界各国政党探索共建新型政党关系。事实上，相关合作已经在印尼和中国之间展开。

当前，印尼正在实施面向医务人员的新冠疫苗接种计划第一阶段，并启动了面向社会服务人员的第二阶段。我们在这两个阶段使用的所有疫苗，都是中国科兴疫苗。疫苗合作已成为印尼和中国之间合作的重要内容。国民使命党全力支持印尼政府推广接种科兴疫苗，愿积极协助政府向民众宣传科兴疫苗的安全性。作为以穆斯林为主要群众基础的政党，我们党积极向印尼穆斯林民众介绍普及科兴疫苗完全符合清真标准的情况。我们认为，各国政党不仅应加强卫生领域合作，还应进一步深化经济、社会、可持续发展、扶贫等各领域广泛合作。

最后我想强调的是，国民使命党支持中国共产党推动构建新型国际关系、完善全球治理体系，支持各国携手战胜疫情、实现全球经济均衡发展、缩小贫富差距。我们赞赏中国实行民族区域自治，这让新疆穆斯林同胞们享有了广泛的自治权。国民使命党愿继续为中国维护新疆的繁荣进步发挥建设性作用，我们也期待看到新疆取得更好的发展。

谢谢！谨再次转达印尼人民的诚挚问候。祝愿大家安康顺遂！

期待中国在维护国际和平、促进共同发展方面发挥更大作用

印度尼西亚前国会议长
阿贡·拉克索诺

关于两国双边关系

印尼与中国友好关系源远流长,拥有深厚的历史文化基础。两国民族主义运动历史可以追溯到 20 世纪上半叶,受孙中山先生倡导的"三民主义"启发,印尼国父苏加诺提出印尼"建国五原则",并将其作为印尼国民身份象征和意识形态指引,在印尼许多历史遗迹上都可以看到中国人曾经的足迹。近年来,在佐科总统和习近平主席的英明领导下,双方关系取得新的巨大发展,两国人民也从中广泛受益。印尼丰富的矿产、海洋及旅游文化资源为两国合作提供了良好基础和广阔空间,印尼民众对中印尼开展双边投资、经贸往来等充满信心。

关于"一带一路"国际合作

得益于"一带一路"建设创造的巨大红利,印尼与中国贸易额屡创新高,中国对印尼投资额也持续增长,推动了印尼基础设施和上游

产业发展。近年来，中国在高新技术、矿业加工、基础设施等领域持续加大对印尼投资，印尼经济在新冠肺炎疫情背景下实现逆势增长。期待双方不断巩固全面战略伙伴关系，深化"一带一路"倡议和"全球海洋支点"构想对接，加强基础设施、能源资源、科技创新等领域合作，密切人文交流，共同推动世界经济复苏和国际合作。

关于当前国际形势

当前国际形势纷繁复杂，新冠肺炎疫情与地区动荡叠加，没有一个国家能够独善其身。印尼将积极发挥自身作用，维护国家利益，并促进全球合作与国际公平。印尼始终奉行独立、积极的外交政策原则，不会加入任何军事联盟，倡导各国通过双边、多边及区域机制加强沟通，解决争端，促进和平。我高度赞赏中国提出的联合国宪章宗旨和原则都应该得到遵守、各国合理安全关切都应该得到重视等主张，期待中国在维护国际和平、促进共同发展等方面发挥更大作用。

| 约 | 旦 |

习近平总书记是中国人民的英明领袖

约旦-俄罗斯籍作家、媒体人，阿拉伯中国之友作家和新闻媒体人士国际联盟约旦分支副主席
叶莲娜·尼杜吉娜

中国共产党第二十次全国代表大会将在2022年召开，这是国际政治界、思想界的一次历史性盛会，也将是新时代中国发展进程中的重要里程碑。中国共产党付出不懈努力，领导世界上人口最多、工业化势头最猛的国家实现了飞速发展。中国向世界各大洲出口商品，也是全球商品的主要生产地。上述因素决定了中国的世界地位以及中国在国际关系中的重要影响力。

在以习近平同志为核心的中共中央深谋远虑和杰出领导下，中国在极短时间内成功提高了国际地位，在世界舞台上占据领先位置，成为维护国际关系和世界秩序的先锋和基石，充分体现了习近平总书记丰富的实践经验、活跃的创新思维和敏锐的洞察力。习近平总书记赢得了世界各国及各国人民的一致敬仰，中国共产党的方针政策也得到了全世界人民的大力支持。

我们深知，领导任何一个国家都绝非易事，特别是领导中国这样的人口大国更是如此。中国共产党承载着中国人民的期待和希望，重视并保持着中国特色，与世界各国沟通交流，赢得了各国的尊敬和赞赏。近年来，中国共产党领导中国取得举世瞩目的伟大成就，包括将中国宇宙飞船送上太空，探索人类世界之外的广阔文明。

多年来，我一直关注着中国共产党领导中国人民取得的伟大成就，希望中国共产党在新时代再创辉煌，将中国人民对中共二十大的期待和建议落到实处，推动阿中关系实现新发展，不断加深阿中相互理解和友谊。希望在阿拉伯国家看到更多能够满足当地民众发展需求的中国项目，也希望中方帮助阿拉伯国家建设独立自主的重工业基地。希望世界各国人民都能成为自己的主人，互帮互助、团结一致。

更重要的是，要加快建设完善科学社会主义，巩固深化中国与阿拉伯国家和阿拉伯国家人民的深厚情谊，服务双方共同目标。相信在习近平新时代中国特色社会主义思想的引领下，中国共产党党员干部将更加紧密地团结在以习近平同志为核心的中共中央周围，开启全面建设社会主义现代化国家、向第二个百年奋斗目标进军的新征程。

中国的成功就是阿拉伯国家、阿拉伯国家人民的成功。

中国万岁！

英明的习近平总书记和中国共产党万岁！

阿中友谊万岁！

中共顽强拼搏、不懈奋斗的光辉形象在全世界深入人心

阿拉伯中国之友作家和新闻媒体人士国际联盟约旦分支成员，约旦作家、诗人
塔里克·卡迪斯

当我们谈到中华人民共和国时，自然就会谈到中国共产党及其奋斗历程。在 20 世纪初，中国共产党依靠深厚的群众基础，战胜各种艰难险阻，建党后逐步站稳脚跟。毛泽东主席在天安门城楼上庄严宣告新中国成立，为新中国后来获得举世瞩目的国际地位奠定了基础。1978 年，中共十一届三中全会开启了中国改革开放的大幕，实现了新中国成立以来中国共产党历史上具有深远意义的伟大转折。2012 年，中共十八大胜利召开，习近平同志当选中共中央总书记，成为中国共产党历史上新的里程碑。

为什么说改革开放是具有深远意义的伟大转折？因为改革开放开启了中国社会主义现代化建设的历史新时期，是决定实现"两个一百年"奋斗目标、实现中华民族伟大复兴的关键一招。历史上，中华民族长期饱受贫困问题困扰。改革开放以来，中国共产党领导中国人民经过不懈努力，取得了脱贫攻坚全面胜利，实现了全面建成小康社会的第一个百年奋斗目标，为实现建成富强民主文明和谐美丽的社会主义现代化强国的第二个百年奋斗目标奠定了坚实基础。2021 年 7 月

1日，习近平总书记在庆祝中国共产党成立100周年大会上庄严宣告，"中华民族迎来了从站起来、富起来到强起来的伟大飞跃，实现中华民族伟大复兴进入了不可逆转的历史进程。"

改革开放不仅给中国人民带来了美好生活，也深化了中国和世界各国的友好合作。中国向世界各国伸出和平友爱之手，推动理念、经贸和文化交流，以平等相待代替居高临下，实现了互利共赢。

谈到改革开放，我们必须谈一谈中国共产党历史上又一个里程碑时刻——习近平同志就任中共中央总书记。习近平总书记从古老的东方文明中汲取灵感，提出了意义非凡的"一带一路"倡议，为古丝绸之路注入了时代灵魂，使其重新焕发生机活力。可以说，"一带一路"倡议开创了中国改革开放的新局面。截至目前，中国已经与100多个国家和国际组织签署了200多份共建"一带一路"合作文件，为各方带来了实实在在的利益。习近平总书记指出，共建"一带一路"是"一项造福沿途各国人民的大事业"，是"为了使我们欧亚各国经济联系更加紧密、相互合作更加深入、发展空间更加广阔"。这也进一步证明，中国发展不以牺牲他国利益为代价，中国不会为了自身利益损害其他国家利益。

"一带一路"倡议充分体现了习近平总书记推动中华民族实现伟大复兴、推动构建人类命运共同体的远见卓识，在当代中国发展进程中发挥着重要作用。与霸权主义国家截然不同，习近平总书记高度重视国际合作。

中国共产党通过激发人民群众力量、引导资本服务经济社会发展等方式，在中国发挥着重要领导作用，积累了非比寻常的治国理政经验。在人才强国、振兴经济等方面，中国共产党均树立了样板，这也促使各国政党尤其是渴望在本国政治生活中发挥作用的阿拉伯政党学习借鉴中国经验，在国内外广泛参与经济发展和政治生活。

在此背景下，中国共产党同阿拉伯国家政党多次举行对话会，介绍中国共产党在中华民族伟大复兴历史进程中总览全局、协调各方的领导核心作用，以及在领导中国特色社会主义现代化建设中取得的成就。

我认为，阿拉伯国家政党可以向中国共产党学习以下经验：

一是以实际行动践行承诺，不让"公平、平等、反腐"等理念停留在空洞的竞选口号或宣传标语上。

二是坚持以人民为中心的执政理念。

三是教育引导党员干部树立正确的价值观，避免对马克思主义经典著作的误读和误解。

四是推动社会教育，鼓励民众维护自身权益，打击腐败、偷税漏税、种族歧视、性别歧视等社会弊病。

中国共产党顽强拼搏、不懈奋斗的光辉形象在全世界深入人心。中国共产党通过改革开放使中国人民挣脱了"以阶级斗争为纲"的束缚，开辟了中华民族崛起之路，并推动世界各国实现合作共赢，造福于全人类。

中国已成为世界上首屈一指的国家

阿拉伯中国之友作家和新闻媒体人士国际联盟约旦分支创始成员、新闻发言人
塔斯尼姆·易卜拉欣·法拉杰

2021年7月1日，中国人民隆重庆祝中国共产党成立100周年。事实上，中国共产党的成立和新中国的成立有着内在联系，都是中国人民的大事。没有中国共产党，就没有新中国，就没有中国人民的独立和解放。有了中国共产党和新中国，中国人民才看到胜利曙光，才在全世界的见证下真正实现了稳定、进步和繁荣。

中国共产党取得了很多举世瞩目的伟大成就，包括全面提升中华文明的影响力、提高中国人民的精神文明建设水平、推进国家治理体系和治理能力现代化、全面提升中国的综合国力和国际影响力等。在中国共产党的领导下，中国人民过上了幸福生活，人民的生命健康安全得到有效保障。

以习近平同志为核心的中共中央顺应时代要求，坚持和发展中国特色社会主义，不断深化对共产党执政规律、社会主义建设规律、人类社会发展规律的认识。相信中国共产党第二十次全国代表大会一定能取得圆满成功，在习近平新时代中国特色社会主义思想的指引下推动中国取得更大成就。

中国共产党走和平发展道路，推动全面建成小康社会，欢迎包括阿拉伯国家在内的世界各国搭乘中国发展的快车，并积极向世界各国伸出援助之手，坚定支持世界各国人民的正义事业、发展事业。中华民族是一个伟大的民族，中国人民创造出举世瞩目的发展奇迹，这是全世界特别是阿拉伯国家的共同感受。作为阿拉伯国家，我们尤其钦佩中国共产党领导中国人民取得的发展成就。中国共产党已由成立时仅有50多名党员的小党，发展成为世界上最大的马克思主义执政党。

习近平总书记庄严宣告，经过全党全国各族人民持续奋斗，中国实现了第一个百年奋斗目标，在中华大地上全面建成了小康社会。在中国共产党的领导下，中国与世界上大多数国家特别是第三世界国家建立起紧密联系。习近平总书记提出共建"一带一路"倡议，进一步证明了中国取得的伟大成功。中国致力于推动可持续发展，认为世界各国不分大小、强弱，都可以发展关系、和平共处。中国共产党高度重视青年工作，鼓励青年人发扬创新精神、勇敢面对挑战，帮助他们成长为推动国家发展进程的中流砥柱，积极投身民族复兴伟业。

习近平总书记领导的中华人民共和国是世界各国的榜样。在经济发展领域，中国已经成为世界上首屈一指的国家。同时，中国也是一个胸怀国际主义精神的大国，向非洲国家提供了大量无私援助。我们看到，中国为非洲大陆人民实现发展繁荣作出了重要贡献，有效降低了当地的贫困率，努力帮助当地民众摆脱贫困和逆境，使他们能够享受舒适安逸，过上体面生活。

此外，中国在政治、经济和文化上坚定支持阿拉伯国家，尤其是在各种国际场合坚定支持巴勒斯坦人民的解放斗争、发展事业和社会稳定。而反观以美国为首的西方国家，他们对阿拉伯国家采取了既不友好也不客观的政策，他们承诺提供的所谓"援助"只是空头支票，目的是掠夺阿拉伯国家的资源，消磨阿拉伯国家人民的意志，损害阿拉伯国家的主权安全、独立自主和民族属性，迫使阿拉伯国家付出了高昂代价！

最后，我愿向习近平总书记和中国人民致以问候、赞赏，并表达敬意和爱戴。阿中友谊万岁！相信中国共产党和伟大的中国人民在新时代新征程上一定能赢得更加伟大的胜利和荣光！

我有幸加入阿拉伯中国之友作家和新闻媒体人士国际联盟，并一直尽我所能向阿拉伯国家民众介绍中国和中国共产党，让更多阿拉伯国家民众了解中国共产党领导中国人民取得的伟大成就，见证中国共产党为人民谋幸福、为民族谋复兴、为世界谋大同的丰功伟绩。

在此，为表达对新时代中国共产党的敬意，我愿赋诗一首：

有习近平总书记的坚强领导，
新时代中国共产党，
向着进步和繁荣不断迈进。
总书记是勇士，
不惧困难与阴谋，
为人民生活实现小康，
为国家带来稳定、进步和繁荣。
中国共产党，善于创造奇迹的政党，
党的二十大带着已有的荣耀召开，
谋划世界一流国家的美好未来。
总书记领导的中国是钢铁巨龙，
愿她像美丽的花朵，
绚烂绽放！
给世界带来芬芳！

中国特色社会主义是科学社会主义的典范

阿拉伯中国之友作家和新闻媒体人士国际联盟约旦分支成员
马丽娜·苏达哈

中国特色社会主义是科学社会主义的典范，所取得的巨大成就为世界所瞩目，也引发了世界对社会主义的关注和思考。

习近平总书记是世界上最伟大的领导人之一，为造福中国人民提出了很多富有斗争精神的理念、倡议，赢得了中国人民的支持和拥护。在习近平总书记的领导下，中国特色社会主义在新时代取得了很多伟大成就，为实现人类的福祉和公平正义作出了重大贡献。

在习近平新时代中国特色社会主义思想的指引下，中国共产党全体党员积极投身中国特色社会主义事业建设。习近平新时代中国特色社会主义思想是系统完备的科学体系，立足中国现实、根据人民愿望推动中国特色社会主义事业不断向前发展。世界上那些追求自然权利、法律地位、公平正义的国家，完全可以根据自身国情吸收借鉴习近平新时代中国特色社会主义思想，因为资本主义制度行将瓦解，其罪恶已暴露无遗，而中国特色社会主义制度契合这些国家的国情特点，能够满足全人类的发展要求。世界人民渴望学习借鉴习近平新时代中国特色社会主义思想，推动实现真正的公平正义。

我通过多年观察研究发现，习近平新时代中国特色社会主义思想能够帮助大多数人过上体面生活，确保实现公平正义，这对全人类及我们的子孙后代意义重大。

习近平新时代中国特色社会主义思想能够把全人类带到一个更为先进的认知和实践高度，我们愿为此付出努力，并根据各自国家的国情特点学习借鉴习近平新时代中国特色社会主义思想。我们不应忘记，帝国主义势力通过"第五纵队"及其操控的傀儡推翻了苏联、东欧以及一些亚洲、非洲和拉丁美洲国家的社会主义政权。

习近平总书记践行以人民为中心的发展思想，这在世界各国领导人中是不多见的。在习近平总书记的领导下，中国共产党与人民群众保持血肉联系，坚定支持世界各国人民的正义事业。可以说，习近平总书记是忠诚于党、国家和人民的杰出楷模，因为他真正了解人民的需求，而人民正是中国共产党执政的最大底气。

习近平总书记说："平凡铸就伟大，英雄来自人民。"在习近平总书记的领导下，中国特色社会主义取得了举世瞩目的伟大成就，中国模式牵动包括阿拉伯国家在内世界各国的目光。我们认清了资本主义制度的残酷无情，见证了中国模式取得的成功，相信习近平新时代中国特色社会主义思想必将引领全人类取得更大成就。正如习近平总书记所说，为人民谋幸福，为民族谋复兴，为世界谋大同。

在习近平新时代中国特色社会主义思想的指引下，中国取得了世界级成就

约旦青年
阿希姆·哈马德

中共中央总书记习近平说："读懂今天的中国，必须读懂中国共产党。"要读懂中国共产党，我们必须从其建党前的社会条件入手。当时，中国人民不堪忍受帝国主义、官僚资本主义入侵及封建统治之苦，进行了英勇无畏的反抗斗争，先后爆发了太平天国运动、义和团运动和辛亥革命，各种救国方案轮番出台，但都以失败告终。中国迫切需要新的思想引领救亡运动，迫切需要新的组织凝聚革命力量。十月革命一声炮响，给中国送来了马克思列宁主义。在中国人民和中华民族的伟大觉醒中，在马克思列宁主义同中国工人运动的紧密结合中，中国共产党应运而生。中国共产党的诞生是开天辟地的大事。为了实现中华民族伟大复兴，中国共产党团结带领中国人民浴血奋战、百折不挠，领导新民主主义革命取得伟大胜利。经过北伐战争、土地革命战争、抗日战争、解放战争，中国以武装的革命反对武装的反革命，推翻了帝国主义、封建主义、官僚资本主义三座大山，建立了人民当家作主的中华人民共和国，实现了民族独立，彻底结束了旧中国半殖民地半封建社会的历史，彻底废除了西方列强强加给中国的不平等条

约，为实现中华民族伟大复兴创造了根本社会条件。中国共产党和中国人民以英勇顽强的奋斗向世界庄严宣告，中国人民站起来了，中华民族任人宰割、饱受欺凌的时代一去不复返了。正如毛泽东主席所说："占人类总数四分之一的中国人从此站立起来了。"

新时代中共的成就

实现民族独立以来，中国共产党为建设社会主义不懈努力，不断提高人民生活水平，推进国民经济建设，推动产业革命，提升教育、科研、卫生和基础设施建设水平，打造了一支能够保卫每一寸国土的强大军队，并大力推进反腐败建设。在经济层面，中国用几十年时间走完了发达国家几百年走过的工业化历程，发展成为世界第二大经济体，使7.7亿农村贫困人口摆脱贫困，人民生活水平大幅提升。中国人均国民总收入从1961年约70美元提高到2021年逾10 000美元；在教育层面，1949年中国5.4亿人口中，文盲率高达80%，小学实际入学率不到20%，高等教育在校生人数只有11.7万人，国家财政性教育经费占GDP的比例仅为1.32%。到2017年，中国小学学龄儿童净入学率达到99.91%，初中阶段毛入学率103.5%。中国大学毕业生人数从1978年的16.5万人增加到2018年的820万人；在健康层面，中国的人均预期寿命从1949年的35岁提高到2019年的77岁。中国建设了最现代化的医院，配备了最新的设备，聘用了最好的医生和护士。中国基本医保参保覆盖面稳定在95%以上，建立了世界上最大的全民医疗保障网；在军事层面，在习近平总书记的指示下，中国人民解放军在发展陆军力量的同时，大力发展海军、空军、火箭军和战略保障力量，成为一支坚不可摧的伟大军队。

习近平新时代中国特色社会主义思想的世界意义

在习近平新时代中国特色社会主义思想的指引下,中国共产党取得了世界级成就。习近平总书记胸怀天下,在他的领导下,中国共产党同各国人民的联系不断密切,加强与世界各国及其政党的经验互鉴,积极学习借鉴其他文明的优秀成果。中共十九大报告指出,中国在全面建成小康社会过程中,为维护世界和平发挥了重要作用。中国积极参与促进国际和平与稳定的国际活动,习近平主席呼吁推动全球治理体系朝着更加公正合理的方向发展,为建设世界和平、促进共同发展奠定了新的理论基础。习近平总书记提出了全球发展倡议,经过新冠肺炎疫情洗礼,这一倡议在全世界深入人心。中国无私地向各国人民提供医疗卫生援助,向发展中国家提供了大量的无偿援助、优惠贷款、技术支持、人力援助。中国共产党大力推进共建"一带一路",这一倡议是习近平新时代中国特色社会主义思想的主要全球贡献之一,旨在通过开展人类历史上最大规模的基础设施建设,促进中国与世界的互联互通,统筹国际国内两个市场,加强区域合作,带动沿线国家经济发展,加强相互理解、相互信任。"一带一路"创造了资金流动、人才交流、信息共享的创新发展模式,弥补了沿线国家基础设施建设鸿沟,推动了亚太、非洲、中东欧等地区经济加速增长。

阿中关系

中国和阿拉伯国家有着非常深厚的友谊。近年来,阿拉伯国家局势发生了前所未有的深刻复杂变化。尽管如此,中国始终是阿拉伯国家真正的支持者和合作伙伴。阿中双方有许多共同利益,为阿中关系发展创造了广阔前景。阿中关系的优势在于其建立在双方的共同利益基础上。阿中双方不仅在经济上有共同利益,在文化、社会、历史等方面也存在许多"公约数",并且坚持平等相待、相互尊重。我深信,阿中合作将迎来更加美好的未来。

我在中国的生活和经历

最后，我想谈谈我在中国的经历。孩提时代，我在中国生活了九年。虽然中国不是我父亲和祖父的祖国，但却是我的祖国。因为人类天生会热爱自己成长的地方，因为习惯那里的生活方式，耳濡目染深知当地人民的善良。教育是任何一个国家发展的强大支柱。我和中国同学一起在国际学校学习，切身感受到中国教育的发达程度，体会到中国共产党对发展教育事业的重视。我也见证了中国在交通、物流、医疗卫生等领域的突飞猛进和高质量发展。我从未在世界其他地方见过像中国这样安全的国家。中国人民安居乐业，他们对中国共产党充满热爱。中国共产党来自人民，为实现人民对美好生活的向往而不懈奋斗。正如习近平总书记所说："共产党人必须牢记，为民造福是最大政绩。"

第二篇

非洲

阿 | 尔 | 及 | 利 | 亚

加强组织建设是中共的政治优势所在

阿尔及利亚高中生
玛利亚·哈米迪·奥贾南

在中国共产党举行的历次庆祝活动中，中国人民欢聚一堂，展现出对祖国的深切热爱和对实现国家繁荣富强的不懈追求。

百年正是风华正茂。过去 100 年，中国共产党向人民、向历史交出了一份优异的答卷。现在，中国共产党团结带领中国人民踏上了实现第二个百年奋斗目标新的赶考之路。时代是出卷人，中国共产党党员是答卷人，人民是阅卷人。相信中国共产党将带领中国在新的征程上不断取得新的优异成绩。

中共十九大对实现第二个百年奋斗目标作出了战略安排。即从 2020 到 2035 年，基本实现社会主义现代化；从 2035 年到 21 世纪中叶，把中国建成富强民主文明和谐美丽的社会主义现代化强国。到那时，中国的物质文明、政治文明、精神文明、社会文明、生态文明将全面提升，中国将实现国家治理体系和治理能力现代化，成为综合国力和国际影响力领先的国家，全体中国人民基本实现共同富裕，中国人民将享有更加幸福安康的生活，中华民族将以更加昂扬的姿态屹立于世界民族之林。

中国共产党为什么能够成功？答案就在中共十九届六中全会通过的《中共中央关于党的百年奋斗重大成就和历史经验的决议》中的"十个坚持"里。中国特色社会主义事业取得伟大成就，中国人民和中华民族实现历史性变革，最重要的原因就是坚持中国共产党的领导，这是历史和人民的选择。除了始终代表最广大人民的根本利益外，中国共产党没有任何自己特殊的利益，从不代表任何利益集团、任何权势团体、任何特权阶层的利益。中国共产党坚持把马克思主义基本原理同中国具体实际相结合，同中华优秀传统文化相结合，勇于推进理论创新，以新理论指导新实践。中国共产党坚持中国的事情由中国人民自己作主张、自己来处理。中国共产党探索出一条符合中国国情的道路，坚定不移地走中国特色社会主义道路，持续深入推进全过程人民民主。中国共产党追求的不仅是中国人民的幸福和中华民族的伟大复兴，更是人类进步和世界大同。中国坚持开放，不搞封闭；坚持互利共赢，不搞零和博弈；坚决捍卫国际公平正义，站在历史正确的一边，站在人类进步的一边；坚持走和平发展道路，不依附别人，不掠夺别人，永远不称霸。

2021年8月，中国驻苏丹大使在《褐色大地报》"聚焦中国"专栏发表题为《中国共产党加强自身建设的经验做法》署名文章。我从中了解到，中国共产党成立100余年，执政70余年，从不到60人的新生政党，发展到党员人数超过9600万的世界第一大党；从播下革命火种的小小红船，发展到领航复兴伟业的巍巍巨轮。中国共产党由小变大、由大向强的成功经验之一在于始终高度重视和不断加强党的建设。

加强组织建设是中国共产党的政治优势之所在。中国共产党坚持围绕不同历史时期的中心任务，加强组织建设，发挥组织优势，确保党的事业发展到哪里，组织建设就跟进到哪里，党组织和党员作用就发挥到哪里。中国共产党建立了包括党的中央组织、地方组织、基层组织在内的完整组织架构。中共中央发挥大脑和中枢作用；地方组织的根本任务是确保贯彻落实中央决策部署；基层组织是贯彻落实中央决策部署的"最后一公里"，充分发挥着战斗堡垒作用——这是世界上任何其他政党都不具备的强大优势。

拥有坚强领导核心的中共是带领中国实现伟大历史目标的根本保障

阿尔及利亚中国丝路新闻网记者
艾哈迈德·古梅迪

中国共产党是中国工人阶级先锋队,是中国特色社会主义事业领导核心,代表中国先进生产力的发展要求,代表中国先进文化的前进方向,代表中国最广大人民的根本利益。即将召开的中共二十大是一次历史性盛会,必将为新时代中国特色社会主义发展作出重大贡献。在习近平总书记提出的"一带一路"倡议框架内,中国将成为开放型经济的重要倡导者和推动力量。

在习近平总书记领导下,中国共产党带领中国人民在全面建成小康社会、全面建设社会主义现代化国家、完善中国特色社会主义制度、推进国家治理体系和治理能力现代化等方面取得了举世瞩目的成就。中国共产党完成了近现代史上最伟大的社会经济变革,为建设富强民主文明和谐美丽的社会主义现代化国家、推进中华民族伟大复兴、促进各国友好合作、维护世界和平稳定、推动人类进步作出了重大贡献。

中共十八大以来,习近平总书记致力于打击腐败,消除贫困;不断发展生产力,推动社会财富增长和人的全面发展;提高人民生活水平,实现共同富裕;尊重劳动、科学、效率和创新,确保中国在经济、军事、科技、体育等领域实现全面发展。

在中国人民和世界各国人民的热切期盼和高度关注下，中国如期成功举办2022年北京冬奥会，这离不开所有人的不懈努力和辛勤付出，展现了中国人民团结一致、奋发向上的精神风貌。北京冬奥会是一场卓越的国际体育盛会，在冬奥史上谱写了光辉篇章，也使中国人民对中国共产党更加充满信心。

近年来，阿拉伯国家同中国命运与共，携手抗击新冠肺炎疫情，共同推动地区问题解决，并通过高质量共建"一带一路"实现互利共赢和阿中两大民族复兴。阿中传统友谊历久弥坚，双方在古丝绸之路上出入相友，在共建"一带一路"过程中携手并进。中国为发展中国家提供了治国方略和发展道路的全新选择。中国的发展体现了公平、正义原则，代表着世界进步力量，有利于推动全球发展更加均衡、和谐。

在习近平总书记的坚强领导下，中国共产党把社会主义中国建设成为世界上最富强的国家之一，中国特色社会主义的旗帜高高飘扬。相信中国共产党将更加团结一致，中国人民将在全面建设社会主义现代化强国的伟大事业中取得更大成就。我们愿加强阿中关系，为建设一个健康发展的世界作出积极贡献。拥有坚强领导核心的中国共产党是带领中国实现伟大历史目标的根本保障，是我们共同应对挑战、建设更加美好世界的灵感源泉。

中共,一个永葆青春的政党

阿尔及利亚记者
阿卜杜·易卜拉欣

中国共产党,一个依靠青年且富有远见的政党。

要想了解中国如何迅速发展为世界第二大经济体,就必须了解中国共产党的历史。以毛泽东为核心的中共中央第一代领导集体以前瞻性眼光为新中国的发展奠定了基础。如今,在习近平总书记引领下,既保持中国传统特性又适应时代要求的中国特色社会主义不断发展,确保中国始终良政善治。

阿拉伯国家青年高度关注中国与世界各国特别是阿拉伯国家开展的交流互鉴,认为中共能够保持青春特质的最大秘诀是重视挖掘青年的潜能,将青年培养为社会发展和人力资源增长的基础,使中国实现了凤凰涅槃般的蜕变。

从邓小平到习近平,中国发展最关键的一招是融入世界发展大潮,并向各国开放市场。在我的祖国阿尔及利亚经历了多次经济振兴失败后,我反复扪心自问,为什么我们没有借鉴中国经验?

中国的腾飞改变了很多年轻人对共产党执政的看法,激励他们将中国实现可持续发展的经验带回自己的国家。我同不少阿尔及利亚人一样,都曾误以为一党执政就是独裁,但当我真正去研究中国和中共时,发现实际情况与我想象的完全不同。我了解到,中共是中国的执政党，它对所有合法政党持开放态度，特别是中共领导的多党合作和政治协商制度避免了西式多党制引发的政局动荡恶果，使中国比美国等两党或多党制国家更加团结、更加高效。

中国共产党，一个永葆青春的政党。

1956年，中共提出与各民主党派"长期共存、互相监督"的方针。1982年，中共确立与各民主党派"长期共存、互相监督、肝胆相照、荣辱与共"的方针。中国人敢于承认错误，且善于从中吸取教训，通过创新、自我批评、招贤纳士等保持青春活力。中共重视推动青年领导干部参与国家治理，阿拉伯世界大多数政党却截然相反，他们很少给青年提供机会或出台长期有效的发展规划。

2019年11月，"中国共产党的故事——习近平新时代中国特色社会主义思想在江西的实践"专题宣介会在南昌举行，来自世界各国的近200名政党代表齐聚一堂，与中共分享治国理政经验。这是一次鼓舞人心的体验，有助于各国近距离了解中国实现崛起、取得历史性成就的奥秘，并结合本国实际制定实现可持续发展的路线图。中国经验给我们的启迪是，制定路线图最重要的是要做到公正、透明，并根据形势发展变化及时作出调整。

最后，我想强调的是，中国共产党在革命、建设和改革各个历史时期始终把促进人的全面发展作为经济社会发展的最终目标，重视培养专业技能和创新精神，这很重要！

习近平新时代中国特色社会主义思想具有重要而深远的世界意义

阿尔及利亚青年
本欧迈尔·阿米娜

中国是世界上最优秀、最先进的国家之一,是全球经济大国。中国工业享誉世界,中国文化风靡全球。尽管中华人民共和国成立时间与绵亘数千年的中华文明相比不算很长,但中国始终坚守着悠久的历史文化,这使其成为一个融贯古今的卓越国家。中国共产党建立了中华人民共和国,成为国家的执政党。100年来,中国共产党初心不改,始终致力于为中国人民谋幸福,为中华民族谋复兴。那么,中国共产党是如何带领中华民族迎来从站起来、富起来到强起来的伟大飞跃的呢?

中国共产党自成立以来就肩负起实现民族复兴的使命,并为此不懈奋斗,完成"万里长征",带领中国人民赢得抗日战争胜利,并于1949年建立中华人民共和国,领导中国人民探索出一条马克思主义基本原理同中国具体实际相结合的正确道路,开辟了中国特色社会主义道路,形成了中国特色社会主义理论体系。改革开放以来,中国为摆脱贫困付出了巨大努力,成功使近八亿人口脱贫。按照世界银行国际贫困线标准,中国减贫人口占同期全球减贫人口70%以上。

习近平同志是新时代中国共产党人的代表，习近平新时代中国特色社会主义思想是对马克思列宁主义、毛泽东思想、邓小平理论、"三个代表"重要思想、科学发展观的继承和发展，是中国共产党带领中国人民为实现中华民族伟大复兴而奋斗的行动指南，具有重要而深远的世界意义。在这一重要思想指引下，中国正日益走近世界舞台中央，致力于推动人类进步事业实现更大发展。

2013年9月，习近平主席在出访中亚期间首次提出共建"丝绸之路经济带"，同年10月又提出共建"21世纪海上丝绸之路"。九年来，"一带一路"倡议由理念变为现实，有力推动了世界经济发展。2016年，中国对世界经济增长的贡献率超过30%，货物进出口总额达24.33万亿元人民币，服务贸易进出口总额超过5万亿元人民币。中国是60%跨国企业的全球三大投资目的地之一。在与中东国家关系方面，中国与埃及、阿联酋等地区国家签署多项合作文件，双方共建"一带一路"深入推进，合作前景广阔。当前，中国正致力于在"一带一路"倡议框架内为包括中东地区在内的全球经济发展作出更大贡献。

中国与阿拉伯国家的历史关系可追溯至公元7世纪，此后双方保持密切贸易往来和人文交流。在涉及阿拉伯国家人民核心利益问题上，中国毫不犹豫与地区国家站在一起，支持各国人民应对风险挑战、维护自身利益。中国长期坚定支持巴勒斯坦人民维护自身合法权利，致力于通过直接谈判、以和平方式解决巴勒斯坦问题。在1956年第二次中东战争中，中国支持埃及抵抗英国、法国、以色列侵略以及收复苏伊士运河的合法权利。此外，中国在1973年第四次中东战争中站在叙利亚和埃及一边，谴责伊拉克入侵科威特，反对美国入侵伊拉克，始终是国际公平正义的坚定守护者。

习近平总书记以卓越的智慧领导中国和中国人民不断取得进步

阿尔及利亚青年
迪尔玛·塔希勒

中国位于亚洲东部，陆地面积约960万平方千米，人口超过14亿。中华文明是世界上最古老的文明之一。

中国共产党成立于1921年。1949年10月1日，毛泽东宣告中华人民共和国成立，中国共产党成为执政党。中国共产党是中国工人阶级的先锋队，代表最广大人民的根本利益，是中国特色社会主义事业的领导核心。中国共产党已经走过百余年光辉历程，在习近平总书记领导下，中国共产党人始终牢记初心使命，重视加强党的纪律建设。习近平总书记以卓越的智慧领导中国和中国人民不断取得进步。

中共十九大对实现第二个百年奋斗目标作出了战略安排，即从2020到2035年，基本实现社会主义现代化；从2035年到21世纪中叶，把中国建成富强民主文明和谐美丽的社会主义现代化强国。到那时，中国的物质文明、政治文明、精神文明、社会文明、生态文明将全面提升，实现国家治理体系和治理能力现代化，成为综合国力和国际影响力领先的国家，全体中国人民基本实现共同富裕，中国人民将享有更加幸福安康的生活，中华民族将以更加昂扬的姿态屹立于世界民族之林。

在中国共产党的英明领导下，全体中国人民齐心协力，共同克服一切阻碍中华民族伟大复兴的困难与挑战，推动中国取得伟大历史性成就。中国坚持改革开放，重视加强与世界各国的交流合作，同各国特别是阿拉伯国家保持紧密往来。阿中友谊源远流长，古丝绸之路将中国与阿拉伯国家连接在一起，使古老的中华文明与阿拉伯文明熠熠生辉、遥相呼应。21世纪以来，阿中关系进入新时期，双方政治、经济、军事、文化等领域合作不断深化。阿尔及利亚与中国有着悠久、牢固的传统友谊。在两国领导人的亲自关怀下，阿中关系已提升至全面战略伙伴关系水平。阿中友好还体现在相互尊重主权和领土完整、互不干涉内政、开展互利共赢的经贸投资合作，以及进行有利于可持续发展的基础设施建设合作等。

2022年下半年，中国共产党将召开党的二十大。相信中共将坚持以习近平新时代中国特色社会主义思想为指引，与时俱进，不断提升中国与阿拉伯国家特别是阿尔及利亚的关系，书写两国关系发展的新篇章，造福两国和两国人民。

中共二十大将为新时代阿中关系发展开辟新前景

阿尔及利亚作家
迪勒米·塔希尔

我们自幼就知道"中国制造",无论是衣服、电器,还是零配件……上学后,我们学到了"求知哪怕远在中国",这是我们了解中国的开始。此后,我们又得知中国是世界第一人口大国。再后来,我们知道了包括中国长城在内的世界七大奇迹,对中国的了解也随之增加。随着时间推移和科技进步,广播、电视、网络、社交媒体等媒介让中国变得触手可及,我们得以及时了解中国在经济、文化、社会、政治等各领域的发展与变化。

关于中国和中共

中国拥有14亿多人口,位于亚洲东部,陆地面积约为960万平方千米,是世界上生物多样性最丰富的国家之一。中国有23个省、5个自治区、4个直辖市和2个特别行政区。中华文明是世界上最古老的文明之一。

中国共产党成立于1921年，1949年领导中国人民通过武装斗争建立了中华人民共和国。中国共产党是工人阶级的先锋队，是中国各族人民利益的忠实代表，是中国特色社会主义事业的领导核心，以实现共产主义的社会制度为最终奋斗目标。

新时代的中共

习近平总书记以卓越的才能领导党和国家，带领中国人民在新时代不断向前迈进。以习近平同志为主要代表的中国共产党人创立了习近平新时代中国特色社会主义思想，极大地改变了中国、影响了世界。

中共十九大提出了新时代的奋斗目标，即从2020年到2035年，基本实现社会主义现代化；从2035年到21世纪中叶，把中国建成富强民主文明和谐美丽的社会主义现代化强国。到那时，中国的物质文明、政治文明、精神文明、社会文明、生态文明将全面提升，国家实现治理体系和治理能力现代化，成为综合国力和国际影响力领先的国家，全体人民基本实现共同富裕，中国人民将享有更加幸福安康的生活，中华民族将以更加昂扬的姿态屹立于世界民族之林。

进入新时代，得益于中国共产党的英明领导和社会各界的通力协作，中国比历史上任何时期都更加接近实现中华民族伟大复兴的宏伟目标。为实现这一目标，全体中国人民仍需齐心协力，共同应对前进道路上各种潜在的风险与挑战。

"一带一路"倡议

2013年，习近平总书记提出"一带一路"倡议。中国致力于将"一带一路"倡议打造为世界经济关系的重要支柱，投资数十亿美元支持沿线国家基础设施建设，与各国实现互联互通，并推动中国产品加快进入全球市场。中国让古丝绸之路重新焕发生机与活力，与各国尤其是阿拉伯国家建立起多层次友好合作关系。

阿拉伯国家与中国的关系

阿拉伯国家与中国的关系源远流长。2000多年前，古丝绸之路将阿拉伯国家与中国紧密相连，留下了阿中文明辉煌灿烂的宝贵遗产。公元7世纪中叶以来，行进在丝绸之路上的阿拉伯商队将伊斯兰教传入中国。进入21世纪，中国与阿盟22个成员国都建立了外交关系，阿中关系迈入新时代。

阿尔及利亚与中国的关系

阿尔及利亚与中国之所以能够建立全面战略伙伴关系，是因为两国关系拥有坚实的历史和政治基础。在阿民族解放战争期间，中国一直支持阿人民为解放国家而进行的合法斗争。中国在阿临时政府1958年9月成立后即予以承认，是最早同阿建交的国家之一。两国在困难与危机面前始终守望相助。1963年4月，中国向阿派出首支援外医疗队。1971年，阿为支持新中国恢复在联合国合法席位发挥了重要作用。

阿中两国关系是中国同所有阿拉伯国家关系中最强大、最负盛名的关系之一。进入21世纪以来，两国政治、经济、军事、文化等各领域合作日益深入。阿中关系具有战略意义，这在两国领导人的交往互动中体现得淋漓尽致。阿中两国在对外关系中均恪守尊重各国主权和领土完整、不干涉内政原则。

长期以来，中国共产党在发展中国同阿拉伯国家关系方面发挥了重要作用，充分体现了阿中合作的深度和广度。中共将于2022年下半年召开二十大，相信习近平总书记将继续致力于加强中国同阿拉伯国家特别是阿尔及利亚的关系，中共二十大将为新时代阿中关系发展开辟新前景。

中共始终坚持以人民为中心的发展思想

阿尔及利亚光荣解放革命历史文化遗产保护学会作家
马基·巴迪

成功的道路不会一帆风顺，势必面临各种艰难险阻。只有付出不懈努力并作出科学规划，才能实现成功。最好的例证就是中国和中国共产党。中国共产党是中国工人阶级的先锋队，始终代表最广大人民的根本利益，是世界上最大的马克思主义执政党。它就像丝绸之路上的商队，最初只是一支很小的队伍，而后迅速发展壮大，成为一支庞大的舰队，带领中国和中国人民不断走向繁荣复兴，并将其成功经验传播至世界各地。

中国共产党是中华人民共和国的缔造者和执政党。中国共产党自成立之日起就将马克思主义作为指导思想，高度重视加强党的建设，以保持党的创造力、凝聚力和战斗力，并把马克思主义基本原理同中国具体实际相结合，团结带领全国各族人民自力更生、艰苦奋斗，聚精会神发展经济，为建设富强民主文明和谐美丽的社会主义现代化国家而奋斗。

中国共产党坚持解放思想、实事求是。毛泽东思想、邓小平理论、"三个代表"重要思想、科学发展观、习近平新时代中国特色社会主义思想等科学理论为中国革命、建设、改革、发展发挥了重要指导作用，为确保党和国家始终沿着繁荣与进步的正确方向前进提供了坚强思想保障。

中国共产党带领中国不断实现进步与发展，使其屹立于世界民族之林。在中国共产党领导下，中国在基础设施建设、人工智能、医学研究、电子商务等各领域给世界留下了不可磨灭的烙印。如果没有伟大的中国共产党，中国怎能实现如此具有启示意义的成就、助力各国实现可持续发展？

中国共产党始终坚持以人民为中心的发展思想。得益于改革开放政策，中国经济在短时间内实现了质的飞跃，在世界范围内取得了巨大成功，已发展为世界第二大经济体，中国人民生活水平明显提高。中国共产党严厉打击腐败，赢得了人民的大力拥护和支持。新冠肺炎疫情暴发后，中国很快控制住国内疫情蔓延，并向包括阿尔及利亚等阿拉伯国家在内的许多国家提供抗疫援助，我本人也接种了两针中国援助的新冠疫苗。

中国的成功经验值得各国学习借鉴，而且中国从未吝于同其他国家分享经验。阿拉伯国家人民见证了中国和中国共产党为传播中国经验所付出的努力。中国是许多阿拉伯国家的最大贸易伙伴，阿拉伯各国应搭乘中国经济发展"快车"，巩固对华友好合作关系。

阿尔及利亚与中国有着牢固的关系。中国拥有重要国际地位，阿尔及利亚是中国在非洲的重要伙伴，两国高层交往和经贸、投资合作十分密切。2018年，阿尔及利亚正式加入"一带一路"倡议，双边贸易额持续攀升。

祝友好的中国在中国共产党的英明领导下，从发展中国家迈向现代化强国。

各国人民之间的友谊与合作万岁！阿中友谊万岁！社会主义万岁！

习近平总书记为中国人民立下汗马功劳,建立丰功伟绩,是中共历史上的一代伟人

阿尔及利亚青年
塞拉维·娜里曼

阿尔及利亚与中国之间的友谊源远流长。中国是第一个承认阿尔及利亚临时政府并向其提供坚定支持的国家。阿尔及利亚是一个独立国家,而非大国的附庸,阿尔及利亚人民完全有权决定自己的命运。我的祖父常向我讲起,在阿尔及利亚形势最危险的时候,中国曾派出数千名医生赴阿救治伤员。建交以来,阿中两国相互尊重、荣辱与共,在政治、经贸、文化等领域保持密切合作,树立了发展中国家关系的典范。

中国共产党是中国的执政党,每一位中共党员都致力于造福中国人民,推动中国各地实现发展与繁荣。中共高度重视党的建设特别是组织建设,拥有完善的组织架构和严明的纪律。近年来,中共持续加大反腐力度,深入推进全面从严治党。因为中共深知,如果腐败得不到遏制,国家的大政方针就无法贯彻,任何发展计划都无法实施,经济增长更是无从谈起。

在习近平总书记领导下,中国特色社会主义进入新时代,中国共产党踏上新征程,中国人民更加接近实现中华民族伟大复兴中国梦。

在国际层面，习近平总书记带领中国不断强化全球大国地位，在国际舞台上发挥着举足轻重的作用。可以说，习近平总书记为中国人民立下汗马功劳，建立丰功伟绩，是中国共产党历史上的一代伟人。

关于阿拉伯国家与中国的关系。一方面，中国是一个正在崛起的全球大国，拥有充满机遇的广阔市场，是多数阿拉伯国家的最大贸易伙伴和最大投资来源国。另一方面，阿拉伯国家拥有重要战略位置，是共建"一带一路"的重要伙伴，也是全球能源和贸易的中心。因此，应进一步深化阿中关系，实现更多合作成果，造福双方人民。

我们愿成为阿中友好的使者

阿尔及利亚青年
拉比德·冬雅

我们阿拉伯国家青年长期受西方影视传媒影响，难以了解真实的中国和中国共产党。因此，我想写一写我眼中的新时代中国共产党。

中共十八大以来，在习近平总书记领导下，中华民族迎来了从站起来、富起来到强起来的伟大飞跃，中国作为世界第二大经济体的地位日益巩固，并在5G等高科技领域全球领先。中共始终坚持以人民为中心，如期全面建成小康社会，消除了绝对贫困问题。中共高举和平、发展、合作、共赢旗帜，推进中国特色大国外交，推动构建人类命运共同体。中国从不复制其他国家的发展模式，也不输出中国模式。有些阿拉伯国家却在外来干预下走向衰退。

因为阿尔及利亚实行多党制，所以起初我对一党执政充满疑虑。但在深入了解中国在中国共产党领导下取得的巨大发展成就后，我充分认识到，中国共产党是马克思主义政党，与人民保持紧密联系，致力于建设具有中国特色的社会主义国家。中共带领中国人民战胜新冠肺炎疫情等重大风险挑战，彰显了卓越的领导力、凝聚力和应变能力，与西方发达国家形成鲜明对比。

阿拉伯国家与中国传统友谊深厚。阿拉伯国家支持新中国恢复联合国合法席位，支持共建"一带一路"，并在涉疆、涉港、涉藏、民主、人权等问题上坚定支持中方立场。尽管有些曾被我们视为朋友的国家不再支持巴勒斯坦人民的正义事业，但中国始终支持全面公正持久解决巴勒斯坦问题。中国还提出了许多发展倡议，帮助阿拉伯国家修建学校、道路、清真寺等，阿尔及尔大清真寺就是其中之一。阿中双方将于2022年下半年举办首届中阿峰会，这将成为双方关系史上的重要里程碑。

我自幼就对中国文化和中国人民充满好感，曾多次参加相关线上比赛，并获得北京大学颁发的语言和文化证书。目前，我在大学亚洲文化研究社团教授中文。很多像我一样的阿拉伯国家青年都十分渴望赴华留学，希望中方为我们提供更多机会。我们愿成为阿中友好的使者，广泛传播中国文化，修正他人对中国的偏见。

中国的发展目标清晰，步伐坚定，中国必将取得更大成功

阿尔及利亚青年学生
拉比吉尔·娜比娅

中国共产党诞生于 20 世纪 20 年代，是中国社会历史发展和革命运动演进的必然结果。2021 年，中国共产党隆重庆祝了百年华诞。中国共产党通过坚持不懈的努力，团结带领中国人民打破西方封锁和包围，并发展成为世界上最强大的政党之一。

在中国共产党领导下，中国如期全面建成小康社会，历史性解决了绝对贫困问题，正意气风发地朝着全面建成社会主义现代化强国的第二个百年奋斗目标迈进。全面建成小康社会实现了中华民族的百年夙愿，兑现了中国共产党向人民、向历史作出的庄严承诺。此外，中国共产党大力开展反腐败斗争，严厉惩治违法乱纪行为，赢得了人民的衷心拥护和大力支持。中国共产党带领中国人民开启建设社会主义现代化国家新征程，2035 年必将基本实现社会主义现代化，21 世纪中叶必将全面建成富强民主文明和谐美丽的社会主义现代化强国。

中共十八大以来，在习近平总书记领导下，中国在各领域取得了举世瞩目的伟大成就，令中国人民深感自豪。在国际层面，中国提出了"一带一路"、构建人类命运共同体等倡议，积极参加联合国维和

行动，全力应对新冠肺炎疫情等突发公共卫生事件，推动建立更加公正合理的全球治理体系。中国智慧和中国方案有助于深陷经济社会治理困境的中东国家制定全面发展规划，应对各种共同挑战。

如果有人问我，中国成功的秘诀是什么？我认为，那就是中国的发展目标清晰、步伐坚定，中国必将取得更大成功。

阿拉伯国家与中国拥有牢固传统友谊。阿拉伯国家支持恢复新中国在联合国的合法席位，中国也向阿拉伯国家施以援手，帮助其修建公路、清真寺等基础设施。中国通过在大学或中国文化中心开设中文课程，不断加强对阿文化传播，并通过举办"我眼中的中国共产党""新时代的中国共产党"主题征文和短视频大赛活动等，进一步深化阿拉伯世界对中国的了解。

作为一名阿尔及利亚大学生，我期待将中文纳入阿大学课程，以满足更多像我一样对中国文化充满浓厚兴趣的阿尔及利亚学生的需求。我将积极参加中方举办的各类活动，不断加深对中国文化的了解，争取早日赴华深造。

不了解中共，就不可能理解中国近现代发生的深刻变化

阿尔及利亚青年
萨夫拉尼·赛卜哈维

中华文明是世界上最古老的文明之一，在政治、经济、哲学、文学及语言、陶瓷、建筑、音乐、舞蹈、武术、烹饪、视觉艺术等方面，对东亚地区乃至全世界影响深远。

中华人民共和国是工人阶级领导的，以工农联盟为基础的人民民主专政的社会主义国家。社会主义制度是中国的根本制度。

中华人民共和国国旗

中华人民共和国国旗由曾联松设计，为左上角镶有五颗黄色五角星的红色旗帜，旗帜图案中的四颗小五角星呈半环形环绕在一颗大五角星右侧。旗上的五颗五角星及其相互联系象征着共产党领导下的革命人民大团结。四颗小五角星各有一尖正对大五角星的中心，代表着围绕一个中心的团结。

中华人民共和国国歌

1935年由著名剧作家田汉和著名作曲家聂耳创作的《义勇军进行曲》，原为电影《风云儿女》的主题曲，讲述了"九一八"事变后，中国知识分子勇敢奔赴抗日前线的故事。这首歌极大地鼓舞了爱国救亡运动，奏响了中华民族解放斗争的最强音。

中国和中国人民的命运与中国共产党紧密相连。没有共产党就没有新中国，没有共产党的正确领导就没有今天蓬勃发展的新中国。

中国共产党成立于1921年，是中国工人阶级的先锋队，是中国人民和中华民族的先锋队，是中国特色社会主义事业的领导核心，代表先进生产力的发展要求，代表中国先进文化的前进方向，代表中国最广大人民的根本利益。中国共产党以马克思列宁主义、毛泽东思想、邓小平理论、"三个代表"重要思想、科学发展观、习近平新时代中国特色社会主义思想为行动指南。可以说，不了解中国共产党，就不可能理解中国近现代发生的深刻变化。

人民代表大会制度

人民代表大会制度是中国根本政治制度，是中国人民民主专政政权的组织形式。宪法规定，全国人民代表大会是最高国家权力机关，除依照法律被剥夺政治权利的人外，凡年满18周岁的中国公民都有选举权和被选举权。中国全国、省、自治区、直辖市和设区的市、自治州的人民代表大会代表通过间接选举方式，由下一级人民代表大会选出；不设区的市、市辖区、县、自治县、乡、民族乡、镇的人大代表，由选民直接选举产生。全国人民代表大会和地方人民代表大会任期五年，每年举行一次全体会议。全国人民代表大会的职权包括立法权、决定权、任免权、监督权。全国人民代表大会有权批准国家经济和社会发展计划，选举和罢免国家主席和全国人民代表大会常务委员会委员长，任命和罢免总理和部长。

全国人民代表大会开会期间，参会代表听取和审议政府工作报告。全国人民代表大会闭会期间，全国人大常委会行使职权包括：解释宪法，监督宪法的实施；制定和修改除应当由全国人民代表大会制定的法律以外的其他法律；对全国人民代表大会制定的法律进行部分补充和修改，但是不得同该法律的基本原则相抵触；解释法律等。

中共领导的多党合作和政治协商制度

中国共产党领导的多党合作和政治协商制度是中国的基本政治制度之一。中国实行独具特色的多党制，除执政的中国共产党外，还有八个民主党派。中国共产党在与这些民主党派的合作中坚持"长期共存、互相监督、肝胆相照、荣辱与共"的基本原则。各民主党派在共产党领导下，在宪法赋予的权利义务范围内，有政治自由和组织独立性。

民主党派不是在野党、反对党，而是在中国共产党领导下参与国家治理的参政党，参加国家政权，参与国家大政方针和重要领导人选的协商，参与国家事务的管理，参与国家方针政策、法律法规的制定和执行。

中共中央在作出重大决定和决策前，都要举行党外人士民主协商会，广泛听取他们的意见和建议。民主党派和无党派人士依托中国人民政治协商会议等平台发挥作用。

中国特色社会主义

中共十九大把习近平新时代中国特色社会主义思想确立为中共必须长期坚持的指导思想并庄严地写入党章，实现了中共指导思想的与时俱进。习近平总书记强调，新时代是承前启后、继往开来、在新的历史条件下继续夺取中国特色社会主义伟大胜利的时代。新时代中共的主要任务是，实现第一个百年奋斗目标之后，朝着实现第二个百年奋斗目标、实现中华民族伟大复兴的宏伟目标继续前进。中国特色社会主义是开拓性事业，是不断推进的历史进程。坚持和发展中国特色社会主义，必须在体现时代性、把握规律性、富于创造性中不断展现蓬勃的生机活力。

阿尔及利亚与中国的关系

20 世纪 50 年代，新中国成立后不久就坚定支持阿尔及利亚民族解放事业并向阿人民提供大量援助。1958 年 9 月，阿尔及利亚临时政府宣告成立。中国是第一个承认阿临时政府的非阿拉伯国家。建交 64 年来，两国始终相互理解、相互支持，高层互访频繁，各领域合作成果丰硕。1963 年 4 月，中国向阿派遣首支医疗队，这也是中国首次向非洲国家派遣医疗队。1971 年 10 月，阿尔及利亚等国提出恢复中华人民共和国在联合国组织中的合法权利的议案。2014 年，两国建立全面战略伙伴关系，阿尔及利亚成为首个同中国建立全面战略伙伴关系的阿拉伯国家，充分体现了两国关系的独特性。

对中共二十大的期待和建议

2022 年下半年，中共将召开党的二十大，这是中国党和国家政治生活中的一件大事。从发展阶段看，中共十八大以来，中国取得了改革开放和社会主义现代化建设的历史性成就，推动中国党和国家事业发生了历史性变革，中共理论创新实现了新的飞跃，中共领导方式和执政方式实现转变与创新。从社会主要矛盾看，中国社会的主要矛盾转变为人民日益增长的美好生活需要和不平衡不充分的发展之间的矛盾。从国际地位变化看，中国不再是国际体系的被动接受者，而是参与者、建设者、贡献者。世界对中国的关注从未像今天这样广泛而深入，中国对世界的影响从未像今天这样全面而深远。

第一，实现国家发展的途径：

1. 贯彻新发展理念，实现可持续发展。

2. 为人力资源发展创造机会。

3. 更加关注优先发展事项，包括心理、金融和法治等。

4. 实现公平发展，提升个人工作能力和道德素养。

第二，改善国家治理的途径：

1. 建立一个风清气正、决策得当的成熟社会。

2. 实行问责制。

3. 保持廉洁透明。

4. 坚守公平正义。

光荣属于伟大的中共和中国人民

阿尔及利亚工人
阿卜杜勒卡迪尔·本·穆罕默德

1921年中国共产党成立后，开辟了中国特色革命道路。历经28年浴血奋战，中共带领中国人民最终夺取新民主主义革命的胜利，实现了民族独立和人民解放，建立了中华人民共和国，开辟了中国历史新纪元。中共是世界第一大马克思主义执政党，领导着14亿多人口的大国，把人民对美好生活的向往作为奋斗目标。中共领导人民建立的国家称为"中华人民共和国"，各级政府称为"人民政府"，中共缔造的军队称为"人民解放军"，中共中央机关报称为"人民日报"，中国中央银行称为"人民银行"。由此可见，"人民"二字已深深融入中共的血脉。

中国特色社会主义道路的开创者邓小平在中共十一届三中全会上提出实行改革开放政策，并于1982年首次提出"一国两制"。按照"一国两制"实现中国和平统一，完成统一祖国大业是全体中国人民的共同心愿。江泽民在中共十五大上进一步回答了把建设有中国特色社会主义伟大事业全面推向21世纪的关键问题，并于2000年提出"三个代表"重要思想。中共十六大后，以胡锦涛同志为主要代表的中国共产党人团结带领全党全国各族人民，在全面建设小康社会进程中推进实践创新、理论创新、制度创新，围绕坚持和发展中国特色社会主义，形成了科学发展观。中共十八大以来，中国特色社会主义进入新时代。2012年，中共中央总书记习近平提出实现中华民族伟大复兴的中国梦，是中华民族近代以来最伟大的梦想。以习近平同志为主要代表的中国共产党人创立了习近平新时代中国特色社会主义思想，实现了马克思主义中国化新的飞跃。

中国共产党坚持马克思列宁主义、毛泽东思想、邓小平理论、"三个代表"重要思想、科学发展观和习近平新时代中国特色社会主义思想，坚持把马克思主义基本原理同中国具体实际相结合。党的十九届六中全会确立习近平同志党中央的核心、全党的核心地位，确立习近平新时代中国特色社会主义思想的指导地位。在中共坚强领导下，解决困扰中华民族几千年的绝对贫困问题取得历史性成就，人民共享全面小康硕果。在新发展理念引领下，中国经济社会发生巨大变化，生态环境明显改善，创新型国家建设取得丰硕成果。

中国坚持走和平发展道路，始终奉行独立自主的和平外交政策，弘扬和平、发展、公平、正义、民主、自由的全人类共同价值，反对霸权主义和强权政治，坚持大小国家一律平等，尊重各国自主选择社会制度和发展道路的权利。中国坚持走自己的路，既不输入外国模式，也不输出中国模式，不会要求别国复制中国的做法。习近平总书记提出构建人类命运共同体理念，高举互利共赢大旗，为世界贡献中国智慧。"一带一路"倡议传承和弘扬丝绸之路精神，已成为最大的国际合作平台和最受欢迎的国际公共产品，为世界发展带来新机遇。中国对外开放初步形成了以"一带一路"建设为引领的陆海内外联动、东西双向互济的新格局。"一带一路"倡议连接亚洲、非洲、欧洲和美洲等地区，造福沿线国家人民，开创人类和平、繁荣、开放、绿色、创新、文明发展的新时代，使中国梦与世界各国人民的美好梦想紧密相连，为古丝绸之路赋予了新的时代意义。

中国共产党具有坚韧、灵活等品质，赢得了中国人民的衷心拥护和支持，其治国理政经验对发展中国家具有重要启示意义。在中共领导下，中国已发展为世界第二大经济体，正式进入 5G 时代。

习近平总书记是一位具有远见卓识的伟大战略家，紧紧把握时代发展脉搏，深入解读当前国内外形势，思想理念深受睦邻、仁爱等中华优秀传统文化启发，主张各国和平共处，维护国际公平正义，倡导全球治理体系变革，反对殖民侵略和零和思维。

阿拉伯国家与中国的友谊源远流长。2000 多年来，陆上、海上丝绸之路把阿中两大民族紧密连接在一起。在漫长的历史长河中，和平合作、开放包容、互学互鉴、互利共赢始终是阿中交往的主旋律。1956 年，埃及成为第一个与新中国建交的阿拉伯国家。20 世纪 60 年代，周恩来总理在访问非洲期间提出中国与阿拉伯国家关系的五项原则。1971 年，阿尔及利亚等许多阿拉伯和非洲国家为支持新中国恢复联合国合法席位发挥了重要作用。

近年来，中国创造了发展奇迹，中国产品已走进阿拉伯国家千家万户，阿拉伯国家也从中国经验中受益匪浅。阿中双方通过中阿合作论坛等平台交流发展经验、实施发展项目。阿尔及利亚也有许多中企承建项目，包括阿尔及尔大清真寺等。中国是阿拉伯国家的第一大贸易伙伴，双方"一带一路"合作成果丰硕。

新冠肺炎疫情暴发后，中国在全力做好国内疫情防控的同时，还向阿尔及利亚等许多国家伸出援手，我们对此深表感谢。我自幼便十分喜欢中国，曾加入中国国际广播电台听众俱乐部和《今日中国》杂志读者俱乐部。中国是我的"第二个家"，中国共产党是我个人成长路上的榜样。光荣属于伟大的中国共产党和中国人民！

中国人民衷心拥护中共，美国和一些西方反华势力的阴谋永远不会得逞

阿尔及利亚公民学术组织办公室主任
易卜拉欣·拉穆里

西方资本主义国家一直以拯救人类并保障其权利、自由和体面生活的"救世主"自居，并抨击东方特别是苏联和中国实行的社会主义制度，称之为无法实现发展与繁荣的"原始制度"。

事实上，他们此类言论不过是毫无事实依据的谎言和诽谤，中国的发展就是最好的例证。在中国共产党领导下，中国从一穷二白蜕变为世界第二大经济体。新冠肺炎疫情暴发后，中国向阿尔及利亚等阿拉伯国家提供了慷慨无私帮助，并在联合国安理会等多边场合给予阿方坚定支持。

1840年鸦片战争是中国近代史的开端。此后的100多年里，中国人民为摆脱贫穷与落后付出了艰辛努力。十月革命一声炮响，给中国送去了马克思列宁主义。1921年7月，中国共产党应运而生，成为国家指引方向的指南针、凝心聚力的主心骨、社会稳定的压舱石。2021年8月，中共中央宣传部发布文献《中国共产党的历史使命与行动价值》，全面介绍中共百年奋斗历程，深刻阐释其治国理政理念、实践和成就，并指出全心全意为人民服务是中共的根本宗旨。

在美国和一些西方国家一味炮制谣言和发动对华攻击的背景下，中国共产党致力于打造坚强有力的领导集体，确保党和人民的事业蒸蒸日上。中国人民衷心拥护中国共产党，美国和一些西方反华势力的阴谋永远不会得逞。

相信以习近平同志为核心的中共中央将带领全体中国人民实现共同富裕

阿尔及利亚中国丝路新闻网编辑
本哈立德·阿卜杜勒凯利姆

中国共产党成立 101 年来，始终坚持以人民为中心，并带领中国人民取得伟大成就，开创和发展了中国特色社会主义，已成为拥有 9671.2 万名党员、在 14 亿多人口的大国长期执政的政党。

新时代的中共

中国共产党始终心怀为人民谋幸福、为民族谋复兴、为世界谋大同的责任担当，致力于传承和发扬新时代国际主义精神，支持亚非拉民族解放运动及各国经济社会发展，提出构建人类命运共同体理念，为推动人类进步与发展作出了重大贡献。近年来，中国经济持续快速增长，2020 年，中国国内生产总值首次突破 100 万亿元人民币，人均国内生产总值连续两年超过 1 万美元，稳居中等偏上收入国家行列，与高收入国家的差距持续缩小。中国不仅在基础产业和基础设施等领域发展势头强劲，科技创新能力也不断提升，特别是在航空航天、深海勘探、超级计算、卫星导航等领域取得重大突破。在国际层面，中国坚持独立自主的和平外交政策，倡导同各国发展友好合作关系，致力于为完善全球治理体系、构建人类命运共同体贡献中国智慧。

中国共产党具有非凡的领导能力，是推进中国变革与发展的重要驱动力，使七亿多农村贫困人口摆脱贫困，建成世界上规模最大的医疗保障体系。中国人民无不对此深感自豪。相信以习近平同志为核心的中共中央将带领全体中国人民实现共同富裕。

通过学习中共发展历程，我深刻认识到，中国共产党思想深邃、行动灵活，是带领中国人民实现中华民族伟大复兴的火车头。在中共领导下，中国人民坚持以经济建设为中心，自力更生、艰苦奋斗，实现了工业、农业、国防和科技现代化，生活水平不断提高。

阿拉伯国家与中国关系

在双方领导人的关心引领下，阿中关系取得长足发展。中国共产党坚持不干涉内政原则，主张通过对话谈判和平解决争端，反对诉诸武力。中国从不谋求军事介入地区国家事务。

巴勒斯坦问题是中东问题的核心。习近平主席就推动解决巴勒斯坦问题提出了四点主张，有助于敦促有关各方遵守联合国有关决议，通过谈判解决分歧，实现地区和平与稳定。中国是支持地区国家维护和平稳定、实现经济社会发展的重要力量。

习近平总书记从一个农村青年成长为世界级领袖，展现出高超非凡的领导才干和深沉厚重的责任担当

阿尔及利亚中国丝路新闻网主编
哈利勒·阿卜杜勒卡迪尔

中国共产党始终坚持为人民服务，致力于促进世界和平与发展，实现各国互利共赢，推动构建人类命运共同体。这些都离不开以习近平同志为核心的中共中央的坚强领导。习近平总书记从一个农村青年成长为世界级领袖，展现出高超非凡的领导才干和深沉厚重的责任担当。

人民就是根基。中国共产党带领中国人民进入新时代。这个新时代是全面建成小康社会的时代，是消除绝对贫困的时代，是充满活力、不断创造奇迹的时代。

尽管当前全球经济复苏乏力，以美国为首的西方国家不择手段阻遏中国发展，但中国党、政府和人民以卓越的智慧和理性从容应对各种风险挑战，取得伟大发展成就，特别是消除了绝对贫困，战胜了新冠肺炎疫情，在经济、高新技术、航空航天、环境保护和可再生能源等领域取得了巨大进步。

习近平总书记提出的"一带一路"倡议为推动中国与包括阿拉伯国家在内的世界各国的共同发展与繁荣作出了重要贡献，有利于实现

各国人民渴望发展的夙愿。

中共二十大将于2022年下半年召开。阿拉伯国家对此充满期待，希望中共更加关注中国与世界的关系、更好推进"一带一路"建设，并就应对粮食危机、气候变化、俄乌冲突等世界变局提出解决之道。此外，阿拉伯国家青年期待进一步密切双方各领域交流。

我坚信，中国将坚持与时俱进、创新发展，进一步深化改革、扩大开放，与各国相互尊重、平等相待、互学互鉴，为和平解决地区和国际争端作出更大贡献，促进全人类共同发展。衷心祝愿中国及友好的中国人民在全面建成社会主义现代化强国进程中取得更大成就！期待中国与阿拉伯国家，特别是阿尔及利亚的关系不断向前发展！

最后，作为阿尔及利亚中国丝路新闻网主编，出于对中国党、政府和人民的热爱，我有责任竭尽所能向阿拉伯世界介绍中国文化及中国的发展成就，为增进阿中友好贡献绵薄之力。

中国模式是当今世界最重要的发展模式之一

阿尔及利亚中国丝路新闻网撰稿人
拉杰·库拉里

在中国共产党领导下,中国这个伟大的亚洲巨人在东方掌舵领航,成为新时代的新希望。习近平总书记忠于祖国和人民,拥有非凡的领导才干,昨日在黄土高原播种,今日又以他深邃的哲学思想带领国家走向美好明天。

在习近平总书记领导下,中国在政治、经济、社会等各领域取得巨大成就,人民生活水平不断提高,并建立了优质医疗卫生服务体系,在短时间内遏制新冠肺炎疫情扩散蔓延。

中国共产党始终把人民放在心中最高位置,坚持全心全意为人民服务的宗旨,致力于为中国人民提供富足生活。2010年,中国跃居世界第二大经济体,在世界经济格局中的地位更加凸显。

中国共产党注重优化产业结构,以科技创新为动力引领中国经济高质量发展。中国已成为全球最大商品出口国,并通过对外直接投资推动全球经济复苏,充分显示了其经济实力和国际地位。习近平总书记提出的"一带一路"倡议有助于推动全球经济治理体系变革,为在互利共赢基础上开展国际合作注入了新动力。

新冠肺炎疫情为世界带来深刻影响,阿拉伯国家与中国的关系也随之变得更加紧密。新冠肺炎疫情暴发之初，阿拉伯国家向中国提供了有力支持，阿拉伯卫生部长理事会第53次会议发表声明支持中国抗疫努力。当疫情在阿拉伯国家蔓延时，中国为包括阿尔及利亚在内的阿拉伯国家提供了大量医疗物资援助，并派遣医疗专家组分享交流诊疗经验。

在人类社会面临的非传统安全威胁日益增多的背景下，中国坚定维护国际公平正义，坚持通过谈判化解争端。阿中关系建立在互利共赢基础之上。中国为阿拉伯国家提供支持，反对别国干涉阿拉伯国家内政，既是为了深化阿中关系，也成为阿拉伯国家支持中国维护民族团结和国家安全的丰厚回报。

中国在诸多领域都创造了发展奇迹，其中最伟大的就是打赢脱贫攻坚战。在中国共产党带领下，数亿中国人民摆脱了绝对贫困，中国对世界减贫贡献率超过70%。中国经验为世界树立了典范，彰显了中共执政的成功。

近年来，中国还取得了许多发展成就，包括建成北斗卫星导航系统、实现人类首次月球背面着陆并拍摄全景图、推进5G技术商业应用、首次完成基因编辑干细胞治疗艾滋病和白血病、基于体细胞核移植技术成功克隆猕猴等。

中国模式是当今世界最重要的发展模式之一，彰显了中国经验的成功。凭借这一模式，中国在各领域实现了全面飞跃。

中共捍卫和挽救了世界社会主义事业，成为建设和发展社会主义国家的旗帜

阿尔及利亚青年
哈迪贾·哈吉

中国共产党成立于1921年，是中国唯一的执政党，其组织原则是民主集中制，长期坚持并不断完善中国共产党领导的多党合作和政治协商制度。

中国共产党自成立以来，始终把为中国人民谋幸福、为中华民族谋复兴作为初心使命，始终坚持共产主义理想和社会主义信念，团结带领全国各族人民为争取民族独立、人民解放，实现国家富强、人民幸福而不懈奋斗，已走过百余年光辉历程。

20世纪80年代末、90年代初，苏联解体、东欧剧变，国际社会主义运动陷入低潮，许多国家的共产党丧失执政地位。中国共产党顶住内外压力，排除各种干扰和障碍，坚持和发展中国特色社会主义，坚定不移地推行改革开放，捍卫和挽救了国际社会主义事业，成为建设和发展社会主义国家的旗帜。

2021年7月1日，中国人民隆重庆祝中国共产党成立100周年。10月1日，中国人民隆重庆祝新中国成立72周年。中国共产党的成立和新中国的建立都与人民密不可分。没有中国共产党就没有新中

国；没有共产党和新中国，中国人民就不可能实现举世瞩目的发展成就。只有读懂中国共产党，才能理解中国近现代发生的深刻变革。

中共中央宣传部于 2021 年 8 月发布的《中国共产党的历史使命与行动价值》全面介绍了中国共产党的百年奋斗历程，深刻阐释了中共的治国理政理念、实践和成就。在中国这样一个大国，中共能够把亿万人民团结起来，关键在于党始终保持高度团结统一，拥有强大的领导力。中共之所以历经百年风雨仍保持青春活力，是因为其不但能够领导人民进行伟大的社会革命，也能够进行伟大的自我革命，始终坚持党要管党、全面从严治党。无论国际风云如何变幻，中国共产党始终秉持和平、发展、公平、正义、民主、自由的全人类共同价值，始终弘扬国际主义精神，始终站在历史正确的一边，站在人类进步的一边，致力于为世界和平与发展作贡献。

中共由小变大、由大向强的一大成功经验在于始终高度重视全面加强党的建设

阿尔及利亚青年
哈立德·法哈尔

中华文明是世界上最古老的文明之一，塑造了中华民族的思想品质和价值观，形成了独特的政治、经济、文化和宗教特征。考古学家在北京、云南、重庆、山西、河南等地发现了多处古人类遗址，证实当时人类已开始从事农业和畜牧业。中国古代四大发明造纸术、指南针、火药和印刷术家喻户晓，中国还是世界上最早生产和饮用茶叶的国家。先知穆罕默德说："求知哪怕远在中国。"英国历史哲学家汤恩比博士也表示："能够帮助解决21世纪的世界问题，唯有中国的孔孟学说。"这些都充分表明了中华文明的强大和中国模式的独特性。

中　共

2021年7月1日，中国人民隆重庆祝中国共产党成立100周年。10月1日，中国人民隆重庆祝新中国成立72周年。中国共产党和新中国的成立是近现代中国历史上的两件大事，深刻改写了国家和人民的命运。没有中国共产党，新中国就不可能像现在这样强大。没有共

产党和新中国，中国人民就不可能实现举世瞩目的发展成就。中国人民克服各种艰难险阻，在国际政治、经济和文化领域占据了不可动摇的地位。特别是习近平总书记2013年提出"一带一路"倡议，为中国和世界经济注入强大动力，推动中国实现巨大飞跃。

中国共产党成立100多年，执政70余年，从成立之初仅有50多名党员的小党发展为拥有9600多万名党员的世界第一大马克思主义执政党，从播下革命火种的小小红船转变为领航复兴伟业的巍巍巨轮。中国共产党由小变大、由大向强的一大成功经验在于始终高度重视全面加强党的建设。

中国共产党的鲜明特色和光荣传统是坚持和发展了一套行之有效、与时俱进的理论体系。中国共产党自诞生之日起就高度重视思想建设，坚持用科学理论武装广大党员干部头脑，将马克思列宁主义作为指导思想，同时把马克思主义基本原理同中国具体实际相结合，不断推进马克思主义中国化时代化。

100多年来，中国共产党坚持解放思想和实事求是相统一，创立了毛泽东思想、邓小平理论、"三个代表"重要思想、科学发展观和习近平新时代中国特色社会主义思想，为指导中国革命、建设、改革和发展实践发挥了重要作用，为确保党和国家事业始终沿着正确方向发展提供了坚强保障。

中国共产党坚持围绕不同历史时期的中心任务，加强组织建设，发挥组织优势，确保党的事业发展到哪里，组织建设就跟进到哪里，党组织和党员作用就发挥到哪里。中国共产党建立了包括党的中央组织、地方组织、基层组织在内的完整组织体系，其中基层党组织493.6万个。依托上下贯通、执行有力的严密组织体系，鲜红的党旗始终在重大斗争主阵地和基层一线高高飘扬，这是世界上任何其他政党都无法比拟的强大优势。

在长期的奋斗实践中，中国共产党形成和发展了理论联系实际、密切联系群众、批评和自我批评三大优良作风，并始终坚持同各种背离党的宗旨的不正之风作坚决斗争。这些优良作风是中国共产党性质和宗旨的集中体现，是党的先进性和纯洁性的重要标志，不论过去、现在还是将来，都是激励中共党员不畏艰难、勇往直前的宝贵精神财富。在脱贫攻坚的主战场、在抢险救灾、抗击疫情的第一线，中共党员干部始终冲锋在前、舍生忘死，展现了新时代中国共产党人昂扬的精神风貌，成为全国人民学习的榜样。在新时代全面建设社会主义现代化国家新征程中，驰而不息加强作风建设将使中国共产党凝聚磅礴力量，保持昂扬斗志，继续书写经天纬地的壮丽篇章。

《中国共产党的历史使命与行动价值》介绍了中共自诞生之日起就把为中国人民谋幸福、为中华民族谋复兴作为初心使命。人民是党的生命线，是和平与力量的脉搏和象征，是不竭的灵感和力量源泉。自1921年中国共产党成立到1949年中华人民共和国成立，中共领导的革命队伍中，有名可查的烈士就达370多万人。

截至2021年4月，中国各级人民代表大会代表共有262万多人，他们来自各民族、各行业、各阶层、各党派，其中均有相当数量的工人和农民代表。2016年开始的全国县乡两级人民代表大会换届选举中，登记选民10亿多人，直接选举产生近250万县乡两级人民代表大会代表。

习近平总书记是一位有谋略、重实践、善创新的领袖

习近平总书记在庆祝中国共产党成立100周年大会上宣告，经过全党全国各族人民持续奋斗，中国实现了全面建成小康社会的第一个百年奋斗目标，历史性地解决了绝对贫困问题，正意气风发向着全面建成社会主义现代化强国的第二个百年奋斗目标迈进。习近平总书记的英明领导是中国取得一切成就的最重要原因。

习近平总书记2012年在广东视察时指出，改革开放是当代中国发展进步的活力之源，是中国党和人民大踏步赶上时代前进步伐的重

要法宝,是坚持和发展中国特色社会主义的必由之路。习近平总书记说:"没有改革开放就没有当代中国的发展进步,改革开放是发展中国、发展社会主义、发展马克思主义的强大动力。现在,解决中国进一步发展面临的一系列突出矛盾和挑战,必须深化改革开放。改革开放是决定当代中国命运的关键一招,也是决定实现'两个一百年'奋斗目标、实现中华民族伟大复兴的关键一招。"

阿中关系和阿拉伯青年的使命

阿中关系源远流长。早在公元前2000年,中国与阿拉伯国家就开启了经贸往来,双方在古丝绸之路上商使交属,中国丝绸和阿拉伯宝石销往世界各地。

中东国家在政治、经济、宗教等方面作用突出,影响力覆盖亚洲、非洲。2016年,习近平主席对沙特、埃及、伊朗等地区国家进行了历史性访问,双方签署多项合作协议。

中国与曾占领北非地区的法国殖民者不同,中国主张和平与合作。中国的独特发展经验值得阿拉伯国家学习借鉴。阿拉伯国家对深化对华全面战略合作充满期待。着眼阿拉伯国家的未来,我们期待持续加强阿中伙伴关系。

实现中华民族伟大复兴不可逆转

阿尔及利亚青年
费萨尔·拉布希

中国共产党成立于 1921 年，经过 28 年的浴血奋战，带领中国人民推翻了帝国主义、封建主义、官僚资本主义三座大山，建立了新中国，实现了民族独立和人民解放，彻底结束了旧中国半殖民地半封建社会的历史。在社会主义革命和建设时期，中国共产党领导中国人民进行了前所未有的艰苦探索，确立了社会主义基本制度，不断推进社会主义建设，实现了中华民族有史以来最为广泛而深刻的社会变革。改革开放和社会主义现代化建设时期，中国共产党带领中国人民坚持、捍卫和发展中国特色社会主义，实现了从高度集中的计划经济体制到充满活力的社会主义市场经济体制、从封闭半封闭到全方位开放的历史性转变，实现了从生产力相对落后的状况到经济总量跃居世界第二的历史性突破，实现了人民生活从温饱不足到总体小康、再到全面小康的历史性跨越。今天，中国特色社会主义进入新时代，中华民族迎来了从站起来、富起来到强起来的伟大飞跃，实现中华民族伟大复兴不可逆转！

习近平新时代中国特色社会主义思想

习近平新时代中国特色社会主义思想是马克思主义中国化的最新成果，是中国共产党和中国人民实践经验和集体智慧的结晶，体现了中共的领导力和创造力。

习近平新时代中国特色社会主义思想的核心内容是"八个明确"（后发展为"十个明确"）。明确坚持和发展中国特色社会主义，总任务是实现社会主义现代化和中华民族伟大复兴，在全面建成小康社会的基础上，分两步走在21世纪中叶建成富强民主文明和谐美丽的社会主义现代化强国，以中国式现代化推进中华民族伟大复兴。明确新时代中国社会主要矛盾是人民日益增长的美好生活需要和不平衡不充分的发展之间的矛盾，必须坚持以人民为中心的发展思想等。明确中国特色社会主义最本质的特征是中国共产党领导，中国特色社会主义制度的最大优势是中国共产党领导，党是最高政治领导力量。

全面加强阿拉伯国家与中国的合作

阿拉伯国家愿同中国一道，尊重世界文明多样性，促进不同文明交流互鉴，推动人类社会繁荣进步。双方可重点加强以下领域合作：

政治方面，保持双方高层互动良好势头和双方领导人对阿中关系领航定向的作用。加强双方治国理政经验交流互鉴，巩固政治互信，扩大务实合作和共同利益。完善政府间磋商与合作机制，促进共同发展。加强议会、政党和地方政府间合作。在涉及彼此核心利益和重大关切问题上相互支持，在国际和地区事务中加强协调配合，共同维护国际公平正义，维护多边主义和发展中国家权益。台湾问题事关中国核心利益，一个中国原则是建立和发展阿中关系的重要基础。

经贸方面，以共商共建共享为原则推进"一带一路"合作，构建以能源合作为主轴，以基础设施建设和贸易投资便利化为两翼，以核能、航天卫星、新能源三大高新领域为突破口的"1+2+3"合作格局，推动务实合作提质升级。坚持企业主体、市场主导、政府推动、商业运作的原则，对接中国产能优势和阿拉伯国家需求。通过贷款、夹层融资、直接投资和基金等多种手段，拓宽投融资渠道，加强双向投融资合作。希望中方继续向阿拉伯国家提供优惠贷款和出口信贷，并提供出口信用和境外投资保险。鼓励更多非石油产品进入中国市场，加快中海自贸协定谈判，消除非关税贸易壁垒，逐步建立双多边贸易争端预警和贸易救济合作机制，共同打击进出口假冒伪劣产品。加强太阳能、风能、水电等新能源合作，共建阿中清洁能源培训中心。

社会发展方面，加强在传统和现代医学领域的交流与合作，重视传染性疾病和非传染性疾病防控等相关工作，特别是传染病疫情信息通报、监测等合作，推动双方专家互派互访。创新教育和人力资源开发合作，鼓励高校开展历史文化、应用科学、区域研究等领域合作，提高留学生名额和奖学金，在阿拉伯国家开设更多中文教学机构。加快阿中政府间科技创新合作机制建设。实施阿中科技伙伴计划，利用阿中技术转移中心，共建一批国家联合实验室、联合研究中心、特色科技园区，搭建企业走出去平台，鼓励科技型企业在阿拉伯国家创新创业和设立研发中心。

文化方面，加强文明对话，推进不同宗教间的交流。搭建双多边宗教交流平台，倡导宗教和谐与宽容，探索去极端化领域合作，共同遏制极端主义滋生蔓延。举办文化年活动，加强阿中文化、广播影视、新闻出版和智库等领域合作，鼓励阿中民间交往，推广双方旅游资源。

中国奇迹和国家软实力将成为衡量国力、可持续性、外部影响力和相互依存度水平的标杆

阿尔及利亚阿中关系学者
玛丽亚姆·布拉欣

世界各地的很多人发表了大量关于中国的文章、研究报告、书籍和学术材料,他们试图分析中国在发展、实现现代化、增强综合国力过程中取得的成就。这些成就进一步巩固了中国的政治稳定和国家安全。在许多发展中国家面临安全、政治、经济等多方面挑战,面临发展计划止步不前、经济状况恶化等问题时,中国团结带领各族人民实现了可持续发展、巩固了和谐社会。发展中国家所面临的部分挑战可归咎于全球经济和国际秩序动荡带来的负面影响,但中国用实践证明,在落实发展战略的决心面前,这些负面因素不起作用。

中国共产党在中国的发展历程中发挥着关键作用,尽管面临国内外的风险挑战,但仍带领中国取得了非凡成功。中共领导人为维护社会稳定作出了重大贡献。中共将人民的利益作为发展的根本目标,致力于实现人民由温饱阶段向共同富裕阶段的过渡。

中共从未高谈阔论将政绩寄托于无法实现的空头支票上。国家和政党都离不开人的因素,都会受到消极或者积极的影响,消极影响就包括中共大力整治的腐败问题,而中共在这一方面取得了伟大成就。

尽管中国在人口及疆域上体量巨大，但中共不只局限于实现中国的发展，中共同样重视与其他国家互利合作、共同发展，关注全人类的未来。中共推动"一带一路"倡议的落实，积极参与应对全球性挑战，致力于构建人类命运共同体。上述举措引发广泛关注，其中最为突出的或许就是：中共实现民族复兴、国家长期发展的奥秘是什么？

中共的政策及其成就

中国是世界上人口最多的国家。几十年前，曾有人怀疑中共扶贫及实现国家经济发展的能力，但中共已由中国解放运动的领导者变为引领中国发展建设的政党。20世纪80年代，邓小平着力于领导中共和中国人民应对思想混乱、维护社会稳定，并开始了中国的现代化进程，将中国由农业国家转变为工业和科技水平不断提升并处于世界领先水平的国家。

中国经济增速达到9.7%，人均国内生产总值大幅提升，城镇化水平由18%提升到45%。中国在工业领域取得巨大发展和成功，并将发展基建作为优先事项。中国建成了现代化交通系统，并逐步实现了从计划经济到社会主义市场经济体制的转变。

中共在自我建设和发展过程中，始终将人民和国家利益置于第一位，而非个人利益或者狭隘的政党利益。2021年中共成立100周年之际，中共发布的文献阐明了其有别于其他政党的优势。2021年8月26日，中宣部发布文献《中国共产党的历史使命与行动价值》，该文献包含五个章节，第一章是全心全意为人民服务，第二章是为实现理想不懈奋斗，第三章是具有强大领导力执政力，第四章是始终保持旺盛生机和活力，第五章是为人类和平与发展贡献力量。

也许这些标题看起来有些宽泛，但每一标题都包含很多根本要点，阐述着改革开放和现代化进程中一直遵循的原则，表明中共长期致力于自我革命、纠正错误，这是中共取得成功的最重要基础。

中共在过去 101 年中由只有 50 多名党员的政党变成拥有 9600 多万名党员的世界第一大马克思主义执政党。毛泽东、邓小平、江泽民、胡锦涛、习近平等中共领导人善于将马克思主义基本原理同中国的具体实际相结合。对于中国特色的重视是中共取得成功的根本原因之一。

中共擅于通过制定战略规划而非临时性补救措施来应对危机

中共擅于通过制定基于国情实际的战略规划,而不是被错误信息影响制定的临时或补救性的决定和政策来应对危机。中共严谨实干的作风使得中国在各领域不断取得发展。

当前,在讨论未来愿景时,世界各国哲学家和思想家都认为经过几十年飞速发展的中国将成为世界第一强国,中国奇迹和国家软实力将成为衡量国力、可持续性、外部影响力和相互依存度水平的标杆。美国思想家诺姆·乔姆斯基表示:"在接下来的几十年里,汉语可能是最广泛使用和最有市场的语言。"

中国从 1953 年开始制定国家发展的第一个五年计划。1979 年起在邓小平的领导下,中国进入了关键的发展历程,经济逐步开放,使非公有制经济参与到国家建设中来。中国战略规划的特点是各领域均衡发展,发展经济的同时也发展卫生、教育和基础建设,不仅关注社会繁荣与稳定,也重视发展国家战略力量和军事力量,使其能够维护国家利益和安全。

国家发展的过程可以说是测试国家实力及其多样性程度的过程,在经济和社会方面找到适合的发展道路后,就进入制定战略、发展经济阶段。1986 年中国颁布了《国家高技术研究发展计划》,简称"863 计划",该计划的成功实施使得科技进步成为中国经济发展的关键动力。此后中国又陆续制定了多个科技发展规划。

数据显示,得益于中国的战略规划,中国国内生产总值从 1980

年的1981.5亿美元提高到2017年的121 400亿美元，实现了约61.3倍的增长，堪称中国奇迹。中国战略规划的特点是连续性、灵活性和适应性,此外还包括注重可持续发展和各阶段计划之间的整合。

中国的政治发展

邓小平重视权力运行的透明度，着力解决行政失衡、打击腐败，促进经济社会良性发展。中国根据国情实际实施了民族区域自治制度和特别行政区制度。中华人民共和国分为23个省、5个自治区、4个直辖市（北京、天津、上海和重庆）和2个特别行政区（香港、澳门）。

中国建立了一套完整的行政管理体系，各地在政治、经济、文化、法律、科技、教育、地理、环境等方面相互联系。个人作为参与者，在建设国家和发展经济的征程中肩负的责任感得到增强。

世界上许多人误以为中国是一党制，误以为中共阻止任何其他政党的成立。但国际媒体没有提及的事实之一是，中国共产党并非中国唯一的政党，还有其他政党。中共成功带领国家摆脱贫困，成为世界上最重要的经济和军事强国之一。中国政党制度不同于西方政党制度，证明了结合本国国情实际和文化传统、避免全盘照抄或模仿其他国家的重要性。中国共产党的政策确保了党的先进性和纯洁性，并提供了符合国家历史文化和人民期待的最佳现代化愿景。

中国共产党纪律检查委员会果断开展反腐倡廉工作，2016年共立案审查中管干部240人，给予法律处分223人。在政府层面，中国经检监察机关共立案116.2万件，给予纪律处分1199.9万人，追回流向境外的受贿资金超90亿元，100名外逃腐败分子被列入"红通人员"名单，其中40余名已被缉捕。

2022年6月17日，中共中央总书记习近平在中央政治局关于提高反腐倡廉能力集体学习时指示："反腐败斗争关系民心这个最大的政治，是一场输不起也决不能输的重大政治斗争。"他强调应加快完善反腐败涉外法律法规。领导干部特别是高级干部要管好自身。反腐败的过程非常艰巨复杂，需要艰苦卓绝、持续不断的努力，不能作出任何让步。

联系世界和共同繁荣

当今国际局势动荡，贫富差距是所有混乱根源中最具灾难性的一个。一国贫穷产生的外溢效应会影响别国的发展。当今世界的动荡已不再局限于最不发达国家，也通过恐怖主义、极端主义、难民危机和非法移民等跨国问题波及发达国家。如何缩小贫富差距、在保持发展的同时消除贫困，成为最为突出的问题。这些问题的简要回答就是需要三个主要驱动力：实现世界的多样性、平衡国际关系、加强全球交流合作。

围绕文明冲突和世界末日等命题的辩论，无助于解决人类所面临的任何问题，反而将助长分歧冲突。人类应共同努力营造投资机会公平分配、提高生产效率的竞争环境。

"一带一路"倡议是实现互利共赢、共同发展的最重要推动力之一，也是解决上述问题的重要途径之一。该倡议对各国而言是机遇，而不是通过向别国施压引发仇恨、向别国追加制裁损害其利益的垄断项目。中国基于国内国际两个层面的发展提出"一带一路"倡议。该倡议通过货物资金的自由流动、自由贸易协定，以及对沿线国家的投资推动中国更加开放，实现全球经济一体化。

中国"十三五"规划纲要第51章关于推进"一带一路"建设中提到，要健全"一带一路"合作机制，建立多元化融资模式，畅通"一带一路"经济走廊，加强人文交流和民心相通。"一带一路"连接亚欧大陆，涉及沿线60多个国家，覆盖超40亿人口，其面临的挑战会随着覆盖地域的扩大而增加。

各国在经济利益、政策目标、文化、社会等方面存在差异，这些差异可能对"一带一路"倡议的实施构成挑战。然而，中国遵循不干涉他国内政、尊重各国主权和领土完整原则，赢得了各国政府的信任，使得该倡议得以行稳致远。此外，中国在推进"一带一路"倡议实施过程中尊重相关国家民族文化，努力解决"一带一路"沿线国家关切，获得了沿线国家人民的广泛支持。

中国深知多层次的改革发展需要战略谋划，中国共产党在这方面发挥了关键作用。中共充分利用中国人民所具有的民族性格优势、中国所具备的地理资源优势，并从数千年历史文明中汲取经验，制定符合国际潮流、中国国情、人民需求的国家发展愿景，团结带领中国人民实现这些愿景。

今天，世界各国人民仍面临着威胁其命运的危险挑战。疫情蔓延和经济衰退的风险交织，威胁各国政治稳定和民众安全，气候变化导致水资源短缺，并引发围绕水和粮食的争端。

中国意识到上述风险挑战，更加重视应对疫情、保护环境等问题。实现各地区经济均衡发展也是中国着力解决的关键问题。中国通过推动共建"一带一路"，将世界上许多地区相互连接起来，为世界各国发展经济带来机会，为应对经济衰退、解决通货膨胀等问题贡献中国力量。

| 埃 | 及 |

中共领导下的中国丰富了全球政治发展和国家治理实践

埃及青年
哈贾尔·艾哈迈德

阿拉伯国家青年的政治生活往往从加入一个能反映其思想理念的政党开始，他们期望借此实现个人政治抱负，提升思想认知水平。近年来，越来越多的地区青年特别是埃及青年开始关注中国共产党。中国共产党以马克思列宁主义、毛泽东思想、邓小平理论、"三个代表"重要思想、科学发展观、习近平新时代中国特色社会主义思想为行动指南，中国正处于并将长期处于社会主义初级阶段。

中国经济发展独树一帜。早在毛泽东时期，中国就积极探索如何在社会主义条件下发展经济。邓小平时期，中国提出实践是检验真理的唯一标准，随后开始发展社会主义市场经济，为中国经济高速发展奠定了牢固基础。

中国共产党的优势在于其强有力的组织建设。党的中央组织包括全国代表大会、中央委员会、中央政治局、中央书记处、中央军事委员会等。9600多万名中共党员活跃在各级组织，以及经济、文化、教育等各行各业，发挥先锋模范作用。中共党章指出，中国共产党永远是劳动人民的普遍一员，保证了党员具有广泛代表性。除了法律和政策规定范围内的个人利益和工作职权以外,所有党员都不得谋求任何私利和特权。这在阿拉伯国家很难做到,政党以权谋私、脱离群众的现象在地区十分普遍。

中共百年奋斗的历史意义可以归纳为以下五个方面:从根本上改变了中国人民的前途命运、开辟了实现中华民族伟大复兴的正确道路、揭示了马克思主义的强大生命力、深刻影响了世界历史进程、锻造了走在时代前列的中国共产党。中国共产党带领中国取得彪炳史册的伟大成就,在于做到了"十个坚持",即坚持党的领导,坚持人民至上,坚持理论创新,坚持独立自主,坚持中国道路,坚持胸怀天下,坚持开拓创新,坚持敢于斗争,坚持统一战线,坚持自我革命。

在习近平总书记领导下,中国特色社会主义进入新时代,中国特色社会主义道路、理论、制度、文化不断发展,中国共产党正致力于到2035年基本实现社会主义现代化,到21世纪中叶把中国建成富强民主文明和谐美丽的社会主义现代化强国。中国共产党领导下的中国丰富了全球政治发展和国家治理实践,拓展了发展中国家走向现代化的途径,对于阿拉伯各国探索符合自身实际的发展道路具有重要启示意义。在此背景下,埃及人民热切期待中共二十大召开。

当前,中国正推动经济全球化朝着更加开放、包容、普惠、平衡、共赢的方向发展,以造福各国人民。各国应努力构建公正、平等的国际关系,学习借鉴中国经验,积极参与共建"一带一路"。

尽管埃及和中国在政治制度、历史文明等方面存在差异,但两国共同面临着维护稳定、发展经济、改善民生等重任。埃及应在塞西总统领导下,以"十个坚持"为借鉴,优化各项政策,更好实现"2030愿景"。

阿拉伯国家和中国需要并肩前行

埃及籍广州圆海国际供应链有限公司法人
穆斯塔法·穆罕默德·卡纳维

中共的成立

在世界政治史上,没有一个缺乏政治信仰的政党能够得以存续,也没有一个僵化不变的政党能够摆脱消亡。信仰和革新是政党赖以生存的"氧气"。1921年在上海成立的中国共产党是一个拥有坚定政治信仰、能够在飞速变化的世界中自我调适、与时俱进的政党。中国共产党勇于承认错误并及时加以修正,善于接受建设性批评意见,敢于有力回击无端谎言和蓄意攻击。

现代的中共

于2021年7月1日迎来百年华诞的中国共产党是如何不忘初心、与时俱进的呢?

100年来,中国共产党团结带领中国人民,创造了新民主主义革命、社会主义革命和建设、改革开放和社会主义现代化建设、新时代中国特色社会主义的伟大成就。历史证明,没有中国共产党就没有新中国，就没有中华民族伟大复兴。中国共产党的领导是党和国家的根本所在、命脉所在，是全国各民族人民的利益所系、命运所系。过去100年，中国共产党向人民、向历史交出了一份优异的答卷。现在，中国共产党团结带领中国人民又踏上实现第二个百年奋斗目标新的赶考之路。时代是出卷人，中国共产党党员是答卷人，人民是阅卷人。在以习近平同志为核心的中共中央坚强领导下，中国共产党将继续践行习近平新时代中国特色社会主义思想，为实现全面建成社会主义现代化强国的第二个百年奋斗目标、实现中华民族伟大复兴的中国梦不懈奋斗。

习近平总书记指出，发展是第一要务。中国将坚定不移推动高水平开放，坚决反对打着所谓"民主""自由""人权"等幌子肆意干涉别国内政。

阿拉伯国家和中国需要并肩前行

阿拉伯国家与中国是国际政治舞台上的重要力量，应继续在世界发展进步大潮和人类历史洪流中谋合作、促发展。阿中命运共同体是人类命运共同体的重要组成部分，在当前国际形势加速演进背景下，构建阿中命运共同体的意义愈发凸显。

阿拉伯人常说，友谊是树，忠实为根，亲善为枝。历史上，阿中双方保持密切经贸和文化往来，为打造阿中命运共同体打下了坚实基础。尽管远隔万里，但阿中人民亲如一家。在跨越时空的交往中，阿中人民忠诚相待，在古丝绸之路上出入相友，在争取民族独立的斗争中甘苦与共，在建设国家的征程上守望相助。历史和实践表明，尽管面临各种困难与挑战，阿中友好合作关系在充满不确定性的世界中依然稳固。阿中人民是同甘共苦的伙伴与兄弟，我们之间的互信买不来、打不破。

2013年，习近平总书记提出"一带一路"倡议，阿拉伯国家积极响应，通过多种方式加入该倡议，或通过丝路基金积极投资，或将本国发展战略同"一带一路"倡议进行对接。时至今日，已有20个阿拉伯国家同中国签署了共建"一带一路"合作文件，促进双方合作，实现互利共赢。此外，中国还连续多年稳居阿拉伯国家最大贸易伙伴地位。

中国的一切成就都是在中共领导下取得的

埃及作家、记者
萨米

中国共产党是全球最重要的政党之一。1949年中华人民共和国成立以来，中共凭借非凡智慧和长远眼光，使中国摆脱了疾病、贫穷与落后并重获新生，发展为一个强大的、受人尊敬的现代化国家，赢得了与自身实力相符的国际地位，特别是恢复了联合国合法席位。

中国共产党能够以坚定的决心实现其奋斗目标，注重加强党内教育、严明纪律规矩，大力打击官僚主义和腐败，保障人民在教育、医疗等各方面的权利。习近平同志担任中共中央总书记以来，带领中国取得了一系列伟大成就，包括推动城乡均衡发展、消除绝对贫困等。习近平总书记提出的"一带一路"倡议基于以人民为中心、互利共赢等原则，赢得了各国广泛支持，让工人、农民、弱势群体等社会各阶层都能用上中国产品。

中国共产党成立于1921年，如今已从最初仅有50多名党员的小党发展为党员人数超过9600万的世界第一大党。中国共产党每五年召开一次全国代表大会，制定党和国家大政方针，选举产生党的领导机构。在中国共产党领导下，中国如期全面建成小康社会，实现了第一个百年奋斗目标，中国人民获得了期盼已久的幸福与发展。

中国共产党取得了诸多伟大成就，包括但不限于：

中国在不附加任何政治条件的情况下，成为许多国家的主要合作伙伴；中国向世界各国伸出援手，特别是新冠肺炎疫情暴发以来，中国向各国特别是非洲国家提供了大量医疗援助；中国成功发射了神舟系列运载火箭，在航天领域成为全球领先国家；中国是世界第一大外资流入国；中国是世界第二大武器生产国；中国是世界第二大经济体；中国共产党是世界第一大马克思主义执政党；中国是世界第一大出口国；中国是第一个发行数字加密货币的全球主要经济体。

中国的一切成就都是在中国共产党领导下取得的，其中最伟大的成就就是在习近平总书记领导下消除了绝对贫困。2012年以来，中国有9800多万农村人口脱贫，占世界人口总数近五分之一的中国全面消除了绝对贫困，提前十年实现《联合国2030年可持续发展议程》减贫目标，为全球减贫事业和人类发展进步作出了重大贡献，中国共产党实现了中华民族几千年来的脱贫梦想。

强大且历史悠久的中国共产党就像一条母亲河，源源不断地哺育着中国人民。英明的中国领导人精心制定了符合人民利益的大政方针，带领中国人民不断实现突破、创造辉煌。

现代以来中国发生的深刻变革和取得的重要成就，都离不开中共领导

埃及青年
拉德瓦·法拉吉

中国共产党在中国的崛起过程中发挥了重要作用。中国共产党执政以来，中国在经济、科技等领域实现巨大飞跃，中国人民安居乐业，生活水平不断提高，中国跻身全球大国行列。

自近代以来，中国发生的深刻变革和取得的重要成就都离不开中国共产党领导。2021 年 8 月 26 日，中共中央宣传部发布文献《中国共产党的历史使命与行动价值》，包括全心全意为人民服务、为实现理想不懈奋斗、具有强大领导力执政力、始终保持旺盛生机和活力、为人类和平与发展贡献力量等五个部分，深刻阐述了中国共产党领导的重要意义。

中国共产党的成立是中国历史上的划时代事件，深刻改变了中华民族发展的方向和进程，深刻改变了中国人民和中华民族的前途和命运，深刻改变了世界发展的趋势和格局。中国共产党经过百年奋斗，形成了坚持真理、坚守理想，践行初心、担当使命，不怕牺牲、英勇斗争，对党忠诚、不负人民的伟大建党精神。这是中国共产党的精神之源，激励着全党不断前进。中国共产党坚持将马克思主义基本原理

同中国具体实际相结合，开辟了中国特色社会主义道路，这是中共能够长期执政的秘诀。

中国共产党富有远见、一心为民，在提升中国人民生活水平、推动国家快速发展方面发挥着关键作用。在阿拉伯世界，中国的伟大成就和先进理念广受赞誉。阿拉伯国家左翼政党应深入研究中国共产党的理念经验，探索具有阿拉伯特色、符合本国实际的发展道路。

习近平总书记是首位在新中国成立后出生的中国共产党最高领导人，上任后以前所未有的勇气和定力推进党风廉政建设和反腐败斗争，极大增进了党内团结。中共十九大将习近平新时代中国特色社会主义思想确立为党必须长期坚持的指导思想并写入党章，实现了党的指导思想又一次与时俱进。

在习近平总书记领导下，中国在各领域取得重要成就，成功应对新冠肺炎疫情冲击。习近平总书记提出的"一带一路"倡议旨在促进中国同广大渴望发展、共同进步国家之间的政策沟通、设施联通、贸易畅通、资金融通、民心相通，有助于推动构建人类命运共同体。

让我们携手并进，朝着实现现代化和社会主义目标不断迈进

埃及共产党青年书记
马哈茂德

2013年11月9日，中共中央总书记习近平同志在中共十八届三中全会上发表重要讲话，阐述了改革开放以来中国经济的鲜明特点。习近平同志强调："经过20多年实践，我国社会主义市场经济体制已经初步建立，但仍存在不少问题。"

在中国的社会主义市场经济体制中，市场在资源配置中发挥决定性作用。20世纪70年代末，邓小平同志提出实行改革开放，对国内经济体制进行改革，同时扩大对外开放，融入资本主义生产和贸易占主导地位的经济全球化。中国引入市场机制，为社会主义发展繁荣创造了物质条件。虽然市场机制给中国经济带来了一些问题，但中国共产党在中国经济和政治生活中始终发挥坚强领导作用，不断加强市场监管，努力减轻相关负面影响。

中共与社会主义道路

关于市场在提高生产力方面发挥的重要作用，可以通过马克思和

恩格斯在《共产党宣言》中对资产阶级经济学的阐释加以理解。他们指出，资本主义市场体系的发展推动了生产力的提高，为人类社会未来超越资产阶级政治和社会关系铺平了道路，为工人阶级走上革命道路进而建立社会主义创造了条件。但资本主义也必将导致资本集中在一小部分剥削者手中，资本家试图从无产者的劳动中最大程度榨取剩余价值。

鉴于市场可能带来的破坏性结果，必须加强对市场的严格监管，这正是中国的经验。20 世纪 20 年代初，布尔什维克的新经济政策开创了有效利用市场机制的先河。当时，列宁等苏联领导人在经济方面赋予资本主义政策有限的自由，允许市场和资本家在发展经济、提高社会生产力等方面发挥作用。

在建立社会主义国家近 30 年后，中国作出了实行改革开放的决定。从 1949 年到 1978 年，中国经济社会发展取得了长足进步：公共卫生水平显著提高，人均预期寿命从不足 40 岁提高至近 70 岁，婴儿死亡率显著降低；教育事业快速发展，文盲率不断降低；基础设施日益完善，住房建设迅速推进。在此期间，中国经济年均增速超过 3%，但中国仍是一个低收入国家，甚至是一个贫穷国家。

邓小平等中国共产党领导人深知，中国要实现真正的社会主义甚至共产主义，必须首先实现高水平的物质繁荣。社会生产带来的财富可以先按劳分配，最后按需分配。但如何通过提高生产力来积累社会财富？为此，中共引入了市场机制，通过发挥市场作用和扩大对外开放，获得大量投资和现代技术。事实表明，这是一项十分成功的实践。

改革开放后中国的经济社会发展

20 世纪 80 年代以来，中国进入高速发展时期，国民经济以高达两位数的增长持续了近 30 年。中国人民的物质生活得到极大丰富，近八亿人摆脱贫困；城镇化率不断提高，中国开始拥有世界上最现代的城市；研发投入稳步增加，科技快速进步；教育特别是高等教育迅速普及，大学入学率逐年升高；工业迅猛发展，中国已成为全球制造业中心，积累了巨额外汇储备，确保了宏观经济稳定。

习近平总书记与新时代

2012年中共十八大以来，习近平总书记多次强调要坚决维护中国国家主权、安全、发展利益。中国在外交上更加独立自主，在国际事务中更加自信，拒绝美国主导的世界秩序，致力于通过"一带一路"倡议建立独立于西方的金融体系，构建全新的世界经济秩序和亚非拉共同发展繁荣新格局。在此过程中，中国特色社会主义和社会主义市场经济不断完善发展，表明社会主义理论已经与中国具体实际实现了有机结合。

当前，生产性企业、金融机构的公有制和集体所有制是中国经济的核心。从大型国企到乡镇合作社，再到小型生产经营性单位，国家掌控着经济关键部门。私营经济是中国经济的重要组成部分，主要包括中国国内私人资本和外国直接投资。私营企业在中国法律和监管体系框架内追求其盈利目标。中国共产党在制定大政方针特别是公共和私营经济活动标准方面发挥领导作用，确保资本在合理区间运行。

改革开放既给中国带来了巨大发展，也带来了诸多挑战和问题，这在中国经济发展和社会财富积累过程中不可避免。但中国共产党始终发挥领导作用，9600多万名党员活跃在政治、经济、社会生活的方方面面，可以有效减少市场机制的负面影响，保护和促进工人阶级发展。

21世纪初，中国共产党放开了对私营企业家入党的限制。今天的中国当然有私营企业家，但他们并非能够控制国家的资产阶级，而且中国的工人阶级与资产阶级统治下的传统无产阶级不同。传统无产阶级除了向资本家出卖劳动外别无他法，而中国向所有公民提供户籍以及教育、医疗等基本社会服务，中国工人有权分享他们所创造的社会财富，而非只能靠出卖劳动来维持生存。

此外，14亿多中国人民的物质生活条件全面改善，也充分表明中国是一个社会主义国家。中国使近八亿人摆脱贫困，取得了举世公认的脱贫成就。绝大多数中国人收入逐年上升，居住条件不断改善，获得越来越多的社会文化资源。新冠肺炎疫情暴发前，中国每年有数亿学生和游客出国，且中国国内游客人数远远超出这一水平。由此可见，改革开放带动中国经济实现了巨大发展，中国人民的生活水平得到了极大提升。

中共与全球性危机和挑战

面对经济增长和全球化带来的危机与挑战，中国党和政府充分调动全社会资源加以应对。20世纪八九十年代到21世纪初，中国曾出现严重的环境问题。19世纪—20世纪，西方工业也曾产生巨大污染。随着社会财富的不断积累，中国有能力应对环境污染问题。

2008年全球金融危机给各国经济带来负面影响，造成大量人口失业。在资本主义国家，失业工人往往沦为市场动荡的受害者。但在中国，失业工人不仅可以返乡，继续享有住房、教育、医疗等基本社会服务，还可以重返工作岗位或找到新的工作机会。

2020年年初新冠肺炎疫情暴发后，中国党和政府进行广泛社会动员，调集社会力量应对这一公共卫生危机。在中国，公共卫生被视为一项基本人权，不能成为私营部门或资本家的利润来源。很多医生、护士、科研人员都是中共党员，他们自愿到一线抗击疫情。中国人民深知生命健康最重要，积极配合党和政府的疫情防控政策。得益于此，中国仅用几个月的时间就有效控制住疫情，这在一个拥有14亿多人口的大国简直难以想象。中国的抗疫成就与美国形成鲜明对比。美国资本主义医疗体系放任病毒自由传播，导致3亿多人口中有100多万人死亡。

世界正经历动荡变革期,中国已经开启新时代。让我们携手并进,朝着实现现代化和社会主义目标不断迈进,努力建设一个更加美好的世界。

"一带一路"倡议与全球安全倡议、全球发展倡议互为支撑和补充

埃及前总理
伊萨姆·沙拉夫

我主要围绕"一带一路"倡议、国际局势最新动态、中共二十大等与各位分享见解看法。

关于"一带一路"国际合作

第一，"一带一路"已成为当今世界最具活力的多边合作倡议。过去九年来，共建"一带一路"取得了很多成就，在新冠肺炎疫情背景下仍然展现出强劲活力，现已成为中国最重要的全球经济政策和当今世界最具活力的多边合作倡议。"一带一路"不仅促进了全球互联互通，而且使得参与共建"一带一路"国家人均国内生产总值攀升，减贫事业取得明显成效。在我看来，"一带一路"倡议为各国提供了最优合作模式，该倡议顺应时势，面向未来，不断增强互联互通、优化合作平台、升级伙伴关系，是坚定维护多边主义、构建人类命运共同体、谋求共同发展的典范。

第二，共建"一带一路"国际合作应进一步提升机制化水平。中

国在2015年发布的《推动共建丝绸之路经济带和21世纪海上丝绸之路的愿景与行动》指出，共建"一带一路"不刻意追求一致性，可高度灵活。这充分考虑到了各参与国在经济、政治、法律等各方面存在差异的事实，但随着参与共建"一带一路"的国家越来越多，覆盖地域越来越广，协调各方的难度也越来越大。受国际局势动荡不稳等因素影响，"一带一路"建设面临一些风险挑战。为此，中方可考虑在"一带一路"合作框架内推动法律法规体系和区域管理机制建设，不再仅针对具体项目——订立合作协议或法律合同，也可视情设立区域性管理机构，进一步提升"一带一路"国际合作的机制化水平，确保"一带一路"可持续发展。

关于全球发展倡议和全球安全倡议

习近平总书记提出的全球发展倡议和全球安全倡议恰逢其时。当前，国际形势日趋复杂，不稳定性、不确定性因素增加，共建"一带一路"国际合作面临新挑战。作为重要的国际合作平台，"一带一路"高质量发展的基本前提是和平的环境。"一带一路"倡议必须同全球安全倡议和全球发展倡议协同发力。全球发展倡议为应对当前世界经济困局提供了指导，全球安全倡议则倡导构建安全的发展环境，是实现共赢发展的重要前提。"一带一路"倡议与全球发展倡议、全球安全倡议是互为支撑、互相补充的有机整体，对推动人类共同发展具有重要指导意义。

关于俄乌冲突和国际局势

2022年3月，中、法、德三国领导人举行视频会议，习近平主席就乌克兰局势提出"四个都应该"的明确主张：各国主权、领土完整都应该得到尊重，联合国宪章宗旨和原则都应该得到遵守，各国合理安全关切都应该得到重视，一切有利于和平解决危机的努力都应该得到支持。这一主张植根于中国历史文化传统，体现了中国坚持以和平手段解决问题的一贯立场，不仅蕴含着中国传统哲学智慧，有助于缓解当前紧张的俄乌局势，而且也为欧洲实现持久和平与稳定提供了有益参考。

中国在对外交往中一直坚持独立自主原则，坚定支持多边主义和国际关系民主化，践行联合国宪章倡导的国际关系基本原则。在俄乌冲突问题上，中国不受任何外部压力或干涉的影响，根据乌克兰问题本身的是非曲直决定中方立场，支持一切能够实现俄乌停火、缓解人道主义危机的努力，并将为俄乌冲突的和平解决继续发挥建设性作用。

最近，著名学者弗朗西斯·福山发声重提"历史终结论"，这是一种倒退。近年来，影响国际和平稳定的因素明显增多，我们应高度重视，应认识到中国是能够推动局势转圜的重要大国，俄乌冲突相关各方应认真倾听中国主张，摒弃偏见和敌视，避免对抗和冲突，通过对话协商解决问题。

关于中共二十大

2021年召开的中共十九届六中全会具有以下三个方面的重要意义。一是回顾总结了中国共产党百年奋斗的成功经验和伟大成就，重申了中国共产党将朝着实现中华民族伟大复兴的中国梦这一伟大目标接续奋斗。二是统一了思想，加强了团结。过去100年来，中国共产党团结带领中国人民通过长期艰苦卓绝的努力，取得了历史性成就，积累了十个方面的宝贵经验。三是加强了信任，凝聚了力量。充分体现了中国全党全军全国各族人民对习近平总书记的衷心拥护、完全信任和坚定支持，对推进中华民族伟大复兴历史进程具有决定性意义。我相信，在习近平总书记领导下，在已经取得重大成就和宝贵经验基础上，中共二十大必将为中国发展开辟更加光明美好的未来，中国必将顺利实现第二个百年奋斗目标和中华民族伟大复兴的中国梦。同时我也相信，中国将始终是维护世界和平与团结的重要力量，必将为世界和平发展作出更大贡献。

在以习近平同志为核心的中共中央领导下，中国取得了人类史上前所未有的成就

埃及祖国未来党成员
穆罕默德·贝勒塔基

我是埃及政府的一名公务员，致力于增进埃中、阿中友谊，希望能借此机会把我与中国的经历、对中国的看法传递给更多朋友。中国的国际影响力不仅限于其是世界第二大经济体和重要的工业化、创新国家，还体现在其拥有重要政治影响力，深刻影响着国际力量对比。

2012年以来，在以习近平同志为核心的中共中央领导下，中国共产党、政府和人民齐心协力谋发展，取得了人类史上前所未有的成就，主要体现在以下几个方面：

第一，经济发展。2020年，按照购买力平价计算，中国经济总量达24.2万亿美元。中国在工业化进程中取得显著成就，为国家各领域发展奠定了坚实基础。中国不仅能生产钢笔、服装、电话等低端产品，还能生产汽车、民用客机等交通工具，以及药品、疫苗、医疗设备、卫星、导弹等高科技产品。中国能制造人类发展所需的绝大多数产品，有望成为未来全球工业化的支柱。2021年，阿拉伯国家与中国贸易额突破3000亿美元，中国稳居阿拉伯国家第一大贸易伙伴地位。我们期待双方深化贸易往来，扩大在可再生能源等领域合作，

让更多合作成果惠及双方人民。

第二，维护世界和平。爱好和平根植于中华民族的基因。中国是维护世界和平的重要力量，习近平主席在多个国际场合呼吁各国坚持和平发展大方向。面对各类政治挑衅和国际冲突，中国始终保持克制并呼吁对话。尽管中国拥有强大的国防实力，但其从不愿诉诸武力解决问题，中国维护世界和平的主张赢得发展中国家广泛赞誉。中国长期坚持独立自主，反对集团政治和阵营对抗，为维护世界和平作出了重要贡献。中国是阿拉伯国家追求和平稳定、维护共同利益的战略伙伴，在推动解决巴勒斯坦问题，以及反对美国和北约入侵伊拉克、叙利亚、利比亚等问题上发挥了重要作用。

第三，全球治理。当前国际体系脱胎于一战和二战后的国际格局。联合国、世界卫生组织、世界银行、国际法院、世界贸易组织等国际组织奠定了当今国际秩序的基础。中国是确保全球力量均衡的重要支柱，作为安理会常任理事国，在过去十年对国际政治产生了重大影响。这一作用在俄乌冲突中体现得尤为明显。中国始终认为不应将一己私利置于人类共同利益之上，呼吁俄乌双方保持冷静克制，有效管控分歧，恢复和平对话。阿拉伯国家支持中方立场，认为暴力无助于解决任何问题，期待与中国携手构建新的全球治理体系，共创一个和平、公正、美好的世界。

第四，国防安全和航空航天。近年来，中国国防军事实力大幅提升，与美国、俄罗斯、欧洲国家形成有力竞争，但中国从未像西方国家一样通过战争侵略或剥削他国。地球资源稀缺是不争事实，在太空中寻找生命并移居太空愈发成为人类的愿景和梦想。中国不仅能在短时间内设立空间站，还成功将探测器送上火星。2022年6月，中国神舟十四号载人飞船发射升空。中国在航空航天领域取得巨大成就，打破了美俄长期"称霸"外太空的局面。阿拉伯国家期待与中国加强相关合作。

第五，消除贫困。摆脱贫困与中国人民的幸福生活息息相关。

2021年，中国成功消除绝对贫困，取得了脱贫攻坚的重大胜利。在习近平总书记领导下，中国共产党和政府将摆脱贫困作为重要任务，不仅确保如期实现了脱贫目标，还致力于巩固脱贫攻坚成果，保证基本农产品和生活物资供应充足，确保每个中国人都可以共享可持续发展成果。

第六，卫生健康。新时代的中国在卫生健康领域取得重要成就，医药、疫苗等产业蓬勃发展。新冠肺炎疫情暴发以来，中国已向120多个国家和国际组织提供了约22亿剂疫苗，并向埃及等阿拉伯国家转让了疫苗生产技术，比欧美国家承担了更大的国际责任。我们期待与中国开展更多合作。

第七，"一带一路"合作。历史上，古丝绸之路将阿拉伯国家与中国紧密相连。新时代，中国提出了"一带一路"倡议。"一带一路"倡议已成为当今世界最具建设性的合作倡议之一，是阿拉伯国家同中国交流经验、促进合作的重要平台，有助于推动双方在水资源、可再生能源、照明、灌溉、粮食生产和医药等领域合作，对于推动阿中关系发展、造福阿中人民具有重要意义。

| 埃 | 塞 | 俄 | 比 | 亚 |

中共迈向第二个百年奋斗征程：非中政党治国理政经验交流的机遇与挑战

埃塞外交关系研究所研究员
加绍·埃弗拉姆

非中政党开展治国理政经验交流具有多重动力

2021年，中国共产党迎来了百年华诞，带领中国全面建成小康社会，成功实现第一个百年奋斗目标。在这一过程中，中国共产党秉持人类命运共同体理念，积极为非洲国家政党提供支持。一些亲西方媒体和分析人士称，中国正通过非中政党治国理政经验交流向非洲国家输出发展模式和治理模式，这显然是赤裸裸的污蔑。不同于西方国家对非洲国家总是"同药异病"，强推其民主模式和价值观，中国共产党从未对非洲国家政党强加或设定政治前提，中国寻求的是建立"平等世界"，非中交往一直是建立在互利、平等、团结、和平共处、相互尊重主权和领土完整、不干涉内政等原则和基础之上。应当指出的是，非洲国家政党与中国共产党开展治国理政经验交流具有多重动力，特别对非洲政党来说，学习中国共产党成功经验具有"极其重要的必要性"。

第一，非中历史遭遇相似，是非洲国家政党与中国共产党开展治国理政经验交流的首要动力。中国和非洲历史上都曾饱受帝国主义蹂躏之苦，在争取自由和独立的斗争中，中国共产党领导中国为非洲民族解放运动提供了巨大物质、思想和精神支持，阿尔及利亚民族解放阵线、南非非国大、纳米比亚人组党、津巴布韦非洲民族联盟－爱国阵线、坦桑尼亚革命党、安哥拉人民解放运动等都是中国共产党支持的受益者。非洲国家政党也坚定支持中国民族统一大业，坚定奉行一个中国政策。互帮互助的历史优良传统构成了非中政党互学互鉴、传统友好的根基。

第二，非洲国家政党更愿意学习借鉴中国共产党的领导和执政经验。中国共产党的成功经验恰是非洲国家政党存在的不足，主要体现在三个方面：一是独立自主意识。中国共产党坚持从中国的国情出发，吸收借鉴其他国家发展经验，独立自主探索发展道路，坚决拒绝西方帝国主义"指手画脚"；很多非洲国家政党则是照搬或完全照抄西方制度模式。二是执政党能力。中国共产党有明确的奋斗目标和纲领、健全的组织体系、高效的执行能力、严明的党内纪律等。相比之下，非洲国家政党在这些方面差距明显。三是以人民为中心的发展思想。中国共产党始终为国家和人民的利益而奋斗，不代表和保护任何特定阶层或团体的利益。非洲国家政党很多是基于种族的联盟，只代表国家一部分群体的利益，获得竞选赞助是不少政党的政策出发点。

第三，完成各自"未竟事业"是非中政党交流合作的重要目标。"台湾问题"是中国共产党尚未完成历史遗留问题。没有实现国家完全统一，中华民族伟大复兴的目标就不能完全实现，而美国及西方帝国主义是中国共产党完成祖国统一大业的最大阻力。非洲各国政党也没有领导国家彻底结束殖民主义，从摆脱贫困到保持政治独立和国家领土完整面临着美国及西方新殖民主义的威胁。这意味着帝国主义和新殖民主义是中国和非洲的共同敌人，非中政党有必要加强合作和经验分享，携手完成各自"未竟事业"。

第四，非中奋斗目标一致。非中政党正在积极推动构建高水平非中命运共同体，希望建立更加公正合理的新国际秩序和国际体系。实现这一共同目标，需要非洲国家政党和中国共产党保持密切合作和协调。

新时期非中政党交流和非中关系面临的机遇和挑战

中国的成功很大程度上归功于中国共产党的坚强领导、政治担当和牺牲奉献精神。中国共产党的成功极大激励了非洲国家政党，他们正在积极学习中国共产党领导国家实现转型发展的成功经验。中国共产党作为非洲国家政党的真正伙伴和老大哥，正通过不同方式向非洲国家政党分享自己成熟的领导经验和治理体系。理论层面为非洲国家政党提供干部培训，帮助提升领导力，实践层面为非洲政党提供赴华考察机会，获得第一手经验。但是也要看到，随着中国共产党迈向第二个百年奋斗目标，中国国际影响力不断提升，全球和地区地缘政治也在发生变化，特别是美将其政策重心从反恐转向打压遏制中国，非中政党治国理政经验交流和非中关系也将面临新的机遇和挑战。

机遇方面。一是非中政党过去交流合作可以成为双方未来伙伴关系的基础，共同面对的帝国主义威胁或将推动非洲国家和中国进一步加强合作，携手构建高水平非中命运共同体。二是非洲和中国发展优势互补，非洲市场前景广阔、年轻人口红利突出、尚未开采的自然资源丰富；中国拥有先进技术、完善的治理体系、强大的工业产出和消费市场。

挑战方面。一是美国可能在非洲组织对抗中国的联盟，强迫非洲国家选边站队，甚至强迫其放弃支持一个中国政策。二是美国可能利用多边国际组织胁迫非洲亲华国家和亲华政党，或者为反对派或反对党提供支持，推动有关国家政权更迭，或者在青年失业率高的非洲国家掀起反华青年运动。三是非洲国家自身面临的腐败、治理危机、内部冲突等问题也可能会影响非中关系。

对策建议

一是中国共产党和非洲国家政党需明确战略合作领域。对非洲来说主要是技术和粮食。非洲国家政党应向中国共产党学习如何领导国家开展技术创新和实现粮食自给自足，中国共产党应帮助非洲国家提升技术创新能力，发展农业，必要时提供粮食援助，避免美国将粮食作为胁迫非洲的武器。

二是中国共产党和非洲国家政党应努力推动非中关系制度化。双方应积极推动建立中非自由贸易区、加强在货币和安全等领域的合作，为构建非中命运共同体发挥积极作用。

三是中国共产党和非洲国家政党应重视大学和研究机构交流合作。大学和研究机构正是知识生产的源头。

四是中国共产党和非洲政党应汲取乌克兰危机教训，加强合作，共同应对美国可能在非针对中国发动的代理人战争，或拼凑的反华同盟。

五是中国共产党应注重拓展同非洲各界交往。中国共产党不仅要加强与非洲国家执政党的关系，也要重视加强与非洲国家反对党的关系，更加重视推动非中文化交流。

中国是埃塞俄比亚真正的伙伴

埃塞俄比亚繁荣党公共与国际关系部国际关系局局长
穆罕默德·塞提格内

2021年11月8日至11日,中国共产党成功召开十九届六中全会。在这次举世瞩目的会议上,通过了具有里程碑意义的决议,回顾了中国共产党百年奋斗重大成就和历史经验。中国的伟大发展成就不仅鼓舞了非洲人民,也开启了非中更深层次交流合作的新时代。

非中关系是双方风雨同舟、患难与共,一步一个脚印走出来的。早在非洲争取民族独立的斗争中,中国便给予非洲国家巨大帮助,非洲人民将永远铭记这段历史。今天,非中关系更加务实,处于历史最好时期。中非合作论坛2000年成立后,经过20多年的发展,已成为非中开展集体对话的重要平台和务实合作的有效机制。中国向非洲提供了许多援助项目,包括坦赞铁路、水井、电信设施、机场、体育场、政府办公楼等。非中合作成果遍布非洲大地,改善了非洲经济社会发展条件,给双方人民带来了实实在在的好处。新冠肺炎疫情发生后,中国和非洲国家患难与共、守望相助,谱写了非中团结友好、共克时艰的新篇章。中国并没有因为自身发展和国际地位提高,而改变同非洲国家的团结合作,始终坚定支持非洲国家探索适合本国国情的发展道路和自主解决本地区问题的努力,为包括埃塞俄比亚在内的发展中国家提供了治国理政新思路，为非洲之角地区和平与安全作出巨大贡献，促进了非中共同繁荣。

埃塞是非洲发展最快的经济体之一，也是世界上历史最悠久的文明古国之一。成千上万的埃塞人获得中国奖学金，在中国的世界一流大学学习，许多埃塞人把中国当作第二故乡。中国的年轻专业技术工人在埃塞开展各种项目，埃塞所有城镇的街道上都能看到中国的兄弟姐妹与当地人民友好互动。中国是埃塞真正的伙伴，两国始终在涉及彼此核心利益和重大关切的问题上相互支持。当前，埃塞正面临一定的政治挑战，中共派代表在埃塞困难时期到访，强调支持埃塞自主解决内部事务，承认民主选举产生的政府，体现了两国的患难真情，这对埃塞青年一代是巨大的鼓舞和激励。在此，我谨代表埃塞人民，向中国人民、中国政府和中国共产党表示衷心感谢。

中共十八大后，中国特色社会主义进入新时代。中共领导中国人民在过去奋斗的基础上不断创新，推动中国特色社会主义事业取得历史性成就。中共确立习近平总书记在党中央的核心、全党的核心地位，明确习近平新时代中国特色社会主义思想为中共必须长期坚持的指导思想，这反映了中共和中国各族人民的共同意愿。习近平主席提出真实亲诚对非政策理念和正确义利观，为新时期非中关系发展指明方向。

在中共领导下，中国已经全面建成小康社会，实现了第一个百年奋斗目标，开启了建设社会主义现代化国家的新征程。中国正在立足新发展阶段，贯彻新发展理念，构建新发展格局，向第二个百年奋斗目标迈进。按照两步走战略，中国将在2035年基本实现社会主义现代化，在21世纪中叶建成富强民主文明和谐美丽的社会主义现代化强国，中共所做的一切都是为了中国人民的福祉，为了中华民族的复兴，为了人类的和平与发展。

我们相信，在习近平总书记的带领下，中国党和国家各项事业将取得新的更大成就，包括埃塞俄比亚在内的发展中国家将更多地受益于中国特色社会主义的经验和成果。非中友好关系是面向未来的事业，需要一代又一代非中有志青年不懈努力,接续奋斗。双方青年应加强交流合作力度,分享实践经验,探索适合自己国情的发展道路,建设更加强大的国家。

进一步推动中非友好合作精神代代相传、发扬光大

埃塞俄比亚繁荣党青年团秘书长
阿克利卢·塔德塞

2021年是中国共产党成立100周年。100年来，中国共产党带领中国取得了举世瞩目的成就。尤其值得钦佩的是，中国共产党始终坚持胸怀天下，在为中国人民谋幸福的过程中，也致力于支持人类进步事业，推动世界的繁荣和发展，积极构建人类命运共同体。今天，中国所取得的辉煌成就正在为包括非洲国家在内的世界各国带来新的发展机遇。

非洲和中国有着相似的历史经历和深厚的传统友谊。2021年11月29日，习近平主席出席中非合作论坛第八届部长级会议开幕式并发表主旨演讲，指出非中双方在反帝反殖的斗争中结下了牢不可破的兄弟情谊，缔造了历久弥坚的中非友好合作精神。习近平主席强调，非中在纷繁复杂的变局中谱写了守望相助的精彩篇章，为构建新型国际关系树立了光辉典范。这表明，非中合作正以新的精神面貌稳步向前发展。

中非友好合作精神，首先体现在中国对非贸易投资等经济方面。非洲国家在获得民族独立后，努力推进经济改革，加强国家建设。但是西方殖民者仍利用其控制的世界银行、国际货币基金组织等国际金融组织，以及在非洲传统影响，干涉非洲国家的内政，推行新殖民主

义，继续对非洲国家进行剥削。中国对非政策没有殖民历史包袱，以互利共赢为基础，尊重非洲各国内部事务，对非洲国家的投资和贸易不附加任何政治条件。伴随着中国连续40多年的政治、经济和社会改革，非中互利共赢合作得到了进一步加强，特别是在新世纪中非合作论坛创立以来，非中经贸关系进一步深化，中国连续13年保持非洲最大贸易伙伴。在双方共建"一带一路"倡议合作框架下，中国对非贸易投资遍布非洲每个国家，为非洲修建铁路、公路、医院、机场等基础设施，给非洲民众，特别是青年创造了大量就业机会。在2021年11月召开的中非合作论坛第八届部长级会议上，习近平主席又宣布了令人振奋的非中合作"九项工程"，必将进一步强化非中务实合作，推动非洲社会经济发展。

中非友好合作精神，也体现在双方治国理政经验等思想交流方面。中国的持续发展和成功转型离不开中国特色社会主义制度。中国共产党的百年历史成就激励着非洲各国政党和人民自主选择符合本国国情的发展道路。非洲国家政党向中共学习经验时，中共从来不对我们指手画脚，相互尊重、求同存异，积极为非中政党交流搭建平台，成为世界政党交往的典范。近年来，埃塞俄比亚繁荣党积极与中共开展治国理政经验交流，从中国特色社会主义成就和经验中汲取灵感，开展符合自身国情的实践探索。在繁荣党的领导下，尽管面临新冠肺炎疫情大流行和国内恐怖组织提人阵等带来的一系列挑战，埃塞政府克服困难，努力推动各领域改革，领导埃塞取得了很大发展成就。

非洲青年是非中友好的受益者。面向未来，我们青年要进一步推动中非友好合作精神代代相传、发扬光大。我们要积极参与并落实好此次中非合作论坛会议提出的方案和项目，进一步巩固非中互利合作，谱写非中文明复兴的光辉历史。

积极学习中共成功经验，携手构建非中新型伙伴关系

埃塞俄比亚外交事务研究所项目协调和伙伴关系办公室主任
梅拉库·穆卢阿利姆

2021年，中国共产党迎来百年华诞，成为世界上为数不多能够走过百年历程的大党老党。100年来，在中国共产党的领导下，中国发生了翻天覆地的变化，成为世界第二大经济体。回顾中国共产党百年奋斗历程，至少有四方面经验值得非洲国家政党学习和借鉴。一是强有力的执政党领导下政府会更加高效。中国共产党拥有明确的政治纲领，建立优秀的各级领导班子，确保各级政府能够坚决贯彻党制定的行动愿景。二是要坚持全面从严治党。中国共产党坚持对腐败零容忍，所有党员在党纪党规面前一律平等，确保党始终团结统一并得到人民拥护。三是注重扩大党的执政根基。中国共产党党员来自社会各界，充分吸纳各民族、社会各阶层优秀人才加入党的队伍，确保党始终代表人民的共同利益。四是坚持走符合自身国情的发展道路。中国共产党始终坚持独立自主，结合中国实际情况走中国特色社会主义道路，带领数亿中国人民摆脱贫困。非洲政党应该深入研究中国发展道路，立足非洲实际，探索非洲特色发展道路。

非洲以珍贵矿产资源丰富著名，也因冲突、战争、饥饿受到国际社会的广泛关注。非洲国家的挑战既有内部的，如社会治理能力低下，

贪腐、贫困、毒品走私等；也有外部的，如美国和一些西方国家干涉内政、经济制裁，与发达国家存在数字鸿沟，不合理的国际秩序和国际体系等。正如习近平总书记所说，中国和非洲历来是休戚与共的命运共同体。互帮互助、互学互鉴是非中的优良传统。非洲国家政党应该更加积极学习借鉴中国共产党成功经验，坚持以人民为中心，不断提升治理能力，加强民主法治建设，解决好自身面临的内部问题。同时与中国在国际问题上加强协调配合，携手构建新型全球伙伴关系和更具包容性的国际秩序。

第一，加强政党、议会、政府等层面交流，深化非中合作。非中政党交往十分频繁、富有成效，建议在北京建立一座非中政党交往历史展览馆，记录和展示非中政党交流合作成就。加强非中政党数字伙伴关系建设，可考虑开设非中政党数字论坛和网站，增加双方经验交流的频率。加强非中政党所属智库交流合作，资助双方政党相关课题研究图书和期刊的出版发行。加强非中议会交流合作，目前中国全国人大和政协已同35个非洲国家议会建立关系，可考虑针对非洲青年和妇女群体举办非中青年议员年度论坛和非中女议员年度论坛，加强相关群体交流。政府层面，中国目前同非洲国家建立了"全面战略合作伙伴关系""全面战略伙伴关系""战略伙伴关系""全面合作伙伴关系"等不同类型的伙伴关系，有必要明确这些关系的内涵和层级，推动他们更加努力，与中国建立更高层次和更加紧密的双边关系。同时，建议加强非中地方政府合作，增加地方友好城市数量，建立更加密切的地方发展伙伴关系。

第二，加强人文领域合作交流，增进民心相通。非中对话交流范围不应仅局限在政党、政府等官方层面，这容易造成"官热民冷"局面，应鼓励双方社会组织、智库媒体、学术界、商界、妇女儿童等界别沟通和对话，增进人文领域合作，加深民间相互了解和友谊。媒体是非中关系发展的重要引擎，建议中国在中非合作论坛框架下帮助非盟建立全非－中国网络电视台，加强非中关系宣介。语言是非中人民关系的润滑剂，建议设立"中国非洲日""非洲中国日"，推动非中相互学习彼此语言和文化。目前，非洲大陆仅有封闭的斯威士兰尚未与中国建交，非洲国家应在人文领域为斯中建交搭建桥梁，促进斯进一步了解中国，推动斯中建交，实现整个非洲大陆全部支持一个中国原则，彰显非中友好。

第三，加强国际场合相互支持，携手构建人类命运共同体。非中在国际场合相互支持至关重要。中国共产党在推动全球坚持多边主义、反对单边主义中发挥着关键作用。非洲期待联合国安理会改革，中国支持增加发展中国家在联合国安理会的代表性，双方应进一步加强沟通，推动南南合作，解决国际秩序长期不公正不合理局面。习近平同志担任中国党和国家最高领导人后提出了共建"一带一路"倡议、构建人类命运共同体、全球发展倡议、全球安全倡议。四大倡议涵盖了全球当前面对的重大挑战，展现了中国致力于构建新型全球伙伴关系的坚定决心和意愿，彰显了中国共产党努力实现国家愿景与世界愿景、促进国家利益与国际利益平衡的天下情怀。这些伟大倡议是由中国提出，但不意味着由中国承担所有责任，其他国家应该与中国携手合作，推动这些倡议落地。对非洲国家来说更是如此，这些倡议同非盟《2063年议程》高度契合，支持这些倡议就是支持非盟《2063年议程》，就是推动世界走向更美好的明天。

中共的成功为非洲国家政党树立了一个标杆

埃塞俄比亚繁荣党公共与国际关系部国际关系局局长
穆罕默德·塞提格内

1840年鸦片战争后,中国成为半殖民地半封建社会,中国人民为争取国家独立解放、民族复兴和美好生活进行了很长时间的摸索,但这些尝试都没有成功。1921年中国共产党成立后局面开始改变。在中国共产党的领导下,中国人民取得了新民主主义革命的胜利,成立了新中国。中国共产党务实、灵活地将马克思主义与本国国情相结合,走出了一条独特的发展之路。今天,中国已经成为世界第二大经济体,中国人民实现国家富强和民族振兴的梦想正在成为现实。特别是以习近平同志为核心的中共中央,立足中国、世界和时代发展实际,克服了很多非洲国家政党至今都没有很好解决的挑战,提出了一系列独到的执政理念和执政思想,带领中国取得了历史性成就。非洲国家政党从实现民族解放到现在仍在艰辛探索如何提升领导能力,凝聚社会共识,促进社会经济发展,中国共产党的成功为非洲政党树立了标杆,其执政经验犹如指路明灯,照亮了非洲政党领导国家富强振兴之路。

不断加强党的领导能力和党的自身建设是中国共产党取得成功的重要原因。习近平总书记经常强调,"党政军民学,东西南北中,党是领导一切的。"中国共产党强调加强党的领导,其背后逻辑是为了更好领导中国实现党的奋斗目标，为人民谋幸福，为民族谋复兴，从而赢得人民的真正拥护和支持。中国共产党结合中国实际，在加强党的领导上提出了"民主集中"的概念，兼顾决策的民主和效率，这一做法非常值得非洲政党借鉴。中共十八大以来，以习近平同志为核心的党中央全面深化从严治党，并不断推动党的领导走向制度化、法治化，打击腐败、党内监督得到强化，党的领导得到进一步加强。

中国发展的目标是满足人民对生活的美好向往

中国共产党始终致力于实现人人享有美好生活。中共十八大以来，以习近平同志为核心的中共中央明确提出，中国发展的目标是满足人民对美好生活的向往。在这一宏伟目标的指引下，中国共产党努力实现经济平衡、协调、可持续发展，打响了世界历史上非凡的脱贫攻坚斗争，领导中国在 2020 年年底消除了绝对贫困，这一成就开创了中国乃至全人类发展进程的新纪元。中国共产党的成功极大地鼓舞了正在与绝对贫困作斗争的非洲国家领导人和人民，为包括非洲国家在内的广大发展中国家摆脱贫困注入了一剂"强心剂"。非洲是发展中国家最集中的大陆，发展程度普遍较低，大量非洲人民仍生活在绝对贫困之中。非洲政党应认真学习中国共产党经济发展的成功经验，提升普通民众成就感、幸福感和安全感。

中国对世界抗疫贡献有目共睹

中国共产党领导中国人民在社会发展领域，特别是在抗击新冠肺炎疫情中取得的成就同样令人瞩目。在以习近平同志为核心的中共中央领导下，中国成功控制住了新冠肺炎疫情蔓延。中共领导人身先士卒，以上率先；中共党员以身作则，无私奉献；中国人民积极响应党和政府号召，全力配合抗击疫情，中国共产党在应对这场全球公共卫生危机中表现出的强大组织力令世界为之钦佩，值得包括非洲国家政党在内的所有政党思考。尽管美国及西方个别国家对中国新冠肺炎疫情存在偏见并恶意中伤，但中国对世界抗疫贡献有目共睹。中国成功控制住新冠肺炎疫情蔓延，大幅度降低了全球疫情传播风险和损失，同时还为世界各国无私分享抗疫宝贵经验，提供抗疫物资和新冠疫苗支持，极大地帮助了整个世界，特别是发展中国家。在中非合作论坛第八届部长级会议开幕式上，中国国家主席习近平再次作出向非洲捐赠疫苗的伟大承诺，这将对非洲国家学习中共人民至上、生命至上的做法，战胜新冠肺炎疫情，保护人民生命安全发挥至关重要作用。

中共胸怀天下，为世界发展作出积极贡献

中国共产党不仅致力于造福中国人民，还胸怀天下，积极参与全球治理，为世界发展作出积极贡献。中共十八大以来，习近平总书记领导中国共产党开创了中国外交新时代，提出的构建人类命运共同体理念是当代国际关系中最具创新性和重要意义的理念之一，这一伟大理念已经响彻全球，被写入联合国有关决议，受到国际社会的高度评价。他提出的"一带一路"倡议作为全球公共产品，极大提升了沿线国家和地区基础设施水平，为当地人民带来了发展新机遇。非洲是非中合作的主要受益方，包括非洲国家在内的世界各国期待中国共产党在未来发挥更大作用，为增进全球人民福祉作出更大贡献。相信在中国的支持和世界各国的努力下，全球各国一定能战胜当前挑战，开辟新的发展局面，共创人类美好未来。

习近平总书记提出全球发展倡议充分彰显中共胸怀天下

埃塞俄比亚和平与安全研究所主任
尤纳斯·阿德耶

2021年9月，习近平总书记在出席第七十六届联合国大会一般性辩论时发表重要讲话，提出全球发展倡议，强调坚持发展优先，坚持以人民为中心，坚持普惠包容，坚持创新驱动，坚持人与自然和谐共生，坚持行动导向。2021年11月，中国共产党第十九届六中全会召开，审议通过《中共中央关于党的百年奋斗重大成就和历史经验的决议》，将"胸怀天下"作为中共百年奋斗的重要历史经验。全球发展倡议成为继"一带一路"倡议后，习近平总书记提出的又一重大倡议，成为中国共产党"胸怀天下"的生动写照。

当今世界世纪疫情和百年变局交织叠加，人类社会发展和全球安全正面临前所未有挑战。从非洲"乌班图"哲学角度看，没有人生活在孤岛之中，人类是一个紧密联系的整体。正如已故诺贝尔和平奖获得者、南非大主教图图阐述的那样，秉持"乌班图"理念的人，不会因为别人的能力和优秀而感到威胁，因为他或她知道大家是一个整体。但西方国家的价值观却不是这样，他们认为"我们的就是最好的""我们的模式适合所有人"。对其他文化的无知以及对人类同胞的傲慢正将世界带入一场灾难，正是这种个人主义和自以为是的做派造成了当今世界危机的根源，为世界播下了蔑视和不和谐的种子。

习近平总书记提出全球发展倡议根植于中国发展理念，从中国"共同富裕路上，一个不能掉队"到"在人类追求幸福的道路上，一个国家、一个民族都不能少"，这与非洲"乌班图"理念不谋而合。西方国家在近代崛起过程中开展奴隶贸易、殖民主义和帝国主义扩张，通过对非洲等落后地区进行跨国掠夺来完成资本原始积累，与之不同的是，全球发展倡议积极回应广大发展中国家当前面临最紧迫发展挑战，体现的是中国共产党的人类命运共同体理念。倡议重申对联合国2030年可持续发展目标的承诺，致力于重振全球发展伙伴关系，为缩小全球南北发展差距绘制了路线图。

全球发展倡议切合世界上大多数国家的诉求。中国－太平洋岛国外长会、中国－东盟建立对话关系30周年纪念峰会、中非合作论坛第八届部长级会议、中国－拉美和加勒比国家共同体论坛第三届部长会议等都将共同支持该倡议纳入成果文件。2022年1月，"全球发展倡议之友小组"在纽约联合国总部成立，来自100多个国家的代表和20多家联合国机构负责人参加启动会议，进一步凝聚落实全球发展倡议的共识。联合国秘书长古特雷斯表示，全球发展倡议对落实《联合国2030年可持续发展议程》，解决全球发展不平等和不均衡问题具有重要意义。

全球发展倡议对非洲疫后经济复苏和可持续发展至关重要。一方面，非洲国家政党要学习借鉴该倡议所秉持的以人民为中心的发展理念。全球发展倡议将生存权和发展权视为最基本的人权，以团结促合作、以合作谋进步，最终通过发展成果保障人权，这与西方所谓新自由主义人权理念有着本质区别。非洲政党应像中共一样将执政核心理念聚焦增进人民福祉，实现所有人的全面发展。另一方面，非洲国家应与中国携手推动全球发展倡议落地。独行快，众行远。从共建"一带一路"到全球发展倡议，非洲必须和中国一道，始终站在人类历史进步的一边，携手应对全球经济挑战和安全威胁，共同构建人类命运共同体。

|安|哥|拉|

中国特色社会主义是非洲国家学习的范本

安哥拉人民解放运动中央政治局委员、国会议员
埃斯特维斯·希拉里奥

中国特色社会主义可以成为引领第三世界国家走向发展的"指南针"

中国共产党带领中国人民取得新民主主义革命的胜利已70余载，执政成就举世瞩目。中国特色社会主义可以成为广大第三世界国家学习和借鉴的发展道路。对于中国的发展，我们不应仅仅看到中国创造的世所罕见经济奇迹，也应看到在中国大地上发生的轰轰烈烈的社会革命以及崭新的社会面貌。

1949年取得新民主主义革命胜利后，中国开始探索社会主义道路，这一过程成绩斐然，也有过一些曲折。中国摒弃了苏联社会主义及其对马克思列宁主义教条和僵化的理解，而是立足本国实际，在中国独特历史文化的土壤上培育出中国特色社会主义。1978年中共十一届三中全会召开，重新确立了实事求是的思想路线。邓小平同志创造性地提出建设有中国特色的社会主义，认为社会主义的本质"是解放生产力，发展生产力，消灭剥削，消除两极分化，最终达到共同富裕"。社会主义与西方资本主义的显著区别在于，社会主义坚持平等和公平，追求共同富裕。中国特色社会主义的目标之一就是要全面建成小康社会，实现全体人民的共同富裕。中国特色社会主义可以成为引领第三世界国家走向发展的"指南针"。

非洲国家应反思发展道路和具体实践

非洲前民族解放运动创立时，均以马列主义为指导，以社会主义为追求，奉行马列主义的政党在独立后成为各自国家的执政党，领导探索各自社会主义道路。20世纪90年代，苏共激进的经济改革导致苏联解体、东欧剧变，非洲国家在西方影响下，纷纷转向西式民主制度，而中国在苏联解体、东欧剧变的浪潮中坚持走中国特色社会主义。在中国共产党领导下，中国坚持民主集中制，确保政治长期稳定，发挥体制优势，调动全社会力量投入经济建设，创造了经济社会高速发展奇迹。

反观非洲国家，忽视自身独特的文化和社会实际，照搬前殖民者的西式政治体制，出现了较大"不适应症"，政局陷入长期动荡。即便是非洲政局较为稳定的国家，受体制机制限制，也难以调动社会各方力量投入国家建设发展。中国的民主集中制确保了国家政治长期稳定，这也是中非发展水平悬殊的原因之一。在我看来，中国成功的秘诀在于始终坚持中国共产党的坚强领导，确保政治长期稳定，依托举国体制调动全社会力量投入经济社会发展；在于始终立足国情，探索中国特色社会主义道路，发展中国特色社会主义市场经济。

非洲国家是时候停下来思考自身发展道路了。我们虽然无法回到20世纪90年代，重新选择中国式的社会主义道路，但我们可以尝试当前西式民主制度下，探索出一条折中的非洲特色政治道路，推进经济社会改革。改革应当从我们政党自身开始，不断从中国特色社会主义中寻找灵感，学习运用其中蕴含的方法论。

非洲国家政党面临的不仅有发展道路之思，也有具体实践之问。苏联解体、东欧剧变剧变后，非洲前民族解放运动虽被迫接受西式民主体制，但并未改变建党之初的意识形态色彩，始终坚持社会主义理念，怀揣对马列主义的信仰。然而在治国理政具体实践中，非洲政党并没有将社会主义价值理念转化为促进全体人民共同富裕的行动。非洲的问题不在于坚持什么样的政治制度，而在于采取什么样的实践。

中国特色社会主义有机结合了社会主义政治制度和市场经济，而非洲的社会主义采取了僵化的计划经济。中国的成功证明，社会主义与市场经济并不是相悖的。非洲社会主义为什么失败？中国特色社会主义为什么成功？最大的差异就在于社会主义实践的不同。

中国特色社会主义制度具有显著优越性

现代化的道路并非只有一条，各种道路亦无绝对优劣之分。造成发展水平差异的主因在于采取何种方略，能否做到与时俱进、扬长避短。在我看来，中国共产党领导的精准脱贫和推动共同富裕的成就举世公认，展现了中国特色社会主义的制度优越性。

中国的精准脱贫成就充分证明了这一方略的有效性和优越性。为什么中国特色社会主义和非洲特色社会主义减贫成效差异巨大？我认为主要在于中国摒弃了苏联社会主义的教条主义和官僚主义，立足自身国情，创立了独特的政治制度，充分调动了各级党组织的主观能动性和创造力，这是非洲国家不可比拟的。

与苏联和东欧各国不同，中国在发展社会主义经济时，坚持以农业为基础，依托农业发展成果，促进工业化。相较于南部非洲国家，中国的人均可耕地面积和资源禀赋不足。也正因如此，中国大力推进农业产业化和现代化，加大农村基础设施建设，充分运用科技手段，提高农业产量，降低生产成本，便利物流运输，促进农村贫困人口从自给自足的家庭农业向产业化规模化转变，通过生产力的提高实现自主脱贫。

期待未来非中深化合作，携手构建高水平命运共同体

中国与南部非洲国家的友谊始于 20 世纪五六十年代，中国共产党大力支持南部非洲的民族解放事业。特别是近年来，在习近平总书记关心推动下，非中关系迈入高水平发展的新时代。西方国家对非合作总带有殖民时代的傲慢与偏见，而中国对非合作坚持互利平等，这是建立在中国共产党与南部非洲六姊妹党兄弟情谊基础上的合作。

中国帮助非洲建设了大批港口、机场、道路等发展必需的设施，为非洲大陆基础设施建设作出卓越贡献，极大提升了非洲人民的幸福感和获得感。

由于非洲国家主权信用评级不高，向国际金融机构融资困难，发展所需资源不足，客观导致非洲产业发展困难，产量低、成本高，难以实现产业扶贫。

非中是好兄弟、好朋友。中国对非投融资合作应有别于国际货币基金组织、世界银行、巴黎俱乐部等机构，期待中国提供更加灵活便利、不附加政治条件的融资信贷。当前，世界各国进出口银行均希望能刺激本国出口，期待未来更多带动本国的经济发展。

非中关系历久弥新。非中合作从争取民族解放斗争时期的军事政治合作，加速转向经济合作，携手构建高水平命运共同体。中国如期全面建成小康社会充分彰显了中国特色社会主义制度的优越性，期待中共继续同非洲国家政党分享治国理政经验，帮助非方建设有本国特色的社会主义。

携手开创非中人民更美好未来

安哥拉人民解放运动中央委员
贾斯蒂诺·卡帕皮尼亚

中国是对非洲人民友好的国家，始终致力于帮助非洲实现独立解放和可持续发展，并以自身奋斗史激励非洲政党和非洲人民。自中国共产党诞生以来，始终坚持为中国人民谋幸福、为中华民族谋复兴的初心使命。取得新民主主义革命胜利后，中共带领中国开创中国特色社会主义道路，迈上发展"快车道"。特别是中共十九大以来，改革持续深化，经济社会发展成就显著，人民的医疗、住房、教育等民生大计得到有力保障，脱贫攻坚战宣告全面胜利，中国特色社会主义进入新时代。我相信，如果中共继续以当前意志力向着既定目标奋进，世界将见证一个伟大的社会主义现代化强国的诞生。

中国已连续13年成为非洲第一大贸易伙伴国，即便在新冠肺炎疫情困难时期，中非2021年贸易额也达到2540亿美元，较2020年增长35%。中国企业积极赴非投资兴业，为非洲建设了1万多千米的铁路、近10万千米公路、近1000座桥梁、近100座港口、80多个大型电力设施、通讯骨干网15万千米、网络服务覆盖了近七亿用户终端，有效增进了非洲基础设施的互联互通。中国还帮助非洲建设了130多个医疗设施和170多所学校，为非洲培训各领域人才共计

16万余名，给非洲人民带来了实实在在的好处。中国共产党与非洲许多政党建立了伙伴关系，交流分享政治、经济、社会治理经验。从不同纬度看，非中关系特别是安中关系，建立在传统友好、平等互信、务实合作的基础上，有力促进了各自国家发展。

安哥拉人民解放运动注重学习中共经验，持续推进国家政治、经济、社会发展，以提升安人民的满意度和获得感为己任，监督中央和地方各级机关和干部尽职履责。

2021年12月，安人运召开第八次全国代表大会，在安人运主席、总统洛伦索的倡议下，安人运落实50%性别平等原则，让女性在党和国家治理中占据更重要位置，党的领导职位35%由青年担任，提升了党和国家机构的活力，适应了人口代际更迭的趋势。

为消除饥饿和贫困，安人运政府2020年5月推出"社会保障计划（KWENDA）"以及"市政综合干预计划（PIIM）"，前者旨在为弱势群体提供生活资助，后者通过向164个城市下放权力和资金，建设发展必需基础设施，调动社区参与减贫事业。

当前，各国都面临疫情后的经济复苏挑战，非中加强团结合作紧迫性进一步上升。期待通过中非合作论坛机制，中国可以帮助非洲获取更多新冠疫苗，建设医疗卫生系统，实现经济快速复苏和可持续发展，为促进全球公平正义作出积极贡献。加大中国"一带一路"倡议与非盟《2063年议程》战略对接，为非中人民创造更美好、更有尊严的未来。

对非中友好合作的几点建议

安哥拉人民解放运动中央委员
齐尔达·沃洛拉

自我出生起，中国共产党领导下的中国已成为有影响力的世界大国，创造了经济高速发展的奇迹。中共十八大以来，以习近平同志为核心的中共中央团结带领中国人民解决了许多长期想解决而没有解决的难题，办成了许多过去想办而没有办成的大事，推动党和国家事业取得历史性成就、发生历史性变革。当前，中国以更加昂扬姿态屹立于世界民族之林。国际社会也更加关注中国提出的发展理念和倡议，希望从中国经验中获得解决全人类问题的答案，高质量发展、全球发展倡议、全球安全倡议等成为高频词汇。老牌强国在感受到中国的迅速崛起后，纷纷加大对中国的战略关注。

在我看来，中国之所以取得这些成就，关键在于习近平新时代中国特色社会主义思想的指导，关键在于始终坚持社会主义价值理念、维护人的尊严，关键在于中共领导人的远见卓识和高超的政治智慧。非洲国家应从中国共产党百年奋斗史中，汲取经验、智慧和启迪，并大胆付诸实践，让中国成为每代人学习的榜样。

团结就是力量。非洲作为人类的摇篮，是世界上最美丽、资源最丰富、最具发展潜力的大陆之一，非洲人民热情且勤劳，渴望将自然资源转变为社会财富。在非洲的发展进程中，首先应加强与中国的团结合作，探索最适合本国国情的发展道路。

20世纪90年代起，中国进一步扩大与发展中国家的务实合作，向非洲提供了大量投资和援助，从不附加任何政治或军事条件，坚持互利平等，这一举动引起了一些西方国家的不满。基于强调人性本恶、不相信国家间的团结、互利的世界观，一些西方国家将中国对非合作污蔑为帝国主义或新殖民主义，企图阻止非洲加强与中国的合作。非洲从历史教训中早已明白，谁才真正值得团结依靠。

中国共产党通过新民主主义革命实现了国家独立和民族解放，从根本上改变了中国人民的未来和命运，实现了国家持久和平稳定，为高速发展奠定基础。安哥拉总统洛伦索在安和平日演讲中也表示，和平永远是第一位的。和平与稳定是一国发展的前提，破坏它的人不可能是真正的朋友。我们清醒地看到，一些西方国家在非洲煽动战争、制造动乱，企图阻遏非洲发展，掠夺资源。而中国在非洲困难时期伸出援手，支持非洲自强自立。只有与中国坚定地团结在一起，才有望摆脱西方"卡脖子"的危机。

非中有充足的理由加强团结，携手构建高水平非中命运共同体。为此我建议：一是增进非中政治互信，巩固战略伙伴关系，加强政策协调。如债务问题上，非洲应自觉履行义务、按期偿债，从而实现良性互动。二是加强非中政党、政府、地方、公民社会、私营部门等多渠道合作，实现和平与发展，推动减贫和共同富裕。三是帮助非洲提升自主发展能力，将资源向农业、教育、卫生、基础设施建设等领域倾斜，提高农业产量和附加值，为非洲创造更多价值。四是加强治国理政经验交流，促进非洲治理体系和治理能力现代化。五是实施非中减贫计划。以湖南省十八洞村减贫实践为蓝本，在非洲建设社区和农村减贫示范区。因地制宜设立扶贫项目，加强对非洲青年、女性的职业技能培训，帮助其就业创业，实现自主减贫。

愿以中国为蓝本，探索安哥拉特色社会主义

安哥拉人民解放运动中央委员
格拉切特·桑格瓦

近日来，我认真学习了中国共产党的百年奋斗史，从中获得了鼓舞、启迪和思考。中国共产党一经诞生，就坚持为中国人民谋幸福、为中华民族谋复兴，坚持以马克思列宁主义、毛泽东思想、邓小平理论、"三个代表"重要思想、科学发展观和习近平新时代中国特色社会主义思想为指导，与时俱进，不断发展壮大。中国共产党已成为世界上最大的马克思主义执政党，拥有9600多万名党员，领导着超过14亿多人口的国家，具有重要全球影响力。这是多么令人振奋和钦佩的成就！

我来自安哥拉人民解放运动，是南部非洲六姊妹党之一。与中共的历史使命相似，我们六姊妹党高举反对帝国主义和殖民主义的旗帜，领导人民实现了国家独立和人民解放，成为各自国家的执政党已数十余载。安人运作为开国政党、和平的建设者，拥有超过400万名党员，坚持以民主社会主义为指导，成为南部非洲最大的政党之一。然而当前，由于时代发展和国内外条件变化，包括安人运在内的六姊妹党都面临着政治、经济、社会等各方面执政挑战。

我们期待从习近平新时代中国特色社会主义思想中汲取智慧，获

得解决当前执政难题的答案。习近平新时代中国特色社会主义思想将马克思主义基本原理同中国具体实际和时代特征相结合，立足中国历史、文化和独特国情，领导中国共产党成功探索中国特色社会主义道路，创造了中国式现代化新道路，书写了社会主义发展史上的新篇章。这一思想在全球范围内具有深刻的理论影响、独特的理论贡献和划时代的理论价值，开辟了马克思主义新境界。近年来，习近平总书记与六姊妹党最高领导人就进一步加强治国理政经验交流达成共识，必将促进六姊妹党提升执政能力、领导国家发展。

安哥拉虽不能照搬中国特色社会主义，但可以在不改变安人民生活习惯和社会文化的基础上，借鉴中国促进国家快速发展和保障社会公平等方面的经验。我高度认同中国以公有制为主体、多种所有制经济共同发展，按劳分配为主体、多种分配方式并存，发展社会主义市场经济体制等社会主义基本经济制度。认同社会主义的本质是解放生产力，发展生产力，消灭剥削，消除两极分化，最终达到共同富裕。这些理念值得安哥拉学习借鉴，为我们探索安哥拉特色社会主义提供重要参考。

中国组织实施了人类历史上规模最大、力度最强的脱贫攻坚战，因地制宜，实施与当地社会生产力相适应的发展项目，帮助贫困地区实现自主脱贫。中国脱贫人口占同期全球减贫人口70%以上，彰显了中国特色社会主义制度的独特优势。

安人运与中共理念相似，也以促进安哥拉进步、发展和为人民创造美好生活为目标。在洛伦索主席的领导下，安人运学习借鉴中共的经验，也实施了一系列减贫发展项目。中国的减贫实践主要针对农村地区，而安哥拉因国情不同，将重点放在城市和城郊边缘贫困人口。制定"2019—2022年私有化规划（PROPRIV）"，推进国企私有化改革，政府不再是商品和服务的直接生产者，而是发挥宏观调控作用，为私人投资创造更有利的条件，促进竞争和创新。推行"社会保障计划（KWENDA）"，旨在向困难家庭提供小额信贷和资金扶助，为社会活动提供融资保障，补充完善社会保障体系。实施"市政综合干预计划（PIIM）"，将资金和权力下放给地方，用于建设当地发展必需的教育、卫生、水电等基础设施，目前已实施了1679个项目。

面向新时代，非中人民团结合作必将成为国际社会的榜样，为增进全人类福祉、推动建立新型国际关系，构建人类命运共同体作出贡献。我期待着未来可以去中国访问，亲眼见证中国的减贫奇迹和壮美山河，期待考察中国共产党历史展览馆，更深入了解中国共产党百年辉煌奋斗史。

| 贝 宁 |

传承非中友好是青年人义不容辞的责任

贝宁共和阵营地区代表
阿波利奈尔·约苏

100 年来，中国共产党团结带领全国各族人民，取得了举世瞩目的伟大成就，鼓舞了包括非洲在内的广大发展中国家借鉴中国经验实现自身发展。

在庆祝中国共产党成立 100 周年大会上，习近平总书记回顾了中共百年奋斗的光辉历程，展望了中华民族伟大复兴的光明前景。中国共产党已成为当今世界上最大的马克思主义执政党，拥有 9600 多万名党员，是中国各项事业的领导核心。

中国共产党回应人民关切，带领人民创造美好生活，在许多领域的成功经验都值得国际社会深入学习，对世界和非洲的贡献有目共睹。中国共产党以人民为中心的发展思想是中国抗击新冠肺炎疫情的价值指引，也是中国脱贫攻坚的价值追求。中国实现贫困地区经济社会全面发展的成功经验，为许多发展中国家树立了榜样。

百年来，中国共产党带领中国人民将中国建设为世界第二大经济体，积极开展对非投资，持续加强非中贸易制度机制建设，非中经贸合作向着全方位、多层次、宽领域发展，中国已成为非洲最重要的合作伙伴。非中合作的蓬勃发展也为非中青年发展提供了无限机遇。当前非洲渴望团结、和平和繁荣，促进非洲发展是青年人的使命，中国是非洲最大的发展伙伴，所以传承非中友好是青年人义不容辞的责任。青年人一定要为自己做主，积极实现个人成长，并将自身发展与民族、国家的繁荣兴旺紧密联系起来。努力投身非中合作，成为负责任的"全球公民"。

中非青年领导人论坛就是一个促进非中青年交流互鉴、加强合作的绝佳平台。早在第二届中非青年领导人论坛上，非中双方就共同通过了《北京宣言》，呼吁非中双方发扬传统友谊，不断推动非中合作。各国执政党对于本国青年的发展和非中青年的交流合作都负有义不容辞的责任。

面向未来，人力资本是非洲经济的最大优势。如何将人力资本转化成青年人的充分就业也是非洲面临的巨大挑战。非洲既需要承接中国的产业与技术转移，更需要培育本地创新，希望寄托在非中年轻一代的交流合作上。非洲青年应该同他们的中国伙伴加强合作，真正担负起非洲发展复兴的重任。

非中关系的未来离不开青年的参与

贝宁共和阵营青年组织成员
法蒂娜杜·奥胡·赛库

第五届中非青年领导人论坛以"深化治国理政经验交流,共创中非合作新时代"为主题,其中"治国理政"这个关键词激发了我的浓厚兴趣。在我看来,为了提升治国理政水平和执政能力,非洲青年领导人需要更加全面透彻地了解本国发展实际情况,深入基层体察民情。虽然在这一过程中可能会面临各种意想不到的挫折困难,但我们只有坚持不懈,努力了解人民群众的真实想法,才能更好地探寻适合本国国情的发展道路。深入基层、了解民情是一项长期工作,需要足够的耐心和坚韧不拔的顽强毅力,这既是非洲青年领导人所面临的挑战,也是广大非洲青年成长成才的绝佳锻炼机会。

当前,非中合作已经进入新时代,我们希望中国进一步帮助非洲,为青年人提供更多专业技能培训,密切非中青年交流,加强非中在农业、医药、工业、技术转移等领域的合作。许多非洲青年都很好奇,为什么中国的电脑不害怕病毒的攻击?为什么中国生产的摩托车实惠又耐用?非洲国家该如何向中国学习以具备制造这些产品的能力?在非洲,越来越多的青年开始学习汉语,了解中国文化。尽管非中青年肤色不同,但双方都怀揣着共创非中合作新时代的相同梦想,非洲青年渴望学习借鉴中国的成功历史经验，将其应用于本国和非洲大陆的发展建设。

非中关系的未来离不开青年的参与，青年也可以在参与非中合作的过程中获得更大成长空间。非中青年应深入分析他们在新时代非中合作中所面临的机遇和挑战，扮演更重要的角色，贡献青年的智慧和力量。

非中合作正处于关键时期，双方应秉持求同存异的精神，加强经验交流和互学互鉴。虽然贝宁共和阵营和中国共产党在经济建设、社会发展等领域上的施政方针有所不同，但这并不影响共和阵营学习借鉴中共长期执政的成功经验。中国共产党已连续执政70多年，而共和阵营仅上台执政不到四年。我作为共和阵营的青年组织负责人，由衷钦佩中国共产党的发展历程。中国共产党从一个仅有几十人的小党成为拥有9600多万名党员的世界最大马克思主义执政党，组织体系完备，具有强大的组织纪律性、凝聚力和向心力。

我希望非洲青年能够在未来更深入地参与国家事务和经济社会建设，同中方加强交流，协同行动，让非洲大陆早日摆脱贫困，为非洲年轻一代创造更加光明的未来。

愿非中合作更加团结，更加强大！

| 博 | 茨 | 瓦 | 纳 |

博茨瓦纳和中国要成为民主进步和经济发展的共同见证者

博茨瓦纳民主党党员
塔托·巴瑞茨

近代以来，中国和非洲有共同的历史遭遇，都遭受过殖民者的侵略、奴役和掠夺，因此中国人民和非洲人民长期相互同情、相互支持、守望相助。中国和非洲国家解放独立后，双方政治关系密切，高层互访频繁，同中国建交的非洲 50 余国元首都曾访华。2020 年，非洲对华贸易额占其全球贸易额的 16.4%。截至 2019 年，中国累计向非洲国家提供 1530 亿美元贷款。

博茨瓦纳民主党和博政府与中国共产党和中国政府友谊深厚。自 1975 年建交以来，双方在政治、贸易、技能培训、教育等各领域合作广泛，造福了两国人民。中国长期帮助博茨瓦纳的基础设施建设，助力博加快现代化进程，为博发展提供了大量无私帮助。

2018 年，博茨瓦纳总统马西西赴华出席中非合作论坛北京峰会并对中国进行国事访问，习近平主席同马西西总统举行会谈，两国元首的会谈共同开启了博中关系的新纪元。在马西西总统领导下，博茨瓦纳高度重视知识经济和数字经济发展。中方通过干部培训、提供奖学金、开展留学交流等方式不断向博提供援助，助力博数字经济发展。

习近平总书记 2013 年提出的"一带一路"倡议是博中两国互利共赢、加强合作的绝佳平台。博茨瓦纳与中国签署了共建"一带一路"谅解备忘录。该备忘录为博中在更多领域开展合作提供了广阔空间，将有力促进博中合作，推动两国关系朝着更可持续的方向发展。

新冠肺炎疫情发生后，博中携手共同抗疫，两国关系进一步深化。中国是第一个向博提供抗疫物资、分享疫情防控经验的国家。

博中两国执政党也有着深厚友谊，治国理政经验交流深入。2019 年 7 月，应中国共产党邀请，博茨瓦纳民主党时任总书记巴洛皮率团访华。他表示，"通过此访民主党学到重要一课，即中国共产党殚精竭虑为人民服务，厉行反腐，尊重法治。"此访是两党交往的大事，中共经验为博民主党治党治国提供了重要借鉴。2019 年党总裁马西西带领博民主党赢得总统选举后，我们党也非常重视依法治国，打击腐败。中国共产党积极支持博民主党能力建设，帮助博民主党加强党建，从严治党，以更勤勉的态度为人民服务。

2021 年是中国共产党成立 100 周年，这是一个重要的里程碑。博民主党有幸参与了中共庆祝百年华诞的系列活动，同中共就巩固政治互信、增进两国人民福祉等进行了交流探讨。

当前，中博传统友谊和互利合作正在不断深化。希望双方进一步促进贸易平衡发展，加强基础设施和民生等领域合作。博茨瓦纳和中国要成为民主进步和经济发展的共同见证者。

携手构筑博中青年发展的共同愿景

博茨瓦纳民主党青年委员地方政府协会青年专员
勒希寇·夸姆巴拉

各国青年都面临相似的复杂多变的挑战，社会经济压力巨大，甚至可能患上精神心理疾病。我们要采用面向未来、结果导向的现代手段来应对挑战，让广大青年做自己的解放者、赋权者，主宰自己的发展。同样，各种各样的发展伙伴对青年发展必不可少。各国青年要开展对话、建立网络，共同寻找应对挑战的解决方案，弥补彼此的差距，让广大青年不分种族和地域都能充分发挥出自己的潜力。在此我就如何通过博中友好合作为博青年实现梦想、创造更多机会谈以下看法。

一是构筑共同愿景，成为"有能力、有发展的青年"。这一点至关重要，只有有了共同愿景，我们才会齐心协力去实现目标，创造出一种积极参与、自主赋权和发展干预的文化氛围。因为我们有共同愿景，中国青年会去关心博茨瓦纳青年的不幸，帮助博茨瓦纳青年。我们要共同摆脱艰苦不幸的境地，不惜一切代价让后人不再遭受我们今天面临的困难。中国和博茨瓦纳两个伟大国家的青年人，让我们从现在起携手构筑共同愿景，以此作为新的起点。

二是进一步加强关系，促进非中青年的赋权和发展。双方都应从彼此的交往合作中受益，而且没有一方是低人一等的。青年必须规划设计好自己的发展。双方青年的合作不仅要坚韧有力，而且要立足于彼此发展重大问题的最前沿，弥合博茨瓦纳青年与中国青年发展进步的差距。

三是定期对话，建立网络。我们要重新调整彼此的关系，使其适应新时代新挑战。以结果为导向提出新倡议，特别是有必要建立一个网络监测和评估有关落实情况的机制。通过促进发展的定期对话，为青年应对各种挑战提供答案建议。对话还为两国青年思考和创新提供机会，可为博中关系提供智力支持。对话的最终目标是制定出适合博中发展具体情况的合作决议，并制定明确的任务清单和时间表。

四是技能转让，为青年更多参与经济活动提供机会。无法有效参与经济发展是非洲青年面临的一大困难。博茨瓦纳青年有意愿但缺乏技术能力，而中国在此方面有许多成功经验。青年和技术发展密不可分，非洲青年应有能力引领非洲的数字转型。希望中国青年能分享数字领域的发展经验，帮助博实现数字世界的梦想。

我们是当代的青年，要承担起自己的责任，引领自己的发展。如果我们不努力，没有人会帮助我们。博中青年要携手合作，希望两国政府也为此提供更多支持。

博茨瓦纳希望和中国在医疗卫生领域进一步深化合作

博茨瓦纳《报道者报》专栏作家、杜马电台专栏主持人
索利·拉克霍莫

自 1975 年正式建立外交关系以来，博中两国友好合作不断发展。中国是博茨瓦纳的主要贸易伙伴，2019 年双边贸易额约为三亿美元，两国在融资、援助和基础设施建设等领域建立了良好的关系。2021 年博茨瓦纳与中国签署关于共建"一带一路"建设的谅解备忘录等合作文件，标志着博茨瓦纳成为非洲第 46 个同中方共建"一带一路"的伙伴国。两国的文化交流丰富多彩，中国政府为博茨瓦纳学子赴华留学提供大量机会，博茨瓦纳哈博罗内大学孔子学院的成立在博掀起"汉语热"，有效加深了两国人民的亲近感。

两国建交 47 年来，双方医疗卫生合作成效显著。中国向博茨瓦纳派出 16 支医疗队 507 名医护人员，为当地上百万群众提供医疗服务。自疫情发生以来，中方向博提供大量疫苗和医疗用品，中国专家与当地医生并肩奋斗。2020 年，中国驻博茨瓦纳大使馆与博茨瓦纳大学合作建立了工程和技术创新中心，来自中国医学中心、制药行业、医药监管部门和卫生保健中心的专家通过该中心与博方开展交流合作，有力推动博茨瓦纳医学科学创新。在博茨瓦纳最困难的时刻，中国第 16 批医疗队 46 名医护人员于 2020 年 9 月不畏疫情风险来到

博茨瓦纳，深入哈博罗内玛丽娜公主医院和弗朗西斯敦仰加圭转诊医院等一线救死扶伤。两年来，中国医疗队接待门诊2.7万余人次，完成手术3000余例，抢救危重患者1500余例。

  博中医疗卫生领域合作反映了两国长期友好合作关系的发展深化，值得庆祝。鉴此，我建议两国进一步加强在医疗卫生领域的合作，希望中国帮助博茨瓦纳建立国家医学研究所，使我们有能力自主生产疫苗，更好应对新冠肺炎疫情和其他流行性疾病。艾滋病、结核病、疟疾、慢性肺病等传染性疾病对人类的威胁与日俱增，国家间的医学研究合作迫在眉睫。中国与其他国家合作发表了许多有影响力的研究成果，在论文国际合作中发挥了重要作用。博方希望在这一领域也能和中方开展更多合作。总之，我们希望国家医学研究所能尽早落地，这将进一步加强两国医学科研合作，巩固博中之间持久而牢固的医疗卫生合作，更好造福两国人民。

| 布 | 隆 | 迪 |

回忆我的中共党员兄弟

布隆迪穆杰雷水电站布方员工
马尼拉吉扎

很荣幸与大家分享我眼中的中国共产党。我来自布隆迪,是一名普普通通的水电站工人。我虽从未有幸踏足中国,却与中国和中国共产党有着独特的不解之缘,对那个遥远的国度、闻名遐迩的伟大政党怀着深厚情感。我的中共观是具体的、有血有肉的,因为它源自我与一名中共党员的朝夕相处,来自他的一言一行,来自他的无私奉献。

我的家乡有一座高高的山岗,山脚下是日夜流淌的穆杰雷河水,墓地前的公路人来人往,那里长眠着一位烈士。这位烈士就像守护神一样守护着穆杰雷水电站,也庇佑着从他面前经过的每一个人。他姓李,是穆杰雷水电站建设工程的中方专家,也是一名光荣的中国共产党党员。

时间虽已久远,记忆却依旧清晰。

1977年11月,我的家乡来了一支中国援建工程队伍,他们逢山开路,遇水架桥,在深山老林驻扎下来。那时我很年轻,听说中国要帮助布隆迪修建水电站,十分欣喜,便主动报名参加建设,加入工程队伍中,并在那里结识了我的中共党员兄弟。在项目组中,我们这些来自布隆迪的年轻人被分配到大坝建设的一个工作小组,小组组长是一名姓李的先生。他当时已步入中年，是一位框架结构工程专家。他来自中国广西，家庭幸福、工作稳定，却毫不犹豫响应中国政府号召，不远万里来到布隆迪援建水利工程。首次见面，李先生同我们说的第一句话便是："我们以后就是兄弟了！"

从那天开始，我们同吃同住同劳动。李先生受过高等教育，知识渊博，他教我们如何制作钢筋水泥，还教我们说中文。他为人友善，性格开朗。我是当地员工中较年轻的，因此他对我特别关照，嘱咐我要好好学技术。看我累了就让我休息一会，病了就急着给我找药吃，如同我的兄长一样。我的中文达到一定水平时，他任命我为布方工作人员负责人。我们和他的感情非常深厚。在我的记忆中，李先生和他的中国同事们在工作时永远充满激情、充满干劲，仿佛没什么困难能难倒他们。当时我不理解，他们为什么不辞辛劳，跋涉万里来到异国他乡的大山深处帮助一群陌生人？有一天我忍不住问他这个问题。他笑着说："布隆迪和中国是兄弟国家，兄弟就应该相互帮助。"我由此明白了兄弟的含义，人与人之间，民族与民族之间、国家与国家之间的友谊可以如此高尚而纯粹。

然而悲剧不幸降临了。一天清晨，我们乘坐卡车准备进入坝区施工，由于山路崎岖，车辆从路边翻下山沟。坐在驾驶室的三个人中，司机和副驾驶得以及时跳车，但坐在中间座位的李先生却随车坠下山崖。当我们在沟底找到他时，他已不幸罹难，年仅48岁。就这样，一个鲜活的生命逝去了。我的兄弟走了，他把鲜血和生命献给了这片深山，献给了布隆迪。他的去世令我们万分悲恸，如同失去至亲。为悼念他，我们全体停工致哀三天。此后，建设者们化悲痛为力量，更加努力工作。穆杰雷水电站于1982年完工，成为布隆迪主要水电站，为布提供近四分之一电力，成为布中两国用鲜血和生命凝成的兄弟般友谊的象征。

至今，我仍时时牢记李先生的教诲，勤奋学习，努力工作，我成为穆杰雷水电站的正式职工和守护者。40多年过去了，电站完好如初，大坝滴水不漏,各项功能正常,发电设备满负荷运转,这是对我的中共党员兄弟最好的告慰。每年清明节,中国驻布隆迪大使馆、布隆迪政府代表、在布中资机构和华侨都会来李先生墓地祭扫。我也时常前去拜祭,纪念这位长眠在布隆迪青山之间的兄弟。中国是对布隆迪最友好的国家,没有中国兄弟的付出,就没有布隆迪今天的发展。我永远感恩中国、感恩我的中国兄弟!

李先生身体力行,向我们展示了中共党员舍身忘我、无私奉献的优秀品质,他对党忠诚、对事业负责的精神令我们深受感动。斯人已逝,但其精神永存。我眼中的中国共产党,正是由这样一群有着坚定毕生追求,夙夜在公、兢兢业业的奉献者组成的。他们的存在,不仅是中国的民族之幸,更是时代之幸!

中共改变了我的命运和家乡面貌

布隆迪政府地区发展事务负责人
恩达伊克基

大学毕业后，由于求职未果，我决心回乡务农。但家人的眼神和邻里的议论无不暗示着，一个大学生在家种地并不光彩，这令我倍感沮丧和苦恼。一次偶然机会，我在田间结识了一批来自中国的援布农业专家，从此改变了命运。

因为我会说英语，中国专家们便常请我做翻译，向当地村民传授提高水稻产量的先进技术。从此我便和中国专家们一同工作，在45公顷的试验田里，一干就是三年。我从中受益匪浅，也有了一份稳定收入，仅仅一年之后，就依靠个人分包的两公顷试验田收益，盖了新房，成了家。在中国专家的悉心指导下，村里水稻田产量大幅提高，乡亲们用卖水稻赚的钱还清了债务，购买了奶牛、山羊，为家里孩子付了学费，过上了村里祖祖辈辈都梦寐以求的好日子。

更幸运的是，由于试验田的成功，我2018年被选为布隆迪执政党保卫民主全国委员会－保卫民主力量赴华考察团的成员之一，陪同时任执政党总书记恩达伊施米耶总统远赴中国，进行为期十天的考察学习。恩达伊施米耶总书记非常关心布隆迪农业发展，尤其高度重视学习借鉴中国农业经验，期盼将在中国获得巨大成功的农业生产合作社模式引入布隆迪，为尽早实现"人人口中有粮，兜中有钱"的发展目标注入强大动力。而布中党际交往为这一愿景的实现提供了平台。在中联部细致安排和精心准备下，我们一行参观了研发先进农业技术的农业科学院，还到中国基层和乡村，实地考察了杂交水稻种植的先进经验。面对着车水马龙、高楼林立的繁华都市，以及郁郁葱葱的乡村稻田，面对着中国大街小巷、田间地头的人们脸上洋溢着的笑脸，我们在深感钦羡的同时心潮澎湃。我们坚信，自己跟对了"老师"，选对了"课堂"。勤劳的布隆迪人民有理想，有动力，期待有朝一日能将祖国建设成为像中国这样繁华美丽的国度。

回国后，我被任命为农村发展和生产合作社全国委员会成员，负责全国农村地区与农业种植生产技术发展。我们充分借鉴中国的成功经验，在全国成立了3029个农业合作社，实现了村村覆盖；政府也颁布了惠农政策，为每个村的合作社拨款1000万布隆迪法郎作为发展经费。

援布的中国农业专家一直在布班扎省从事农业种植技术的传播推广工作，并将杂交水稻试验田面积扩大到400多公顷。他们和当地村民并肩奋斗，整日在稻田里奔忙，在烈日下劳作，双手沾满泥土，像照顾自己的孩子一样悉心呵护着异国他乡广袤的稻田。最令我难以忘怀的是中国农业专家组组长杨华德先生。他不但向我传授技术，还为我指明人生方向。他是我的人生导师，更如同我的父母，让我的命运发生翻天覆地的变化。他曾对我说："我希望从你开始，改变布隆迪农民的命运。"我永远都忘不了他说这句话时炽热、坚定的眼神。我深知，中国农业专家培育的不仅仅是稻田，更是我们国家发展的希望。与他们一同工作，不但是实现自我价值的良机，更是为家乡和祖国建设贡献力量的最好方式。

如今，我已成家立业，且初为人父，是国家城镇发展与生产合作社全国指导委员会成员和国家社会发展促进规划局成员，还在一年前被任命为政府地区发展事务负责人。我深知，我个人命运和家乡面貌的改变是布中党际交流合作为布隆迪人民带来的切实好处，是中国党和政府对外援助在布隆迪结出的累累硕果，是中国农业专家的无私奉献和辛勤付出的最好回报，也是布中兄弟情谊的生动诠释。我们将永远铭记这一切，并将这份对中国朋友的感激之情化作日后为推动布中友好作出不懈贡献的坚定信心！

中共引领中国妇女事业走向辉煌

联合国开发计划署驻多哥办事处职员
伊玛尼施姆薇

五年前,我有幸通过考核,获得赴华学习机会,攻读"女性领导力与社会发展"硕士研究生项目,并有机会与来自世界各地的进步女性交流观点、碰撞思想。这一宝贵的学习经历令我受益终身,也彻底改变了我的人生轨迹。

我至今仍清晰地记得,我们在学校时常有幸聆听中国各领域杰出女性代表和妇女权益组织负责人的报告,她们讲述了中国共产党为维护中国各族妇女权益不懈奋斗的感人故事。在中华全国妇女联合会安排下,我们了解了在中国共产党领导下,中国各级妇女组织为争取妇女解放、维护妇女权益、保障中国女性在国家机构中享有平等地位作出的突出贡献。学校还组织我们前往外地考察学习,了解当地女性助力地区发展的先进事迹,其中在深圳的参观让我印象格外深刻。

在深圳高速发展过程中,当地女性成为"妇女能顶半边天"的实践者和见证者。当地妇联和妇女工会组织定期举行国际女性权益论坛,就进一步保障女性在工作中的权益交流经验做法。妇联工作人员以切实提高妇女社会地位、保障妇女工作权益为己任,满腔热情地从事这一高尚事业。在她们的不懈努力下,广东省人大通过了中国第一部关于性别平等的地方法规，深圳市也成为全中国第一个启用性别平等数据收集系统的城市。

最令我难忘的，是和中国国家主席习近平先生的夫人彭丽媛教授会面的情景。作为中国著名歌唱家、联合国亲善大使，彭丽媛教授是全球女性的卓越典范。会面时，她和善、优雅、谦逊而又睿智恬静的气质，令所有距离感烟消云散。她向我们介绍了妇女解放、男女平等是中国共产党自成立之日起便一以贯之的价值追求，以及中国共产党如何指引中国妇女事业阔步前进。她说，习近平总书记积极贯彻男女平等基本国策，注重发挥妇女的独特作用，积极促进妇女解放事业的全球合作，擘画了妇女事业的崭新格局，为当代中国妇女事业发展注入时代内涵。中国在女性解放事业中始终走在世界前列，未来还将为更多有志于提高女性地位、保障女性权益的青年提供学习工作机会，帮助全世界广大妇女凭借自身努力，取得更加瞩目成就。彭丽媛教授希望我们成为中国和世界交往的桥梁，并为推动非洲女性事业发展、推动构建人类命运共同体贡献力量。

在华学习经历深深启发了我，让我了解到在中国共产党领导下，众多中国女性领袖茁壮成长的故事，从而让我对妇女权益保护事业充满信心，对提高非洲女性权益保障充满责任感和使命感。我定不负众望，学以致用，谱写非洲女性发展和非中友谊新篇章！

赤道几内亚民主党高度钦佩中共执政理念

赤道几内亚民主党外联和青年事务协调员
阿莱

在以习近平同志为核心的中共中央领导下，中国向全世界展示出其在内政外交毋庸置疑的行动力和领导力。中共始终坚持以人民为中心，将人民作为发展战略的受益者，并通过各级党组织高效动员，彰显发展主动性、创新性和可持续性，领导国家取得了举世瞩目的伟大成就。特别是近十年来，中国全面建成小康社会，历史性地解决了绝对贫困问题，实现了第一个百年奋斗目标。中国坚定奉行独立自主的和平外交政策，尊重别国人民的发展道路选择权。中国捍卫真正的多边主义，积极推动构建相互尊重、公平正义、合作共赢的新型国际关系，为推动全球治理体系改革和完善作出重要贡献。

赤道几内亚民主党高度钦佩中国共产党执政理念。一是中共坚持把马克思主义基本原理同中国具体实际相结合，坚持一切从实际出发，不断推进马克思主义中国化时代化。在新民主主义革命时期、社会主义革命和建设时期、改革开放和社会主义现代化建设时期、中国特色社会主义新时代，中共不断实现马克思主义中国化新的飞跃。马克思主义的科学性和真理性在中国得到充分检验，马克思主义的开放性和时代性在中国得到充分彰显。二是中共坚持传承弘扬本国传统文化。

中国以多元包容的特质吸收各民族先进文化元素，促进了中华民族共同体意识的形成，促进了人类文明的发展进步。这个稳定的文化框架渗透到社会政治、经济、文化生活的方方面面，主导着中华民族的价值取向和行为规范，升华为超地域的文化群体归属感，释放着强大的吸纳力和凝聚力，是推动国家强盛的不竭精神动力。

赤道几内亚和中国合作前景更加光明，潜力更加巨大

新形势下，赤道几内亚和中国两国两党关系已经迈上新的台阶。2013年就任中国国家主席以及2018年再次当选连任后，习近平主席均选择非洲作为首次出访目的地，非中友谊的深厚可见一斑。习近平主席多次踏上非洲大陆，引领双边关系发展，擘画未来合作蓝图，提出真实亲诚对非政策理念和正确义利观，将非中新型战略伙伴关系提升为全面战略合作伙伴关系，以"构建更加紧密的中非命运共同体"的主线贯穿其中，绘出非中关系行稳致远的生动图景。特别是在中非合作论坛框架下，中国同包括赤几在内的广大非洲国家深化互利共赢合作，实现了多领域务实合作发展的飞跃，成为国际对非合作的典范。中国和赤道几内亚根据双方发展的实际需要，在各自探索经济发展等道路上相互助力，在贸易、投资、发展援助、人力资源培训、基础设施等领域合作取得巨大成功，为进一步推动南南合作和世界政治经济均衡发展作出积极贡献。新冠肺炎疫情暴发后，中国和赤道几内亚携手抗疫，卫生健康共同体更加紧密。2020年2月，赤道几内亚向中国捐赠200万美元，用于支持中国抗击新冠肺炎疫情。同年5月，中国政府向赤道几内亚派出医疗专家组。2021年2月、4月，中国向赤道几内亚提供两批新冠疫苗援助，赤道几内亚也成为第一个接受中国疫苗援助的非洲国家。两国携手抗疫、患难与共，更加凸显非中友谊历久弥坚、难能可贵，相信后疫情时代中国和赤道几内亚合作前景更加光明，潜力更加巨大，两国合作将结出更多硕果。

中方提出的"一带一路"倡议得到了非洲国家的广泛赞誉，因为非方清楚，这不仅是基础设施建设合作平台，更是一条通往未来的互联互通之路，将帮助非洲成为世界经济格局中的重要力量。赤道几内亚处于"一带一路"的历史和自然延伸，赤几方诚挚感谢中方在各领域提供的慷慨帮助，高度赞赏中方始终秉持真实亲诚理念和正确义利观，促进双方发展，造福两国人民。

在中国共产党百年华诞之际，中国成功打赢脱贫攻坚战，如期全面建成小康社会，这一伟大成就使中方提出的全球发展倡议更具吸引力，并迅速得到联合国及包括赤道几内亚在内的全球大多数国家的支持。赤道几内亚民主党主席、总统奥比昂支持并积极参与全球发展倡议，他认为该倡议将以人为本作为核心理念，动员世界各国加强合作、促进发展，规划了缩小南北差距、解决发展不平衡问题的路线图，为如期落实《联合国2030年可持续发展议程》贡献了中国方案和中国智慧。全球发展倡议与赤道几内亚《2035远景规划》高度契合，希望借此契机重点推进双方在减贫、粮食安全、抗疫与疫苗、发展融资、气候变化与绿色发展、工业化、数字经济、互联互通等领域合作。

| 多 哥 |

实现人民对美好生活的向往，推动构建人类命运共同体

多哥保卫共和联盟副主席、国民议会副议长
伊卜拉希玛

中方为多中合作及国际抗疫合作注入强大动力

多哥与中国交往历史崭新篇章由毛泽东主席和埃亚德马总统共同开启，两国兄弟情谊历久弥新。今天，在习近平主席和福雷总统的英明领导下，多中两国相互尊重，互利互信，友好关系高水平发展，各领域合作不断深化。长期以来，中方通过各个渠道向多方提供大量支持帮助，充分体现两国同舟共济、患难与共，多哥保卫共和联盟谨对中国共产党和政府以及全体中国人民表示衷心感谢。当前，国际社会仍面临新冠肺炎疫情的严峻挑战。中国举国上下全面动员，在短时间内取得疫情防控重大胜利，并积极参与国际抗疫合作，第一时间向多国提供疫苗支持，这些行动对人民负责、对世界负责，为打赢全球疫情防控阻击战注入强大动力。

各国政党应致力实现人民美好生活，积极推动构建人类命运共同体

中国共产党将"为了人民的美好生活"作为优先任务，带领中国人民奋发有为，取得国家经济社会发展伟大成就，为包括多哥在内的广大发展中国家树立了典范。各国政党都应致力于带领本国人民昂扬奋进，共同实现对美好生活的向往。这一共同使命促使我们携手探索一条历史性的道路，即世界各国人民的团结合作之路。多方高度赞赏习近平总书记在其著作《论坚持推动构建人类命运共同体》一书中指出的："每个民族、每个国家的前途命运都紧紧联系在一起，应该风雨同舟，荣辱与共，努力把我们生于斯、长于斯的这个星球建成一个和睦的大家庭，把世界各国人民对美好生活的向往变成现实。"多方由衷钦佩习近平总书记高瞻远瞩，为推动构建人类命运共同体、促进世界和谐和平发展指明方向。多哥保卫共和联盟衷心祝愿伟大的中国共产党在第二个百年奋斗目标新征程中取得更多辉煌成就，为世界经济复苏提振信心。

多哥积极借鉴中国共产党成就经验，坚持以人民为中心

中国共产党坚持以人民为中心发展思想，脱贫攻坚战取得全面胜利，人民生活明显改善，社会秩序安定和谐，对多方具有重要借鉴意义。多哥保卫共和联盟政府出台各项减贫惠民政策，加大卫生和教育领域投入力度，推动农业现代化建设，改善营商环境，帮扶弱势群体，保障妇女权益。2019 年 4 月以来，多哥在全国范围内启动贫困家庭资金补助项目。截至 2020 年年底，在多全国 209 个贫困县 585 个村 6 万个家庭中，97% 都已获得补助。在福雷总统领导下，多哥实施的多项惠民举措正在取得实实在在的成果。为加快实现发展目标，让多

哥人民过上更加美好的生活，多哥保卫共和联盟高度重视国际交往与合作。多哥同一些优先伙伴长期保持合作关系，其中中国发挥了不可替代的作用，为增进多人民福祉作出巨大贡献。

国际社会眼中新时代的中国共产党

中共始终坚持独立自主探索发展道路

多哥保卫共和联盟副主席、国民议会副议长
巴比耶格

中共始终坚持独立自主原则

中国共产党在习近平总书记领导下,书写了一部百年大党史诗。中共十八大以来,中国共产党带领中国人民开创中国特色社会主义新时代,以习近平同志为核心的中共中央立足新的历史方位,以伟大的历史主动精神、巨大的政治勇气、强烈的责任担当,统筹国内国际两个大局,贯彻党的基本理论、基本路线、基本方略,统揽伟大斗争、伟大工程、伟大事业、伟大梦想。2021年中共迎来建党100周年,吸引全世界目光,鲜有政党能像中共这样实现长期执政并带领国家走向繁荣富强。

回顾中国共产党百年历史,独立自主探索发展道路贯穿始终。一个民族想要在竞争中立于不败之地,必须根据时代变化不断探索发展道路。在这一点上,我高度钦佩习近平总书记的远见卓识和一以贯之的发展思路。当今世界充满挑战和变化,国际形势纷繁复杂,各国领导人只有坚定信念,持续推进蓝图规划,才能在变局中破局,带领国家实现历史性转变。

在对外交往方面，中国共产党始终坚持独立自主原则。中共在国际局势的研判上坚持独立作出判断，对于国际关系和世界秩序的理解十分深刻，并基于此自主制定本国外交政策。独立自主是中共始终在国际风云变幻中保持清醒头脑的秘诀所在。十八大以来，中共致力于构建人类命运共同体，为人类谋进步、为世界谋大同，恰恰是因为中国共产党认识到，如今世界处于各国彼此联系和相互依存的经济全球化时代，"你中有我、我中有你"的命运共同体越来越成为人类需要的模式。习近平总书记在庆祝中国共产党成立95周年大会上指出："中国共产党人和中国人民完全有信心为人类对更好社会制度的探索提供中国方案。"构建人类命运共同体就是中国共产党带领中国人民在新的历史条件下参与全球治理、应对现代社会分裂危机、引领重塑世界秩序而设计的中国方案，具有鲜明的时代价值和历史意义。

多中两党友好交往源远流长，在两国领导人共同努力下，两党联系日益密切。得益于中国共产党的成功执政经验，多哥保卫共和联盟在党主席福雷总统领导下，以团结、信任和稳定为宗旨开辟了一条独特的发展道路，并在2022年迎来建党十周年。福雷总统提出将多哥建设成为和平、包容、可持续发展的现代化国家，并制定了"新发展路线图（2020—2025）"以实现这一愿景。国际形势风云变幻强化了我们关于独立探索发展道路的信念，一个国家必须根据本国实际情况采取相适应的发展模式，因为本国人民对自身民族的历史最为了解。

党媒党刊需受到严格管理，提高专业化水平

21世纪的特点之一，便是科技进步覆盖日常生活的方方面面。在这一过程中，社交网络的兴起为独立探索发展道路带来全新挑战。长期以来，非洲的传媒行业并不发达，但1991年《温得和克宣言》成为一个重要转折点，非洲的传媒产业自此高速发展，在信息传播和公众舆论方面发挥主导作用。这既是机会也是威胁。一方面，媒体作

为向公众传播信息的工具和载体,有助于传播政党的理念和推广国家价值观。我们认为必须建立适合每个国家实际情况的新闻传媒管理体系,以确保信息的沟通传递准确高效,进一步助力本国实现发展愿景和雄心壮志。另一方面,随着社交网络、特别是虚假新闻的出现,公共机构的公信力和公民获取信息的自由和安全都受到极大损害。在福雷总统的英明领导下,虚假信息这一损害国家发展的现象在多哥得到有效控制。近年来,政府在通信部门大力施行改革,以确保公民通过官方渠道获取准确信息,避免虚假舆情对经济增长构成实质性威胁。党媒党刊作为官方媒体的重要组成部分,需受到严格管理,提升专业化水平,为每一位公民提供真实信息,并在这一过程中宣传推广国家的发展理念和大政方针。

我们相信,随着非中全面战略合作伙伴关系的深入发展,非中媒体交流必将迈上新台阶,助力非洲加快迈向现代化。保卫共和联盟愿进一步同中共开展合作,积极讲好非中传统友好、携手探索现代化道路的故事,推动构建高水平非中命运共同体。非中友谊万岁!

| 佛 | 得 | 角 |

非中应携手构建社会主义现代化的未来

佛得角争取民主运动青年组织总书记
艾斯马埃尔·特谢拉

中国向世界展现了自信开放的姿态

我对中国共产党将于 2022 年下半年召开党的二十大满怀期待，并致以热烈祝贺！在习近平总书记领导下，中共取得卓越成就，积极与非洲政党分享治国理政经验，促进了非洲的自由、民主与和平。2018 年 5 月，我有幸作为佛得角争取民主运动青年组织总书记，出席在深圳召开的第四届中非青年领导人论坛。从那之后，我始终关注中国的新闻，经常参加中共主办的政党交流活动。我最突出的感受是，中国越来越善于以更加轻松自信的叙事方式，向世界展示完整的、真实的、繁荣的中国社会。

在以习近平同志为核心的中共中央领导下，中共领导干部、中国媒体记者等与国际社会真诚交流对话，充分展现了中国人民自信开放的姿态，相信这也是社会主义现代化强国的精神风貌。自中国共产党成立之日起，始终坚持公开透明的执政理念，人民可以充分参与国家建设。

中国幅员辽阔、国情复杂，中共在深入调研国情的基础上，制定科学的发展战略，始终致力于建设一个繁荣、现代化的社会主义社会，正以不可阻挡之势，朝着共同富裕的目标坚定前行。

中国政府坚持可持续发展理念，在教育、住房、创新创业、数字化发展、绿色经济和海洋经济等方面取得丰硕成果。当前国际形势不稳定不确定性上升，新冠肺炎疫情持续蔓延，中国经济在逆境下始终保持良好增长势头，始终保持稳定向好的经济基本面，始终坚定推进国家现代化和高质量发展，始终为中国人民和世界作出积极贡献，这充分彰显了中国政治成熟度高、治理能力强、经济韧性大。

中共的百年奋斗史也是促进世界和平与发展的历史。2013年，习近平总书记提出共建"一带一路"倡议，对世界产生深远影响，极大促进了中国与沿线国家的经济合作。截至目前，中国已经与140多个国家和国际组织签署了"一带一路"合作文件，为沿线国家创造了大量就业机会。但是，非洲、欧洲和美洲等不同地区的国家对"一带一路"倡议的了解和接受程度存在差异。一些非洲国家对"一带一路"倡议的认识不足，片面地认为该倡议旨在加强基础设施建设，忽视了对促进非中金融、贸易、人员等领域互联互通的重要作用。欧洲国家对"一带一路"倡议立场较为分化，南欧和中东欧成员国经济增长缓慢，失业率居高不下，对参与"一带一路"积极性较高，希望从中获得更多投资与发展机遇，西欧国家持较为保守态度。多数亚洲国家支持"一带一路"倡议，以期推动区域一体化发展，促进海陆空和电信网络的互联互通，促进建立统一的亚洲大市场。由于美国的逆全球化和贸易保护主义抬头，拉美地区对参与"一带一路"倡议的热情不断提高。而美国对这一倡议持敌视态度，鼓吹"一带一路"威胁论，竭力阻止发展中国家加入。

今天的中国对全球来说是一个充满机遇的巨大市场，"一带一路"倡议依托中国的坚实经济基础，正在对世界经济产生深远影响，促进了沿线国家的贸易投资、人员交流和互利合作。"一带一路"倡议已成为中国与世界在产业、市场、创新、政策等层面互联互通的平台，正在迈向高质量发展之路,展现出中国推动高水平对外开放的坚定决心。我相信无论国际风云如何变幻,中国都会坚定不移地扩大开放,造福世界。

人权保障事业永远在路上

习近平总书记领导下的中国共产党取得的另一个历史性成就是始终尊重和保障人权,把中国建设成为繁荣、包容的社会主义社会。中国共产党坚持把尊重和保障人权作为治国理政的一项重要工作,将生存权、发展权作为基本人权,制定了各项实施规划。在卫生领域,中国坚持人民至上、生命至上,建成了世界上规模最大的医疗卫生体系,有力应对新冠肺炎疫情,最大限度地保护了人民生命安全和身体健康。2021年,中国历史性地解决了绝对贫困问题,近一亿农村贫困人口脱贫,提前十年实现了《联合国2030年可持续发展议程》制定的减贫目标,为世界人权事业作出巨大贡献。近年来,中国大力打击违法犯罪活动,维护了人民群众最基本的生命安全。中国公安部2021年公布数据显示,中国群众安全感逐年上升,2020年达到98.4%。根据盖洛普2021年发布的全球法律和秩序指数,中国以93分名列第二。

十年来,中国的人类发展指数取得较大进步。中国人民的生活质量随着中国经济的发展显著提高。2016年至2021年,中国平均每年新增城镇就业超过1300万人,居民人均可支配收入超过3.5万元,比2012年增长近八成,增速快于经济增长。城乡收入差距明显缩小。中等收入群体规模超过四亿人。中国的公共文化服务也不断完善,覆盖城乡地区范围不断扩大,人民的精神文化生活更加丰富。

在教育领域,2021年,中国义务教育阶段入学率达到95.4%,教育机会更加平等。中国建成了世界上最大的高等教育体系,目前约有4430万在校生。

在绿色发展方面，中国的生态环境不断改善。当前中国人民出门很少看到雾霾天气，取而代之的是蓝天绿水青山。统计数据显示，2021年中国339个地级以上城市中，218个城市空气质量达标，较2020年增加12个，重点流域水质持续改善，长江、珠江等流域水质持续为优，黄河流域水质明显改善。

十年来，中国弱势群体的权利得到了有力保障。"十三五"期间，中国的残疾人基本康复服务覆盖率和辅助器具适配率均超过80%。中国建立了完善的保障妇女儿童权益的法律体系，相关法律法规多达100多部。制定实施妇女、儿童和五个老龄事业发展纲要，依法严厉打击性侵害、拐卖、虐待等犯罪行为。

人权保障事业永远在路上。中国积极开展国际合作，为全球人权治理贡献中国经验，加快建设社会主义现代化国家的步伐。

非中政党和国家间的交流合作堪称多边主义典范

我还想谈谈非中政党和国家间交流合作。非中合作秉持团结友好、互利共赢的原则，堪称多边主义的典范。非中双方要继续遵循共商共建共享原则，坚持以人为本、为民造福，推动非中全面战略合作伙伴关系向更高水平发展，携手建设高水平非中命运共同体。我高度赞同习近平主席于2018年同卢旺达总统卡加梅举行会议时所说的："发展同非洲国家团结合作是中国对外政策重要基础，也是中方长期、坚定的战略选择。"中方始终从战略高度和长远角度看待和发展同非洲国家的关系，支持非洲国家维护主权、安全和发展利益。

近年来，佛得角与中国在"一带一路"框架内合作成果丰硕。新冠肺炎疫情发生后，中国无私地向佛得角捐赠了大量抗疫物资和疫苗，有力保护了佛得角人民生命安全。中国援建的国民议会宫、总统府、佛得角大学新校区等标志性项目，充分体现了佛中守望相助的友好情谊，体现了"天下一家"的情怀！

新时代非中应携手努力，共克时艰

面对新时代新挑战，非中应携手努力，共克时艰。新时代要求我们加强经验交流，共同促进医疗卫生建设、经济复苏、社会包容性增长，携手构建一个现代化的未来。

新时代促使我们接受和拥抱新业态，绿色发展是当前我们面临的共同课题。中国的环境保护法律法规陆续修订，是引领全球绿色经济转型的独特机遇。期待中国依托先进科技和巨大市场，降低全球发展绿色经济的成本，推动能源转型。相信在中国迈向第二个百年奋斗目标新征程中，人与自然可以和谐相处，在社会主义现代化国家中，人人享受自由健康的呼吸。

总之，中国共产党百年奋斗宝贵成就经验，特别是全面建成小康社会，探索符合国情发展道路的重要经验，以及非中团结合作，必将有助于建设一个尊重、包容、民主、团结、友好、合作的世界，必将增进全人类的共同福祉，必将使全世界受益！

冈比亚

中共始终致力于人类进步事业

冈比亚国家人民党全国主席助理
福迪·西塞

2021年是中国共产党建党100周年，衷心祝愿中共生日快乐。1921年成立以来，中共虽历经战争、贫穷、外部势力封锁等困难与挑战，但始终初心不改，坚持为中国人民谋幸福，为中华民族谋复兴。在短短几十年内，中共带领中国发展成为世界第二大经济体，在人工智能、医药研究、电子商务、基础设施等各个领域取得辉煌成就。

中共十八大以来，以习近平同志为核心的中共中央深刻认识到，要根据时代变化和面临的重点任务，不断推进理论创新，加强党的组织、思想、纪律、作风建设。习近平总书记强调："打铁还需自身硬。"中共应该严格自我监督、遵守纪律条例，推进全面从严治党，坚持反腐倡廉，始终让中共成为全国人民的主心骨。2020年，中国国内生产总值首次突破100万亿元大关，人均收入超过一万美元，经济、科技、综合国力跃上新台阶。尽管受新冠肺炎疫情影响，中国仍于2021年取得脱贫攻坚战全面胜利，让近一亿农村贫困人口脱贫，并全面建成小康社会，人民生活更加幸福。

中共始终致力于人类进步事业，认为和平与发展是当今时代的主题。中方坚定维护世界和平、全球发展、国际秩序，表示愿与各国一道，共同建设持久和平、普遍安全、共同繁荣、开放包容、清洁美丽的世界。习近平总书记指出，每个民族和国家的命运都紧密相连，各方应该同舟共济，休戚与共，努力把地球建设成一个和谐的大家庭，把人民对美好生活的向往变成现实。中共对同各国政党开展治国理政经验交流持开放态度，希望与不同文明开展对话，增进战略互信。中方表示，愿同各国人民携手努力，推动构建人类命运共同体，建设更加美好的世界。

2013年习近平总书记提出"一带一路"倡议，旨在通过陆路和海洋联通亚欧非大陆，投资沿线国家港口、公路、铁路、机场等基础设施，提升地区一体化水平，促进贸易和经济发展。目前，中方注重高质量共建"一带一路"，包括利用开发性金融机构为非洲国家提供融资支持等。冈方重视同中方关系，愿加强双方教育、农业、基础设施等领域合作，愿同中方共建"一带一路"，推动冈实现繁荣发展。

非洲国家和中国创立中非合作论坛机制，加强双方在教育、医疗、信息技术等领域合作，非洲青年对此高度认同和赞赏。随着中非合作论坛第八届部长级会议召开，非洲青年领导人愿同中方进一步加强合作，让非方更好利用丰富自然资源，为本国青年创造更多就业机会。

刚果（布）

中国是非洲国家的发展典范

刚果（布）数字广播电视台（DRTV）记者
莫萨

在习近平新时代中国特色社会主义思想指引下，在习近平总书记和中国共产党的坚强领导下，中国打赢了脱贫攻坚战，全面建成小康社会，实现了第一个百年奋斗目标，成为世界上发展速度最快的大国之一。中国人民勤劳智慧，守正创新，将中国建设成为全球科技创新的重要一极。中国外交实力不断增强，在国际事务中发挥重要作用，积极开展国际人道主义行动，救助了世界上成千上万的受灾民众，走在国际人道主义救援的前列。中国帮助非洲国家进行基础设施建设，通过提供奖学金及举办政党干部研讨班，助力非洲国家实现经济发展和社会转型。中国实行不干涉别国内政的外交政策，为非洲国家树立了榜样，是非洲国家不可或缺的战略合作伙伴。

中国共产党在长期执政中积累了丰富的治国理政经验。为深化治国理政经验交流，非洲政党期盼在以下方面同中国共产党加强合作：

一是借鉴中共经验培训非洲各级党政干部。中国是非洲的重要合作伙伴，其公共事务管理模式堪称典范，值得非方深入借鉴。培训各级行政人员至关重要，只有大力开展人力资源培训，非洲国家才能更好发展，实现繁荣。非洲政党应当向中共学习，将良政、团结、开放、改革和现代社会主义等理念融入培训内容，同时注重干部的道德和党员义务培训，使各级领导干部成为道德模范和推动实现党的目标的引擎。

二是着力培养青年才俊，赓续政党血脉。青年干部是政党的后备军，是建设现代化国家的未来和希望，应当尽早接受政党、民族、责任和法律等方面的培训。非中政党应更多举办经验交流等研讨活动，推动政党活动和国家管理始终沿着正确方向前进并保持较高水平。

三是鼓励青年勇于担当，争做本国和非洲发展的建设者。青年在国家建设中发挥重要作用，必须强化他们的责任和担当意识，主动作为。中国共青团在青年工作方面经验丰富，值得借鉴。期待中共二十大通过关于进一步加强青年工作的决议，为非方提供启示和借鉴。

四是非洲政党应借鉴中国模式实行社会民主。非洲民主实践举步维艰，需要大力改进。与之相比，中国的政治模式具有独特优势，社会民主实践获得显著成功，国家也因此实现快速发展。非洲国家应学习借鉴中国的政治和民主模式，使法治和发展并行不悖。

非中青年心意相通、真诚相交

刚果（布）劳动党青年组织"刚果上升力量"
第一书记
姆武巴·瓦蒂姆

非中作为命运相连的共同体，都主张多边主义，追求互利共赢，造福非中人民。20多年来，中非合作论坛为非中整体合作战略框架奠定了良好基础，是非中开展务实合作的有效机制，为南南合作树立了典范。

与此同时，刚中两国稳步发展友好关系并建立了全面战略合作伙伴关系，在经济、文化、卫生等领域实施大量合作项目，推动刚实现可持续发展。刚果（布）劳动党主席、总统萨苏阁下在中国共产党与世界政党领导人峰会上表示，我们无法想象一个没有中国的世界将走向何方。刚果人民十分庆幸，自1964年刚中两国建立外交关系以来，我们一直能够借鉴中国的成功发展经验，我们与中国共产党和中国人民的友谊历久弥坚。正是由于两国之间建立了牢不可破的友好关系，习近平总书记2013年首次出访非洲时就对刚果（布）进行了国事访问。

习近平总书记提出的"一带一路"倡议呼吁非中双方携手开创合作共赢、共同发展的新时代。这一呼吁充满活力与雄心壮志，旨在为世界各国人民带来繁荣和发展。"一带一路"倡议与全球可持续发展议程相一致，具有重大外交、政治和经济意义，需要各国携手努力、共同参与。在这一倡议框架下，刚中合作取得了重大而富有成效的进展。中国企业积极参与刚果（布）基础设施建设，推进刚现代化建设。在刚果（布）首都布拉柴维尔落成的中刚非洲银行总部大楼是两国合作的代表性成果，为刚果（布）带来了最先进的金融服务，加快了刚果（布）工业化进程和"一带一路"建设。中国政府为刚果（布）援建了新议会大厦，资助刚果青年赴华留学，帮助他们充分发掘自身潜力，还派遣了多支援刚医疗队，支援当地医院和中刚友好医院，确保刚果人民的生命健康安全。除此之外，中方还为刚果（布）援建金德勒综合体育场，也正是在这座体育场内，刚果（布）承办了2015年第十一届非洲运动会。

在我看来，非洲青年领导人的使命是推动非洲社会各界青年在相互尊重、平等相待的基础上，传承发扬非中传统友谊，承担起相应的历史责任，为进一步发展非中关系贡献青年的智慧和力量。中非青年领导人论坛就是一个促进非中青年团结合作的绝佳平台，帮助非洲青年更深入地了解中国，推动非中关系迈上新台阶。

非洲青年不应被刻板印象所框定。并非所有非洲青年都依靠国际社会的施舍和援助度日，都是企图偷渡至发达国家的非法移民。青年富有创新精神，代表着非洲大陆的希望和力量，只要青年发展得到了有利的经济社会条件支持，就可以在国家发展中承担更重要的责任，发挥更突出的作用。青年身上拥有巨大的发展潜力，对今后世界的和平、繁荣与发展具有重要意义。

非洲青年发展面临的一大挑战就是大量非洲青年精英流向西方国家，无法为本国发展作出贡献。我认为非中青年加强团结合作可以有力扭转这一局面，而非中青年团结合作的关键在于自主发展、担负责任、充分参与，只要非中青年能做到这三点，就可以有力回应时代挑战，把握机遇，发挥青年独有的作用，为非中团结合作作出更大贡献。我们应当鼓励非洲和中国的青年企业家积极参与非中经贸合作，开展各领域青年培训项目，加强非中青年组织在教育、卫生和就业等方面的交流合作。

一位非洲哲人曾说:"没有雄心壮志,就无法作出成就。"在多极化发展的当今世界,非中青年心意相通、真诚相交,将为实现中国梦和非洲梦的相融相通而不懈努力。

非中合作万岁!

|刚|果|（金）|

中共是全世界政党的榜样

刚果（金）中国工商会主席
马贝雷

在我看来，政治的作用是为人类更加美好的未来提供明智的解决方案，而政党在其中扮演重要角色。政党引导民众从历史中汲取经验，从政治和经济角度提出创新政策，这是保证一个国家获得更加和平、公正和美好未来的关键因素。

从这个角度来说，中国共产党是全世界政党的榜样。在中共十九大报告中，习近平总书记庄严宣告，中国共产党人的初心和使命，就是为中国人民谋幸福，为中华民族谋复兴。这一职责使命从中国共产党成立之日起从未改变，带领中国共产党成为世界上不可忽视的民主和政治力量。

100年来，中国共产党人坚持不忘初心、矢志不渝，不断创新、坚持斗争，维护统一、捍卫主权，甘于奉献、谋求发展，领导中国人民建立新中国，从积贫积弱走向繁荣富强，发展成为世界第二大经济体，经济社会发生翻天覆地变化，人民生活水平不断提升，一系列伟大成就令世人瞩目。这离不开中共中央的集中统一领导和习近平总书记的领航掌舵。习近平总书记的一句话令我印象深刻："我们要认真回顾走过的路，不能忘记来时的路，继续走好前行的路。"相信在习近平总书记的英明领导下，中国共产党将迈向更加辉煌的未来。

长期以来，刚果（金）争取重建与民主人民党同中国共产党始终保持友好关系。两党在各领域加强互学互鉴，建立了互利共赢的伙伴关系。作为争取重建与民主人民党驻华代表，我多次参加中国共产党组织的学习考察活动，同中方各级领导干部、专家学者、普通党员进行广泛深入交流，有以下体会：一是将相互尊重作为党际交往的基本原则是中国共产党不断扩大国际影响力的重要因素；二是尊重人民群众的主体地位，不断促进生产力发展是保持中国社会和谐稳定快速发展的关键；三是走符合本国国情的发展道路，是中国成功的秘诀。我将继续学习借鉴中国共产党治国理政经验，推动两党两国在各领域务实合作，助力齐塞克迪总统的施政纲领取得成功。

"政治最大的奇迹在于将思想变为现实，而不是陷入对立和民主困局"。新冠肺炎疫情以来，污名化中国共产党和抹黑中共同友好政党关系的言论时有出现。但这些言论无一例外招致前所未有的失败，因为中国共产党带领中国人民创造的经济社会发展奇迹是最好的回击。我愿继续做中国发展的见证者，为推动两党两国关系不断发展贡献力量。

| 几 | 内 | 亚 |

中国发展模式独具特色、行之有效

几内亚总统府法律顾问
贾米·迪亚洛

几内亚是撒哈拉以南非洲第一个与中国建交的国家。在过去十年中，几中关系充满活力、稳定发展。中国在几内亚独立之初就给予了宝贵支持，两国在能源、道路基础设施等领域实施开展大量合作项目，其中凯乐塔水电站、苏阿皮蒂水电站、科纳克里城市道路改造项目、国内公路主干道扩建项目等在几内亚家喻户晓，成为几中友好的丰碑。几中合作的另一大亮点在于经贸合作不断深化，双边贸易额持续增长。

几内亚正在大力发展经济，希望在2040年进入新兴国家行列。为了实现这一目标，几内亚在国家经济和社会发展规划中将基础设施建设和新兴技术应用列为优先发展事项，视中国为最重要的合作伙伴。几内亚拥有丰富矿产资源，是世界上少有的未有效开发的资源富集国，而中国拥有资金、技术、市场等优势，两国发展战略高度契合，经济互补性强，合作前景广阔，扩大各领域合作是两国人民的共同愿望。

中国的发展模式为包括几内亚在内的广大发展中国家提供了可资借鉴的典范。中国凭借"上下同心、尽锐出战、精准务实、开拓创新、攻坚克难、不负人民"的脱贫攻坚精神，在短时间内使数亿中国民众摆脱贫困。正如中共十九届六中全会通过的《中共中央关于党的百年奋斗重大成就和历史经验的决议》指出，改革开放是决定当代中国前途命运的关键一招，中国特色社会主义道路是指引中国发展繁荣的正确道路。自中共十八大以来，在经济建设上，中国经济发展平衡性、协调性、可持续性明显增强，国家经济实力、科技实力、综合国力跃上新台阶。2020年，中国人均国内生产总值跨越一万美元，经济发展成就举世瞩目，充分证明了中国发展模式独具特色、行之有效。

我们希望几中两国进一步加强合作，开展更多能源、基础设施等领域的合作项目，推动更多中国企业来几投资兴业，助力几内亚经济社会发展。在双方的共同努力下，几中合作必将迈上新台阶，为推动构建人类命运共同体作出更大贡献！

非中合作万岁！几中合作万岁！

几内亚比绍

我们永远与中国团结在一起

几内亚比绍民主更替运动 –15 人小组青年团副书记
奥斯瓦多·南戈

我谨代表几内亚比绍民主更替运动 –15 人小组，热烈祝贺中国共产党成立 100 周年！

非洲是世界上最年轻的大陆，青年是非洲发展的未来。在经济全球化浪潮下，青年在促进非中关系发展上发挥着更重要的作用。但与此同时，非洲青年是经济边缘化的人群，深受贫困、失业、疾病的困扰，多数青年没有机会接受高等教育和职业教育；许多困境中的非洲青年转而偷渡欧洲，在途中失去宝贵生命；由于缺乏电信、网络等基础设施，许多青年被隔绝在全球信息化、数字化浪潮之外，被时代甩在身后；青年创新创业的好点子层出不穷，却因缺乏资金和政策被扼杀在摇篮中。因此，我们呼吁非洲政府将促进青年发展列为优先议程，这不仅是非洲自身的发展问题，也关乎世界减贫事业的成败。

非中合作秉持平等互惠的原则，为非洲人民带来了实实在在的好处，也为非洲解决青年发展难题贡献了力量。中国援建的路桥管网等大批基础设施促进了非洲可持续发展，非中在医疗、农渔业、工业等领域合作为非洲青年创造了更多就业，新冠肺炎疫情暴发后，中国向非洲提供大量抗疫物资和技术支持，守护了非洲人民的生命安全。当前非中合作还向数字经济、能源转型等新领域拓展。面对疫后经济社会复苏等执政挑战,期待中方加大对非洲青年的职业培训,为非洲青年赋能,激发非洲经济的内生动力。

近年来,一些西方势力不愿看到非中合作硕果累累,散布谣言诋毁中国在非形象、破坏非中友好,几比人民对此心知肚明。我谨代表民主更替运动-15人小组党主席卡马拉同志,向中国共产党、中国政府和中国人民表示坚定支持!

我们永远与中国团结在一起!

| 加 | 纳 |

非中携手为人民谋幸福

加纳新爱国党国际部主任
伊曼纽尔·阿塔福阿－丹索

非中历史遭遇相似，都曾受西方殖民者、超级大国的压迫与剥削；非中人民梦想相近，都希望实现国家发展、民族振兴。然而非中双方目前的发展境遇却截然不同。究其原因，关键是政党治理能力差异。

100多年来，中国共产党始终保持强大的政治影响力，建立了最适合中国国情、最稳定的政治制度，开辟了中国特色社会主义道路，既能树立政府权威，确保政府清正廉洁，又能保障人民自由和私有财产安全，激发人民不断创造美好生活的热情。中国共产党建立了最伟大的经济制度，充分利用全球化和经济发展成果，实施大规模、有计划、有组织的扶贫开发，带领数亿农村贫困人口脱贫，历史性地解决了绝对贫困问题，极大提升了14亿多中国人民的生活水平。中国共产党的实践反复证明，政党在维护国家稳定、实现可持续发展中发挥重要作用。非洲拥有丰富的自然资源及人口红利，但却长期深陷贫困，根本原因是非洲仍未脱离西方意识形态控制，部分政党盲目认同西方治理体系，照搬西方治理经验，片面追求所谓民主自由，导致非洲政治社会不稳定，难以实现人民对和平、安全、和谐的美好追求。

为增进人民福祉，非洲国家加大同中国合作力度，学习借鉴中国共产党有关经验做法。但总有人表达所谓"合理关切",称"中国借助金融援助攫取非洲矿产资源",炒作"中国在非洲制造债务陷阱"论调,并诋毁中共在非洲推行"中国模式"。但事实证明,非中合作本质是互利共赢的。中国视非洲为平等的发展伙伴,通过"一带一路"倡议、中非合作论坛等平台,在非洲建设一流的道路、学校、机场等基础设施,推动非洲实现工业化转型,帮助数百万非洲人摆脱贫困。新冠肺炎疫情发生后,中国率先向非洲提供防护服等关键抗疫物资及新冠疫苗,助力非洲抗击疫情,令非方感到温暖。在治国理政经验交流中,中国共产党充分尊重非洲国家党情、国情差异,支持其结合本国和本民族实际探索独具特色的治理方式,向非方提供奖学金、技能培训等,分享青年就业等经验,提升非洲政党执政能力,从未将中共治理模式强加给任何国家。

非洲国家政党对中共二十大充满期待,相信大会将擘画中国未来政治、经济和外交政策蓝图,让中国更加稳固地屹立在世界强国之林。期待中国共产党加强同加纳新爱国党等非洲友好政党合作,共同实现非中人民对美好生活的向往。

| 加 | 蓬 |

百年征程铸就百年辉煌，继往开来续谱发展新篇*

加蓬民主党前总书记
布恩冈加

在中国共产党百年华诞之际，我们必然要回顾它于1921年7月在上海成立并召开第一届全国党代会后所取得的伟大成就。

在百年之后的2021年，我们必然要把习近平总书记英明领导下的中国共产党在改革开放40多年中所展现的生机活力与中国特色社会主义道路和习近平新时代中国特色社会主义思想相联系。

面对中国共产党建党百年这一重要里程碑，加蓬民主党高度赞赏中国特色社会主义道路为实现中国的改革、发展和稳定提供了根本保证。

借此机会，我谨代表加蓬总统阿里·邦戈并以我个人名义，祝贺中国共产党的同志们努力建设中国特色社会主义，为实现中国人民和全人类的幸福发展，为推动构建人类命运共同体取得伟大成就。

在中国共产党百年华诞之际，加蓬民主党作为中共的友党和兄弟党，与中国人民一样，为中国共产党带领中国进入非凡卓越的新发展阶段感到欢欣鼓舞。在此，我们也要向中国共产党的同志们和所有中

---

* 此文系加蓬民主党前总书记布恩冈加在"中国共产党的故事——习近平新时代中国特色社会主义思想在上海的实践"特别对话会上的致辞。——编者注

国人民致敬，正是你们的付出才实现了中国翻天覆地的发展变革。

加蓬民主党高度赞赏中国共产党在中国特色社会主义道路上全面深化改革，不断加强自身建设，为中国人民实现繁荣富强，中国社会和平稳定，中华民族迎来伟大复兴感到由衷高兴和敬佩。

各国执政党都应为实现国家发展，带领人民开创符合本国实际的发展道路，从而实现人民富强，使我们各自国家屹立于世界民族之林。

阿里·邦戈总统在十年前为加蓬人民选择了符合加蓬国情的独特发展道路，努力推动加蓬经济转型升级，着力打造发展成果共享的"新兴加蓬"战略，这一理念符合加蓬实际和人民诉求，将为促进加蓬和世界各国人民的福祉发挥积极作用。

再次祝贺中国共产党百年华诞！

谨向中国共产党领导人和同志们致敬！

祝愿中国特色社会主义道路不断发扬光大！

愿非中携起手来，同心同行

加蓬民主党青年联盟主席
阿耶努

要了解中国，必须先了解中共

中国共产党是一个影响力覆盖全国、扎根于人民的政党，坚持将发展作为执政兴国的第一要务。一代又一代中国共产党人接续奋斗，为中华民族伟大复兴提供根本保证。每一代中共领导人都根据中国国情现实，推行一系列改革。习近平总书记继承发展前人成果，带领中国特色社会主义进入新时代，实现全面建成小康社会伟大目标。全面建成小康社会和脱贫攻坚取得全面胜利是中共带领中国人民实现中华民族伟大复兴中国梦的关键一步。在这一过程中，中央政府大力扶持农业和农村发展，中共党员无私奉献，使得广大农村地区、偏远地区的基础设施建设和工业化水平都得到显著提高。中共十九届六中全会通过的《中共中央关于党的百年奋斗重大成就和历史经验的决议》宣示了中共将进一步协调推进经济、政治、文化、社会、生态文明建设。

中共党员肩负着为国家发展贡献力量的职责使命。为此，严明的党纪党规对这个世界上最大政党的发展建设至关重要。在习近平总书记的英明领导下，中国共产党从严治党，党纪面前人人平等，组织建设不断完善,党的建设全面进步。在党内民主方面,中共采取民主集中制,有助于凝聚共识,保障最广大人民的根本利益。

中国模式为非洲国家树立可资借鉴的典范。在中国,各省市区党委都高度重视农业、工业、旅游业和环境保护,例如以往被视为偏远落后地区的贵州省如今在建设国家大数据(贵州)综合实验区,世界上最大的单口径巨型射电望远镜在贵州省黔南布依族苗族自治州平塘县落成启用。除了发展数字经济和高新技术产业,贵州还因地制宜发展绿色产业,"绿水青山"正转变为"金山银山"。贵州的发展经验对加蓬大有裨益。加蓬的森林覆盖率达88%,拥有丰富的林木资源,但由于缺乏监管,森林过度开发和原木非法走私现象猖獗,严重影响加蓬发展前景。贵州的发展轨迹让加方看到了因地制宜推动经济多元化和可持续发展的可能性。

非中执政党应深化治国理政经验交流

非中关系的本质特征是真诚友好、相互尊重、平等互利、共同发展。为更好促进非中交流合作,双方应利用好中非合作论坛、金砖国家合作机制等多边合作平台,持续加强各领域交往、特别是非中政党交往。加强非中党际交流,一是有利于双方深化经验交流互鉴,增进相互了解,并在交往过程中推动地方合作,将党际交流转化为更多务实合作成果;二是有利于加强非中之间民心相通,让非洲民众和中国更好地了解非中传统友谊和友好合作。

我认为,非中政党可进一步加强战略沟通和各层级交往,在全球性重要议题上相互协调支持,维护非中双方共同利益。例如,加蓬民主党和中国共产党通过密切交流沟通,达成许多重要共识,双方均支持尊重主权和领土完整基本原则,支持和平共处。加蓬民主党高度认同习近平生态文明思想,希将加蓬建设成为非洲环境保护和可再生能源发展的领先国家,并渴望同中国开展相关合作,学习中国先进经验和技术来推动加蓬环保事业。

非中政党还可加强非中文化交流共享，因为文化是社会发展的源动力，文化交流互鉴是推动人类文明进步的重要动力。双方应加强团组往来，了解对方历史和传统文化，交流非中双方共同经历过的反殖斗争，相互借鉴如何在斗争中增强民族凝聚力的经验做法。非中政党还可举办线上线下基层党员交流活动，以增进相互了解，传承发扬中非友好关系。

对中共第二十次全国代表大会充满期待

中共二十大将为中国共产党进入全面建设社会主义现代化国家、向第二个百年奋斗目标进军新征程奠定重要基础，我衷心希望大会能更清晰地向世界展现中国未来的发展图景，使中国成为稳定繁荣发展的典范，提振各国共建人类命运共同体的信心。非洲人民是中国人民的老朋友，我们坚信二十大召开将引领非中各领域务实合作更上一层楼，让非中传统友谊更加稳固。非洲有一句古老谚语，"独行快，众行远。"愿非中携起手来，同心同行。非中合作万岁！

我感受到中国人民对我超越种族的爱

津巴布韦孔子学院毕业生
塔滕达·钦本德

人类对于自己缺乏了解的种族或文化总是存有偏见。在我没有机会了解中国、了解中国人之前,我对中国也存有类似的偏见。

对于世界其他国家的人来说,长城就是中国的象征。它象征着中国是一个强大的国家,牢牢保卫着中国人民免受外部威胁。但同时,外部世界一些观点也认为,中国对国际社会不够开放。在我来到中国之前,我有着同样的偏见,认为中国人是种族主义者,他们不了解世界运行的方式。我脑海中的中国人,是一群专注于发明创造,却过着我无法理解生活的人们。直到我来到了中国,原先对中国和中国人的偏见被完全打破。虽然中国和津巴布韦有着不同的语言、历史和文化,但我们可以成为最好的朋友。

来到中国南京后不久,我就感受到中国人民的热情。一开始,我只会说"你好""谢谢""再见"等简单的中文,但农贸市场里卖水果和蔬菜的妇女依然对我非常热情,他们愿意与任何能用中文打招呼的外国人交流。中国人民善于为他人着想。通过对中国小商贩的观察,我发现了一些中国人做生意的哲学。他们尊重顾客,为顾客着想,反而使顾客想要购买得更多。中国的餐桌文化很有意思,一位老师告诉我，在圆桌上吃饭，必须要照顾同桌其他人，不能随意转动桌子。

习近平总书记提出的"一带一路"倡议不仅为中国开辟了与非洲国家进行贸易的通道，对于非洲国家来说意义更为重大，有助于拉动非洲国家经济增长，提高非洲人民生活水平。

我要为中国政府和大学为来自全球不同国家的学生慷慨提供奖学金而喝彩。我万分珍惜中国政府为我提供的来华学习的宝贵机会，它使我认识了一个真正的中国，使我增强了国际视野，我也愿意用我所学的去帮助其他人，用我的所见所闻向津巴布韦人介绍一个真正的中国。

2020年新冠肺炎疫情暴发时，我正在中国，深切感受到中国人民对我超越种族的爱。那段时间对像我这样的外国留学生来说十分艰难，令人绝望且充满不确定性，但我所在大学的院长、老师和同学们给予我各种帮助，他们在封校期间为我们购买食物，不定期举办沙龙，提供心理咨询服务，使情绪极度紧张焦虑的我们得到精神慰藉。虽然我们的父母远在千里之外，但学校的老师、校工却像父母那样，给予我们亲人般的照顾。

中国已经成了我的第二故乡。

中国之行对我的人生产生了重要影响

津巴布韦孔子学院学生
穆亚拉兹·肖科

我去过不少风土人情和文化特色与津巴布韦大不相同的非洲国家，自认为阅历丰富。但当时我并不知道，一个巨大的、足以改变一生的机会正等待着我。在我40岁那年，我有幸去中国旅行，此后我常跟自己说："人生从40岁开始。"

还记得出发前往中国那天，我满心激动，甚至有点紧张。我坐上长途飞机，空中的时间显得格外漫长。当我最终降落在北京首都国际机场时，心里终于松了一口气。当我走下飞机，看到宏伟庞大的航站楼，心中已经开始默默赞叹。我当时还试图数一数那里一共停了多少架飞机，但很快就数不清了。

去往酒店的路上，我被车窗外的景色深深吸引。盛开的繁花，笔直的公路，一切那么井然有序。我暗想，这得多大一笔市政投资啊。北京的公路网络比我去过的任何非洲国家都要好很多，事实上，二者根本没法比。我们随后几天去的所有地方，看到的基础设施都令人惊叹，无线网络到处可及，上网十分方便。我随时随地都能跟远在津巴布韦的家人朋友交流。

中国的文化令人震撼，中国人民都十分热情友好，乐于与我们分享他们的文化。这一点在我们游览天安门广场时得到充分体现。天安门城楼是中国古代宫城紫禁城的一部分。导游向我们讲解中国的历史，他滔滔不绝，显得十分渊博，自然流露着对自己祖国的热爱。以故宫为代表的中国古建筑风格独特，富含历史韵味。中国人民为自己的文化感到自豪。除了建筑，中国还有闻名于世的陶瓷、音乐、文学、美术、哲学、武术、传统厨艺等文化。我们还去观看了一场视觉艺术秀，全场满座，气氛热烈，令人难忘。

中国的美食也是不容错过的。当时我们的每顿饭都有好几个菜，好吃到根本停不下来。我尝试用筷子吃米饭，但失败了。从中国美食的丰富程度可以看出，中国经济发展十分繁荣稳定，人民得以安居乐业，尽情享受生活。中国的农贸市场和超市永远都是热热闹闹的。

我还必须提一下长城和天坛，否则我关于中国旅行的叙述是不完整的。随着中国经济尤其是旅游业蓬勃发展，世界各地的游客涌入这些著名景点。我所到的每一个地方，都能看到整洁优美的环境。

我还了解到，中国经济由制造业、服务业、农业等支柱产业构成。中国生产加工各种食品和其他各类产品，是世界上很多国家的第一大进口来源国。世界各地的游客都到中国来购买衣服等各类制成品。特别是中国生产的丝绸品质优秀，丝绸之路因此闻名于世。我很自豪能亲自到丝绸之路所在的国度走一走。

总的来说，中国之行让我了解到中国人民对自己国家和民族文化的热爱。我已经爱上了这个国家。我现在仍在学习中文，希望有一天能够再次到访中国，并且待更长时间。这是我终生难忘的旅程，对我的人生产生了重要影响。在我家里，我常常按照在中国看到的花艺作品来装饰屋子，偶尔也会到当地中国餐馆享用美食。现在我还时不时拿出当时拍的照片，回味那段旅程。自那以后，我心里就种下了一颗种子，我更加渴望深入了解中国，学习中国语言文字，与中国人民加深交流。

我已深深爱上了中国

津巴布韦孔子学院毕业生、《先驱报》记者
提勒·塔滕达·马林加

中国是一个泱泱大国，我从未踏上过中国的土地，但中国总是出现在我的梦境中。

我的中国留学梦

我对中国的遐想，源自对中国古老建筑的喜爱，那些建筑上精妙的龙纹设计体现了中国文化的深厚底蕴；源自对中国繁华城市的向往，杂志上灿若繁星的香港，是我渴望踏上中华大地的动力；源自对中国功夫电影的着迷，我从小就梦想着有朝一日成为中国电影的导演，执导成龙等功夫演员参与的影片；源自中国朋友的热情好客，我的中国朋友们告诉我，尽管我们肤色不同，但我们是命运共同体；也源自津中两国并肩战斗的历史，我知道津巴布韦与中国的友谊可以追溯到津解放战争时期，中国人民是津巴布韦人民的"全天候朋友"。我越来越渴望前往中国，追逐梦想。

2014年，在津巴布韦国家美术馆视觉艺术与设计学院学习的我决定不再隐藏对中国的爱。我鼓起勇气告诉我的老师辛巴先生："我想去中国留学。"在辛巴先生的积极鼓励下,我通过电子邮件申请了山东艺术学院,计划攻读戏剧与影视艺术设计专业的本科学位。我和该校招生办谈了大约一个月的时间,最终被他们录取了,通知我于2015年9月报到。

为了去中国留学,我开始积极筹措学费。我的另一位老师蒂佐拉博士帮助我向时任中国驻津巴布韦大使林琳写信求助。林琳大使帮我联系了一家中国企业。我得到了热情帮助,实现中国留学梦又近了一步。

从零开始学中文

为了实现我的中国留学梦,我必须学好中文。在孔子学院,我认识了许多优秀的中国老师,我非常喜欢中国老师的教学方式。坐在孔子学院的教室里,我脑海中浮现出自己在山东上大学的景象。

万事开头难,刚开始我连基本的问候语都听不懂,但一周后我开始享受课堂,我的中国朋友都为我的进步感到高兴。在孔子学院期间,我还参加了"功夫之夜"等富有中国特色的活动,品尝了美味的中国食物,我爱上了中国的饺子,我还与许多中国朋友互动交流,这些经历让我对中国更加充满了期待和遐想。2015年12月,我参加了汉语水平考试,获得182分(满分200分)的好成绩。

因为种种原因,我最终没能赴中国留学,但中国仍然是我的梦想之地。2020年,我进入津巴布韦第一大报《先驱报》工作。有一次接到报道中国农历新年的任务,我感到十分荣幸。我早已深深爱上了中国,如果有机会看看中国的长城,哪怕只是几秒钟,我都会十分感激。我相信长城一定很美,像津巴布韦石头城遗址那样宏伟壮观。有一天,我一定要去中国!

学习中文为我打开了一扇窗

津巴布韦孔子学院毕业生
鲁法罗·卢塞塔·马基瓦

中国和好莱坞电影里的不一样

我对中国最初的了解来源于好莱坞电影。这些电影充斥着对中国及中国人的刻板印象：中国是一个落后的地方，中国人会功夫，说着带有滑稽口音的英语，吃一些我永远不会放到餐桌上的东西。

在选择大学专业时，我从未想过会学习中文。当时我最想学的是法律。但我的父亲为我分析了世界形势并建议我选择中文专业，我很快就下定了决心。直觉告诉我，我做了正确的决定。我的朋友们对我的选择感到不解，但我自信地告诉他们，自从津巴布韦采取"向东看"政策以来，津中关系蓬勃发展，对于这个决定我不会退缩。

我对第一节中文课印象颇深，我用绍纳口音的中文说"你好"，但老师很有耐心，还给我取了中文名马意莲，意思是像莲花一样纯洁。在大学期间，我还加入孔子学院合唱团，参加汉语桥比赛等活动，并有幸去中国大使馆演出。学习中文为我打开了一扇了解中国的窗口，很快我就意识到，中国与我们在一些西方国家的电视、广播和电影中所看到的完全不一样。

中国和西方社交媒体上的不一样

不久,我获得了一个去中国交流的机会,但社交媒体上那些关于中国对非种族歧视的报道让我有些犹豫。不过,我的第六感告诉我,这应该是某个敌对国家为遏制中国崛起而做的"绝望宣传"。父母坚定支持我前往中国,书写自己的中国故事。

2019年6月28日,在父母的陪伴下我抵达罗伯特·穆加贝机场,踏上了前往中国的航班。"女士们,先生们,请系好安全带,我们即将抵达北京国际机场。"机长的声音让我从长途飞行的沉睡中清醒过来。飞机降落时,我透过窗户看到宏伟壮观的建筑就在我的脚下!我目瞪口呆。哈拉雷和北京差别之大令人叹为观止。哪怕机组人员说已经将我们带到了另一个星球,我也会相信。

在中国人民大学学习期间,我更加深刻认识到津中两国发展的差距。哈拉雷的基础设施完全无法与北京相提并论,在北京庞大复杂的交通网络和雄伟的摩天大楼面前,哈拉雷市就像一个小孩。还记得我第一次去大学附近的购物中心,商场里各类商品琳琅满目,我就像置身仙境的爱丽丝一样受到震撼。我很羡慕生活在中国的学生,很想知道津巴布韦需要多长时间才能达到中国发展水平的四分之一。

美妙的时光总是过得飞快,交换项目很快就结束了。但中国之行让我认识到,中国是一个美丽的国家,拥有勤劳的人民、先进的技术、发达便利的交通系统。我更加确信,选择中文作为专业是一个何等明智的决定,它拓宽了我的视野,更丰富了我的人生。

打造新时代津中命运共同体

津巴布韦非洲民族联盟－爱国阵线（津民盟）青年联盟成员
凯尔文·曼延加瓦纳

贫困是一种被忽视的全球流行病。它自古以来就是全世界共同面临的挑战，严重困扰着人类社会。

津巴布韦是一个拥有1500万人口的国家。历史上，英国曾对津巴布韦实施殖民统治，严重剥削津巴布韦资源，造成种族之间的不平等，使大多数津巴布韦黑人处于赤贫的状态。1980年津巴布韦独立后，津人民获得了政治解放，拥有了选举权、男女平等等基本权利。但《兰开斯特宪法》将土地权利和经济主权保留在前白人殖民者后代的手中。

2000年，罗伯特·穆加贝政府开始实施快速土地改革计划，致力于彻底解决土地问题，这在津巴布韦历史上具有里程碑意义。只有解决土地问题，才能扭转津巴布韦大多数无地者的经济困境，为真正消除贫困奠定基础。但土地改革政策的推出，却使津遭到来自美、英及其西方盟友的制裁，给普通津巴布韦人带来无尽痛苦。美国所谓的《津巴布韦民主和经济恢复法案》（ZIDERA），使其对津巴布韦制裁扩展到经济、政治等诸多领域，导致了津巴布韦失业高企、经济困难。津巴布韦与欧洲传统贸易伙伴的往来也遭到破坏，使津巴布韦经济一度陷入瘫痪。

当前，在埃默森·姆南加古瓦总统的英明领导下，津政府通过多种扶贫和发展举措，有效保障粮食安全，粮食安全是扶贫和发展的关键。津政府引入了有利于气候保护的传统耕作方法（Pfumvudza），向农户分发玉米种子、化肥和除草剂，使玉米获得了丰收。2020—2021 年的玉米产量预计达 270 万吨，是上一季产量的 199%。传统谷物的产量预计为 30 万吨，比上一季增长 128%。高粱产量预计为 24.4 万吨，比上一季增长 135%。

津巴布韦在扶贫和发展方面取得的成功，离不开我们全天候朋友——中国和中国共产党的帮助。自 2003 年以来，中国一直是津巴布韦最大的外商直接投资来源国。津巴布韦也是非洲最大的中国直接投资接受国之一。津巴布韦还向中国大量出口矿产、烟草和其他农产品。

津巴布韦从习近平总书记提出的"一带一路"倡议中受益匪浅。中国政府为津巴布韦新议会大厦的建设提供了 6.7 亿元人民币的援助，还为罗伯特·穆加贝国际机场扩建提供资金支持。2018 年中国进出口银行为维多利亚瀑布国际机场升级项目提供了 1.5 亿美元贷款，目前该机场每年旅客吞吐量达 150 万人次。中国进出口银行还向莫顿－贾夫雷自来水厂升级工程提供了 1.44 亿美元贷款。在中国政府的支持下，2018 年中国水电建设集团完成了卡里巴南岸水电站扩机工程，在原有基础上新安装两台 15 万千瓦水轮发电机组。中国水电建设集团还承建了万盖燃煤电站扩机项目，该项目总投资达 15 亿美元，项目完工后其发电量将增加近 70 万千瓦。以上项目完工后有望彻底解决津巴布韦电力短缺问题，为津巴布韦经济发展带来更多机遇。

未来，扶贫和发展合作可成为津中关系的一个关键领域，也可成为津民盟和中国共产党合作的重要内容。津中双方可以通过加强扶贫领域合作，促进共同发展，打造新时代津中命运共同体。

最后，再次热烈祝贺中国共产党成立 100 周年。

中国推动国家发展和参与全球治理成就斐然

津巴布韦非洲民族联盟－爱国阵线（津民盟）总部
网络安全负责人
阿奇福德·古维罗

中共团结带领中国人民取得了举世瞩目的成就

在中国共产党领导下，中华民族迎来了从站起来、富起来到强起来的伟大飞跃。一是中国共产党成功开辟了中国特色社会主义道路。中国特色社会主义道路是中国共产党和中国人民历尽千辛万苦、付出巨大代价取得的根本成就。中国正是因为坚持和发展中国特色社会主义，创造了人类历史上前所未有的发展成就，也开创了人类进步的新模式。各国都必须像中国一样走独立自主的发展道路。二是中国共产党打赢了脱贫攻坚战。贫困的根源是发展不充分，发展是解决贫困的根本途径。中国为了解决贫困问题，首先进行全面调查，锁定帮扶对象。中国为此制定了一套标准和程序，精准识别贫困人口并安排有针对性的帮扶项目。其次采取了产业扶贫、易地搬迁、教育扶贫、提供最低生活保障等多项措施，成功使七亿多农村贫困人口摆脱贫困。中国很多的扶贫实例让我印象深刻。比如中央及地方政府通过易地搬迁拨款安置贫困人口，帮助人们从山区搬迁到生活条件更好的地方。在农村地区建立扶贫车间，帮助留守人员就地就业，务工顾家两不误。中国将建设美丽乡村与乡村旅游相结合,通过发展旅游进行产业扶贫。中国还积极推进就业扶贫，通过道路建设、危房改造等小型基础设施发展项目，以及蘑菇种植业等产业开发项目为贫困人口创造就业。三是中国共产党扎实推动共同富裕。打赢脱贫攻坚战后，中国没有停下脚步，而是积极推进乡村振兴。中国共产党的目标是带领全国人民一起脱贫致富，实现共同富裕。实施乡村振兴战略的总要求是产业兴旺、生态宜居、乡风文明、治理有效、生活富裕，着力提高发展的平衡性协调性包容性，扩大中等收入群体规模，促进基本公共服务均等化，调节过高收入，促进全体人民共同富裕。四是中国共产党高度重视青年发展。习近平总书记鼓励青年发挥潜能，为中华民族伟大复兴贡献力量。通过学习习近平总书记在庆祝中国共产主义青年团成立100周年大会上的讲话，我深刻认识到，青年是一个民族和世界的未来，青年是国家的希望，少年强则国强，少年进步则国进步，青年是引领时代的力量。我深信，一个对年轻人寄予厚望的国家将会持久繁荣。五是中国共产党管党治党的经验值得学习借鉴。中国共产党坚持和加强党的全面领导，坚持以人民为中心，贯彻党的根本宗旨，强化党的制度建设，深入推进依规治党，值得津民盟等非洲政党学习。

中国积极参与全球治理为人类作出新的贡献

一是中国积极帮助其他国家消除贫困，启动了国际扶贫合作项目。在亚洲，中国与东盟国家共同开展乡村减贫推进计划，在老挝等国的乡村基层社区实施"东亚减贫示范合作技术援助项目"。在非洲，中国通过建设水利基础设施、职业技术学校、政府保障性住房等，帮助非洲国家消除贫困。二是中国积极推进非中合作。中国将在中非合作论坛框架下同非洲国家密切配合，共同实施卫生健康、减贫惠农、贸易促进、投资驱动、数字创新、绿色发展、能力建设、人文交流和和平安全等"九项工程"。三是中国为维护世界和平稳定作出积极贡献。中国坚持共同、综合、合作、可持续的安全观，尊重各国主权、领土完整。中国坚持遵守联合国宪章宗旨和原则，摒弃冷战思维，不搞集团政治和阵营对抗。中方始终尊重包括津巴布韦在内的各国正当安全关切，致力于通过对话协商和平解决国家间的分歧和争端，统筹维护传统领域和非传统领域安全。我非常赞同习近平总书记关于俄乌局势的讲话。姆南加古瓦总统也说过："津巴布韦对商业开放。津巴布韦不与任何人为敌。"我支持中国在乌克兰危机问题上的立场。不分青红皂白的制裁只会让人民受苦。津巴布韦人民就因为美国和一些西方国家施加的非法制裁饱受痛苦。我们之所以没有被制裁压垮就是因为有中国这样的全天候朋友。

习近平新时代中国特色社会主义思想对南部非洲六姊妹党提升领导力具有重要启发意义

津巴布韦非洲民族联盟-爱国阵线（津民盟）青年团北马塔贝莱兰省书记
阿尔文·伦迪·辛泽卡

中国共产党援建的尼雷尔领导力学院为南部非洲六姊妹党干部提高领导力、更好地应对时代挑战提供了一个重要而难得的平台。通过在学院的十天学习，我对习近平新时代中国特色社会主义思想有了更深入的了解，我深刻认识到政党在领导政府工作和满足人民对美好生活的向往方面应发挥重要作用。六姊妹党应学习借鉴中国共产党的成功经验，以更好地根据国情领导本国发展，造福本国人民。

一是坚持和加强党的全面领导。充分发挥党总揽全局、协调各方的领导核心作用，确保党始终成为伟大事业的坚强领导核心。在习近平新时代中国特色社会主义思想的指导下，中国共产党全面领导中国改革发展、社会稳定、内政外交国防、治党治国治军等各领域，确保党员干部、政府官员团结统一和行动一致。习近平新时代中国特色社会主义思想为党政部门及安全机关的决策部署提供了思想保障。中国共产党始终是中国特色社会主义事业的坚强领导核心，为六姊妹党树立了典范。

二是坚持为人类谋进步。习近平总书记指出，政党作为推动人类进步的重要力量，要锚定正确的前进方向，担起为人民谋幸福、为人类谋进步的历史责任。他呼吁世界政党担负起引领方向的责任，把握和塑造人类共同未来；担负起凝聚共识的责任，坚守和弘扬全人类共同价值。六姊妹党作为对人类共同未来负责的革命政党，我们要捍卫全人类共同价值，以宽广的胸怀包容不同文明对价值的理解，尊重不同民族的探索。所有革命政党都应向新时代的中国共产党学习，牢记同人民群众的"鱼水关系"。

三是积极维护世界和平与安全、实现国际公平正义。习近平新时代中国特色社会主义思想强调纠正全球治理的不平衡和不公正。各国政党必须反对将疫情政治化或给病毒贴上地理标签的做法。习近平总书记严厉批驳技术封锁与脱钩，将疫情政治化，"以阻挠他国发展、损害他国人民生活为要挟的政治操弄"的做法，呼吁各国政党共同反对技术封锁和脱钩。在习近平新时代中国特色社会主义思想指导下，中国共产党积极参与全球治理，为人类作出新贡献。现行国际体系和国际秩序的核心理念是多边主义。更好地践行多边主义，人类面临的共同问题才能得到更好的解决。我同意习近平总书记所倡导的"规则应该由国际社会共同制定，而不是谁的胳膊粗、气力大谁就说了算"。国家间的合作应该以服务全人类为目标，而不是通过集团政治谋求霸权。美国和一些西方国家对津巴布韦实施的单边制裁表明，少数几个强国利用国际规则谋求霸权。

六姊妹党要共同反对以多边主义之名行单边主义之实的各种行为，共同反对霸权主义和强权政治。坚决维护联合国宪章宗旨和原则，倡导国际上的事大家商量着办，推动国际秩序和国际体系朝着更加公正合理的方向发展。习近平总书记在中国共产党与世界政党领导人峰会上重申，中国永远是发展中国家大家庭的一员，将坚定不移致力于提高发展中国家在国际治理体系中的代表性和发言权。我相信，中国永远不称霸、不搞扩张、不谋求势力范围。中国共产党将同各国政党一道，通过政党间协商合作促进国家间协调合作，在全球治理中更好地发挥政党应有的作用。

中共脱贫攻坚伟大成就令人赞叹

津巴布韦非洲民族联盟－爱国阵线（津民盟）青年团中央书记处书记
阿德麦尔·马哈奇

在中国共产党诸多治国理政宝贵经验中，我对中共脱贫攻坚的独特做法及伟大成果尤其印象深刻。

一是中国共产党的领导是中国打赢脱贫攻坚战的根本保障。中国中央和地方各级官员明确责任划分，最大限度地发挥领导力、组织力和执行力，把国家的精锐力量投入到脱贫攻坚的主战场上，共派出25.5万个驻村工作队、300多万名第一书记和驻村干部，同近200万名乡镇干部和数百万村干部一道奋战在扶贫一线，有效保证了脱贫攻坚战的最终胜利。

二是中国特色社会主义是中国打赢脱贫攻坚战的政治优势。社会主义制度能够有效统筹协调全社会资源，形成合力，共同行动。中国成功构建专项扶贫、行业扶贫、社会扶贫"三位一体"的大扶贫格局，形成了跨地区、跨部门、跨行业、全社会共同参与的多元主体的社会扶贫体系。习近平总书记形象地称其为"汇聚成排山倒海的磅礴力量"。

三是中国共产党坚持以人民为中心的发展思想推动脱贫攻坚。中国坚定不移走全体人民共同富裕的道路，脱贫攻坚八年期间，中央、省市县财政专项扶贫资金累计投入近1.6万亿元。中国在设定贫困线时还考虑到了教育、健康和生活水平等要素，提出"两不愁""三保障"等目标，即稳定实现农村贫困人口不愁吃、不愁穿；保障其义务教育、基本医疗和住房安全，充分体现了习近平总书记所说的"人民对美好生活的向往，就是我们的奋斗目标"。

四是精准扶贫是中国打赢脱贫攻坚战的制胜法宝。中国的脱贫攻坚从个人、家庭和村庄的需要出发，提高了政府支持的针对性和有效性。同时，中国共产党坚持把发展作为解决贫困的根本途径，改善发展条件，增强发展能力，实现由"输血式"扶贫向"造血式"帮扶转变。中国构建政府、市场和社会协调的"扶贫市场"，解放贫困人口的生产力，让贫困人口参与社会生产，为发展作贡献，实现更平衡、更公平的发展。中国将扶贫与扶志扶智相结合，增强人民脱贫致富的内生动力，引导群众自力更生。

此外，中国脱贫攻坚的有关做法还体现了互帮互助、众志成城、扶贫济困的中华传统美德。中国推动社会救助方式创新，形成了人人愿帮、人人能帮的局面。人民集体参与国家建设的方式让我认识到中国是一个多么伟大的国家。非洲国家应该学习借鉴中国的做法，充分发挥人民的潜力。期待未来能够到中国亲身体验脱贫攻坚成果。

非中友谊万岁！

中共是非洲昨天、今天和未来的朋友

津巴布韦非洲民族联盟－爱国阵线（津民盟）中央政治局委员
坦代·齐劳

中共经验做法值得南部非洲六姊妹党学习借鉴

中国共产党经验做法值得南部非洲六姊妹党学习借鉴。六姊妹党与中国共产党的关系可追溯到民族解放斗争时期。中国共产党援建尼雷尔领导力学院并举办六姊妹党中青年干部研讨班（以下简称"中青班"），积极助力六姊妹党加强思想政治建设，实现长期执政，正是中国共产党与六姊妹党友好情谊在新时期的延续和体现。中国共产党坚持"为中国人民谋幸福，为中华民族谋复兴"的初心使命，团结和带领中国人民从"东亚病夫"成为世界第二大经济体和全球经济增长的中流砥柱，许多经验做法值得六姊妹党学习借鉴。一是坚持全面从严治党。中国共产党在政治、思想、组织、纪律等方面全面加强党的建设，把制度建设贯穿于全面从严治党全过程，持续开展反腐败斗争，切实履行执政党的政治责任。中青班期间，青岛市市南区八大关街道太平角社区党建示范点的云考察让津民盟对社区党建赢民心有了新的认识。六姊妹党要学习借鉴中国共产党在城市的社区党建经验做法。二是探索符合国情的发展道路。世界上没有放之四海而皆准的制度模式。马克思主义理论不是教条而是行动指南，必须随着实践的发展而发展，必须将马克思主义本土化才能落地生根，深入人心。中国在坚持社会主义基本原则的基础上推进理论创新、制度创新，成功走出了一条中国特色社会主义道路。六姊妹党作为社会主义意识形态的认同者，要根据本国国情发展社会主义。津民盟和津巴布韦政府正致力于以"民主的市场社会主义"的形式发展"津巴布韦特色社会主义"，既保留了土地和重要生产资料公有制等社会主义因素，也建立了有效的市场机制。三是努力消除贫困。中国共产党在脱贫攻坚方面取得了里程碑式的成就，提前十年实现《联合国2030年可持续发展议程》减贫目标，约7.7亿农村贫困人口摆脱贫困，占同期全球减贫人口70%以上。这一成就得到了联合国秘书长古特雷斯的认可，他在2021年3月就中国脱贫攻坚取得重大历史性成就向习近平总书记致函祝贺称："中国取得的非凡成就为整个国际社会带来了希望，提供了激励。"非洲国家普遍面临贫困问题的艰苦挑战，中国共产党带领中国人民实现减贫脱贫的做法值得六姊妹党学习。

非中合作以真实亲诚为基础，本质是互利共赢

非中合作以真实亲诚为基础，本质是互利共赢。中国与非洲的关系可追溯到20世纪70年代。作为非洲的朋友，当时中国在国内面临诸多困难的情况下坚定支持非洲，为非洲反殖斗争提供了军事、政治培训和物质援助等支持，帮助非洲取得反殖斗争胜利。今天，中国在中非合作论坛框架下持续通过基础设施建设、人文交流等为非洲发展提供战略支持。这些举措让美国和一些西方国家所谓"中国对非合作是新殖民主义"的谬论不攻自破，说明非中合作以真实亲诚为基础，本质是互利共赢。中国历史上也曾遭到英国、日本等国的侵略，但中国从来不是帝国主义俱乐部的一员，与曾经瓜分非洲的新殖民主义者完全不同。面对美西方一些反华势力及其代理人对非中关系的抹黑，

非洲要利用社交媒体为非中关系发声。

全球安全倡议契合非盟共同立场

中国共产党积极参与全球治理。面对新冠肺炎疫情、气候变化和恐怖主义等对全球和平与安全构成的新威胁，习近平总书记强调要加强团结合作，共同应对风险挑战。中国积极为全球治理作出中国贡献，向包括非洲在内的国际社会提供了价值数十亿美元的疫苗，在应对气候变化方面也发挥了关键作用。在安全方面，习近平总书记提出的全球安全倡议，强调坚持遵守联合国宪章宗旨和原则，摒弃冷战思维，反对单边主义，不搞集团政治和阵营对抗；坚持重视各国合理安全关切，反对把本国安全建立在他国不安全的基础之上，深受国际社会欢迎。当前全球安全局势发生的深刻变化凸显了习近平总书记提出的全球安全倡议的重要性。与粗暴干涉津巴布韦的美国及西方新殖民主义不同，全球安全倡议契合非盟共同立场，尊重各国主权和领土完整，坚持不干涉他国内政，尊重各国自主选择发展道路和社会制度。

新时代中共为什么能

津巴布韦非洲民族联盟－爱国阵线（津民盟）外事局长
冈姆齐拉伊·曼冈杜

新时代中国共产党有以习近平同志为核心的中共中央掌舵领航。2012年11月，中国共产党召开第十八次全国代表大会，习近平当选中共中央总书记。就任以来，习近平总书记以坚定的决心、切实的行动、深邃的思考、开阔的视野为中国、非洲乃至全球的发展作出不懈努力。中共十八大以来，以习近平同志为核心的中共中央推动中国党和国家事业取得历史性成就、发生历史性变革，突出体现在坚持党的全面领导、全面从严治党、经济建设、全面深化改革开放、政治建设、全面依法治国、文化建设、社会建设、生态文明建设、国防和军队建设、维护国家安全、坚持"一国两制"和推进祖国统一、外交工作等十三个领域取得伟大成就。

新时代中国共产党以习近平新时代中国特色社会主义思想为指导。以习近平总书记为主要代表的中国共产党人深刻总结并充分运用党成立以来的历史经验，从新的实际出发，创立了习近平新时代中国特色社会主义思想，既是中国共产党的重大理论创新，也对发展马克思主义作出了原创性贡献。马克思和恩格斯创建了革命理论，列宁提出了党在革命实践中的重要性，马克思列宁主义成为革命理论和实践的基础。马克思和恩格斯认为，城市无产阶级无法忍受自己的剩余价值被资产阶级占有，于是首先发起了反对资本主义的革命。新时代中国共产党的伟大成就表明，马克思列宁主义理论完全适用于尚未实现工业化的发展中国家。津民盟高度认同习近平新时代中国特色社会主义思想。受习近平新时代中国特色社会主义思想启发，一些非洲国家正致力于结合本国历史、文化和追求社会公正的传统理念，探索建设具有本国特色的社会主义。

新时代中国共产党坚持推进党的自我革命。津民盟高度关注中共十九届六中全会的召开。此次会议审议通过了《中共中央关于党的百年奋斗重大成就和历史经验的决议》。习近平总书记在全会上强调，要深入研究党加强自身建设、推进自我革命的百年历程，增强全面从严治党永远在路上的坚定和执着，确保党在新时代坚持和发展中国特色社会主义的历史进程中始终成为坚强领导核心，为津民盟加强党的自身建设、推进党的自我革命提供参考和借鉴。

新时代中国共产党致力于推动构建新时代非中命运共同体。非中从来都是命运共同体。长期以来，中国秉持互利合作原则与非洲国家建立和发展关系。津民盟完全赞同习近平总书记提出的"不干预非洲国家探索符合国情的发展道路，不干涉非洲内政，不把自己的意志强加于人，不在对非援助中附加任何政治条件，不在对非投资融资中谋取政治私利"的对非"五不"原则。津民盟同样认为，世界上没有放之四海而皆准的治理模式，各国应寻找符合国情的治理模式，专注自身发展，造福本国人民，不干涉他国内政。津民盟愿不断加强与中国共产党的友好合作，增进政治互信，携手构建高水平非中命运共同体。

正如习近平总书记2012年11月29日参观《复兴之路》展览时所说："每个人都有理想和追求，都有自己的梦想。现在，大家都在讨论中国梦，我以为，实现中华民族伟大复兴，就是中华民族近代以来最伟大的梦想。这个梦想，凝聚了几代中国人的夙愿，体现了中华民族和中国人民的整体利益，是每一个中华儿女的共同期盼。"新时代中国共产党团结带领中国人民如期实现了第一个百年奋斗目标,正意气风发向着全面建成社会主义现代化强国的第二个百年奋斗目标迈进,向着中华民族伟大复兴的目标继续奋勇前进。

中共为南部非洲六姊妹党执政兴国提供宝贵经验借鉴

津巴布韦非洲民族联盟－爱国阵线（津民盟）青年团中央委员
西邦吉尔·西班达

中国共产党举世瞩目的成就为南部非洲六姊妹党领导各自国家发展带来了希望，为六姊妹党执政兴国提供了宝贵的经验借鉴。

必须确立强大的领导核心。中国共产党的经验表明，一个政党发展壮大、一个国家繁荣富强，必须要有强大的领导核心。中共十八大以来，中国党和国家事业之所以取得历史性成就、发生历史性变革，根本原因在于有习近平总书记作为党中央的核心、全党的核心掌舵领航，在于有习近平新时代中国特色社会主义思想的科学指引。中国共产党确立习近平同志党中央的核心、全党的核心地位，确立习近平新时代中国特色社会主义思想的指导地位，对新时代党和国家事业发展、对推进中华民族伟大复兴历史进程具有决定性意义。受中方经验启发，津民盟确立了党主席兼第一书记、总统姆南加古瓦党和政府的领导地位，带领津巴布韦人民迈向发展振兴。

必须走符合国情的道路。方向决定道路，道路决定命运。习近平总书记强调走自己的路。中国共产党坚定不移走中国特色社会主义道路，既不走封闭僵化的老路，也不走改旗易帜的邪路。中共十八大以来，以习近平同志为主要代表的中国共产党人，坚持把马克思主义基本原理同中国具体实际相结合、同中华优秀传统文化相结合，创立了习近平新时代中国特色社会主义思想，团结带领人民创造了新时代中国特色社会主义伟大成就。实践充分证明，中国特色社会主义道路是创造人民美好生活、实现中华民族伟大复兴的康庄大道。受中方经验启发，姆南加古瓦总统提出"一个国家由自己的人民建设"。他一再强调，津巴布韦应该走自己的路，津巴布韦人民应该掌握自己的命运。

必须坚持人民至上。中国能够创造出世所罕见的经济快速发展和社会长期稳定两大奇迹，根本在于中国共产党任何时候都不忘"我是谁、为了谁、依靠谁"。中共十八大以来，以习近平同志为核心的中共中央提出以人民为中心的发展思想，坚持一切为了人民，一切依靠人民，始终把人民放在心中最高位置，把人民对美好生活的向往作为奋斗目标，推动改革发展成果更多更公平惠及全体人民。领导中国人民摆脱绝对贫困，形成超过四亿人的世界上规模最大的中等收入群体。在疫情防控上不惜一切代价保护人民生命安全，赢得了中国人民的衷心拥护。国际权威民调显示，中国人民对党和政府的支持率连续十多年保持在93%之上。当前，津巴布韦面临一些西方国家非法制裁、新冠肺炎疫情、自然灾害等挑战。在姆南加古瓦总统领导下，津民盟学习借鉴中国共产党的斗争经验和发展理念，在农业、矿业等关键领域推出新举措，为国家谋发展，为人民谋福祉。

必须坚持命运与共。面对世界百年未有之大变局，习近平总书记提出构建人类命运共同体理念，推动共建"一带一路"高质量发展，提出全球发展倡议、全球安全倡议，为解决人类问题贡献了中国智慧和中国方案。多年来，中国经济对世界经济增长的贡献率保持在30%左右，是世界经济增长的最大引擎。中国坚持走和平发展道路，加快构建以国内大循环为主体、国内国际双循环相互促进的新发展格局，以更加开放的姿态拥抱世界，继续以自身的新发展为世界提供新机遇。

津民盟愿全面学习借鉴中共伟大成就经验

津巴布韦非洲民族联盟－爱国阵线（津民盟）全国主席顾问
布里奇特·莫齐内姆哈拉

中国共产党取得新时代伟大成就，在提高中国人民生活水平方面树立了里程碑，根本在于以习近平新时代中国特色社会主义思想为指导，坚持和发展中国特色社会主义。津民盟愿全面学习借鉴中方有关经验，推进津巴布韦党和国家事业发展。

学习中国共产党脱贫攻坚经验做法。中国脱贫攻坚针对不同贫困区域环境、不同贫困农户状况，制定脱贫方案，帮助贫困户树立自力更生的理念，帮助贫困人口摆脱"等靠要"的思想。更难能可贵的是，中国共产党在完成脱贫攻坚后并没有停下脚步，而是继续着力缩小城乡区域发展差距，促进全体人民共同富裕，有关经验做法值得南部非洲六姊妹党学习借鉴。受中方经验启发，津民盟领导津巴布韦人民参与脱贫进程，推进土地改革，将土地分配给黑人农民，努力恢复津巴布韦"面包篮子"的地位。同时制定政策赋权津巴布韦人民参与采矿等各经济领域。

借鉴中国共产党践行以人民为中心的发展思想。中国共产党之所以能将中国从贫穷落后的国家建设成为繁荣昌盛的大国，在于坚持以人民为中心。津民盟主席兼第一书记、总统姆南加古瓦提出"一个国家由自己的人民建设",正领导津巴布韦人民借鉴中国全面深化改革等经验做法,自力更生改造津巴布韦,开创津巴布韦的改革开放时代。

赞赏中国共产党坚持全球命运与共。中非合作论坛、"一带一路"倡议、全球发展倡议等机制为津巴布韦提供了广阔的发展机遇,必将推动非洲实现更好发展。新冠肺炎疫情发生以来,中国向津巴布韦及其他非洲国家施与援手,捐赠多批医疗、抗疫物资和疫苗,为津巴布韦守护人民的生命健康安全发挥重要作用,津民盟由衷感谢。

愿同中国共产党一道维护国际公平正义。事实一再证明,中国始终是国际秩序的维护者。中国坚决维护各国主权平等、反对单边主义。中国坚决反对一些西方国家对津无理单边制裁,在联合国动用否决权支持津巴布韦。对此,我们将永远铭记。

中共的伟大成就经验给南部非洲六姊妹党带来了希望

津巴布韦外交部中国事务主管
豪普维尔·穆番干亚玛

南部非洲六姊妹党在实现国家发展目标方面面临各种挑战,中国共产党的伟大成就经验给六姊妹党带来了希望。

坚持中国共产党的领导是中国最大的政治优势。自诞生之日起,中国共产党始终坚持走群众路线,坚持全心全意为人民服务的根本宗旨,领导中国人民进行伟大社会革命,中华民族迎来了从站起来、富起来到强起来的伟大飞跃,正意气风发向着全面建成社会主义现代化强国的第二个百年奋斗目标迈进。受中方经验启发,津民盟加强了党对政府工作的领导,正带领津人民向着建设"繁荣与富强的中等偏上收入国家"的目标迈进。

中国共产党领导中国走出一条中国式减贫之路令人鼓舞。习近平总书记指出,中国走出了一条中国特色减贫道路,形成了中国特色反贫困理论。坚持党的领导,为脱贫攻坚提供坚强政治和组织保证。中国共产党在打赢脱贫攻坚战后没有停下脚步,正着力推动乡村振兴。习近平总书记指出,"脱贫摘帽不是终点,而是新生活、新奋斗的起点""做好巩固拓展脱贫攻坚成果同乡村振兴有效衔接",彰显了中国共产党扎实推进共同富裕的决心。

中国共产党的反腐斗争为六姊妹党树立了典范。中国共产党勇于自我革命，加强制度和纪律建设，"把权力关在制度的笼子里"。中国共产党的经验表明，六姊妹党必须加强政治意识，加强党的建设，着力培养德才兼备的高素质干部，坚定不移地抓好党风廉政建设和反腐败斗争。

中国共产党坚定维护国际公平正义。习近平总书记强调，国家间的合作应该以服务全人类为宗旨，而不应以小集团政治谋求世界霸权。中方坚持对话而不对抗、拆墙而不筑墙、融合而不脱钩、包容而不排他。在俄乌冲突问题上，尽管一些西方国家为了一己私利不断使用双重标准挥舞制裁大棒，但中方始终站在和平一边，持续劝和促谈，并向有关各方提供人道主义援助。津巴布韦也是美国和一些西方国家单边无理制裁的受害者，我们愿与中方一道，呼吁通过对话而非制裁实现和平。

中国共产党无私支持全球抗疫。中国古人说："适己而忘人者，人之所弃；克己而立人者，众之所戴。"中国共产党领导中国取得了抗击新冠肺炎疫情斗争重大战略成果的同时，通过派遣抗疫医疗专家组、提供物资援助等多种方式积极参与对非抗疫合作，六姊妹党所在国均从中受益。中方向津方捐赠各种抗疫物资和疫苗保护了津巴布韦人民的生命健康安全，帮助津巴布韦成功遏制疫情蔓延。

中国共产党坚持人类命运与共。习近平总书记指出，在人类追求幸福的道路上，一个国家、一个民族都不能少。世界上所有国家、所有民族都应该享有平等的发展机会和权利。我们要直面贫富差距、发展鸿沟等重大现实问题，关注欠发达国家和地区，关爱贫困民众，让每一片土地都孕育希望。习近平总书记提出的全球发展倡议和全球安全倡议代表了新形势下全球发展和安全的新希望。

非洲国家都应学习中国的脱贫模式

津巴布韦独立通讯社记者
提那谢·凯里扎

2013年,刚刚当选国家主席的习近平同志提出了中国新的发展愿景,开启了中国走向繁荣的社会主义现代化国家的伟大征程。

在习近平同志领导下,中国作为世界第二大经济体的地位得到巩固和加强,中国获得了更多的发展机遇,前景更加广阔。英国咨询公司经济与商业研究中心称,一些西方智库和媒体等机构评估,中国国内生产总值有望在2030年超越美国,届时中国将成为世界第一大经济体。彭博社在2021年的一篇报道中指出,自以习近平同志为核心的中共中央提出改革新举措以来,2012年至2020年,中国人均国内生产总值从5000美元提高到10 000美元以上。

从经济增长徘徊不前、饱受贫困的国家到如今的"中国奇迹",习近平同志十年如一日的付出让中国获得了成功。在《习近平谈治国理政》(第三卷)中,习近平同志提出将社会主义与中国特色相结合,促进社会繁荣,实现民族振兴,这是他对中国成为世界经济引擎的发展愿景。2017年,在中国共产党第十九次全国代表大会上,习近平新时代中国特色社会主义思想正式提出。《习近平谈治国理政》(第三卷)这样讲道:"中共十九大把习近平新时代中国特色社会主义思想确立为中国共产党必须长期坚持的指导思想并写入党章。"

让千百万群众脱贫

在中国全面建设小康社会的道路上，统筹带领千百万群众走出贫困的泥沼，无疑是习近平同志一个重要贡献。2012年，他代表全党就解决农村饥饿问题作出庄严承诺："消除贫困、改善民生、实现共同富裕，是社会主义的本质要求。"中共十八大提出的"五位一体"总体布局和"四个全面"战略布局，表明了中国共产党全面消除贫困的决心。

在习近平同志领导下，中国的贫困发生率从2012年的10.2%降至2017年的3.1%。在《习近平谈治国理政》（第三卷）中，习近平同志提道："第一，创造了我国减贫史上最好成绩。全国现行标准下的农村贫困人口由2012年年底的9899万人减少到2017年年底的3046万人，五年累计减贫6853万人，减贫幅度达到70%左右。"数据显示，在习近平同志担任中共中央总书记和国家主席的首个任期期间，中国年均贫困人口下降率达13.7%。

中国的脱贫战略深谋远虑，是为实现第一个百年奋斗目标迈出的重要一步。包括津巴布韦在内的非洲国家都应学习中国的脱贫模式，让饱受贫困折磨的非洲人民不再忍饥挨饿。

将腐败"连根拔起"

在习近平同志领导下，中国正朝着根除腐败之"癌"的目标大步迈进，势要清除这一大玷污中国共产党形象、阻碍中国发展成为社会主义现代化强国的障碍。

在邓小平理论、"三个代表"重要思想和科学发展观的基础上，习近平同志于2013年提出反腐败要"标本兼治""惩防并举"。他提出的反腐败政策，特别是查处挪用公款、中饱私囊的"大老虎"，值得非洲国家学习。在第十九届中央政治局第十次集体学习的讲话中，习近平同志强调，要"努力造就一支忠诚干净担当的高素质干部队伍"。他将这掷地有声的话语转化为实际行动，剔除了干部队伍中挪用公款、滥用职权的"大老虎"。腐败在津巴布韦等非洲国家泛滥成灾，中国的经验对于我们打击贪污大有裨益。

全球发展倡议——习近平的世界愿景

在习近平同志领导下，中共中央立足世界舞台，关注不发达国家的发展需求，在过去几年里提出了一系列务实计划，2021年提出的全球发展倡议就是其中的"集大成者"。

习近平主席在第七十六届联合国大会一般性辩论上提出全球发展倡议，旨在倡议发达国家及合作伙伴支持发展中国家抗击新冠肺炎疫情，实现减贫、金融发展等重要目标。目前，该倡议已获得100多个国家的支持。全球发展倡议对接《联合国2030年可持续发展议程》，助力实现消除贫困、人权进步和性别平等重要目标。全球发展倡议是继"一带一路"倡议、中非合作论坛之后，中国共产党支持发展中国家的又一重要举措。这些举措彰显了中国对伙伴的坚定承诺。

2013年，非中贸易迅速增长，贸易额达到2000亿美元，中国对非投资也达到880亿美元。习近平同志就任国家主席后首次访问非洲（坦桑尼亚）的演讲中提道："中非友好交往源远流长。……中非人民在反殖反帝、争取民族独立和解放的斗争中，在发展振兴的道路上，相互支持、真诚合作。"

展望未来，在反殖斗争中获得中国支持的非洲众国应牢记，在世界和平受到帝国主义力量威胁的时候，我们有中国这个可靠朋友。

中国在津巴布韦开展建设项目并提供援助资金，表明了中国深化津中关系的决心。2022年5月16日，中国驻津巴布韦大使郭少春在媒体发表文章，介绍了坐落在汉普顿山上即将完工的津巴布韦新议会大厦,这是中国在南部非洲最大援助项目。中国对津投资重点还包括:鼎森钢铁投建的大型钢铁厂、万盖燃煤电站扩机工程、罗伯特·穆加贝国际机场扩建项目及各类矿业项目,这些项目为津巴布韦经济复苏和发展提供了有力支撑。

世界正在从新冠肺炎疫情中恢复,期间,中国率先向津巴布韦捐赠疫苗并提供医疗援助。2022年中国宣布将向津巴布韦再捐赠1000万剂疫苗,这将大大增强津巴布韦抗击疫情的能力。

展望中共二十大

当前,中国已经开启全面建设社会主义现代化国家新征程,中共中央决定在2022年下半年召开党的二十大,这将是中国朝着第二个百年奋斗目标迈出的重要一步。

人民对于二十大的期待高涨,希望以习近平同志为核心的中共中央继续发展习近平新时代中国特色社会主义思想,全党也将团结在以习近平同志为核心的中共中央周围,弘扬伟大建党精神,实现中华民族伟大复兴。人民期待在二十大上,中国共产党继续秉持百年不变的初心,保持和人民群众的血肉联系,践行以人民为中心的发展理念。人民期待中共二十大立足新中国成立以来的辉煌成就,继续朝着建设社会主义现代化强国的方向不断努力。

非中合作前景广阔

非中关系始于共同反殖反帝的斗争,双方应加强政府和政党层面交往。双方的技能交流项目及培训班应吸引学术界、行业机构及公民组织参与,助力非中关系发展。双方还可以以中非合作论坛作为坚实基础,深化贸易、投资等领域合作关系,并在联合国等国际组织中相互支持。

同时,非洲也能学习中国经验,践行新时代非洲特色社会主义,克服眼前困难,建设更加繁荣的社会主义现代化国家。

中国对国际法及他国主权的尊重与一些西方国家的行径形成鲜明对比

津巴布韦非洲民族联盟－爱国阵线（津民盟）青年团唐格纳区土地委员会书记
特兰斯·齐格亚

习近平同志领导的中国共产党重视非洲国家发展，尊重非洲国家主权，在基础设施、卫生健康、教育等领域同非洲开展密切合作，同时与非洲国家深化贸易关系，帮助非洲开采矿产。中国共产党对非洲国家发展起到了重要作用，我们对此深信不疑，并认为非中双方应继续加强合作。

中国的国际政治经济影响力不断加强，但中国仍秉持尊重他国主权原则，不干涉非洲国家内部事务。一些西方国家打着人权旗号干涉他国内政，企图在他国推行自己的议程，并以低廉价格掠夺资源。中国对国际法及他国主权的尊重与一些西方国家的行径形成鲜明对比。

中国共产党重视津巴布韦的基础设施发展。一些西方国家对津巴布韦进行了不合法的经济制裁，中国则是津巴布韦坚定的伙伴，帮助津巴布韦建设现代化基础设施。中国在津巴布韦援建的大坝助力津巴布韦灌溉和发电产业，通过中国贷款建设的津巴布韦国防学院有力发展了津巴布韦的国防和安全教育事业，津巴布韦新议会大厦也已竣工验收。我们希望中国帮助培养津巴布韦本土的技术人才和工人，助力非洲实现自身的可持续发展，让我们的工人凭借自身力量就能再建一座新议会大厦那样的现代建筑。

中国共产党援助非洲国家医疗健康事业，津巴布韦是受益者之一。非洲医疗缺口巨大，而中国派遣的医疗队伍，提升了撒哈拉以南非洲的健康水平。中国在津巴布韦偏远地区修建的医院，改善了津巴布韦医疗体系，提升了当地健康水平。在新冠肺炎疫情肆虐全球的艰难时刻，中国坚定地与津巴布韦及其他非洲国家站在一起，向非洲提供疫苗以遏制病毒传播。

中国对非洲坚定不移的支持非常重要。我们期待中国投资津巴布韦健康产业，帮助发展津巴布韦药品生产，解决津巴布韦和南部非洲药品短缺问题。长远看，这将为非洲创造就业，提升非洲人民健康水平。

中国对非贸易起着建设性作用。中国商品物美价廉，在非洲颇受欢迎。中国以国际标准扩建罗伯特·穆加贝国际机场等一系列措施，促进了津巴布韦交通设施现代化。许多从未与津巴布韦建立合作的航空公司，现在也开通了前往津巴布韦的航线，有力推动了津巴布韦贸易和旅游业发展。20世纪80年代，中国在东南沿海设立经济特区，实现了经济高速增长。我们希望了解中国实现工业化和经济快速发展的秘诀，进而建立我们自己的经济特区，让我们的劳动人口流动起来，同时有效利用外资实现工业化。

最后，我想说，中国共产党对后殖民时代的非洲发展起到了关键作用。中国始终尊重非洲国家主权，大力援助非洲经济发展项目，在需要的时候站在非洲一边。祝愿中共二十大顺利召开，希望中国共产党能继续帮助津巴布韦实现现代化发展。

中共探索自主发展道路经验值得借鉴

津巴布韦非洲民族联盟－爱国阵线（津民盟）青年团中央委员
格特鲁德·穆坦迪

中共十八大以来，中国特色社会主义进入新时代。以习近平同志为核心的中共中央团结带领全党全国各族人民砥砺前行，如期实现第一个百年奋斗目标，开启向第二个百年奋斗目标进军新征程。中国共产党坚持探索自主发展道路的经验值得借鉴。

一是确立强有力的领导核心。中共十八大以来，中国党和国家事业之所以能够取得历史性成就、发生历史性变革，根本原因在于有以习近平同志为核心的中共中央坚强领导，有习近平新时代中国特色社会主义思想科学指引。这是南部非洲六姊妹党从中国共产党身上学到的一条重要经验。受中方经验启发，津民盟坚持以党主席兼第一书记、总统姆南加古瓦作为党和政府的决策中心。

二是走符合国情的发展道路。方向决定道路，道路决定命运。习近平总书记一再强调要走自己的路。中国共产党把马克思主义基本原理同中国具体实际相结合、同中华优秀传统文化相结合，坚定不移走中国特色社会主义道路。受中国式现代化道路成功经验启发，姆南加古瓦总统提出"一个国家由自己的人民建设"，领导津巴布韦克服一些西方国家的非法制裁、新冠肺炎疫情等威胁挑战，并提出"再接触"口号，重塑津巴布韦国际形象。

三是坚持人民至上。中国共产党创造出经济快速发展和社会长期稳定两大奇迹，根本在于任何时候都不忘"我是谁、为了谁、依靠谁"。中共十八大以来，以习近平同志为核心的中共中央提出以人民为中心的发展思想，坚持一切为了人民，一切依靠人民，把人民对美好生活的向往作为奋斗目标，推动改革发展成果更多更公平惠及全体人民，在疫情防控上不惜一切代价保护人民生命安全，赢得了中国人民的衷心拥护。受中方经验启发，津方以人民的期待为基础实施国家发展规划，启动"2030年愿景"，将消除贫困作为实现可持续发展目标的第一优先任务，果断采取措施应对新冠肺炎疫情，防控工作效果显著，赢得大多数民众认可。

四是坚持胸怀天下。中国共产党坚持走和平发展道路，加快构建新发展格局，以更加开放的姿态拥抱世界，继续以自身的新发展为世界提供新机遇。习近平总书记提出构建人类命运共同体理念，推动共建"一带一路"高质量发展，提出全球发展倡议、全球安全倡议，为解决人类问题贡献了中国智慧和中国方案，本质都是为全人类谋幸福、谋发展，津巴布韦乃至整个非洲大陆均从中受益。应继续致力于深化津中合作，在互惠互利中实现共同繁荣。

| 科 | 摩 | 罗 |

中共是南南合作的重要推动者

科摩罗复兴公约党宣传事务全国书记发言人
卡马尔

在新冠肺炎疫情全球大流行和诸多全球性挑战交织叠加大背景下，本次征文活动可谓意义非凡，为国际社会更好认识中国和中国共产党提供良好平台。

中国共产党始终胸怀长远目标，心系亿万人民。中国共产党提出到 2035 年基本实现社会主义现代化的远景目标，并提出在 2049 年实现第二个百年奋斗目标，力争全面建成社会主义现代化强国。科摩罗复兴公约党坚信，在习近平总书记的英明领导下，中华民族伟大复兴进入了不可逆转的历史进程，中国共产党的美好愿景必将实现，一个强大的中国必将对非洲乃至全人类作出更大贡献。

自 1949 年新中国成立以来，中国共产党始终牢牢把握国家和民族的前途命运，团结带领中国人民英勇斗争、不懈奋斗，创造了辉煌的成就，中华民族也迎来从站起来、富起来到强起来的伟大飞跃。依靠中国共产党历代领导人的英明领导和全体中国人民的勇敢和智慧，新中国从一穷二白、封闭落后走向繁荣富强、自信开放。中国已全面建成小康社会，消除绝对贫困，实现经济快速增长和人民生活极大改善，并日益走近世界舞台中央。

中国始终秉持真实亲诚理念同非洲各国发展友好关系，在新冠肺炎疫情席卷全球时，主动向包括科摩罗在内的广大非洲国家提供宝贵援助。在我看来，此举是中国展现其大国担当的最佳范例。中国是科摩罗独立后最早与其建交的国家之一。两国建交以来，始终保持友好关系，双边合作成果丰硕。中国向科摩罗提供各种形式援助，合作覆盖各领域。我们对两国47年来的合作成果深感骄傲，期盼双方合作继续走深走实，为两国人民创造更大福祉。

我们对中国共产党的国际视野和推动构建人类命运共同体的坚定决心深感钦佩。1955年万隆会议以来，中国共产党始终是南南合作的重要推动者。1964年，周恩来总理在阿克拉发表重要讲话，提出中国对外经济技术援助的八项原则，包括"伙伴之间平等、互利共赢、相互尊重主权、以无息或低息贷款方式提供经济支援以减轻受援国的负担、推动受援国发展、履行各自义务"等条款，为所有面临发展障碍、亟需外部帮助的发展中国家带来福音。中国作为对外援助大国，一贯秉持相互尊重、相互理解的互利共赢原则，施援从不附加任何政治条件，也不掺杂任何地缘政治考虑，这与一些西方国家形成鲜明对比。

2017年6月，美国麦肯锡咨询公司曾发布一份报告，指出非中合作显著促进非洲经济增长。的确，中国作为非洲第一大贸易合作伙伴，为非洲创造大量就业岗位，对非提供知识和技术转让。目前，共有逾万家中国企业在非投资设厂，涵盖能源开发、资本投资和基础设施建设等领域。中国还向非洲提供大量发展资金援助、低息或无息贷款，为非洲经济注入强大动力。中国是非洲的好老师、好伙伴、好朋友，为非洲发展提供了可供借鉴的参考。中国在对外合作中展现出的责任感、领导力和团结精神有助于构建倡导世界和平、发展包容性经济和尊重人民权益的多边主义国际秩序。

我认为非中合作应主要聚焦以下方面：一是加强教育培训合作，保持人员往来与人文交流，加强互学互鉴；二是为技术转让提供便利，促进非洲基础科学发展和中高端科技起步；三是推动交通、卫生、农产品加工等关键领域的基础设施建设；四是发展清洁能源，推动绿色经济可持续发展，有效应对全球气候变化导致的次生灾害；五是打击恐怖主义，维护地区稳定和安全。上述五个领域是非中之间友好合作的稳固基础和宝贵成果。在此基础上，双方还可在缩小社会鸿沟、发展数字经济、缓解能源危机、预防和治理自然灾害、维护社会治安和稳定等方面加强交流合作，共同坚守和弘扬和平、发展、公平、正义、民主、自由等全人类共同价值，携手为非中人民创造更多福祉，共同建设人类命运共同体。

科特迪瓦

习近平新时代中国特色社会主义思想是 21 世纪的伟大政治愿景

科特迪瓦乌弗埃民主和平联盟统一党青年办公室
对外联络副书记
萨诺科

中国经验值得非洲学习

十年来，中国在抗击新冠肺炎疫情、脱贫攻坚、反腐倡廉、生态保护等方面取得举世瞩目成就，根本原因在于有习近平总书记作为中国共产党的核心掌舵领航，在于有习近平新时代中国特色社会主义思想指引航向。习近平新时代中国特色社会主义思想是 21 世纪的伟大政治愿景，在这一思想引领下，中国国际地位始终居于前列，社会包容性发展水平不断提升。中国作为人口大国，取得脱贫攻坚战的全面胜利实属不易，凸显中国减贫成功经验对非洲国家的重要借鉴意义。在环境保护方面，中国经验也值得非洲学习。我曾有幸访问过中国多个城市和地区，有北京、上海、贵阳等大城市，也有偏远的村庄，政府对街道和公共场所的卫生治理水平之高令人惊叹，十多亿人口的生活垃圾处理得井井有条。而在非洲国家，家庭固体废弃物处理问题已经成为难以应对的痼疾。一位柬埔寨同事告诉我们，她十年前在中国时，城市垃圾处理情况并不乐观，这让我对中国公共卫生管理政策的高效实施感到震撼。新冠肺炎疫情在中国发生后，中方有力抗击疫情，保护了十多亿中国人的生命健康，反观一些发达或发展中国家，疫情导致的人口大规模病亡对国家发展造成严重破坏。

习近平新时代中国特色社会主义思想不仅给中国发展事业带来全新面貌，也为世界其他国家尤其是发展中国家提供了有益借鉴。我仔细研读了《习近平谈治国理政》这一著作，认识到中国追求的是与广大发展中国家共同发展，不断加强同发展中国家在经济、融资、技术和卫生等方面合作。习近平总书记在书中还阐释了有关卫生、教育、脱贫攻坚、反腐倡廉等领域的治国理政理念，对非方大有裨益，令人印象深刻。以人民为中心的发展思想充分体现了中国共产党为人民服务的根本宗旨，与毛泽东主席的治国理念一脉相承："一切群众的实际生活问题，都是我们应当注意的问题。假如我们对这些问题注意了，解决了，满足了群众的需要，我们就真正成了群众生活的组织者，群众就会真正围绕在我们的周围，热烈地拥护我们。"中国共产党始终坚持执政为民，确保人民能够真正当家作主，带领中国人民发扬集体主义与团结精神，书写了中华民族的传奇。

习近平总书记提出的一系列重要理念令我印象深刻

习近平总书记提出一系列有利于世界和平与发展的重要理念，最令我印象深刻的是"一带一路"倡议、全人类共同价值和全球发展倡议。

"一带一路"倡议受到国际社会广泛欢迎，使各国在多边合作框架下实现互联互通，特别是在东南亚和非洲取得实实在在的成果。这一倡议为发展中国家提供了更多选择，可以替代某些国家以"人权"和"民主"为附加条件的援助。

全人类共同价值力图在"道不同者"林立的复杂世界中求同存异，在现实中最大程度地增进人类普遍利益与福祉。非洲已经清醒认识到，所谓"普世价值"实际上是一些西方国家希望强加给非洲国家的概念，并不符合非洲国家国情，甚至违背其传统文化。中国提出的和平共处五项原则中的重要一条为互不干涉内政，只有所有国家都遵守这条基本原则，完善全球治理、缩小南北差距才有望真正实现。中国倡导全人类"逐步超越意识形态和社会制度差异，从相互封闭到开放包容，从猜忌隔阂到日益增多的互信认同，越来越成为你中有我、我中有你的命运共同体"，以构建人类命运共同体的方式落实全人类共同价值。同时，中国尊重不同国家人民对价值实现路径的探索，鼓励各国把全人类共同价值的普遍原则与本国具体实践结合起来，在追求和实现本国人民利益的实践中贯彻全人类共同价值。中国共产党和中国人民真诚地致力于同世界上一切爱好和平的国家和人民一道坚守和弘扬全人类共同价值。这种具有辩证智慧的理念与实践，是全人类共同价值必将得到实现的根本保证。

全球发展倡议旨在整合新时代世界经济资源，创造更多附加值，从而在全球范围内消除贫困。这在某种程度上是中国脱贫攻坚成果在全球范围内的延伸。我认为这是近年来全球治理领域中最具创新性的理念，因为它弥补了世界各地不同合作平台中所缺少的东西，即合作不以任何回报为条件，充分体现了团结本身的价值。

2022年下半年中国共产党将召开第二十次全国代表大会，此次大会将是中国在尊重其他国家价值观基础上提出构建新的世界秩序的重要机会。因此，这既是中国的一项重要政治议程，也是所有发展中国家的重要政治机遇，非方对此高度关注。我们期待中方制定伟大方略，进一步加强对外开放与合作，在促进天下大同的实践中发挥重要作用。

|肯|尼|亚|

非中政党应加强治国理政经验交流

肯尼亚朱比利党前政治顾问
卡达加·斯瓦雷

什么是政党？政党的作用是什么？

近期，我在德国柏林参加了一个人权智库组织的研讨会，主题是"一带一路"倡议及其对沿线国家人权的影响。其中有两位学者的演讲很有趣，一位是来自吉尔吉斯斯坦的年轻学者，她在演讲中对中国持批评态度，似乎为了迎合听众，所以刻意编排她的结论。另一位是智利资深学者、外交官海涅教授，他称赞"一带一路"倡议促进了全球发展，并高度评价中国在帮助发展中国家抗击新冠肺炎疫情方面发挥的至关重要作用。海涅教授在演讲中表现出的自信和权威令人钦佩。在我看来，世界各地学者们共聚一堂探讨"一带一路"倡议背后一个最根本原因就是在中国共产党的领导下，中国成功借跨国基础设施项目推动世界不同地区的货物贸易。这不禁让我思考"什么是政党？政党的作用是什么？"

政党代表特定群体利益，是为取得或维护其政治权力，实现其目标而成立的持久性政治组织。受长期殖民统治影响，不少非洲国家政党的风格与其前宗主国相似，例如，肯尼亚和尼日利亚等英语国家复制了英国的政治制度,包括组建议会和其他政府部门。塞内加尔和布隆迪等法语国家在政党政治和政府组建方面则效仿法国。应该说很多非洲政党及其领导人为国家建设发挥了关键作用,比如,肯尼亚乔莫·肯雅塔组建肯尼亚非洲民族联盟,坦桑尼亚朱利叶斯·尼雷尔成立的坦噶尼喀非洲民族联盟,赞比亚肯尼思·卡翁达组建的联合民族独立党等。然而,从不少非洲国家情况看,有的政党在上台初虽能获得民众大力支持,但却无法取得持久发展。这一方面是由于某些世界大国特别是前殖民统治者的外部干涉,另一方面则是自身执政能力有待提高。比如肯尼亚部分政党仅代表特定群体的利益,逐渐沦为选举工具,成为他们维持政治权利的手段。

与非洲不少国家政党不同的是,中国共产党自成立以来,就将为中国人民谋幸福,为中华民族谋复兴作为自己的初心使命,将自己打造成一个致力于社会整体发展的永久性组织。正是基于这样的理念,中国共产党在过去100年坚持自我革命、加强党的自身建设,确保始终代表全体中国人民的利益,确保自身始终具有强大的领导力和凝聚力。百年来,中国共产党带领中国人民不仅赢得了国家独立和民族解放,还带领中国发展成为世界第二大经济体,成为非洲国家羡慕的对象。许多非洲国家政党领导人都表示希望学习借鉴中国共产党治国理政经验。

朱比利党与中共积极接触交流

肯尼亚朱比利党是与中国共产党接触最积极的非洲政党之一。2017年,朱比利党再次赢得选举时,意识到非常有必要采取务实的国家治理战略,以实现长期执政。肯雅塔总统在宣誓就职后立即采取措施,任命该党总书记图朱兼任肯内阁不管部部长,加强了党的领导和自身建设。这是肯尼亚历史上第一次由党的总书记兼任内阁部长。肯国内一些政治评论称,朱比利党走的是"中国之路"。

2017年至2019年，朱比利党多次派干部到中国培训、考察。近年来，肯尼亚朱比利党加大了向中国共产党的学习力度。在朱比利党流传着这样一个轶事："2017年，肯雅塔总统在北京见到习近平总书记，系列礼仪及公务结束后，肯雅塔就如何建设更强大的朱比利党向习近平总书记请教。几个月后，习近平总书记派中国共产党代表团前往肯尼亚，双方就加强党的建设进行深入交流。"

在和中共的多次交往中，朱比利党找到了中共长期执政的密码之一——党校。党校是中国共产党加强自身建设的重要阵地。中国共产党从中央到地方建立了完整的党校体系，专门教育培训干部。朱比利党非常重视中共的建议，开始筹备在内罗毕建立中央党校，并同内罗毕周边几个郡的大学合作开办地方党校。不幸的是，朱比利党建立党校的进程并不顺利。一方面是新冠肺炎疫情大流行，朱比利党同中共的线下党际交往受到影响。另一方面是朱比利党的党内之争，肯雅塔一派和副总统鲁托一派矛盾加深。

我曾以朱比利党政治事务主任身份多次参加中国共产党与朱比利党合作交流项目，比如内罗毕孔子学院汉语教师赴党部教授汉语等。此外还两次访问中国，第一次访问是在2018年参加为期十天的政党交流项目，我对中国人民大学举办的关于中国共产党历史和发展的系列讲座仍记忆犹新，还考察安徽省合肥市农村，学习中国共产党脱贫经验。在合肥党校期间，生病后得到值班医生的悉心照顾的经历，让我感觉宾至如归，就像在母亲怀里一样倍感温暖。第二次访问是2019年12月，在北京参加第二届南南人权论坛，同数百名来自不同国家的代表进行交流学习。其间同来自北京大学、莫斯科大学和阿姆斯特丹自由大学的三位学者受邀参加中国国际电视台的"对话"节目，这些交流对话让我接触到了新的人权模式和不同的观点，对我日后调研工作产生深远影响。

非中政党友好正在成为非洲各政党共识

非中友好历久弥坚,得益于非中政党间久经考验的友好互信和治国理政经验交流借鉴,得益于非中政党间的求同存异、相互尊重。非中政党友好在非洲国家中已超越了政党分歧,正成为各政党共识。中国共产党和肯尼亚政党友好关系就是一个很好的例子,相信在2022年肯尼亚大选中,无论哪个政党在选举中获胜,都将会继续加强同中国共产党的合作。

关于《习近平谈治国理政》对肯尼亚借鉴意义的思考

肯尼亚联合民主同盟外事顾问
埃德温·姆文达·姆威蒂

最近我在认真阅读《习近平谈治国理政》，如果结合肯尼亚国情去理解这部著作中蕴含的理念，我们或许应该反思肯尼亚当前正在走的西式发展道路，重新探索开辟一条新的符合肯尼亚国情的道路。

一是通过共同富裕实现包容性增长。在2022年新年贺词中，习近平主席指出，"经过一代代接续努力，以前贫困的人们，现在也能吃饱肚子、穿暖衣裳，有学上、有房住、有医保。"在以习近平同志为核心的中共中央坚强领导下，中国贯彻新发展理念，坚持高质量发展，通过增加城乡居民收入、确保城乡基本公共服务公平、重点关注关键群体等措施大力促进共同富裕，让更多低收入人群迈向中等收入群体，避免了穷人更穷、富人更富、贫富差距成为不可逾越的鸿沟。中国目前已是世界第二大经济体、最大工业国、最大商品贸易国和最大外汇储备国，中国国内生产总值已超过100万亿人民币、人均国内生产总值超过1万美元。正是由于中国共产党坚持走共同富裕道路，中国人民才对中国共产党领导中国取得的上述辉煌成就充满了更加强烈的幸福感、获得感。

自独立以来，肯尼亚政治和经济一直由"精英"掌控，他们以牺牲大部分底层群众利益为代价巩固少数人手中的财富,导致社会贫富差距越来越大。特别是在当前青年失业率高企情况下,如果这一问题持续得不到解决,肯尼亚政治稳定将面临巨大挑战。中国共产党走共同富裕道路的成功经验值得肯尼亚等非洲国家反思,这为我们提供了新的参考。如果非洲能够摒弃20世纪80年代以来西方强加的经济发展模式,我们就有可能激发自身经济发展活力,解决贫困和社会不公问题,推动国家高速发展和实现工业化,从而实现更大繁荣。

二是以人民为中心推进国家发展。以人民为中心就是促进社会公平正义和人的全面发展。2012年11月15日,习近平总书记在十八届中共中央政治局常委同中外记者见面会上表示:"人民对美好生活的向往,就是我们的奋斗目标。"在2015年10月召开的中共十八届五中全会上,习近平总书记进一步提出了以人民为中心的发展思想。实际上,非盟《2063年议程》七大远景中的泛非主义愿景与习近平总书记提出的这一重大发展思想有很多共通之处。按照泛非主义理念,非洲大陆和散居在其他国家的非洲人民不仅拥有共同的历史,而且命运与共。正如泛非主义学者伊萨·希瓦吉认为的那样,我们必须重建发展为了劳动人民的意识形态,并将其确立为实现社会解放的意识形态,因为社会的解放和国家的发展离不开劳动人民的奋斗。对包括肯尼亚在内的非洲国家来说,我们应该借鉴中国共产党以人民为中心的发展思想,秉持泛非主义理念,在推动国家建设过程中坚持发展为了劳动人民。

三是重塑和发展真正的民主制度。中共十八大以来,在深入研究民主发展规律基础上,习近平总书记提出了全过程人民民主这一重要概念,使人民当家作主的理念切实体现到中国共产党的执政政策和措施中,体现在中国共产党和国家机构工作的各个方面和各个层面,体现到实现中国人民对美好生活的愿望中。习近平总书记指出,评价一个国家政治制度是不是民主的、有效的,主要看国家领导层能否依法有序更替,全体人民能否依法管理国家事务和社会事务、管理经济和文化事业……显然，西式民主过于强调"多党竞争政治"和"自由公正选举"，完全无视非洲许多国家的脆弱性，结果给他们带来的是政治不稳定，并没有让人民过上美好的生活。

正如习近平总书记所言，民主不是装饰品，而是要用来解决人民需要解决的问题的。一个国家民主不民主，关键在于是不是真正做到了人民当家作主。西式民主制度下，人民只有在大选投票期间才是国家的主人，一旦领导人当选，人民的民主权利就会被忽视。中国的民主制度为肯尼亚等非洲国家提供了一种全新的借鉴，我们在重塑民主过程中需要更多创新思维，不能让人民仅在选举期间受到良好待遇，在选举结束后就失去发言权。肯尼亚等非洲国家政党应加强同中共党际交流和合作，结合自身国情，认真学习、理解和借鉴中共民主理念，实现国家政治稳定，并推动经济社会发展。

对非中治国理政经验交流的几点建议

利比里亚非中双边和多边合作研究员、作家、记者
尼古拉斯·尼梅利

众所周知,相较于亚洲、南美和加勒比地区,非洲对西方治理经验有更多依赖,但西方治理体系没有帮助非洲解决经济社会问题,每年成千上万的非洲人还是绝望地逃离非洲,前往欧洲等地区寻找更好发展机会,改善生活条件。从根本上讲,非洲发展受阻的重要原因是西方一些国家历史上推行殖民主义将非洲四分五裂,目前又大搞新殖民主义,横加干涉非洲内部事务,不断攫取非洲自然资源。西方在非洲建立的一套体系不是帮助非洲实现独立自主,而是迫使非洲以西方治理体系为样板,视西方为最佳发展伙伴。因此,非洲国家不能再被动接受殖民者强加的治理体系,而应认真考虑学习借鉴其他国家治理经验,探索符合国情的发展道路,真正实现经济繁荣、社会进步。

利比里亚前总统、诺贝尔和平奖获得者约翰逊-瑟利夫曾表示,中国是利比里亚"真正的朋友",总是在非方最需要的时候给予重要支持。其实,早在非洲民族解放运动时期,中国共产党和中国政府就给予非洲重要支持,并同非洲结下深厚传统友谊。非中关系进入新时代以来,不论国际形势如何变幻,全球经济如何动荡,中国对非洲的支持"有增无减",持续通过双多边合作在非开展"十大合作计划""九项工程"等，向非洲提供数百亿美元资金支持，帮助非洲解决存在数百年的难题。

中国改革开放以来，特别是过去十年来，中共采取全面从严治党等管党治党新举措，带领中国人民摆脱贫困，成为全世界钦慕的成功典范。非洲如果要实现经济发展与繁荣，就应该学习借鉴中共过去40多年取得成功的经验。中国一贯秉持不干涉别国内政原则，没有将治国理政经验交流作为干涉非洲国家内政的手段，而是将其作为促进双边关系的重要举措。中共始终言而有信，同非方分享摆脱贫困、社会治理等经验做法，为非洲发展提供"中国智慧"。特别在应对腐败这一"噩梦"时，除了中国，非洲再也找不到合适的学习对象。事实证明，得益于非中政党治国理政经验交流，非洲经济发展、人力资源开发得到极大提升，非中伙伴关系更加强劲有力。

为进一步加强非中治国理政经验交流，建议双方要进一步拓展交流对象，将更多主体纳入进来。一方面，接触非洲各类政治利益攸关方。非洲政党轮替时有发生，国家治理中的利益攸关方层出不穷，中共对非经验交流不应局限于政党或执政党，而应广泛接触各方。建议对他们讲好中共过去100多年取得的成功故事及背后原因，帮助其更好理解中共，化解意识形态分歧与误解。另一方面，加强非中议会沟通协调。非洲国家大多数对华双多边合作协议都必须通过议会批准，非中治理经验交流也应注重发挥议会作用。建议每个中非合作论坛非方成员国派四至八名议员，同中国全国人大或政协在京举行年度集体会议，加强合作沟通和经验交流。同时，考虑成立非中议会顾问与知名人士理事会，由双方议会高级别成员组成，处理涉及双多边协议签署、治国理政经验交流等有关事务。此外，考虑成立非中女性议员大会，加强女性议员交流，共同提高女性决策水平。

中国不是送给我们小"鱼",而是教会我们钓更大的"鱼"

利比里亚非中双边和多边合作研究员、作家、记者
尼古拉斯·尼梅利

非洲是世界上最古老的大陆之一,尽管自然资源丰富,但在基础设施、人力资源和经济发展方面仍然非常落后,人民依然十分贫困,是最不发达的大陆。西方殖民者被赶走后,非洲国家发展环境千疮百孔,在发展援助和基础设施建设方面只能依赖前宗主国。中国的到来改变了一切,给非洲带来光明和希望。

许多非洲人最初并不看好中国发展对非关系,认为与前宗主国相比,中国进入非洲时间较晚,语言不通,需要更多时间了解非洲。但是中国从官方到民间以多种方式迅速开展对非交往合作,在教育、就业和基础设施建设等方面给予非洲真诚帮助。特别是在过去20多年间,从南部非洲的开普敦到北非的开罗,非中合作的旗帜在非洲高高飘扬,世界第二大经济体的足迹遍布非洲大陆的每一个角落。在中国的支持下,非洲的人力资源和基础设施得到飞速发展。正如2011年诺贝尔奖得主、利比里亚前总统瑟利夫所说,"事实证明,中国是利比里亚真正的朋友。当我们孤立无援时,中国是第一个伸出援手的国家,派出飞机带来我们所需物资,在农业、教育、卫生和交通等多个领域给予利宝贵支持。我们衷心感谢中国的情谊,并希望将互利共赢的友好关系不断延续。"

然而,仍有不少非洲青年人对非中传统友谊和互利共赢合作不甚了解。由于缺乏充足和真实的信息,一部分非洲人对非中伙伴关系存有疑问,甚至质疑中国推行新殖民主义,认为在政治、教育、发展和基础设施方面,只有西方国家才是非洲最好的参考。为解决这一问题,确保非洲人民能获得准确真实的信息,双方需要在全非大力宣传非中合作及其成果,让每一个非洲人都认识到中国是非洲最大的贸易伙伴,非中合作的本质是互利共赢。

虽然一些西方国家千方百计给非方施压,阻挠非中合作,但很多国家领导人、专家学者都一致认为,中国发展对非关系并没有"不可告人的动机"。中国提出的"一带一路"倡议,是在国际贸易保护主义和单边主义抬头背景下,非洲乃至全球获得发展的重要机遇。中国对非合作,从不干涉非洲国家内政,不附加任何政治条件,从未以"教师爷"姿态把自己的意志强加于人。中国对非交往,提倡对话,倡导平等和尊重。非中合作基于相互协调达成的共识,非中均从中受益。这种双赢合作让非洲人获得改造国家所需的技能。正是因为中国,非洲才知道什么是真正的发展。

未来,非中合作应进一步聚焦帮助非洲人口摆脱贫困。如果贫困问题得不到解决,非洲将无法实现经济可持续发展。近年来,中国脱贫攻坚战成绩斐然,数亿人成功脱贫,期待中国向非洲传授脱贫经验,帮助非洲消除贫困威胁。同时,非中经贸合作应转变以原材料为主的模式,建立完整产业链,向国际市场出口非中联合制造的商品。除此之外,增进非中传统友谊和互利合作也要求双方不断消除语言障碍。期待孔子学院在非洲国家幼儿园和小学阶段开展培训项目,让中文成为越来越多非洲人的第二外语。

作为非洲人,我们十分清楚谁是真正的合作伙伴。中国不是送给我们小"鱼",而是教会我们钓更大的"鱼",这对非洲成为有新思想的大陆至关重要。而我们不应让任何事阻碍与中国开展更有力的合作。

| 莱 | 索 | 托 |

非中传统友谊是互利共赢国际合作的典范

莱索托全巴索托大会党青联总书记
姆波克·莫拉木

互利共赢是一种谋求各方同时获益的思维，体现在经济、文化、政治和教育等各领域。非中传统友谊是互利共赢国际合作的典范。

经济互利共赢

中国是世界上最大的发展中国家，而非洲是发展中国家数量最多的地区，非洲和中国人口占世界总人口的三分之一。多年来，非中充分利用优势互补，本着平等、高效、互利、互惠、共同发展的原则，不断加强经贸合作，实现互利共赢。实践证明，非中经贸合作符合双方共同利益。

20世纪50年代，非中经贸合作以双边贸易和中国对非援助为主。在双方共同努力下，非中合作领域不断扩大，内涵日益丰富，特别是中非合作论坛创办以来，非中经贸合作进一步加强，形成了多层次、多领域的合作格局。

一是双边贸易平衡发展。自1950年来，非中贸易规模日益扩大。2009年，中国成为非洲第一大贸易伙伴。同时，非中贸易结构逐步优化。多年来，中国本着互利互惠的原则，发展全面、平衡的非中贸易关系。中国已与45个非洲国家签署双边贸易协定，为非洲商品进入中国提供减免关税等有利条件。

二是投资领域不断拓展。近年来，中国对非投资增长较快。2003年中国对非直接投资达到4.9亿美元，2009年飙升至93.3亿美元。覆盖面不断拓宽，中国对非投资分布在49个非洲国家，涵盖矿业、金融、制造、建筑、旅游、农林牧渔业等领域。投资形式更趋多样，包括独资、合资、参股、并购等方式。投资来源也更为多样，包括国有企业、民营企业和个人投资者。非洲国家拥有丰富的资源，资源开发合作是非中投资合作的重要组成部分。近年来，中国企业本着互利合作的原则，积极参与非洲资源开发，帮助非洲国家发展资源加工业，提高资源附加值，将资源优势转化为社会经济发展的动力，为改善当地人民生活发挥了重要作用。

三是重视基础设施建设。基础设施落后是许多非洲国家面临的主要发展瓶颈。多年来，中国帮助非洲国家建设了大量基础设施项目。20世纪70年代，中国克服自身经济困难，援助非洲建造了长达1860千米的坦赞铁路。这是中国对非无私帮助的历史见证。截至2009年年底，中国已为包括非盟会议中心等非洲500多个大型基础设施建设项目提供援助。

四是帮助加强能力建设。缺乏技术和技能是影响非洲发展的主要障碍。中国政府高度重视帮助非洲加强能力建设，与非洲国家开展人力资源开发和合作，向非洲派遣专家和青年志愿者，帮助非洲国家提高培养技能型人才的能力。中国政府每年向非洲学生提供奖学金赴华学习，举办各类培训班，为非洲培养了大批技术人才。

五是积极助力改善民生。中国一直通过支持非洲建设公益设施、开展多形式的农业合作、改善非洲医疗卫生条件、减免非洲债务、加大救灾减灾和人道主义援助力度等多种方式支持非洲国家改善民生。

政治互利共赢

自新中国成立以来，中国就高度重视与非洲的政治关系，关心和支持非洲民族解放运动，强调对非洲的政治支持。中国对非政策以互利共赢为基础。

习近平总书记在2015年中非合作论坛约翰内斯堡峰会开幕式上表示，要坚持政治上平等互信。要尊重各自选择的发展道路，在事关双方核心利益和重大关切问题上坚持相互理解、相互支持。中方始终主张，非洲是非洲人的非洲，非洲的事情应该由非洲人说了算。这体现了中国在政治上愿与非洲团结合作，实现互利共赢的决心。

文化互利共赢

非中都拥有悠久灿烂的文明，应加强文化互鉴，促进双方青年、妇女、智库、媒体、大学等的交流，推动共同进步，确保非中友好世代相传。事实上，非中传统友谊经历了历史和国际风云考验，坚如磐石、牢不可破，决不会因一时一事而受到影响。

总之，非中关系是互利共赢的关系，非方愿与中方进一步加强"一带一路"框架下的合作，拓宽合作领域，探索新的合作方式，争取早日实现非盟《2063年议程》提出的相关目标。

| 马 | 里 |

探寻中共的成功秘诀，展望非洲政党的发展未来

马里变革党政务书记
哈米杜·敦比亚

中国在短短几十年间迅速崛起，发展成为世界第二大经济体、第一大货物贸易国，同时也成为非洲最大贸易伙伴国。中国取得的伟大成就不止于此，近几十年来中国大规模的脱贫攻坚行动让数亿民众摆脱贫困，令人钦佩。关于中国"为什么能"，许多中外专家对此进行了深度研究和分析。在我看来，中国奇迹的根本原因之一常常被忽视，那就是中国的政治制度具有出色的稳定性。这种稳定性有利于政策推行的连续性和突发风险的可控性，并且有助于充分挖掘整个国家的社会、经济、文化发展潜力。对于人类社会而言，稳定、秩序和纪律是必不可少的成功因素。中国的稳定性得益于中国特色社会主义事业的领导核心——中国共产党。

作为百年大党，中国共产党是一个坚持群众路线、始终保持政治本色的马克思主义政党，具有无比坚强的领导力和严密的组织体系，是中华民族伟大复兴的中流砥柱。中国共产党领导党和国家事务，是最高政治领导力量。中共中央委员会总书记是党的最高领导人，也是国家最高领导人。中央和地方政府官员往往也是中共党员。中共党员

除了要遵守法律，还需遵守比法律要求更高的党纪党规，任何违反党纪党规的党员都会受到严厉处罚。

中国共产党在干部任用方面有一套严格程序。政府部门的领导岗位人选由党委向政府提名。对于一名中共党员而言，只有把握机会、经过充分历练、用实践证明堪当大任，才有机会跻身领导干部队伍。以中共中央领导集体为例，跻身这一集体的领导者往往需要经过两个阶段的历练。第一个阶段是担任各省区市的党委书记，在治理国家前先充分学习如何治省。第二个阶段是担任在任中央领导的主要助手，直接观察和学习如何治国理政、作出重大决策。领导人在每个阶段都要面对严格的治理考验，经受严峻复杂环境的历练，学习治理经验，借此确保由出类拔萃的优秀人才领导党和国家。习近平总书记在担任中国国家最高领导人之前，有40多年在县、市、省、中央工作的经历。因此，中共的干部选拔任用是高度程序化的，在选任干部的过程中始终保持宽广视野，所有党员均有得到锻炼和晋升的机会。

中国共产党深入基层，吸纳社会各阶层优秀人才，目前有9600多万名党员，覆盖所有部门和领域。加入中国共产党需要通过层层筛选，经历一个漫长而复杂的过程：提交入党申请书，成为入党积极分子，经过培养考察，被列为发展对象，成为预备党员，预备期满后才能成为正式党员。不入党也没有任何问题，民众有不过多关注政治的自由，可以安静地过自己的生活，但前提是遵守公民准则。

中国共产党拥有非常完备的理论研究体系，涉及党的理论、思想、原则、组织和纪律制度等，并且非常重视党员意识形态工作，通过"三会一课"、党代会等加强党员意识形态教育。中共基层党组织覆盖全国，在地方各个层级均设有党支部，对党员进行政治教育和培训，向广大群众宣传党的路线、方针、政策，为群众办实事，推动解决群众就业、民生等问题，以扩大党组织的群众基础。在党内民主建设方面，中国共产党的协商民主不同于西方的选举民主，其宗旨在于充分集中所有人的智慧，听取所有积极参与政治议题讨论的公民的意见。

中共的执政经验对非洲政党有很多可取之处

新中国成立以来，中国共产党成为中国特色社会主义事业的领导核心。她坚持共产主义理想，发展社会主义市场经济，实现国家繁荣发展，走出一条符合国情、特色鲜明的中国特色社会主义道路，充分证明了中共强大的组织力和执行力。这和以往许多非洲人对中共的刻板印象相去甚远。那么，非洲国家政党能否学习借鉴中共的成功经验并用于自身发展？

非洲国家特别是法语非洲国家的政治生态并不成熟，其政治体制和行政组织与中国不同，多党制下党派众多，执政低效，缺乏监管，中央和地方之间缺乏社会协调，部分官员素质不高，难以取得民众信任。非洲民众鲜少接受政治教育培训，政治参与意愿不强，选举投票率低，即便参选，也往往沦为收买的工具。因此，法语非洲地区的政治制度实质上是国家政治和经济治理的阻碍，降低了建设民主法治社会的效率。例如在马里，执政党往往拿不出有实质内容的施政纲领，并且很少对党员开展培训教育，也没有充分发挥对政府的监管作用或为民众争取更大利益，因此很难有哪个政党实现长期执政，随时都面临换届选举即下台的命运。在政治制度层面，我们很难改变法非国家普遍采取多党制的现实，因为法语非洲国家经济无法实现独立自主，一旦采取一党制便会面临美国和西方一些国家的经济制裁，对本国发展造成严重伤害。

即便如此，中共的执政经验对非洲政党仍有很多可取之处，其中蕴含着政党发展所必要的关键品质，我们应从中提炼并加以运用。我相信，如果一个政党成功找到中共的执政秘诀，其将获得巨大优势，并有机会成为长期执政的政党，领导国家走上政治稳定的道路。政治稳定对经济发展和社会进步至关重要。

非中政党合作前途光明,大有可为

我们希望中国共产党能够同非洲政党分享治国理政经验,特别是加强对非洲政党青年干部培训,帮助非洲政党为未来建设做好充分准备。中国已实现跨越式发展,现在非洲国家政党需要中国共产党帮助他们也跨出那关键一步。

我相信,非中政党合作前途光明,大有可为,因为中共是值得信赖的合作伙伴。非中关系最大的"义",就是用中国发展助力非洲的发展,最终实现互利共赢、共同发展。不仅"授人以鱼"、提供不附加任何政治条件的对非援助,更"授人以渔"、加强人力资源开发合作和技术交流,帮助非方培养更多有用人才。

非中合作万岁!

毛 | 里 | 塔 | 尼 | 亚

新时代的中共必将改变世界面貌

中国港湾工程有限责任公司毛里塔尼亚办事处
商务经理
亚尔班·赫拉希

没有中共，就没有今天的中国

1921年中国共产党的诞生开辟了中国历史的新纪元。中国共产党以马克思列宁主义为指导思想，始终代表最广大人民的根本利益，经历了其他政党从未曾经历的考验，付出了巨大牺牲，出席中共一大的13位代表中仅有两位出席了1949年开国大典。1927年4月，国民党反动派对中共党员进行暴力镇压。同年8月，中共发动南昌起义，成为中共独立领导革命战争的开端。随后，毛泽东主席在中共中央紧急会议上提出"枪杆子里面出政权"的重要论断。中共认识到当时中国革命的正确道路是农村包围城市、武装夺取政权，并开始推进马克思主义中国化，将毛泽东思想确立为党的指导思想，推动中国社会实现根本性变革，最终赢得了革命胜利。

中国共产党已经并在持续改变着中国的面貌。1934年10月，中共带领红军进行长征，开辟了中国革命新局面；1936年12月，中共和平解决西安事变，将国家拉出十年内战泥潭；1937年9月，中共带领中国人民取得平型关大捷，打破日军"不可战胜"的神话；

1978年12月,中共十一届三中全会决定实行改革开放政策,实现了新中国成立以来中共历史上具有深远意义的伟大转折;1979年1月,中国全国人大常委会发表《告台湾同胞书》,敦促台湾和平回归祖国怀抱;同年3月,邓小平代表中共中央提出坚持四项基本原则,成为国家生存发展的政治基石;2013年1月,十八届中共中央纪委第二次全体会议部署反腐倡廉工作,推动党风廉政建设和反腐败斗争向纵深发展;同年9月,习近平总书记提出"一带一路"倡议,得到各国积极响应;近年来,中共带领中国应对美国单方面挑起的贸易战、技术战和金融战,并在短时间内遏制住新冠肺炎疫情蔓延。在变化面前,中共表现出超强适应力和巨大灵活性。可以说,没有中国共产党,就没有今天的中国。

中国实现和平崛起的关键在于中共的英明领导和中国人民的辛勤努力

中国共产党在一个多世纪的奋斗历程中,经历了新民主主义革命、社会主义革命、改革开放和社会主义现代化建设、中国特色社会主义新时代等各个时期,始终坚持从群众中来、到群众中去,印证了孟子"得民心者得天下"的哲理名言。中国从受帝国主义和封建统治压迫的农业社会转变为工业社会、信息化社会,并向数字化社会迈进,整个过程历时不到70年。中国实现和平崛起的关键在于中共的英明领导和中国人民的辛勤努力,而非占领他国领土或采取任何形式的贸易垄断。

改革开放以来,中国创造了实现粮食自给自足、七亿多人口城镇化、国内生产总值占全球经济比重从不足2%提高到18%以上的奇迹,跃升为世界第二大经济体,并坐拥全球工业宝座,成为"世界工厂"和全球最大出口国,是世界上130多个国家和地区的最大贸易伙伴,也是全球最大外资流入国。更重要的是,在中国共产党领导下,中国彻底解决了困扰中华民族几千年的绝对贫困难题,使近八亿人口实现脱贫，超 10 亿人口过上体面生活，成为世界减贫事业的最大贡献者。世界上没有一个政党能取得如此成就，中共为中国人民和世界创造了奇迹，其脱贫攻坚经验值得各国政党深入学习借鉴。

我个人有幸见证了中国共产党创造的人类奇迹，见证了友好的中国人民生活方方面面发生的翻天覆地变化。近十几年来，我在中国见证了火车时速从 80 千米跃升至 350 千米，见证了支付方式从现金到银行卡再到手机移动支付，见证了智慧城市在荒地上拔地而起，见证了中国人从骑自行车到汽车代步的转变。在中国共产党的英明领导下，中国每年的发展相当于世界大多数国家至少 20 年的发展。

中共十八大以来，以习近平总书记为主要代表的中国共产党人创立了习近平新时代中国特色社会主义思想，以坚定的步伐朝着其历史目标不断迈进。中共中央提出了一系列治国理政新理念新思想新战略，包括坚持和发展中国特色社会主义、弘扬社会主义核心价值观等，以实现中华民族伟大复兴中国梦。

建议中国扩大对伊斯兰和阿拉伯国家人民的开放

中国已不再满足于只打开长城的大门，正不断走近世界舞台的中央。世界已迎来全新发展阶段，也不再满足于越过长城窥探中国。截至目前，已有 140 多个国家和国际组织同中国签署共建"一带一路"合作文件，"一带一路"倡议已成为最大的国际合作平台和最受欢迎的国际公共产品。此外，100 多个国家加入了亚投行。更重要的是，在中国共产党领导下，中国在打赢疫情防控阻击战、保护人民生命财产安全方面取得了重要成就，为世界各国树立了榜样。在中华民族乃至全人类历史进程的关键时期，建议中共进一步扩大对外开放，特别是对伊斯兰和阿拉伯国家人民的开放，减少其对中国的陌生感。"一带一路"沿线有许多伊斯兰国家，其中也包括阿拉伯国家，开展互利共赢合作是双方共建"一带一路"的关键。

当前，伊斯兰和阿拉伯国家比以往任何时候都更需要认识一个真实的中国共产党。中国共产党拥有9600多万名党员，是世界上最大的马克思主义执政党，也是对阿拉伯和非洲国家人民最友好的政党和最具创新精神的政党。如果说过去中国共产党历史性地改变了中国的面貌，那么新时代的中国共产党必将改变世界面貌，构建新型国际关系，消除二战遗留问题，冲破狭隘的意识形态牢笼，不断提出诠释新世界的新概念、新标准。没有中国的世界、没有中国共产党的中国都是无法想象的。当今世界正处于关键十字路口，相信英明的中国共产党能够妥善应对各种挑战，带领世界从野蛮自由主义时代跨越到人类命运共同体时代。

| 摩 | 洛 | 哥 |

未来孕育在中华文明和习近平新时代中国特色社会主义思想的怀抱中

摩洛哥社会主义青年团培训事务书记
阿卜杜勒阿里·布齐迪

我期待成为中国和阿拉伯国家之间沟通的使者

值此中国共产主义青年团成立100周年之际，我谨向中国共青团的同志们致以最热烈的祝贺和祝福！在中国共产党的英明领导下，中国共青团自1922年5月5日成立以来，为中国共产党培养造就了大批接班人，为实现民族解放、国家富强和人民富足作出了重要贡献。在新民主主义革命时期，中国共青团向中国青年广泛传播马克思主义，团结带领广大团员青年投身反帝反封建运动。在社会主义革命和建设时期，中国青年团积极参与中华民族有史以来最为广泛而深刻的社会变革。在改革开放和社会主义现代化建设新时期，中国共青团积极为全面建设小康社会贡献青春力量。在中国特色社会主义新时代，中国共青团满怀爱国之情迎难而上。新冠肺炎疫情暴发后，中国共青团奋战在抗疫一线。我在中国共青团团员的眼中看到了伟大的爱国主义精神和无私的奉献精神。祝中国共青团取得更大成功！

同所有阿拉伯国家青年一样，我期待成为中国和阿拉伯国家之间沟通的使者。阿中关系建立在友好、相互尊重的基础之上,历久弥坚。中共十八大以来,在习近平总书记领导下,中国坚持和平共处五项原则,与世界各国特别是阿拉伯国家密切互利共赢合作,不卷入区域或国际冲突,使中国赢得了越来越多伙伴和朋友的信任。

一些阿拉伯国家曾将政治、经济重心转向西方,而我们又得到了什么?阿拉伯世界变得愈发四分五裂,宗派、意识形态和政治冲突蔓延,腐败加剧,社会自由度下降,社会治安缺失,年轻人对于国家未来和个人前途失去信心。一些西方国家在与阿拉伯国家的交往中,企图耗尽我们的自然资源和财富,掠夺我们的人力资源。

阿拉伯国家具有得天独厚的区位优势和丰富的自然资源,青年人的政治意识也在逐渐觉醒。阿拉伯国家青年应充分利用中国提供给我们的机会,深入学习借鉴中共成功经验。中国的发展并非局限于本国层面,而是有利于推动世界各国共同发展。当前,中国正同各国特别是阿拉伯国家一道,努力实现优势互补、互利共赢,并形成了独特的经济合作模式,即现代技术和工业项目本土化,帮助友好国家提升基础设施建设水平。我很高兴能为深化阿中关系特别是摩洛哥与中国的关系贡献力量。

与智者同行是明智之选

中国共产党带领中国从成功走向成功、从奇迹走向奇迹,取得了任何政党都无法比拟的成就。我们十分看重中共的地位作用,愿继续在相互尊重、互利共赢基础上发展阿中关系,以帮助我们摆脱对西方的依赖。因为一些西方国家每为我们支出一美元,都会附加数十条不公条件。

作为建设未来的阿拉伯国家青年,我们肩负着实现和平、安全、稳定、发展、繁荣的重任,愿同中国共产党加强交流互鉴,以应对美国和西方帝国主义的傲慢自大。美国肆意干涉别国内政,蓄意助长冲突，企图在全球范围内营造不稳定环境，以满足其自诩为世界上最强大国家的心理错觉。事实上，中国的每一次进步都意味着美国的落后，中国每新建一个公园都反衬出美国基建的老化。如今的美国已经越来越无法正视自己。

中国拥有伟大的指导思想、完善的工业体系和文化体系。这让我们更加坚信，未来孕育在中华文明和习近平新时代中国特色社会主义思想的怀抱中。我们追求的未来是小康生活，而非饥饿和贫困；是宗教和谐共处，而非宗教相互倾轧；是文化多元，而非崇尚单一文化；是生态安全，而非破坏生态多样化；是知识与创新为人类服务，而非愚弄人民和以人民生命健康为代价牟取利益；是在"一带一路"倡议框架内推动互联、互通、互融、互补，而非彼此疏远、敌对、嫌恶、排挤。人类的未来是成为一个命运共同体，地球是人类共同的家园。只有实现和平、公平、正义、平等、可持续发展，地球家园才能得以延续。

这就是中国的智慧，与智者同行是明智之选。

以人民为中心的发展思想诠释了中共的初心使命

摩洛哥在华留学生
何晓娜

贫困是全球性问题,在全世界任何一个角落都有可能存在,而消除贫困是人类社会可持续发展的基本要求,是人类社会的共同愿望、共同使命和共同责任。一般来说,贫困分为绝对贫困和相对贫困。本文将主要探讨绝对贫困问题,绝对贫困是指在既定的社会生活生产方式下,个人及其家庭依靠合法劳动所得的收入无法维持其最基本的生存需要,生活达不到温饱水平,劳动力的再生产难以为继。当今发展中国家的贫困主要指绝对贫困,中国已于2021年在全国范围内消除了绝对贫困。

贫困治理,是指主要依靠政府进行主导,企业和民间等社会组织多方参与和实施的,针对贫困人口、贫困地区的扶贫开发活动,所要达到的目的是持续性、制度化地促进贫困人口和贫困地区生活水平的全面提升。中国共产党历来高度重视脱贫攻坚工作,把消除贫困、改善民生作为重中之重,带领中国在脱贫攻坚中取得了举世瞩目的成就。中共十八大以来,中国建成中国特色脱贫攻坚制度体系,积累了丰富的贫困治理经验,谱写了新时代的贫困治理新篇章,创造了人类减贫史的伟大奇迹。

近年来，我受邀走访一些中国的贫困县，目睹了当地的经济社会发展和脱贫攻坚成效，有村民动情地向我诉说他们生活的变化和对党的无限感激。他们脸上满满的幸福令我难忘，更让我对中国和中国共产党产生了深深的敬意。云南作为中国经济发展相对落后的省份，曾经拥有大量贫困人口。我愿以云南省为例，基于相关理论和事实，浅谈我对中国脱贫攻坚的认识。

云南省脱贫攻坚基本情况

一、云南省脱贫攻坚的背景

云南省具有山地分布广、边疆线长、多民族、多宗教、多元文化的自然和人文特点，总面积39.41万平方千米，其中大部分区域为山地，还有少部分高原和盆地。云南省位于中国的西南边陲，与广西、贵州、四川、西藏相邻，是中国重要的西南门户。2021年，云南省国内生产总值为27 146.76亿元，同比增长7.3%，常住人口约4720万人，人均国内生产总值约5.75万元。2012年年底，云南省有贫困人口580万余人，呈现规模大、分布广等特点，面临艰巨的脱贫攻坚任务。

二、中国共产党在云南的精准扶贫政策

2013年，习近平总书记首次提出"精准扶贫"，中共中央要求各地实施精准扶贫。精准扶贫是中国共产党为解决中国贫困问题，根据中国国情制定的中国方案，是中国贫困治理的新理论、新实践和新贡献。云南省实施的精准扶贫政策，主要是由广泛的社会力量与政府协同帮助贫困地区和贫困人口发展生产、开展经济社会建设，最终实现摆脱贫困。主要包括以下举措：一是以工代赈，吸收当地贫困人口参加工程建设并获得劳务报酬，实现收入增加。二是兴边富民，通过加大对广大边民的帮扶和边境地区的投入力度，支持区域经济协作和边境贸易，推动边境产业经济发展，确保边民能够可持续脱贫致富。

三是老区建设，科学规划革命老区综合发展蓝图，扶贫政策有针对性地向贫困革命老区倾斜，解决革命老区发展问题。2014年以来，云南省贫困人口逐年递减，精准扶贫效果显著。截至2020年年底，574万建档立卡贫困户已全部脱贫摘帽，贫困发生率从15.5%下降至0.39%。

云南省怒江州易地搬迁脱贫攻坚案例分析

一、实施背景

怒江州位于云南省西北部，当地贫困人口主要居住在自然灾害频发、生态环境恶劣的高海拔地区，极其恶劣的生态环境导致该州贫困人口缺少基本生存条件，无法解决温饱问题。2011年，怒江州有12万极端贫困人口，贫困发生率为30.02%，是全国贫困发生率平均水平的6.67倍。此外，怒江州人地矛盾尖锐，总耕地面积的76.6%是坡度大于25度的陡坡耕地，导致农作物难以增产，十亩（1亩=0.067公顷）耕地也无法维持一户人的生存。2015年11月，中国共产党提出对生存条件恶劣、自然灾害频发地区的贫困户采取易地搬迁政策，通过整体性搬迁来帮助他们脱贫。恶劣的生态环境、偏僻的地理位置以及稀缺的资源储备严重制约着怒江州贫困人口的生存与发展，只有实施易地搬迁，才能帮助当地贫困人口有效脱贫。

二、帮扶举措

一是对口帮扶。根据统一安排，由广东省珠海市对怒江州进行对口帮扶，两地迅速建立脱贫合作机制。珠海市根据广东省委、省政府要求，2016年至2020年间为怒江州提供两亿元资金，负责怒江州四县（市）易地搬迁点建设的早期规划，并派出城建系统专家赴当地提供技术支持。2020年，珠海市帮助怒江州顺利完成脱贫攻坚工作。

二是培育特色产业。培育特色产业，一方面能够为易地搬迁人口创造就业和发展机会，另一方面有利于实现"搬得出、稳得住、能脱贫、可发展"的易地搬迁扶贫目标。中交集团与蜂联中国、中华蜜蜂研究院合作，助力怒江州发展养蜂产业，提出了创建怒江特色蜂蜜品牌、开展养蜂农户培训等建议。怒江州还充分发挥自身特色优势，大力发展中药和水果产业并形成一定规模，将生态资源优势转化为经济发展优势，解决了易地扶贫搬迁人口的就业问题，探索出生态扶贫、生态脱贫的新路径。

三是激发搬迁群众的内生动力。在易地扶贫搬迁进程中注重发挥贫困群众主体作用，组织贫困群众在新家园自力更生搞建设，鼓励贫困群众艰苦奋斗并积极参与搬迁项目建设，坚决克服"等、靠、要"思想。

四是加强扶贫干部队伍建设。中国共产党始终认为，基层扶贫干部队伍建设十分重要，将基层干部视作落实易地扶贫搬迁政策、调动贫困人口生产积极性的中坚力量，组织基层干部深入学习"四史"，用习近平新时代中国特色社会主义思想武装头脑、提高素质，以便更有效地帮助贫困人口脱贫致富。

三、保障工作

一是加强基础设施建设。完善的基础设施、良好的生活条件是易地搬迁贫困人口住有所居的基本要求，为此必须保障水、电、路的"三通"。例如，福贡县架科底乡维独村，搬迁前位于海拔2500米的高寒山区，土地贫瘠，坡度在25度以下的基本农田人均不足0.3亩。农业基础设施滞后，无可开垦利用的宜农土地资源，人均粮食占有量不足300千克。实施易地搬迁后，通过农田水利等基础设施建设，搬迁农户实现了人均有1亩基本农田地、4亩经济林和1头商品猪的目标。可以说，完善的基础设施为福贡县架科底乡维独村村民们铺设了脱贫致富之路。

二是保护少数民族文化。怒江州共有52万人口，其中傈僳族、独龙族、怒族等十多个少数民族人口总和将近48万，占该州人口总数的92.2%。中国历来十分尊重少数民族的文化，也高度重视少数民族文化的保护与传承。在易地扶贫搬迁过程中，如果同一民族的贫困人口搬迁到了不同地点，那么该民族独特的文化很可能受到冲击和影响。因此，怒江州采取了集中管理和安置的搬迁措施，尽可能保护少数民族文化。

三是加强教育保障。怒江州绝大部分迁移人口的文化程度不高，为了避免将贫困留给下一代，就要大力发展教育。中国共产党高度重视教育对易地扶贫搬迁工作的推动作用，将教育融入怒江州的易地扶贫搬迁工作中，体现了"五个一批"工程中"易地搬迁脱贫一批"与"发展教育脱贫一批"的有机结合。

四是强化医疗保障。疾病是引发贫困的重要因素之一。中国共产党高度关注贫困人口健康，大力建立健全医疗保险和医疗救助制度。在怒江州，中山大学附属第五医院、兰坪县中医医院、云南省中医医院、广东省中医院珠海医院等为当地提供了大量医疗帮扶，帮助该州顺利脱贫。

中共在云南脱贫攻坚的经验与启示

一、中国共产党领导是根本

中国脱贫攻坚目标任务的完成离不开中国共产党的坚强领导，离不开中国特色社会主义制度优势的发挥。中国共产党制定了"中央统筹、省负总责、市县抓落实"的脱贫攻坚工作机制，省级党委和政府肩负扶贫开发的总体责任，省级党委和政府向市、县、乡镇提出脱贫攻坚工作要求，并按层级履行责任。

二、群众参与是基础

外在帮扶是手段，群众参与是基础。中国共产党充分尊重群众的主体地位，积极鼓励、引导贫困群众积极参与贫困治理。各级政府大力开展就业帮扶，支持特色产业发展，保证有劳动能力的贫困户能够通过自身努力摘帽脱贫，很多人因此走上了致富之路。

三、增加投入是保障

脱贫攻坚不只是党和政府的事情,应积极引导、鼓励社会各界参与扶贫工作,形成全国范围内众志成城打赢脱贫攻坚战的强大凝聚力。脱贫攻坚过程中,中国共产党积极扩大投入,广泛调动社会各界力量的积极性、主动性、创造性,形成了由专项扶贫、行业扶贫、社会扶贫组成的"三位一体"大扶贫格局。

结　语

中共十八大以来,中国减贫事业取得了举世瞩目的成就。2021年,中国消除了存在几千年的绝对贫困,人民生活水平显著提高。中国共产党的一切工作都是围绕人民群众的切身利益展开的,以人民为中心的发展思想诠释了中国共产党人的初心使命,描绘了中国特色社会主义事业的鲜明底色。中国共产党的减贫方略、历程与成就在全球范围内影响空前,在世界减贫事业遭遇瓶颈的背景下提供了崭新思路和借鉴,为世界减贫事业贡献了中国智慧和中国方案。在中国共产党坚强领导下,中国人民正坚定不移地巩固脱贫攻坚成果,坚定不移推进实施乡村振兴战略。中国共产党将继续激发人民群众自强不息、顽强拼搏的精神,坚决调动广大农村人民群众融入乡村振兴的伟大进程。

中共二十大对14亿多中国人民实现中华民族伟大复兴中国梦具有重要意义

摩洛哥"社会主义中国之友"网站运营人
谢哈布·克里克什

"没有共产党，就没有新中国。"这是中国人民耳熟能详的一句歌词，是那些想了解中国各领域发展进步秘诀的"钥匙"。中国共产党一经成立，就致力于全心全意为人民服务，将旧中国从野蛮的帝国主义压迫和殖民主义侵略中解放出来。很多人一提到中共，就会想到中国人民对它的热爱之情。这种热爱并非凭空出现，而是萌发于中国的今昔对比和中共带领中国人民实现伟大成就的过程中。

中共十九大制定了全面建设社会主义现代化国家"两步走"的战略安排，充分显示了中国共产党致力于实现中华民族伟大复兴中国梦的坚定决心。第一个阶段，从2020年到2035年，在全面建成小康社会的基础上，再奋斗15年，基本实现社会主义现代化；第二个阶段，从2035年到21世纪中叶，在基本实现现代化的基础上，再奋斗15年，把中国建成富强民主文明和谐美丽的社会主义现代化强国。

即将于2022年下半年召开的中共二十大将提出一系列重大理念，对14亿多中国人民在中国共产党领导下实现中华民族伟大复兴中国梦具有重要意义。中共将继续在习近平新时代中国特色社会主义思想指引下，在伟大征程中克服一切困难、破除一切障碍。

中国共产党是唯一能够带领中国人民实现中华民族伟大复兴中国梦的力量。在中共领导下，中国人民比以往任何时候都更加接近实现这一梦想。实现中国梦将对全人类进步事业作出伟大贡献。习近平外交思想博大精深，包含共建"一带一路"、构建人类命运共同体等重大倡议。阿拉伯国家对阿中关系在互利共赢基础上取得的巨大发展感到满意，将积极推动构建人类命运共同体。

中国共产党万岁！

没有中共,中国人民就不会享有如今的福祉

摩洛哥《弗莱什因弗报》记者
希玛·哈姆里里

当我们谈及摩洛哥的共产党时,我们会有一些疑问。这些问题是了解共产党现状及其能否适应国内外形势发展变化的关键。20世纪七八十年代,共产党在摩洛哥迎来鼎盛时期,在众多政党中具有较强竞争力。如今,摩洛哥的共产党则黯然失色。

摩洛哥的共产党与其他政党有何不同?它们如何在大党面前保持竞争力?为什么一些人不再关注苏联共产党,而将目光投向中国共产党?摩洛哥青年对中国共产党的印象如何?

法国殖民时期,摩洛哥的政治生活历经阵痛。当时的知识分子深受社会主义和共产主义思想的影响和启发,致力于为国家面临的诸多问题寻找解决方案。摩洛哥共产党的成立可追溯至摩洛哥独立前的1943年,该党原为法国共产党在摩洛哥的一个支部,后更名为摩洛哥共产党,为摩摆脱法国殖民统治进行了艰苦卓绝的斗争,为争取国家独立作出了积极贡献。1968年,该党更名为解放与社会主义党,后又更名为进步与社会主义党并沿袭至今。1989年柏林墙倒塌、国际共产主义运动遭受挫折后,各国共产党纷纷开始转型,投身国家政治建设和经济改革,进步与社会主义党也加入了由伊斯兰政党公正与

发展党领衔的多党联合政府。

摩洛哥共产党的优势在于其党员主要由社会精英和知识分子组成，他们渴望制定符合本国国情的发展战略，提升国家经济发展水平，造福社会各阶层，特别是偏远地区民众。摩洛哥的共产党与中国共产党有许多共同之处，即在反对帝国主义和官僚资本主义过程中，通过在政治经济领域实行参与式民主、创造更加公正的社会环境等方式消灭剥削。阿拉伯国家特别是摩洛哥的民主，主要体现为政党和民间组织与当局进行密切对话并建立伙伴关系。

"阿拉伯之春"促使一些政党重新审视其政策纲领及与当局的关系。由于战争、全球性危机、流行病引发的变化，以及互联网技术的发展，世界已经变成一个地球村。这一切都对包括马格里布国家在内的阿拉伯国家的政党提出了挑战。

中共十八大以来，以习近平同志为核心的中共中央创造性地形成了一系列治国理政新理念新思想新战略，以建设全面、均衡发展的社会。近年来，中国以经济快速增长著称，中国人口受教育水平明显提高。中国开展国际合作从不附加任何政治条件，从不强加于人，值得各国学习借鉴。有目共睹的是，没有中国共产党，中国人民就不会享有如今的福祉。中国共产党始终把人民利益放在首位，将继续带领中国人民披荆斩棘，迈向更加美好的未来。

中共二十大的成功将是全世界所有渴望自由、和平、发展人士的成功

摩洛哥进步与社会主义党青年团成员
苏阿德·阿姆鲁尼

我与中国和中国共产党的故事始于我的丈夫阿卜杜勒阿里·布吉迪。他曾于2018年5月参加共青团中央举办的第五期非洲国家青年领袖考察团访华。自那时起，我和我们的两个儿子便开始通过我的丈夫了解中国和中国共产党，特别是中共如何在中国这一历史悠久、人口众多的国家打赢脱贫攻坚战，并致力于为中国人民创造富足、体面的生活。

此后，我们与亲友、同志的大部分谈话都集中在中国、中国文化、中华文明，以及中国在经济、社会、科技、文化等方面的进步。我的孩子们原本希望去欧洲读大学，但听了父亲的讲述后，他们更加憧憬去中国完成学业。我对此非常支持，因为如今欧洲右翼势力抬头，对各大城市的影响越来越大，并在总统竞选中取得了出人意料的成绩，这将不可避免地使西方陷入狭隘、极端和暴力的恶性循环，破坏所有人共存、安全、开放的环境。美国有线电视新闻网报道称，出于对暴力蔓延的担忧，越来越多的学生不愿赴欧美留学。我认为，一个对外传播暴力、挑起混乱的国家，其国内注定不会安全。

习近平同志为中国面临的许多问题找到了答案

自2018年以来,我不再从媒体特别是社交媒体上获取关于中国的信息,因为其中很多都是有偿编撰的,充满了恶意与傲慢,目的是歪曲抹黑中国的形象,迟滞中国的发展步伐。我开始独立研究中华文明,阅读摩洛哥国内外关于中国的客观文章。中国共产党为国家发展和民生改善所作的贡献,特别是新时代的中国共产党在久经考验的思想家和政治家习近平同志领导下取得的重大成就令我十分钦佩。习近平同志是一位平和宽厚、公道正义、学识渊博的大国领袖,不仅是政治家,更是思想家,提出了很多重大创新思想理念,为中国面临的许多问题找到了解决方案,为中国经济、政治和外交等各领域发展作出了卓越贡献,不仅造福了中国人民,更造福了世界各国人民。

习近平同志的卓越贡献及新时代的中国共产党取得的伟大成就,使中国在维护全球和平、安全与稳定方面发挥越来越重要作用,但也招致以美国为首的一些西方国家的围堵打压。邪恶是根植于美国体内的基因,其从头到脚均已被腐蚀。美帝国主义政权极尽挑起战争、贩卖武器、掠夺财富、助长冲突、干涉他国内政等恶事,美国过去、现在、未来都不可能是中国的朋友。习近平同志具有长远的世界眼光,致力于推动构建一个和平、发展、共享的世界,并为此提出了多项体现融合、包容精神的倡议,包括"一带一路"倡议、全球发展倡议、全球安全倡议等。这些倡议充分体现了新时代中国特色社会主义崇高的人文价值,有助于为14亿多中国人民实现发展、进步和福祉,推动构建一个保护人类生命健康的世界,一个和平、安全、稳定的世界,一个正义、平等、民主的世界,一个各国精诚合作、命运与共的世界,一个以良性竞争替代不公平竞争等野蛮行径的世界,一个以对话、尊重与合作替代美国和西方一些国家勒索、威胁与霸权的世界。我对一些西方政治人物鼓吹所谓"西方至上"深感震惊。他们贪得无厌,缺乏基本常识和良知,认为西方是世界的中心,是人类价值的唯一生产者，自认为拥有制定进步、民主、人权标准的绝对权利。少数西方极端主义者甚至认为西方文明是一切文明的开端，抛开西方文明的人类文明没有任何价值。他们已全然忘记，西方文明只不过是伊斯兰文明、古埃及文明、波斯文明、中华文明、印度文明等优秀东方文明的延续。一些西方媒体为此编造叙事并大肆宣传，捏造出"西方文明高人一等""白人至上"等荒谬论调，并以此为西方国家施行霸权提供依据。

遏制中国发展、利用人权等问题歪曲中国形象的行径不过是西方宗教激进主义的伎俩。这种伎俩敌视差异和多样性，只会滋生冲突、暴力、狂热主义、极端主义和恐怖主义。

我们对中共二十大充满期待

我们对拟于2022年下半年召开的中共二十大充满期待，相信大会将为建设全新的世界注入强劲动力。这将是一个更加以人为本、各国人民安居乐业的世界，一个各国独立自主、携手应对风险挑战的世界。我们热切期待中国共产党继续致力于推动全球发展，帮助阿拉伯和非洲等广大发展中国家，特别是我的祖国摩洛哥，自主探索符合自身国情的发展道路，深入学习借鉴中国在农业、工业、卫生、科技、基础设施、环境保护、荒漠化治理和应对气候变化等方面的经验。

中共二十大的成功将是全世界所有渴望自由、和平、发展人士的成功。中国创造性提出"一国两制"，为全体中华儿女团结一心、安全共存营造了良好制度环境。中国心灵纯净，双手洁净，从未殖民过他国，从未摧毁其他民族，从未主动向任何国家或个人发射炮弹甚至一颗子弹，在经济、政治、安全等领域的全球合作中赢得了许多国家和人民的信任。在以理论家、思想家、全球导师习近平同志为核心的中共中央领导下，中国已成为建设和平稳定、相互尊重、公平正义、合作共赢的多极化新世界的中流砥柱。在这个新世界里，美国和西方一些国家无法继续傲慢蛮横，无法再以虚伪的双重标准为所欲为，无法肆意助长仇恨、践踏人权、破坏稳定。

中共二十大将成为传播新时代中国特色社会主义崇高人文价值、构建更加美好世界的里程碑。朋友们，不要再被美国和西方一些国家所蒙蔽，他们只会歪曲中国形象，损害中国声誉。正如我们在摩洛哥所说，"真相终究是真相。"中国将持续实现进步与繁荣，这必将惠及全体中国人民，如玫瑰般将其芬芳散落在中国各个城市和村落，还将惠及整个世界，给人类带来友爱、幸福和繁荣。

希望你们永远手握玫瑰，心怀大爱。

国际社会眼中新时代的中国共产党

中共二十大不仅将描绘中国发展的宏伟蓝图，也将影响全世界的发展走向

摩洛哥进步与社会主义党青年团成员
纳比勒·贝勒卡斯

我对中国的感情十分深厚

尽管我年仅18岁，但我对中国的感情十分深厚。"万物皆有其美，但非人人所见。"我在中国、中华民族、中国人民和中国共产党的悠久历史中发现一种让人为之着迷的美。高中时期，我是班上甚至全年级唯一一个直言不讳的左翼人士，并一直将中国视作建设社会主义的成功典范。每当听到同学们批评甚至嘲讽20世纪90年代以来的国际共产主义运动，我就会以中国为例进行驳斥，并为此感到骄傲。虽然我无法穷尽中国伟大的成就经验，但我愿尽己所能分享我对中华民族黎明的开辟者、伟大复兴的领导者——中国共产党的看法。

对于我以及所有摩洛哥知识分子尤其是左翼人士而言，中国共产党创造了无法复刻的历史成就。若非亲眼所见亲耳所闻，我断然无法相信一个马克思主义政党能够像中国共产党一样，100多年来不忘初心使命，团结带领全体人民，探索出一条符合本国国情的发展道路，成功抵御东欧剧变和苏联解体的冲击，带领一个社会主义国家跻身世

界强国之列。但这一切却真实地发生在历史悠久的中国共产党身上。自 1921 年成立起,中共就自觉肩负起人民的期盼与重托,时刻紧握手中的火炬,向着黎明前的黑暗进发,带领中华民族摆脱痛苦与磨难,最终实现浴火重生。人生最大的荣耀不在于从不跌倒,而在于每一次跌倒后都能爬起来。1949 年,中国共产党取得革命最终胜利。一个在伟大领袖毛泽东领导下百废待兴、欣欣向荣的新中国诞生了。

毛主席领导建立新中国的丰功伟绩令我以及很多阿拉伯国家青年倍感振奋、深受启发。我们知道,以毛泽东同志为代表的中国青年在中国共产党成立及发展壮大、《新青年》杂志的创立及舆论阵地的开辟等过程中都发挥了重要作用。经过多年的顽强斗争和浴血奋战,毛泽东同志从一位热血青年成长为中华人民共和国的首任主席。毛泽东同志永垂不朽!他的丰功伟绩彪炳史册!

在邓小平同志领导下,中国于 1978 年开始实行改革开放,开启了中华民族发展的重要阶段。这一时期,中国领导人破除窠臼、锐意创新,在不损害党的指导思想和价值理念、不违背党对人民庄严承诺的前提下,探索符合本国国情的发展道路。在改革开放的历史大潮中,中华民族这艘巨轮在中国共产党领导下乘风破浪,勇毅前行,成功抵御东欧剧变和苏联解体的冲击,在世纪之交跻身具有全球影响力的大国之列。

2012 年 11 月,习近平同志在中共十八届一中全会上当选中共中央总书记,中国共产党由此迎来了 21 世纪最重要的历史时刻。这一消息瞬间成为国际各大媒体头条,我的家庭对此十分关注,坚信习近平同志的当选将为中国和世界带来新变化。习近平同志当选后发表了重要讲话,虽然当时八岁的我懵懂无知,但其中一句话令我至今难忘:"人民对美好生活的向往,就是我们的奋斗目标。"犹如一位饱含深情的慈父愿为自己的孩子倾其所有。

习近平同志是新时代的伟人

习近平同志带领中国共产党和中国特色社会主义进入新时代,是新时代的伟人,习近平同志的人生经历就是一部为中国人民和中华民族的奋斗史。在黄土高原的七年知青岁月,让习近平同志明白了中国的根在农村,锻造了习近平同志真诚质朴、平易近人的性格特点。习近平同志扎根农村,与百姓同甘共苦,努力为村民创造更好生活。临离开前,全村老少排着长长的队伍与习近平同志告别。多年的基层和地方工作经历让习近平同志对中国国情有了更全面了解,艰苦奋斗的经历造就了习近平同志坚韧、勤劳、务实的秉性,使习近平同志成为中国共产党和中华民族当之无愧的掌舵人。

习近平同志执政后在新时代道路上迈出的重要一步就是打击腐败。因为习近平同志具有崇高的思想境界,深刻认识到要建设一个富强民主文明和谐美丽的社会主义现代化强国,就必须从党的建设抓起,严厉打击不正之风,营造风清气正的政治环境。

让中国共产党更加独树一帜、彪炳史册的是,中共十八大以来,以习近平同志为核心的中共中央接过历史的接力棒,把脱贫攻坚作为实现第一个百年奋斗目标的重点任务,举全党全国之力向绝对贫困宣战,完成了消除绝对贫困的艰巨任务,创造了又一个"人间奇迹"。

中国古代圣贤孔子说:"譬如为山,未成一篑,止,吾止也。"意思是只有坚持不懈,才能积土成山,最终取得成功。这在中国共产党领导全体中国人民抗击新冠肺炎疫情的伟大实践中得到了充分体现。习近平同志关心每一位民众的生命健康,提出"人民至上、生命至上",体现了深厚的为民情怀和崇高的担当精神。2020年,中国成为全球唯一实现经济正增长的主要经济体,并向摩洛哥等许多国家提供疫苗援助。在摩洛哥,人们更愿接种中国疫苗,充分显示了摩洛哥人民对中国科研实力的信任,以及对兄弟的中国人民的热爱。

中共二十大不仅将描绘中国发展的宏伟蓝图，也将影响全世界的发展走向

中国人常说，"凡事预则立，不预则废。"即将于2022年下半年召开的中共二十大将擘画下阶段中国发展的宏伟蓝图，成为中国共产党和中华民族发展史上的又一里程碑。正处于十字路口的人类将迎来一个更加均衡的新世界，中国将在其中发挥关键作用。当前，俄乌冲突仍在持续，给百年未有之大变局增添了新的不确定性。全体中共党员应充分认识当前国际局势的复杂性、敏感性，警惕美国和西方一些国家对华发起舆论攻击，未雨绸缪，加强外宣能力建设，弘扬中国人民特有的和平精神，为中国今后可能遭遇更猛烈的舆论战做足准备。

中共二十大不仅将描绘中国发展的宏伟蓝图，也将影响全世界的发展走向。新时代的中国已成为那些漂泊在帝国主义残酷剥削的黑暗海洋、苦苦求索复兴航道国家的灯塔。中共百年奋斗史和带领中国人民实现中华民族伟大复兴中国梦的伟大实践，让包括我在内的阿拉伯国家很多信仰社会主义的年轻战士愈发期待中国特色社会主义光芒普照，更加坚信社会主义将是阿拉伯世界的未来，坚信只要坚定意志、顽强拼搏，阿拉伯民族也能实现伟大复兴。

|莫|桑|比|克|

非中合作帮助我们实现经济解放

莫桑比克解放阵线党青年团组织和培训书记
若泽·福雷

2021年是中国共产党成立100周年。100年来,中共从一个胜利走向另一个胜利,同包括莫桑比克在内的世界各国保持团结、友谊和合作,我们为此感到难以言喻的喜悦。

我们愿向习近平总书记致敬。在习近平总书记的启发和帮助下,我们国家正努力摆脱西方模式带来的贫困陷阱,逐步实现和平与可持续发展愿景。我们从中共的成功经验中认识到,通往现代化的道路不只有西方模式一条。莫桑比克如果能像中共一样坚持从本国国情出发,坚持人民至上,相信就能早日走出发展困境。

非中合作在过去帮助我们实现了民族解放,在今天继续帮助我们实现经济解放。我们赞赏和珍惜非中各领域合作。我对未来双方合作的建议如下:一是加强技术转让,帮助非洲发挥自然禀赋优势,实现自主可持续发展;二是进口更多莫桑比克商品,减少贸易逆差;三是加强军事领域合作,帮助莫桑比克打击恐怖主义和极端势力;四是加强非中青年组织交流和合作,助力非中青年共同成长。

我们愿同中方一道庆祝中国共产党100岁生日。在中共的英明领导下,中国经济社会发展取得举世瞩目的成就,人民生活水平稳步提升，幸福指数居世界前列。面对西方的干涉和阻挠，中国始终保持战略定力，坚定走符合自身国情的发展道路。我们相信，中华民族伟大复兴的中国梦一定能早日实现！

感谢中国共产党！

感谢习近平总书记！

学习习近平新时代中国特色社会主义思想的几点心得

莫桑比克解放阵线党中央培训局长
扎伊达·马托拉

习近平新时代中国特色社会主义思想不仅指导中国取得了举世瞩目的发展成就，对世界也具有深远意义。莫桑比克解放阵线党高度关注中国共产党执政成就和经验，并不断从中汲取灵感，指导本国执政实践。

我们认识到，一个政党要想长盛不衰，必须坚持以人民为中心，坚持为人民谋福祉，让全体人民共享发展成果。执政党只有坚定不移打击腐败，保持自身先进性、纯洁性，才能赢得人民的衷心拥护。政府要制定有效政策预防和打击腐败，时刻监察巡视腐败现象，并发动人民群众广泛参与社会监督。

我们学习到，中国共产党的历史也是社会主义发展史的重要篇章，中国特色社会主义道路是植根于中国历史文化传统的道路，是通往成功的正确道路，各国都应探索符合本国国情的社会主义道路。莫桑比克无需照搬照抄中国模式，应根据自身独特历史文化，创造性地探索莫桑比克式的发展道路。

中国特色社会主义道路，既坚持社会主义核心价值，又适应国家生产力发展的需要，特别是中国特色社会主义经济制度，堪称发展中国家的成功样本。中国坚持以公有制为主体、多种所有制经济共同发展，按劳分配为主体、多种分配方式并存，促进沿海和内陆、城市和乡村等区域协调发展，以改革促开放，以开放促改革，制定符合中国社会经济生产力水平的发展模式。莫桑比克应学习中共经验，重视农业农村发展，在此基础上同步推进工业化和数字化发展，适应世界发展潮流。处理好政府与资本的关系，驾驭资本，控制资本，防止资本的无序扩张，解决经济发展的不平衡、不公平问题。要持续不断改革，为发展奠定良好制度基础和政策环境。

莫桑比克高度赞同习近平总书记提出的推动构建人类命运共同体倡议。人类命运共同体不仅是一个梦想，也是包括非洲在内的第三世界国家的现实需要。发展是各个国家和民族的权利，而当今世界霸权主义甚嚣尘上，发展中国家从未获得平等的发展机会。在人类命运共同体的美好设想中，各国在维护自身主权、安全和发展利益的同时，无需损害他国的利益，非洲国家也可以平等地参与全球治理，世界各国和谐共处、互利合作，共同促进各自工业化和现代化发展。人类命运共同体为世界贡献了和平、发展、公平、正义、民主和自由的宝贵价值。

以非中团结合作应对时代挑战

莫桑比克国会议员
马蒂亚斯·尼翁戈

中国和非洲拥有相似的历史遭遇，当前也面临相同的时代挑战。时代变迁从未改变某些发达国家殖民者的本质，只是换了一种更加隐蔽的方式进行，国际体系仍是西方国家主导的垄断剥削体制，他们将自己的意志强加于第三方，干涉和限制其他国家发展。中国作为世界第二大经济体，尊重各民族与国家平等的发展权，主张和平与合作，求真务实，以非中友好合作为全球树立了榜样。

中国共产党成立100多年来，带领中国取得了翻天覆地的发展变化，中国人民实现了自给自足的小康生活，中共在经济、政治、社会、文化等方面积累的发展经验，对非洲政党和国家具有启迪、示范和引领作用。习近平新时代中国特色社会主义思想立足中国国情，指引中国走出了独特发展道路和制度模式，夺取了脱贫攻坚的伟大胜利。中国特色社会主义通过解放和发展生产力，消灭剥削，消除两极分化，从而实现全体人民共同富裕，向世界展示了高效、可靠、健康的制度范例，在消除贫困、促进世界和平发展、弘扬全人类共同价值等方面取得巨大成就。在新时代，非洲的社会主义发展面临独特机遇，相信社会主义也可以为非洲人民带来福祉，避免冲突战争，实现各国共同发展。

我从中国共产党在湖南省十八洞村的脱贫实践中学习到，非洲国家应实施农业农村改革，促进农业现代化，实施多种多样的职业技能培训，创立农村合作社，设立国有扶贫银行和扶贫办公室等，通过提升农村地区生产力，解决温饱问题和失业难题，消除极端贫困。中共实施乡村振兴战略时，注重因地制宜发展地方特色产业，注重道路、桥梁、住房等基础设施建设，为人民提供教育医疗等基本服务，促进了和谐发展。

中共之所以始终得到中国人民的衷心拥护，是因为始终代表最广大人民的利益，坚持为人民谋幸福，不代表任何特权阶级的利益。反观非洲，上下层阶级矛盾尖锐激烈，人民对领导层缺乏信任，甚至反抗政府施政，导致国家战略目标难以实现，政府与人民并未形成良性互动。

非洲面临诸多执政挑战，希望与中共携手应对。一是加大对青年一代的爱国主义教育，维护来之不易的国家独立，防止未来再度被奴役剥削；二是坚持反腐败斗争，加强执政透明度和包容性，鼓励社会监督和社会共治，建立安全、高效的行政体制；三是学习中国经济发展经验，招商引资，优先推进工业化，紧抓农村地区改革和振兴的主导权，实现公有制和私有制经济协同发展，将非洲丰富资源转化为优质工农业产品，兴建基础设施，打通产区和市场的交通，实现自给自足并扩大出口，创造就业；四是树立新发展理念，统筹好经济发展与环境保护关系，实现绿色、可持续、平衡的发展；五是加强与中国的战略合作，共同参与全球治理，支持非洲和平稳定和防止外部干涉；六是加强非中政党和政府间交流合作，建设非中友好合作示范工程，支持莫桑比克打击德尔加杜角省恐怖主义,实现社会稳定和经济发展。

构建非中繁荣共同体是大势所趋、民心所向

莫桑比克解放阵线党老战士组织中央委员
吉利恩·密歇拉

中国与非洲的友谊锻造于 20 世纪民族解放斗争时期，长期以增进非中人民福祉为目标。2000 年中非合作论坛设立以来，非中友好合作得到进一步发展。

中国共产党成立百年来带领中国人民取得了不计其数的历史性成就，其中最具有世界意义的是开创了中国特色社会主义，这是世界上独一无二的道路，也是解决当前全人类问题的希望。中共用实践证明，每个国家都可以实现自立自强，探索出适合本国国情的发展道路和制度。只有在尊重各民族多样性和各自国情的基础上，才能实现世界持久和平与可持续发展，促进全人类的共同繁荣，推动构建人类命运共同体。

我认为，基于非中深厚的历史情谊和共同的发展愿望，双方应推动构建繁荣共同体，这是大势所趋，亦是民心所向。要构建非中繁荣共同体，还面临以下问题：

一是非洲国家虽常被视作整体概念，但并非团结统一的集体。各国经济社会现实不同，治理模式和意识形态多元，缺乏共同目标。二是美国和西方一些势力持续干扰破坏，非洲虽向往社会主义，希望摆

脱不适应的西方模式,但在道路转型中,必然受到美国和西方一些势力极限施压,其必将抹黑非中的治理模式和意识形态,歪曲非中繁荣共同体的设立初衷。三是非洲社会利益群体多元,难以形成合力,一些西方国家通过非政府组织和培植代理人,持续煽动非洲社会矛盾对抗,导致非洲国家难以推行发展战略和非中合作规划。

所以,在构建非中繁荣共同体的过程中,非洲应首先做好自己的事,消除官僚主义和形式主义,努力满足人民需求,激发人民干事创业动力,拧成一股绳。推动道路和制度的彻底转变,放弃西方强加的制度模式,探索最符合本国国情、最符合人民利益的发展道路。非洲各国应求同存异,达成在发展中保障和改善民生共同目标。非洲要坚定地与中国团结在一起,抵御西方一些势力干涉制裁,寻求外交突破。非中应共同制定构建繁荣共同体的短中长期目标,关注弱势群体以及农业、教育和就业等领域,切实造福非中人民。

构建非中繁荣共同体,还需要实现思想上的包容与开放。以霍布斯为代表的现实主义对非洲乃至世界影响深远,"人性本恶""所有人对所有人的战争"等观点深入人心。对非洲而言,历经殖民主义的酷烈统治后,虽然对中国有着特殊的友谊,但难以克服历史创伤,开展对外合作总有所保留,特别是在西方一些势力不遗余力地攻击抹黑下,部分非洲国家有时对中国的真实意图产生疑虑。所以,非洲应加大对中国传统"和"文化和价值观的了解,特别是认识到中国作为一个社会主义国家,必将以实现全人类的共同解放和福祉为目标,努力消除猜疑误解,以更开放心态投入非中繁荣共同体建设。青年一代更应肩负起时代责任,为开创非中的美好合作愿景贡献力量。

中国特色社会主义道路是全人类的成功之路

莫桑比克解放阵线党中央书记处传播与图像局副局长
费尔南多·奇科内拉

十年来，在习近平总书记的英明领导下，中国共产党团结带领中国人民取得政治、经济、社会、文化等各项事业历史性成就，中国的综合国力大幅增强，赢得了全世界的尊重。习近平总书记不仅为中国人民谋幸福，还关心全人类的前途命运，提出构建相互尊重、公平正义、合作共赢的新型国际关系，有力促进了世界和平和人类发展进步。习近平总书记的领袖风范和崇高威望获得了中国人民的拥护爱戴，也赢得了国际社会的赞誉崇敬。

中共十九大报告指出，中国特色社会主义进入新时代，拓展了发展中国家走向现代化的途径，给世界上那些既希望加快发展又希望保持自身独立性的国家和民族提供了全新选择，为解决人类问题贡献了中国智慧和中国方案。中国共产党积极向包括南部非洲六姊妹党在内的世界政党分享治国理政经验，帮助各国执政党提升能力、造福人民，也启发我们探索符合自身国情的发展道路。

我印象最深的是习近平总书记提出了"精准扶贫"理念，即扶贫对象精准、项目安排精准、资金使用精准、措施到户精准、因村派人精准、脱贫成效精准等"六个精准"，发展生产脱贫一批、异地扶贫搬迁脱贫一批、生态补偿脱贫一批、发展教育脱贫一批、社会保障兜底一批等"五个一批",这一理念有效指导了中国的脱贫攻坚实践,帮助近一亿农村贫困人口成功摆脱了贫困。"精准"一词是中国减贫理论和实践的重大创新,有力确保了真扶贫、扶真贫、真脱贫,不仅指导中国的脱贫攻坚取得全面胜利,也激发了发展中国家探索自主减贫道路的热情,为非洲减贫发展提供了可行模式。"精准"理念还体现了中国国家治理体系和治理能力现代化水平,也可以用于指导国家其他各领域的治理实践。

我最钦佩的还有习近平总书记的天下情怀。在习近平总书记的领导下,中国坚定走和平发展道路,坚持践行共商共建共享的全球治理观,弘扬和平、发展、公平、正义、民主、自由的全人类共同价值,倡导各方共同应对全球治理挑战。中国作为负责任大国,为促进世界和平与安全发挥重要作用。在习近平总书记的亲自参与和关心下,非中合作也成为全球多边合作的典范。中国秉持真实亲诚理念,始终以开放、平等的姿态对待非洲,致力于推动非中共同发展进步。2018年,习近平主席在中非合作论坛北京峰会上提出"五不"原则,即不干预非洲国家探索符合国情的发展道路,不干涉非洲内政,不把自己的意志强加于人,不在对非援助中附加任何政治条件,不在对非投资融资中谋取政治私利,这一原则得到非洲国家的普遍认可,也为其他国家开展对非合作作出表率。新冠肺炎疫情发生后,中国努力克服自身困难,成为世界上第一个率先控制住疫情并对外援助的国家,向包括莫桑比克在内的最脆弱国家提供物资、技术支持,帮助保护莫人民生命安全。当一些西方国家还在忙于将疫情政治化、病毒标签化时,中国用实际行动证明了促进全人类共同繁荣发展的决心。

习近平总书记带领中国共产党历经千辛万苦、团结奋斗,书写了中华民族发展进步的史诗,成功走出了中国式现代化道路,创造了人类文明新形态。非中拥有共同的发展目标,共同的历史任务,新时代非中关系也必将扬帆起航,向着更高水平命运共同体发展。在此,我愿倡议，让我们携手努力，共同构建命运与共的非中责任共同体、非中发展共同体、非中幸福共同体、非中文化共同体、非中安全共同体和非中生态共同体！

|纳|米|比|亚|

非洲期待能分享中国成功故事

纳米比亚营火儿童组织成员
莫塞斯·席卡乐波

新冠肺炎疫情已由最初的公共卫生危机演变成全人类的社会经济危机。疫情大流行为实现联合国可持续发展目标带来严峻挑战,非洲的任务更加紧迫。中非合作论坛第八届部长级会议为非中关系发展绘制了新路线图。非中要携手捍卫合作成果,促进经济复苏转型,在应对疫情的同时降低潜在危机的暴发风险,加快实现《联合国2030年可持续发展议程》目标。

帮助非洲获取疫苗是当前非中合作重点。非方期待中方支持非盟在非建立五个疫苗生产基地。2022年7月,埃及与中国科兴公司合作,在非生产出首剂中国疫苗。非洲其他国家希望能效仿埃及,与中国合作解决非洲疫苗供应短缺问题。

债务减免是非中合作的另一重点。非洲对华债务占非洲债务总额约21%。2000年至2018年,中国向非洲49国提供了1520亿美元贷款。如通过资源换项目或债转股等方式重组债务,可能导致非洲负债国失去战略资产,希望中方慎重考虑。非洲应努力发展技术密集型产业。2020年,毛里求斯成为唯一与中国达成自贸协定的非洲国家,毛里求斯8000种高附加值产品可免税进入中国,这对毛里求斯和非洲意义非凡。希望毛里求斯能借此机会发展本国高科技产业，创造高收入工作机会，为其他非洲国家树立榜样。

随着"一带一路"倡议建设规模不断扩大，中国更加重视推行"低成本、低风险、高收益"的海外安全战略。期待中国积极参与非洲维和行动，加大对非军事培训、军售和军演力度，扩大中国在非安全存在和影响力。非方应用好中非和平安全合作基金，与中国合作开展和平安全和维和维稳行动。

在推进非中合作过程中，非洲政府必须对本国人民负责，更多考虑民众关心的环境保护、债务可持续性、遵守当地法规等，做好非中合作的战略规划，推进非洲农业、基础设施、矿业、科技创新、内部贸易和工业化发展等议程。

当前，西方主导的国际体系不公平、不平等，非洲要在现有体系下实现发展困难重重。非洲要转变合作方式，期待分享中国成功故事，并将非中合作范例推广到其他多边和双边合作中。

"歇马凭云宿,扬帆截海行"

纳米比亚青年农业组织创始人、执行主席
恩达图卢穆夸·海卡里

非中合作成果丰硕

2021年见证了非中关系谱写出国际关系史上最辉煌的篇章。面对全球挑战和新冠肺炎疫情大流行,非中友谊焕发出了新荣光,展现出了新动力。

2021年是中非合作论坛成立21周年。21年来,非中合作成果丰硕,非中合力开创了合作共赢、共同发展的新时代,非中关系迈上了具有广阔前景的新征程。2021年是中国共产党成立100周年,中共十九届六中全会审议通过了具有里程碑意义的《中共中央关于党的百年奋斗重大成就和历史经验的决议》。中国共产党的其中一个重大成就是消除了绝对贫困,提前十年实现《联合国2030年可持续发展议程》减贫目标,这是中华民族和人类历史的里程碑,也是对非中合作发展事业的重大贡献。

非中全天候友谊源远流长。中国人民和非洲人民有共同的历史遭遇,都曾是帝国主义铁蹄下的受害者;我们有共同的奋斗历程,都曾顽强与帝国主义、殖民主义作斗争。在近代史上,几乎所有非洲国家都在臭名昭著的"瓜分非洲"运动中沦为殖民地,中国也曾沦为半殖民地国家。中国坚定支持非洲民族解放运动,在自身并不富裕的情况下,为非洲发展振兴提供了真诚无私的帮助。非洲国家也大力支持中国,投票支持中华人民共和国恢复在联合国合法席位。因此,中国人民总是说,是非洲兄弟把中国抬进了联合国。

近年来,非中关系进入全面发展的新时代。非中共同启动中非合作论坛,建立了全面战略合作伙伴关系,各领域合作成果丰硕。在中非合作论坛引领下,非中高层互动日益频繁,政治互信持续深化,非中关系完成了"新型伙伴关系""新型战略伙伴关系""全面战略合作伙伴关系"三级跳。中共十八大以来,习近平总书记高度重视非中关系发展,亲自提出真实亲诚对非政策理念和正确义利观,亲自推动构建更加紧密的非中命运共同体,亲力亲为开展对非元首外交,有力推动了非中关系的发展。

对进一步加强和维护非中关系的建议

为进一步维护和加强非中关系,我们可重点做好以下几点:

一是增进政治互信。我们期待与中国保持高层互访,增进相互了解,深化彼此友谊。尊重各自根据本国国情制定的社会制度和发展战略,继续在国际场合发声支持非中共同利益,相互支持彼此捍卫主权独立、促进地区和平稳定的努力,特别是要共同应对好某些西方媒体对非中合作的抹黑。

二是加强人文交流。我们期待中国继续支持非洲教育、卫生和文化事业发展,为非洲学生赴华留学提供更多奖学金,帮助非洲建设更多学校。非中应把教育交流合作作为长期投资的项目,通过加强非中教育领域的交流,增进非中人民相互了解,避免双方在社交媒体上发生语言冲突甚至语言暴力,使一代又一代非中人民接续发展非中友谊。

三是促进经济合作共赢。期待中国采取更多措施帮助非洲和其他地区的发展中国家，例如给予部分进口产品零关税待遇，加大援助和债务减免力度，鼓励更多中国企业赴非洲投资，加大技术转让力度，帮助非洲充分释放资源优势，增强竞争力，壮大经济。期待中方认真对待一些非洲国家在贸易逆差和纺织品贸易方面的关切，努力解决这些问题。非中合作应朝着更加务实、更有成效的方向努力，从政府驱动转向市场驱动，从货物贸易转向产业合作，从工程承包转向投资运营。期待中方鼓励更多中国企业和金融机构积极参与非洲基础设施互联互通项目，助力非洲跨境物流和通关便利化。期待中方与非方深化产业链、供应链融合，鼓励中国企业加强对非投资和技术合作，支持非洲农业现代化和工业化，提高非洲能源、矿产和农产品出口附加值和竞争力。期待中非携手推动绿色低碳循环的可持续发展，这将有助于非洲国家提高应对气候变化的能力。

四是在国际事务中密切合作。期待中方继续加强同非洲在国际事务中的协调与合作，努力打造非中全面战略合作伙伴关系，同非洲国家一道推动南南合作和南北对话。作为联合国安理会常任理事国，中方尊重非洲的正当诉求，反对一些国家恃强凌弱，实行双重标准。期待中国呼吁国际社会关注非洲，加大对非洲支持力度，为非洲实现联合国千年发展目标创造条件，这对非洲非常重要。

中国的发展离不开世界，发展中国家也需要一个更加发展的中国。中国始终是世界和平的建设者、全球发展的贡献者、国际秩序的维护者。未来，一个更加繁荣昌盛的中国，也将更加开放包容，它将与国际社会进行更具建设性的互动，为建设更美好世界作出更大贡献。中国和非洲在地理上虽相距遥远，但非中友谊与合作十分牢固且充满活力。非中关系是国际社会真正平等、友好的典范，值得青年一代接力传承。

中国古诗有云："歇马凭云宿，扬帆截海行。"在非中领导人的亲自关心和支持下，非中关系一定会勇往直前，在构建新时代非中命运共同体的道路上取得更大成功。

中共对人民负责的程度，超越了人类历史上任何其他政治力量

纳米比亚营火儿童组织成员
罗伊德·希宁加牙姆威

2021年是中国共产党成立100周年。习近平总书记在庆祝中国共产党成立100周年大会的讲话中回顾了中国共产党百年奋斗的光辉历程以及中国人民在中国共产党带领下艰苦奋斗取得的辉煌成就，特别是中国共产党团结带领中国人民创造的新民主主义革命、社会主义革命和建设、改革开放和社会主义现代化建设及新时代中国特色社会主义的伟大成就。

中国共产党坚持共产主义远大理想，用党的创新理论武装全党，有效管党治党，任用干部坚持以德为先，注重捍卫少数民族发展权益，制定出台富有远见的经济社会发展规划，使得中国发展成为世界上最强大的力量之一。

回顾中国共产党百年奋斗的光辉历程，我们可以看清楚中共过去为什么能够成功、弄明白中共未来将如何继续成功。100年来，中国共产党领导中国人民彻底结束了旧中国半殖民地半封建社会的历史，实现了中国从几千年封建专制政治向人民民主的伟大飞跃。苏联解体后，许多社会主义国家分崩离析，但中国挺住了，不仅如此，还变得

比以往任何时候都更强大，这要归功于中国共产党与时俱进、不断适应瞬息万变的世界。中国共产党成功开创了中国特色社会主义，中国特色社会主义符合全体中国人民的利益。中国共产党坚持不懈、艰苦奋斗，带领中国人民一步一个脚印落实人类历史上最雄心勃勃的国民经济和社会发展五年规划，取得许多令人震撼的经济社会发展成就，兑现了对中国人民的承诺。放眼国际社会，中共最为人称道的是其团结全党全国各族人民，带领9899万农村贫困人口摆脱贫困。脱贫速度之快、规模之大，在人类历史上绝无仅有，世界上任何一个政党或政治组织从未能取得如此成就。中国历史性地解决了绝对贫困问题，非洲在非中合作过程中应重点向中国学习借鉴减贫经验。中国率先控制住新冠肺炎疫情，完成新冠疫苗全程接种人数超过12亿，这是其他国家无法比拟的。中国共产党对人民负责的程度，超越了人类历史上任何其他政治力量。

八年前，中国发起"一带一路"倡议，这表明中国共产党有信心以中国的发展带动其他发展中国家的发展。中国通过"一带一路"项目向发展中国家提供无偿援助和不附加任何条件的低息贷款，帮助发展中国家实现软硬基础设施现代化，提升人民生活水平。中国共产党还为世界各国友党举办系列研修项目，与各党分享治国理政经验。推动构建人类命运共同体是习近平新时代中国特色社会主义思想的重要内容之一。中国慷慨与世界分享治国理政经验和发展成果，以实际行动构建人类命运共同体。习近平总书记带领中国推动构建新型国际关系，与各国建立互利共赢的伙伴关系，赢得了世界人民的广泛支持。

因此，我们可以得出以下客观结论，中国共产党比西方更真诚地拥护民主理念，倡导民主多样性，真正尊重各国自主选择发展道路的权利。过去30年，美国主导的单极国际秩序使世界陷入深重苦难。中国是国际公平正义的倡导者和实践者，在中国不懈努力下，单极国际秩序正走向终结，多极国际秩序正在形成。如果没有中国共产党，没有这一人类历史上最具影响力的伟大力量，这一切都不可能成为现实。在中国共产党成立100周年之际，其伟大成就和贡献正愈发受到世界人民赞誉。

国际社会眼中新时代的中国共产党

各国政党积极学习"中国模式"

纳米比亚营火儿童组织成员
约瑟夫·艾米利亚

中国的伟大成就，依靠着中国共产党的领导。风雨百年路上，中国共产党不仅引领中国人民实现了国内经济繁荣，也为世界和平与发展作出了巨大贡献。各国政党领导人在中国共产党建党百年之际都在思考其成功背后的秘密，在他们眼中，有五件事最经常与9600多万名党员组成的中国共产党联系在一起。

经济奇迹。2021年7月1日，在庆祝中共百年诞辰的盛大仪式上，习近平总书记宣布，中国实现了全面建成小康社会的第一个百年目标。中国成功应对了满足大量人口的基本需求的严峻挑战，变成一个强大而现代化的国家。过去贫穷的村庄几乎一夜之间变成有生产力的、富裕的村庄，过去一些落后荒凉的地方已经变成充满活力的工业园区，中国的巨大变化不可想象。中国成为世界第二大经济体，最大外国直接投资接受国，也是世界上最大消费市场之一。过去几十年，中国以令人难以置信的速度发展，创造了经济奇迹，这是中国人民在中国共产党领导下取得的成就。

世界贡献。中国共产党在国内取得奇迹般发展的同时，也引领中国成为世界发展、和平与稳定的积极贡献者。中国积极参与区域和国际合作机制，为促进联合国框架内的国际合作作出重大贡献。特别是习近平总书记提出的共建"一带一路"倡议和人类命运共同体等理念，倡导人民交流和国际合作，在世界上广受欢迎。在非洲的大多数经济体，特别是撒哈拉以南的非洲国家，都能看到中国建设的基础设施项目。在中国共产党领导下，中国为全人类的社会经济进步作出了巨大贡献，并将继续在促进全球发展和维护国际秩序方面发挥重要作用。

治理成功。在中国的巨大发展和全球贡献的背后，是中国共产党的强大领导能力和对这个人口大国的成功治理。中国共产党的领导是中国取得巨大变革和显著成就的决定性因素。中国共产党具有强大政治动员能力，能团结中国所有社会力量为人民服务，并得到人民群众的大力支持。中国共产党过去几十年创造的"中国奇迹"证明中国特色社会主义是中国取得成功发展的正确道路。中国共产党采取的政策充分发挥了中国人民的积极性。此外，中国共产党善于借鉴发达国家和发展中国家的成功经验，同时继承中国的优秀传统文化，成功创造了中国发展模式，将市场和政府干预结合起来帮助中国经济发展。

以人民为中心。回顾中共百年历史，坚持以人民为中心是中国共产党取得伟大成就的秘密。中国模式最显著的特点就是以人民为中心的发展思想。中国共产党始终代表着所有中国人民的根本利益，从来没有代表过任何个人利益集团、权力集团或特权阶层的利益。人民至上也是中国成功控制新冠肺炎疫情的关键因素。中国共产党通过践行对人民的承诺，在国家发展方面取得了巨大成就。

国际范例。中国的发展模式为其他国家探索有效的发展道路树立了一个鼓舞人心的榜样。中国共产党提供了大量可以借鉴的治理经验。在中国的脱贫攻坚成功经验中，中国从如何结合经济和社会进步普惠人民的角度树立了榜样；而从历史的角度和展望未来的角度，中国共产党的治理哲学和百年历史，为其他国家政党也带来了巨大启示。中国共产党已经证明，政党必须与基层群众保持联系，为人民服务，加强良好治理，更公平地分配财富。

纳米比亚可以从"中国奇迹"中汲取力量

纳米比亚营火儿童组织成员
考特维玛·露易丝

中国在经济和政治领域取得了巨大成功,实现了"中国奇迹",纳米比亚可以从中汲取力量。

"中国奇迹"的出现离不开中国共产党领导。中国共产党带领中国人民集中力量办大事,有序推进各项事业,实现经济社会跨越式发展。中国共产党讲纪律、守规矩,通过思想建党、理论强党,大力推进反腐败斗争,经受住了时间的考验。中国共产党执行力强、做事专注,一旦确定目标,就积极采取行动,直到目标完全实现。中国提前十年实现《联合国2030年可持续发展议程》减贫目标就是中国共产党行动力的力证。

中国在消除贫困和发展农业方面的经验对纳米比亚尤为珍贵。自中华人民共和国成立起,中国的农业通过土地改革、先集体生产再市场化、利用现代化技术、体制机制创新、政策支持等不断实现发展,推动中国从积贫积弱实现了全面小康。尽管纳中两国面临的挑战不尽相同、情况各异,但中国经验仍然可以为纳米比亚实现经济社会转型提供重要参考。其中,有四条经验尤为重要:第一,强有力的领导核心及各级政府的积极参与是实现发展目标的前提。纳米比亚人组党亟需学习中国共产党的反腐败经验，加强党内纪律建设和政治保障。第二，农业生产率的提高是关键目标。为确保250万人民的粮食安全，纳米比亚必须向中国学习，坚持市场激励和政府扶持并进，从单一低效的传统农业过渡到科技支撑的现代农业，实现低投入、高产出，打造高效、优质的农业价值链。第三，信息技术可助力农产品销售。中国的"淘宝村"不仅在中国数百万农民和客户之间架起了桥梁，还促进了物流运输等其他相关产业发展，实现了包容性增长。第四，基础设施互联互通和市场融合发展是现代化农业生产的重要助推器。

纳米比亚高度关注中国共产党团结带领中国人民战胜各种艰难挑战的历史经验，中国经验对纳米比亚和纳米比亚人组党有重要借鉴意义。

| 南 | 非 |

中国的成功让全球进步力量备受鼓舞

南非学生大会西北省工作组召集人
西西波·西比德拉

1921年7月,中国共产党成立了。作为中国工人阶级的先锋队、中国人民和中华民族的先锋队,中国共产党团结和带领中国人民创造了伟大的革命成就,鼓舞了全世界,尤其是非洲被压迫民族的反帝反殖斗争。中国共产党团结和带领中国人民创造了经济社会快速发展的奇迹。短短几十年,中国已成为世界第二大经济体,在各领域取得了举世瞩目的成就。

作为非洲和世界无数进步力量的一分子,南非学生大会致力于实现南非基础教育体系全面转型,造福贫困儿童和工人阶级。作为青年领导人,我们肩负的重任是与不平等作斗争。为此,我们必须学习借鉴中国共产党的宝贵经验。

一是发展教育。1949年,中国的文盲率高达80%,小学和初中的入学率仅为20%和6%。中国共产党高度重视普及教育,在中国确立了九年义务教育制度,创造了教育史上的"奇迹"。到2008年,小学和初中入学率已升至99.5%和98.5%,文盲率降至3.58%。通过实行"两免一补",免除农村义务教育阶段的困难学生的学杂费等相关费用,帮助超过1.6亿困难学生接受教育。同时,中国共产党也十分重视高等教育。几十年来，中国大学毕业生人数不断增加，为中国经济转型和发展提供了大量优质人才。

二是消除绝对贫困。2021年2月，中国脱贫攻坚总结表彰大会在北京举行，回顾脱贫攻坚取得的伟大成就，隆重表彰脱贫攻坚先进个人和集体。中国脱贫攻坚战取得全面胜利让全球的进步力量备受鼓舞。7.7亿农村人口脱贫，提前十年实现《联合国2030年可持续发展议程》的减贫目标，成功摆脱资本主义国家的经济霸权，是中国共产党坚持反帝反殖斗争的伟大胜利。中国成功消除绝对贫困，关键在于坚持中国共产党的领导。当前，中国已进入推进乡村振兴新阶段。

三是保障就业。中国是全球失业率最低的国家之一。受疫情影响，中国的失业率在2020年曾短暂上升，但中国共产党采取了有效应对措施，2021年起失业率逐渐回落，我们对此表示钦佩。

四是调整收入分配。疫情进一步拉大了各国社会收入差距，在一些国家，中低收入群体甚至连基本权利都无法保障，而中国收入差距则在缩小。当前中国正着力解决发展不平衡不充分问题，大力推进共同富裕，不断提高人民生活水平。

我们期待中国共产党和中国人民继续深化非中关系，支持非洲青年发展。受中国共产党的启发和鼓舞，我们希望所有进步力量在反帝反殖斗争中更具活力、更有韧性。

祝中非合作论坛取得丰硕成果。

中国共产党万岁！

中国人民万岁！

非洲进步青年万岁！

中共为非洲青年提供了全新的希望

南非共青团北开普省主席、召集人
米琪娅·蒙乔

近两年来,新冠肺炎疫情肆虐全球,夺走了数百万人的生命。因为有像中国这样的好朋友,南非才有力量抵御疫情。要深刻认识非中关系的重要性,深刻理解非中关系如何影响我们的日常生活及未来非洲青年的生活,这对每个人尤其是青年来说至关重要。深刻认识非中关系,除了要总结好非中友好合作的成就经验外,还应观察和思考非洲青年在推进非中全面战略合作伙伴关系过程中发挥了什么作用。

世界各国正加大科技发展力度,抢抓第四次工业革命发展机遇。与此同时,许多第三世界国家仍深陷贫困,这令人深感忧虑,值得世界各国高度重视。许多人因受病痛折磨或教育缺失而深陷贫困泥沼;许多人无法参与社会事务,无法发出自己的声音。但只要愿意作出改变,如开始学习新技能,以先进思想武装头脑等,生活就有可能发生积极变化。摆脱贫困,意味着人们有能力过上值得珍视和为之奋斗的生活,能够主导自己的人生。只有强大的、致力于为人民生活提供坚实保障的政党,才能带领人民摆脱贫困。

疫情不仅使得许多人的生活发生翻天覆地的变化,还使得业已存在的社会痼疾暴露无遗。失业率高企导致南非深陷社会再生产危机,疫情暴发进一步加剧了社会不公等固有问题。中国共产党为多个非洲国家政党举办以扶贫为专题的研讨班，我们获益匪浅，所学所得不仅能够帮助我们改善自身生活，还能助力社区发展。给我留下最深刻印象的是，在中国的脱贫攻坚战中，每一个普通人都是同贫困作斗争的中坚力量，都能积极发挥主观能动性实现自我发展。

南非共产党坚持以马克思主义为指导思想，这鼓舞了包括青年在内的仁人志士加入南非共，为社会主义革命贡献力量。在国际社会支持下，南非成功于1994年终结被殖民和种族隔离的历史。在以非国大为首的南非执政联盟领导下，南非人的生活大为改善。贫困阻碍南非人民向更美好生活迈进，因此摆脱贫困始终是南非人民最关心的话题。得益于南非共推崇的各项社会主义政策，非国大政府为贫困群众提供免费水电、教育、基础医疗和住房等福利，极大改善了贫困群众的生活。正因为南非执政联盟不懈奋斗取得了成绩，我们才能毫不违心地说，现在的新南非比1994年前的南非要好得多。

要应对好社会再生产危机，根除失业、贫困、不平等三大痼疾，南非还有很长的路要走，唯一的途径是在我们这一代把南非建设成为社会主义国家。只有建设发展社会主义，我们才能真正建立起不受任何势力垄断的人民的经济。人民才能够通过发展国有企业、合作社、小企业等真正掌控国家经济命脉。只有建设发展社会主义，我们才能解决南非腐败猖獗、管理不善、道德堕落等多重问题。

中国在世界经济中的重要性不断上升，南非共对中国共产党如何发挥领导作用、推动中国经济社会不断发展兴趣浓厚，因此南中共产党的深厚友谊对南非共具有战略重要意义。过去30年，中国共产党邀请数百名南非共干部赴华考察。两党交流合作一是为了共同努力推进世界社会主义发展，二是为了互学互鉴。回顾两党交往历程，南非共需要自我叩问，我们是否用好了从中共学习到的经验做法？党的理论分析和实践能力是否因此得到提高？许多南非共干部结束考察后，都深受震撼，对建设社会主义有了更深入的思考、更深刻的看法。中国经济快速发展，人民生活水平大幅提升，南非共的干部们为此感到高兴、激动。中国自1978年改革开放以来开辟的成功道路是中国独有的，但对世界其他共产党和左翼力量也很有借鉴意义。南中两党两国关系不仅对南非至关重要，对整个非洲也意义非凡。

非中全面战略合作伙伴关系发展成果丰硕，但能做的还有很多。其中很重要的一项是要用好媒体，讲好非中友好的故事。部分西方帝国主义势力掌控的媒体通常会歪曲事实，为服务自身狭隘利益而抹黑非中友好。南中同为发展中国家，我们同样面临争夺舆论主导权的挑战。当前，传播正在日益全球化，如何积极有效参与其中，讲好自己的故事，是我们都需要深入思考的问题。掌握舆论主导权，用我们自己的传媒平台讲好非中友好故事，在国际社会发出属于非中的声音，将有助于推动非中关系更上一层楼。

中国共产党为非洲青年提供的支持和帮助已远超我的预期。中共给予我本人，以及许许多多像我一样的非洲青年以希望。因帝国主义铁蹄不断践踏，我们长期饱受贫穷困扰。但因为有中国共产党在，非洲青年内心深知，除资本主义外，还有另外一种选择，这全新的希望就是社会主义。非洲各国应根据各自的具体实际，建设非洲特色的社会主义。我们将用好从中共学到的经验做法，深化理论认识，以实际行动推动社会发展进步，努力确保未来一代又一代的非洲人能够过上更好的生活，也期待中共更多与我们交流分享经验做法。非中友谊跨越重洋，将为非洲打造一个没有贫困、不公和剥削，一个命运与共的未来提供源源不断的动力。

南非共产党万岁！

中国共产党万岁！

国际主义万岁！

中共的成功故事是世界政党的力量源泉

南非非国大林波波省委政治教育委员会委员
茨瓦雷罗·马特布拉

在中国共产党的英明领导下，中华人民共和国及中国人民的故事，多年来成为世界上许多国家的精神支柱和力量源泉。中国为世界提供了一个可靠的治理和发展道路的选择。许多国家，特别是非洲国家，期待中国在中国共产党的有力领导下取得更伟大的成功。毛泽东主席说要"下定决心，不怕牺牲，排除万难，去争取胜利"。这句话恰当地体现了中国人民的顽强精神。世界各国特别是非洲前民族解放运动阵线国家要继续认真学习借鉴中国发展经验，努力维护好非中友好关系。习近平主席在中非合作论坛第八届部长级会议上的讲话充分体现了中国追求与世界各国和谐共处。习近平主席说："中非关系为什么好？中非友谊为什么深？关键在于中非双方缔造了历久弥坚的中非友好合作精神，那就是'真诚友好、平等相待、互利共赢、共同发展，主持公道、捍卫正义，顺应时势、开放包容'。"

改革开放成功故事的前奏：1949—1978

中国共产党依靠人民的力量同帝国主义和以国民党为首的反动势

力进行斗争。1949年4月，中国人民解放军渡过了长江，占领南京，取得了决定性胜利，给国民党当局以沉重打击，为巩固中国共产党和人民解放军的胜利创造了条件。1949年10月1日中华人民共和国宣告成立。毛主席在《关于重庆谈判》一文点明了人民在中共胜利中所发挥的关键作用，他说："我们共产党人好比种子，人民好比土地。我们到了一个地方，就要同那里的人民结合起来，在人民中间生根、开花。"中国共产党的决定性胜利本质上是中国人民的胜利。

中国革命取得胜利后，中共把目光投向了国家发展和消除贫困。通过建设中国特色社会主义，把马克思主义方法原理与中国实际相结合，实现了中国经济社会的跨越式发展。中国共产党通过对中国社会及其挑战进行深刻剖析，制定以马克思主义为基础的实事求是的政策路线。中共伟大的领导人邓小平曾提醒人们，"社会主义的本质是解放生产力，发展生产力，消灭剥削，消除两极分化，最终达到共同富裕"。中国实施改革开放，对生产力快速发展和国家繁荣起到了关键作用。

中共领导中国特色社会主义取得巨大成功

中国特色社会主义是一个宏大的指导性思想及理论框架，理解它的内涵及其如何推动中国经济繁荣发展至关重要。中国特色社会主义意味着中国共产党坚持马克思主义和社会主义政策路线，同时将其与中国社会现实情况相结合。社会主义不是教条的，必须考虑每个国家的独特情况。中国特色社会主义强调生产力的发展，只有生产力得到发展，才能在农业、采矿业、制造业等部门创造更多就业。生产力的发展是建立在教育及科学技术的发展之上的。

20世纪70年代末80年代初，中国开始实施改革开放，中国内陆各地区之间、中国同世界各国之间的贸易额均实现大幅增长。中国国内生产总值从1978年的0.15万亿美元上升到2021年惊人的

17.73万亿美元，人均国内生产总值增长约170倍。这一巨大成就得益于在中国特色社会主义体制下，中国党和政府既强调生产资料公有制，又对城乡发展进行了以马克思主义经济原理为基础的认真谋划，采取了极具针对性的经济发展模式。南部非洲发展共同体（SADC）和南部非洲前解放运动组织可以从中共制定国家经济治理政策的经验中得到十分宝贵的经验。因此，我们要认真研究中国发展背后的秘诀，为本国发展提供有益启示。

在中国共产党领导下，中国地方政府和广大农村基层干部对农村经济问题进行了深入思考，并围绕消除贫困的最终目标因地制宜制定脱贫政策。非洲前民族解放阵线国家都面临严峻的贫困问题，经济和民生发展举步维艰，亟需向中共学习如何针对自身发展困境和挑战，集中协调国家资源，精准投放于扶贫脱贫事业。

坚定维护人民群众根本利益

中国相关政策的制定和实施取得巨大成功，主要归功于中国共产党和以习近平同志为核心的中共中央的卓越能力。坚持和加强党的全面领导，发挥党总揽全局、协调各方的核心作用，把党建设成为伟大事业的领导核心，这是中国共产党执政的核心思想。上述论述非常重要，因为它将中共的领导置于中国整体发展的中心。中国共产党坚定不移地确保党和人民血肉联系，倾听人民关切，并对民众面临的挑战作出果断反应。习近平总书记在纪念中国共产党成立一百周年的讲话中指出："中国共产党始终代表最广大人民根本利益，与人民休戚与共、生死相依，没有任何自己的特殊利益，从来不代表任何利益集团、任何权势团体、任何特权阶层的利益。"加强党的建设的一个重要方面是执行党的路线和党的纪律。中国共产党成功地在党和政府机关中大力推进反腐败斗争，一体推进"不能腐、不敢腐、不想腐"，有力确保中共始终保持纯洁性和生机活力。

习近平新时代中国特色社会主义思想具有重大意义

中国共产党第十九次全国代表大会把习近平新时代中国特色社会主义思想确立为中共必须长期坚持的指导思想，实现了中共指导思想的又一次与时俱进。习近平新时代中国特色社会主义思想博大精深，其核心内容有三个方面：一是强调坚持中国共产党的领导，党为人民福祉而不懈奋斗，不断进行自我批评，推进经济社会发展等新任务。二是由"三个自信"迈向"四个自信"。习近平总书记进一步提出要增强道路自信、理论自信、制度自信、文化自信，特别强调了文化自信的重要性。三是中国特色社会主义理论与实践。中国共产党的工作与中国特色社会主义伟大实践紧密相连，且受到基层民众监督。南部非洲前解放运动组织应从习近平新时代中国特色社会主义思想中汲取宝贵养分，用于指导我们党和国家的发展实践。

非洲左翼进步力量必须同中共加强合作

南非共产党中央委员
马特拉科

当前,在资本主义面临深刻、全面、复杂的结构性危机背景下,中国共产党和非洲左翼进步力量之间深化交流合作,对深入理解和认识我们共同面临的挑战至关重要。

列宁曾说:"有时候几十年里什么都没发生,有时候几周里发生了几十年的大事!"——这恰恰是我们所处的时期。

俄乌局势表明,没落的资本主义制度使全球陷入战争威胁,帝国主义的单极霸权使世界陷入一场又一场危机之中,不仅试图将国际关系武器化,而且破坏国际法,制造残害妇女儿童的战争,对中小国家造成严重破坏。

我们追求真正的和平——只有社会主义才能确保世界真正实现和平、团结和互利共存!只有多极世界才能确保世界各国人民的安全!

习近平总书记表示,"必须毫不动摇坚持和完善党的领导,不断把党建设得更加坚强有力"。这突出了社会主义先锋政党在建设符合本国国情的社会主义进程中发挥的关键作用。党的领导对我们进行斗争及增进人民福祉至关重要。人民的利益高于一切,共产主义者除了人民的利益,没有自己特殊的利益。

进步力量之间的思想分享和交流将为我们加强同人民之间的联系打下坚实基础,助力解决当前面临的问题。俄乌冲突爆发实际上也反映出美帝及其盟友害怕中国崛起,担忧地缘政治局势超出其掌控范围的复杂心态。为了包围中国,他们采取了许多行动,如扩大北约、继续保留非洲司令部、拉拢小国支持其单边主义和霸权主义的"全球警察"行径等。

在非洲大陆,殖民主义和新殖民主义的遗产正逐渐被清除。美帝及其盟友极力推动北约和欧洲殖民国家共同排斥中国,大多数非洲人民都看穿了帝国主义的谎言及其行径,这在联合国关于俄乌冲突和制裁俄罗斯的投票中得到了体现。

我们有责任重建非洲左翼力量论坛,以实现非洲革命的整体性。非洲左翼力量论坛作为泛非进步平台的基础,必将持续推进、深化和巩固民族解放的成果,推进非洲左翼力量同中国共产党的团结合作。

习近平新时代中国特色社会主义思想为非国大治国理政指明方向

南非非国大北开普省委政治教育委员会委员
斯珀·恩德拉皮

非洲谚语有言,"人之所以为人,是因为他人。"作为人类,我们相互依存,人无法像一座孤岛那样活着。中国共产党致力于同包括非国大在内的南部非洲六姊妹党分享治国理政经验,以实际行动践行了乌班图精神,非方对此表示赞赏。

对习近平新时代中国特色社会主义思想的看法及对其在南非落地的几点思考

据我理解,习近平新时代中国特色社会主义思想的核心要义可概括为以下三个主要方面:一是坚持中国共产党领导;二是牢固树立"四个自信";三是新时代中国特色社会主义的伟大实践。习近平新时代中国特色社会主义思想为非国大治国理政指明方向。

一、坚持中国共产党领导,目的是全心全意为人民服务

自中国共产党1921年成立到中国特色社会主义进入新时代,中国共产党矢志不渝践行群众路线,坚持全心全意为人民服务,这也是

新时代坚持党的领导的首要标准。人民利益高于一切,中国共产党"除了工人阶级和最广大人民群众的利益,没有自己特殊的利益"。也正因此,中国共产党能够全心全意为人民服务。

同中国共产党一样,非国人也坚持人民利益至上的宗旨原则。1955年的《自由宪章》明确规定"人民应该当家作主"。任何政府都应由民主选举产生,代表人民的意志,从人民的支持中获取执政合法性。但由人民选出来作为人民的领导者,并不意味着政府享有不受制约的合法性。一些领导人的所作所为与人民的愿望背道而驰。

二、严肃党风党纪对保持党的革命性至关重要

从中国共产党百年历史看,其能够不断发展壮大有以下关键原因:坚持和加强党的全面领导,坚持以人民为中心,统筹推进党建工作,坚持党风廉政建设,依照党章党规治党管党,推进党的建设和社会革命。其中,坚持党风廉政建设对任何想要真正改变人民生活的政党都至关重要。一个政党一旦腐败,党的形象就会受损,人民就会对党失去信心、信任,党就永远无法实现其革命目标。如果中国共产党没有严明纪律来确保党的革命性,就不可能在过去百年里创造奇迹。领导核心问题对所有政党都至关重要。在人民心中,党的领导人是党形象的代言人。谁有资格选举党的领导人,谁有资格当选党的领导人,是政党要高度重视的问题。

2017年,非国大五十四大通过了题为《加强党组织廉政建设,加快行动建设民族民主社会》的战略与战术文件。非国大强调加强党的廉政建设,是因为认识到一些党的领导干部行为道德败坏严重。腐败,对物质主义的粗俗追求,随意干涉组织程序,辜负人民期望,社会服务水平低等问题致使非国大陷入困境。因此,该战略与战术文件强调,"党作为权力战略中心,必须兼具权威和合法性,其权威和合法性来自于党的集体智慧和党员干部的纪律性"。非国大五十四大达成决议,"党员干部遭纪律处分、调查或起诉,且无法给出合理解释或不愿自行停职时,党有权将涉事干部停职"。非国大还在中央和省

两级成立了廉洁委员会，要求涉嫌违反党纪的党员干部出席委员会质询会，如质询发现涉事党员干部确违纪，将对其采取必要惩戒举措。已有一些干部因违反党纪遭到停职。

非国大坚信，党内严格执纪将约束在国家各部门任职的党员干部，使其不因陷入腐败而损害党的形象，以确保非国大不被选民抛弃。非国大要重新正风肃纪，恢复革命性，可以大量借鉴中国共产党加强党风廉政建设的做法。非国大可进一步借鉴中国共产党的"三不"反腐方略，将其融入非国大的组织文化和传统中，以加强党组织及党员干部的廉洁自律。如非国大认真研究中国共产党如何依照党章党规治党管党，将获益匪浅。在中共的反腐经验中，给我留下最深刻印象的是扎牢制度"笼子"，也就是"把权力关进制度的笼子里"。有些干部在走上领导岗位后，会为所欲为，认为自己凌驾于党的纪律之上。非国大应找到约束限制权力的方法，确保"明确划定权力范围，规定用权标准，用权有约束、受监督"。

三、要积极发挥人民群众推动国家发展的主观能动性

在治国理政实践中，党一方面要廉洁自律，一以贯之地发挥好领导作用，巩固人民对党的信任；另一方面应给予人民发挥空间，使其能够自行探索出解决自身面临问题的方案。在脱贫攻坚过程中，中国各个贫困村在习近平总书记扶贫思想指导下，探索出了各具特色的脱贫方法。中国是多民族国家，习近平总书记关于"四个自信"的重要论述使中国各民族能充分拥抱其民族特性，形成合力，为各民族共同发展奠定基石。非国大也可从中借鉴，向民众宣介南非民族民主革命的重要内涵，即消除种族和性别压迫，彻底铲除阶级剥削。要使南非人民充分认识到，一个不分种族的南非能够使得不同肤色、不同信仰的人共同走向富裕。

"不基于实践的理论是盲目的"，要发展扎根于所处时代的具体实际，且在实践中具有可操作性的理论。南非实际上是，一个未进行经济社会变革的国家，其本质仍是资本主义，广大黑人民众也因此仍旧

深陷贫困。南非应探索出更具社会主义色彩且具有实践价值的发展道路。要实现具有社会主义色彩的发展，可以率先实践的一个领域是无偿征地。应确保无偿征地不停留在口头，而能落到实处，改善人民生活。

巩固中共与非洲政党的命运共同体

在非洲遭殖民统治的岁月里，非中建立了牢不可破的关系。在非洲民族解放斗争时期，中国为许多非洲国家开展军事培训，还帮助许多非洲国家进行经济重建，从殖民者留下的废墟中重建新的国家。当前，非中贸易关系较为平衡。与西方国家及其主导的国际组织不同，中国对非洲国家援助不附带条件。当然，非中关系仍有很大的发展空间，在帮助非洲摆脱长期存在的不发达状态方面，中国能做的还有很多。非洲国家迫切希望中国向我们传授发展强劲制造业所需的技术和知识。非洲国家通常只是出口原材料，而无法为其增加更多价值。作为第四次工业革命的领头羊，中国有非洲国家迫切需要的资源，可以同非洲国家分享发展制造业，增加原材料附加值的知识和设备，帮助非洲国家从以原材料出口为主的经济体转型成为更先进的现代化经济体。

要向做得最好的中共学习借鉴

南非非国大林波波省执委
桑尼·恩德洛乌

习近平总书记作为卓越的领导人，提出了新时代中国特色社会主义思想。领导人应向习近平总书记一样，勇敢提出新思想新理念，而不是因害怕未知而束手束脚。正是人类改变了世界，为世界带来了各式各样的改变，让世界变得美丽。

中共的多重特质鼓舞人心

"中国共产党是中国特色社会主义事业的坚强领导核心，中国共产党的领导是中国特色社会主义制度的最大优势。"党的领导力是我从习近平新时代中国特色社会主义思想中学到的重要内容。正因为坚持中国共产党的领导，党的决议和纲领才具有凝聚全党的力量，党才是爱国的党，党的领导人才难以被渗透，党才具有高度的纪律性。中共的每一位领导人都一心求发展，并竭尽所能为发展作出贡献。中国共产党认为，"实践是认识的源泉和动力"。实践和认识的辩证发展是习近平新时代中国特色社会主义思想的重要理论来源之一。马克思主义者认为，"没有理论指导的实践是盲目的实践，不与实践相结合的理论是空洞的理论"。中国共产党深入研究中国的多元文化和民族特性,不断发展和建设党,始终把人民放在首要位置。这是中国共产党成功的关键。中国共产党的以上特质鼓舞人心,给我留下非常深刻的印象。多国政党干部希望到访中国,学习中国共产党治党管党的经验做法。

非国大应向中共学习

一个强大的政党,为了国家能获得发展,就必须勇敢决策,要向做得最好的政党学习借鉴。非国大必须真抓实干,向中共学习,致力于满足人民根本需要,确保党和国家的政策得到各级政府落实,巩固执政地位,为了无产阶级的利益不断奋斗,激发并凝聚南非人民建设发展国家的力量。为此,非国大应做到以下几点:一是必须遵守纪律。在党内和政府任职的领导干部一旦违反党规党纪,必须受到纪律处分,以在全党形成违纪必受罚的文化。二是赋予非国大廉洁委员会更大的权力。应由廉洁委员会作出决定,再由全国执委会予以执行,全国执委会无权忽视廉洁委员会决定。三是在政府中任职的非国大领导人必须向非国大负责。一些非国大领导人被任命为部长后,可能制定偏离非国大政策的政府部门政策,而这些政策最终会阻碍国家发展。四是必须确保党员干部接受党的教育,理解并能阐释党的政策,能为了国家和无产阶级的发展不惜代价捍卫非国大。五是必须有意识地确保黑人有机会拥有商业银行,这对国家发展有利,也能证明非国大已做好准备,能够打造服务于党的资产阶级。六是必须加大力度建设开发银行,确保开发银行能根据非国大经济政策为国家发展目标服务。要做到这点,非国大需要有纪律、有决心并致力于南非发展的领导人。七是必须作出决定,由南非自行开采原油并建造炼油厂,逐渐摒弃石油输给国组织。

南部非洲六姊妹党致力于解放各自国家人民,我们与中国共产党的合作至关重要，必须坚定深化同中国共产党和中国政府关系。六姊妹党决不能让资本主义国家，尤其是美国在金融和军事等领域蹂躏我们，必须加强彼此间军事合作，为彼此提供军事支持。

第二篇　非洲

学习借鉴中国特色社会主义是未来所向，必须从现在做起

南非非国大姆普马兰加省委政治教育委员会委员
威廉·图拉雷·马迪勒恩

应向中共学习，进行彻底革命，赢得真正的解放

智者才能催生变革。在习近平新时代中国特色社会主义思想指引下，中国共产党在党和国家建设事业中取得了有目共睹的历史性成就。中国经济快速增长，消除了绝对贫困，中国共产党党员人数增长至9600多万。中国共产党高度重视对党员干部教育培训，思想进步、受过良好教育、训练有素的干部成为践行党根本宗旨的火炬手。中国共产党十九届六中全会通过了《中共中央关于党的百年奋斗重大成就和历史经验的决议》，这是中国共产党取得重大成就的又一重要里程碑。

非国大与中国共产党有着相似的革命历史。在中国共产党带领下，中国成功地从世界舞台边缘前所未有地走近世界舞台中央。非国大1912年成立，历经数十年革命斗争推翻了种族隔离统治政权，建立了新南非。但与中国不同，南非的解放是通过协商谈判，而非武装斗争赢得。同压迫者和解虽然避免了流血冲突，但非国大却不得不接

受压迫者和殖民者提出的多党民主和维持土地所有权、生产分配方式、产权现状不变等种种条件。这意味着非国大只获得了政治权力，却把经济权力留在了殖民者手中，这给南非经济复苏和发展埋下隐患，最悲哀的事情莫过于此。非国大曾为解放南非人民而战。在人民拥护下，1994年非国大在南非首次不分种族的大选中获胜，成为执政党，曼德拉成为新南非首位黑人总统。但没有经济解放的解放并不完整。当前，帝国主义者、殖民者无所不用其极，仍企图用资本削弱非国大。如不尽快扭转局势，取得经济解放，南非人民将对非国大失去信心，西方资本主义势力将通过反对党、非政府组织等夺走非国大执政权，破坏南非来之不易的民主成果。非洲的"切·格瓦拉"、左翼革命英雄桑卡拉曾说过，要变革现状，必须进行彻底的革命。因此，非国大应向中国共产党学习，进行彻底革命，赢得真正的解放。

应根据本国具体实际学习借鉴习近平新时代中国特色社会主义思想

非国大应在以下方面向中国共产党学习：一是坚持以人民为中心的发展思想。南非是一个极化的社会，殖民者仍希望对我们分而治之。坚持以人民为中心的发展思想，贯彻落实党的根本宗旨，对南部非洲国家乃至整个非洲大陆至关重要。二是加大对教育培训投入。教育是经济解放的基石。知识就是力量，因此任何国家要想繁荣发展，就必须投资教育培训。三是学习中国共产党百年治党经验，坚持和加强党的全面领导，充分发挥党总揽全局协调各方的领导核心作用，确保党始终成为伟大事业的坚强领导核心。

中国共产党的精准扶贫模式十分值得南部非洲六姊妹党借鉴，尤其是"五个一批"的具体做法，即发展生产脱贫一批、易地搬迁脱贫一批、生态补偿脱贫一批、发展教育脱贫一批、社会保障兜底一批，这对非洲国家及其他发展中国家具有很强的现实借鉴意义。如我们能根据本国具体实际加以运用,将取得良好成效,为人民带来希望。非国大等六姊妹党的选民基本盘在农村贫困地区,应像中国共产党一样,致力于变革农村经济。习近平总书记提出,"扶贫先扶志""扶贫必扶智",即要帮助人们在思想和能力上脱贫,树立脱贫决心,激发脱贫内生动力,才能不断走向繁荣富裕。六姊妹党还应持续为城镇地区提供公共服务,利用城镇财政收入,在农村和贫困地区建设更多道路和社会公共设施,以帮助农村贫困地区脱贫。

中国共产党开创和发展的中国特色社会主义是南非战胜贫困的"灵丹妙药"。借助它,南非将像战胜殖民主义和种族隔离统治一样战胜贫困。六姊妹党在学习中国共产党有益做法时,必须根据本国具体实际加以运用。

中国和非洲携手走向未来

在富有远见卓识的中共中央总书记习近平领导下,中国帮助六姊妹党建设了尼雷尔领导力学院。知识就是力量,中国共产党功德无量。1652年,荷兰船长赞·范里贝克抵达南非好望角桌湾,南非遭受种族隔离政权统治和殖民压迫的苦难的历史自此开始。2013年,习近平总书记抵达坦桑尼亚,决定援建尼雷尔领导力学院,以助力六姊妹党消除贫困、重建社会和经济。谨向习近平总书记致以敬意!

在帮助非洲国家实现政治解放的过程中,中国一直冲在最前线。中国从未殖民过非洲,也从未殖民过世界上任何一个国家。中国对非洲朋友很真诚,因此非洲国家十分欢迎同中国的合作。在新时代,应加强和巩固中国共产党同非洲政党友好合作,共建高水平非中命运共同体。非中人民的团结合作将树立新典范,为提升全人类福祉、推动建设新时代新型国际关系、建设人类命运共同体作出更大贡献。

非洲十分贫穷,但也十分富有。非洲有丰富的矿产资源,但仅作为原材料出口到西方国家,对此必须作出改变。希望中国助力非洲国家建设矿产资源加工厂，使丰富的矿产资源成为推动非洲发展的资本之源。

中国共产党在建设社会主义方面经验丰富，应同非洲国家合作，帮助非洲国家探索适合自己的建设社会主义的道路，以取得更辉煌的成就。非洲国家根据本国具体实际学习借鉴习近平新时代中国特色社会主义思想，将推动非中政党和国家关系不断深化。非洲及世界各国根据本国实际学习借鉴中国特色社会主义是未来所向，必须从现在做起。

中共和中国人民必将取得更大成就

南非全国学生大会西北省发言人
西内西弗·西比德拉

中国共产党团结带领中国人民在过去101年里取得了耀眼的成就，不仅将中国建设成举世瞩目的经济巨人，还深刻改变了中国社会的方方面面，切实增进了中国人民的福祉。发生在中国的变化极大鼓舞了全球被压迫人民，尤其是深受殖民主义和帝国主义之苦的非洲人民。中国在扶贫、教育、就业、社会平等四个方面的成绩为各国实现发展和振兴提供了启示。

中国在扶贫方面的成就堪为全球表率。中华人民共和国成立70多年来，中国共产党成功带领中国人民实现了八亿农村贫困人口脱贫的人间奇迹，提前十年实现《联合国2030年可持续发展议程》减贫目标。中国脱贫攻坚战形成的脱贫攻坚精神既是中国共产党全心全意为人民服务宗旨的体现，也是社会主义价值观和中华优秀传统文化结合的生动写照。2021年2月，习近平总书记在全国脱贫攻坚总结表彰大会上的重要讲话让全球左翼进步力量为之振奋，在新冠肺炎疫情肆虐全球，极度贫困和粮食短缺荼毒寰宇的艰难时世里彰显了社会主义的力量。

中国在发展教育、促进教育公平方面的成绩值得各国学习借鉴。

1949年新中国成立时，中国文盲率高达80%，小学净入学率仅为20%。2021年，中国小学净入学率已升至99.9%以上，初中毛入学率超过100%。在一个14亿多人口的大国实现义务教育全面覆盖是中国共产党带领中国人民创造的又一个奇迹。为服务经济发展，中国重视高等教育，尤其重视职业教育发展。1949年，中国高校在校生仅11.7万人。2021年中国高等教育在学人数总规模已达4430万，2020年职业学校在校生达2800万。如果说高等教育的扩张为中国经济发展提供了强劲动力，那对职业教育的重视则保证了中国教育的平民性。总体而言，中国的教育体制是为大众服务的，不是精英阶层的统治工具。

中国在稳定就业、促进社会平等方面的成绩同样让各国侧目。新冠肺炎疫情暴发以来，各国经济均遭重创，失业率节节攀升，社会不平等现象日益恶化。中国却在中国共产党的治理下通过灵活、创新运用各项政策工具，率先开启经济复苏，将失业率控制在了合理范围。可以说，正是因为中国共产党和中国政府的有力政策才让中国避免了很多国家如今面临的高通胀压力。《世界社会科学报告（2016）》显示，自2011年开始，中国不平等现象逐年减少。

中国在中国共产党治理下取得的成绩为包括南非在内的发展中国家解决自身问题提供了重要启示。多年来，私营化的教育体制偏袒有产者，对贫苦的普通民众进行可耻剥削，不仅严重阻碍了南非教育的发展，还加剧了社会不平等现象，给南非可持续发展蒙上阴影。新冠肺炎疫情带来的经济冲击更加剧了教育危机的蔓延。我们希望加强与中国共产党在发展教育、促进社会公平等方面治国理政经验的交流和学习，希望中国共产党一如既往地支持非洲青年发展，更希望同中国共产党和中国人民一道为非中友谊不懈奋斗。

最后，祝贺中国共产党第二十次全国代表大会胜利召开，同时为中国共产党和中国人民过去百余年的伟大成就喝彩！

中国共产党万岁！

中国人民万岁！

非洲的进步青年力量万岁！

中共为世界社会主义的复兴带来光明前景

南非共产党青年团全国组织书记
莫图斯·蒂斯汀

中国取得经济快速发展和社会长期稳定"两大奇迹",消除绝对贫困,走出了一条中国式现代化道路,成为世界第二大经济体,成功的密钥是中国共产党的领导。中国共产党成立百年来,带领中国人民在革命、建设、改革和新时代各个时期,勠力同心、艰苦奋斗,实现了从站起来、富起来到强起来的伟大飞跃。尤其是中共十八大以来,在习近平总书记坚强领导和习近平新时代中国特色社会主义思想科学指引下,中国各方面事业取得了举世瞩目的成就,为世界社会主义复兴带来光明前景。

中国共产党坚持以人民为中心的发展思想,不断解决人民关切。习近平总书记指出,人民对美好生活的向往,就是我们的奋斗目标。勤劳、智慧、勇敢的中国人民是伟大的人民,创造并延续了5000多年光辉灿烂的中华文明,各民族和谐相处,共享幸福生活。人们普遍希望拥有更好的教育、更稳定的工作、更高的收入、更好的居住条件、更好的医疗和社会保障及更美丽的环境。正如南非共前总书记克里斯·哈尼引述习近平总书记的讲话所说,幸福生活是努力奋斗来的,中国共产党将团结带领全党全国各族人民,解放思想,实事求是,坚持改革开放，解放和发展社会生产力，解决人民工作和生活中的实际问题，最终达到共同富裕。

中国的全过程人民民主是真正的民主，中国是真正的民主国家。习近平总书记强调，要坚持依法治国，维护宪法和法律权威，不断完善中国特色社会主义法治体系，以健全的法律推进国家治理体系和治理能力现代化。中国是人民民主专政的社会主义国家，实行人民代表大会制度，人民是国家的主人，广泛享有各种民主权利。民主选举、民主协商、民主决策、民主管理和民主监督体现在了中国国家和社会治理的各方面、全过程。南非也实行民主制度，南非人民有投票权并有权分享国家的经济财富，但在资本主义经济模式下，只有少数人能享受民主制度的成果。

习近平总书记是当今时代最伟大的领导人，习近平新时代中国特色社会主义思想是被实践证明了的科学指导思想。古巴共产党领导人切·格瓦拉曾说，领袖是革命的主心骨，既能将党的指导思想通俗易懂地传达给普通群众，也能真切感知人民群众的所思所想。习近平总书记正是这样的人民领袖：推动出台关于改进工作作风、密切联系群众的八项规定，使党群关系更加密切，干群关系更加融洽；以零容忍态度开展反腐败斗争，严厉查处包括中央政治局委员在内的贪腐高官；以巨大政治勇气和坚强领导推动打赢脱贫攻坚战，使全体人民实现"两不愁、三保障"，成功消除绝对贫困；提出"一带一路"倡议和全球发展倡议，推动自由贸易发展，扩大了中国在非洲和欧亚大陆的影响力；制定更加自信的外交政策，在中日关系、南海主权等方面坚决维护了国家利益。

中国共产党应进一步团结世界左翼进步力量，为全人类共同利益而奋斗。哲学家们只是用不同的方式解释世界，而关键问题在于改变世界。中国特色社会主义在消除贫困、深化改革开放、建设社会主义现代化国家和实现中华民族伟大复兴等方面取得的重大成果，深刻改变了世界，引领世界社会主义新发展，吹响了世界社会主义复兴的号角。世界左翼进步力量应当在新时代中国共产党和习近平总书记的团结带领下，携手应对西方帝国主义、资本主义强加的国际秩序和法西斯主义，以及全球化所带来的挑战，共建以人民为中心的社会主义美好未来。

再次祝贺中国共产党成立101周年，祝愿中国共产党带领中国人民取得更大发展成就！

非中双方应合力开辟发展新路径,共同抵御资本主义侵袭

南非非国大东开普省委政治教育委员会委员
乌伊塞卡·姆博泽拉

中共治党治国经验值得非洲国家政党借鉴

在中国共产党领导下,中国从贫穷落后走向繁荣发展,全面建成小康社会,改写了自身命运。认真研究习近平总书记领导下的中国共产党可以发现,一个政党只有坚定决心,团结一致,勇于自我革命,在社会上占主导地位,才能领导国家不断发展。

习近平总书记领导的中国共产党始终坚持把马克思主义基本原理同中国具体实际相结合、同中华优秀传统文化相结合。中国的社会主义发展建立在正确的根基上,使其成为全球范围内建设具有本国特色社会主义的领路人。中国共产党坚定走中国特色社会主义道路,为了实现人民对美好生活的向往不懈奋斗,取得了一系列重大成就。中国特色社会主义的发展成就让我备受鼓舞,使我相信一个国家即便发展起点很低,也能凭借自身力量大有作为。

中国是社会主义国家,但并非只存在公有制经济。中国坚持以公有制为主体、多种所有制经济共同发展的基本经济制度。中国共产党

坚信，管控好资本很重要，应确保资本的运作符合党的方针政策。因此，中国并不反对资本主义，而是要使资本与党的方针政策相适应。

习近平总书记非常重视调查研究。要治理好一方水土，调查研究十分关键，要对实情有了充分了解后才能制定与之相适应的规划，精准地促进该地发展。

在习近平新时代中国特色社会主义思想指引下，中国成为全球发展最快的经济体之一。中国循序渐进发展，在农业、医疗卫生、教育等各领域取得巨大进步。习近平总书记还根据中国现阶段发展的实际情况，提出要加快构建以国内大循环为主体、国内国际双循环相互促进的新发展格局。以上成就经验值得各国研究借鉴。

任何组织的成功取决于其能否严格遵守规章。中国共产党重视自我净化，中共中央坚持从严管理每一位党员干部，无论他们职务高低。中国共产党的所有干部坚定执行党的政策，因此能把更多精力集中在为人民服务上，建设一个全面小康的社会主义国家。中国共产党强调党中央权威和集中统一领导，保持内部团结一致，长期坚持从严治党。这一点很重要，值得许多非洲国家政党借鉴。

非中双方应合力开辟发展新路径，共同抵御资本主义侵袭

在实行多党制后，非洲多国执政党面临腐败、领导力涣散等挑战。要构建人类命运共同体，就必须确保非洲国家完全摆脱殖民主义遗毒，实现自立自强，尤其是实现经济解放。希望中国帮助非洲国家清醒认识到，援助、贷款等并不能带来发展，只有执政党制定好的政策规划，政府提供充分财政支持、重视教育，才能带来发展。

为实现新变革、走向新时代，非洲国家执政党应向中国共产党学习，以党的自我革命引领社会革命，动员社会各界力量实现可持续发展；树立核心意识，全面从严治党，严格管理每一位党员，要求其严格遵循立党立国原则。非洲国家期待中国同我们守望相助，帮助非洲

国家加强能力建设，尤其是加强同非洲政党的干部培训合作。围绕加强思想意识形态教育、改进调查研究工作等重点领域，就执政党间的干部培训合作制定详细的五年计划。建议尼雷尔领导力学院全年开设课程，邀请多批干部住读学院并参加教育、基础医疗卫生服务、住房发展、小企业发展、小微信贷、青年发展等专题培训。南部非洲六姊妹党应向其他非洲政党伸出橄榄枝，邀请其党员干部到尼雷尔领导力学院学习进修，着重学习习近平新时代中国特色社会主义思想。

各国有各国的具体实际，要像中国一样取得巨大发展成就，必须根据本国具体实际做好顶层设计，探索适合自身的发展道路。在国际社会中，非中双方应合力开辟发展新路径，共同维护国际公平正义。只有非中双方为共同目标凝心聚力，才能成功击退以美国为首的帝国主义国家发起的侵袭。

习近平总书记为南部非洲国家领导人树立了标杆

南非非国大林波波省委政治教育委员会书记
马特娄·劳伦斯·希拉拜

习近平总书记树立了"难以企及的标杆"

习近平总书记为什么能够创立新时代中国特色社会主义思想？在习近平总书记领导下，中国没有像其他发展中国家一样陷入债务陷阱，而是取得了举世瞩目的发展成就。习近平总书记为南部非洲国家领导人树立了难以企及的标杆。各国执政党领导人是否能为了国家利益做到严于律己，是否能果断行事，这至关重要。习近平总书记做到了，确保中国无论发展到哪个程度，中国共产党的旗帜都高高飘扬。

在2022年中国两会上，习近平总书记首次提出"五个必由之路"的重大论断。中国共产党走在正确的道路上，党员干部接受了充分的政治教育，这确保中国共产党难以被西方帝国主义邪恶势力渗透。中国共产党根据本国具体实际不断发展马克思主义，很好地处理了与国内民主党派的关系。中国共产党以实际行动践行马克思主义基本原理，找到了符合国情的发展道路。在以习近平同志为核心的中共中央领导下，中国共产党不折不扣贯彻落实习近平新时代中国特色社会主义思想。

非国大自身存在的六大问题

我不禁思考一个问题,为什么习近平总书记能够提出中国在新时代发展的"五个必由之路",而非国大领导人却做不到?

非国大是百余年老党,在艰难岁月中不断变革,现在仍在继续变革。当前,作为执政党的非国大深陷派系主义和腐败危机。非国大智库深入研究马克思列宁主义及科学社会主义革命理论,制定了目标清晰的政策理论文件,但在落实过程中却走上了新自由主义的歧路,导致非国大同南非共产党、南非工会大会、南非全国公民组织等执政盟友争执不下。非国大作出关键决策并予以实施前,应先征求执政盟友意见,但非国大并未这么做。联盟成员一致决定要把民族民主革命作为促进无产阶级利益,改善无产阶级生活的关键战略路径,把非国大建设成为为贫民服务的中左翼政党,但非国大却偏离了这一航向。

非国大党内存在以下问题:一是非国大领导干部优柔寡断。非国大领导干部未能坚决落实党的政策,行事拖拉,导致诸如土地再分配、将南非储备银行国有化等政策一直停留在纸面上。缺乏决断力、不注重细节是非国大领导干部普遍存在的问题。二是非国大领导干部到政府任职后不贯彻落实党的政策方针。党的领导干部到政府任职后忘记了党的期待,认为自己只需要对部门领导负责,不需对党负责。三是派系主义根深蒂固。1999年五十大后,一些党员干部以工作机会等为诱饵吸引他人加入非国大,并替他们缴纳党费,由此在党内形成了无数小团体。四是新一代青年干部不愿在能力和水平上提升自我。新南非成立后出生的青年及成长于第四次工业革命的部分青年沉迷于网络,忘记了教育才是促进自身发展的关键,忘记了他们将成为明日的领路人。五是未能为国家设定明晰的经济发展路径。执政联盟把民族民主革命看作是通往社会主义的捷径,并由此制定了良好的经济政策。但对于发展什么样的经济、如何发展经济以推进民族民主革命,非国大并未形成清晰政策。非国大应停止向国际货币基金组织和世界银行借贷，这只会让南非陷入债务陷阱，而无助于国家发展。六是缺乏组织纪律。要确保党的领导核心严守纪律，这很重要。党的各个部门、各级组织所发布的言论必须同党中央保持一致，到政府任职的高级领导干部必须仍旧遵守党的纪律，执行党的政策。

不断深化中共与非洲政党友好合作

非国大领导人应进一步就中方如何助力南非发展与中共领导人进行沟通。中方的援助资金应直接投入到项目中，确保每一分钱都用到该用的地方。南部非洲国家应向中国共产党学习，根据本国具体实际学习借鉴中国特色社会主义，以发展经济、改善人民生活；南部非洲六姊妹党应持之以恒轮训党的干部，严肃党的纪律，确保违纪必罚。中国共产党可在南部非洲国家选定一座示范城镇，就如何发展该镇制定计划、开展项目，与南部非洲各国执政党分享治国理政经验。

在中共领导下,中国人民总能创造奇迹

南非非国大林波波省委政治教育委员会委员
利乌瓦尼·埃塞尔·利加拉巴

中共带领中国人民创造奇迹

在中国共产党领导下,中国赢得了独立解放。中国共产党始终不忘为中国人民谋幸福、为中华民族谋复兴的初心和使命,坚持对马克思主义的信仰和对社会主义的信念。中国各民族团结一致,为实现中华民族伟大复兴共同努力。

中国是拥有14亿多人口的最大发展中国家。在中国共产党领导下,中国人民团结一致,勇敢面对风险挑战,因此总能创造奇迹。自1978年中国实行改革开放以来,中国特色社会主义成为中共理论和实践的基石。中国共产党提出了"两个一百年"奋斗目标,第一个目标是要解决人民的温饱问题,在中国全面建成小康社会;第二个目标是要解决好发展问题,到21世纪中叶把中国建成富强民主文明和谐美丽的社会主义现代化强国。在习近平总书记领导下,中国共产党和中国政府办成了许多过去想办而没有办成的大事。

中国共产党成功消除了绝对贫困。在脱贫攻坚战中,中国共产党和中国政府想了很多办法,做了很多事情:向贫困地区有需要的人提供贷款、减税等财政支持；支持企业扎根乡村、助力扶贫，以确保青年和妇女能够参与到经济活动中；支持农业企业和农村合作社发展；积极开展电子商务试点，确保农产品有好销路；在贫困村建立扶贫就业工坊，开展职业技能培训；在贫困地区兴办工厂，实现就近就业以解决留守儿童、留守老人问题；提供劳工安全保障、困难职工交通补贴等，为农民返乡创业提供财政支持。

中国共产党坚持人民利益至上，始终致力于满足人民群众需求，让发展改革得到人民群众拥护。中国共产党是强大的执政党，致力于推动技术创新，以高铁和5G网络建设为标志，推动中国由制造大国转型为创造大国；致力于建设教育大国，为民众提供良好服务，在危房改造、道路建设、通水通电等各领域做了很多实事；努力改善农村基础设施，扩大医疗、教育等公共服务在农村的覆盖面；致力于处理好经济发展和生态保护之间的关系，推动经济发展的重心从规模扩张转向质和效的提升，使得中国由经济大国逐渐发展成为经济强国。

中共坚定社会主义信念，重视从严治党，不断创新党的理论

中国共产党相信社会主义是拯救中国、发展中国的唯一途径。曾被嘲笑为"东亚病夫"的中国，用几十年的时间完成了其他国家用了几百年才完成的工业化进程。中国共产党坚决贯彻执行党的理论路线方针政策，用党的百年奋斗彰显马克思主义的强大生命力。中国共产党成立之初只有50多名党员，发展到今天，已拥有9600多万名党员。在习近平总书记的领导下，中国共产党领导着一个拥有14亿多人口的国家。社会主义是全中国人民的重要信念。中国人民相信，只有社会主义才能改善人民生活，促进国家发展。中国人民不仅为中华民族的未来奋斗，也为人类的共同未来奋斗。在马克思主义理论指导下，中国经济取得长足进步。

中国在发展经济的同时，也注重加强党的领导，重视加强领导核心和基层党组织的建设。党强有力的领导是中国特色社会主义制度的最大政治优势。除了人民利益以外，中国共产党没有自己的特殊利益。通过学习中国共产党如何治党管党，我认识到党的纪律性至关重要。要在党内建立规章制度，用以规范和约束党员，非洲国家执政党也应加强党的纪律性，这将提升党的领导力，由此可促进人民生活改善和国家发展。

理论和实践的辩证关系是习近平新时代中国特色社会主义思想的一个重要理论支撑。中国共产党高度重视理论与实践相结合，新时代中国特色社会主义的伟大实践是中国特色社会主义理论不断发展的源泉和动力。中国共产党在"三个自信"的基础上增加了"文化自信"，提出了"四个自信"的重要论述，丰富了中国特色社会主义的深刻内涵，彰显了习近平总书记对在新时代加强文化建设的高度期待，也标志着中国共产党将为中国特色社会主义建设提供更明确、更有力的文化支撑。

南部非洲人民的未来属于且只属于社会主义

南部非洲人民的未来属于且只属于社会主义，建设自今日始。要消除贫困、发展经济，我们应像中国共产党学习，根据本国具体实际践行马克思主义理论，发展具有本国特色的社会主义。在南非反帝国主义、反种族主义的斗争中，中国共产党予我们坚定支持。中华民族是热爱和平的民族，从未侵略他国。非洲国家纷纷独立后，中国与非洲各国在医疗卫生、减贫和农业发展、贸易、数字创新、绿色发展、能力建设、文化和人文交流、和平与安全等各领域开展合作。中国与非洲国家相互帮助，有力促进了非洲的发展。希望中国帮助非洲建立贸易和经济特区，继续帮助非洲国家，直至非洲国家能自立自强。希望中国为非洲国家由资本主义社会向社会主义发展出谋划策。

|尼|日|利|亚|

习近平总书记引领中国特色社会主义进入新时代

尼日利亚中国研究中心主任
查尔斯·奥努奈伊朱

2012年11月8日，中共十八大在北京召开。报告高度评价了中国过去十年发展取得的巨大成就，同时也提到"前进道路上还有不少困难和问题"。当时，美国和西方一些势力认为中国实际上面临的挑战远比报告中总结的更严重，有的甚至还认为中国或将重蹈苏联覆辙。然而历史来到2021年中共建党百年之际，以习近平同志为核心的中共中央带领中国实现全面建成小康社会百年奋斗目标，推动党和国家事业取得历史性成就，引领中国特色社会主义进入新时代。新时代中国共产党取得辉煌成就让美国和西方一些势力对中国特色社会主义道路的悲观论断不攻自破。

坚持深化改革、扩大开放。习近平总书记在十八届中央政治局第二次集体学习时强调，"改革开放只有进行时没有完成时。没有改革开放，就没有中国的今天，也就没有中国的明天。改革开放中的矛盾只能用改革开放的办法来解决"。中共中央高举改革开放旗帜，应对所谓"中等收入陷阱"关键挑战，借助"新常态"战略经济模式，重新审视经济增长的关键杠杆，成功避免了"中等收入陷阱"最坏情况，保持了经济稳定增长的势头。中国有望成为少数几个成功跨越"中等收入陷阱"、避免停滞不前的新兴经济体之一。当前，新冠肺炎疫情正在全球肆虐，但中国的发展依然一枝独秀，这是中国共产党领导中国取得辉煌成就的又一个具体体现。以习近平同志为核心的中共中央带领中国特色社会主义进入新时代、描绘新的历史轨迹，正对中国和世界产生前所未有的积极影响。

坚持加强党的建设，不断提高执政能力。习近平总书记坚持加强党的建设，特别是坚持反腐倡廉常抓不懈。中共中央纪律检查委员会开展常态化巡视，成立各级监察委员会，"打虎""拍蝇""猎狐"，查处大小贪官甚至那些逃离中国的贪官。这一坚实举措掀起了前所未有的反腐浪潮，在世界范围内引起共鸣，为各国反腐斗争树立了榜样。习近平总书记在中共十九大报告中指出，"强化不敢腐的震慑，扎牢不能腐的笼子，增强不想腐的自觉，通过不懈努力换来海晏河清、朗朗乾坤"。在习近平总书记领导下，中国共产党坚定不移全面从严治党，坚持全心全意为人民服务，坚持以人民为中心，党心民心高度凝聚，确保了中共在新时代坚持和发展中国特色社会主义进程中始终成为坚强的领导核心。

坚持理论创新，实现马克思主义中国化新的飞跃。科学理论是应对复杂历史挑战、把握关键战略机遇、推进中国特色社会主义事业、全心全意为人民服务的根本。进入新时代，社会主义需要焕发新的生机，应对时代新的需求和挑战，这要求马克思主义政党必须用独特的辩证唯物主义和历史唯物主义创新理论武装自己，不断提升自身洞察力，通过科学探究的镜头对社会现实的解构，获得对社会发展规律的历史预见。习近平新时代中国特色社会主义思想继承了中共理论创新的优良传统，独树一帜地回答了时代之问，为中共面对时代挑战提供了更加自信的理论保障。习近平新时代中国特色社会主义思想的严谨性和创新性，其深刻的思想内涵和博大精深的智慧精髓，是对马克思主义发展作出原创性贡献，必将在相当长的历史时期内对世界发展进程产生深远影响。

习近平总书记在引领中国发展的同时，也推动非中友好合作进入新时代。2013年，习近平当选为国家主席后国事访问首站是俄罗斯，第二站便是非洲国家。习近平主席在这次访问中总结了中非友好关系发展历史经验，全面阐述新时期中非共谋和平、同促发展的政策主张，提出了新时期中国对非真实亲诚政策理念，为新时代中非关系发展指明了方向。中共十八大以来，中非先后在2015年、2018年、2021年举办三届中非合作论坛领导人峰会，习近平主席分别提出"十大合作计划""八大行动""九项工程"，双方领导人一致决定构建更加紧密的非中命运共同体，深入推进非中共建"一带一路"，在非中关系历史上树立起了新的丰碑，谱写了新时代非中团结友好的新篇章。

中共治国理政经验值得非洲国家学习借鉴

尼日利亚国际观察协会主席
奥维·雷克穆法

  1921年7月23日，中国共产党在上海法租界望志路106号（现兴业路76号）和浙江嘉兴召开首次代表大会，当时全国只有50多名共产党员。2021年7月，中共迎来百年华诞之际，已发展成为一个拥有9600多万名党员的大党。作为长期执政的马克思主义政党，中共很多治国理政经验值得非洲国家学习借鉴。

  一是建立中国特色社会主义民主制度。尽管西方对中国民主制度持怀疑态度，但事实上中国的民主才是真正属于人民的民主，是具有实质内涵的民主。美国的民主只是"富民有、富民治、富民享"。在美国2016年总统大选中，希拉里在比特朗普多近290万张选票情况下仍输掉选举，这在任何一个民主国家都是难以想象的，难怪有记者将美式民主描述为"金钱能买到的最好的民主"。相比之下，中国的民主不是商品，不是通过买卖实现的。在中国，没有任何种族或团体享有民主的特权，中国的全国人民代表大会是最高国家权力机关，全国人大和地方各级人大都由民主选举产生，对人民负责，受人民监督。

  二是领导中国取得举世瞩目的发展成就。在中共卓越领导下，中国经济实力实现了大幅跃升。中国成功探索出社会主义市场经济道路，坚持公有制为主体，多种所有制经济共同发展，打破了西方只有资本主义才能发展现代市场经济的信条，也印证了一句中国谚语，"江海之大，不择细流"。进入新时代以来，中国经济社会发展取得全方位、开创性历史成就，中国的"世界工厂"地位更加名副其实，世界第二大经济体的地位更加巩固。

三是坚持以人民为中心的发展思想。坚持人民至上，把人民利益放在首位是中共百年奋斗的成功密码。目前，中国已建成世界上规模最大的教育体系、社会保障体系和医疗卫生体系，全面建成小康社会。中国用占世界7%的耕地成功地养活世界22%的人口，向人民大众提供医疗保健、实行九年义务教育，几乎在全国消除了贫困、文盲和饥饿等。

四是携手共建人类命运共同体。正如习近平主席在2018年中非合作论坛开幕式上指出，"把自己囚于自我封闭的孤岛没有前途"。中共秉持人类命运共同体理念，坚信世界好，中国才能好。实际上，这句话反过来依然成立，中国好，世界才会更好。中国不断发展壮大，在国际舞台上扮演重要角色，始终是世界和平的建设者、全球发展的贡献者和国际秩序的维护者。非洲国家可以学习借鉴这一理念，推动非洲国家共同发展基础设施，例如建设连接非洲大陆所有国家的高铁系统等。

中非友好源远流长，早在非洲民族解放运动时期，面对赞比亚等非洲国家遭受殖民主义和种族隔离主义封锁，中国克服自身经济困难，伸出援手帮助非洲国家修建了全长1860.5千米的坦赞铁路。新的历史时期，在习近平总书记领导下，通过中非共建"一带一路"，多条犹如坦赞铁路一样的重大基础设施横贯在非洲大陆上，助力非洲走向发展振兴。中国共产党即将召开第二十次全国代表大会，中国号动车正向全面建设社会主义现代化国家和世界第一大经济体高速前进，势不可挡。中国的发展将为非洲带来新的机遇。中国在处理非洲事务时秉持的"五不"原则表达了中国在与非洲合作时真诚友好、平等相待的态度。我们坚信13亿多非洲人和14亿多中国人日益密切的合作将是全球一股强大的力量。

第二篇 非洲

我眼中的习近平总书记、中共和非中关系

尼日利亚《非洲中国经济》主编
伊肯纳·埃梅乌

前　言

我第一次近距离接触中国领导人是在 2016 年中国两会记者招待会上。当时我与全球百余名记者参会，我有幸在互动交流环节被选中提问。同年 5 月，我与非洲 22 国记者来到中共中央对外联络部座谈交流，工作人员向我们介绍了中国共产党、中联部和政党交往的一些情况，进一步加深了我对中国共产党的了解。10 月，我参加了"2016 中国共产党与世界对话会"，与 50 多个国家的 72 个政党和政治组织领导人等 300 余名中外代表共同见证政党交往的重要时刻。

在这一年间，随着我对中国共产党的了解愈深入，交往愈密切，我愈发认为中国共产党是世界上最具创新力的政党。中国共产党的生命力在于与时俱进、不断开放，中国特色社会主义不断发展壮大，就是最好的证明。这些发现促使我更加深入地思考，中国共产党是如何实现自我发展，世界政党应如何学习中国共产党的成功经验来推动本国和世界发展。

我眼中的中共

中国共产党始终坚定理想信念。1934年10月至1936年10月，中国工农红军主力被迫从长江以南各革命根据地撤退，战略转移至陕甘革命根据地，这被称为"万里长征"。2016年夏天，我从西安一路来到延安，沿途所见让我陷入沉思。我在参观延安革命纪念馆和毛泽东、周恩来等中国共产党领导人住所时潸然泪下。这些革命先驱是多么英勇无畏啊！他们为自由付出了多大的代价啊！中国共产党没有辜负在长征中壮烈牺牲的勇士们的期望！今天，中国共产党踏上了新的长征路。我相信，为了实现这个伟大目标，中国共产党将努力不懈奋斗。

中国共产党是以人民为中心的政党。中国共产党在习近平总书记领导下，成功打赢脱贫攻坚战。习近平总书记在《摆脱贫困》中引用邓小平的话，"人民跟着共产党干什么？一求翻身解放，二求富裕幸福"。2015年联合国千年发展目标圆满达成，中国是第一个完成该目标中减贫目标的发展中国家。2016年两会期间，中国政府提出"今年要完成1000万以上农村贫困人口脱贫任务"。改革开放40多年来，7.7亿中国人成功脱贫，对全球减贫贡献率超过70%。

中国共产党是实现中国奇迹的关键驱动力。在中国共产党的领导下，深圳从一个小渔村发展成为拥有1700万人口的国际大都市，数百万生活在宁夏回族自治区的贫苦村民乔迁至现代都市的新房中，日新月异的高铁技术使中国交通发生了翻天覆地的变化。新冠肺炎疫情发生后，在中国共产党坚强领导下，中国是2020年全球唯一实现正增长的主要经济体。2021年，中国国内生产总值为17.73万亿美元，外汇储备约为3.2万亿美元。中国连续12年位居世界第一制造业大国。2021年，制造业增加值规模达到4.86万亿美元，占国内生产总值比重达到27.4%。

中国共产党坚持独立自主，走中国道路。在美国主导的领域中，中国不断进行自主探索。美国有全球定位系统（GPS）、脸书、照片墙、推特和谷歌，中国有北斗卫星导航系统、微信、抖音、微博和百度。美国有大名鼎鼎的FANG（脸书、亚马逊、网飞、谷歌），中国也有不落下风的BATH（百度、阿里巴巴、腾讯、华为）。在中国共产党的领导下，华为、腾讯、阿里巴巴、万达、中兴、传音和比亚迪等民族品牌已能与其他国际巨头试比高。

非中合作硕果累累

习近平总书记高度重视对非工作，提出真实亲诚对非政策理念和正确义利观，推动构建更加紧密的中非命运共同体，亲力亲为开展对非元首外交，引领中非关系跑出亮丽的"加速度"。

2013年，习近平在就任国家主席后首次出访就选择非洲，迄今已四次访非，足迹遍布非洲大陆。2015年和2018年，中非领导人先后在南非约翰内斯堡和北京召开两次历史性峰会。2020年6月，在抗击新冠肺炎疫情关键时刻，中非团结抗疫特别峰会及时召开。中非政治交往的频率、广度和规模前所未有，仅北京峰会期间，习近平主席出席的双多边活动就持续八天、多达70余场。

在习近平主席领导下，中非合作论坛取得许多成就。2015年，习近平主席在中非合作论坛约翰内斯堡峰会上承诺将向非洲提供600亿美元资金支持，包括50亿美元无偿援助和无息贷款和350亿美元的优惠性质贷款及出口信贷额度。2018年，习近平主席在中非合作论坛北京峰会上提出要共筑更加紧密的中非命运共同体。习近平主席鼓励中国企业扩大在非投资，支持中国企业以投建营一体化等模式参与非洲基础设施建设，并表示中国将扩大进口非洲商品特别是非资源类产品。

2021年11月，中非合作论坛第八届部长级会议在塞内加尔首都达喀尔举行，习近平主席宣布为实现非盟确定的2022年60%非洲人口接种新冠疫苗的目标，中国再向非方提供十亿剂疫苗。此外，中国还为非洲国家援助实施十个医疗卫生项目，向非洲派遣1500名医疗队员和公共卫生专家。

我的祖国尼日利亚也从非中合作中受益颇多。中国土木工程集团有限公司自2012年起在尼基础设施领域累计投资70亿美元，完成阿布贾、哈科特、卡诺和拉各斯国际机场航站楼等大型项目。过去五年间，该公司承建的系列公路项目也极大方便了尼人民出行。

非中合作还极大促进了其他国家对非合作。美国计划再次大力推进《非洲增长与机遇法案》（AGOA）。日本也打算再次推动东京非洲发展国际会议（TICAD）。2018年中非合作论坛北京峰会召开前一个月，时任英国首相特蕾莎·梅、法国总统马克龙和时任德国首相默克尔访问非洲十国，他们都变得更加尊重非洲，这可以看作是北京峰会成果的一部分。

结　语

2022年是非中开启外交关系66周年，非中关系结出累累硕果离不开中国共产党的领导。作为媒体从业者，我希望中国共产党继续努力推动非中关系发展，更加关注非洲的政治意识和思想动态。与私人媒体和机构开展更多交流合作，可同上述机构召开年度研讨会或宣介会，宣传中国共产党取得的成就、最新动向及思想理论成果。借鉴西方政党在非宣传做法，向非洲传递中国共产党的正确、正面形象，在非讲好中国故事和中国共产党的故事。

最后，我认为，包括非洲在内的世界政党应学习借鉴中国共产党的成功经验，推动各自国家发展，共同维护世界和平与稳定。

|塞|拉|利|昂|

我首次来中国就爱上了这个国家

塞拉利昂 – 中国联合会创始人
玛丽亚·凯克

我首次来中国就爱上了这个国家。在华工作生活十多年来，我参加过汶川地震救援，担任过新冠肺炎疫情防控志愿者，有幸成为非中文化交流大使、北京冬奥会国际传播大使。在华期间，我去过山西、福建、广东等多个省份，参观中共党史相关展览，下到农村地区同村官座谈等，亲身感受到新时代中国共产党带领中国人民取得的伟大成就，亲眼见证了以习近平同志为核心的中共中央带领老百姓脱贫致富，真正意识到中国的发展不仅对中国而且对全世界都具有重大历史意义。

中国领导人最亲民。世界上许多国家的选举完全是"金钱政治"，领导人的当选靠的是资本雄厚，而不是人民支持。相比之下，中国的选举与金钱无关，各级领导都由人民选举产生，许多家境贫穷的大学生也有机会当选村长。习近平总书记始终坚持以人民为中心的发展思想，为了人民的幸福生活深谋远虑，获得人民群众的支持，一步步从村支书成长为中国共产党的总书记、中国人民的主心骨。我曾获许多国家领导人接见，但习近平总书记给我的感觉是平易近人、真诚友善。我深刻感受到，中国共产党与人民群众的血肉联系和鱼水深情正是中国不断取得成功的秘诀,也是各国尤其是非洲国家应认真学习的。

中国人民最勇敢。我在山西参观过八路军保护当地百姓抗击侵略者的展览馆,了解到中共不屈不挠的革命斗争事迹。在参观时,我被中共领导下八路军战士的大无畏及顽强斗争精神深深感染。其实越是深入了解中国历史,就越能明白中国人民的爱国主义从何而来,人民对中共的真心拥护从何而来。中国改革开放以来,中共带领中国人民向贫穷宣战,持之以恒开展产业扶贫等政策,激发人民勤劳勇敢的斗志,并创新开展电商扶贫等项目,真正实现"两不愁、三保障",最终彻底消除绝对贫困。我认为非洲国家应学习借鉴中国减贫经验,为实现非洲发展繁荣不懈努力。

中华民族有大爱。中国人民热爱和平,乐于助人,广结善缘。习近平总书记提出"一带一路"倡议,并在平等互利的基础上,同其他国家共同打造政治互信、经济融合、文化包容的利益共同体、命运共同体和责任共同体,不仅要自己富起来强起来,还要带动更多国家走上共同富裕的道路,我觉得这就是中华民族的大爱。近年来,中非合作论坛极大促进双方合作,为非洲基础设施改善、民生水平提高等发挥了不可替代的作用。我愿做连接非中友好的桥梁和使者,创办塞中友好联合会,开设"学习简单中文"课程,希望以实际行动对非传播中国文化、中国智慧,增进非洲年轻一代对中国的了解,为非中未来友好发展打下坚实基础。

非洲国家应抓住机遇从非中合作中受益

塞拉利昂《阿沃克报》副主编
奥斯汀·托马斯

要了解中国,就必须了解中国共产党;要学习中国经验,就必须向中国共产党学习。100多年来,中共带领中国人民取得一个又一个胜利,不仅建立新中国,引领中国成功探索符合国情的社会主义发展道路,而且维护了国家团结、和平与稳定,让世界上人口最多的国家为之一变。中共十八大以来,中国特色社会主义进入新时代,进一步证明了中国发展道路的有效性与合理性,这也是世界历史的重大转折点:一个自信的中国正在大步走近世界舞台中央,并将发挥重要影响力与塑造力。

中非合作论坛成立以来,特别是近十多年来,中国予以非洲坚定支持,提出构建中非命运共同体理念,在"一带一路"倡议、中非合作论坛等框架下向非洲提供援助,帮助非洲建设大量医院、学校、道路桥梁等,并每年向非洲提供数千个奖学金名额,助力非洲通过人力资源开发实现发展。新冠肺炎疫情暴发后,中国率先向非洲提供新冠疫苗,并派专家组帮助非洲国家制定防疫政策,共同阻击疫情蔓延。

以塞拉利昂为例。2011年,中国政府将援建的中塞友好医院移交塞政府,并协调中国多家医院同其开展对口合作。当埃博拉病毒来袭时,中塞友好医院成为拯救塞民众生命的中心,大批中国医疗队来塞开展医疗救治,为塞战胜埃博拉病毒作出不可磨灭的贡献。新冠肺炎疫情期间,塞中医疗专家以这家医院为基础,齐心协力为发现、诊断和治疗新冠患者不懈奋斗,成为两国同舟共济、患难与共的真实写照。过去十多年来,中国医生在该医院为塞弱势群体开展免费白内障手术,让无数塞民众重获光明。目前,该医院也承担教学任务,为培训塞青年医师发挥重要作用。

非洲国家应抓住中国扩大对非合作契机,厘清自身需求,在不损害各方利益的前提下,争取从非中合作中受益,实现互利共赢。非洲国家不应盲从某些国家在科技创新领域同中国"脱钩",而应同中方在农业、工业等领域加强合作,携手取得有利于非洲的科技成就。

开放包容、互利共赢、共同发展才是中国梦的特点

塞拉利昂《阿沃克报》副主编
奥斯汀·托马斯

在人类发展史上，100年不过一瞬间，但中共的100年却给中国带来了翻天覆地的变化，这100年改变了中国人民的前途命运，迎来了中华民族伟大复兴的光明前景，见证了中国人民为人类发展作出的卓越贡献。

中国共产党从1921年成立之初只有50多名党员，逐渐成长为拥有9600多万名党员、领导14亿多人口的世界上最大马克思主义执政党，拥有巨大国际影响力。100年来，中共始终把为中国人民谋幸福、为中华民族谋复兴作为自己的初心使命，中共百年历史成就向世界表明，改革开放是决定中国命运的关键一招，中国特色社会主义是实现中华民族伟大复兴的正确道路，中国已经大踏步地赶上了时代，并走在时代前列。

100年来，中共团结带领中国人民进行的一切奋斗、一切牺牲、一切创造，归结起来就是一个主题：实现中华民族伟大复兴。中国梦是习近平总书记2012年11月提出，并成为全党全社会乃至全世界高度关注的一个重要思想概念。为什么用中国梦概括中华民族伟大复兴？习近平总书记曾这样讲，"中国梦是一种形象的表达，是一个

最大公约数。中国梦是国家的、民族的,也是每一个中国人的。"习近平总书记倡导的中国梦得到中国人民的一致拥护,激发了中国人民的热情和力量。纵观中国历史,中国人民始终与国家命运紧密相连,始终把民族利益置于个人利益之上。

中国梦既不是封闭的,也不是排外的。开放包容、互利共赢、共同发展才是中国梦的特点。中共带领中国在几十年时间完成了发达国家几百年的工业化进程,走出了一条有中国特色的现代化道路,开创了人类发展进步的新模式,为发展中国家走向现代化提供了全新选择。近年来,非中双边贸易额增长迅速,人文交流频繁,非中经济合作对非洲国家经济增长作出巨大贡献。今天,中国国内生产总值已突破100万亿元,是世界第二大经济体,是国际最大外国直接投资接受国。国际货币基金组织的统计数据显示,自国际金融危机爆发以来,中国对全球经济增长的贡献率接近四分之一。中国梦为世界发展提供契机,世界发展将为实现中国梦提供更广阔的发展空间。

震惊世界的中国奇迹是中国人民创造的,实现中国梦的钥匙仍然握在人民手中。中共领导层密切党和人民群众的血肉联系,呼吁中国人为实现中华民族伟大复兴的中国梦而努力。我深信,有中国人民的努力,中国梦一定能实现,中国共产党和中国人民在新时代新征程上一定能再创辉煌!我同样深信,有中国伙伴支持,有非中合作助力,非洲梦最终也能实现!

非中友谊成为合作共赢的代名词

塞拉利昂全国人民大会党宣传部副书记、塞中基金会主席
穆罕默德·卡马拉

再次热烈祝贺中国共产党成立100周年！近年来，中国共产党在应对南海问题、与美国贸易摩擦等重大地缘政治挑战中，表现出极大的韧性，在促进国际友好和经济合作方面彰显出非凡的决心。中国共产党最突出的成就之一是通过增加就业、易地扶贫搬迁、生态扶贫，教育扶贫等政策，让近八亿农村贫困人口摆脱贫困，赢得人民广泛信任。100年来，中国在科技方面取得巨大飞跃，中国和非洲通过南南合作和共建"一带一路"建立起深厚的经济联系和合作伙伴关系。

2021年11月8日至11日，中共十九届六中全会在北京召开。全会总结了中国共产党的百年奋斗重大成就和历史经验，决议指出，中国共产党的百年奋斗从根本上改变了中国人民的前途命运，中华民族迎来了从站起来、富起来到强起来的伟大飞跃。同时，这一重要决议也为非洲和其他发展中国家提供了启示，提醒各国要维护独立和主权，阻止帝国主义国家通过硬实力或软实力进行政治或经济渗透。中国在实现第一个百年奋斗目标取得的胜利可喜可贺，期待中国共产党在第二个百年奋斗目标征程上取得新的更大成就。

非洲国家从中国的成功经验中学到，只有下定决心，采用新的发

展模式，将比较优势转化为竞争优势，才能实现发展；必须找到适合本国国情的发展道路，不能一刀切；必须"向内看"，有效利用国内资源，推动必要改革，打击腐败。某些国家给予非洲的发展援助总附加政治条件，只会扼杀非洲的发展。

近年来，非中合作蓬勃发展。中国大力支持非洲基础设施建设，帮助塞拉利昂建设医院、帮助马里修建糖厂和甘蔗农场、帮助许多国家新修体育场馆等。非中友谊已成为合作共赢的代名词，非中友好建立在政治平等、互信、互利的基础上，促进了彼此文化交流、安全互助以及在国际事务中的团结与协调。部分西方国家对中国发展对非合作的批评是不公正的，非中是发展伙伴，而不是"捐助者"和"受援者"，双方平等相待、相互尊重，中国对非合作从不附加任何政治条件，亦不干涉非洲国家内政，中国对非援助强调增强非洲自主发展的能力。作为一名非洲的青年人，我认为非中都应全力支持中非合作论坛，利用好这一重要平台制定加强非中合作的政策和计划，携手应对挑战。期待中国支持非洲应对气候变化，推动林业资源和自然环境保护。

非中伙伴关系是互利共赢的代名词

塞拉利昂全国人民大会党宣传部副书记、塞中基金会主席
穆罕默德·卡马拉

非中友好源远流长，双方有着相似的历史遭遇、共同的发展愿景，始终相互支持、相互帮助。20世纪六七十年代，中国以不同方式支持非洲国家民族解放斗争，非洲国家恪守一个中国原则，坚决支持中国重返联合国。2000年中非合作论坛成立以来，非中关系实现跨越式发展，双方各层级交往不断，经贸合作成果丰硕。非中关系进入新时代以来，中国推动"一带一路"倡议同非洲发展规划对接，促进非洲工业化转型，引领并支持国际对非合作。

非中是平等互信的伙伴。中国始终在平等和相互尊重基础上开展对非合作，始终视非洲为发展伙伴而不是"受援国"，视非洲为"希望的大陆"而不是"绝望的大陆"；从不对非洲进行说教，支持非洲探索符合自身国情的减贫发展道路，提升自力更生能力；对非贷款援助非常透明，从不附带任何政治条件，并强烈反对域外力量干涉非洲国家内政。与中国对非政策相比，部分西方国家则轻蔑非洲，认为非洲应该是谦卑顺从的"受援国"，而不是平等的发展伙伴。近期，不少西方经济学家也认为，西方过去几十年开展对非援助强加政治条件，没有真正开展对非合作，导致非洲许多国家经济陷入瘫痪，严重破坏

了国际经济新秩序。

非中走互利共赢道路。非洲是中国投资的新前沿，非中经济合作本质是双赢和共同发展，而非西方倡导的"我赢你输"。中国已同非洲开展全方位合作，提出"八大行动""九项工程"等诸多对非合作计划，通过中非合作论坛稳步促进非洲发展，推动非洲实现工业化转型。中国不仅仅从非洲进口原油、矿产等原材料，而且注重提升产业链上游发展水平，提升非洲自主发展能力。同时，中国帮助非洲开展大坝、港口等基础设施建设，既创造大量就业岗位，又改善非洲粮食供应与安全。部分学者质疑中国商品在非泛滥阻碍非洲发展，抹黑中国为了经济利益剥削非洲自然资源。事实上，就同类型产品而言，从中国进口的产品比从西方传统来源国进口的便宜75%，比当地生产的替代品便宜50%，这对购买力薄弱、深陷贫困的非洲国家而言是一个不错的发展机会。从非洲出口端看，对华出口将增加税收收入，减轻各国政府财政压力，改善宏观经济形势。

非中共同应对风险挑战。没有一种关系不存在挑战，但如果处理得当，则可以转危为机。对非洲国家而言，如果过分强调初级产品出口，则可能诱发"荷兰病"，致使经济结构过于单一，其他行业不景气，浪费来之不易的发展机会。如果片面理解自主发展权，滥用资源甚至将国家资本存储在海外银行，只会造成灾难性后果。随着中企在非不断崛起壮大，大量廉价产品可能会冲击非洲生产力，抑制非洲产品多样化，逆转非洲工业化进程。值得欣慰的是，非中正利用中非合作论坛等平台机制，加强伙伴关系战略规划，积极应对上述可能出现的风险挑战，不断提升非中关系水平。

中国辉煌成就是马克思主义中国化的成功

塞内加尔独立劳动党总书记
桑巴·西

毋庸置疑,中国是当今世界最重要的国家之一。过去数十年间,中国在各领域取得巨大进步,成功实施改革开放,打赢脱贫攻坚战,一跃成为全球经济和科技发展的领军力量,国际地位和影响力位居世界前列。中国成功建立起广阔的内部市场和倡导公平公正的法治社会,在良治、司法建设和提升人民福祉等方面不断取得进步。中国取得的这些辉煌成就,是中国共产党的伟大功勋,也是马克思主义中国化的成功,不仅对中国有着重要意义,对于全世界也意义重大。即便是对那些不认同中国发展道路的国家和人士而言,中国的发展成就和国际地位也值得他们尊重和敬佩。

中国能有如此伟大的发展成就,离不开中国共产党的坚强领导。中国共产党在辉煌百年奋斗历程中,总结归纳出许多宝贵经验,这对包括独立劳动党在内的众多发展中国家政党而言意义重大。中国共产党始终坚持马克思主义,但从未陷入僵化的教条主义,而是将马克思主义基本原理作为指导实践的思想指南。中国共产党的一项伟大成就,是向世界上所有共产主义政党和左翼政党证明,社会主义实践并非要求我们一成不变地照搬照抄马克思主义理论,而应该将马克思主义基本原理同本国实际情况和时代特征相结合，自主探索符合本国国情和人民需求的发展道路。探索中国式发展道路，坚持独立自主，是百年来中国共产党得出的宝贵经验。

对他国经验有选择性地学习借鉴是中国共产党的另一条宝贵经验。借鉴人类政治文明的有益成果，必须在认真研究的基础上，分清良莠、择善而从，而不能顶礼膜拜、照搬照抄。实践证明，即便是对他国有效的制度模式，如果不顾国情照搬照抄，也会出现严重的社会后果。这一经验对每个国家都具有指导意义，能帮助各国更好更快地实现发展目标。

我们党对中国共产党的经验做法高度认同。独劳党自成立之日起，就致力于团结一切进步力量，根据时代潮流和社会现实探索符合本国国情的发展道路，摒弃不合实际的崇拜和盲从，不轻信西方国家关于"民主治理"的谎言，始终为建设一个民主、和平、强大、现代化的塞内加尔而不懈努力。

世界上根本不存在唯一的、绝对的、普遍适用的政治制度和民主模式，也根本没有一种放之四海而皆准的国家发展道路。一个国家实行什么样的政治制度，走什么样的发展道路，归根结底是由这个国家的性质和国情决定的。我们衷心祝愿中国共产党在以习近平同志为核心的中共中央坚强领导下，乘风破浪、勇往直前，取得更多更大成就。我们也愿继续同中国和中国共产党保持友好关系，共同为世界和平发展作出更多贡献！

中共从未忘记初心使命

塞内加尔独立劳动党创始人之一、政治局委员
恩东戈

中国共产党是拥有百年历史的世界第一大党，也是一个伟大的马克思主义执政党。100年前，中国共产党带领中华儿女和仁人志士开辟了一条信奉马克思主义的爱国救亡之路，成功实现民族独立和人民解放，摆脱了殖民者和封建势力的凌辱和欺压。100年来，中国共产党干成一件又一件大事，经受住一个又一个考验，取得革命、建设、改革开放的伟大胜利和成就，在中华民族历史上书写了辉煌篇章。中国共产党带领中国人民在减贫、经济增长、社会发展等方面取得举世瞩目成就，受到世界广泛尊重和钦佩，为广大发展中国家树立了榜样，为世界上所有希冀国家进步、人类发展和社会正义的国家提供了范例。中国共产党的成功是历史的必然，其成功经验值得深入总结和学习。

中国共产党是真正践行社会主义的政党。社会主义的核心是社会公平正义，强调不论出身、不论贫富，人人都应享有充分发展的自由和权利。这既是社会主义具有强大生命力和充分合理性之所在，也是人类社会的根本追求之一。西方资本主义国家一贯遵循"金钱至上、胜者为王"的社会达尔文主义，其社会根基是强者和金钱逻辑，忽视乃至蔑视社会公平公正。而中国共产党始终将维护社会公平正义摆在

重要位置。中共中央总书记习近平在中共十九大上表示，中国共产党把人民对美好生活的向往作为奋斗目标，并提出构建人类命运共同体这一跨时代的宏伟构想，体现出真正的马克思主义政党追求全人类共同幸福的崇高目标和世界情怀。习近平总书记强调，不能忘记来时的路。中国共产党对于初心使命的坚守令国际社会，特别是非洲的社会主义者和左翼人士动容，也激励着我们非洲国家政党回望初心，不忘初衷。

塞中党际交往是两国友好关系的重要组成部分，也是双方沟通交流的重要渠道。2022年3月，塞内加尔独立劳动党正式同中国共产党建立关系，这是独劳党历史上具有里程碑意义的大事。作为非洲左翼政党，我们对能和世界上最大的马克思主义执政党建立联系、开展经常性交往深感喜悦和自豪。中国共产党支持各国自主探索符合本国国情的发展道路，我们对此深表认同。当前，塞政府正通过推进改革创新，努力应对世纪疫情和俄乌冲突背景下的经济社会新挑战。独劳党全体党员热切期待加强与中国共产党交往，学习中共党建经验和以人民为中心的发展思想，助力塞经济发展和社会进步。独劳党愿同中国共产党携手努力，推动两国合作和两党关系不断迈上新台阶。

我们坚信，作为马克思主义政党，中国共产党一定会继续秉持以人民为中心、执政为民的理念方针，为人类社会发展作出更大贡献！

中共的卓越领导是中国繁荣富强的关键因素

塞内加尔独立劳动党书记处书记
拉明·巴

能将中国这样一个拥有960万平方千米领土、14亿多人口的超级大国治理得井井有条、蒸蒸日上，是中国共产党卓越治理能力的最佳例证。塞内加尔执政联盟成员独立劳动党认为，中国特色社会主义制度是马克思主义中国化的伟大实践，习近平新时代中国特色社会主义思想必将引领中华民族走向伟大复兴。中国共产党坚持在治国理政实践中不断积累、总结经验，加强党的规章制度建设，不断增强执政能力，是中国发展繁荣的关键因素。独劳党尤为钦佩中国共产党在干部队伍建设方面的成就和经验，中共领导干部的从政经历都是从基层开始，熟悉群众，体察民情，关心人民疾苦，了解民众期盼。这一选拔制度让领导人能够真正深入群众，在身居高位时也不忘初心使命，始终把人民利益放在首要位置，并提出真正符合中国基本国情的政策方针，助力国家繁荣复兴。

中国共产党领导中国在经济建设方面取得了举世瞩目的重大成就，不断推动经济结构调整，贯彻绿色发展理念，尤其是"一带一路"倡议的提出使中国成为世界经济发展的"火车头"和"助推器"。"一带一路"倡议通过建设公路、铁路、港口等交通网络，以及一系列经济合作项目，推动世界互联互通，增进国家之间交流，为中国人民、世界人民带去便利和商机。这一壮举倡导互利共赢的国际合作模式，通过这一模式，中国为世界提供难得的发展机遇，实现了对世界和平发展的庄严承诺，肩负起大国责任担当。塞内加尔是首个同中国签署共建"一带一路"合作备忘录的西非国家，我们为此深感自豪，并热切期盼通过加强包括港口运输、通信设施建设、农副商品进出口等领域合作，将双边合作成果更好造福两国人民。

习近平总书记当选中国国家主席以来，中国日益走近世界舞台中央。中国主张的包容性开放性发展理念、智慧、方案和机遇日益受到国际社会关注和研究，这意味着中国同世界的关系愈发紧密。中国方案将为世界上其他国家谋求发展提供借鉴，为各国发展提供启示。作为历史悠久的左翼老党，独劳党历来主张"美美与共，天下大同"的共同发展观。在当前国际局势紧张复杂背景下，国际社会更需摒弃零和博弈和强权独霸思想，更多为尚处贫苦、饥荒、灾难的发展中和欠发达国家人民着想，走合作共赢、不落一国的世界发展新道路。

与一些国家奉行霸权主义和强权政治，大搞"长臂管辖"，谋求建立单极世界相反，习近平总书记提出的构建人类命运共同体倡议是胸怀宽广、目标远大、以全人类共同利益为诉求的宏伟理念，致力于推动社会共融、利益共享，推动各国各地区各民族共同发展、共同受益。在当前新冠肺炎疫情和俄乌冲突延宕交织的危急时刻，中国愈发成为维护世界和平稳定、推动经济复苏、促进人类文明进步的积极力量，独劳党愿同中共携手努力，为建设更美好世界贡献力量！

理论创新是中共保持强大生命力的秘诀

塞内加尔非洲争取民主和社会主义党国际事务书记
姆巴科·洛

塞内加尔非洲争取民主和社会主义党（以下简称"民社党"）与中国共产党建立关系以来，始终保持友好交往。民社党敬仰中国伟大发展成就，钦佩中国共产党在国家发展历程中发挥的中流砥柱作用。作为百年大党，中国共产党坚持以人民为中心的发展思想，团结带领中国人民在实现中华民族伟大复兴征程上不断前进。

同塞内加尔一样，中国也曾遭遇殖民列强践踏。在饱受欺凌的战争年代，中国共产党带领中国人民浴血奋战，百折不挠，成功实现民族独立和人民解放。新中国成立后，在中国共产党领导下，中国人民自力更生、发愤图强，克服种种困难挑战，实现国家快速发展和现代化，推动中国从一穷二白的农业国发展成为世界第二大经济体，屹立于世界强国之林。中国和中国共产党取得的成就，靠的是一代又一代中国人的奉献与坚守，以及无数中共党员的坚韧品格、爱国主义精神和杰出工作能力。

一个具有强大生命力的政党不能没有理论创新。作为马克思主义政党，中国共产党历来高度重视思想建党、理论强党，这为世界各国左翼政党发展壮大树立了典范。毛泽东同志灵活运用马克思主义基本原理，结合中国基本国情，充分动员占中国人口大多数的工农阶层，通过"农村包围城市"策略，领导中国革命取得最终胜利。20世纪70年代末，在邓小平同志领导下，中国大胆实施改革开放，开启中国经济腾飞之路。在中国经济水平达到新高度、国际地位蒸蒸日上、世界格局发生深刻变革的新时代，习近平新时代中国特色社会主义思想应运而生。习近平同志将马克思主义基本原理与时代特征、中国具体国情，以及中国特色社会主义现代化建设实践相结合，以全新视野深化对政党执政规律、国家建设规律、人类社会发展规律的认识，创立了习近平新时代中国特色社会主义思想，实现了中国特色社会主义理论的创新和飞跃。如果说毛泽东思想解决了中国站起来的问题，邓小平理论解决了中国富起来的问题，那么习近平新时代中国特色社会主义思想则是为了解决中国强起来的问题。这体现出中国共产党与时俱进、开拓创新的精神，为中共应对新挑战、解决新问题提供了理论基础，也有助于非洲政党思考探索非洲未来，结合非洲国家需求和实际，加快自身理论和实践创新。

在学习研读习近平总书记的论述和著作中，我们注意到，习近平总书记的治国理政思想与民社党的思想理念有着相似相通之处。如习近平总书记提出以为人民谋幸福为宗旨；主张绿色发展，人与自然和谐共生，实施节能减排、保护生态环境的政策措施；倡导推动构建人类命运共同体；坚持以人民为中心的发展思想；倡导创新、协调、绿色、开放、共享的发展理念等，这在民社党党章中都有相似的论述，与我们党提出的建设一个生态、民主、团结、和平的塞内加尔的目标相通。中国共产党的成功实践带给我们信心和勇气，激励我们为建设一个更繁荣、更美好的国家而奋斗，为推动世界和平发展而奋斗。

民社党愿深入学习习近平总书记治国理政思想，从中汲取宝贵经验，并将学习成果切实转化为满足非洲人民，尤其是塞内加尔人民对于国家发展和美好生活向往的强大动力。

非中人民团结万岁，塞中人民团结万岁！中国共产党和塞内加尔民社党的深厚友谊万岁！

习近平治国理政思想为非洲各国探索自主发展道路增添信心

塞内加尔非洲争取民主和社会主义党总书记
萨瓦内

中国在短短数十年时间里,消除绝对贫困,成为世界第二大经济体,为我们这一代人展现了包容性发展的成功案例。中国共产党自成立以来,始终坚持理想信念,坚守初心使命,勇于自我革命,在斗争中经受住各种困难考验,取得了巨大成就。在中国共产党坚强领导下,中国人民表现出坚韧品格、爱国主义精神,以及强大的执行力和向心力。

以习近平同志为核心的中共中央推动中国特色社会主义进入新时代,创立了习近平新时代中国特色社会主义思想。中国作为世界上最大的社会主义国家,用自身实践证明了马克思主义基本原理和方法论依然有效。习近平新时代中国特色社会主义思想赋予马克思主义新的时代内涵,为世界各国马克思主义政党探索马克思主义本土化时代化提供借鉴,也为非洲各国探索自主发展道路增添信心。非洲国家普遍希望在保持自身独立性前提下,加快国家发展。习近平新时代中国特色社会主义思想有助于开拓非洲领导人思路,给非洲发展提供更多路径选择。也有助于非洲社会主义者打破迷思,认识到社会主义国家完全可以通过发展市场经济实现快速发展。这是中国特色社会主义为马克思主义理论发展和世界社会主义运动作出的重要贡献。

一些非洲国家领导人曾认为实现发展必须依靠外援、外资，而中国发展模式破除了这一迷信。非洲要实现发展，必须立足自身。非洲大陆土地广袤、自然资源丰富、人口潜力巨大，完全具备快速发展的潜力。非洲国家应学习中国自力更生经验，更多挖掘自身发展潜力，坚持走独立自主的发展道路。一是坚持团结。团结就是力量，非洲必须超越种族、民族隔阂，团结全民共同奋斗。二是坚持区域和非洲一体化进程。通过更强大、更团结的共同体增强非洲国际地位和在国际组织中的影响力。三是制定明确、连贯的发展规划。国家要发展，首先要为人民树立自信，让青年一代有盼头、有憧憬。中国共产党在实现国家发展和民族复兴进程中，始终坚持制定明确的发展规划，如国民经济和社会发展五年规划，并提出清晰的发展目标，如"两个一百年"奋斗目标。这值得非洲各国执政党学习借鉴。中国特色社会主义实践积累的宝贵经验有助于非洲国家更加自信地探索符合国情的发展道路。

塞内加尔非洲争取民主和社会主义党是一个左翼革命政党，我们自创立之初便坚持世俗主义、社会主义、民主法制、公平正义、保障人权，以及基于相互尊重和互利共赢的团结合作。民社党珍惜和重视同中国共产党的交往交流，重视学习借鉴中共成功发展的宝贵经验。民社党全体党员将深入学习习近平治国理政思想，并加以运用，以回应塞内加尔人民的期待和诉求。我们希望不断加强与中国共产党的兄弟情谊和交流合作，加强两党团结，推动两国关系不断迈上新台阶！

斯威士兰共产党愿同中共加强团结合作

斯威士兰共产党总书记
库内内

一个多世纪以来,非洲大陆都在承受资本主义发展的负面后果。面对越来越频繁的资本主义危机,包括非洲国家在内的世界各国都在寻找替代资本主义制度的发展方式,寻求建立新的世界秩序。其中,斯威士兰争取自由和民主的斗争已经到了一个非常重要的阶段,独裁统治已经面临穷途末路。

斯威士兰共产党感谢中国共产党致力于社会主义事业的伟大探索和巨大努力,祝贺中共领导下的中国取得举世瞩目的发展成就,其在世界范围内得到广泛认可,为斯威士兰共产党树立了很好的榜样。在中国共产党的领导下,中国人民坚定走中国特色社会主义道路,对建设社会主义的信仰从未改变。中共十九大确立了习近平新时代中国特色社会主义思想的指导地位,这不仅对中国人民持续探索中国特色社会主义道路具有重要意义,也为广大发展中国家尤其是有志于追求社会主义的国家带来了无限信心和动力。

中国共产党在维护中国人民的利益、实现中国人民的愿望、持续快速改善民生等方面发挥了核心领导作用。没有中国共产党的坚强领导,中国人民的梦想就无法实现。没有社会主义理想作为指引,前进将失去方向,中国也就不可能取得今天的伟大成就。

习近平新时代中国特色社会主义思想不是一成不变,而是与时俱进的。中国将继续在这一思想指引下,以今天的成就为基础,向中华民族伟大复兴更加美好的未来迈进。党的大政方针要得以落地,还须充分考虑普通民众的日常诉求和实际困难,不断实现人民对美好生活的向往。加强民主治理,是将回应人民群众诉求与发展社会主义紧密联系起来的最重要途径。人民对党和国家的信心源于不断提升的幸福感。中国共产党在践行习近平新时代中国特色社会主义思想的过程中,成功让每一位中国人切实参与到每一项有助于发展其生活和个人发展、有助于激发其积极性和创新灵感的活动中,凝心聚力、一点一滴地构建国家发展的宏大目标,这种模式不仅适用于中国的发展,也将为世界创造和平、良治和繁荣。

斯威士兰共产党成立于2011年4月4日,我们的目标是将社会主义理念融入正在进行的自由和民主斗争中,摆脱专制统治。封建王朝是帝国主义的奴仆,他们肆意破坏人民的正常生活,掠夺国家的资源和财富。斯共提出,只有社会主义民主才能推翻带给人民无限苦难的制度,还人民以尊严,给国家带来繁荣和稳定。

斯共愿在中非马克思主义政党合作框架下加强同中国共产党的团结合作,分享社会主义发展和党的建设理念经验。我们相信,同中共的密切合作将引领推动更广泛的团结和一致行动。斯共支持中共继续举办中非马克思主义政党研讨会,共同为国际社会主义事业发展出谋划策,就如何更好应对新时期各领域挑战提出对策建议。

这样的合作对于斯共而言尤为重要,因为斯共在一个充满敌意的环境中生存和斗争,甚至不享有一个政治组织的基本权利,同时我们面临更残酷的阶级斗争局面。与中共的合作使斯共受益匪浅,我们将毫无保留地同中共分享我们的经历,也希望中共更多地同我们分享社会主义建设的相关文献,让社会主义的理论之光在斯威士兰的土地上绽放,愿两党携手在社会主义道路上并肩奋进。

| 苏 | 丹 |

中国特色大国外交具有胸怀天下的道义担当

苏丹籍河北大学博士留学生
奥马尔

我是来自苏丹的奥马尔，目前在河北大学攻读博士，也是一名中国国际公共事务研究者。我自幼就通过电视了解关于中国的故事。当第一次从电视上看到雄伟的万里长城时，我感到非常惊讶，这一堪称"世界中古七大奇迹"之一的伟大工程让我深感震撼。我对中国古代史也颇感兴趣，比如我知道东汉末年的三国时期在中国古代史上非常有名。我和中国真正的渊源始于十年前。2012年，我在苏丹喀土穆大学开始系统学习中文。随着我的中文水平不断提高，我对中国历史文化的了解也与日俱增。2017年，我有幸成为苏丹孔子学院的一名学生，并获得来华留学机会。自那时起，我便开启了漫长而又激动人心的中国之旅。现在，我在华学习已有五年之久。虽然过程漫长而艰辛，但我从未后悔，在留学过程中遇到的一些挑战和未知反而让我对未来的中国充满向往。

下面，我愿谈谈我眼中的中国，特别是我对中国的第一印象。尽管我来中国前去过很多其他国家，但当我抵达北京首都国际机场时，机场的现代化设施令我备受震撼。在华留学期间，我时常到北京、天津、济南、上海、广州等各地旅游，目睹了这些大城市在基础设施建设等方面取得的巨大成就。短短几十年间，中国的经济发展实现了从量变到质变，很多一线城市都已建成完善的地铁网络，极大便利了人们的日常出行。越来越多的城市开始完善规划布局，不断推进城市化建设。中国的城市面貌日新月异，这离不开中国共产党的英明领导、中国政府的不懈努力，以及中国人民的坚强意志。

2020年年初，新冠肺炎疫情肆虐全球，给各国人民造成巨大财产和精神损失，很多人在疫情中失去了宝贵的生命。作为选择留在中国的一名留学生，我有幸见证了中国政府为抗疫所付出的巨大努力，特别是中国共产党坚强有力的领导确保了中国在抗疫之初就选择了正确的方向和战略。中国能够在短时间内控制住疫情并向其他国家伸出援手的重要原因之一是，中国人民始终对中国政府高度信任，自愿听从政府和专家的建议科学防疫。中国不仅在几个月内成功把疫情阻挡在国门之外，还向其他国家特别是发展中国家提供人道主义物资援助，并向韩国、日本、美国等发达国家提供了大量口罩、医用呼吸机、隔离服、疫苗等。这充分彰显了中国对人类前途命运高度负责的态度，让世界充分感受到了中国特色大国外交胸怀天下的道义担当，让全世界彻底认清在疫情面前没有一个国家能够独善其身。抗疫过程中，中国共产党展现出强大领导力，中国人民展现出钢铁般意志，为全世界树立了榜样。中国抗疫的成功实践为全球战胜疫情奠定了坚实基础，鼓舞了其他国家和人民的必胜信心。

这就是我和中国的故事。

未来中国定将成为世界上最强大的国家

苏丹喀土穆大学中文系讲师
艾哈迈德·法基

中国人民捍卫国家主权和领土完整的坚强决心与坚定意志令人钦佩

中国一直都是一个伟大的国家,支持和平,反对战争,致力于与各国实现合作共赢。古代,中国便通过丝绸之路与不同文明、国家和地区开展交流互鉴。中国与阿拉伯国家有许多共同点,都拥有悠久的历史、灿烂的文明和英勇善良的人民。2013年,习近平总书记提出"一带一路"倡议,为丝路精神注入了新的时代内涵,阿中关系发展迎来新的历史契机。2016年,中国政府发布首份对阿拉伯国家政策文件,从政治、投资贸易、社会发展、人文交流、和平与安全等五个领域详细阐述了中方全面加强阿中关系的各项政策举措。

阿拉伯国家应学习借鉴中国共产党治国理政经验,特别是领导经济建设的经验。苏丹也应加强对华合作,特别是通过参与"一带一路"倡议,拉动经济发展,同时提升国家软实力。感谢中国,她追求的是共同发展,而不像美国,不惜牺牲他国利益,维护自身霸权和经济利益。感谢中国共产党,她致力于与各国特别是非洲国家政党增进相互了解,为各国团结合作增添动力。面对突如其来的新冠肺炎疫情,中国在全力做好国内疫情防控的同时，积极开展国际抗疫合作，向包括苏丹在内的许多国家提供疫苗等援助，彰显了中国大爱，我们对此表示感谢。

在中国共产党的英明领导下，中国人民团结一心、共担风雨。中国人民热爱他们的土地。我们相信，台湾终将回到祖国怀抱！中国人民捍卫国家主权和领土完整的坚强决心与坚定意志令人钦佩。历史上，苏丹国土面积广阔，北部有矿产，南部有石油，共同支撑国家经济发展。而如今，苏丹一分为二，经济发展严重受挫。

中国始终致力于为全球发展作贡献

2016年，我终于实现了赴华留学的梦想，目睹了中国现代化的基础设施，亲身体验了中国人民的日常生活，深刻感受到了中国的交通发达和出行便利。中国共产党解决了老百姓由吃饱到吃好的难题。在兰州留学的两年时间里，我能随时吃到任何想吃的蔬菜和瓜果。中国虽然幅员辽阔，但山区众多，平原较少，可耕种面积有限。中国以占世界7%的耕地，养活了占世界22%的人口，赢得各国广泛赞誉。阿拉伯国家特别是苏丹希望学习借鉴中国经验，搭乘"一带一路"快车，早日带领人民摆脱贫困。

中国的火车、地铁和快速公交系统发展迅速。我在一篇文章中了解到，中国建造了多条进藏"天路"。西藏的恶劣环境众所周知，完成如此浩大的工程需要多么坚强的意志！我相信，未来中国定将成为世界上最强大的国家。

中国幅员辽阔，人口众多，由56个民族组成，且每个民族都拥有自身独特的文化。我不禁思考，中国共产党是如何团结带领各族人民共同奋斗、实现繁荣发展的？这值得我们每个阿拉伯人深思。我认为，正是因为中国共产党一贯重视民族团结，才实现了上述目标；也正是因为中国共产党始终心系人民、情系人民，赢得了人民衷心拥护，中华民族才形成了强大凝聚力。

世界各国都要感谢中国，从古代的四大发明到如今的"一带一路"倡议，中国始终致力于为全球发展作贡献。中国还向阿拉伯国家敞开怀抱，与其共谋合作发展。许多阿拉伯专家曾作为访问学者在中阿改革发展研究中心交流，他们将所见所学带回自己的国家，助力本国发展。感谢中国共产党对阿拉伯国家的支持！

作为一名苏丹人，每当有人问我为什么学习中文时，我总会回答说："我热爱中文，热爱中国文化，钦佩中国共产党和中国政府为带领人民摆脱贫困所付出的巨大努力，希望苏丹学习借鉴中国经验，让苏丹人民的生活更加美好！"

没有中共，就没有今天的强大中国

苏丹中国视界新闻网总编辑
阿卜杜勒·瓦哈布

中国共产党是中华民族伟大复兴的基石，是中国政治、经济和社会发展的引擎。没有中国共产党，中国就无法实现民族复兴。

中共成功的秘诀是为人民服务

中国在各领域取得巨大发展成就的关键在于中国共产党领导。中国共产党成功的基因密码源于其理论和实践都以人民为中心，并持续推动社会主义与中国特色在发展中不断融合。

以习近平同志为主要代表的中国共产党人从中国国情出发，创立了习近平新时代中国特色社会主义思想，找到了实现中国梦的路径。

中国共产党的理念经验体现了中国人民的精神特质，即灵活、坚韧、适应性强。这种特质使中国拥有强大影响力，能够妥善应对政治、经济和社会等各方面挑战，确保中国人民及各国人民实现可持续发展。

来自人民、为了人民

中国共产党写就了中国复兴之书,记录了中共迎难而上、化险为夷的历程。一代又一代中国共产党人用汗水筑成了"新长城",为中国人民和世界各国人民过上体面、富足的生活作出了无私奉献。中共有两大目标:一是让中国人民过上体面生活,二是通过建设"一带一路"等,让各国共享中国的发展成果。

中国共产党心系人民,通过发展全过程人民民主,把人民的声音真正传递到决策层,让14亿多选民可以按照自己的意愿选出自己信任的代表。中共还团结带领中国人民成功应对风险挑战,维护稳定,推进改革开放,创造了经济快速发展和社会长期稳定两大奇迹,为实现中华民族伟大复兴的中国梦不懈奋斗。

通过制定五年规划,中国实现了高质量发展,并不断推进区域协调发展。近年来,中国先后在全国范围内建立21个自由贸易试验区和海南自由贸易港,并与149个国家、32个国际组织签署200多份共建"一带一路"合作文件。

共享发展果实

习近平总书记提出"一带一路"倡议,旨在让世界与中国共享发展果实。在此背景下,习近平总书记又于2015年提出构建人类命运共同体理念。中国始终坚持开放包容,推动构建合作共赢的全球治理体系。习近平总书记还提出全球发展倡议和全球安全倡议,呼吁共同落实《联合国2030年可持续发展议程》,最大限度实现世界和平,创造充满希望、安全和繁荣的未来。

中国让阿拉伯国家人民的生活更加便利

作为一名阿拉伯人，我深刻感受到了中国特色社会主义的发展成果。这些成果向我们证明，中国有能力为各国人民提供帮助，特别是为阿拉伯国家提供可持续发展道路的借鉴。从阿拉伯湾到马格里布，从新月沃地到尼罗河畔，中国企业改变了阿拉伯国家人民的生活。在我的祖国苏丹，道路、桥梁、水坝、炼油厂等基础设施建设都离不开中国企业，中国也为苏丹医疗卫生事业发展作出了巨大贡献。虽然我没去过中国，但中国的一切一直在我心中萦绕。通过对中国的关注，我们之间的距离也越来越近。

创造奇迹

中国共产党的奋进征程，是坚韧不拔、持之以恒和直面挑战的征程。在中国人民衷心拥护和支持下，中共在不断变化的环境中创造发展奇迹。这既源于中共与时俱进的强大能力，也得益于其坚强的领导核心。

中国共产党依靠自身努力，带领人民打赢脱贫攻坚战，创造了人类减贫史上的奇迹。面对突如其来的新冠肺炎疫情，中共领导14亿多人民万众一心，有效控制住了疫情，并根据中国实际制定实施"动态清零"总方针，形成一道有效防护墙，抵御了疫情的凶猛侵袭。

世界不能没有中国

没有中国共产党，就没有今天的强大中国。看看中国共产党，它是如何解决14亿多中国人民的温饱问题、让人民过上体面生活的；看看中国共产党，它是如何建成世界上最大规模的教育体系、社会保障体系和医疗卫生体系的；看看中国的基础设施建设和工业、科技发展水平；再看看出口到世界各地的中国产品是如何便利人们生活的。

中国共产党的理念、实践和经验是其"成功之钥",其核心就在于为人民服务。

中国的成功是中国共产党将科学社会主义理论同中国具体实际相结合的产物。中国特色社会主义坚持合作而非对抗,为中国和世界带来繁荣。

习近平新时代中国特色社会主义思想内涵丰富，为新时代党和国家事业发展指明了前进方向

苏丹拉卡伊兹知识研究中心研究员
达乌哈德尔·艾哈迈德

习近平新时代中国特色社会主义思想是不断推进新时代党和国家事业发展的根本思想保证

中国共产党第二十次全国代表大会已成功召开，为中国未来发展擘画宏伟蓝图，中国人民对此满怀期待。赢得伟大胜利的曙光近在眼前，接近伟大梦想的和风拂面而来。习近平新时代中国特色社会主义思想内涵丰富，为新时代党和国家事业发展指明了前进方向。

中国以其独特的发展战略开启了全面建设社会主义现代化国家新征程。中国共产党高度重视战略问题，党的领导层始终着眼于党和国家的未来，不断提升中国的国际地位，并一直致力于吸收借鉴先进理念经验。中国历届领导人拥有领袖风范和国际视野，深受中华优秀传统文化影响，习近平总书记是其中具有极高才智、先进思想和非凡成就的代表。

在中国发展面临一系列突出矛盾和挑战时，习近平新时代中国特

色社会主义思想鼓舞了中国人民的信心。在习近平总书记的英明领导下，中国人民在争取自由、尊严和解放的道路上锐意前行。习近平新时代中国特色社会主义思想能够激发出党和国家的更大活力，让中国在世界舞台更加引人注目、满怀信心迎接新的黄金时代。

中共十八大以来，以习近平同志为核心的中共中央准确把握世界格局演变和发展大势，创造性提出一系列重大战略思想。中共十九届二中全会提出将习近平新时代中国特色社会主义思想载入宪法，对于巩固全党全国各族人民为实现中华民族伟大复兴而奋斗的共同思想基础具有重要意义。

习近平总书记早已认识到，革新不仅是战略需要，更是古往今来人类文明存续的基础，是实现全面进步和快速发展的最有效手段，在推动国家和人民实现发展目标方面发挥着重要作用。因此，习近平总书记以其卓越才能带领中国人民踏上复兴之路，点燃希望之烛，照亮新时代中国的未来。

在新时代全面深化改革背景下，习近平总书记提出了许多推进改革的构想。这些构想内涵深刻，激励着中国人民投身民族复兴伟业，为实现中国梦不懈奋斗，将中国建设成为地区和国际政治、经济、安全领域不可忽视的重要力量。

习近平新时代中国特色社会主义思想不是空谈，也不是僵化理念，而是中华文化和中国精神的时代精华，是在改革开放和社会主义现代化建设实践中产生的伟大理论，是不断推进新时代党和国家事业发展的根本思想保证。历史将铭记习近平总书记在推进国家治理体系和治理能力现代化、实现中华民族伟大复兴进程中付出的努力。

习近平总书记致力于夯实中国共产党的思想基础，调动中华民族伟大复兴的力量，引领中国人民沿着过去数十年既定的方向继续前行，推进全面建设社会主义现代化国家，实现中华民族伟大复兴的中国梦。习近平新时代中国特色社会主义思想是对马克思列宁主义、毛泽东思想、邓小平理论、"三个代表"重要思想、科学发展观的继承和发展，是国家繁荣发展的支柱，令中华儿女深受启迪。

习近平新时代中国特色社会主义思想在西方思想之外提供了另一种选择

近年来，极端主义在全球盛行，助长暴力和文明冲突。这不仅背离了人类价值观，也背离了国际公约和国际关系基本准则，给世界各国特别是发展中国家造成伤害。习近平新时代中国特色社会主义思想是对这一现象的有力回击，不仅立足中国国内发展，而且追求实现各国人民共同福祉，坚持以开放、合作、共赢精神同世界各国共谋发展，服务全人类共同利益。

习近平新时代中国特色社会主义思想主张建设多极化世界，使中国实现了从国际舞台上的追赶者向引领者的转变，在鼓吹"文明冲突"的西方思想之外提供了另一种选择，改变了地区和国际格局。为营造中国发展的良好外部环境、实现共同繁荣的全球化，习近平总书记提出了构建人类命运共同体理念。

习近平新时代中国特色社会主义思想极富远见和智慧，在性质、表现形式、影响和贡献等方面具有鲜明特征，其中之一便是对中国历史上的成败得失持开放态度，能够精确修正并指导新时代国家发展进程，汇聚中国人民的民族复兴之志。

习近平新时代中国特色社会主义思想尊重国家主权和人民选择，完全符合中国共产党的历史基础和前进方向，为中共注入了前所未有的信心，让中国人民对未来充满期待，有助于推动构建国际开放合作新格局，开创中华民族伟大复兴的美好未来。

习近平新时代中国特色社会主义思想立足中国现实，着眼于中国和世界的未来，在当前严峻形势下为全人类开辟出一条清晰、安全的共存、友好、发展之路。

习近平总书记从中国共产党百年奋斗历程和中国国家建设经验中

获得灵感与启示，为中国的复兴之路锚定航向，带领中国人民沿着正确道路前进，并时刻准备着迎接新时代的新挑战，实现中华民族伟大复兴中国梦。

我建议在中国首都北京设立"习近平全球对话与文明交流中心"，将其打造为推动构建人类命运共同体的思想文化平台，并在各大洲开设分支，以促进各国人民理念交流互鉴，弘扬和平、正义、友爱等全人类共同价值；启动有助于全人类和谐发展的项目，消除后全球化时代的压迫与不公。

如果想读懂中国，请先读懂中共这个百年大党

苏丹青年
陈晴空

我叫陈晴空，来自尼罗河畔的苏丹。我学习中文已近十年，中国是我的第二故乡。我想用三个"情怀"来谈谈我对中国和中国共产党的印象。

我的"中国情怀"

我于2013年就读大学，当时之所以选择学习中文，是受母亲影响。我母亲很早就开始与中国人接触，她17岁时曾在中国援建的诊所为患者拔牙，随后在中方投资的棉厂工作过一段时间，之后还带姥姥到喀土穆一家中国医院做过理疗。中国人勤劳、友好的品质深深铭刻在我们一家人的心中。我怀着这样的情怀长大，想要去了解、研究让母亲如此喜爱的民族，还想带她去中国游历。让我没有想到的是，这段跨越三代人的缘分完全改变了我的命运。

学习中文后，我觉得这门语言并不陌生。到西南交通大学留学后，我真正爱上了中国。我被悠久灿烂的中华文明、博大精深的中国文化

深深吸引，美丽富饶的华夏大地令我流连忘返。我非常热爱中国，十分敬佩中国取得的举世瞩目成就。中国消除了绝对贫困，经济快速发展，治安环境良好，我一个女孩子出门在外也不会担惊受怕，这值得全世界钦佩。

在中国，我学会了自立，生活更加规律，办事效率更高，身边的朋友们都开始称我为"半个中国人"。

中共的"人民情怀"

毕业后，我曾在不同的中资企业工作，也曾多次到中国各大城市出差，得以从不同角度全面了解中国。我感受到了世界上任何国家都无法比拟的中国速度，特别是中国已有效解决绝对贫穷和社会治安这两大长期困扰苏丹的难题。中国共产党倾注大量心血，带领中国提前十年实现《联合国2030年可持续发展议程》减贫目标，让拥有14亿多人口的大国消除了绝对贫困，全面建成小康社会。

2021年，我的祖国政局突变，社会治安恶化。这让我更加深刻体会到中国共产党的智慧与能力，更加深刻认识到团结带领56个民族共同奋斗、共同发展绝非易事。

中共的"世界情怀"

中国的投资和帮助让我的家乡更加美丽，从撒哈拉沙漠深处的油田、炼厂到尼罗河流域的棉花田，从尼罗河畔的友谊厅、新总统府到尼罗河上的一座座大坝桥梁，从西部达尔富尔的输水供水工程到东部红海之滨的苏丹港，广袤壮美的苏丹大地上到处都是苏中友谊的象征，都是中国发展惠及世界的例证。

新冠肺炎疫情暴发后，在中国共产党领导下，中国迅速控制住疫情，并本着"早、快、透明"的原则同世界各国分享疫情信息，并向包括苏丹在内的许多国家捐赠疫苗等防疫物资,谱写了各国团结友好、共克时艰的新篇章,为推动构建人类命运共同体树立了典范。

此外,中国还在疫情背景下成功举办了北京冬奥会,更加令人钦佩。奥林匹克大家庭的成员们不远万里来到中国,共同创造了一场载入史册的奥运盛会。

在苏丹的中资企业工作一段时间后,我于前年决定自主创业,与中国朋友一同从事农产品进出口贸易,做"一带一路"的积极参与者和建设者。前段时间,我的母亲突发重病。如果没有中国朋友的陪伴,我可能无法渡过那段困难时期。随着母亲身体慢慢好转,家人们也认为是我跟中国的不解之缘给整个家庭带来了好运。

近年来,我更加深刻地感受到,中国共产党是先进政党的代名词,也是唯一可以带领中国走向繁荣富强的政党。衷心祝愿中国共产党在新的百年征程中再创辉煌,预祝中共二十大取得圆满成功!

如果想读懂中国,请先读懂中国共产党这个百年大党。

我希望今后为阿中文化交流作贡献，让世界了解真正的中国和中共

苏丹籍清华大学博士留学生
穆罕默德·哈马德

我叫穆罕默德·哈马德，来自苏丹，目前就读于清华大学新闻与传播学院。我第一次接触中国共产党是在来华留学之初。那时，我总能在大街上看到"国家富强，民族复兴，人民幸福"等标语，但并不知晓这些词句背后的深刻含义与价值，便带着好奇心向我的中国老师和同学们请教。他们十分自豪地告诉我，这就是中国共产党弘扬的价值观。中共十八大分别从国家、社会、公民三个层面对社会主义核心价值观作出了新的概括，使其与中国特色社会主义发展要求相契合，与中华优秀传统文化和人类文明优秀成果相承接，对促进人的全面发展、引领社会全面进步、提升中国文化软实力、构建人类命运共同体等具有深远意义。自那时起，我就开始密切关注中共。通过参加中联部举办的"新时代的中国共产党"主题日活动，我对中共历史有了更加全面的了解，对只有中共才能救中国、领导中国的原因有了更加深刻的认识，感受到了中国人民对中共领导的高度认同。

作为一名在华留学生，求学期间的所见所闻让我对中国共产党有了更加全面、深刻的认识。无论是在我阅读的书籍、观看的电视节目

中，还是在这几年的在华生活中，中共的执政发展成就有目共睹。我十分认同我的中国同学们常说的那句话，没有共产党就没有新中国。在中共领导下，中国在脱贫攻坚、经济发展、社会公平、科技进步等方面取得了举世瞩目成就，令世人深感敬佩。2020年年初，新冠肺炎疫情在全球暴发，给各国人民带来巨大灾难与挑战。在疫情面前，中共坚持人民至上、生命至上，领导全国迅速形成统一指挥、全面部署、立体防控的战略布局，中国从世界疫情"重灾区"变成世界上最安全的国家，各国人民共同见证了中共的领导力和中共党员的责任担当。看到身边的同学们纷纷加入学校的战疫"清"年突击队，组织大家有序进行核酸检测、收发快递，帮助毕业生打包行李，我心潮澎湃。看到志愿者中还有我们国际学生的身影，我的自豪感和认同感油然而生。虽然我不是中国人，也不是中共党员，但我十分有幸能在单纯美好的学生时代体会到为人民服务的纯粹精神，这种精神力量是超越国籍和党派的，也是我们每个人所心驰神往的。

我希望苏丹等阿拉伯国家向伟大的中国和中国共产党学习，也希望今后为阿中文化交流作出贡献，让世界了解真正的中国和中国共产党，为消除无端指责、抹黑中国的杂音贡献一己之力。衷心祝愿中国共产党在新的百年征程中再创辉煌，预祝中共二十大取得圆满成功！

| 坦 | 桑 | 尼 | 亚 |

全过程人民民主堪称民主的典范

坦桑尼亚革命党青年团全国执委
伊纳特·阿布巴卡尔

自1921年成立以来，中国共产党始终坚守共产主义远大理想和社会主义信念，团结带领中国各族人民实现国家独立和民族解放。尽管遇到困难挑战，中共依然坚守初心使命，坚持为中国人民谋幸福、为中华民族谋复兴。1949年新中国成立后，中共积极解决民生疾苦，化解发展中遇到的困难挑战，致力于实现国家繁荣富强、民众富足安康。改革开放以来，中国国内生产总值逐年增加，逐步发展成为世界第二大经济体，科技实力、综合国力等位居世界前列，并积极融入世界市场，利用外部条件实现自身发展。

2012年以来，中共不断推动人民实现自身发展。在中共领导下，中国9899万农村贫困人口全部脱贫，提前十年实现《联合国2030年可持续发展议程》减贫目标，在人类减贫史上写下浓墨重彩的一笔，对包括非洲国家在内的世界各国都有借鉴意义。在中共领导下，中国人民心往一处想、劲往一处使，全面建成小康社会，圆了数千年的小康梦，彰显了中国特色社会主义道路的优越性，为解决贫困这个世界性难题提供了示范。在中共领导下，中国探索适合国情民情的民主治理模式，发展完善中国式民主即全过程人民民主，人民对政府的满意度和信任度不断提升，全过程人民民主堪称民主的典范。在中共领导下，中国政府对外交往始终坚持和平共处五项原则，认为国家无论大小一律平等，致力于同国际社会构建人类命运共同体，共建更加美好的世界。中共坚持同所有国家友好政党发展伙伴关系，加强交流合作，增进相互理解，共同推动人类政治文明发展进步。

坦桑尼亚革命党和中共经历相似，理念相近，交往密切。近年来，中共为坦革命党提供赴华培训机会，分享治国理政经验，并领导中国政府投资坦教育行业，促进坦经济发展，坦革命党对此高度赞赏。坦革命党青年团是坦青年人的领导组织，致力于通过培训项目，解决青年人面临的贫困、领导力不足等现实问题，促使青年人坚定捍卫革命党的权益，为革命党的发展提供新想法、新思路。坦革命党青年团希望同中共青年组织加强沟通交流，愿选派优秀青年访华，实地考察学习中国工业等领域发展，也希望中方着眼坦中关系长远发展，为坦方提供更多奖学金名额，助力坦青年加强能力建设，不断提升双方关系水平。

中共百年征程成就斐然

坦桑尼亚革命党全国执委
加里拉·瓦班努

中国共产党是以人民为中心的政党，所做的一切都是为了让人民过上好日子。100多年来，中共带领中国人民建立新中国，领导国家在经济、社会、文化、科技等各领域取得辉煌成就，目前正带领中国人民走上实现中华民族伟大复兴的新征程。

贫穷是人类社会的顽疾，也是全世界面临的共同挑战。贫穷导致饥饿、疾病、社会冲突等问题，严重阻碍人民对美好生活的追求，消除贫困成为各国政党的共同心愿。中共十八大以来，在以习近平同志为核心的中共中央坚强领导下，中国通过采取精准扶贫，9899万人摆脱贫困，提前十年实现《联合国2030年可持续发展议程》减贫目标，取得了脱贫攻坚的"完全胜利"。透过中国湖南花垣县十八洞村成功案例不难看出，中共根据各地贫困特点动态调整扶贫政策，再次证明中共卓越的领导力。坦桑尼亚革命党同中共一样，都致力于满足人民对美好生活的向往。在坦革命党主席、总统哈桑带领下，革命党学习借鉴中共减贫经验，引领政府制定系列减贫政策，设立"社会行动资金"，实施"现代化养牛"等扶贫项目；加大对医疗卫生投入，在每个地区都建立医院、保健中心和药房；推动国家儿童基金会在偏远地区修建校舍，为长途跋涉上学的孩子提供住宿，这一系列举措彻底改变了坦农村地区面貌。

过去十多年来，中共全面从严治党，一体化推进不敢腐、不能腐、不想腐，党风政风为之一变。坦革命党从中共反腐经验中学到，唯有提高涉腐成本，加强廉政监督，才能让官员在腐败面前三思而后行。坦政府学习中共设立监察机构的做法，成立防止与打击腐败局，紧盯公共部门涉腐风险。同中共相比，坦方在改变官员及民众对腐败的认识上任重道远，但我们深知只要方向是对的，坚持不懈就一定能够成功。

中共十八大以来，中国特色社会主义取得新发展，再次证明了社会主义的科学性。20世纪六七十年代，社会主义在非洲"风靡一时"，坦总统尼雷尔也推行"乌贾马社会主义"，但最终都以失败告终。对比非中社会主义前途命运，我们认识到社会主义必须符合自身国情才能取得成功，非洲国家政党应学习中共不断推进社会主义理论创新与发展，并指导国家发展实践。

习近平总书记提出人类命运共同体理念，这是习近平外交思想的重要组成部分，深刻揭示了中国与世界的相处之道。每个人、每个国家都相互依存、利益共生，任何一国都不能采取损害别国利益的做法。构建非中命运共同体是全新战略，需要非中双方共同努力：一是利用双方人口优势打造规模巨大的联合市场，加大经贸合作；二是希望中国继续加大对非基建投入，提升非方经济增长动能；三是推动中国发展规划同非洲国家战略对接，实现共同发展。

祝贺中共成功召开二十大，相信此次大会将指导中国继续打造清正廉洁的政治环境，营造积极稳健的营商环境，创造和平繁荣的社会环境。同时，希望中共加大对坦革命党等非洲前民族解放组织的支持，助其不断巩固执政地位，更好应对各国反对党带来的挑战。

非洲国家希望学习借鉴中国智慧实现自身发展

坦桑尼亚革命党青年团宣传与动员书记
维多利亚·姆万兹瓦

非中关系源远流长，双方贸易联系最早可追溯至宋朝。20世纪60年代以来，非中双方在民族独立、国家发展进程中始终相互支持、相互帮助。非洲国家民族解放运动风起云涌之时，中国通过中非人民友好协会等为非方提供大量支持，并第一时间同取得独立的非洲国家建交，为非中关系发展奠定坚实基础。1964年周恩来总理访非期间，提出中国对外经济技术援助八项原则，要求"严格尊重受援国的主权，绝不附带任何条件，绝不要求任何特权"，这为中国对非援助定下重要基调，也与美国和一些西方国家对非援助附加无理条件形成鲜明对比。1971年在"两阿提案"的23国中，非洲国家占到了11个，为中国恢复在联合国合法席位作出重要贡献。2000年中非合作论坛成立，开启了非中合作的新纪元，中国逐步同全非建立相互协调的伙伴关系。近年来，习近平总书记提出"一带一路"倡议，推动亚欧非基础设施建设，加强沿线国家经贸联系，显著提升了非洲国家"硬件"水平，促进非洲发展振兴。

改革开放以来，中国年均经济增速达10%，跃居世界第二大经济体，创造了国家现代化的奇迹，也被学者称为"中国模式"或"北京共识"。非洲国家领导人十分钦慕中国伟大成就,希望学习借鉴中国智慧,在自身条件下实现同样的发展。但也有人质疑非洲国家在多大程度上可以借鉴中国发展经验,中国发展起来后如何对待非洲。需要指出的是,中国始终在和平共处五项原则基础上发展对非关系,始终把非洲当作"成年人",而西方则视非洲为"孩童",以"教师爷"身份对非洲进行说教。在中国共产党支持下,南部非洲六姊妹党联合建设的尼雷尔领导力学院2022年2月竣工启用,并在5月成功举办中青年干部研讨班,分享治国理政经验,提升各自执政能力,必将掀开坦中、非中关系新篇章。

坦中关系是大小国平等相待的典范,也是非中关系的真实写照。1965年坦成立次年,时任总统尼雷尔访华,其间双方签订《坦中友好条约》,这是中国同东南部非洲国家签订的首个友好条约,对非中关系发挥了重要引领和示范作用。同时,应尼雷尔总统、赞比亚时任总统卡翁达请求,中国投入大量人力、物力和财力建设坦赞铁路,这是中国迄今为止最大的单项对外援助项目之一,成为双方友好的丰碑。在坦赞铁路移交仪式上,尼雷尔总统动情地表示,感谢中国人民的真诚友善、艰苦劳作,这条铁路才成为现实。在尼雷尔思想引领下,坦历届政府高度重视对华关系,呵护坦中友谊之树茁壮成长。

当前,坦中、非中关系都处在新的发展阶段,站在新的历史起点。非洲青年更应继承尼雷尔总统、毛泽东主席等老一辈领导人缔造的传统友谊,弘扬中非友好合作精神,为实现更加美好的未来不懈奋斗。

中共创造了人类历史上最伟大的故事

坦桑尼亚革命党全国执委
哈迪加·哈利迪·伊斯迈尔

没有中国共产党,就没有新中国,就没有中华民族伟大复兴。100多年来,中国共产党团结带领中国人民实现国家独立、民族解放,使中国屹立在世界东方。特别是改革开放40多年来,中国年均经济增速达10%,医疗卫生、文化教育等各领域成就突出,特别是近八亿人摆脱贫困,对世界减贫贡献率超过70%,被世界银行誉为人类历史上"最伟大故事之一"。过去十年来,中国共产党积极将马克思主义基本原理同中国具体实际相结合,形成了习近平新时代中国特色社会主义思想。在这一思想指引下,中国共产党坚持以人民为中心的发展思想,不断加强自身建设,主动因应世界格局变化,带领中国在中华民族伟大复兴征程上取得历史性成就。相信我们将见证中国在未来几年成为世界头号强国。

通过学习中国共产党的成功实践,我们认识到政党必须要做到以下几点:一是制定明晰、切实可行的计划。中国共产党不仅有党章中规定的长期目标,也根据实际情况制定中短期规划,比如"2035年远景目标"。二是加强纪律建设。在以习近平同志为核心的中共中央坚强领导下,全党坚定维护党中央权威,坚决贯彻落实党中央决策部署，并开展全面从严治党，严惩腐败。三是为人民谋福祉。中国共产党始终以人民利益为重，创造性解决贫困问题，推动经济发展成果惠及人民，提升人民生活水平。

在对外关系上，中国始终奉行独立自主的和平外交政策，在平等互利基础上同其他国家开展经贸互利合作，加强同发展中国家的团结与合作，并积极发挥联合国安理会常任理事国作用，推动建立公正合理的国际政治经济新秩序。20世纪六七十年代，中国支持非洲国家争取民族解放，帮助坦桑尼亚等国培养自由战士，为非洲新独立的国家提供援助，助其加强国家建设、巩固政权。过去几十年来，中国坚定支持非洲医疗卫生事业，特别是在新冠肺炎疫情期间，向非洲派遣医疗专家组、提供口罩等医疗物资，并捐赠大量新冠疫苗，助力非洲国家抗击疫情。2022年2月，在中国共产党支持下，尼雷尔领导力学院在坦桑尼亚竣工启用，随后面向南部非洲六姊妹党中青年干部举办研讨班，分享经济发展、社会治理等治国理政经验，提高各国政党执政能力。

尼雷尔领导力学院（图片来源：中联部）

2022年下半年，中国共产党将召开二十大。期待中国继续发扬中非友好合作精神，帮助非洲国家政党加强能力建设，打造更强大政党；加大对非洲中长期投入，帮助非方国家制定经济社会发展战略；积极介入调停非洲冲突，促进全球和平稳定。

中共像一盏明灯照亮中国的前进道路

坦桑尼亚革命党青年团达累斯萨拉姆市主席
穆萨·基拉卡拉

中华民族是伟大的民族,拥有5000多年历史,为人类文明作出了不可磨灭的贡献。1840年鸦片战争以后,中国逐步成为半殖民地半封建社会,古老的中华民族在黑夜中迷失了方向。1921年中国共产党的成立是中华民族历史上的大事件,她像一盏明灯,照亮了中国前进的道路。中共是马克思主义政党,没有任何自己的特殊利益,始终把为中国人民谋幸福、为中华民族谋复兴作为自己的奋斗目标。100多年来,在中共带领下,中国发生翻天覆地的变化,社会生产力得到极大解放,经济社会发展面貌焕然一新。回顾中共100多年的不平凡历程,我深刻感受到以下几点:

一是中国共产党以为人民创造美好生活为目标。中共所做的一切都是为了让人民过上好日子。中国改革开放以来,近八亿农村贫困人口脱贫,全民医疗体系逐步完善,中国人民实现了千百年来孜孜以求的小康生活,正朝着共同富裕迈进。新冠肺炎疫情发生以来,中国坚持人民至上,全力研发新冠疫苗,抗疫成效首屈一指。20世纪六七十年代,中国援助坦桑尼亚和赞比亚修建坦赞铁路,极大地便利了两国对外贸易,为两国人民带来福祉。近年来,中国在平等互利基础上，通过"一带一路"倡议等平台，在基础设施等各领域开展对非合作，极大改善了非洲人民生活水平。

二是中国共产党成功探索出中国式现代化道路。100多年来，中共始终坚持社会主义理想，并同中国具体实际相结合，开辟了中国特色社会主义道路。在这一理念引领下，中国在市场经济、城乡发展等各领域取得显著成就，跃居世界第二大经济体，在实现第二个百年奋斗目标新征程上阔步前行。坦桑尼亚等非洲国家虽尝试社会主义，但最后以失败告终，主要是没有像中共一样坚持科学社会主义。通过参加尼雷尔领导力学院2022年度南部非洲六姊妹党中青年干部研讨班，我对社会主义有了全新的认识，也了解到中国特色社会主义充满生机活力，希望非洲国家学习借鉴中共有关经验做法，找到区别于西方并符合自身国情的发展道路。

三是中国共产党注重加强自身建设。100多年来，中共从一个只有50多名党员的小党，发展成为拥有9600多万名党员的大党，得到人民广泛拥护，享有重要国际地位。究其原因，主要是中共注重加强党的组织、纪律、作风建设，制定并严格执行系列党内规章制度，以"零容忍"态度打击任何形式的腐败，匡正干部选拔道德品行标准；坚持"从群众中来，到群众中去"的群众路线，积极回应人民关切，紧紧依靠人民克服各种困难。我认为非洲国家政党应仿效中共成立党内纪律检查机构，从制度层面推进反腐，并依靠人民实现自身发展壮大，同人民一道推进国家发展繁荣。

借鉴中国经验，探索符合国情的发展道路

坦桑尼亚总统府内阁副秘书长
麦瑞克·卢文加

近期，我深入学习中国共产党理论创新最新成果，以及中共在全面从严治党、脱贫攻坚、社会治理等方面的经验做法，更加钦佩中共带领中国人民取得的辉煌成就，愈加认识到非洲国家政党若想实现"跨越式"发展，应学习借鉴中共成功经验，探索符合自身国情的发展道路。主要体会有以下几点：

一是党在国家政治生活中应发挥更重要作用。非中历史遭遇相似，经济社会发展水平曾处在同一起跑线，但当前中国经济更加发达，脱贫攻坚成效显著，教育医疗水平大幅提升，非洲国家则远远落在后面，根本原因是非中政党自我定位、治理能力存在差异。中共团结带领中国人民经过艰苦卓绝斗争建立新中国，但并没有坐享胜利果实，而是继续披荆斩棘、不懈奋斗，创造了改革开放和社会主义现代化建设新的伟大成就。相比之下，许多非洲国家政党革命与改革的目的仅是夺取政权、坐守江山，更关注本党利益，对国家发展缺乏长期规划。非洲国家政党只有在国家政治生活中发挥更大作用，实现从革命型政党到发展型政党转变，才能领导本国人民实现经济社会发展繁荣。

二是党的自身建设关乎党的领导力。中共组织机构十分精简，从

中央到地方政令畅通、令行禁止。以中国脱贫攻坚战为例，在这一过程中，中共积极发挥统揽全局作用，调配各级资源，加大对贫困地区基础设施、农业、财政等支持，并实行集权与分权相统一，既提出中央统筹、省负总责、市县抓落实的原则，又允许地方政府根据本地区实际制定灵活方针政策，充分调动县、镇、村的积极性。从中共实践中可以看出，强有力的党建是消除贫困、促进经济增长和改善民生的重要保障，只有加强党建，才能在民主、经济、社会服务等各领域发挥领导作用。坦桑尼亚革命党也设立有从中央到地方的领导机构，应进一步加强党的自身建设，着力解决官僚主义、官员利己主义带来的挑战，强化党员干部尽职尽责意识。

三是群众参与是实现发展的重要保障。充分调动群众积极性，使其参与关乎民生事务的决策、实施及评估至关重要。在中国，群众参与社区、社会事务，推动解决了许多社会发展难题。习近平总书记多次到地方考察，同群众座谈交流，征求他们对扶贫、经济等政策意见建议，并发挥群众监督作用，推动政策落地生根。坦前总统尼雷尔高度重视调动群众积极性，提出"自力更生""为社区发展而努力"等倡议，并在宪法中明确规定将权力下放至社区，提高地方政府自主决策权。南部非洲六姊妹党在推动国家发展实践中，应积极学习中共关于群众路线理念，不断调动群众力量，改善民生福祉，推动构建社会共同体。

四是社会主义仍有利于推动非洲经济社会发展。中共成功实践证明，社会主义制度比资本主义制度更加强大、优越，主要体现在公有制、收入分配和资源共享三大方面。坦前总统尼雷尔提出社会主义和自力更生原则，指出"所有人都是平等的，非洲是一个国家"，关注人民诉求与社会平等，这也是一定程度上的社会主义实践。但实现社会主义并非易事，需要明确的治理架构、领导能力和清晰奋斗目标，并充分调动资源促进公平分配。非洲国家国情虽不相同，但各国政党应借鉴中共关于社会主义建设的经验做法，探索符合本国国情的发展道路，真正实现国家振兴与繁荣。

|突|尼|斯|

在中共领导下，中国将成为世界上最强大的国家

突尼斯人民运动议会党团顾问
侯塞姆丁·莎菲

我对中国的了解有限，但时常听父辈们说起，中国与阿拉伯国家相隔遥远，中国人民勤劳勇敢，万里长城巍峨雄伟。当中国产品在我们生活中随处可见的时候，我意识到应该深入了解这个国家。

我愿分享一个与中国有关的故事。一个年轻人结束中国之行回到家乡。我们像欢迎每一位返乡旅人那样叙旧言欢，听他分享旅途见闻。他激动地说道："在中国那片广袤的土地上生活着善良、可爱的人民，他们享有法治、公平和正义，所有人在法律面前一律平等。"

这时，有人问道："是什么使中国取得了这些成就？"

年轻人答道："你们听说过中国共产党吗？它是由爱国人士组成的政党，带领中国从一个一穷二白的国家发展为世界第二大经济体，发生了翻天覆地的变化。你们还记得那条促进古代东西方经贸、人文交流的丝绸之路吗？今天，中国让古丝绸之路重新焕发生机与活力，不仅促进了全球经济发展，更映射出西方国家的傲慢与偏见，以及大搞阵营对抗的冷战思维。美国维系单极世界的企图不会得逞！在中国共产党领导下，中国将成为世界上最强大的国家！"

这时，一位长者语重心长地说："你们知道为什么我们的国家落后不前吗？我们把赌注押在了一个深陷危机的国家，忽视了同飞速前进的中国发展关系。我们不仅要与中国建立经贸伙伴关系，以帮助我们渡过经济难关，还应开展文化、教育等领域合作，促进双方人文交流。我们要与中国凝聚共识、和谐相处，建立战略伙伴关系。"

谈话结束了，所有人都意犹未尽。中国伟大的发展成就给我们留下了深刻印象，我们期待学习借鉴中国共产党引领中国发展与进步的理念经验。

中共兑现了向人民和历史作出的庄严承诺

突尼斯人民运动党员
拉玛齐·萨德利

今天，我将向大家讲述我眼中的新时代中国共产党和中国。中国是具有重要经济和军事影响力的新兴国家，有实力同西方发达国家同台竞争。中国共产党坚持以马克思主义中国化时代化最新理论成果为指导，走过了百余年的历程，从一个小党成长为领导中国取得举世瞩目成就的世界上最大的马克思主义执政党，拥有非凡的政治智慧。同时，中共高度重视发展同阿拉伯国家政党、特别是社会主义政党的关系。

中国自1978年起实行改革开放政策，向外资敞开大门，极大提升了中国本土制造业的创新力和竞争力，推动中国经济实现了快速发展，使中国得以在国际市场占据重要位置。中国坚持以公有制为主体、多种所有制经济共同发展的基本经济制度和以按劳分配为主体、多种分配方式并存的收入分配制度。加入世界贸易组织后，中国进一步融入国际市场，特别是在汽车制造等重工业领域同德国、法国等西方国家并驾齐驱。改革开放以来，中国共产党带领中国实现经济社会快速发展，帮助7.7亿农村贫困人口摆脱贫困。特别是近十年来，9899万农村贫困人口全部脱贫，832个贫困县全部摘帽，12.8万个贫困村全部出列。中国共产党兑现了向人民和历史作出的庄严承诺。

| 赞 | 比 | 亚 |

习近平总书记是真正的马克思主义思想家

赞比亚社会主义党主席
弗雷德·蒙贝

习近平总书记是真正的马克思主义思想家，习近平新时代中国特色社会主义思想是造福人类的先进思想。当前，人类正面临战争、新冠肺炎疫情、发展鸿沟等严重威胁，国际上霸权主义、冷战阴影和"小圈子"政治阴魂不散，人类亟需先进思想的指引。那么先进思想从哪里来？只能从中国共产党那里来。习近平总书记以马克思主义政治家的视野胸怀，提出推动构建人类命运共同体、高质量共建"一带一路"、全球发展倡议等一系列主张，为解决当今世界矛盾挑战、加强各国团结协作、实现共同发展指明了前进方向。习近平总书记不愧是"卓越的马克思主义者"和"真正的马克思主义思想家"，习近平新时代中国特色社会主义思想就是引领世界发展、造福人类的先进思想。

新时代中国共产党为世界马克思主义政党提供经验借鉴。进入新时代，中国共产党坚持以习近平新时代中国特色社会主义思想为指导，坚持和加强党的全面领导，不断完善社会主义市场经济体制，坚持改革开放，全面从严治党，贯彻群众路线，坚持统一战线，扎实推进共同富裕，有关经验做法值得社会主义政党学习借鉴。

非洲国家马克思主义政党应同中国共产党一道维护共同利益。中国是世界进步力量的代表,是当今世界和平与发展的引领者、维护者。当前美国和部分西方国家正疯狂攻击抹黑中国和非中合作。赞比亚社会主义党呼吁非洲国家马克思主义政党挺身而出,坚定站在中国一边。因为"捍卫中国就是捍卫我们自己、捍卫全人类",应当"把支持中国视为我们的责任"。

社会主义党愿积极推动国际治理体系变革。美国和部分西方国家为一己私利挑起俄乌冲突并对俄实施制裁给世界各国带来了灾难,表明加快全球治理体系变革,构建更加公正合理的国际秩序更加紧迫。我们支持中国、非洲联盟和金砖国家合作机制积极发挥作用,为世界发展稳定提供更多正能量。我们支持加快"去美元化",削弱美国霸权地位,坚决反对北约继续东扩,反对美帝国主义通过舆论手段钳制世界人民的思想。作为世界进步力量,我们要以全球发展倡议为基础,构建"同心圆",通过推进工业化、抵制单边强制措施等共同解决重大问题;加强区域合作,深化金砖等发展中国家合作机制,应对美国和部分西方国家对联合国等国际机构的破坏。

中国特色社会主义道路的成功鼓舞非洲国家自主探索发展道路

赞比亚社会主义党党员
阿肯德·蒙贝

中国共产党领导中国取得举世瞩目的发展成就，鼓舞非洲国家自主选择发展道路。非洲虽然拥有丰富的自然和人力资源，但由于长期受殖民主义遗毒和西方新自由主义的影响，政治经济至今受西方主导，无法自主制定经济政策，迟迟未能走上一条独立自主的道路，实现快速发展。新中国1949年成立时是世界上最贫穷的国家之一。70多年来，中国共产党团结带领中国人民接续奋斗，将中国建设成为世界第二大经济体，消除了绝对贫困，极大地提高人民生活水平，各领域发展都处于领先地位。 进入新时代，在以习近平同志为核心的中共中央领导下，中国共产党坚持和发展中国特色社会主义，坚持为人民谋幸福、为民族谋复兴的初心使命，坚持党的领导，坚持走群众路线，坚持批评与自我批评，坚持全面从严治党，规范和引导资本健康发展。在国际上坚决反对单边主义，推动全球治理体系朝着更加公正合理的方向发展。通过深入研究中国几十年来对马克思主义的创新性应用和社会主义建设经验，我们认识到，只有走符合本国实际的道路，才能像中国一样实现快速发展。中国特色社会主义取得的成功，使非洲国家重燃自主探索发展道路、实现快速发展的希望。中国的成功经验表明，非洲国家可以作出不同的选择，也必须作出让我们走得更远的选择。

非中合作为非洲国家实现快速发展提供了动力。2021年11月，习近平主席在中非合作论坛第八届部长级会议开幕式上引用了塞内加尔开国总统桑戈尔的话："让我们向新生的世界报到吧。"中非合作论坛作为非中合作的关键平台推动非中合作取得了丰硕成果。"一带一路"倡议、全球发展倡议等为包括赞比亚在内的非洲国家提供了国际合作新选择。中国对非投资合作、金砖国家扩员等将帮助非洲摆脱美元霸权体系，助力非洲实现快速发展。

中国共产党第二十次全国代表大会意义重大。预祝中共二十大胜利召开。相信中共二十大的胜利召开，将进一步巩固习近平同志党中央的核心、全党的核心地位，团结和激励中国人民为夺取中国特色社会主义新胜利而奋斗。中共二十大的胜利召开也将为非中合作带来更多机遇，帮助非洲国家摆脱对美国的经济和技术依赖，实现自立自强。

习近平总书记是我的兄长

中非总统
福斯坦·阿尔尚热·图瓦德拉

中非总统图瓦德拉2018年来华出席中非合作论坛北京峰会时，向习近平总书记当面请教中国共产党治国理政经验，表示也想建设像中共一样的强大执政党，实现国家长治久安。回国后，图瓦德拉即推动支持其的20多个政党和政治组织组建统一的执政党"团结一心运动"，并提出希望率政府部长和总统顾问班子再次来华进行"培训访问"，沿着梁家河、福州、上海等习近平总书记工作过的地方实地考察，深入解读新时代中国共产党的成功"密码"。近年来，图瓦德拉多次向习近平总书记致函或传递口信，热烈祝贺中国共产党成立100周年，就抗疫、涉港、人权等问题表达对中方支持。图瓦德拉在信函中亲切又充满敬意地称"习近平总书记是我的兄长"，体现了对习近平总书记作为大国大党领袖的敬佩之情，以及对习近平新时代中国特色社会主义思想的高度赞赏和认同。

习近平新时代中国特色社会主义思想为发展中国家探索符合国情的发展道路提供了指引

图瓦德拉表示,习近平总书记洞察时代大势提出一系列原创性重大思想,是一位伟大的领导人,《习近平谈治国理政》全面展现了习近平总书记的深邃思想和远见卓识,成为许多非洲国家领导人的枕边书、案头卷。习近平新时代中国特色社会主义思想不仅为新时代中国发展提供了强大动力,也为包括中非共和国在内的广大发展中国家探索符合本国国情的发展道路提供了中国智慧和中国方案。中非愿在这一伟大思想指引下,将中方成功经验与本国国情有机结合,探索出一条有中非特色的现代化发展道路。

中共是勇于自我革新的伟大政党

图瓦德拉表示,中共作为百年大党,从不故步自封,不断与时俱进,勇于自我净化、自我完善、自我革新、自我提高,始终保持先进性和纯洁性,站在新的历史起点上作出符合中国人民根本利益的正确抉择。"团结一心运动"视中共为"老大哥",愿进一步加强两党交流合作,全面、系统、深入学习借鉴中共治国理政经验,加强本党建设,巩固执政地位。

中共始终与人民保持紧密联系是取得成功的一大秘诀

图瓦德拉表示,中共已连续执政70多年,至今仍不忘初心,牢记全心全意为人民服务的根本宗旨,始终与人民保持紧密联系,这是中共取得成功的一大秘诀。中国共产党深受中国人民拥护爱戴,执政理念得到人民群众的广泛支持。与之相反,一些非洲国家政党执政之初心系国家和人民,一段时间后即出现腐败等问题,将国家和人民利益抛之脑后，逐步沦为政客谋利的工具，最终被人民抛弃，根本原因在于其背弃了初心和使命，脱离了人民群众。"团结一心运动"要以中共为榜样，执政为民，努力带领国家走上发展振兴之路。

中国取得脱贫攻坚战全面胜利令世人深受鼓舞

图瓦德拉表示，以习近平同志为核心的中共中央领导中国人民取得脱贫攻坚战全面胜利，令世人深受鼓舞，中非希望学习借鉴中方的成功经验和做法，打响中非的脱贫攻坚战。城乡发展不平衡是世界各国特别是发展中国家面临的共同难题，许多非洲国家是以农业为主的国家，迫切需要解决农村贫困化和农业人口外流等问题。习近平总书记高瞻远瞩，创造性提出乡村振兴战略，为解决农村贫困问题提供了中国方案。包括中非在内的非洲国家应学习借鉴中方在脱贫攻坚和乡村振兴等方面的先进经验，实现本国发展，更好造福人民。

人类命运共同体理念具有非凡的世界意义

图瓦德拉表示，中国同许多发展中国家建立了牢固的友好合作关系和命运共同体，中方倡导的真实亲诚理念彰显帮助非洲走出困境、实现发展的真挚情意。中非热切期盼"一带一路"深入非洲，愿与中国结成更加紧密的命运共同体，共促世界和平与发展。美国推行单边主义、贸易保护主义和霸凌行径不得人心。中非方高度赞赏中方维护真正的多边主义和全球自由贸易体系，推动构建新型国际关系和人类命运共同体。这些主张旨在捍卫发展中国家共同利益，维护世界和平与繁荣，具有非凡的世界意义。

中非"团结一心运动"愿进一步学习借鉴中共治国理政经验

中非"团结一心运动"体育文化事务全国书记
圣克莱尔·班加·班吉

长期以来,中国一直是包括中非共和国在内的非洲各国的学习榜样。尤其是中共十八大召开以来,以习近平同志为核心的中共中央带领中国人民开创了中国特色社会主义新时代,也为非中传统友谊注入了新活力。如同其他非洲国家一样,中非也深受中国特色社会主义道路的影响和指引,努力探索符合本国国情的发展道路。中非"团结一心运动"作为中非执政党,以共产主义的思想精髓为党的理论基础,与中国共产党理念相近、思想相通,愿以更加包容开放的心态学习借鉴中共治国理政经验。

中非"团结一心运动"是图瓦德拉总统创建的年轻政党,立志在2050年将中非建设成为新兴国家。为实现这一任务,我们需要不断加强执政能力建设,迫切希望能与中共进一步加强交流合作,开展团组互访、举办多双边研讨交流等活动,使我党的领导干部与中共负责人和各领域专家深化治国理政经验交流。我本人曾应中共邀请赴华参观考察,对中国的建设成就深感钦佩。多年来,中非饱经战乱,发展落后,亟需学习城市治理的先进经验,因而希望与中国的地方城市建立友城，促进两国地方交流合作。此外，中非还拥有丰富的自然资源，我们期待学习引进中国先进的科学技术，帮助中非利用资源优势实现工业现代化发展。

习近平总书记以其战略远见和大国领袖的责任担当带领中国人民实现了举世瞩目的发展成就。尤其是新冠肺炎疫情暴发后，中国再次向全世界展示了应对危机的高效反应和强大组织动员能力，打赢了疫情防控阻击战。面对当前复杂动荡的国际形势，中国没有独善其身，而是在金砖国家合作机制等多边舞台上推动发展中国家团结协作，通过共建"一带一路"积极帮助广大发展中国家实现振兴发展，携手构建人类命运共同体。

当前，俄乌冲突持续发酵，对全球的和平稳定和经济发展造成巨大冲击。粮食、能源等初级原料的价格飞涨，使非洲国家深受其害，非洲人民进一步陷入贫穷的困境。我们期待中国在和平解决俄乌冲突问题上发挥大国影响力，帮助包括中非在内的广大非洲国家有效应对冲突造成的危机挑战，并在国际场合继续为非洲国家仗义执言，帮助非洲国家在联合国安理会争取常任理事国席位，进一步扩大发展中国家在国际舞台的代表性和发言权。

中国共产党第二十次全国代表大会即将召开，预祝大会取得圆满成功，并祝愿中国人民取得更加辉煌的发展成就。

欧洲

|白|俄|罗|斯|

中共是中国社会主要政治力量,也是世界上许多国家的"灯塔"

白俄罗斯共产党中央委员会委员、中央委员会意识形态部部长
尼古拉·沃洛维奇

中共对马克思主义理论和实践的当代发展作出了杰出贡献

在风雨飘摇的年代里,中国共产党的诞生成为开启国家发展新局面、战略发展新方向的重要事件,追求幸福的中国人民和谋求革新的中华民族也因此有了主心骨。

中共从成立之初就始终坚守理想信念,不断进行理论创新,始终作为最先进力量的代表勇立时代潮头、为中国人民谋幸福。

中共将科学社会主义的基本原理同社会主义建设的具体实践相结合,从而形成中国特色社会主义。中共对其他社会主义国家沉浮的经验教训、发展中国家政策落实的成败得失,以及自身发展过程中所面对的状况和矛盾进行全方位分析和科学总结,对在中国走什么样的社会主义道路、分为哪些历史阶段、基本任务和战略步骤等问题给出了系统性的回答,这也为建设中国特色社会主义铺平了道路。

当前对于世界共产主义和工人运动而言,马克思列宁主义理论在现代化条件下的发展问题从未如此迫切。中共凭借强大的理论和实践基础，对马克思主义理论和实践的当代发展作出了杰出贡献。

习近平新时代中国特色社会主义思想明确要求实现社会主义现代化，在社会经济和社会政治领域进行改革，满足中国人民日益增长的需求，进一步提高人民生活水平并消除社会不平等。这一思想是马克思列宁主义的理论性发展，是毛泽东思想和邓小平理论的综合，是将党和人民实践经验与理论相结合的马克思主义中国化时代化的最新成就。

在世界共产主义和工人运动理论发展的框架内，"一带一路"国际合作倡议意义重大，具有强劲的力量和生命力，在各国抗击新冠肺炎疫情、经济复苏和人民生活正常化过程中发挥了重要作用。"一带一路"倡议开放、包容，将经济合作作为重点方向，同时兼顾人文交流。这一倡议旨在推动各国互联互通，深化务实合作，实现互利共赢和共同发展。过去几年来，中国秉持共商共建共享原则，按照经济规律同伙伴国开展项目建设洽谈，将共建"一带一路"同各国发展战略、地区和国际发展项目有效对接，进一步扩大了各国的共同利益。截至2022年7月，中国已同149个国家和32个国际组织签署了200多份共建"一带一路"的合作文件，毫无疑问，"一带一路"倡议当前已成为世界上最大的务实合作平台和最受欢迎的国际公共产品。

"中国式奇迹"的成就归功于中共

在合作和交流的过程中，中国能为他国提供借鉴。中国在过去40多年中发生了巨大的变化，成为世界第二大、在某些指标上甚至是世界第一大经济体，中国人民的生活不断改善，7.7亿农村贫困人口摆脱了贫困。这些堪称"中国式奇迹"的成就归功于中国共产党，中共既是中国社会的主要政治力量，同样也是世界上许多国家的"灯塔"。中国机构改革和功能转型、全面深化改革、全面依法治国、全面从严治党等方面的经验十分值得借鉴。

得益于深思熟虑的政策，中共成功落实了一系列改善人民生活的措施，在消除贫困方面取得巨大成功，中国贫困人口比例逐年下降。中国的教育蓬勃发展，乡村建设欣欣向荣。中共在就业方面做了大量工作，2021年城镇新增就业岗位近1300万个，城乡居民收入增幅超过了经济增幅。中国还建立了城乡人口全覆盖的社会保障系统，极大地提高了人民健康水平和医疗服务水平。

中国人民取得的成就堪称世界各国人民的典范，这得益于中共的坚强领导。中国以社会主义公平正义理念和发展为基础的新时代中国特色社会主义发展模式取得了成功，对左翼政党和工人党影响日益增大，不断获得更多的支持者。正是全世界的共产党和工人党才真正代表普通民众的利益，社会主义理念在世界多国和地区都有所体现。当前左翼政党需要以公平正义、和平共处和合作共赢为原则开展大规模社会改革，这一过程中中共毫无疑问将成为他国政党开展斗争的强大支柱和"灯塔"。

实践证明，中国特色社会主义是通往建设富强民主文明和谐美丽的社会主义现代化国家的康庄大道。

| 波 | 黑 |

中国终将向世界证明"国强必霸"是个伪命题

波黑部长会议前主席
兹拉特科·拉古姆季亚

中国践行真正的多边主义

作为"一带一路"智库合作联盟国际顾问委员会委员,我长期关注"一带一路"倡议的进展情况,以及"一带一路"合作框架下的欧中合作。习近平总书记提出的"一带一路"倡议及新发展观、新安全观、新合作观、新文明观、共商共建共享的新全球治理观等为人类发展指明了正确的前进方向。如今,我们正面临新冠肺炎疫情、气候变化、环境污染等一系列全球挑战和威胁,没有哪个国家可以独善其身,团结合作是最有力的应对武器。我们应呼吁所有国家共同行动,共克时艰,携手应对疫情,拯救生命,保护穷人和弱势群体,推动经济复苏,促进教育和就业,共同建设更具韧性的经济社会体系,推动全球治理体系朝着更加公平合理的方向发展。

当前形势下,我们应在"一带一路"框架内开展以下三方面合作。一是加强防灾减灾能力合作,重构国际公共卫生合作体系,打造更具韧性的国际应急体系;二是加强经贸投资往来,重启重大合作计划,共同推动全球经济复苏,重启经济社会体系,通过企业重组等有效解决债务问题；三是加强科技教育合作，创造更多就业机会，构建更加美好的经济社会发展"新常态"。

2021年10月25日，习近平主席出席中华人民共和国恢复联合国合法席位50周年纪念会议并发表重要讲话，呼吁各国弘扬全人类共同价值，践行真正的多边主义。在我看来，中国推动践行真正的多边主义这一理念兼具象征意义和实际意义。过去40多年间，中国的经济实力和国际影响力显著增强，履行大国责任，坚定维护联合国权威，通过推进"一带一路"国际合作探索新的多边合作路径，秉持以人民为中心的发展思想，联合世界各国应对气候变化等共同挑战，推动实现可持续发展和互利共赢。习近平主席在第七十六届联合国大会上提出的"全球发展倡议"，不仅是对中国成功发展经验的总结，也为世界在后疫情时代的发展指明了方向，我们接下来还需要对这一重要理念开展更多深入研讨，从中汲取更多智慧。

中国的全过程人民民主是真正具有治理效能的民主

此外，我还注意到习近平总书记近日对中国的全过程人民民主作了重要阐述。我认为，尽管民主的概念源于西方，但这并不意味着西方的民主就一定好，与之不同的民主就一定不好。中国的民主不同于西方政党政治环境下的民主，而是全民广泛参与决策、民意得到充分尊重的真正的民主，中国在脱贫减贫、技术发展、改善民生等方面的伟大成就也证明了中国的全过程人民民主是真正具有治理效能的民主。

2021年是中国共产党成立100周年。经过100年的奋斗，中国共产党已然成为世界第一大政党，为世界各国政党的自身发展和治国理政树立了榜样。作为一名政治家，我对中国共产党走过的百年征程作了深入思考。中国共产党领导下的中国正在世界上扮演越来越重要的角色，中国终将向世界证明"国强必霸"是个伪命题。人类正面临贫富分化、核武器扩散、人工智能滥用、文明偏见、民粹主义,以及暴力冲突等一系列严峻威胁,各国不能动辄以意识形态、国家、宗教或种族划线,应该积极开展对话,加强合作,相互尊重,互学互鉴,共同维护以联合国为核心的国际体系和以国际法为基础的国际秩序。同时,我们应以乐观的心态看待未来,坚持知行合一,朝着共同目标前进,就像中国一首流行歌曲所唱的那样,"让我们期待明天会更好"。

关于中国共产党建党百年来的重大成就和历史经验,我认为要想给中国共产党下定义,就必须了解中国共产党自创立伊始由几十个党员发展到今天拥有9600多万名党员走过了怎样的发展历程,如何带领中国人民实行改革开放、抓住世界经济发展新机遇,不断提高人民生活水平、努力实现共同富裕,坚持习近平新时代中国特色社会主义思想、不断开展理论创新,秉持共建人类命运共同体理念、为全球化不断发展作出重大贡献。可以用一句话来形容中国共产党的成功经验:"己之所欲,乃施于人。"在未来发展道路上,相信中国共产党将继续以中国优秀传统文化的大智慧和中华文明的深厚积淀为根基,从广大人民群众中汲取不竭动力,在追求全人类共同繁荣的道路上取得更大胜利。

| 丹 | 麦 |

期待中共在下一个百年取得更大成就

丹麦共产党主席
亨里克·斯塔默·赫丁

十八大以来中共领导中国取得举世瞩目发展成就

发展社会主义必须符合本国国情，并不断适应时代的要求。中国共产党正是基于这一原则制定自身政治目标，令人备受鼓舞，中国的发展得到全世界的关注及钦佩，中国人民在中国共产党的领导下，通过基层协商民主制度参与国家治理，这是中国成功的主要经验。丹麦共产党关注中国特色社会主义治理实践。中共十八大以来，中国在扶贫、教育、基础设施建设、抗疫等领域取得了举世瞩目的成就。虽然丹麦国内对中国成功故事的报道不多，但我对中国四通八达的高铁线路、对教育培训巨大投入等印象深刻。2022年北京冬奥会胜利举行，美国和丹麦政府想尽一切办法，妄图阻止北京冬奥会成为交流互鉴的平台，但阴谋未能得逞。这是中国的成功，也是全人类的成功。

中共致力于推动全世界共同富裕，展现了真正的民主精神

世界上还有很多国家和地区需要改善、重建，需要关键基础设施及支持，但这些地区不具商业利益，已被资本主义抛弃。中国通过"一带一路"倡议、全球发展倡议等，致力于提高贫困国家的生活水平，改善南半球的基础设施，显示对贫困地区民众福祉的真正关心。正如中国在国内所展示的一样，物质上的富足是消除暴力和动荡的第一步。这是真正的社会主义实践。通过这些行动，中国共产党表明其致力于提高最贫穷国家的生活水平，展示了同欠发达国家之间的团结，展现了真正的民主精神——一种不同于西方世界宣传和实践的民主，但这是丹麦共产党向往的民主。

中国还通过发展援助、对外投资，以及在疫情期间无私向全世界提供医疗和物资援助等，致力于推动全世界的共同富裕。中国共产党在世界范围内推动法治，防止帝国主义列强给其他国家的发展强加条件，通过推动建设多极世界，使原来的殖民地国家获得反对帝国主义及其经济胁迫的信心与支持。在我们看来，这是共同富裕的重要成果。

习近平总书记是一位强有力的领导人

我认为习近平总书记是一位强有力的领导人，领导建设一个繁荣的中国和高效的中国共产党。丹麦共产党高度关注中共二十大，期待选出新一届中央委员会，带领中国继续沿着新时代中国特色社会主义道路前进，建设强大、繁荣的社会主义现代化国家，期待中国共产党在下一个百年取得更大成就。希望中国共产党继续在国内推动共同富裕与乡村振兴，在国际上通过"一带一路"倡议与全球发展倡议为全球发展注入动力，推动改善贫困和欠发达国家人民的福祉，扭转西方帝国主义造成的资源枯竭、剥削人民等破坏性后果。

期待同中共加强党际交流，深化两党关系

丹麦共产党是西方国家十分弱小的共产党，但中国共产党愿同我党加强交流互鉴，我们对此高度赞赏。两党曾中断联系50多年，近年交往增多。2021年7月，我与丹共其他同志线上出席中国共产党与世界政党领导人峰会，峰会鼓舞人心，令人印象深刻。12月，我们线上出席中国共产党－欧美马克思主义政党交流会，同来自欧洲、北美洲和大洋洲的共产党交流互鉴，加强了在西方展开斗争的团结。我们愿同中国共产党进一步加强党际交往，为推动世界社会主义发展作出新贡献。

| 德 | 国 |

中国道路彰显社会主义的强大生命力

德国的共产党主席
帕特里克·科伯勒

我曾两度到访过中国，但前后的感受大不相同。20世纪90年代的北京，马路上是自行车的"滚滚洪流"，而到了2018年，汽车已成为街道上的主角。有趣的是，自行车并没有退出历史舞台，而是变成了装有先进定位系统的共享单车。整座城市的样貌变化也堪称翻天覆地，除了长城等风景名胜，我几乎认不出30年前曾踏足过的大街小巷。

2018年，当我再次来到首钢园区，同行的中国同志告诉我，为了改善环境，这里将变成一座公园。在2022年北京冬奥会的电视转播里，我惊喜地发现，首钢原先的原料筒仓已经变成奥组委办公区，精煤车间成了冰上项目训练基地，滑雪大跳台在冷却塔旁拔地而起，工业园区变身活力四射的冰雪乐园……这样的构思真是令人叹为观止，随着冬奥会的圆满落幕，首钢园区转型赛事场馆的大改造完全经受住了实践的考验。

北京冬奥会是中国为推动奥林匹克运动发展作出的突出贡献。新冠肺炎疫情至今仍在全球蔓延，各国运动员却能够齐聚一堂，安全、顺利地完成比赛，中国卓有成效的疫情防控功不可没。通过成功举办冬奥会，中国人民向全世界诠释了热爱和平、团结合作的民族品质，这与某些国家过分强调个人主义、鼓吹竞争对立的做法形成鲜明对比。这种品质也体现在共建"一带一路"和推动构建人类命运共同体等方面。

通过在中国的见闻，我深刻体会到中国人民对中国共产党的拥护和支持。在深圳湾创业广场，我参观了党群服务中心。这是一个开放的大型空间，不仅建有咖啡厅、图书馆，人们也可以在这里向党组织反映问题。在"智慧空间"体验区，人们可以通过大屏幕互动学习党的理论知识。显然，马克思主义思想在中国得到了更广泛的传播，也更加深入人心。

中国共产党将马克思主义基本原理同中国具体实际相结合，在带领数亿中国人民摆脱贫困的同时，走出了一条符合中国国情的中国特色社会主义道路，彰显出社会主义的强大生命力。我坚信，21世纪中叶中国一定会实现第二个百年目标，建成富强民主文明和谐美丽的社会主义现代化强国。我期待着这一天的到来！

德共衷心祝愿中共带领中国人民在中国特色社会主义道路上取得更大成就，并希望继续深化两党交流合作。虽然两党体量大小不同，但贵在志同道合，且一贯遵循独立自主、完全平等、互相尊重、互不干涉内部事务的党际交往原则。德共真切希望继续从与中共的交流中获取更多进步思想。

| 俄 | 罗 | 斯 |

中国已成为人类进步力量的指路明灯

俄罗斯联邦共产党中央委员会副主席
德米特里·诺维科夫

尊敬的同志们，非常荣幸有机会成为你们真正亲密的朋友，俄罗斯共产党人对志同道合的中国同志始终抱有这种感情。2022年是习近平同志担任中共中央总书记十周年。过去十年，中国内政外交实现新的跨越。

中共十八大以前，中国以经济建设为中心，经济总量位居世界前列，超越了许多发达国家。中国新领导人面临着艰巨却具有远大前景的任务，不仅要超越已经取得的经济建设成就，而且要为国家设定新的政治发展议程。客观现实要求制定新理念和能够应对当前挑战的战略概念，强大统一的思想要求党的建设，以及国家政治、经济、文化、卫生、生态等各方面实现发展。在当选党的领导人后，习近平总书记在马列主义基本原理和历任领导人取得的成就基础上，提出了一系列倡议主张。习近平总书记指示全党上下要为人民创造更加美好的生活，建设新时代中国特色社会主义。

在以习近平同志为核心的中国共产党的辛勤努力下，社会主义中国扬帆起航、全面发展。"两个一百年"奋斗目标、实现中华民族伟大复兴的中国梦为推进全方位改革提供强劲动力。"五位一体"总体布局、"四个全面"战略布局、社会主义初级阶段基本路线成为中共治国理政的主要原则，充分彰显中国深层次的进步，体现了中国共产党人旨在实现国家整体和每个个体共同发展的内在追求。中国以"新常态"为基础、以创新为驱动力发展经济。当前，中国人民在实现可持续发展、社会繁荣、国家强大方面取得非凡成就。在建党百年之际，中共在脱贫攻坚战中取得决定性胜利，标志着在中国全面建成小康社会。联合国官员曾坦言，世界上绝大多数国家无法在2030年前实现大规模减贫目标，而中国提前十年达成这一目标，这是具有全球性意义的重要事件。俄罗斯共产党人相信，中国将在中共的带领下取得更大成就。随着中共加强社会主义核心价值观，弘扬中国独特文化，借助社会主义文化"软实力"推动实现创造性改革，中国社会将变得更加强大。现在，中国已成为人类进步力量的指路明灯。

习近平总书记提出的人类命运共同体理念、"一带一路"倡议和新型大国关系理念促进了和平、睦邻友好和全球经济社会发展。习近平总书记的思想、理论，以及中共落实系列理念的经验值得全面认真学习和贯彻落实。俄共高度评价社会主义中国取得的成就，中国的发展使俄罗斯知道如何才能发展得更好。因此，俄共大力推动"红线"电视台与中国国家广播电视总局支持下的尚斯国际出版传媒集团的合作项目。在此项目框架内，俄罗斯电视观众可全年观看中国的纪录片和电影。这也是在中共二十大召开前俄罗斯观众收到的一份礼物。

最后，谨代表俄共中央委员会、俄共中央主席久加诺夫在中共二十大召开前夕向中共的朋友们致贺，也衷心祝愿中共在社会主义建设的道路上取得新胜利、新成就！

国际社会眼中新时代的中国共产党

习近平总书记是新时代中国当之无愧的伟大领袖

俄罗斯统一俄罗斯党最高委员会与中国共产党合作事务工作组组长
阿尔乔姆·谢苗诺夫

中共是世界上最大的马克思主义执政党,且自身仍在不断完善和发展

我生于苏联,早在中小学时期就认识到了伟大祖国的党组织和国家机构的严肃性。20世纪80年代,我曾是一名少先队员。不幸的是,苏联在我13岁时解体了,所以我没能加入共青团和苏联共产党。我的父亲曾是一名共产党员,也是《苏维埃青年》报的副主编。他经常带我去他工作的地方,在那里我对党和国家的组织性、工作的系统性和严肃性及其垂直架构有了初步的了解。成年后,我深入了解并十分欣赏党的管理体制,这是历经几十年磨练和验证的系统,是国家的"骨架"。我们在20世纪90年代失去了这些,至今还处于创建一个有效的党和国家体系的进程当中。

18岁时我作为国际交换生来到山东大学学习,自此,我开始了与中国密不可分的人生新阶段。从第一天起我就感受到了大学严肃而又温馨的氛围,了解到大学有党委,后来我还知道中国每个国家机关甚至私营企业都有党委、党组织。我感受到了在童年时期根植在心中的东西——党和国家制度的严肃性和组织性,以及其可靠性和力量。

在中国完成学业后，我回到了我的家乡伊尔库茨克。后来搬到莫斯科，于 2004 年至 2008 年间在俄罗斯总统公共管理学院进修，这个学院在苏联时期曾是高级党校。正是我在中国留学和在俄总统公共管理学院进修的经历，使我能够在统一俄罗斯党党内负责与中共交往有关的部门工作。自 2011 年起，我开始积极研究中共的管理制度及其在发展和治理当代中国中的作用。这主要得益于我有机会同中共中央对外联络部敬业称职的同志们一起交流工作，他们以身作则、严于律己，其广博的知识和经验帮助我能够更近距离深入了解中共这个鲜活而强大的有机体。

中国共产党是世界上最大的马克思主义执政党，且自身仍在不断完善和发展。中共在无垠的历史海洋中巧妙、高效地引领掌舵中国这艘巨轮，将国家发展得更加强大，在新的历史时期进行大量的实践，推动中国取得丰硕的成果，为其他国家树立爱国爱民的好榜样。

习近平总书记赢得了中国和包括俄罗斯在内的许多国家真正的尊重

整个世界已经进入了一个新的历史时代，世界上最强大和最具影响力的领导人之一——中共中央总书记、中华人民共和国主席习近平早已提出这一点。习近平总书记成功加强中国党和国家的纪律性，在履行国家职责时展现出谦逊、负责的品质，以及强大的工作能力和管理效率，这在举世闻名的著作《习近平谈治国理政》中均深刻充分体现。中国成功应对新冠肺炎疫情，同世界各国开展抗疫合作。中国在经济上更加强大，成功抵挡住美国的挑衅，让许多国家在"一带一路"倡议下保持经济和政治形势稳定。习近平总书记是中共中央和中国共产党的核心，赢得了中国和包括俄罗斯在内的许多国家真正的尊重。

俄罗斯有一句俗语，"从结的果实中就能了解种树的是什么样的人"，一个人可以说很多漂亮话，但言行不一肯定不会取得好结果，这就是西方政客的样子。习近平总书记用事实证明，中共的工作成果显著、丰硕，对中国和世界具有重要的历史意义，习近平总书记是新时代中国当之无愧的伟大领袖。我曾有幸两次在中俄执政党对话机制会议上见到这位伟大领袖，这篇文章中的所感所想都是基于统一俄罗斯党和中共多年来富有成效的合作，是发自肺腑的真实感言。

中共国家治理的成果可以为世界提供"秘方"

俄罗斯国立人文大学现代学系副教授
纳塔莉亚·波莫佐娃

中国共产党不仅是世界上领先的政党之一，也是国家内政外交善治的典范，是构建新型国际关系的创新先驱。在理论哲学和社会政治反思的背景下，中共提出了多种理念，其中最重要之一就是外交理念。

当前地缘政治局势瞬息万变，世界上出现了新的权力中心，不同文明国家都主张拥有自己的主权、安全和独立决策权。人们明白只有在和平环境中不断发展才能成功，无论国家规模大小、无论是发达国家还是发展中国家，中国都一视同仁。凭借自身的智慧，中国邀请所有人参与构建人类命运共同体，倡导通过公平对话应对全球挑战，使每个人都能为解决新挑战作出贡献。拒绝封闭排他和以自我为中心，支持共同利益在当前背景下十分重要且具有建设性意义，因为世界是一个地球村，各国均无法独自解决共同面对的问题。

在中共领导下，中国发展取得了积极成就，特别是在经济和反腐败领域，其吸引力也越来越大。在美国主导全球数十年后，大国竞争回归。美国当前处境并不理想，面临财政困难、内部政治分化等诸多问题。人类文明新形态的概念表明，发展中国家应打造自己的现代化道路。中共治理国家取得积极成果，可以为世界提供"秘方"。中国不仅在经济、技术和其他领域取得长足进步，也在人权领域取得了令人印象深刻的成绩。消除绝对贫困是中共成就的生动体现。依法治国体现的是在遵循法律的基础上自由生活。

对我个人而言，中国及其执政党的经验具有重要的研究价值。中国不仅是俄罗斯最大的邻国，也是重要的合作伙伴，双方建立了全面战略协作伙伴关系，俄中关系进入新时代。中共的治国理政体系和对外政策是科学制定政策的典范，在吸收儒家思想和西方古典与现代理论方法基础上进行长期规划，同时结合自身和外国经验采取积极行动。这种方法反映在中国的国际话语建设中，这也是我博士论文研究的主题。我很清楚，理性是中共治国和制定外交政策的内核。中国十分重视与其他国家的交往，认为这是双方在各领域对话坚实的基础。这在宏伟的"一带一路"倡议中也有所体现，同样也是构建人类命运共同体理念的基础。

构建与时俱进的国际话语权是对外政策的主要组成部分之一，国家、政治活动家和其他各社会行为体都在为权力而斗争。全球话语领域的主导权是衡量一个国家外交政策成效及其国际分量的主要标准之一。中共在该领域取得巨大成功，世界各国负责任的政治力量都应认真研究其经验，并根据自身文化和历史进行调整，造福本国人民。

新时代的中共：俄罗斯的观点

俄罗斯科学院社会与政治研究所政治学研究室主任、俄罗斯科学院欧洲研究所研究员、原公正俄罗斯党国际部部长
鲍里斯·古谢列托夫

中国共产党是一个独特的政治组织，其百年历史证明，中共始终致力于为中国人民和全人类谋福利。

2017年召开的中共十九大是中国党和国家历史上的重要里程碑。中共十九大为党和国家制定了宏伟目标：到2021年中国共产党成立100周年时全面建成小康社会并战胜绝对贫困。大会报告阐述了中共中央总书记、中华人民共和国主席、中央军委主席习近平提出的中国梦以及"新时代中国特色社会主义"。2021年7月1日，习近平总书记在北京天安门广场举行的庆祝中国共产党成立100周年大会上发表了重要讲话，谈到了中国共产党在过去100年中的主要成就和未来前景。中国领导人宣布，中国已实现第一个百年奋斗目标："在中华大地上全面建成了小康社会，历史性地解决了绝对贫困问题，正意气风发向着全面建成社会主义现代化强国的第二个百年奋斗目标迈进。"

必须指出，建设"新时代中国特色社会主义"主要是为提高人民福祉。以前中国经济发展主要依靠产品出口，当前的主要目标是增加内需和提高人民生活水平。这一目标将分两个阶段实现。第一阶段从2020年到2035年，在全面建成小康社会的基础上，再奋斗十五年，基本实现社会主义现代化。中国将实现技术独立，并有能力成为世界级创新技术的贡献者。在此基础上，中国将大幅提高中等收入人口比例，大幅缩小城乡和地区间发展差距，确保获得公平的基本公共服务，并大幅缩小贫富差距。中国的"软实力"也将提升。第二阶段从2035年到2050年，在基本实现现代化的基础上，把中国建成富强民主文明和谐美丽的社会主义现代化强国，此时人口的收入分化和地区发展水平的差异将被基本克服。

为实现上述目标，以习近平同志为核心的中共中央并不是要集中发展现有的经济板块，而是要在国家经济中积极和广泛地使用新技术。与此相关的是中共十九大上宣布的另一项重要任务：到2035年建成现代化经济体系，并为此制定了"美丽中国"生态计划。当前，中国的经济增长55%的动能来源于高科技产业。中国在关注国家内部发展的同时并未自我孤立、放弃全球目标。中共十九大的主要决议之一是将推进"一带一路"建设写入党章，"一带一路"倡议不仅使中国能在世界政治中发挥积极作用，而且有助于形成一个新的政治空间。这一倡议与中国领导人提出的"人类命运共同体"理念相辅相成，习近平主席2017年在联合国的演讲中指出，"中国愿同广大成员国、国际组织和机构一道，共同推进构建人类命运共同体的伟大进程"。

中国党和国家领导人认为，实现所有这些宏伟计划的关键条件是对党本身进行认真的改革，党也是中国国家架构的核心要素之一。

要领导一个拥有超过14亿人口的社会主义大国，中国共产党必须掌握治国理政艺术。为此，中共必须不断提高政治领导能力，坚持战略思维、创新思维和法治思维，使党掌握改革创新的工作技巧，坚定不移贯彻新发展理念，不断开创新局面。重要的是要学会如何推行符合现实的计划，取得实实在在的结果。必须提高风险防控能力，学会如何解决所有复杂的矛盾，克服前进道路上的困难和障碍。

同时，中共十九大总结了过去五年中国发展新阶段出现的问题，指出中国社会现阶段的主要矛盾是人民日益增长的美好生活需要和不平衡不充分的发展之间的矛盾。必须认识到，中国仍面临许多困难和挑战，主要是发展质量和效率不高，创新能力不足，实体经济发展水平不足等。

习近平新时代中国特色社会主义思想直接决定了全面深化改革的总体目标是完善和发展中国特色社会主义制度、推进国家治理体系和治理能力现代化。应该放弃不符合时代要求的理念和想法，利用人类文明的有益成果消除所有结构性和制度性缺陷。

发展是解决中国所有问题的基础和关键，应该在科学的基础上追求发展。为此，必须稳步推行创新、协调、绿色、开放、共享的发展理念。

坚持党的领导、人民当家做主、依法治国的有机统一，是社会主义政治发展的必然要求。应该继续发展现有政治制度，完善人民代表大会制度、中国共产党领导的多党合作和政治协商制度、民族区域自治制度等。应该发展社会主义协商民主，丰富和拓展其形式。

要贯彻依法治国，坚持法治国家、法治政府、法治社会一体建设，深化司法改革，推动社会法治文化建设。

生态文明建设是关乎中华民族永续发展的根本大计。要贯彻落实"绿水青山就是金山银山"的理念，坚持节约资源和保护环境的基本国策。要实行最严格的生态环境保护制度，形成"绿色"发展模式，倡导"绿色"生活方式。要建设"美丽中国"，创造良好的生活和工作环境，并为全球环境安全作出贡献。

要完善国家安全领域的制度体系，提高国家安全能力，坚决维护国家主权、安全和发展利益。

中国人民的梦想与全世界人民的梦想密不可分

中国人民的梦想与全世界人民的梦想密不可分，没有一个和平的国际环境和稳定的国际秩序，中国梦不可能实现。要走和平发展道路，实施以互利共赢为核心的开放战略。坚持正确的义利观，应追求共同、综合、合作、可持续的安全观。应追求开放、创新、包容和互利发展，促进不同文明之间的对话沟通、和谐共处、相互交流和互学互鉴。为实现这些理念，中国应推动构建新型国际关系和人类命运共同体。

为在新时代建设中国特色社会主义，中共坚持进行自我革命，因为社会的支持是所有政党命运的关键。这需要加强党的领导，坚定不移地坚持党要管党原则，提高党内管理效率，反腐败斗争必须继续进行并加强。

中共需要明确的政治和意识形态，改进民主集中制原则。意识形态对中共而言具有基础性意义，中国特色社会主义制度是其精神基础，使其能够保持凝聚力和统一性。

中共培养高素质党员干部的体系发挥着重要作用，干部是党和国家发展的主要推动力量。在干部工作中应以专业能力为基础进行选拔和任命。中共十分关注对干部专业能力的培训，借助培训能使干部更加符合新时代中国特色社会主义发展的要求。

加强基层党组织建设是党的政策和计划落实的基础，发挥了重要作用。中共强调，必须发展党内基层民主，保障党内活动公开透明，使普通党员也能参与党内事务。

鉴于中国社会对腐败的痛恨，中共不断加强反腐力度以确保党和国家的长期稳定。中共认为，一个高效的党内党外监督体系发挥着重要作用，应加强对权力运行的监督，让公众真正有机会监督权力。

有着强有力领导人的中国自信地步入新时代

俄罗斯亚太地区研究中心主任、俄罗斯国际事务委员会成员、欧亚人民大会副秘书长、俄中友协副主席 谢尔盖·萨纳科耶夫

2021年9月21日，中国国家主席习近平在第七十六届联合国大会上发言中提出"全球发展倡议"，以此来推动世界经济和社会发展。该倡议聚焦消除贫困、粮食安全、抗击疫情、疫苗研发、发展融资、工业化、数字经济、基础设施联通，以及在气候变化背景下的绿色均衡发展和人与自然和谐。

在我看来，全球发展倡议最大的特征是以人为本，它以提高人民福祉、实现人的全面发展作为出发点和落脚点，努力满足各国对美好生活的向往。下面我将说明我对此十分确信的原因。

中国人民不仅是一切经济发展措施的受益者，更是中国经济的推动者

过去25年，我所有的工作都与中国相关。自20世纪90年代首次访华以来，每年我都要来中国好几次。除了北京、天津和上海，我到访过的中国其他城市不胜枚举。哈尔滨、沈阳、长春、西安、郑州、兰州、广州、香港、澳门、济南、杭州、南京、成都、乌鲁木齐、拉萨、贵阳、三亚，这些重要城市我都去过。我还经常前往中国内陆地

区，并且几乎去过所有俄中边境的中小城市。

我亲眼见证了中国这些年改革过程中发生的巨大变化，惊叹于中国基础设施的发展。如今，世界上最发达的公路网络就呈现在我们面前，与之并行的还有高铁网络。中国从马车和自行车飞速向太空进军，世界上最大的桥梁港珠澳大桥更是以独特的结构深入海底六千米。中国将棚户区和胡同改造成摩天大楼和梦幻般的城市，更重要的是这些先进的技术成果均可由全民共享。中国庞大的人口正从棚户迁往多居室公寓，富足的农户也正建设焕然一新的农村小城。

最令我印象深刻的无疑是中国近些年的发展。在习近平总书记的领导下，中国社会发展取得新成就。中国已明确提出建立更美好繁荣国家的目标，在所有成就中脱贫攻坚的胜利无疑是最重要的。

必须强调的是，中国的脱贫攻坚与世界其他国家不同。在寡头横行的国家，脱贫工作更像是"主人餐桌上的施舍"，佯装的斗争更像是在为一个看似怜悯穷人的制度打广告。有时候人民需要的不是同情，而仅仅是获得与自身劳动相匹配的公平收入。

在中国，人民本身就是最重要的经济类型。中国人民不仅是一切经济发展措施的受益者，更是中国经济的推动者，充分参与到经济建设过程中。中国国民生产总值的80%由中小企业创造，因此摆脱贫困成为建设具有高消费购买力群体的发达经济体的重要任务。实际上，中国已成功建立了内循环经济体系，创造了人民作为主要生产和消费行为体的区域经济体系。

建立人类命运共同体的理念是当代哲学重要的突破

近年来，我亲眼见证河南、四川、陕西和新疆维吾尔自治区一些贫困地区发生的日新月异变化。伴随着新的现代建筑拔地而起，城市公园和道路设施也同步完善。现代化环保交通工具取代以往的旧汽车。人们穿着越发靓丽，购物消费水平显著提高，新建了许多年轻人可以从事健康有益活动的休闲地。我的很多中国朋友的生活质量不断改善，更换了房屋，衣着更加时尚现代，拥有了更加方便舒适的交通工具。我一直在思考，中国人民取得如此巨大发展成就的原因所在。

我坚信，这些成就的取得在于中国共产党的领导。毛泽东主席在中国革命的摇篮——延安提出"为人民服务"口号，被所有中国共产党员铭记在心，悬挂在每个基层党组织的墙上。这并不是空洞的宣传，而是一种生活方式。我从许多在各领域和岗位上工作的中共党员朋友身上知晓了"为人民服务"的内涵，共同的事业、对祖国的热爱和对新未来的渴望将他们紧密团结在一起。

2013年春天，习近平主席作为国家元首首次访问俄罗斯，我非常荣幸地参与了接待工作。就共同决议的分量、会议期间签署的文件质量和联合新闻发布会的信息量而言，习近平主席的这次访问可谓令人难忘。习近平主席在莫斯科国际关系学院演讲时表示，一个高水平、强有力的中俄关系，不仅符合中俄双方利益，也是维护国际战略平衡和世界和平稳定的重要保障。当时我与中国同事一同工作的经历也十分令人难忘，我感到自己是新型国际关系奠基的历史参与者。

在阅读各卷《习近平谈治国理政》的时候，我总是惊叹习近平总书记理论的一以贯之，以及对马克思列宁主义学说所作的重要贡献。习近平总书记将巩固社会主义建设成就和增加人民福祉作为优先事项，为国际上各类专家关于中国是社会主义更多还是资本主义更多的争论作出了解答。如今世界上发生的事表明，习近平总书记对于世界新时代的到来有先见之明，建立人类命运共同体的理念是当代哲学重要的突破，这或将是摆脱长久困境、建设一个繁荣的多极世界的根本方案。

中国领导人提出的重要科学理论就像自然界中的"树冠羞避"（Crown Shyness）现象，带有十分重要的和谐性质，能够将人类命运引向更美好的未来。

中国正彰显中国特色社会主义发展政治道路的独特优势

对于大多数俄罗斯人,特别是我的同事们来说,习近平总书记是俄罗斯人民伟大的朋友,是始终如一的马克思主义者。习近平总书记为中华人民共和国领航掌舵,带领中国人民实现民族复兴的伟大梦想。在中国共产党成立100周年前夕,中国全面建成小康社会。在习近平总书记领导下,中国正彰显中国特色社会主义政治发展道路的独特优势。

习近平主席和普京总统之间独特的个人友谊成为新时代多极公平的世界秩序坚实的保障,这一秩序以二战伟大胜利和建立人类命运共同体为基础。

让我们一起捍卫和平与正义!

让我们一起走上21世纪平等互利的共同发展之路!

中国成功之基在于中共的智慧和科学领导

俄罗斯《劳动报》副主编
米哈伊尔·莫罗佐夫

中国的成功应归功于中国人民

2021年是中国共产党成立100周年。正如1978年中共十一届三中全会所规划的那样,中国全面建成小康社会这一划时代的任务已完成。该任务的主要特点非常清晰:建立消费水平与发达国家相当、世界上最大的中等收入群体(约四亿人),按照联合国标准实现全面脱贫。中国提前十年实现了《联合国2030年可持续发展议程》减贫目标,对全球脱贫的贡献率达到70%。与俄罗斯相比,两国平均工资早在2016年就已经持平,如今中国在这一指标上已经超越俄罗斯。

在一个经济欠发达的国家短时间内实现建成小康社会的雄伟任务,本身就是一个史无前例的成就。苏联共产党在20世纪80年代前规划的共产主义从未建成,因此中国的成功尤其令俄罗斯印象深刻。

显然,这一胜利理应归功于中国人民,其成功的根源应从改革和治理的正确设计和落实中寻找。早在20世纪70年代,中国共产党和改革开放的总设计师邓小平就确定了改革的理论基础:放弃把"在无产阶级专政下继续革命"和"阶级斗争"作为主要任务,把全党工作重心转移到现代化建设上来。随后，这条路线被称为"改革开放"和建设"中国特色社会主义"。2018年是改革开放40周年，中国的社会经济发展取得了巨大成就。

中共最大的成就在于通过改革确保了世界上人口最多的大国的稳定

1981年，我作为莫斯科大学亚非学院的学生，在准备关于"中国改革开放政策"的论文时，意识到这些想法是多么大胆和杰出，中共领导人在作出这些变革决定时冒了多大的风险，他们有多么大的勇气和智慧。在苏联领导层看来，中共引入市场经济元素是在走"机会主义道路"，忽视了社会主义的基础。即使只是对中共的治理进行科学研究，在当时的苏联也会被视为是对马克思列宁主义原则的背离。苏联解体后我理解了中共的智慧，其目的是在保持社会主义国家政治和意识形态基础不变的前提下进行经济改革。

在我看来，中共最大的成就在于通过改革确保了世界上人口最多的大国的稳定。由此可以得出结论，中国共产党能够在理论上找到并在实践中应用最适合中国民族特性、社会和历史条件的改革和治理方法。事实证明，中国共产党在避免马克思列宁主义教条化方面所冒的风险是非常正确的，充分展示出自我革新的能力。同样重要的是，在进行改革时要考虑更多阶层的利益，这也是改革成功的条件。40多年的数据即是证明：从1978年到2017年，中国国内生产总值年均增速达14.5%，这在世界上前所未有。中国经济总量占世界经济的份额从1978年的1.8%上升到2017年的15%，现在是18%。在这么短的时间内，中国已成为全球第二大经济体，仅次于美国。据世界银行统计，按购买力平价计算，2017年中国国内生产总值已超过美国，达到约19.6万亿美元。此外，2017年中国对全球经济增长的贡献率在30%左右，高于美日贡献率的总和。

过去八年来，俄罗斯居民收入未实现增长。在此背景下，俄罗斯对中国在提高生活水平方面取得的成就极为关注。在改革开放之前，2.5亿中国人无法解决温饱问题。但在1978年12月历史性的全会召开25年即2003年后，处于贫困线以下的中国人口占比已从25%降至3%，中产收入群体数量达2.5亿人。在实施改革开放政策的40年中，7.7亿中国人摆脱贫困。若列举中国在经济生活各领域所取得的成就将花费太多时间，这也不是本文的核心。

中国的转变是一个无与伦比的奇迹

中国国家主席习近平在改革开放40周年之际言简意赅地指出："40年来取得的成就不是天上掉下来的，更不是别人恩赐施舍的，而是全党全国各族人民用勤劳、智慧、勇气干出来的！我们用几十年时间走完了发达国家几百年走过的工业化历程。在中国人民手中，不可能成为了可能。我们为创造了人间奇迹的中国人民感到无比自豪、无比骄傲！"

我有幸曾在1986—1987年间在中国生活，随后在2017—2019年应中国外交部的邀请多次到中国各地考察。我可以证明，中国的转变是一个无与伦比的奇迹。如果从100年的历史跨度来看，是中国共产党给中华民族带来了复兴，带领中国成为世界大国并不断向着未来前进。

当然，在过去40年中，改革理论和实践根基有了一定变化。这也是中国共产党的另一个优点和优势，即能迅速对变化作出反应，不断更新治理能力并应对挑战。在2017年召开的中共十九大上，习近平总书记制定了14条新时代坚持和发展中国特色社会主义的基本方略，在我看来，其中最主要的是坚持党对一切工作的领导、坚持以人民为中心、坚持全面深化改革、坚持人民当家作主。

同时，中共十九大宣布了从2020年到21世纪中叶的两个阶段发展计划。第一阶段从2020年到2035年，在全面建成小康社会的基础上，再奋斗 15 年，基本实现社会主义现代化。第二阶段从 2035 年到 21 世纪中叶，在基本实现现代化的基础上，再奋斗 15 年，把中国建成富强民主文明和谐美丽的社会主义现代化强国。到那时，中国物质文明、政治文明、精神文明、社会文明、生态文明将全面提升，实现国家治理体系和治理能力现代化，全体人民共同富裕基本实现，中等收入群体将增长到八亿人。

在中国共产党的领导下，中共十九大之后中国社会稳定发展，因此上述规划必将实现。中国共产党是目前世界上最大的政治力量，拥有 9600 多万名党员，赢得中国人民的高度信任。过去十年西方社会和研究中心各类民调显示，超过 90% 的中国人信任自己的领导人。顺便说一句，这几乎是西方情报机构在华颠覆工作的主要障碍，美国和部分西方国家一心想要阻止中国快速发展。美国将中国共产党视为自身主要敌人，禁止中共党员进入美国。而在中国看来，百年前成立的中国共产党和中国特色社会主义发展道路正是自身经济和社会成功的基础。

习近平新时代中国特色社会主义思想和中国的范例为世界开拓了不同于所谓"民主西方"的发展新视野

将走社会主义道路取得成功的中国与曾作为英国殖民地并走资本主义道路成功的印度进行对比很有趣。作为印度最大的两个政党之一，印度人民党在 2015 年就宣布党员人数达到了一亿人，成为世界上党员人数最多的政党。尽管这一数字将一些青年组织也涵盖其中，但事实证明问题并不在于党员人数。

20 世纪 70 年代，印度国内生产总值为 620 亿美元，中国为 920 亿美元。两国人均国内生产总值十分相近，均为 112 美元左右，这意味着两国曾是大致相同的经济体。但现在中国国内生产总值总量约为 17.7 万亿美元，而印度则为 3.17 万亿美元。中国人均国内生产总值增长至 1 万美元，而印度则为 2277 美元。可以明显地看到，中国的数据大约是印度的 5 倍。在平均工资方面中印也有了同样的差距：中国平均工资超 1000 美元，而印度还不到 200 美元。

印度以五年计划为基础进行发展的尝试已经失败，而中国则 100% 完成了五年规划目标并全面落实自身战略发展计划。可以说，中国当下的成功是中共领导层早在改革开放初期就计划好的。即使美国专家也不得不承认，中国的经济和社会管理十分灵活。一些西方专家认为，中国共产党成功建立了国家治理体系，精心制定了发展战略，使得这个庞大的国家几十年来能够稳定且快速地发展。

与中国不同，过去 50 年来印度没能解决贫困、基础设施不发达、技术落后等基本问题。在此背景下，中国在现代基础设施（铁路、公路和通信网络等）方面的成功格外引人注目。

当前，中国共产党正满怀信心地迎接二十大召开，大会将分析国家改革和发展进程，明确下一阶段工作。中国的发展在世界上独一无二，是继续落实中国共产党计划、实现习近平总书记提出的中华民族伟大复兴愿景的保证。

习近平同志作为中共领导核心，是中国未来平稳较快发展的保障。作为新中国伟大领导人毛泽东和邓小平事业的继承人、党和国家改革者的儿子，习近平汲取了中共前几任领导人的经验和知识、人民的智慧和传统，为世界提供了"一带一路"倡议，以及以构建人类命运共同体为基础的国家和人民关系新理念。习近平新时代中国特色社会主义思想和中国的范例为世界开拓了不同于所谓"民主西方"的发展新视野。

| 法 | 国 |

人类命运共同体理念为解决全球性挑战提供了方向

法国共产党全国理事会主席
皮埃尔·洛朗

不断自我完善、自我发展是中国保持韧性和力量的重要原因

我在过去40年间曾多次访华,中国给我留下了美好而难忘的回忆。我第一次访华是在1983年,这对我而言是一场"发现之旅"。那时中国刚刚开始实施改革开放政策,呈现出一幅欣欣向荣的景象。在此之后,特别是近20年来,我经常去中国,可以说是中国近几十年发展变化的见证者。改革开放40多年来,中国经历了飞速发展,实现了经济腾飞,取得了举世瞩目的成就,跃升为世界第二大经济体。从东部沿海城市到西部内陆城市,中国多措并举摆脱贫困、减少不平等、推进共同发展。近10年来,中国尤其注重高质量发展,在应对气候变化、保护环境等方面付出巨大努力、作出重要贡献。当前,法国共产党高度关注中国如何在实现经济社会发展和应对气候变化之间实现平衡。这不仅是中国面临的挑战,更是整个人类社会面临的挑战。相信中国将继续在这一领域发挥全球引领作用。

在与中国的长期交往中,最让我印象深刻的是它始终采取与时俱进的政策,在新的阶段面对新的挑战时总是能及时作出适当调整。从摆脱贫困到解决发展不平衡，从推动现代化到科技创新再到高质量发展，中国关注不同时期发展领域的关键问题，并成功予以应对。我认为，不断自我完善、自我发展是中国保持韧性和力量的重要原因。

拥有长远发展眼光一直是中共的制胜法宝

中国巨大的发展成就离不开其幅员辽阔、资源丰富的自然优势，以及富有创造力的中国人民，但更重要的是中国共产党的领导。中共拥有自我革新能力，巨大的创造力、创新力，带领中国人民实现从温饱到全面小康的巨大跨越，今天又致力于科技创新和技术进步。在中共领导下，中国的发展是不让任何一个人掉队的发展，同时也是面向未来的发展。

中共的创新性还体现在坚定不移推进改革开放，这是一个解放思想的勇敢选择，这一选择让中国实现了经济腾飞，并颠覆了世界经济力量对比。中共历经诸多风险、挑战、变化，拥有长远发展眼光一直是其制胜法宝。它习惯于制定五年、十年甚至更长期的发展规划，这是中国的一大优势，更为经济持续增长和社会长期稳定奠定了基础。

未来两党将继续保持经常性交流

法共和中共存在广泛共识。两党拥有相同的历史来源，致力于促进社会进步、应对气候变化和保护生物多样性、确保粮食和卫生安全、推动世界和平等共同目标，也都为人类的美好未来而积极努力。长期以来，法共同中共保持良好交流与合作。未来两党将继续在相互尊重的基础上，通过对话、研讨等多种形式，就各自政策、国际形势、人员往来等保持经常性交流，为新形势下的法中合作、欧中合作贡献力量，也为应对充满不确定性的国际形势贡献智慧。

人类命运共同体理念是世界的发展目标，为解决全球性挑战和问题提供了方向

习近平总书记是当今国际舞台上代表中国的对话者，正在成为中国现代历史上最重要的领导人之一，将在中国历史上留下重要的一页。习近平总书记提出的许多思想和理论紧扣中国国情和世界形势，具有很强的启发意义。

我十分认同习近平总书记提出的人类命运共同体理念，它是世界的发展目标，为解决全球性挑战和问题提供了方向。当前的发展和安全问题是世界性的。不解决气候变化、粮食短缺等全球性挑战，就无法实现真正的全球性发展。越来越多的事实告诉我们，没有哪个国家是一座孤岛，各国是紧密相连、利益相关的整体。面对全球性挑战，我们应携手应对，新冠肺炎疫情也证明了这一点。如今全球经济增长面临压力，我们要走出竞争的秩序，建设更加团结、共同发展的秩序，通过共同发展来实现世界的和平与安全。习近平总书记提出的"一带一路"倡议正是促进全球共同发展繁荣的倡议，我们应该充分考虑各国优势，挖掘更多发展潜力，通过合作进一步推动深入、平衡的发展。同时，人类命运共同体理念也蕴含着维护和平、拒绝武力的主张。中国一直强调反对战争。法共认为俄乌冲突中俄罗斯率先使用武力不可接受，不能通过武力来解决国际争端，但北约傲慢、挑衅的态度对今天的局势也负有重要责任。

希望中共二十大在推动中国新发展的同时也能促进当今世界的和平与发展

中共将于2022年秋天召开二十大，这次会议在复杂而充满不确定性的国际背景下召开，对中国未来发展至关重要。众所周知，中国已进入新的发展阶段，它在这一阶段面临新的内部、外部发展问题，

因此大会成果也将引发全世界关注。法共希望中共二十大不仅能推动中国取得新的发展，同时也能促进当今世界的和平与发展。祝愿中共二十大成功召开，也希望中国继续在推动建设更团结、更美好的人类未来中发挥重要作用。

中国经验为世界社会主义运动注入蓬勃生机

意大利共产党全国书记
阿尔博雷西

建设共产主义理想指引下的社会主义现代化社会是有必要的

中国共产党-欧美马克思主义政党交流会的主题是"民主、正义、发展、进步",这不仅具有标志性意义,更是各国马克思主义政党的奋斗目标。

此次交流会在中国共产党及许多国家共产党和工人党成立百年之际召开意义重大。我们深知,在十月革命影响下,马克思主义指导下的工人运动应运而生并蓬勃发展,也深知由于苏联解体而造成的工人运动衰落甚至是危机及随之而来的资本主义胜利背后的深远含义。

一直以来,我们认为,资本主义的结构性危机及其为应对危机所采取的政策给全人类带来的是退步。人类被推到危险的边缘,战争与和平只有一线之隔。事实上,在以新自由主义文化盛行、金融资本集中为特点的全球化浪潮席卷下,包括欧盟在内的世界很多地区的国家政府和议会作用正逐渐边缘化。宪法日益空心化,决策过程不断集权化持续压缩民主的空间,发展中不平等现象愈发严重,人民生活水平下降。

当前，全球新冠肺炎疫情引发的医疗卫生危机进一步加剧了金融和经济危机，并演变成社会危机，造成紧张局势加剧。我们必须对此作出批判。面对这一危机，世界社会主义运动再次兴起，它提出一种替代性选择，即建设共产主义理想指引下的社会主义现代化社会的必要性。

人类命运共同体理念才是真正有利于全球治理的

正如我们在很多场合多次强调的，中国经验为我们提供了重要参考，它与时俱进，坚持原创地、独特地解读马克思主义，坚持理论联系实际，并将实践放在首位。在抗击新冠肺炎疫情中，中国展示出强大的应对能力和对其他受疫情冲击国家的关心与支持。在经济领域，中国提出以共建"一带一路"为代表的一系列具有创新性、开放性、包容性的主张，展现了其对处理国家之间、各国人民之间关系的理念与价值取向。

与此同时，我们也看到以美国及其盟友为代表的一些国家推行完全不同的一套理念，他们主张对抗和单边主义，与中国倡导的多边主义大相径庭。

中国倡导的人类命运共同体理念才是真正有利于全球治理的。中国努力构建和平、团结、合作的世界，这是能够克服资本主义文明危机、确保人类美好未来、构建社会主义现代化社会的唯一路径。

中共正在以实际行动践行为人民谋幸福这一社会主义社会的首要目标

中国下大力气研究和建设"中国特色社会主义"，旨在通过发挥市场在资源配置中的有效作用，实现生产力的最大发展。这一选择是完全符合马克思主义思想的，它汲取了苏联的历史教训和国际共产主义运动中的其他具体实践经验。

中国共产党作出这一选择，是深刻认识到应坚持公有制在国民经济中的主体地位、坚持对经济发展作出规划和计划、明确需求与目标，并最终确保党的领导核心地位不动摇。为此，中国共产党不断自我革命，以适应进入新时代中国特色社会主义发展面临的挑战。他们相信，尽管社会主义与资本主义始终是对立的，但只要能切实有效调控市场，社会主义和市场就并非对立的关系。

为人民谋幸福是社会主义社会的首要目标，中国共产党正在以实际行动践行这一奋斗目标。我们面对的是中共原创的经验，也是实现社会主义现代化行之有效的经验。中共实践经验不仅展示了马克思主义的强大生命力，也为世界社会主义事业注入蓬勃生机。

诚然，各国社会主义事业所处背景和条件有很大不同，其中大部分马克思主义政党身处不利形势，在斗争过程中尚处于守势和反对派地位。因此，当前中国和一些社会主义国家的成功案例对我们而言不仅仅是希望，更为全球范围内社会主义理想与前景复兴作出了巨大贡献，应受到广泛关注。

很多人预测，未来几年社会主义与资本主义两种制度的对抗将愈加明显。正因为如此，意大利共产党愿加入世界各国政党《关于自主探索民主道路、携手推动共同发展的联合声明》。我们相信，应与时俱进地倡导新的国际主义，通过新形式新机制，与所有不愿屈服于现状的国家建立最广泛的联盟，我们认为寻找替代性选择是可能的，亦是必要的。

| 英 | 国 |

习近平新时代中国特色社会主义思想为中共提供了先进理论指导

英国共产党总书记
罗伯特·格里菲斯

中共坚持以理论指导实践,有力推动了中国经济社会发展

自 2006 年首次访华至今,我有幸到访中国多地,深感对中国研究越多,知之越少。2006 年,中国全国人大批准了"十一五"规划,不再一味追求发展速度,而是更加聚焦经济发展的质量,要求加强科技创新研发,提高能源效率、减少环境污染,改善公共和社会服务水平,缩小地区和城乡差距。

我们看到,规划提出的目标很快得到贯彻落实。当年,我率英国共产党代表团访华,同中华全国总工会、全国妇联等交流,增进了对中国劳资关系体系及其运转情况的了解,看到中国为促进妇女就业、参政等权利平等付出的巨大努力。我们还到访了北京现代汽车公司、国有纺织厂等,看到中方各类技术和安全标准完善,工人们干劲十足,积极讨论加强质量控制和提高劳动生产率等,为取得更大的成绩而不懈奋斗。

此后,我多次访华。访问深圳时,当地政府加大力气规划新住宅区，加快周边配套设施建设，交通枢纽、公园和购物中心等一应俱全，让我印象深刻。访问西安高新技术产业开发区时，各类教育和研究机构设施先进完备，令人眼前一亮。在农村，地方党委和政府紧密团结群众，大力建设以生态旅游为主的宜居乡村，着力推动可持续发展。2018年访问安徽省凤阳县小岗村让我尤其难忘，我和我的伴侣艾琳观看了精彩的露天中国戏剧表演，参观了中国传统书法展，一位著名的艺术家为我们写的一幅书法作品"世界和平"，至今挂在我家墙上。

时至今日，中国已完成了13个五年规划。在规划指导下，中国经济社会飞速发展，人民生活水平，以及住房、教育水平不断提高，交通系统、环境设施更新换代，城镇和农村发展日新月异，中国人民幸福感、自豪感持续上升。

习近平新时代中国特色社会主义思想领导中共不断前进

中国共产党领导中国人民坚持独立自主，不断发展中国特色社会主义，取得了伟大成就。马克思主义在中国焕发出强大活力和生命力，指导中国共产党和中国人民朝着到21世纪中叶建成社会主义现代化强国的目标不断迈进。中国共产党重视凝聚各界共识，积极保护全球环境和生态系统，致力于建设一个和平的世界。习近平总书记强调坚持以人民为中心、加强科技创新、实施创新驱动战略等，充分显示出只有社会主义才能始终以人民利益为先，让人民成为社会的主人，让科学成为人民的公仆，不能让资本和政府权力成为对抗工人阶级的武器。这将是世界上所有共产主义者努力的方向。中国共产党第二十次全国代表大会将成为中国发展的又一个里程碑，这将进一步提升国际共产主义运动影响力，推动世界社会主义力量不断向前发展。

美国和西方一些势力炮制所谓新疆"种族灭绝"的说法荒谬绝伦

我曾赴新疆访问,发现当地大多数高级官员是维吾尔族,维吾尔语在新疆广泛使用,中国生育政策向少数民族倾斜,有效提高了少数民族在中国人口中的比例,充分证明美国和西方一些势力炮制所谓中国政府在新疆搞"种族灭绝"的说法荒谬绝伦。世界维吾尔代表大会等反华势力诬称维吾尔语受压制、新疆当地官员均系汉族人的言论根本站不住脚。但这些谬论却被美欧主流媒体广泛报道,显示美国和西方一些势力反华宣传极为嚣张。

中共领导下的中国是世界希望的灯塔

新英国共产党总书记
安迪·布鲁克斯

中国的改革开放践行了共产党人的使命

1993年4月，我首次访华并赴经济特区调研中国经济改革。访问期间，一位曾参加过抗日战争和解放战争的中共老党员向我们介绍了1949年以来，中国共产党开展社会主义建设，推进农村改革和经济特区建设等方面的积极努力。中国建设经济特区为推动社会主义市场经济改革奠定了基础，改革开放使中国一跃成为世界第二大经济体。当时国际共产主义运动中的部分教条主义者不理解中国的改革开放，但若是不能提高劳动人民的生活水平，共产党的使命何在？我从未忘记这一使命。可惜的是，许多欧洲共产党人已将之抛至脑后。正因为如此，1991年苏联解体，曾拥有数百万党员的西欧国家共产党和工人党衰落。

中国经济社会发展成就举世瞩目

当前，中国的宇航员环绕地球飞行，高铁网络遍布全国各地，满载货物的中欧班列在中欧之间往返,国际机场将中国与世界紧密相连,密织的中国航空服务网和现代港口促进海运贸易和全球经济发展。在中国共产党领导下,中国成功消除绝对贫困,积极提高人民生活水平,将犯罪率控制在较低水平,打响"蓝天保卫战",成功改善空气质量。中国特色社会主义理论和实践丰富了马克思主义理论,深化了我们对有关问题的认识,为我们提供了重要借鉴。

中共领导下的中国是世界的希望灯塔

西方城市遍布用于资本主义投机的银行和投资机构,大型工厂制造着维持全球压迫体系所需的技术和武器,石油将波斯湾小渔港变成百万富翁的游乐场,但所有这些都未能让帝国主义国家的工人阶级受益。西方世界的巨大财富仍然集中在少数资本家手中,民众艰难谋生,一小撮精英却穷奢极欲。在第三世界,数亿人生活在贫困之中,国家财富和资源却被西方企业所掠夺。而中国向贫穷的国家提供经济援助,通过真正的公平贸易和经济援助促进第三世界国家的发展,在帮助国际社会抗击新冠肺炎疫情等方面发挥了重要作用。中国是维护世界和平的主要力量,是所有受压迫人民的希望的灯塔。2022年中国共产党将召开第二十次全国代表大会,规划党和国家未来发展方向,意义重大,期待大会引领中国继续在新时代取得更大成就。

中共的领导是中国发展壮大的根本

英国共产党（马列）主席
鲁尔

中共的领导是中国发展壮大的根本

毛泽东同志有一句名言："人民，只有人民，才是创造世界历史的动力。"将人民从历史的桎梏中解放出来，需要有强大的组织动员能力，让人民坚信他们有能力结束长期以来所遭受的不公，并创造一个符合人民利益的新世界。要做到这一点，必须深入研究马列主义蕴含的革命理念，并向寻求解放的人民传播，共产党则是掌握有关理念的先驱。

正如毛泽东同志所说："既要革命，就要有一个革命党。没有一个革命的党，没有一个按照马克思列宁主义的革命理论和革命风格建立起来的革命党，就不可能领导工人阶级和广大人民群众战胜帝国主义及其走狗。"中国共产党1921年成立时，只是一个小党，但其充分运用马克思列宁主义这一强大思想武器，领导人民打败帝国主义列强，洗刷了百年屈辱，建立了独立的社会主义国家，中国人民从此站了起来。中国共产党将中国人民从封建主义和帝国主义的枷锁中解放出来，大力发展工农业、制造业，使数亿人摆脱了贫困。中国共产党不仅让本国人民过上了好日子,还在坚持相互尊重和互利共赢基础上,积极帮助其他发展中国家改善经济、增进民众福祉,减轻帝国主义压迫,令人钦佩。

"人民幸福生活是最大的人权"

帝国主义通过扩大在华投资、煽动人民内部矛盾、加大军事威胁等手段,极力进行反华宣传,妄图破坏中国主权,但有关阴谋均以失败告终。他们将失败原因归结为中国人民受到独裁压迫,这实在荒谬至极。中国共产党领导下的中国高度重视人权。习近平总书记曾指出,"《世界人权宣言》是人类文明发展史上具有重大意义的文献,对世界人权事业发展产生了深刻影响。中国人民愿同各国人民一道,秉持和平、发展、公平、正义、民主、自由的人类共同价值,维护人的尊严和权利,推动形成更加公正、合理、包容的全球人权治理,共同构建人类命运共同体,开创世界美好未来。人民幸福生活是最大的人权。"除非所有公民的权利得到尊重,否则人权没有任何意义,出于一己私利而剥削社会大众、危害他人福祉的行为都是不尊重人权的表现。

作为马克思主义政党,中国共产党坚持不懈开展反腐败斗争,公正有效处理人民内部矛盾;面对极少数新疆恐怖主义分子,中国政府通过教育而不是镇压来保护当地穆斯林人口,使全体民众享有充分的宗教信仰自由。美国和部分西方国家指责中国政治制度不民主,但中国人民参政议政能力远远高于任何西方"民主"国家。习近平总书记曾指出,要坚持国家一切权力属于人民,要防止出现"人民只有竞选时聆听天花乱坠的口号,竞选后就毫无发言权"的现象。在英国,各种体制机制剥夺了共产党人的参选机会,民众只能选择为统治阶级利益服务的资产阶级政党,而这些政党为谋私利,往往在选后抛弃竞选承诺,与中国形成鲜明对比。

中国有能力和意愿带领世界不断前进

中国积极参与应对气候变化,而部分西方国家将资本利润摆在首位,不可能采取适当措施解决有关问题。中国已将环境保护纳入"一带一路"倡议之中,而部分西方媒体却一再贬低、嘲讽中国,令人不齿。世界正濒临生产过剩危机,其严重程度超过历次资本主义经济危机。新冠肺炎疫情暴发之前,世界能源和粮食危机已初见端倪,俄乌冲突进一步加剧了有关紧张局势,英国等帝国主义国家民众生活也深受影响。帝国主义必将加紧军事侵略,通过牺牲其他国家人民利益来保全自己。只有中国共产党领导的中国,才将和平视为推动世界发展的唯一合理道路。只有坚持马克思列宁主义的中国,才有力量和意愿带领世界人民摆脱灾难,不断前进。

习近平新时代中国特色社会主义思想是 21 世纪的马克思主义

"社会主义中国之友"网站联合编辑
贝内特

中共是我们的好朋友、好同志、好兄弟

我第一次与中国接触是在 13 岁左右,当时我走进中国驻英大使馆,请求中方赠我一本"红宝书"(《毛主席语录》)和一枚毛主席像章,他们欣然应允。1977 年 8 月中共十一大召开时,我首次同中国共产党接触。当时我提议所在的政治组织向大会致贺,并起草贺信。贺信随后在新华社全文刊登,我无比兴奋。从那时起,几乎每次中共召开全国代表大会时,我都会向大会致贺信。中共十九大召开时,我在巴基斯坦瓜达尔港写下贺信。我亲眼看到中巴经济走廊作为习近平总书记提出的"一带一路"倡议的标志性项目,不仅改变了巴基斯坦,还将深刻影响亚太地区。

从中共十一大到如今二十大即将召开,我与中国共产党共同走过漫长的旅程。在此期间,中国、英国和世界都发生了巨大变化,但我同中国共产党全天候的友谊,以及我对社会主义中国的支持从未改变。中国共产党是我们的好朋友、好同志、好兄弟,我们因共同的理想、信念和追求团结在一起，我以此为荣。

中国经济社会发展取得惊人成就

1981年4月，我首次访华。此访给时年22岁的我留下深刻印象。我在中国游历多地，赴安徽考察了家庭联产承包责任制，从南京乘火车赴北京，当时还很难想象中国被高铁网络覆盖的情景。在京期间，我从市中心赴住地，沿途大多是村庄。此访让我感受到中国人民对美好生活的向往，感觉到中国正处于大变革的边缘，但尚难想象中国在随后几十年取得的惊人的发展。中共十八大以来，中国历史性地消除极端贫困，推进生态文明建设，不断提高民众收入，成为世界第二大经济体。我们相信，无论遇到什么样的困难和挫折，中国人民在中国共产党的领导下，一定能够实现建设强大繁荣的社会主义现代化国家的目标，为人类发展进步作出更大的贡献。

中共为世界社会主义事业发展发挥了重要作用

20世纪80年代，中国共产党积极发展中国特色社会主义，审视国际共产主义运动发展大势，重新布局党的对外工作，首先大规模恢复了同欧洲马克思主义政党的交往。1980年，意大利共产党总书记贝林格率该党代表团访华。当时意共党员人数超过100万，是意大利重要政治力量。此后，中国共产党同各国共产党、革命民主党、民族民主党、民族解放党，以及社会主义政党、社会民主党、社会主义运动等恢复或建立党际关系。中国共产党超越意识形态差异，同各国主要政党均建立了党际关系。正如1989年邓小平同志会见坦桑尼亚总统尼雷尔时所说，"只要中国社会主义不倒，社会主义在世界将始终站得住"。我始终认为，中国共产党是世界社会主义运动中最重要的政党。

习近平新时代中国特色社会主义思想是 21 世纪的马克思主义

在习近平总书记英明领导下，中国正逐渐走近世界舞台中央。中共十九大报告中指出，这个新时代"是我国日益走近世界舞台中央、不断为人类作出更大贡献的时代"。习近平总书记指出，要将中国建设成为"富强民主文明和谐美丽的社会主义现代化强国"，中国特色社会主义"给世界上那些既希望加快发展又希望保持自身独立性的国家和民族提供了全新选择，为解决人类问题贡献了中国智慧和中国方案"。习近平新时代中国特色社会主义思想是 21 世纪的马克思主义，我们要学习、传播、应用好这一思想。这不仅关乎中国人民的命运，也关乎世界社会主义乃至人类的未来。

历史证明，社会主义有能力和潜力解决人类面临的最紧迫问题。社会主义制度改善了人民生活水平，社会主义运动对战胜欧洲法西斯主义、日本军国主义，以及瓦解殖民主义发挥了关键作用，社会主义国家在消除种族、民族和性别歧视等方面取得了历史性进展。资本主义国家工人阶级取得的成就，离不开社会主义国家树立的榜样与启发，而社会主义遭遇挫折，将助长新自由主义发展。我们愿同中国共产党的同志们共同走好新时代的长征路，走向全人类光明的社会主义未来。预祝伟大的中国共产党第二十次全国代表大会圆满成功。

共产主义者联合反对美国和西方一些势力反华"宣传战"

"社会主义中国之友"网站联合编辑
卡洛斯·马丁内斯

中国全面建设社会主义现代化道路让世界劳动人民看清社会主义的光明前景

中华人民共和国成立之初曾是世界上最贫穷的国家之一,面临人民营养不良、文盲率高、国外势力干预和技术落后等挑战。如今,中国共产党带领 14 亿多人口的发展中国家消除了绝对贫困,这是一项伟大的成就,也是社会主义的成就。正如邓小平同志在 1987 年所说,"只有社会主义制度才能从根本上解决摆脱贫穷的问题"。帮助人民摆脱贫困是中国共产党与生俱来的使命,贯穿中国革命、建设的主线。在 2012 年召开的中共十八大上,习近平总书记重申"两个一百年"奋斗目标。为实现第一个百年奋斗目标,中国共产党带领全体党员干部开展精准扶贫,使中国在 2020 年年底实现了全面脱贫。中国的脱贫不仅使人民收入超过贫困线,更体现在扶贫对象稳定实现不愁吃、不愁穿,义务教育、基本医疗、住房安全有保障。不同于发达资本主义国家,中国实现共同富裕不是靠殖民主义和霸权主义,而是靠中国人民的辛勤劳动和中国共产党的英明领导。中国全面建设社会主义现代化道路，将激励世界劳动人民进一步看清社会主义的光明前景。

中国是真正意义上的"不可或缺"的国家

美国常自诩为"不可或缺"，但其不断挑起战争、发起单边制裁、搞外交霸凌、破坏世界和平稳定。而中国积极致力于促进和平对话、多边主义和多极化，在减少世界贫困、促进全球发展、应对气候变化等方面作出巨大贡献。中国向世界各国特别是发展中国家提供大量医疗物资，援外新冠疫苗超过20亿剂，为全球抗疫作出了积极贡献。中国提出"一带一路"倡议，有效满足了沿线国家在电信、交通运输，以及能源生产和传输等方面的迫切需求，彻底改变了全球基础设施面貌及发展中国家投资格局。只有中国，才是真正意义上的"不可或缺"。

我们必须团结起来应对美国和西方一些国家对中国发动的"宣传战"

中国积极抗疫，"动态清零"政策保障了中国人民的健康和生命安全。但美国和西方一些政客和媒体却对中国进行系统的"宣传战"，将中国抗疫成就抹黑为"压迫"和"独裁"，质疑中国成功抗疫的代价，将民众性命明码标价，以企业利润衡量是否"值得"；污蔑中国，将亚非拉及南太等发展中国家拖入"债务陷阱"等，织起巨大的"谎言网"。美国和西方一些反华势力诋毁新疆"种族灭绝"，这更是无稽之谈。新疆是世界上清真寺密集度最高的地方之一。2020年1月，我曾访问新疆乌鲁木齐，看到维吾尔穆斯林民众身着民族服装，充分享受文化、宗教自由，与美国和西方一些反华势力对华抹黑宣传截然相反。

作为马列主义者、共产主义者，我们认为宣传社会主义中国取得的巨大成就十分重要，有利于推动世界社会主义事业发展。我们必须团结起来，系统反对帝国主义统治阶级为维护其利益发动的对华"宣传战"，坚决撕破这张"谎言网"。

在华生活经历坚定了我对共产主义事业的信心

英国共青团国际部成员
迈赛克

在华生活经历坚定了我对共产主义事业的信心

我在大学期间主修艺术与商业,因对20世纪中后期中国和苏联的海报设计风格感兴趣,逐渐加深了对共产主义历史的学习和了解。2018—2021年,我曾在中国上海、杭州居住,中国是我的第二故乡。其间,我目睹中国在相对较短的时间里取得的巨大成就,有幸参加庆祝中华人民共和国成立70周年大会,聆听习近平总书记发表的振奋人心的重要讲话,相关经历至今难忘。

2020年年初,我亲历了新冠肺炎疫情。亲友们担忧我的安全,我却对中国政府充满信心。我听从当地政府的建议,不惊慌、遵守规则,配合专业人士做好防疫工作。中国健全的治理体系、扎实的防疫举措、先进的科学技术,使我在相对轻松的环境下度过了疫情,避免了英国同胞们经历的悲剧。到中国前,我对政治不感兴趣,正是在中国的生活经历和抗疫见闻,让我认识到先进的治理是决定人民生活幸福的关键因素,更加坚定了我对共产主义事业的信心,促使我返回英国后申请加入了英国共产党,希望为国家进步和发展而奋斗。

中国将在习近平新时代中国特色社会主义思想的指引下取得更大成就

习近平新时代中国特色社会主义思想坚持以人民为中心的发展思想，把改善民生作为发展的首要目标，保障人民当家做主。习近平总书记重视推动构建和平的国际环境，提出构建人类命运共同体，推动人类共同发展。相信在习近平新时代中国特色社会主义思想的指引下，中国将提出更多有益的全球性倡议，为增进世界人民福祉作出更大贡献。2022年举行的中共二十大意义重大，我期待大会成功召开，届时将认真研读大会报告，相信中国未来发展充满光明。

欧洲左翼党

中共展现出很强的变革和创新精神

欧洲左翼党第一副主席
玛丽亚·特蕾莎·莫拉

中国 10 年间的巨大变化让人感觉好像已经过了 100 年

"自从首次访华以来,我亲眼见证了中国的巨大变化。城市乡村面貌日新月异,基础设施持续改善,生态文明建设不断推进,反腐倡廉工作取得显著进展。"欧洲左翼党第一副主席玛丽亚·特蕾莎·莫拉在接受记者采访时感慨,她的访华时间跨越 10 年,而"中国 10 年间的巨大变化让人感觉好像已经过了 100 年"。

2010 年,莫拉被推选为欧洲左翼党第一副主席并多次连任,由于在党内负责国际关系事务,她有更多机会近距离观察中国。2008—2018 年,莫拉先后 6 次访华,与中方各级官员、工会负责人、妇女团体代表等交流座谈,并深入中国的城市乡村,切实感受中国人民生活的变化。

谈起几次访华行程,最令莫拉难忘的是走访上海市郊农村。"那里干净整洁,村民生活富足,基础设施和公共服务非常完善,新型城镇化建设取得明显成效。"莫拉表示,中国共产党带领中国人民消除了绝对贫困,这堪称人类发展史上的伟大壮举。此外,中国还全面实施乡村振兴战略。莫拉表示，面对不断推进的城市化，农村应该如何发展，这是困扰很多国家的问题，西班牙也一样。中国推进乡村振兴的思路和做法为广大发展中国家提供了思路，也值得发达国家学习借鉴。

莫拉还去过中国农村改革的主要发源地安徽省凤阳县小岗村。历史上，小岗村实行分田到户的家庭联产承包责任制，拉开了农村经济改革的序幕。2008年，莫拉作为欧洲左翼党代表团成员访华并考察了小岗村。通过了解"小岗精神"，莫拉认识到中国未来还将发生巨大的变化，"我们不仅要支持中国发展，还要广为介绍中国的发展和进步，中国共产党展现出很强的变革和创新精神"。

欧洲左翼党赞赏中共十八大以来在党建方面取得的重大成就。莫拉多次表示，她曾于2018年应中共中央对外联络部邀请访华，在北京市东城区福祥社区观摩了中共基层党员在党旗前重温入党誓词活动，对此印象十分深刻。莫拉表示，这样的活动有助于基层党员不断坚定理想信念，增强基层党组织的凝聚力。

希望未来中国可以为国际发展合作提供更多可行方案，为建设一个更加美好的世界贡献更多力量

在莫拉看来，中国特色社会主义事业取得举世瞩目的成就，中国全面建成小康社会的历史性功绩都离不开习近平新时代中国特色社会主义思想的指引。莫拉时常翻阅《习近平谈治国理政》系列著作，书中的观点带给她很多启发。"习近平主席不仅富有远见，而且非常务实。"在莫拉看来，中国共产党强调以人民为中心，团结带领中国人民坚持实事求是、与时俱进，探索出一条符合本国国情的发展道路。

"习近平主席曾说过，中国人民不仅希望自己过得好，也希望各国人民过得好。"莫拉认为，中国提出高质量共建"一带一路"倡议和构建人类命运共同体理念，致力于推动世界和平，让世界各国共享

发展机遇。尤其是新冠肺炎疫情发生以来，中国推动国际社会团结合作、共抗疫情，为携手共建人类卫生健康共同体付出了巨大努力。

莫拉特别强调，习近平主席2021年9月在第七十六届联合国大会上提出全球发展倡议，呼吁国际社会加强在减贫、粮食安全、抗疫和疫苗、发展筹资、气候变化和绿色发展、工业化、数字经济、互联互通领域合作，加快落实联合国2030年可持续发展议程。"这在当前疫情延宕反复、国际形势充满不确定性的背景下，为全球共同发展指明了前进的方向。"莫拉认为，这一倡议坚持发展优先、坚持以人民为中心、坚持普惠包容等，是破解人类发展难题的重要途径。"只有共同发展，我们才能建设一个更加平等和可持续的世界。"莫拉说。

"中共百年成就证明其是一个真正为人民谋幸福的政党。走过百年历史的中国共产党，2022年将迎来第二十次全国代表大会这个新的发展起点。"莫拉相信，在中国共产党的带领下，中国将取得更多发展成就，她也希望未来中国可以为国际发展合作提供更多可行方案，为建设一个更加美好的世界贡献更多力量。

第四篇

美洲

| 阿 | 根 | 廷 |

在拉美的发展中，中国绝不能缺席

阿根廷正义党前主席、众议院副议长
希奥哈

拉美和中国是构建人类命运共同体的战略盟友。实现这一目标并不容易，拉美政党必须团结协作，确保中国同其他国家一样在拉美拥有平等的合作机会，并积极推动拉中在经贸等各个领域的合作。作为政治领袖和致力于实现民主的政党领导人，我们有责任完成这一重大任务。

我曾亲身经历独裁政府统治，始终以捍卫民主为己任。我赞赏中国共产党为保护和促进人权事业发展取得的突出成就，中共做到了发展为了人民、发展依靠人民、发展成果由人民共享，不断增强民众的幸福感、获得感、安全感，实现人的全面发展。正义党创始人庇隆将军曾教导我们，人民的幸福和祖国的伟大是建立在政治主权、经济独立和社会正义之上的。

今天，阿根廷同中国的合作日益加深，两国正共同致力于构建人类命运共同体。当我们谈论未来时，无法想象没有中国的参与会是怎样。在习近平总书记的领导下，在中国人民的共同努力下，中国已成为世界主要大国，也是促进拉美发展、同拉美一道构建人类命运共同体的重要参与者。

中国宣布消除绝对贫困，其经验做法值得拉美国家学习，因为贫困问题也长期困扰着我们。2020年以来，新冠肺炎疫情在全球蔓延，中国团结各方力量抗击疫情，给其他国家做出了榜样。面对疫情，阿根廷和中国都将人民的生命和健康作为优先考虑，并通过强有力的措施确保民生。

中国共产党积极推动中拉合作。为深化友谊、加强合作，正义党领导人也曾多次访华，同中国共产党交流治国理政经验。疫情发生后，两党通过线上方式频繁交流，达成很多成果。

在拉美的发展中，中国绝不能缺席。阿根廷正义党呼吁拉美政党团结一致，坚决反对某些国家对拉中关系和拉中合作的干扰，为构建人类命运共同体而不懈努力。

安 提 瓜 和 巴 布 达

中共带领新中国实现"凤凰涅槃"

安提瓜和巴布达工党青年党员
蒂芙尼·斯特恩－彼得斯

  若要概括中国共产党,那么"凤凰涅槃"这个词再合适不过了。中国共产党将一穷二白的中华人民共和国建设成今天的世界大国,这不啻为一个奇迹。中国共产党于1921年7月1日成立,其宗旨是全心全意为人民服务。以毛泽东为主要代表的中国共产党人领导人民夺取新民主主义革命胜利,于1949年成立中华人民共和国;以邓小平为主要代表的中国共产党人自1978年开始带领人民通过改革开放推进农业、工业、国防和科技的现代化,实现了经济飞速增长。对外开放可以吸引外国直接投资,这些投资反过来又为经济增长提供了巨大动力。邓小平被称为中国改革开放的总设计师,开创了社会主义市场经济模式。

  2012年,习近平当选中共中央总书记。上任以来,习近平总书记肃清党内腐败流毒,进一步巩固了中国共产党的执政地位。以习近平总书记为核心的中共中央引领中国特色社会主义进入新时代。习近平总书记提出了"一带一路"倡议,在该倡议引领下,中国企业不断在世界各地扩大投资规模,得到国际上的广泛认可。我相信,在中国共产党的领导下,到21世纪中叶,中国将建设成为富强民主文明和谐美丽的社会主义现代化强国，在国际事务中会发挥更大的作用。

在新冠肺炎疫情期间，世界各国难以落实阻止病毒传播的措施，而习近平总书记领导下的中国成功控制了病毒的传播。这并不是中国唯一的成功，中国共产党还深入农村基层，致力消除贫困并促进经济增长。目前，中国是世界第二大经济体，拥有最大规模的外汇储备，是最大的货物贸易国。这些都是中国共产党领导中国人民的成就，我毫不怀疑，在她的领导下中国会继续取得进步。

我们能从中国人民和中国共产党那里学到什么呢？习近平总书记用这句话很好地进行了总结："中国人民是伟大的人民。"他们勤劳勇敢，在追求进步的道路上从不止步。我们将以中国共产党和中国人民为榜样，以巨大的勇气和热情追求进步，扛起历史重任，永不停歇，直到为所有人民建成一个安全、繁荣的安提瓜和巴布达。

|巴|拿|马|

中国特色社会主义道路回应了当今世界的要求

巴拿马民主革命党总书记
冈萨雷斯

巴拿马民主革命党谨向中国共产党致以兄弟般的问候。感谢中方邀请我出席"中国共产党的故事——习近平新时代中国特色社会主义思想在上海的实践"特别对话会。

中国共产党长期坚持的中国特色社会主义道路具有独创性，回应了当今世界的需求。中国的成就充分证明顺应时代潮流、将为全人类服务作为崇高理想，可以办成许多大事。

长期以来，上海经济保持高速增长，居民收入持续提升，人民生活水平不断改善。

上海是中国改革开放和现代化建设的生动缩影。习近平总书记主政上海期间，亲自为上海发展谋篇布局、指明方向。上海的发展令人印象深刻，人民的生活水平得到惊人的改善，科技进步成果显著。

这些成就得益于新发展理念和新发展格局，全力推进高质量发展，保障人民有尊严的生活，通过高效治理全面建成小康社会，实现更高水平的幸福。中国共产党也将继续在有关理念的引领下，不断迈向新的目标，取得更大成就，震撼世界。

巴拿马民主革命党的创始人、我们的历史领袖——奥马尔·托里霍斯,始终密切联系我国人民实际,与世界上争取主权、自决及拯救自然资源造福人民的发展中国家站在一起。中方通过对话会与参会代表分享成功的治国理政经验,推进文化交流,互学互鉴,促进各国政党务实合作。民主革命党对此类对话会表示欢迎。

中国共产党不断自我革新,始终保持与人民群众的血肉联系,一以贯之坚持自身工作方式和道义价值。中国人民用勤劳的双手和持之以恒的奋斗,创造了建设现代化中国的实实在在的奇迹,这是任何人都无法忽视的事实,世界人民对此有目共睹。

我谨从巴拿马向中方致以诚挚问候,祝愿你们在实现宏伟目标、构建更加公平正义的发展模式上不断取得成就。

在我们看来中共的成功秘诀

巴拿马亚洲战略中心名誉主席
胡里奥·姚

中国国土面积世界排名第三、人口排名第一,可以说是世界上治理难度最高的国家,然而却成为当今最富饶、科技最先进的国家之一。在我们看来,中国共产党有十二条成功秘诀:

一是坚持实事求是,而非空谈理念。"民主"和"威权"之争的真理就体现在中国特色社会主义的实践中。

二是国有企业覆盖重要行业和关键领域,确保资本主义不会复辟。公权属于人民,由人民政府而非某一权力集团或政治集团行使。

三是国家发展动力植根于中国千年历史经验,植根于古老哲学智慧,植根于中国人民的优良传统、韧性、能力和甘于奉献的品质。

四是从毛泽东到习近平,中国共产党的领导连贯、透明、一脉相承,马克思主义中国化不断推进,国家发展动力得到保障。

五是中国的历史证明,中国从未入侵别国,这样的历史经验决定了中国的对外政策导向。

六是中国政府的决策源于群众,群众的呼声由乡镇、区县、地市、省到中央,层层汇总上达。与中国不同,团结一心对资本主义国家而言只是空洞的概念,因为在这些国家中,资本只为极少数统治阶层服务。

七是中国的领导干部选拔历来是优者上、能者上，这一制度源于孔子的用人思想。中国共产党高度重视干部选拔，即便是基层党员也有可能成为总书记。事实证明，中国共产党总是能够选拔出优秀干部担任重要岗位。

八是西式民主只是虚假幻象。精英阶层和职业政客把残羹剩饭留给普通民众，分散他们的注意力，民众永远没有从他们手中夺取国家权力的机会。譬如美国，投票的其实并非民众，而是各州的选举人团，其背后代表的则是某一个社会阶层的"深层国家"。这样的民主同林肯宣扬的民有、民治、民享的民主毫无关系。

九是"小康"是理想社会形态。共产主义者孜孜以求的不仅是满足人民的基本生存需要，更要满足人民的精神追求。相反，资本主义就是通过人为制造需求来实现自身运转的。

十是为彻底消除贫困和社会不平等等现象，中国成立各级专门扶贫机构，投入大量资金、派遣众多党员干部驻村扶贫、调研走访、协调资源。

十一是中国提前实现联合国千年发展目标。截至2020年年底，中国医疗保险、基本养老保险已分别覆盖超过13亿人和近10亿人，覆盖率已分别超过95%和90%。从人类发展角度看，近40年间，中国农村7亿多人摆脱贫困。中国减贫人口总量超过世界同期减贫人口的70%。

十二是中国奉行防御性的军事政策和和平外交政策，"一国两制"十分成功，中国人民更加热爱祖国。

| 巴 | 西 |

巴中密切合作，共同推动构建一个更加美好的世界

巴西民主工党主席
卢皮

中国向拉美提供包括新冠疫苗在内的大量抗疫物资，成为拉美抗击新冠肺炎疫情的重要保障。中国以强大的组织能力和高超的科技、医疗水平，向世界展现了如何科学、高效地应对疫情。感谢中国共产党、中国政府和中国人民为全球抗疫作出巨大贡献。

当今世界面临深刻复杂变化。受疫情冲击、右翼保守势力治理不善等因素影响，拉美社会不平等现象日益严重，极少数人掌握大部分财富。拉美进步力量应团结起来，反对右翼保守势力，消除资本主义弊端。加强拉中合作对拉美至关重要，拉中政党应加强交往，推动和深化拉中合作。

尽管巴中相距遥远，但两国国情相近，都面临实现社会公平和改善民生的共同任务，而中国和中国共产党既是各国发展典范，也为世界提供了发展机遇。疫情发生后，如果没有中国的援助，巴西经济社会形势将更加严峻，这再次证明巴中合作给巴民众带来了实实在在的好处。

巴中关系源远流长，民主工党总统古拉特执政时期，巴中即保持密切交往。民主工党多次受中国共产党邀请访华，每次都被中国的新

发展所震撼，受益良多。期待巴中深化关系，密切合作，共同推动构建一个更加美好的世界。

| 玻 | 利 | 维 | 亚 |

中国成功实现了党与政府、党的领导与国家治理的辩证统一

玻利维亚共产党第一书记
门多萨

2021年11月11日，中国共产党第十九届六中全会胜利闭幕。玻利维亚共产党认真研读了会议相关文件。此次会议是兄弟的中国共产党在领导中国社会主义建设进程中召开的一次十分重要的会议，相关文件体现了中国共产党的集体意志。

中国共产党在十九届六中全会公报中指出："新民主主义革命时期，党面临的主要任务是，反对帝国主义、封建主义、官僚资本主义，争取民族独立、人民解放，为实现中华民族伟大复兴创造根本社会条件。"在此背景下，中国共产党人将马克思列宁主义基本原理同中国具体实际相结合。这是中共在推进中国革命和建设过程中始终坚持的核心原则，也是拉丁美洲和加勒比地区的共产党和革命党应遵循的原则。

公报指出，以习近平同志为核心的党中央统筹国内国际两个大局，贯彻党的基本理论、基本路线、基本方略。这体现了中共领导人应对历史挑战的创造性思维和战略眼光。中共正在战胜这些挑战，而这一过程需要在团结协作、步调统一的工作中实现认识和实践的统一。

公报指出，必须"用马克思主义的立场、观点、方法观察时代、把握时代、引领时代，不断深化对共产党执政规律、社会主义建设规律、人类社会发展规律的认识"。我们认为这一点非常重要。因为这表明，对处于人类历史转型期的世界各国人民和社会团体而言，科学地、创造性地运用马克思列宁主义是解决问题的金钥匙。在这个时代，作为政治组织，我们应负责任地造福各自国家。

中国成功实现了党与政府、党的领导与国家治理的辩证统一。这是包括玻利维亚共产党在内的许多政治组织参政时竭力推动实现的目标。但囿于其他盟党的不理解，我们往往不能如愿以偿。

中国共产党将于2022年召开第二十次全国代表大会。我们认为这次会议对实现全面建设社会主义现代化国家的第二个百年奋斗目标至关重要。为实现这一目标，中国共产党必须进一步推进和夯实"一带一路"建设，同世界各国共产党和进步力量及其革命进程协同发力。

在当前国际局势下，中国参与国际政治、经济、军事事务非常有必要，这样才能在全球多领域对冲以美国和欧盟为首的西方霸权。特别是中国在经济和工业领域取得发展进步，为挫败帝国主义不良企图发挥了战略性作用，在打破帝国主义对拉丁美洲和加勒比国家依旧施加的垄断的同时，逐步建立起新的经济秩序。

资本主义特别是新自由主义是不可持续的，如果中心国家继续将制度恶果转嫁给外围国家的劳动人民，那就更是不可持续的。面对这种形势，包括拉美在内的进步人民政府所领导的国家，都在进行反抗帝国主义的斗争。这些国家的人民运动、革命党和共产党勇于承担责任，努力发挥更加积极的作用，遏制经济衰退，扭转危机，以建设人民利益至上的新社会为方向制定经济金融政策。

从这种意义上而言，玻利维亚共产党为推动玻结构性改革和政治改革作出了贡献。我党同玻其他人民团体和社会运动一道，通过同工人阶级、农民阶级、左翼和民主政党结盟的路线，共同改变新自由主义资本积累模式，助力重建多民族主权国家。我党收回公有制企业，重振经济，以创造更稳定的就业，扩大生产和融资规模，扩大政治参与和社会福利，使绝大部分玻民众的物质和精神生活条件得到显著改善。我党对于迫切需要推动国家在哪些方面取得进步已有共识，也需要中国和中国共产党基于我们两国人民的深厚友谊给予我们支持。

支持各自的民族解放运动和社会正义事业是政党间相互理解的前提。举办中拉政党论坛是中国共产党的良好倡议，我们祝愿第三届中拉政党论坛为支持各国民族解放运动和社会正义事业切实发挥作用。在抗击摧毁人类的新冠肺炎疫情中，中国得益于其科技进步慷慨无私地帮助了全体玻利维亚人民，玻利维亚共产党对此深表感谢。

| 多 | 米 | 尼 | 加 |

拉中政党携手应对全球性挑战

社会党国际拉美加勒比委员会主席、多米尼加革命党主席
巴尔加斯

多米尼加革命党坚信,拉中政党共同思考交流将有力加强拉美地区与中国的关系。尤其是新冠肺炎疫情全球蔓延,为经济发展、扶贫减贫、消除不平等、应对气候变化等带来严峻挑战。

拉中携手抗击新冠肺炎疫情为双方团结合作创造了新机遇。2021年以来,中方第一时间为拉美国家接种疫苗提供支持,并向有关国家捐赠防疫物资。在中国高效的外交行动下,中方向拉美地区提供了约4亿剂疫苗,助力拉美实现了世界卫生组织设定的2021年年底前疫苗接种率达40%的目标。当前已有超过一半的多米尼加人民接种了中国疫苗,有效维护了我国人民的生命安全,促进多米尼加经济加速复苏。

中国对拉美的开放合作政策实实在在地反映了中国共产党十九届六中全会提出的重要论述,中国外交在世界大变局中开创新局、在世界乱局中化危为机,中国国际影响力、感召力、塑造力显著提升。

下一阶段,我们应在中拉合作框架下,在持续扩大贸易往来的同时,共同致力于促进投资,加强双多边合作,用好中国在科技创新领域实现巨大发展的红利。随着中国的进步繁荣,每年有数以亿计的中

国公民出境旅游，拉美应成为中国游客的重要目的地。

最后，拉中关系发展应基于构建推动人类生命可持续发展的经济模式，我们要始终清楚认识到，地球最重要的资源就是人类本身。因此，在应对气候变化的同时，保证增长速度、发展质量和人民福祉，应是我们所有人的优先任务。在该领域，尤其是新能源战略和电动交通发展方面，中国很多经验值得我们学习。

毫无疑问，面对未来的风险挑战和广阔机遇，我们各国人民必将通过持续奋斗，以坚定的信念和饱满的希望，实现繁荣、有尊严的生活。

多 米 尼 克

期待进一步深化和加强同中共的关系

多米尼克工党领袖、政府总理
罗斯福·斯凯里特

2004年,多米尼克同中华人民共和国建立外交关系,彼时,多米尼克工党和中国共产党已经建立了牢固的关系,此后两党关系通过人员交流得以进一步巩固和加强。这些交流加深了我们的友谊,使我们能够在相互信任、相互尊重和合作共赢的氛围中分享经验、相互学习。我们期待着深化这样的交流,并进一步深化和加强同中国共产党的关系。

我高度赞赏习近平总书记领导中国共产党推动中华民族实现伟大复兴。中国已从一个一穷二白的国家成长为世界第二大经济体。中国共产党提前十年实现了《联合国2030年可持续发展议程》的减贫目标。中国的脱贫攻坚堪称典范,值得很多政党和政府学习。

多米尼克工党始终坚持人民至上,并确保在困难时期持续推进民生项目,为人民雪中送炭,使他们摆脱贫困。中国共产党多年艰苦奋斗的经验表明,如果政党将人民置于中心,国家就会取得发展和繁荣。如果我们为人民在教育、职业技能培训、住房、农业等方面创造机会,许多事情就会成为可能。同中国共产党一样,多米尼克工党一直都在为我们的公民创造这些机会。我们高度重视以人民为中心的发展战略,致力于改善人民福祉,织牢民生安全网,同时在教育、就业、医疗服务、住房和环境保护方面提供各种政策支持。我们已经开始向数字化经济转型，并希望在这一进程中寻求与中国共产党的合作。

2014年，习近平总书记提出构建中拉命运共同体的倡议。此后，拉中贸易飞速增长。但是在加勒比地区，我们在互联互通领域遭遇挑战，因为我们国家体量小，易受外部因素影响。

中国以实际行动践行了支持发展中国家的承诺。"一带一路"倡议是当代最伟大的创举之一，所有签署"一带一路"合作文件的国家都是这一创举的参与力量。"一带一路"倡议体现出中国愿意发挥领导作用，推动国际合作，为人类谋福利，体现出中国致力于用贷款和投资支持各国的基础设施建设，支持物流和制造业、农业及其他行业增长以及建设，就业机会的增多和互联互通的发展。这样的互联互通有助于推动拉丁美洲和加勒比国家实现经济增长和社会发展。同时我们希望与中国合作，推动改善贸易和交通行业发展。

对许多国家，特别是加勒比小岛屿发展中国家来说，在格拉斯哥举行的《联合国气候变化框架公约》第26次缔约方大会的会议成果不够理想。世界各国还没有为把全球平均温度的升幅控制在较工业革命前1.5摄氏度以内作出足够的努力。这对我们这些处于气候危机前线的国家构成了生存威胁。

尽管中国发展面临许多挑战，但始终坚持援助世界其他国家。我们高度赞赏中国发挥卓越领导作用，支持包括多米尼克在内的国家应对气候变化的挑战。多米尼克和加勒比地区，致力于成为有韧性的国家，能够更好地抵御全球变暖带来的影响。我们非常期待在这一进程中与中国共产党合作。

中国给予我们疫苗、防护装备、医疗设备和技术支持，为我们抗击疫情作出了巨大贡献。这只是多中合作的具体事例之一。多米尼克政府和多米尼克工党坚定支持一个中国原则，支持中国共产党为实现中国和平统一所作的努力。

习近平总书记——一名真正的领袖

多米尼克工党青年党员
汉内尔·杰克逊

有许多人可以成为一个党的领导人，但只有特殊的人才能成为一名真正的领袖。习近平自2012年当选中共中央总书记、2013年当选国家主席以来，给中国带来了翻天覆地的变化，也让中国在世界舞台上熠熠发光。选举习近平总书记为国家领导人是中国人民作出的最佳选择，他确实是一位卓越的领导人，也是世界最伟大的领导人之一，为世界其他国家领导人树立了学习的榜样。

习近平总书记是一个有情怀的人。他不仅关心国家发展，更关心人民福祉，着力解决人民的温饱问题，在消除贫困方面做了很多工作。他体恤民情、平易近人，是一个充满关怀与博爱的领导人。他关心弱势群体，重视残疾人的职业培训和就业，保护他们的权益，为他们提供残障设备支持，提升他们的生活品质，让他们像正常人一样生活。

习近平总书记是心系人民健康的人，因此中国能够成为世界上卫生服务水平较为领先的国家之一，拥有最新的医疗保健设施及较强的人力资源保障；能够如此迅速地战胜新冠肺炎疫情，在数天内建成一所新医院，为人民提供急需的医疗保障。在习近平总书记的领导下，中国是最早控制疫情并帮助人们迅速恢复生产和生活秩序的国家之一。

习近平总书记是中国的福星，在他执政期间，中国一直是世界上最令人羡慕的国家之一。在习近平总书记的领导下，中国消除了绝对贫困，取得了脱贫攻坚的胜利，人民的生活水平得到极大改善。中国的经济蓬勃发展，受到世人关注。中国在力所能及的范围内帮助其他国家减少贫困。

习近平总书记曾当过农民，在极为艰苦的条件下工作过，并在那段时间里与普通民众建立起密切联系，为其日后的政治生涯奠定了坚实基础。习近平总书记的个人魅力及为人处世的风格，使其赢得了民众的拥戴。习近平总书记一直是一位坚定而勤奋的领导人，有着非凡的勇气和胆识，面对困难不退缩、不迷茫，总能找到解决问题的正确方法和稳妥方案。

习近平总书记的力量和勇气可供世界其他领导人学习。习近平总书记重视党和政府的团结与廉政建设，坚守道德信念，开展反腐斗争，严惩腐败官员，并以身作则、率先垂范，颇受人民爱戴。习近平总书记是一位有远见的智者，号召中共党员将马克思主义基本原理与中国的具体实践相结合，坚定共产主义信仰，坚持走中国特色的社会主义道路。习近平总书记的思想得到中国社会各界的认可。在我眼中，习近平是中国独一无二的国家领导人，并将作为世界最伟大的领导人之一载入史册。

习近平总书记指出，幸福不会从天而降，梦想不会自动成真。实现我们的奋斗目标，开创我们的美好未来，必须紧紧依靠人民，始终为了人民，必须依靠辛勤劳动、诚实劳动、创造性劳动。习近平总书记的话语与他表现出的品质相得益彰。他确实是一位心系人民的人，一个以造福国家人民为目标的领袖。习近平总书记的言行诠释了一名真正的领袖的内涵。

"中国共产党像一座灯塔，为人民照亮前进的路"

多米尼克工党青年党员
帕洛玛·马克

中国共产党是一个伟大的马克思主义政党，成立于1921年，2021年庆祝了百年华诞。她是中国工人阶级的先锋队，是中国各族人民的领导核心。中国共产党自成立以来，走过了一条为中华民族解放、中国人民幸福和人类进步事业而奋斗的光辉道路。这100年见证了中国的深刻变革，为中国人民和中华民族带来了新的未来，并对世界其他国家产生了巨大影响。

正如印度作家和慈善家罗希尼·尼勒卡尼所说："我们不能仅仅是善政的消费者，我们必须是参与者；我们必须是共同创造者，只有这样才能大胆实现我们的国家雄心。"首先，我们必须赢得与贫困的斗争。其次，我们必须提高政府和社会内部的道德标准，为善治提供坚实基础；加强政治改革，并为改革提供沃土。

中国共产党是中国取得空前进步的主要动力和保障。她根植于伟大的中国人民，并一直紧紧依靠人民。她对发展具有远见卓识，并因此实行了明智的改革，为社会经济和政治转型铺平了道路。中国共产党始终保持与人民群众的密切联系，满足大多数人的愿望和需要，代表最广大中国人民的利益。中国共产党的党员是值得信赖的，有奉献精神的，有同情心的，自律的。中国共产党不断加强自身建设，坚持全面从严治党永远在路上。这些都是好政府的重要属性，值得在任何自称民主的社会中加以借鉴。民主不是华而不实的装饰品，而是用来解决人民实际问题的。

中国共产党的民主观让人眼前一亮、印象深刻。中国共产党将民主定义为全人类的一种共同价值。民主是中国共产党和中国人民一直以来珍视的一种理想。中国共产党始终把人民立场作为根本立场，坚持全心全意为人民服务的根本宗旨。评价一个国家的政治制度是否民主高效，最好的办法就是观察国家领导层能否依法有序更替，全体人民能否依法管理国家和社会事务，国家决策能否实现科学化、民主化，各方面的优秀人才能否通过公平竞争进入国家领导和管理体系，执政党能否依照宪法法律规定实现对国家事务的领导，权力运用能否受到有效的制约和监督。

此外，中国共产党带领中国人民创造了经济快速增长和社会长期稳定两大奇迹，这让我受到很大触动。这也是包括多米尼克在内的小岛屿发展中国家所努力追求的目标。全心全意为人民服务是中国共产党永恒的使命。中国共产党认为江山就是人民，人民就是江山。作为一个马克思主义政党，中国共产党与以往的政治力量不同，没有自己的特殊利益。中国共产党一心为民，永远把人民的利益放在第一位。她像一座灯塔，为中国人民照亮了前进的道路，并从人民那里获得支持和力量，战胜前进道路上的各种挑战。她与新冠肺炎疫情斗争，不计代价地拯救生命。她消除了国内的绝对贫困，实施了乡村振兴战略，并推动了以人民为中心的新型城镇化战略。没有中国共产党，就没有新中国，就没有中华民族伟大复兴。

多米尼克总理斯凯里特有句名言：“如果你不爱一个民族，那么你就缺乏领导他们的能力。”这种领导力对国家、民族和政党本身的未来至关重要。中国共产党能够将愿景转化为现实，归根结底是因为他们来自人民，并为人民服务。

中国式民主让所有人民的声音得到倾听

圭亚那人民全国大会党中央委员
雷亚兹·鲁普纳瑞恩

几十年以来,中国一直是世界上经济增长速度最快的国家之一。中国不仅践行了民主的内涵,而且使其适应了自身发展的不同阶段。

1921年,陈独秀和李大钊等领导人创建了中国共产党,毛泽东亦为创始领导人之一。1927年8月7日,中国革命开始后不久,在中共中央的紧急会议上,中国共产党的领导人毛泽东提出了"枪杆子里出政权"的著名论断。这是中国共产党夺取政权并使中国成为世界上最有影响力和经济最发达的国家之一的重要开始。1943年,毛泽东成为中共中央政治局主席和中央书记处主席。在中国共产党的领导下,1949年,中国人民成立了中华人民共和国。中国共产党实行民主集中制原则,党员可以自由地提出意见和建议,但一旦形成决议就要团结一致地执行。2021年,中国共产党迎来了百年华诞。如今,中国在许多国际组织中拥有重要地位,如联合国安理会、国际货币基金组织、世界银行和金砖国家等。

中国共产党的最高领导机关是党的全国代表大会和它所产生的中央委员会。党的全国代表大会每五年举行一次。全国代表大会闭会期间,中央委员会执行全国代表大会的决议,领导党的全部工作。中央委员会政治局及其常务委员会在中央委员会全体会议闭会期间,行使中央委员会的职权。党的最高领导人担任总书记、中央军事委员会主席和国家主席等职务,也是国家的最高领导人。

习近平先生于2012年当选中共中央总书记以来,致力于推进全面从严治党,开展了史无前例的反腐败斗争;实施更加自信的外交政策,推进中国特色大国外交;通过"一带一路"倡议,谱写国际合作新篇章。部分西方国家总是认为中国是不民主的,这是西方文化中的"酸葡萄"心理作祟。按照他们所标榜的"民主"标准说人民拥有"权利",明显是在愚弄人民。相反,在中国,人民能充分行使民主权利。习近平总书记领导中国共产党实现了许多国家长期以来一直在争取实现的目标。与发达国家相比,中国对新冠肺炎疫情的防控方式让中国在较短时间内就完成了对疫情的初步控制。因此,我相信,中国能够创造出比西方国家更伟大的变革,因为中国的政治家着眼于改善人民生活和建设国家,而不仅仅是为了获得财富,他们可以作出对中国人民最好的决定。

中国为许多国家发展作出巨大贡献,包括圭亚那和其他加勒比国家。主要项目包括中国公司博赛矿业集团在2007年收购圭亚那林登附近的奥迈铝土矿、扩建切迪－贾根国际机场、在乔治敦建造新的万豪酒店、华为在圭亚那沿海建造光纤电缆连接,等等。在加勒比地区,2019年中国与牙买加签署了共同建设"一带一路"的合作计划,这象征着中国作为该地区最大的投资者与加勒比成员的关系得到加强。"一带一路"倡议是习近平总书记最伟大的外交政策规划之一,是一项全球基础设施发展战略,始于2013年,致力于实现政策沟通、设施联通、贸易畅通、资金融通和民心相通。

中国共产党的全国代表大会有点类似于圭亚那全国人民大会党两年一次的代表大会。二者带有相同的目标,会议旨在为本党和本国绘制一个更好的愿景。这样的大会给了党员选举领导人的权利,还可以给基层党组织提供指导和帮助,解决他们面临的问题。

中国共产党不是世界上最古老的政党，但其政策行之有效。中国共产党通过发展全过程人民民主，已经能够让这个拥有世界上最多人口的国家所有人民的声音得到倾听。中国在许多国家的发展中发挥了作用，在对外关系中的积极作用使其成为许多国家和地区的"最佳邻居"之一。当中国共产党管理国家的方式不符合某些国家小集团的利益时，这些国家便总能捏造事实加以攻击。习近平总书记从不惧怕恶意攻击和抹黑，这令我十分钦佩。正如孔子的一句名言："为政以德，譬如北辰，居其所而众星共之。"习近平总书记的战略大大缓解了中国的贫困状况，使很多中国人摆脱了贫困，中国所做的投资总是首先为了国家利益，为了中国人民，为了现在和未来的一代。中国共产党不仅造福了中国人民，更致力于实现可持续发展，其政策具有高度前瞻性。

| 美 | 国 |

中国特色社会主义制度是比西方资本主义制度更加民主和成功的发展模式

美国共产党

与中国有关的经历

阿图罗·康布隆（美国共产党全国委员会）：我在洛杉矶长大，出于种种原因，我对中国十分好奇，一直想去中国。当我还是个孩子的时候，就流传着这样的说法，我们需要乖乖吃饭，如果浪费粮食，中国就会有小朋友饿肚子。随着年龄的增长，我开始听到一些关于中国政治的传言，比如中国很专制、中国人没有发言权。所以我一直对中国充满好奇，四年前我终于如愿以偿访问中国。

邓肯·麦克法兰（美国共产党和平与团结委员会）：我第一次真正对中国产生兴趣，某种程度上是因为我在20世纪60年代末参与的反战活动。1981年，我在美中人民友好协会参与规划了一次访华行程，那也是我首次访华。我在这个协会工作了十年，主要就是在马萨诸塞州剑桥市的东部办公室管理"访问中国"项目。在此期间，我几乎年年到访中国。

卡勒姆·威尔逊（美国共产党和平与团结委员会）：经过申请我

曾有幸赴中国游学。这是我们学校"海外留学预演"项目的一部分，该项目用时一周，我们需要上一些课，再去中国访问。我去了上海、南京，访问了江苏大学。

布里特（美国共产党国际部）：我的妻子来自中国，2013年我第一次前往中国看望她的亲人，待了大概两个月。那年年底我又回中国住了一个月。从2015年年中到2016年年底，我一直住在中国，在电子科技大学教英语。我大部分时间住在成都，也曾在重庆小住，我还游历了中国许多省份。

阿尔瓦罗·罗德里格斯（美国共产党国际书记）：我首次访问中国是一次家庭旅行，我们去了北京、上海、苏州、杭州和南昌，所以我们算环游了中国一小圈。

对中国的第一印象

阿尔瓦罗·罗德里格斯：中国带给我的深刻印象包括超大的现代化城市，在我们国家并不常见的高速铁路系统，中国人民的高素质和友好也让我印象深刻。

卡勒姆·威尔逊：我在中国结识了最好的朋友。我们之前并不认识，就是碰上了，然后就成了彼此的好朋友。我们现在仍然保持联系。这是我访华经历中的高光时刻，我交到了朋友，也探索了中国。以前我对中国真的没什么概念，但一到中国，就打破了我原有的认知。

邓肯·麦克法兰：我对中国最初的印象是人口密度很大，这有点像每天都身处跨年夜的纽约街头。

布里特：我第一次访问中国的时候，先到了上海。我来自得克萨斯州农村，那次访华前我见过最大的城市可能就是休斯敦了。可上海的摩天大楼鳞次栉比，我从来没有见过这种景象，就像科幻小说一样。

阿图罗·康布隆：中国和洛杉矶的有些差别确实震撼了我。我住在洛杉矶，社区附近有大量无家可归的人，路过每座洛杉矶高速公路桥的桥底，都能看见流浪汉。在中国，我没看见一个流浪汉。我想这是一种与美国完全不同的文化。走进中国公园时，我看到了十分难忘的景象。我看到一群退休老人，他们带着乐器进行演奏，其他人都一起唱歌。我走到他们中间，发现他们每个人都很兴奋。这很重要，这是社会的一个缩影，表明中国人承受的社会压力与美国不同，到处有人们带着孩子，哪儿都有冰激凌店。这说明过去关于中国的道听途说根本不是真的。

对中国发展的评价

阿尔瓦罗·罗德里格斯：五年后，一切都发生了巨大的变化。美国又取得了什么进展呢？在西安，城市大规模改造升级。后来我们沿长江游玩，经过三峡大坝这座世界上最大的水电站，它不仅源源不断地生产大量清洁、可再生的能源，而且也保护着两岸居民免遭洪水侵袭。

布里特：2016年访华期间，我去了2008年遭受过地震的四川西部地区。我们访问了汶川和其他遭受重创的城镇，探访灾后重建工作。重建工作几乎完全由政府承担，一切都是为了人民。政府不求回报，只是告诉大家，如果你为中国感到自豪，就挂起国旗吧！看到所有房屋得到重建，一切都焕然一新，我深切感受到中国灾后重建真的很了不起。

邓肯·麦克法兰：中国翻天覆地的变化令人难以置信。比如，1981年首次访华时，我们从香港进入深圳，那时深圳还是个只有几十万人的小城，许多人知道它只是因为它是一个边境关卡。十年后我重返深圳，它已经发展为人口超过200万的大型高科技新城。

阿尔瓦罗·罗德里格斯：我在中国坐高铁从北京去天津，只用了大概30分钟。非常漂亮的高铁列车，速度特别快。美国没有这样的交通工具，所以我印象太深刻了。

阿图罗·康布隆：我在中国坐过磁悬浮列车。坐上时速430千米的列车让我觉得很了不起，它行驶得非常平稳。为什么美国没有磁悬浮列车呢？我希望每个人都能乘坐这种交通工具。

阿尔瓦罗·罗德里格斯：中国的一切都有极大的改善。据我所知，中国关停了许多燃煤电厂，代之以更加清洁的能源。中国已成为世界上最大的光伏产品生产国之一。他们正不断发展这种技术，在这个领域取得了辉煌成就。我深信中国一定能在应对气候变化方面兑现对世界的承诺。

邓肯·麦克法兰：习近平总书记一直高度重视环境保护，并推动中国环保政策改革。如果仔细研究习近平总书记的从政经历，会发现在习近平总书记的领导下，中国确实变得更加绿色环保了。

布里特：美国共产党的口号是：人民和地球重于利润。我认为中国确实做到了这一点。我们不仅看到了中国对民生的投入，也看到了中国对可再生能源的投入。

卡勒姆·威尔逊：根据美国学者的研究，北京的污染已减少35%，这将使2000多万北京居民的平均预期寿命增加四年。

阿尔瓦罗·罗德里格斯：中国共产党使八亿多人口摆脱贫困，消灭了极端贫困现象。如果没有中国对减贫事业的贡献，世界和联合国就不可能兑现其减贫承诺。向中国共产党及其领导的工人阶级同志致敬！

展望未来

阿图罗·康布隆：我认为，中国取得了这么多的成就，特别是在应对气候变化方面，中国以更加平等的方式与世界各国互动，这些都是非常积极的进展。所以我认为，未来在建设更美好世界的进程中，中国将发挥非常重要的作用。我期待中国的领导层继续努力，我也希望中国的青年人能够有这样的意识，希望他们已经准备好接过接力棒，成为勇担重任的下一代。希望他们对这个时代面临的所有重大问题，无论是气候变化、失业还是战争与和平等问题，都有清醒的认识。社会主义道路是解决这些问题的唯一途径，中国深知自己将发挥非常重要的作用，帮助我们加速解决这些问题。

邓肯·麦克法兰：如果2050年中国如期建设成为一个社会主义现代化强国，我觉得那将是资本主义制度的最大噩梦。这不仅仅只是在14亿多人口的中国实现社会主义，还将吸引世界上更多国家的目光。他们会说："嘿，这儿还有另外一种非常行之有效的发展模式。世界上并不只有西方模式，另外有一种模式运作得非常成功。"

阿尔瓦罗·罗德里格斯：我们预祝将于2022年下半年召开的中国共产党第二十次全国代表大会取得圆满成功。过去成就斐然，未来大有可为，不仅对中国，对美国来说也是一样。为了世界和平，为了全人类的共同未来，我们将继续与中国共产党保持兄弟般的友好关系。

将人民至上、以人民为中心的理念推广开来

尼加拉瓜财政部长
阿科斯塔

中国共产党带领中国取得了伟大成就。我们将中国消除绝对贫困视为人类历史上的里程碑。中国在科学技术、社会、经济等领域成就显著，日益走近多极化的世界舞台中央并致力于同全世界塑造更加紧密的关系，对拉美国家和人民更是秉持这一理念。

尼加拉瓜同中国一道反对霸权主义，从政治上抵制影响社会发展、人民进步的侵略行为。新冠肺炎疫情肆虐全球，极端气候对全球造成重大损失，而针对多数人民的单边主义制裁同样给社会发展与进步带来切实危害。

桑地诺民族解放阵线以人民至上为执政理念，致力于不断增进人民福祉。在执政的15年间，尼加拉瓜贫困率和极端贫困率分别降低了55%和65%，财政预算的57%用于公共投资和公共支出，以及用作扶贫专项资金。经过近8年对公共领域的投资，尼加拉瓜实现了99.30%的电气化，而这一数字在2016年还仅为54%；不断完善医疗服务，建成了中美洲最大规模的公立医疗系统；在教育领域同样投入大量资源。这些举措促进了国家繁荣和人民进步。

社会发展是我们执政的重中之重。由于可持续的公共投入推动经

济社会发展，市场竞争力与生产力不断得到提升，人民生活水平也不断提高。

我们认为，中国共产党提出的"一带一路"倡议在经济与社会领域具有全球性影响。贸易与合作的不断深化，将对减轻贫困和消除不平等作出更直接的贡献，这对于尼加拉瓜的民生和社会发展十分关键。桑地诺民族解放阵线和尼加拉瓜政府完全赞成中国共产党提出的各项倡议。我们希望通过中拉政党论坛这一交流平台将人民至上、以人民为中心的理念传播开来。

用爱与智慧引领各自政党，促进党际关系健康发展

苏里南大众解放发展党主席、副总统
布林斯维克

我们从中国共产党治国理政的成功经验中得到了很多启示。100年来，中国共产党始终坚持社会主义理想，坚持在实践中寻找真理，坚持人民立场、为人民服务，带领中国人民取得举世瞩目的伟大成就。

正如《中国共产党与世界政党领导人峰会共同倡议》中提及："世界正发生复杂而深刻的变化，经济全球化深入发展，科技进步日新月异，文明交流日益频繁。各国人民在追求幸福的道路上前所未有地紧密联系在一起，既面临历史机遇，也面临风险挑战。""在新的历史条件下，让各国人民真正拥有自己的幸福，相互成就幸福，实现美美与共的和谐愿景，是政党的共同责任和努力方向。"这表明国际社会应该共同努力，奔向繁荣的道路。

如今，国家之间的不平等前所未有，气候变化严重影响人类健康生活，地缘政治紧张加剧，新冠肺炎疫情肆虐，贫困和歧视与日俱增，给人类提出了严峻挑战。面对这些全球威胁和挑战，我们比以往任何时候都更需要培养能力全面的高素质领导人，推动国家的繁荣发展。因此，必须在国家层面达成共识，为培养这样的国家领导人创造条件。

在发展不均衡、生命健康受到威胁、优质教育资源匮乏、贫困和

不平等日益加剧的当今世界，中国在经济增长方面表现出色，在消除贫困和不平等领域成就显著，并朝着联合国 2030 年可持续发展议程设定的目标迈进。2014 年，中国与拉共体国家建立了以投资和贸易合作为重点的全面合作伙伴关系。作为负责任的大国，中国致力于帮助那些处于危机中的国家，助力他们消除贫困和抗击新冠肺炎疫情，并向他们提供教育奖学金等。苏里南人民认为，中拉论坛是一个重要的合作平台，我们都要维护好这个平台。

苏中两国人民的关系可以追溯到 19 世纪初，长期的友谊见证了我们在各个领域的成功合作。互相尊重彼此文化是我们拓展良好关系的重要基石。

作为政党领导人，我们必须用爱和智慧引领各自政党，促进党际关系健康发展。让我们团结起来，将新的机会转化为繁荣和福祉，造福世界人民。希望双方的良好关系和互利合作不断加强和深化。

与青年同行的中共

苏里南大众解放发展党国会议员
米凯拉·希奥玛－霍尔

中国共产党是中国的执政党,是中华人民共和国的缔造者,也是我眼中最强大、最有影响力的政党。中国共产党于1921年7月在上海成立。自成立以来,中国共产党一直将民族解放和国家进步发展放在首位。1978年,中国共产党开始将市场经济的元素引入中国,这为中国崛起成为全球经济大国奠定了基础,让中国有能力在塑造世界政治和经济秩序方面发挥领导作用。这种领导作用在中国抗击新冠肺炎疫情的斗争中表现得非常明显。中国为了保护人民的生命和健康作出了最大努力,有效地抗击了这一全球性的病毒侵袭。中国与多国进行抗疫合作,如派遣医疗队、捐赠防疫物资和疫苗来对抗病毒。我的国家苏里南,也得到了来自中国的医疗支持。

在中国共产党的领导下,中国在过去十多年中迅速发展。中国的现代化程度令人难以置信。中国人民在中国海内外都展示出了自信。有一句话让我印象深刻,并融入我的日常工作中,那就是"绝不盲目崇拜外国模式,而是立足自身国情,努力发展适合自己的模式"。只有真正了解自己是谁、从哪里来、到哪里去,才能为成功的未来设定一个标准和坚实的基础。

作为苏里南第三大政党的一名年轻党员，我可以理解中国共产党坚持人民至上，以人民为中心的发展思想。作为政治家，"人"的因素是非常重要的，因为我们的工作要依靠人民，目标也是为了人民。没有这个要素，政治就行不通。此外，在"人"的因素中，有一些人群需要优先考虑，即青年、妇女、老人，以使政治更加成熟有效。

我非常赞同习近平总书记的观点，"青年是整个社会力量中最积极、最有生气的力量，国家的希望在青年，民族的未来在青年""青年兴则国家兴，青年强则国家强"。千百年来，青春的力量，青春的涌动，青春的创造，始终是推动中华民族勇毅前行、屹立于世界民族之林的磅礴力量。

伟大的五四运动是由许多进步的年轻人发起的，他们的启蒙思想唤醒了变革。他们推动了马克思主义在中国的传播，迎来了新民主主义革命，并标志着青年开始成为推动中国社会变革的急先锋。

中国共产党的力量令人钦佩。中国共产党是具有奉献精神、面向未来、有强大影响力的政治领导典范。作为一名年轻的政治家，我将继续关注中国和中国共产党的发展。苏里南大众解放发展党的目标是将苏里南从一个欠发达国家发展成为一个发达国家。大众解放发展党代表着摆脱贫困，代表着人民的利益和苏里南国家的发展。我们的长期目标是到2030年，苏里南医疗保健、教育、人均国内生产总值和福利水平进入世界前50名，2050年进入世界前30名。大众解放发展党还致力于培养青年，因为我们知道，投资下一代就是投资一个美好而可靠的未来。

中国共产党有广阔的政治视野，对中国的发展目标坚定不移。中国共产党表现出强大的领导力和奉献精神。中国共产党的领导是中国发展的根本保证。可以预见，中国将成为一个具有全球影响力的大国，中国共产党则是中国特色社会主义事业的坚强领导核心。

中国的脱贫攻坚和乡村振兴战略值得苏里南学习

苏里南民族民主党科学事务办公室主任
马丁·杰弗里

自1978年中国实行改革开放以来，国内生产总值平均每年增长近10%，近八亿人摆脱了贫困，医疗、教育水平和其他社会服务水平也有了显著提升。

中国共产党领导的中国是全球增长最快的经济体之一。中共十八大以来，经过九年时间，中国的脱贫攻坚战取得全面胜利，9899万农村贫困人口全部脱贫。

习近平先生担任中共中央总书记以来，亲自指挥中国的脱贫攻坚战，充分发挥党的领导作用，动员广大人民参与。中国共产党党员特别是领导干部们走出机关和办公室，到田间地头和生产第一线，了解人民对扶贫政策和措施的意见与建议，这体现了习近平总书记以人民为中心的发展思想。正如习近平总书记一直强调的，人民是历史的创造者，人民是国家的主人，要把人民满不满意、认不认可、答不答应作为检验工作成效的标准，小康路上不让一个人掉队。

在以人民为中心的发展思想指导下，中国实施了精准扶贫战略，对扶贫对象进行精确识别、精确帮扶。同时，扶贫、扶志、扶智相结合，让贫困群众有奋斗的愿望和意志，传授给他们摆脱贫困的方法和技能，激励他们自主脱贫。中国的扶贫战略不仅要提高贫困人口的经济收入，而且要提升他们的生活质量。通过发展生产脱贫、异地搬迁脱贫、生态补偿脱贫、发展教育脱贫、社会保障兜底脱贫，农村贫困地区一步步发展起来。

2017年，习近平总书记提出乡村振兴战略，要在巩固脱贫攻坚成果的基础上，举全党全社会之力加快农业农村现代化，让广大农民过上更加美好的生活。稳定的农业生产不仅保障了中国的粮食供应，而且通过农村农业发展提高了农民收入，成为中国经济高质量发展的重要保障。

中国在农村地区消除贫困的成功经验值得发展中国家学习。苏里南可以根据自身特点借鉴中国激发农村活力的各项政策，制定具体计划保障农业发展和农民增收。有了采矿等传统行业和未来海上石油钻探的收入，苏里南可以加大对农村地区农业和服务业投入，这将是给苏里南农村注入活力的重要一步。

中国成功的重要经验在于中国共产党以人民为中心的发展思想和人民群众的团结一致。感谢习近平总书记的乡村振兴战略。中国的成功经验表明，强有力的政党领导同人民力量相结合，才可能实现振兴。

特立尼达和多巴哥

我们从中共的经验中受益匪浅

特立尼达和多巴哥人民民族党参议员
拉巴拉特

50多年前,人民民族运动党和中国共产党开始了友好往来,两党之间的关系直到今天仍弥足珍贵。两党还一道致力于推动两国关系发展。

我们都认为,要发展国家,必先发展政党。同中国一样,特立尼达和多巴哥的发展与人民民族运动党的发展息息相关。每一项重大成就都离不开人民民族运动党,离不开我们的远见卓识和规划设计。中国共产党取得的成就更加令人钦佩,整个世界都留下了中国的印记。

我们在推动特中两国对话的同时,也在两党之间进行对话。这为双方加强联系,跨越时间和政府更迭变化的影响,长期保持密切关系发挥了至关重要的作用。

对人民民族运动党来说,在政治和国家层面都同中国共产党保持联系至关重要。1974年,我党创始人威廉博士决定同中国建立友谊时就希望发展两党关系。因为,在此之前的一个多世纪里,我们已经相互了解彼此为各自国家和人民进步而进行的斗争,两党的政治关系是互利共赢的。我们学习借鉴中国共产党的经验,受益匪浅。两党相互支持,增进了友谊和互信。

2018年5月14日，特多总理基思·罗利博士访华期间，特中签署了共建"一带一路"合作文件。我国成为第一个签署该文件的英语加勒比国家。现在，我们仍在这一框架下开展合作。

"一带一路"倡议具有非常重要的意义，包括中国对拉美援建项目在内的很多合作正在使我们这一地区发生改变。为了保持政策连续性，各国政党必须加强对话。"一带一路"倡议的生命力取决于政党的生命力。

中共的领导为国家快速发展和繁荣奠定了坚实基础

特立尼达和多巴哥人民民族运动党公关管理专员
肖恩·威廉斯

中国是主权国家掌握自身命运、实现人民愿望的典范。中国共产党作为世界上最大的马克思主义执政党，肩负着领导14亿多人民实现经济繁荣、提高生活质量的艰巨任务。中国共产党拥有强大的领导能力，在国家建设中积累了丰富经验。中国共产党沿着先进的发展方向，使国家在教育、文化、科技、医疗服务、现代基础设施建设等领域保持快速发展。这样的经济社会发展势头，无疑将在国内和国际上都取得巨大成功。

2021年时值中国共产党成立100周年。100年来，中国已发展成为世界经济强国，是国际贸易和制造业的主要参与者。自1978年实行改革开放以来，中国的国内生产总值平均每年增长近10%，已有近八亿人摆脱贫困，人民生活质量显著提高。高水平的教育和医疗服务，充足的资源和各种培训机会，使中国拥有全球领先的人力资源。上述成就的取得，归功于强有力的领导。中国共产党引领着中国的转型，肩负着促进国家发展进步和经济稳定的巨大责任。

中国人民及其领导者所表现出的坚韧和力量令人印象深刻。面对各种不确定和外部压力，能够始终保持对事业的坚定承诺，不忘初心和使命。中华民族的韧性深深植根于民族主义和社会主义的意识形态中,从而推动国家各领域发展,为所有人民谋福利。中国有大量的年轻人在各层级为党和国家服务,证明年轻人有机会参与决策,为社会作出有意义的贡献。正如在人民民族运动党中,25 岁以上的年轻专业人士同样有机会在特立尼达和多巴哥议会及其他机构任职。

作为人民民族运动党的忠实党员,我对特立尼达和多巴哥同中国两个伟大国家的长久友谊感到非常自豪。从第一批中国移民乘坐"坚强号"抵达特立尼达和多巴哥,到我国首位也是唯一一位非白人、非英国人总督何才爵士,中国对特立尼达和多巴哥文化的影响遍及饮食、时尚、姓氏和种族多样性等多方面。我们拥有超过 47 年的长期外交关系。1974 年,特立尼达和多巴哥总理埃里克·尤斯塔斯·威廉姆斯博士应周恩来总理邀请访华,成为加勒比地区首位访华的政府首脑。

在特立尼达和多巴哥暴发新冠肺炎疫情时,中国政府和人民立即行动起来,向我们提供急需的救护资源。中国向我国捐赠了数十万剂疫苗及个人防护装备,以保障特立尼达和多巴哥人民的健康。作为亲历者,我也是中国国药疫苗的自愿接种者,我和家人都接种了中国疫苗。

和平与稳定是我们的共同利益,我们愿推动特立尼达和多巴哥同中国及世界各国的共同繁荣。我们如此幸运,因为人民民族运动党同中国共产党的友好关系,将为我们两国带来更加光明的未来。

当前,中国共产党正在引领中国人民迈上全面建设社会主义现代化国家的新征程。特立尼达和多巴哥也在继续积极地向前迈进。两国人民的友好合作持续深化,将为实现各自国家的繁荣和可持续发展铺平道路。

中共 100 年的光辉历程

特立尼达和多巴哥人民民族运动党全国青年联盟主席
杰里米·英尼斯

特立尼达和多巴哥是一个小型的双岛民主国家，是加勒比海上的大熔炉，拥有 140 万人口和丰富的人文、自然资源及独特的音乐和多样的工业。人民民族运动党为自己是特立尼达和多巴哥历史上执政时间最长的政党而自豪。

特立尼达和多巴哥与中国之间有着长期和健康的友谊。1974 年，人民民族运动党的第一任政治领袖兼特立尼达和多巴哥总理埃里克·尤斯塔斯·威廉姆斯博士应周恩来总理邀请，对中国进行国事访问。从那时起，人民民族运动党就一直致力于巩固这种超越了距离、语言和时间，深深根植于提升人民生活水平的共同价值观的友谊。

在过去的 100 年里，尤其是自 1949 年中华人民共和国成立以来，中国共产党带领中国人民成为国家和社会的主人，从极端贫困到经济显著可持续发展，中国成为世界第二大经济体和最大的工业国、最大的商品贸易国、最大的外汇储备持有国。

管理一个拥有超过 14 亿人口的国家是一项复杂而艰巨的任务，需要超乎寻常的远见、责任和规划。世界看到了中国共产党领导集体在制定和实施第十四个五年规划及长期目标方面的纪律性。中国共产党致力于提升中国人民的地位,推动构建人类命运共同体,广泛地向世界伸出援手,具有人道主义、和平、共同繁荣和相互尊重的价值观。

以习近平总书记为核心的中共中央坚持以人民为中心,不忘初心,不落下任何一个人,秉持以人为本的发展理念,实施精准扶贫政策,使近八亿人摆脱贫困,中等收入人口扩大到四亿多。中国人民的生活水平显著改善,丰衣足食,就业和民生得到保障,人均可支配收入增加。

中国共产党从1921年的50多名党员发展到现在拥有9600多万名党员。作为世界最大的马克思主义执政党,中国共产党领导中国实行改革开放,实现经济指数级增长,以自下而上的治理方法,确保人民直接选举县乡级人大代表,再由其选出的代表选举上一级人大代表,从而将人民的建议和想法层层向上提出,以实现对人民有意义的变革。

在中国共产党的领导下,中国经济正从高速增长阶段过渡到高质量发展阶段,相信中国人民的意愿和力量将推动中国经济释放出更多尚未开发的潜力。高质量发展将解决中国人民日益增长的美好生活需要和不平衡不充分的发展之间的矛盾,在教育、生态环境、健康和生活条件等方面给人民带来更多获得感,防范金融风险,使中国的经济发展模式从劳动力和资本驱动向创新驱动转型。

我们已经看到中国在5G、太空探索、机器人、应用开发、深海工程、高铁网络等方面取得了标志性的科技成果,并将进一步提高经济效益、实现中高速增长、改善经济结构,鼓励消费,促进新兴高科技产业发展,实现更绿色的经济发展和更可持续的增长,通过实现碳达峰和碳中和目标,为我们的后代留下一个更好的环境。

我祝贺中国共产党在成立100周年之际如期实现了全面建成小康社会的奋斗目标,并祝愿中国共产党继续努力,在全面建设社会主义现代化国家新征程上,保持国家长期稳定快速发展,永远不忘人民对幸福的追求。我相信,我们两国和两党将继续深化友好合作,促进拉丁美洲和加勒比地区乃至全世界人民在社会、道德、文化和经济方面的共同发展。

中共是推动中国发展的伟大团结力量

特立尼达和多巴哥人民民族运动党青年团秘书
扎巴里·雅各布

"中国共产党员在革命过程中始终英勇地站在斗争的最前线,以实际行动表明了自己是最有远见,最富于牺牲精神,最坚定,而又最能虚心体察民情并依靠群众的坚强的革命者,从而赢得了广大中国人民的衷心拥护。"毛泽东主席的这句话,揭示了中国共产党领导人民斗争并最终取得胜利的原因。中国共产党是推动中华人民共和国在政治、经济和国防领域取得巨大发展成就的伟大团结力量。

在19世纪之前,中国是一个文化丰富和充满活力的国度,一个自给自足、自豪和基本独立的帝国。然而,西方帝国主义列强的野心通过第一次鸦片战争表现出来,从此半殖民地、半封建社会的中国经济持续衰败,民不聊生的状况持续了近一个世纪。为了摆脱受压迫的命运,中国的仁人志士进行了无数次的革命和抗争,但都以失败而告终。中国迫切需要一个能够统一中华民族意志的政治组织和领导核心。在此背景下,1921年中国共产党成立了。中国共产党人为了人民的福祉,抛头颅、撒热血,与日本帝国主义、国内反动派进行了艰苦卓绝的斗争,最终取得了最后的胜利。1949年,在中国共产党的领导下,中华人民共和国成立了,这是中国人民百年来第一次将自己的命运牢牢地掌握在自己的手中，为实现中华民族伟大复兴的中国梦打下了坚实的基础。

1978年，在邓小平的领导下，中国共产党召开了十一届三中全会，开启了中国改革开放的新历程，中国经济开始从计划经济逐步转向有中国特色的社会主义市场经济。经过40多年的改革开放，中国的经济实力不断增强，人民生活逐步改善，成为世界第二大经济体并于2021年实现了全面建成小康社会的奋斗目标。今天的中国在国际舞台发挥着重要作用。

"初心易得，始终难守。"习近平总书记如是说。这勉励中国共产党人坚守初心使命，为实现中华民族伟大复兴而奋斗。中国共产党全国代表大会及其产生的中国共产党中央委员会是中国共产党的最高领导机构，经过百年实践，中国共产党已形成一套有效的决策体制。中国共产党与时俱进地制定和完善党和国家各项政策，得到人民坚定支持和拥护，确保中国各项政策的成功贯彻。

尽管中华人民共和国与特立尼达和多巴哥共和国在地理和文化上有许多差异，但不可否认的是，两个国家的执政党——中国共产党和人民民族运动党有许多相似之处。两党均为实现社会经济繁荣制定了基础性政策，分别使中国全面建成小康社会，使特立尼达和多巴哥成为加勒比共同体的经济和政治领袖。两个政党都坚持自己的核心信念，成为对国家发展影响最大、执政时间最长的政党。最重要的是，两国人民都能团结起来，通过自决和牺牲实现国家发展的共同目标。

中国共产党代表中国人民的意志，是中华民族伟大复兴的守护者和设计师。经过多年的革命、改革和奋斗，中国共产党经受住了各种考验，持之以恒地致力于推动中国人民的进步事业。只要有中国共产党的坚强领导，中国的第二个百年奋斗目标就一定会实现，中国人民必将取得更大的社会经济成就，必将造福全球的共同繁荣发展。

牙买加

习近平总书记——中国人民强有力的领袖

牙买加工党青年团外事委员会主席
桑卓·罗顿

成年以来,我一直对中华人民共和国,特别是其领导层怀有敬佩之情。如果没有务实和高效的领导,中国不可能实现长期的经济增长和全面发展。中国日益成为世界舞台上的领导者。值得注意的是,习近平总书记一直是一个强有力的领袖,是全世界特别是加勒比地区年轻人学习的榜样。约翰·昆西·亚当斯曾经说过:"如果你的行动能激励别人有更多梦想,学更多的知识,做更多的事,成为更好的人,你就是一个领导者。"习近平总书记已经成为中国人民和世界人民的领袖,这不仅体现在思想、政策上,更体现在行动上。习近平总书记在各个工作岗位上历练的故事,为我实现自己的政治抱负注入了动力。

习近平总书记开展了史无前例的反腐败斗争,令人钦佩。因为拉丁美洲和加勒比地区国家一直在努力消除政治领域的腐败,腐败限制了他们自身的发展能力。在一个不断变化的时代,对真正的领导者来说,最出类拔萃的优点是对信仰的坚持。习近平总书记以"我将无我,不负人民"的担当和情怀将他自己奉献给了中国的人民,勤勤恳恳地为人民服务。服务人民高于自我是我从习近平总书记的生活和领导中学到的重要一课。这种服务人民的奉献精神对像我这样来自加勒比地区的年轻从政者来说非常重要。

  我对中国及其对世界经济发展的贡献有浓厚兴趣,希望有机会能到中国学习。因为这将使我有机会分析中国经济与加勒比经济的关系,并从牙买加和更广泛的加勒比地区找到经济增长的可能解决方案。作为中共中央总书记和国家主席,习近平一直坚守自己的理想和信念,我坚信通过习近平总书记富有远见的领导,中国能够实现各项发展目标。2021年,中国共产党通过决议,指出"党确立习近平同志党中央的核心、全党的核心地位,确立习近平新时代中国特色社会主义思想的指导地位,反映了全党全军全国各族人民共同心愿,对新时代党和国家事业发展、对推进中华民族伟大复兴历史进程具有决定性意义。"这进一步增强了我对习近平总书记的钦佩之情,我希望有一天能够将学到的经验转化为加勒比地区的领导力。习近平总书记的雄韬伟略、远见卓识、战略定力令人钦佩,使像我这样的加勒比青年有了一种内心向往的领袖榜样。这种向往也将帮助我在政治上成长发展。

我与中共的故事

牙买加工党青年团外事委员会委员
达贾·麦金托什

中国共产党是历史最悠久的政党之一,于1921年成立,至今已有100多年的时间。中国共产党成功领导了中国的发展。虽然年轻的时候,我对中国共产党还不甚了解,但作为西印度群岛大学国际关系专业的学生,我对所有关于国际事务和世界政治的事务都感兴趣。我对中国共产党的看法从最初的严厉、刻板和不公正转变为她是坚定为中国人民谋福利的政党。全心全意为人民服务的宗旨让人一目了然,所有的工作和决定都是为了广大人民的利益。

近几十年来,中国为发展经济作出了巨大的努力。中国产品长期以来填满了我们的货架,使我们的日常生活变得更加便捷。感谢中国共产党让牙买加在广阔的国际市场上获益。目前,中国已成为世界第二大经济体。在习近平总书记的领导下,中国经济将继续保持快速增长。

得益于"一带一路"倡议,中国与牙买加等国家的关系得到了加强。我记得第一次驾车行驶在通往哈格利公园的新公路上,路面配合转弯的弧度有所倾斜,我对此惊叹不已。我母亲说:"中国人真的很会修路!"我们当时对此一笑而过,但这句话却真实而清晰。中国为牙买加等国基础设施的发展作出如此大的贡献,不仅让我们国家离发达更近一步，人们的生活也有望变得更好，中国和牙买加之间的联系也更加牢固。

良好的国家关系使我们这个小国的普通青年也有机会到中国学习、工作和生活。我有很多朋友在中国学医。中国教育部在2007年提出扩大来华留学教育规模，从那时起，许多留学生有机会在中国的高等院校获得临床医学学士学位。这一政策鲜明展示出中国的政府机构不仅注重提供实物援助和项目等有形的帮扶和资源，而且还关心受援国精神文明的发展。国家要实现发展，教育显然是非常重要的，对发展中国家更是如此。中国提供很多所学校供想要学习医学的年轻人选择。更重要的是，政府的奖学金项目不仅限于医学，还包括经济、商业和法律，等等。能获得去中国留学的机会相当了不起，我们鼓励年轻人去申请。

不幸的是，新冠肺炎疫情影响了我们的正常生活。然而，中国共产党为帮助包括牙买加在内的许多国家作出了巨大努力。当得知中国向牙买加捐赠疫苗时，我感到这是中国真正的善举。尽管中国也经历了疫情的破坏性影响，但仍然非常愿意以捐赠疫苗的形式向牙买加提供援助。这是加强两国友好关系的另一种举措。患难见真情。生活在中国的牙买加公民在他们需要的时候也得到了保护。为了所有人的最大利益，中国政府一视同仁，愿意向欠发达国家的公民伸出援手，体现了中国共产党的宗旨，即全心全意为人民服务。

| 智 | 利 |

我们高度重视中国在国际舞台上的作用

智利共产党主席
泰列尔

中国取得的发展成就给我们留下深刻印象,中国共产党在其中发挥了主导作用。当前,美帝国主义推行霸权主义和强权政治,给多边主义带来严峻挑战。而中国坚持和平与发展,不干涉他国内政,提出构建人类命运共同体理念,主张合作开放共赢,给包括拉美在内的全世界带来光明前景。

近年来,拉中关系日益密切,特别是智中合作取得长足发展,中国已为拉美国家经济发展提供重要助力。新冠肺炎疫情发生后,中国向拉美国家提供了包括新冠疫苗在内的大量抗疫物资,在拉美应对疫情的过程中发挥了重要作用,为全球合作抗疫树立了典范。

当今世界正经历深刻变革,我们高度重视中国在国际舞台上的作用,希望拉中团结世界所有进步力量,共同推动经济社会发展,建设一个民主自由的世界。

中国特色社会主义为拉美国家发展提供了借鉴,也丰富和发展了马克思主义,对世界社会主义运动发展具有重大意义。拉美共产党应深入研究中国特色社会主义思想,不断探索符合本国国情的社会主义道路。

图书在版编目（CIP）数据

国际社会眼中新时代的中国共产党 / 刘建超主编
. —— 北京：当代世界出版社，2023.4
ISBN 978-7-5090-1729-6

Ⅰ.①国… Ⅱ.①刘… Ⅲ.①中国共产党 – 党的建设 – 文集 Ⅳ.① D26-53

中国国家版本馆 CIP 数据核字 (2023) 第 020129 号

书　　　名：国际社会眼中新时代的中国共产党
出　品　人：丁　云
策划编辑：刘娟娟
责任编辑：刘娟娟　姜松秀
装帧设计：今亮後聲HOPESOUND 2580590616@qq.com · 郭维维　王非凡
版式设计：韩　雪
出版发行：当代世界出版社
地　　　址：北京市地安门东大街70-9号
邮　　　编：100009
邮　　　箱：ddsjchubanshe@163.com
编务电话：(010) 83907528
发行电话：(010) 83908410（传真）
　　　　　13601274970
　　　　　18611107149
　　　　　13521909533
经　　　销：新华书店
印　　　刷：北京新华印刷有限公司
开　　　本：710毫米×1000毫米　1/16
印　　　张：52
字　　　数：699千字
版　　　次：2023年4月第1版
印　　　次：2023年4月第1次
书　　　号：ISBN 978-7-5090-1729-6
定　　　价：238.00元

如发现印装质量问题，请与承印厂联系调换。
版权所有，翻印必究；未经许可，不得转载！